岡田袈裟男
Okada Kesao

江戸
異言語接触

第2版

蘭語・唐話と近代日本語

Kasamashoin
笠間書院

À

M. KUBOTA HANYA

1926—2003

qui était

le poète contemporain

et

le professeur de la littérature française

目　次

第 2 版のための序 ……………………………………………………………… xv
緒　言 …………………………………………………………………………… 1

第 I 章　江戸異言語接触と言語文化

第 1 節　近世異文化言語交渉の基礎環境 …………………………………… 9

1. 日本に来航した船舶数
2. 対蘭政策と長崎出島
   2-1　長崎出島　2-2　蘭通詞
3. 対中政策と唐人屋敷
   3-1　唐人屋敷　3-2　唐通事
4. 外国語を受容する環境
   4-1　蘭語　4-2　唐話

第 2 節　西欧の発見した日本語の本質 ……………………………………… 15
―南蛮・紅毛の見た待遇表現の文化

1-1　イエズス会宣教師と日本語敬語　1-2　ガラヴニンの敬語・敬語行動観察　1-3　日本人敬語学者の敬語観
2-1　西欧の日本人発見　2-2　日本人の贈答行為

第 3 節　唐話の受容と江戸の言語文化 ……………………………………… 34

1. 唐話と日本
2. 唐話の受容と唐話学の展開
   2-1　唐通事と黄檗宗　2-2　岡島冠山と唐話　2-3　白話と読本の成立　2-4　唐話辞書の形成
3. 白話小説の翻訳意識
4. 蘭語学と唐話学との交渉
   4-1　蘭語学と唐話　4-2　蘭語・唐話と日本語の交渉　4-3　長崎

通詞と翻訳
　　5．漢字文化の日本
　第4節　蘭語の研究と幕末に至る言語空間 ……………………………… 47
　　1．アルファベットと漢字
　　2．西欧の言語との出合いと蘭語学の発展
　　3．蘭日辞書の形成
　　4．新たな世界の発見と生活の思考
　　5．蘭学者の視点と認識
　　6．西洋との新たな出合いと情報
　　7．ナポレオン戦争とドゥーフ
　　8．アヘン戦争と「ドゥーフ・ハルマ」出版の建白

第Ⅱ章　蘭語学史の諸相
　第1節　『和蘭字彙』（「ドゥーフ・ハルマ」）翻訳文体の基礎分析 ……… 63
　　Ⅰ　論文解題
　　Ⅱ　文法用語のパラダイム
　　1．見出し語に付された略号
　　2．本文に現れた翻訳文法用語
　　3．本文に現れた文法説明
　　Ⅲ　翻訳と欧文脈形成の諸相
　　1．代名詞の多用
　　　　1-1 人称詞　1-2 指示詞　1-3 場所詞
　　2．非人称代名詞の主語使用
　　3．抽象名詞の主語使用と擬人法
　　　　3-1 抽象名詞の主語使用　3-2 非人称名詞の主語使用
　　4．受身・使役の用法
　　　　4-1 受身　4-2 使役
　　5．名詞句の多用
　　6．動詞と二重目的語
　　7．進行態用法
　　8．比較法
　　9．接続法
　　10．倒置法
　　Ⅳ　各種表現

1．構文表現
　　2．時制表現
　　　　2-1 過去の表出　2-2 未来の表出　2-3 状態・継続の表出
　　3．存在表現
　　4．否定・打消表現
　　　　4-1「ナイ」　4-2「ヌ」　4-3「ズ」
　　5．推量表現
　　　　5-1 未来推量　5-2 未来打消
　　6．疑問表現
　　　　6-1「カ」　6-2「欤」　6-3「ヤ」
　　7．義務・当然表現
　　8．詰問表現
　　9．命令表現
　　10．勧誘表現
　　11．禁止表現
　　12．詠嘆・感嘆表現
　　13．断定表現

第2節　「ハルマ和解」・「ドゥーフ・ハルマ」再考 ……………………105
　　　　―F・ハルマ編『蘭仏辞典』の翻訳辞典をめぐって

　　1．二つの翻訳辞典
　　2．改めてハルマの辞書の価値を問う
　　3．原典・「ハルマ和解」・「ドゥーフ・ハルマ」(『和蘭字彙』)の訳語対照と再検討
　　　　3-1 音訳語生成の問題　3-2 長崎通詞の翻訳方針　3-3 『和蘭字彙』の問題　3-4 『和蘭字彙』翻訳上の配慮　3-5 基本方針の差異

第3節　トクガワ・ジャパンで聞いた蘭語の響き ……………………126
　　　　―『和蘭字彙』音訳語の表記をめぐって

　　1．蘭語と発音体系
　　2．前置詞 uit の発音
　　3．いくつかの語音の受けとめについて
　　　　3-1 "g" の場合　3-2 "g" のカ/ガ表記以外の場合　3-2-1 拗音化表記　3-2-2 ザ行表記　3-2-3 "g" と "ch"　3-3 "ch, sch" の場合　3-4 "v" と "w" の場合

4．転写上のユレと一つの規則
　　4-1　さまざまな蘭語音の表記　4-2　語音転写上での一つの規則
　（仮説）

第4節　漢語の定着と『和蘭字彙』……………………………………136
　　　　―異文化接触に現われた翻訳漢語の生成について
　1．翻訳と漢語の生成
　2．翻訳漢字語の実態

第5節　馬場佐十郎と蘭文指導　…………………………………………146
　　　　―宇田川榕庵"Handboek"に見る江戸手紙文化の一面
　1．早稲田大学洋学文庫所蔵『孔保知文』との対比
　2．蘭語書簡文

第6節　フィッセル「蘭日対話集」のローマ字表記　……………………154
　　　　―フィッセルの表記法
　1．フィッセル「蘭日対話集」
　2．フィッセル式ローマ字の表記法
　　2-1　ローマ字表　2-2　表記の実態　2-3　さまざまな表記

第7節　蘭語の翻訳・研究史に生まれた文法用語　………………………164
　　　　―江戸の言語学環境の下で
　1．蘭語学研究史にみる文法用語観察のための前提と基本要件
　2．蘭語学史における文法用語の生成過程
　3．蘭語学史にみられる文法用語
　　3-1　資料文献　3-2　漢語学における実・虚・助の語分類概念
　　3-3　文法用語の実際
　4．主要文法術語
　　4-1　品詞 spraakdeelen　4-2　冠詞 ledkens, lidwoord, geslagt
　　（geslacht）woorden　4-3-1　名詞 naamwoord　4-3-2　名詞
　　に関連する数，性　4-3-3　代名詞 voornaamwoord　4-4-1　形
　　容詞 bijvoegelijk/toevoegelijk naamwoorden　4-4-2　形容詞に
　　関連する比較　4-5　動詞 werkwoord　4-6　副詞 bijwoorden
　　4-7 接続詞 t'zamenvoegsel woorden　4-8　前置詞 voorzetsels
　　4-9　間投詞 tusschenwerpselwoorden
　　5-1　接辞　5-2　格 naamvallen　5-3　法 wijze　5-4　時制 tijd

第 8 節　蘭学者のとらえた時制表現 ……………………………………187
　　　　　―江戸蘭語学史の流れの中で

　1．初期段階江戸蘭学者の時制認識
　2．18 世紀末に現れた中野柳圃の時制認識
　3．柳圃以後の時制認識

第 9 節　唐話・蘭語・日本語対照辞典としての『改正増補蛮語箋』 ……………198
　　　　　―江戸における唐話学・蘭語学・日本語学の交渉を探る

　1　『改正増補蛮語箋』をめぐって
　　1-1　森島中良と箕作阮甫　　1-2　唐話と文学・語学研究
　2　「言語」部「日用語法」の検討
　　2-1　箕作阮甫の編集方針
　　2-2　文法カテゴリーと品詞名
　　2-3　見出しの記述形式
　　2-4　「言語」部の分析
　　　ⅰ　「依頼名字」（形容詞）
　　　　ⅰ-1　「依頼名字」における見出しの型
　　　　　ⅰ-1-1　一字の漢字見出し　　ⅰ-1-2　二字の漢字見出し
　　　　　ⅰ-1-3　「的」のある見出し　　ⅰ-1-4　訓読形式の見出し
　　　　ⅰ-2　「依頼名字」における形容詞型の分類
　　　ⅱ　「添字」（副詞）
　　　ⅲ　「動字」（動詞）
　　　ⅳ　「代名字」（代名詞）
　　　ⅴ　「処前字」（前置詞）
　　2-5　「日用語法・会話一・会話二」部の分析
　　　ⅰ　「日用語法」見出しの文体
　　　ⅱ　人称の表現
　　　　ⅱ-1　「代名字」にみられる人称のパラダイム
　　　　ⅱ-2　「日用語法・会話一・会話二」部の人称パラダイム
　　　　ⅱ-3　二人称代名詞と文体
　　　　ⅱ-4　二人称代名詞「君」をめぐって
　　　　　ⅱ-4-1　敬称「君」　　ⅱ-4-2　二人称の代名詞として使用される「君」　　ⅱ-4-3　「儞」との対照における「君」の待遇性

第Ⅲ章　唐話学史　白話の受容と展開

第1節　岡島冠山における唐話学の方法 …………………………227
　　　―改めて冠山学を考える

　1．岡島冠山の語学書
　2．『唐話纂要』
　　2-1　書物の性格　　2-2　記述の内容
　3．『唐話類纂』
　　3-1　書物の性格　　3-2　記述の内容
　4．『字海便覧』
　　4-1　書物の性格　　4-2　記述の内容
　5．『唐音雅俗語類』
　6．『唐訳便覧』
　7．『唐話便用』

第2節　唐話辞書探索 ……………………………………………243
　　　―唐話辞書六二書の検討

　1．唐話辞書の検討
　　1-1　唐話辞書成立刊行史　　1-2　唐音表記の有無による分布
　　1-3　排列方法による分布
　2．『水滸伝』注解・注釈書類をめぐって
　3．各辞書の検討
　4．唐話辞書の分類
　　4-1　辞書　　4-2　実用的語学書　　4-3　小説講読から生まれた注解書
　　4-4　小説講読のための辞書　　4-5　宋儒語録の訳解　　4-6　位相性
　をもった辞書類

第3節　唐話の翻訳文体と待遇表現 ……………………………322
　　　―『唐訳便覧』にみる人称詞と敬意表現

　1．『唐訳便覧』の会話表現
　2．人を表わすことば
　3．人称詞の翻訳における零表現化と訳出化
　　-1　唐話原文にある人称詞が零表現化されるケース　　-2　原文が零で
　あるのに、人称詞が訳出されるケース　　-3　互いに人称詞をもたない
　ケース
　4．待遇表現の翻訳
　　-1　唐話原文に「請〜〜」のような形がある場合　　-2　待遇成分とな
　る語彙　　-3　唐話原文には零表現の待遇訳文

5．日本語にふさわしい翻訳

第4節　白話翻訳小説と人を表わすことば ……………………………336
　　　―江戸「通俗物」白話小説の人称語彙

　1．人の呼び方・呼ばれ方と翻訳
　2．白話小説翻訳に現れた人称詞
　　2-1　人称詞　2-1-1　自称　2-1-2　対称　2-1-3　他称
　　2-1-4　不定称　2-2　人の表現（一般名詞語彙）
　3．中国現代の人称語彙表との対照
　　3-1　我　我們　3-2　你　你們　3-3　他　他們

第5節　「通俗物」白話小説と和文化の度合い ……………………………354
　　　―翻訳文体解析の試み

Ⅰ　「通俗物」白話小説作品の分析
　1．通俗物白話小説簡介
　2．翻訳者の翻訳方針
　3．「通俗物」作品の文章・文体の特徴
　　3-1『通俗酔菩提全伝』1759（宝暦9）　3-2『通俗隋煬帝外史』
　　1760（宝暦10）　3-3『通俗赤縄奇縁』1761（宝暦11）　3-4
　　『通俗金翹伝』1763（宝暦13）　3-5『通俗孝粛伝』1770（明和
　　7）　3-6『通俗大明女仙伝』1789（寛政1）　3-7『通俗醒世恒
　　言』1789（寛政1）　3-8『通俗繡像新裁綺史』1799（寛政11）
　　3-9『通俗平妖伝』1802（享和2）　3-10『通俗西湖佳話』1805
　　（文化2）　3-11『通俗古今奇観』1814（文化11）
　4．「通俗物」作品間における翻訳の対照
　　4-1　原話を同じくする三作品の翻訳対照
　　4-2　同一翻訳者の作品比較
　　　4-2-1　西田維則　4-2-2　三宅嘯山
Ⅱ　翻訳文体の解析
　1．翻訳文の評価要素と分析の方法
　2．翻訳語彙の解析と振り仮名の分布
　　2-1　振り仮名の分布
　　2-2　翻訳の実態
　　　2-2-1　人称詞と待遇　2-2-2　人を表わす詞例（「我　汝・
　　　你　他」以外の自称，対称，他称を含む）親族語彙　2-2-3　数
　　　の表現例　2-2-4　指示詞例　2-2-5　場所詞例　2-2-6　副

用語例　2-2-7　接続・構文の表現例　2-2-8　文末表現例
　　　2-2-9　疑問・反語・詠嘆表現例　2-2-10　漢文訓読構文例
　　　2-2-11　使役表現例　2-2-12　受身表現例　2-2-13　白話保
　　　存の用言例
　　2-3　章回小説の書き出し
　　2-4　翻訳文と原文依存の度合い
　　2-5　通俗物白話翻訳文体の和文度

　第6節　解釈学としての徂徠学 ……………………………………400
　　　―『訳文筌蹄』『訓訳示蒙』の言語学的解析

　1.『訳文筌蹄』の分析
　2.『訓訳示蒙』の分析
　　2-1　書物の意図　2-2　異学への態度　2-3　記述の内容
　　2-4　助語

　第7節　太宰春台と言語の学……………………………………416
　　　―『倭読要領』の記述をめぐって

　Ⅰ　『倭読要領』の分析
　1.『倭読要領』のコンテンツ
　2.漢字音と日本漢字音（⑨倭音正誤　第七）
　　2-1　漢字音　2-2　日本漢字音　2-3　日本漢字音の把握
　3.読みの誤り（⑪倭読正誤　第九）
　4.日本語についての基本認識
　　4-1　総説（①倭読ノ総説　第一）
　　4-2　日本には固有の文字が無かった（④日本ニ文字無キ説　第二）
　　4-3　文字移入史（⑤中国文字始テ此ノ方ニ行ハルル説　第三）
　　4-4　漢字音と倭音（⑥倭音ノ説）
　　4-5　倭語とは何か（⑦倭語ノ説）
　　4-6　日本式訓読法は文義を誤る（⑧顚倒読文義ヲ害スル説）
　　4-7　日本語語彙をめぐって（⑩倭語正誤　第八）
　　4-8　読書の方法（⑫書ヲ読ム法　第十）
　　4-9　書物に点を打つ法（⑬書ニ点スル法　第十一）
　　4-10　書物の抜書きについて（⑭書ヲ抄スル法　第十二）
　　4-11　四声点の打ち方（⑮音ヲ発スル法　第十三）
　　4-12　倭読への実例と読み方（⑯倭読ノ例　第十四）
　5.「学則」と「学戒」

      1．学則（⑰学則　第十五）
        1-1　学問の出発にあたって
          1-1-1　素読の必要
          1-1-2　必読書とテキストの選定
        1-2　学習法「古学」学習の完成まで
          1-2-1　第一段階　受け読みと日課
          1-2-2　第二段階　六経・文選
          1-2-3　第三段階　司馬遷『史記』・班固『漢書』
          1-2-4　第四段階　司馬温公『資治通鑑』
          1-2-5　第五段階　広汎な読書と環境の必要
        1-3　詩文の実践と修行の心構え
      2．学戒（⑱学戒　第十六）
  Ⅱ　言語の学
  Ⅲ　春台と徂徠学
  Ⅳ　春台と江戸の言語学
  Ⅴ　二つの徂徠学派評価
    Ⅴ-1　丸山真男の批評
    Ⅴ-2　マリウス・ジャンセンの批評

第8節　豊子愷『源氏物語』翻訳の発想と江戸白話小説翻訳の発想 ……448
　　　――母語と翻訳の文体をめぐって

  1-1　豊子愷訳『源氏物語』　1-2　江戸の白話小説翻訳　1-3　通俗物の翻訳実態　1-4　日・中の翻訳者のちがい
  2．翻訳と日本語の待遇表現

第9節　「魚返善雄」あるいは中国言語学との出会い …………………459
　　　――教養言語としてのシノワを夢想した学者

  1．魚返善雄
  2．1945年以前の魚返善雄
  3．魚返善雄にとっての中国の言語
  4．魚返善雄の翻訳の方法

第Ⅳ章　蘭学史・蘭語学史と文学・文化

第1節　蘭学環境と幕末の文学 ……………………………………………473
　　　――18，9世紀の東アジアを生きる気分と蘭学文学

  1．幕末・維新・明治・19世紀という基準

2．発見される文学　世界認識の方法―相対としての日本をみる
　　　2-1　見られる日本列島と大槻玄沢『環海異聞』
　　　2-2　ノンフィクションに込める筆力と桂川甫周『北槎聞略』
　　　2-3　微小な世界の発見と森島中良『紅毛雑話』
　　　2-4　柔らかな啓蒙主義者
　　3．ナポレオン，ドゥーフ，アヘン戦争と新世界へのかかわり
　　　3-1　長崎オランダ商館長ヘンドリック・ドゥーフ『日本からの回想』
　　　3-2　アヘン戦争と東アジア
　　　3-3　ナポレオンとロビンソン
　　　3-4　幕末を生きる少女の眼と今泉みね『名ごりのゆめ』

第2節　ヘンドリック・ドゥーフと長崎通詞そしてシーボルト…………498
　　　―辞典の翻訳と商館長の19世紀初頭を生きる気分

　1．欧州学としての蘭学
　2．ヘンドリック・ドゥーフ
　3．ハルマ辞典の翻訳

第3節　『環海異聞』の情報処理と記述法をめぐって……………………506
　　　―大槻玄沢と事件関係者の19世紀東アジア

　1　ロシア遣日使節
　　　1-1　ロシア艦船の長崎来航　1-2　日本の礼法とロシア人の遺憾な思い　1-3　ナジェジダ号艦上　1-4　レザノフ上陸　1-5　江戸からの使者
　2　資料と大槻玄沢
　　　2-1　大槻玄沢の情報処理　2-2　『環海異聞』の成立　2-3　『環海異聞』の表現　2-4　『環海異聞』の文体　2-5　『環海異聞』と『北槎聞略』の語彙の比較

第4節　佐久間象山とアヘン戦争後の東アジアを生きる気分……………527
　　　―『省諐録』と「ハルマ辞書」出版の建白

　1．佐久間象山の発議
　　　1-1　海防と蘭日辞典　1-2　『省諐録』の発想　1-3　象山の対外認識
　2．松代藩への「ドゥーフ・ハルマ」出版の建白書
　　　2-1　ハルマ出版に関する藩主宛上書1849（嘉永二）年二月
　　　2-2　徳川幕府への「ドゥーフ・ハルマ」出版の建白書

第Ⅴ章　唐話辞典・江戸時代唐音表・江戸言語学年表

第1節　唐話辞典 …………………………………………………………549
1．『唐話纂要』二字話部のピンイン順辞典化
2．「二字話」部解題
2-1 語の性質について　2-2 語釈について　2-3 唐音について
2-4 本文の誤記について　2-5 記号用法

第2節　江戸時代唐音表 ……………………………………………………577

第3節　江戸言語学年表 ……………………………………………………590
—キリシタン語学・蘭語学・唐話学・日本語学

引用図版一覧 …………………………………………………………………632
初出一覧 ………………………………………………………………………635

あとがき ………………………………………………………………………640
中文要旨 ………………………………………………………………………642
英文要旨 ………………………………………………………………………647
英文目次 ………………………………………………………………………652
索引 ……………………………………………………………………………655

第2版のための序

　本書は，さいわいにも，再版されることになった。この機会に誤植を訂正するとともに，最低限の修正を施し，これを第2版とした。

　近世・近代と呼ばれるモダーン・タイムスに世界の中に置かれたものとしての日本と日本人がどのように異文化のことばを生きてきたか。この問題をめぐっては，わたしの場合，もともと四つのコンセプトをもって発想していた。その内容を広汎に描きたかったからである。それにはマクロな視点とミクロな観察とそれらを十分に生かせる書物が必要だ。わたしのめざしたものはそういうことだった。40代の終わりだった。

　その構想はつぎのようであった。I 中世末期にはじまった西欧との交渉を含め，敬語を一つの核とした日本語文化を踏まえた対外文化史とすること，II オランダ語の受容を通じて，日本にもたらされた西欧近代文化受容の基盤を解析しようとすること，III 明清の口語学習とそれに伴う白話小説の受容を通じて，漢字文化のもつエクリチュールの本質ともろもろの現れを観察すること，またIIとIIIによって近世日本を主に覆った異言語要素をトータルにみつめ，江戸言語学史を記述すること，IV 洋学史の視点からみた蘭学文学史 - これはかつて勝本清一郎が構想しながら，ついになしえず，またそのまま忘れ去られた - のコンセプトを少しでも満たすこと。これら四つのディメンションを意識したのであった。こうしてわたしははじめ4冊の本としてほぼ同時に世に送り出したいと考えながら，ゆるゆると準備する途上にいた。

　しかし若い日々には夢想だにしなかったこと，すなわちいつか，知らぬまに徐々に侵されていた体への変調は，如何ともしようがなかった。そして，ほどなく還暦を迎えなくてはならない己を凝視せざるえなくなったある日，4冊への構想をあきらめ，これらを一書にまとめて刊行することにしたのだった。これがいつわらざる本書出版までのいきさつである。

　刊行後，いくつかの書評を含め多くのご批評に接し，改めてこころがひきしまる思いがする。

　また本書によって早稲田大学から博士（文学）の学位を授与された。

本書をめぐっては，先輩・友人・同僚をはじめ多くの方々からの叱咤・激励を受けたし，好意あふれるご支援を受けてきた。個々のお名前は掲げないけれども，心から感謝申し上げるとともに，多くのご指摘を今後に生かすようにしたいと思う。

　昨年の10月，NHK第二放送「私の日本語辞典」で4週間毎回40分，本書をめぐって話をする機会に恵まれた。聞き手の秋山和平アナウンサーはベテランの方で，本書に広く目を通してくださっていた。『江戸の翻訳空間』もご存知だった。以来10余年，今度の機会にと誘ってくださったのだった。

　こうして，振り返ると格別の思いがある。

　今はすっかり健康を取りもどすことができた。今後若年の日々からの懸案であった仕事を一つ一つ仕上げていきたいと考えている。

　なお，本書はほぼ予定通り昨暮に刊行でき，当時要請されたことへの対応はできた。けれどもそれが済んだ段階でさらなる修正の必要に気づいたのだった。それゆえ誤植の再検討を含め，改めて作り直すこととしたために今日の刊行ともなった。本書の刊行を待ってくださる方々のことを知り，汗顔の至りであるが，ご理解いただければ幸いである。

　最後に，本書の校正に協力してくれた大橋敦，山岡洋の両氏，ご尽力下さった笠間書院池田つや子社長，橋本孝編集長にあつくお礼を申し上げる。

2009年5月

　　　　　　　　　　　　　　　海風書屋にて　　岡田袈裟男

緒　言

1　江戸時代における異文化言語との接触，言語交流の実態を解析することを通じて日本文化の基底を考えたい。本書の目的はこの一点に尽きている。前著『江戸の翻訳空間―蘭語・唐話語彙の表出機構』に続いて，この本で考えようとしたことは江戸の日本人が格闘した異文化のことばから得た，ないしは得ようとしたものの質を問い続けることである。

基本コンセプトは「やまとことば」を生きる日本人が文字獲得の最初期から闘わなくてはならなかった漢字世界の新たな口語との出合い，あるいはまったく異なる西欧のアルファベット世界との出合いにおける言語間の相克にあり，ことばとの闘いにしたがった者の認知・認識と獲得の過程を記述しようとすることである。

いいかえれば，ことばにおける異文化との交渉が中世末期以来のヨーロッパ文化の受容，あるいは明・清の口語のもたらした文化の受容を通して日本人の言語生活と行動へ及ぼした実際を尋ね求めることである。16世紀中葉から19世紀後期に至る道程にあって，異文化との出合いが日本と日本人をどう変えたのか，あるいは何がもたらされたのか，異文化のことばの具体を求め，江戸時代を通して展開された蘭語学と唐話学とを合わせて捉え，異文化ことば学を明らめようとしたのである。

徳川幕府の外交はもっぱら貿易の振興にあったが，そこに異文化のことばと出合った者は外在的な面にばかり支配されることはなかった。いつの時代にあっても，どのような環境にあっても，自己の存在を規定する場がいかにあれ，新奇なものとの遭遇には，どこかに物事を新しく発想する力，まったくそれまでとは異なった構想を得る力が生まれる，あるいは生まれる可能性がある。

江戸時代，異文化のことばと出合った者がことばを媒介にして得た諸事象の認知とそれを契機として生起する認識，これらを根源から明らめる必要を感じる。それが現在を生きることそのものを指示するからである。かつては漢字世界，今日ではアルファベット世界と変容しただけで，日本の文化はい

つも外国の優先文明の言語をぬきにしては成り立っていない。

　ひるがえってみると，日本語の歴史を考えるということは日本と日本人がこの世界にあってどのような生き方を選択してきたかをとらえることである。

　そういうとき，概念装置として近代の国語学が日本語の歴史を大きく「古代語・近代語」として捉えてきた思考法は大切である。政治史の区分にしたがって，ことばの歴史を考えることよりも，そこにははるかにダイナミックな日本語史の展開を摑みえる可能性を秘めている。

　奈良時代以来室町時代の言語までの古代語の言語史はもっぱら中国の言語からの影響を受けてきた歴史である。すくなくとも室町時代後期，16世紀中葉に至るまで西欧の言語的影響を受ける事はなかった。その意味からいえば，古代語の世界は文字の受容以来，国風暗黒の一世紀を経，国風文化の形成の歴史を経過しながらも，中国文明の受容と影響の結果は小さいものではなかった。その表象は「漢字」である。漢字はトータルに日本を考えるときのキーワードである。日本人の歴史は漢字との闘いの歴史である。

　16世紀種子島の鉄砲伝来を契機に，以降来日したイエズス会宣教師によるカトリック布教のはじまりは西欧の言語との出合いであり，以来今世紀に至る新しい文明との出合いであった。ポルトガル，スペインなどの西欧先進文化との出合いは日本人の言語生活にとって根源的な出合いにはならなかった。しかし，つづくオランダをフィルターとして出合った西欧文明はアルファベット世界との本格的な闘いの端緒になった。そして今日に至る。

　トータルにみれば「かな」文字獲得以来の言語生活史は母語の質を問いかける歴史でもあった。ことばの生活の豊かさは「かな」世界に顕現している。「かな」はそれ自体日本と日本人の精神生活そのものの表象である。このようなところから近世以降の日本文化を考えるとき，それは自ずと和漢洋の文化的相克を検証する必要を導いてくる。

　2　一つの民族は固有の言語を生き，その言語を基盤として生きる。しかし，日本と日本人は漢洋のことばにすでに漬かりつづけている。とりわけ近世を終えた日本の意味は世界を生きることが欧米と伍していくことであり，西欧化への道を駆けぬけていくことであった。近世までの漢字世界に変わる

もの，それは英語を中心とするアルファベット世界である。日本近代の出発時，日本人は蘭語をあっさり捨ててしまった。中国の言語はビジネス言語と化し，しだいに英語が総合性をもつ外国語となり，教養を表わす仏語，学問を語る独語が採用される。明治政府がなした学制の施行はこの三つの言語を中心においた。さらに，江戸末期以来，西欧化への道で「和魂洋才」が一つのスローガンになった。

　近代を迎えたとき，明治を生きたいくつもの知性は異文化を知ることが己れを知ることであることを熟知していた。とはいえ，明治を生きたすぐれた知性の中でも，新しい時代の文学を生きた北村透谷，森鷗外，夏目漱石等はたえず近代日本における知の危うさに警告を発していた。透谷は儒教，仏教など精神文化を基底で支える旧来の宗教に変わりキリスト教が新来の宗教として日本を変えうるものと確信しようとしたが，すべてが並列的に存在しつづけ，それまでの事態を何ら変えることがないことを知って絶望した。鷗外はドイツ医学を通じて，それまでに受けた漢学，蘭学の素養の上に新たな生きかたをしようとしたが，性急に西欧化を急ぐ日本が自己を喪失していく過程を凝視せざるを得ず，諦観をもって知のレベルの堕落に対した。さらに漱石は明治日本が内発的に生きようとしない事態に鋭い警告を発している。彼らが発した日本の知の危うさは一世紀半を経過した現在なお根源においてどれほども変ってはいない。政治，経済を司る世界を生きないものにとって，文化の学は大切な基盤である。とりわけ人文学の世界は純粋に根源的に人間のあり方の質を問い質すという性質をもっている。ここでも鷗外を除けば，外面の世界を遠ざかった日本の知性のありかたは江戸時代における新井白石やあるいは荻生徂徠，また多くの儒学者とは異なった生き方を選択せざるをえなかった。蘭学者においても同じである。

　3　日本とは何か。日本人とは何ものであるかと根源的に問いかけること。この国を生きるインテリジェンスとは何なのか。今日，世界のことばの中に相対化される己れを無意識裡に感じつつ生きるインテリジェンスの質を深く問う必要がある。そしてそのために近世における和学以外の学的本質の解明が要請される。人文学の基幹にあることばとの闘いの実態を明らめるこ

とが，したがって大切なことだと思われる。

　このように考えるとき，この書物に盛り込まれた内容について，これが「日本語史」や「日本語学史」の範疇でのみ捉えられようとするとき，また語学の範疇のみで捉えられようとするとき，ある種の違和感を与えるかもしれない。それはいくつかの論がことば自体をメカニックに取り出そうとすることのみにとどまらず，ことばのメカニカルな解析とともに，ことばそれ自体の観察をのみ記述するのに終始しないで，ことばを文化の内部でとらえようとするからである。

　一方，この本を編む過程で，日本語で生きる者を深く規定する待遇表現にわたし自身の関心が深いことを改めて自覚した。異文化交渉にあって，わたしは日本語と日本文化に完全にとらわれて生きていることを知っている。日本に，待遇表現をどこかで意識しない人がいるだろうか。親疎関係は情報伝達の行き交いにあって規定される。名刺・肩書き・ステータス，これらは日本人にかぎらず人のいるところにはどこにでもあるのだが，しかし待遇表現文化を基底とする日本語世界は年賀状を書く行為をはじめとして「挨拶」文化と呼ぶのがふさわしい文化領域である。「挨拶」を抜きにして，また敬語・敬語行動に神経を常に注がないではこの国を生きることはできない。16世紀この国を訪れたイエズス会の宣教師たちはしばしば日本人の象徴的な行動としての敬語行動の実態を驚きをもってイエズス会総長宛に報告している。

　またわたしはここ二十数年来，毎年どこかで過ごすことのある外国の生活体験において，日本人の行動とことばの使い方，とりわけ敬語行動に関して日本語文化の宿命とでもいうべき母語がもつ振舞の支配性を全身で受けとめざるをえないできた。もとより異文化接触は常に自らの振舞が異言語の表現との相克を教え，表層にある表現を深い文化の基層で学ぶことを自覚させ，自らが改めて習俗・文化の異なりを学ぶことをうながすが，そういうとき経験的な思いばかりではなく，待遇表現を抜きにしては日本語を記述する方法はないという思いへとしばしば導びかれてきた。

　したがって，また本書を編む過程に生まれたさまざまな思いは改めての自己発見であったし，対峙する他者を新たに発見することでもあった。

　たとえば，かつて宇田川玄随や藤林普山らの蘭学者が記述した文法範疇に

おける「人称」を根本的に自覚することは，これが「我と汝」への本質的な問いかけの必要を意味し，さらにまた対他への自覚的関係に身をおくことが，人間の相互関係を新しく驚きをもって知覚するところへと導いた。蘭学の展開は西欧の発見が同時に日本の発見であることを知覚した知性の前近代において，基底的に知覚の拡張を促すものであったことを改めて確かめる必要がある。

　4　蘭語学，唐話学についての現在の研究環境はすでにインフラ部分の整備を終えた。蘭語学の考究には山田孝雄以来，伊藤慎吾，時枝誠記などの国語学史の記述，また新村出の研究などを経て，多くの蘭学研究者による記述の内部においても語学に関しての探究がなされてきた。国語史研究としては第二次世界大戦後，顕著な表われとして松村明，古田東朔，杉本つとむなどの仕事を認めることができる。とりわけ，杉本は蘭語学の成立と展開とを70年代にまとめきり，国学，漢語学などとの交渉にも多くのメスを入れた。現在の研究段階では杉本の研究を受けて，より詳密な探求をする環境にある。

　一方唐話学研究においてはかつて青木正児，中山久四郎などの手を経て，1940年代に文学史の視点から唐話学の総合的な外形整理が石崎又造によってなされた。しかし純粋な意味での言語の学としては不十分である。唐話自体の研究は1945年以後，鳥居久靖の唐話辞書研究が地味だが確実になされ，やがて長沢規矩也による60余の唐話辞書が影印刊行されるなど，蘭語学同様わずかな研究者の手に委ねられてきた。現在なお唐話自体を対象とする研究はきわめて乏しいが，またその分だけ豊穣な研究分野として残されていて，いっそう精密な資料分析を待つ環境である。

　このような環境下にあって，私自身の自覚は前著以上に，さらにデジタル的な一点一点を確かめる仕事に従事せざるをえないところもある。したがって時に重箱の隅をつっつくようにしてできたのが本書の基本部分をなすモノグラフィーである。

　5　本書は五章からなるが，中心は第Ⅱ・Ⅲ章にある。すなわち第Ⅱ章に蘭語学，第Ⅲ章に唐話学，漢語学研究のモノグラフィーを排した。第Ⅰ章

は蘭語学,唐話学,漢語学を底とする江戸時代における異文化言語交渉を通観してみたもので,本書のガイドにあたる性格をもっている。ここで簡略に述べたことの一々について第Ⅱ・第Ⅲの章がより詳細に明かすことになる。第Ⅳ章は語学的な個々の資料分析を踏まえながらも文化史的,文学史的な視野をも意識して前近代における西欧観あるいは西欧化への道程の一端を言語の場を基底として述べたものである。第Ⅴ章は唐話学研究の基礎となる唐話の実態を一つの資料の辞典化を図り,一方移入した言語音の今後の考求のために音韻表として提示したものである。またさらにキリシタン語学,蘭語学,唐話学・日本語学の展開を年表によって異言語獲得のさまを史的に展望しようとした。

　なお,一書を成すにあたっては全体としての統一を図った。そのためにいくつかの書き下ろしをはじめ,すでに発表したものについては多く大幅な補訂を施した。したがって初出時の姿を留めていないものも少なくない。ただ,論旨はまたほとんど変わってはいない。

　編集にあたっては同一内容の繰り返しを排除することに留意したが,それでも必要に応じて随所で同じようなことを述べている場合がある。ご了承をえたいと思う。

　おわりに図版の掲載,論文の転載を許された出版社,研究機関にお礼を申し上げる。

2004年春3月　　パリ　イタリー広場　シタディーヌにて
岡　田　袈裟男

第Ⅰ章　江戸異言語接触と言語文化

第1節　近世異文化言語交渉の基礎環境

　近世における日本の異文化言語との交渉について考えようとするとき，基盤をなすいくつかの事項と環境をとらえておく必要がある。ことばは人とともにあり，移動や関係する環境によって規定されるからである。ここではコミュニケーションのための最小の要素について簡略に触れておきたい。

1．日本に来航した船舶数

　中世末期から近世期全般を通じて展開された異文化との交渉では日本列島へのアクセスはとうぜん船舶によった。とりわけ，海禁(注1)の体制完成後は船舶のアクセス・ポイントは基本的に長崎に限定された。
　中世末期以来，ポルトガル船の来航は，1544（天文13）年から1647（正保4）年に至るまでの一世紀間に172隻であった。海禁政策の完成後，ポルトガル船の日本来航は完全に途絶えた。またスペイン船は1587（天正15）から1615（元和1）年までの28年間に最低6隻が来航しただけであった。
　さらにイギリス船の来航は海禁以前1613（慶長18）年から1623（元和9）までの11年間に13隻であった。ただ1658（万治1）年には10隻が来航している。やがて寛政年間ロシア船の根室来航など日本の国策を無視して交易を求める環境に変わった後，イギリス船は1813（文化10）年に2隻が来航し，1860（安政6）年に至るまでに35隻が訪れている。徳川全期を通じては58隻であった。
　西欧諸国の中で唯一公式の交易をもったオランダ船に関しては1600（慶長5）年来航したリーフデ号以来，1859（安政6）年までの期間に928隻が来航した。一方，隣国の明，清の船舶については唐船貿易が長崎に限定されてから1635（寛永12）年に4隻が来航し，幕末にいたる過程，6006隻が来航している(注2)。
　上記の調査に付け加えれば，18世紀末からラクスマン，レザノフ，プー

チャーチンと南下政策を企図したロシア帝国全権大使を従えたロシア船，あるいは1853（嘉永6）年のペリーが率いて浦賀に来航した4隻，和親条約締結後のアメリカ船など諸国の船舶が幕末に至り来航するようになったのである。

　近世日本の外交史の上で確かめられる外国船は海禁を国是としていてもイレギュラに日本を訪れ，時に燃料補給を求め，交易を求めたのであった。

　一方徳川幕府は長崎奉行を置き，対蘭，対清政策の管理責任を負わせたが，長崎奉行は江戸の指令にしたがって，実務上の外交責任を長崎で果たした。

　また近世における対外的交渉には蘭・清には長崎で，朝鮮には対島が，さらに薩摩では琉球王国への場があった。本書では主に蘭・清との異言語交渉を扱うが，トータルな意味で考えるとき，朝鮮通信使の意味，雨森芳洲の仕事，すなわち韓語学をも対象とする必要がある。また，琉球は薩摩藩，清の双方に属国として存在した事実をも勘案しなくてはならない。さらにまた松前藩における蝦夷地の問題をも統括して考えられなくてはならない。

2．対蘭政策と長崎出島

2-1　長崎出島

　長崎出島は扇形をなした人口の島として作られたが，その規模は周囲520メートル，面積は全4千坪弱であった。

　来日した西欧人はもちろんオランダ人が主であったが，スウェーデン，デンマーク，ドイツ人などが西欧諸国からオランダ人になりすまして来日した。出島の蘭館長はオランダ東インド会社，オランダ植民省を代表し，事実上の外交官としての役割を果たしたが，総数は異なり数162人，蘭館長の最後はドンケル・クルティウスであった。また在館した医師の総数は異なり数89人であった(注3)。

2-2　蘭通詞

　このような日蘭貿易は長崎出島で行われたが，また商務官としての役割を担った長崎通詞は年番通詞として大通詞，小通詞が毎年交代で勤め，また江戸番通詞，参府休番通詞が置かれた。今日の段階では平番，江戸番，参府休

番にあたった通詞の具体的な固有名はわずかな例外を除いてはほとんどが明らかにされている。通詞の主たる業務は，オランダ風説書，乗船員名簿，積荷目録の翻訳，入札や荷渡しなどの貿易業務における通訳であった。

　江戸前期150人いたといわれる「通詞仲間」は大通詞，小通詞，稽古通詞に分けられ，各階には役職が設けられた。通詞は世襲制で40家以上あった。石橋，西，吉雄，馬田，本木の各家は名門として知られている。吉雄耕牛は弱冠25才で大通詞に昇進，長崎における蘭語学発展の基礎を築き，また江戸蘭学者にも大きな貢献をしている。耕牛は蘭方医としての名声も高く門弟は600人に及んだ。前野良沢，杉田玄白の語学の師であり『解体新書』の序文を書いた。やがて，18世紀になると長崎通詞の中に中野柳圃が現われ，通詞職を辞した後，徹底した文法研究にたずさわり，蘭語学の基礎を固めた。柳圃の弟子馬場佐十郎，吉雄権之助が現れるに至って長崎通詞による蘭語学はその発展的段階に至った。

3．対中政策と唐人屋敷

3-1　唐人屋敷

　明滅亡の前後，多くの明人が日本に亡命したが，清代には交易とともに，しだいに明・清人が長崎市中に定住するようになった。当時日本人は明・清人を「唐人」と呼んだ。1635（寛永12）年以来，日清貿易は長崎一港に制限された。しかし密貿易の増加とともに，その対策として1689（元禄2）年，十善寺郷幕府御薬園（現在の館内町）に唐人屋敷が建設された。広さは約9400坪，約2000名が居住可能な屋敷に，それまで市中に散在していた唐人がすべてここに収容されたのである。この「唐人屋敷」が長崎出島と同じように明・清人にとって唯一日本への窓口となった。屋敷は「唐館」とも呼ばれた。長崎奉行の下，厳しい管理がされた。1859（安政6）年廃屋となり，1870（明治3）年に焼失した。

3-2　唐通事

　蘭通詞と同様，唐通事にも位階制が敷かれ，大通事以下いくつかの階層が

設けられていた。貿易に携わった唐通事は多く祖を明人とする者で子孫の多くは日本人となった。以降語学に秀でた者を含めて，唐通事は中国の主として南方の諸方言に対応した。

　主な方言は福建省の漳州話，福州話，あるいは南京話，江南の呉語であった。渡来した明人はいずれも出身別に菩提寺を建立したが，通事を勤めた者たちは何らかの形で寺の壇越として祖先の霊を祭りそれぞれのコミュニティを形成した。

　漳州話の通訳を担った祖は福建省漳州出身の陳沖一で島津藩に仕えた。長男陳道隆は後の頴川藤左衛門となったが，1640（寛永17）年林仁兵衛とともに小通事に任命され，翌年には二人の大通事の死後，ともに大通事になった。高一覧は父高寿覚が鹿児島に渡来後，1603（慶長8）年に生まれ，1641（寛永18）年小通事，最後には大通事となった。また浙江省紹興出身の頴川官兵衛は1610（慶長15）年長崎に渡来。大通事・小通事の区別のなかった1632（寛永9）年に唐通事となった。長崎興福寺創建当時の壇越で隠元の来日を懇請する書状に筆頭として名前を連ねている。やはり，漳州出身の欧陽雲台は唐通事陽氏の祖であり，唐年行司を勤めた。

　福州話を担った祖は福建省福州出身の林大卿で1609（慶長14）年鹿児島に渡来1619（元和5）年に長崎に移住した。林仁兵衛は林大卿の子で鹿児島に生まれ，頴川藤左衛門とともに1640（寛永17）年に小通事1641（寛永18）年大通事に任命された。福州の何高材は1628（寛永5）年長崎に渡来。崇福寺四大壇越の一人であった。

　また同様に南京話を伝えた南京出身者は南京寺を建立して，先祖を祭り，異郷に定着した。さらに唐話辞書に反映する江南話をもたらした呉語を生きた人々など江戸の唐話文化は日本に定住した中国からの移住者によってその基礎が形成された。こうして日本化していった人々によって唐通事が養われ，日清の交易に貢献したのである。唐通事ははじめ自宅で仕事を行ったが，1751（宝暦1）年に唐通事会所が設置された。

　このような環境からやがて岡島冠山のようなすぐれた唐通事を生み，さらに唐話学の礎となる語学，文学における発展をうながしたのである。

4．外国語を受容する環境

4-1　蘭語

　蘭人，唐人たちは限られた施設，環境の内部に隔離されていた。出島，唐人屋敷という居住地においては，長崎奉行が一括管理していたために，公式には居住地域で完全に管理されていた。

　蘭館長のいくつかの証言によると，たとえばドゥーフは回想録にオランダ人が自由に外界と接触することはできず，また日本語を学習することも禁じられていると明確に記している(注4)。蘭人は江戸参府のときにはじめて長崎を離れることができるが，長崎から江戸への行程は限定され，宿泊地も一定していた。江戸への行程は長崎から瀬戸内には航路，陸路に上がると下関，京都（海老屋）を経て東海道から江戸本石町の長崎屋へ至った。正月が明けてから約90日間が，3月か4月に参府に至るまでの日数であった。すでに多くの資料によって明らかにされているように，初期以来江戸蘭学者は長崎屋に逗留する蘭館長一行や長崎通詞たちとのコミュニケーションによって，自らの蘭語学力を補強していた。蘭学の隆盛にしたがって全国的に蘭学書生の数が増え，ネイティブとの接触は参府の過程において環境がつくられていたものと考えられる。

4-2　唐話

　唐話の受容環境はつぎのようにしてできたものと考えられる。もともと地理的にいって日本への入国はそれほど困難ではない。亡命した明人を含めて，それぞれの共通する出身地の方言を媒介にして菩提寺を建立したり，また日本人の世界に溶け込んでいく。隠元のような黄檗僧を含めて，僧侶は本州へもその根拠を構えた。元禄〜享保期に至る唐話普及などを考慮すると，ネイティブによる唐話学環境は自然と整っていった面が見受けられる。とりわけ，伝統的に漢字文化の影響を受けてきた日本と日本人の中国文化への思いも深く，徂徠学派などの事跡を辿っても，蘭語環境の整備，発展とはまた別に安易に比較できないところがある。

以上，蘭語・唐話の近世日本における受容を考えるときに基本要素となることがらについて略述した。

注
1　「海禁」は新井白石『折たく柴の記』に「海禁の厳なる時，清康煕帝の海禁を開かれしかば」などとあり，「貿易制限・禁止」などとする例がある。
　　また幸田成友は「寛永鎖国令の名称は果たして適当か」として，「海外渡航禁止であって，決して鎖国ではない」と述べた後，「鎖国令の名称は甚だ当たらぬものと思う」としている。
　　「鎖国」という術語にはかねてから疑問を感じていたが，近年，日本史学の上でも「鎖国」をいわず「海禁」をいう事例があることを受けてこのタームをとることにした。
　　荒野泰典(2003)『「鎖国」を見直す』　かわさき市民アカデミー講座ブックレット No.13
　　小堀桂一郎(1974)『鎖国の思想』中公新書
2　長谷川一夫（1984）「来航船舶数一覧」　日蘭学会編『洋学史事典』付表
3　長谷川一夫（1984）「歴代オランダ商館長と在留医師」　日蘭学会編『洋学史事典』付表
4　Doeff. Hendrik（1833）*"Herinneringen uit Japan"* Haarlem

第2節　西欧の発見した日本語の本質
　　―南蛮・紅毛の見た待遇表現の文化

1-1　イエズス会宣教師と日本語敬語

　日本語は待遇表現に満ちた言語である。日本の文化は敬語と敬語行動を抜きにしては成り立たない。待遇表現への配慮は日本人の生き方を根源的に規定している。

　ここではこのような問題を 16 世紀以来，「欧州の人間が見た日本待遇表現の文化」という視点から考えてみたい。待遇表現の本質を見きわめることが何よりも日本文化の根幹にある何かを見出すのに有効な手だてになると考えるからである。したがって，ここでは「敬語」を中心とすることばの問題にだけにとどまることなく，礼儀・作法などを含めた振舞いなどノン・ヴァーバルなコミュニケーションの面にも広げ，こうした文化傾向の一面の素描を試みる。

　イエズス会宣教師によって発見された西欧の言語と日本語の差異の認識については早く土井忠生（1938）によって指摘され，明らかにされた。これによれば，1583（天正 11）年 10 月 28 日付け，イエズス会総長へ宛てた書簡で巡察師アレッサンドロ・ヴァリニャーノ Valignano, Alessandro（1537～1606）が書いた日本語の敬語観はつぎのような内容であった。

　　　同一の事物を表す語に多数の種類があるのみならず，日本語の性質として，上品で，敬意を示す一種の言ひ方がある。従って，すべての人，すべての物に，同一の名詞同一の動詞を使ふことはできない。その人その物の品格に応じて，尊敬する高級な語か軽蔑する低級な語かを，それぞれに使はねばならない[注1]。

　また，さらに 1601（慶長 3）年にヴァリニャーノは著書『日本におけるキリスト教の起源とその発展』でつぎのように書いている。

　　　日本語が甚だしく豊富であり典雅であることもまた事実である。日本語が最も丁寧であつて敬意の高いことは間違いないけれども，その度合がラテン語よりも過ぎてゐる点では，煩はしいことのやうに思はれる。すなはち，敬意を示す，一種の助辞もあつて，動詞や名詞に甚だしく敬意を添へた言ひ方は極めて丁寧であり

敬意が高い。そのために日本語は甚だ変化に富み，丁寧典雅なものとなつてゐることは疑ひない。その他にも敬意を持つた助辞や動詞を使はないで儀礼を表す方法がある。それは第一人称を自身で使ふのには如何なる場合も常に普通の語か卑下した語かを使つて，話さねばならない。さうすることによつて，敬意を持つた語は他人を尊敬するためにのみ使はれることになるのである。また，話題とする人や事物に応じて，敬意を持つた語や助辞を使はねばならない。話し対手とする人ばかりでなく，話題とする人や事物について敬意を示すのであつて，それらに応じて，普通の動詞か敬意を持つた動詞かを使はねばならないのである。かくして日本語は，その性質上，言語そのものが礼儀と立派な躾とを人々に教へるのである(注2)。

　この文章で注意しなくてはならないことは最終の一文「かくして日本語は，その性質上，言語そのものが礼儀と立派な躾とを人々に教へるのである」と書かれた内容である。この観察結果は重要であるが，敬語を論じたものに，今までこの言辞を正面から論じようとしたものは乏しい。むしろ，これまでは日本語の実態を精密に観察したジョアン・ロドリゲス Rodriguez, Joãn（1561〜1633）の『日本大文典』などの文法書に記述された敬語の内容を分析することに多く注意が注がれ，文化観としての内容からのアプローチはほとんどなされてきてはいない。

　ところで，日本語はどのように記述できるかを探求しながら，同時に生活実感として得た日本語の運用法は，日本人自身にとってもどういうかかわりがあるのか，宣教師の目や耳はここにひきつけられたのだといってよい。そのことはカトリックの布教活動の根元にある宣教師の日本を生きる気分もとうぜん反映している。随行したロレンソ・メシア Mexia, Lourenco が示した内容はヴァリニャーノの観察を大きく補っている。二人の基本的なところでの認識は変わってはいない。けれども，日本語を外国語として学習する場合の重要な要素が文法構造や音韻組織など，ふつう言語学習の基礎となるべきところにはないこと，また西欧の言語とは大きく異なった日本語理解の上で最大の特色といってよい待遇表現面をいっそう明確に記している。つぎの書簡も土井により指摘されたものだが，ロレンソ・メシアによる1584（天正2）年「ポルトガル，コインブラ学院長宛書簡」の記事である。

　　日本語はあらゆる言語の中で，最も典雅にして最も豊富な言語である。すなはち，

第2節　西欧の発見した日本語の本質—南蛮・紅毛の見た待遇表現の文化

多くの点でギリシア語やラテン語にも勝って居り，同一の事柄を述べるのに無数の語と表現法がある。（中略）他の如何なる国語にも見られないで，日本語のみが有する別の特徴は，立派な言葉遣を学ぶのと併せて，十分な教養を積まねばならないといふことである。大人に対するのと子供に対するのと，また目上に対するのと目下に対するのとで，如何に話すべきかを知り，又誰に向かって話す場合にも守るべき礼儀を心得，それぞれの場合に使ふべき特有な動詞なり名詞なり言ひ廻しなりを会得した上でなければ，何人と雖，真に日本語を理解したとは言へないのである(注3)。

メシアの意見は真に日本語を理解する方法が唯一対者関係における敬語使用の如何にかかっているという事実を把握することであった。メシアはそれを「教養」といった。日本人とはどうすれば上手に交際することができるか。この宣教師の胸にはしっかりとそのことが印象づけられたことを示している。その意味ではメシアはヴァリニャーノとともに，日本語にはじめて接した者にとって，日本で生きる基盤が敬意表現の使い方と密接な関係があることを最初に見出した西欧の一人であった。したがってとうぜんのことながら，日本語に接して知った驚きは変わることがなく，異文化の位置から日本を見つめようとする者の目にくっきりと映じたのにちがいない。

1596（慶長1）年に刊行されたリンス・ホーテン Jan Huygen van Linschoten（1563〜1611）の『東方案内記』 "Itenerario, voyage ofte scjpvaertnear Oost ofte Portugaels Indien", 1596 には，マッフェイ Maffei『インド布教史』1588 が引かれ，日本語についてつぎのように記している。

かれら（ヤパン人・筆者）の言語はシナ語とは異なる。したがって，双方が話し合ってもわからぬが，書けばわかる。というのは，同じ図形の文字を用いているからである。語の表記法にいろいろあり，また，敬意的表現についていろいろの書き方がある。かれらは相手の地位，身分に応じて，いちいち特殊の敬称と用語とを使い分けるからである。だから，かれらの言葉を外国人が習得するのはたいへんむずかしい(注4)。

フランシスコ・シャヴィエル Xavier, Francisco de（Yasu y Javier 1506〜52）以来の日本訪問は約三世紀にわたり明治に至ったが，言語としての日本語が「相手の地位，身分に応じて，いちいち特殊の敬称と用語を使い分け」るために「外国人が習得するのはたいへんむずかしい」という認識は，もう日欧の交流のはじめから観察されていた事実を語っている。

また，これは日本語について書かれたことではないが，1587年10月15日付，生月発，イエズス会総長宛ペドロ・ラモン Ramon Pedro（1549～1611）の書簡の末尾にはつぎのようなことが書かれている。

　　神の愛により私の誤記を赦していただきたい。というのは，イエズス会がいろいろな所で私に多くの言語の学習を強いてきたので，純粋な言語はほとんどなくなって，すべて混じり合った不完全なものとなってしまったからである(注5)。

　布教の基礎として，布教地のことばを学ぶ宣教師が時としてこのようなエクスキューズを最高責任者にしていたことは，これ自体興味のあることである。

1-2　ガラヴニンの敬語・敬語行動観察

　そうした日々，たとえばヴァリニャーノから200年余を隔てた日の1811（文化8）年，松前藩に逮捕され幽閉されたロシアの海軍士官ワシリー・ミハイロヴィッチ・ガラヴニン Garavnin, Vasili Mikhilocvitch（1776～1831）が残した日本語の観察記録はさらに徹底してこの言語のもつ特異な点を発見している。

　　日本語は外国から伝来した言葉ではなくて，遠い遠い祖先から伝はつて来た言語である。（中略）書籍や公文書や教育のある人々の書簡には，支那式の書き方，つまり文字を使用し，庶民はアルファベットを使用している。これは日本語には四十八字ある。（中略）日本語の発音はわれわれにとって極めて困難である。（中略）日本側ではわれわれが日本文字の書方を禁じたので，日本の文法を学ぶ方法はなかつたが，日本人から聞いたところでは文法はさまで難しくはない様子であつた。といふのは名詞も動詞も変化が極めて少いからである。名詞の変化はそのあとに付ける助詞または小詞を使つて行ふ。動詞の変化は性も，数も，法もなくて，ただ時だけにすぎず，その時も日本語では過去，現在，未来の三つしかなく，あとはたとへば「前に」「間もなく」などのやうな状況語を加へて現はすのである。前置詞はその相当する名詞のあとに置くのである。同様に接続詞も，それによつて接続される言葉のあとに附くこともある。（中略）日本語の勉強は発音のほかに，語数が極度に多いといふ困難に遭遇する。日本では多くの事物や動作が二つの名称を持つてゐる。その一つは自分より目上の者と話す時や，丁寧ないひ方をする時に使ひ，他は目下の者と話す時や，ざつくばらんな云ひ方に使ふのである。しかもだ，その違ひはわが国で「寝る」と「おやすみになる」とか，「食べる」と「あがる」などの間にあるやうなものではない。といふのはわが国で敬語

第 2 節　西欧の発見した日本語の本質—南蛮・紅毛の見た待遇表現の文化

を使ふのは，直接その言葉を受ける貴人に関する場合か，または敬意を表する人のことを話す場合である。ところが日本人は貴人と話す場合には話題が誰に当たるかに拘はりなく，特別の敬語を使はねばならない。と同時に平民と話す時には，これまた話題の如何に拘はりなく別の言葉を使はねばならない。従って日本では二つの国語が使はれてゐると云ってよい程である。こんな事は私の知る限りでは，地球上の如何なる国民にもないことで，これもまた日本の国民文化の一定の段階を証するものである(注6)。

　ガラヴニンの日本語観察は特殊な見解でなく，多かれ少なかれ欧州の人の目には映っていた。とりわけロシア語における敬意表現のあり方とはまったく違う面をもっている点に注意しているところは大事である。ここでもっとも注目されるのは「日本では多くの事物や動作が二つの名称を持ってゐる」とした後に，「こんな事は私の知る限りでは，地球の如何なる国民にもないことで，これもまた日本の国民文化の一定の段階を証するものである」とした箇所である。ガラヴニンはこうして日本語の生活に密接なかかわりがある非言語の面も含めての敬語とその行動のあり方に言い及んだのであった。

日本人同志の態度は極めて礼儀正しい。それは目下の者が目上の者に対する場合だけでなくて，同一の階級の者同士でも，丁重である。彼らは腰をかがめて，お辞儀をする。特に敬意を表する時には，すっかり膝をついて，地面につくまで身体を屈する。しかしそれは室内だけのことで，街頭では（そんなお辞儀をいたしたいと思ひますが）と素振りをするだけである。またその場合には何とも云はない。しかし自分より目上の人に普通の敬意を表する時には，膝をかがめて，指先が地面につくまで腰を折り，スーッと息を吸ひながら，その敬意を表する相手の名を云ふのである（中略）日本人が出会ふと，最初の挨拶がすんでからも，数分間は御互にお世辞を云ったり，お辞儀をしたりして，相手の健康のことや，両親その他のことをたづね合ふのである。（中略）これはわが国で「又会ふまで」といふのと同じである(注7)。

　体を深く折って交わす挨拶は異文化の多くの人々にとって日本人の挨拶の仕方の中でも非常に目立った行為に映るようであって現在でも変わることがない。ガラヴニンがここに注意したのはシンプルな反応にすぎない。これらの観察の結果は礼儀や作法に目を向けるとき宣教師たちと何ら変わるものではなかった。ガラヴニンは日本人の行動様式についての一面をさらにつぎのようにも述べている。

日本では熱烈に論争することは，大変に非礼で粗暴なことと認められてゐる。彼

らは常にいろいろと申訳をつけて，自分の意見を礼儀正しく述べ，しかも自分自身の判断を信じてゐないやうな素振りまで見せる。また反駁する時には決して正面から切り返して来ないで，必ず遠廻はしに，しかも多くは例を挙げたり，比較をとつたりしてやつて来る(注8)。

ガラヴニンがとらえたこのような日本人の行動は今日でもさまざまな会議においてよく目にすることができる。何百年経とうと民族のふるまいは変わることがない。

思えば見られる側にいる者の目にはしばしば自らが他者と異る点を見過ごしがちなところがある。しかし見る側にいる他者はあたりまえのようにきわめて単純なレベルで自らとの違いを認知することができる。異なったことばの習得には時間がかかるものの日常生活を通過することによって差異の発見がなされることは考えるより難しいことではない。イエズス会の宣教師からガラヴニンまでの間に来日した欧州の人間たちには，日本語における特異な点を容易に発見することができた。

1-3 日本人敬語学者の敬語観

ではこのことばの使い手である日本人はこのような南蛮・紅毛の見方にどう対比されるものをもつか。ガラヴニンからさらに一世紀半を過ぎた現代，日本を代表する敬語学者の一人辻村敏樹は外国人への日本語教育者に向けた論考の要旨中でつぎのようにいっている。

> 日本語教育における待遇表現，特に敬語の扱い方のむずかしさは，語彙語形の指導だけでなく，対人関係に応じてどのように使い分けるかを教えなければならない点にある。(中略)また，敬語的表現や敬語行動は，敬語に関係の深いものとして併せて教えるべきであるが，同時にそれらのもとをなす日本人の物の考え方を説明すべきで，そのことがことばの正しい理解に導くことになる(注9)。

辻村は綿密な観察をもって諸方を勘案しもっとも穏当な見解を示すことで知られている。したがって，ここに見える主張は一般的であるといってよい。本文でもこのように書いている。

> 日本人は生れながらにして日本語を学び日本語を使って育つ故，敬語がどういうことばであり，どういう人に対し，どういう場面において用いるべきものであるかということはいろいろな機会におのずから身につけることが出来る。しかし，

外国語としての日本語の敬語についての学習は，われわれが英語やドイツ語やフランス語を学ぶ際に人称代名詞に対応する動詞の変化を覚える以上に容易でないと思われる。それは語彙や語形の変化が複雑多岐にわたる上，それを上述のように対人関係に応じて使いわけなければならないからである。しかも，敬語は使いさえすればよいというものではなく，使ってはおかしい場合や使ってはいけない場合もあるというやっかいなしろものであり，そこに敬語が敬語としてだけ扱えず，広く待遇表現の一つとして扱われるべき理由が存在すると言えよう(注10)。

一読して明らかなようにこうした現代の学者の見解は近世期来日した西欧の人々の観察をきちんと裏づけるものと認められる。ことばの質は時代を大きく隔て封建の社会から民主主義を標榜する時にあっても変わらず生きる。

これをあたりまえのことだといってしまえば，それだけのことである。しかしそれゆえのことであるのだろうか。敬語の組織的な研究は明治に至るまでほとんどなされることがなかった。古代・中世には『枕草子』『名語記』などに若干の敬語への言及があるが，これらを含めて江戸を通貫しても本居宣長をはじめ多くの日本学者を輩出した時代にあっても個々の語彙考察がなされたのにすぎない(注11)。

体系的な研究は明治になって，山田孝雄の『敬語法の研究』（1900 明治33）が出て本格的にはじまったのであった。だがそうはいいながらも日本人と日本語というテーマをようやく根幹からみようとするとき，この言語がきわめてレトリカルなことばであることの自覚は深くはない。敬語は研究史的にみると，ア・プリオリに存在するものとして，修辞的な関係から日本人の行動様式を考えるというような視点は乏しい。先の辻村の主張はそうした意味でもっとも穏当な敬語認識を示しているように思うが，辻村はさらにつぎのような見解を示している。

> 敬語的表現は修辞的表現であっても，敬語そのものは修辞的事実ではないと言った方がいいと思います(注12)。

このように「修辞的表現」である敬語を認めながらも，敬語がア・プリオリに日本語内部にあり，修辞ではないとする考えが現代を代表する敬語学者から示される。明治になってからはじめて体系的に研究されるようになった敬語が構造の分析における客観の世界を離れたときには，しばしば国語純化を言う嘆きの声となったり，美しい日本語，麗しい日本語として日本文化を

21

自賛して謳うときの決まり文句のような見解を生んでいる事実にも注視する必要がある。とりわけ，敬語は発生論的な問題を基として，根底的に再考される必要がある。ただ，この点については十分な論議が欠かせないから，日本語における修辞性の検討が必要であることを指摘してさらに南蛮の観察に目を転じたいと思う。

2−1　西欧の日本人発見

　西欧の日本発見は古くフランシスコ会修道士 G. リュブリュキ Rubruquis, Guillaume（1220?～93）が東洋各地の地理・風習・宗教・言語等を記した旅行記 *"Itinerarium fratrius William de Rubruquis de ordine fratrum Minorum"* に日本を「不老国」と記したものが最初とされ，もっとも古い事例といわれる。またトメ・ピレス Pires, Tome（1466?～1524/1540）の『東方諸国記』*"Suma Oriental que trata do Maar Roxo ate os Chins"* 1515? に見出される。ピレスはポルトガルがはじめて中国に派遣した大使であった。

> すべてのシナ人のいうことによると，ジャンポン島はレキオ人の島々よりも大きく，国王はより強力で偉大である。それは商品にも自然の産物にも恵まれていない。国王は異教徒で，シナの国王の臣下である。かれらはシナと取引をすることはまれであるが，それは遠く離れていることと，かれらがジュンコを持たず，また海洋国民ではないからである。
> レキオ人は七，八日でジャンポンに赴き，上記の商品を携えて行く。そして黄金や銅と交換する。レキオ人のところから来るものは，みなレキオ人がジャンポンから携えて来るものである。レキオ人はジャンポンの人々と漁網やその他の商品で取引する(注13)。

「ジャンポン」は日本であり，「レキオ」は琉球のことである。ここに引いた記事は日本について最初にポルトガル人によって記載された内容であるが，琉球についての記載がここでは多い。

> われわれの諸王国でミランについて語るように，シナ人やその他すべての国民はレキオ人について語る。かれらは正直な人間で，奴隷を買わないし，たとえば全世界とひきかえでも自分たちの同胞を売るようなことはしない。かれらはこれについては死を賭ける(注14)。

ここには「レキオ人」の性格が述べられるが，16世紀はじめポルトガル

第2節　西欧の発見した日本語の本質―南蛮・紅毛の見た待遇表現の文化

をフィルターとしての西欧は日本人をこのように認知したのであった。

またリンス・ホーテン『東方案内記』における日本情報はマッフェイの『インド布教史』によっていたが、彼の日本人観はつぎのような内容であった。

　　ヤパン人は、万事においてシナ人ほどにうるさくなく、また好奇心も強くなく、つましさをもって満足しているが、しかし大方はちゃんとした身なりをして、ほとんどシナ人と同様に絹物を着て歩いている(注15)。

　　〔ヤパン人が〕きわめて俊敏で、物事をすみやかに学び取ることは、ポルトガル人がこの国を発見して以来、経験によって明らかにされてきたところである。この国の一般民衆、地方人は、よその国民とひじょうに異なっている。なぜなら、かれらは、あたかも宮廷ででも養育されたかのように、礼儀作法がすこぶる優雅だからである(注16)。

　　かれらの挙止、作法、言葉、実生活上のすべての儀礼や挨拶は、あらゆる他国民のそれとまったく反対である(注17)。

　　こういったかれらのしきたり、ないしは慣習をいちいち詳しく物語っては冗長にすぎるであろうから、ここでは、その若干の事例を紹介するにとどめよう。それは次のとおりである。シナ人が互いに出会って挨拶を交すときは、頭と手で会釈するのに対して、ヤパン人は履物を脱いで、それで敬意を表わす。シナ人や他の諸国民が人に応対するときは立ち上がって敬意を示すが、かれらの場合は坐る。立ったまま、あるいは直立して人に応対することは甚だしい無礼とされているからである。われわれは外出するために外套を着るのであるが、かれらが外出するときは、それを脱いで、また合羽もしくは外套を着る。他の諸国民においては、頭髪はブロンドすなわち黄金色を、歯は白いのを美しいとするのであるが、かれらにあっては、それはこの世でもっとも醜悪なるものであって、あらゆる手立てを講じて頭髪と歯を黒くする。白はかれらに悲しみを、黒は喜びを与えるからである(注18)。

また、宣教師は多くの日本観察の記録を残したのだが、どのように日本語と日本文化をみていたか。その場合宣教師というヨーロッパの人間の眼にしばしば映ったことはあらゆる面で日本はヨーロッパとまったく逆であるという認識であった。たとえば、1593年11月15日付マカオ発ヴァリニャーノの書簡にはこう書かれている。

23

> また日本人とわれわれエウロパ人とは,習慣・言語・行動様式が全く逆なので,われわれエウロパ人の会員の間に不和をきたす危険はそれほど大きくない(注19)。

また詳しい年次と差出人を不明とする16世紀ポルトガル人の書いた書簡にもこのようにある。

> これらシナと日本の両王国は,言語・習慣・行動様式が,両国間においてのみでなく,エウロパとインディアのわれわれ会員との間においても非常に大きく相違し,まるで反対であり…(注20)。

このような認識を示すものでは,これまでルイス・フロイス Frois, Luis の著した『欧日文化比較』がもっともよく知られているが,日本が西欧の眼に発見されるプロセスにはこうした文化観がその基底に存したのである。

つぎに非言語の面で観察された敬語行動のいくつかのことに触れる。敬語行動でもっとも典型的な行為は儀礼の場にあらわれる。ベルナルディーノ・デ・アビラ・ヒロン Giron, Avila は『日本王国記』(1615 元和1) "Relacion del Reino de Nippon a que llaman corruptamente Japon" に多くの日本に関する情報を書きとどめたが,たとえば礼法についてこう書き記している。

> 天下 Tenca をわがものとして掌握した連中の一人が,いよいよ政治をおこなおうとする時には,まず内に拝謁して,除目と叙任とをお受けするのであって,(中略)こういう人々(秀吉・家康などのこと・筆者)が内裏に拝謁に出る時には,金銀の厖大な贈物を持参するのであるが,内裏が御しるしを帯びて玉座にある間は,よしんば国王であってもそのそばへ近づくことも,じっと相手の顔を見つめることも,ないしは坐っていることを許されず,ただ両手をついて,ひれ伏していなければならない。いよいよ叙任がすんだ後,内裏は叙任された者だけを招待するのであるが,それには礼服を脱ぎ,栄誉を表わすしるしを取り去って,座敷 Çaxiqui へはいるが,そこへは内裏に奉仕する貴族たちが国王を案内するのである。そしてこの場で言葉が交わされ,盃 Çacanzuqui が与えられる。のみならずに授けられるほまれの一部が人々に見えるようにと,戸〔襖〕をいくつか操って,座敷の前面を開け放つのである。しかし,そこにある人々がいかに強大な領主らであっても,唯ひとり座敷 Çaxiqui へはいることも,己のいる場所から動き出すこともない。ただ動いてよいのは退出する時だけで,それもほとんど四つんばいでなければならないのである(注21)。

礼儀について,西欧の人間の受けた印象は江戸時代になっても変わることがなかった。エンゲルベルト・ケンプファー Kaempfer, Engerbert

(1651〜1716)の『日本誌』"History of Japan" 1727（享保12）にはつぎのよく知られる記事がある。

　　甲比丹が謁見の間に入ったと思われる場合に「オランダ甲比丹」と呼びあげる大きな声が聞こえて来た。これは商館長が御座所に近付いて、表敬の礼をすべき合図なのである。この合図を受けた商館長は、献上物が並べてある場所と、床を一段高くした部屋に設けられた将軍の御座所との間を、指図通りいつくばるように膝行し、地面に顔がつくほどひれ伏し、一口も口を聞くことなく、再び蟹のような格好ではいつくばり退く、念には念を入れて準備した謁見の儀は、このようにして全く呆気なく済んでしまうのである(注22)。

つぎは1826（文政9）年シーボルトが書いた拝謁の日の記録である。長いが、ケンプファーの記述とともに、将軍拝謁という最高儀礼の場を見た者の証言として興味深いし、また日本人の儀礼行為をよく表している。

　　五月一日〔旧三月二五日〕朝六時、拝謁のため宿を出る。使節一行の三名は乗物で、日本人の護衛者は徒歩ででかける。オランダ人の宿舎から城までの距離は、二町に過ぎない。幅広い橋を渡り〔宿舎の位置からみて、常盤橋を渡ったものと思われる〕大きく頑丈な門を通って、防御施設のある城の第一の区域〔ここからが内郭〕にはいる。行列は諸大名の屋敷に沿って第二の橋につくと、われわれは乗物から降りて歩いて進まねばならない。この橋を渡って大きな門〔大手門〕に着く。門の内側にはいわゆる百人の衛兵がいる番所があり、ここでわれわれを休ませてくれる。たいへん悪い茶が出される。

　　　支那の赤い毛氈が掛けてある木製の長椅子に掛けるようにすすめられた場所の設備はすべて、堂々とした感じを与えはしなかった。ここに長崎奉行、ふたりの外人接待係と衛兵の指揮官〔百人御番頭〕が現われわれわれを出迎える。ここから、幅広い石段のある道が通じている大きな城門の中へ堂々と入城する。門にはたくさん彫刻が施され、その様式は仏教の寺院を思わせる。御殿にはいる時、われわれは上席の番所衆と数人の廷臣の出迎えをうけたが、これらの廷臣はみな頭をきれいに剃っていて僧侶の衣に似た黒い服装をしている。われわれは控えの間に用いる広間に導かれたが、そこでは立っていても歩いていても、腰かけていても構わなかった。ここに貴族たちの数人の仲間がわれわれに挨拶しにみえた。これは公的な行動ではなくて、単に彼らの好奇心を満足させるためである。これらの人々の中には将軍の親族の越前侯・近江〔彦根〕藩主井伊掃部頭・前の長崎奉行唐津侯〔これはシーボルトの誤解〕がおられ、平戸侯もいっしょだった。またもの好きな人たちの中には、将軍の世子や親その他一橋侯や田安侯がおられたともいう。さらに高位高官の人々や侍臣たちがわれわれを見物していた。これらの人々のうち、オランダの言葉や文句を扇子とか紙に書いてほしいと頼んだものも

何人かあった。われわれもその望みをかなえてあげた。ここでまた奉行と外人接待係がわれわれを訪ねてきて，謁見式の次第を次のやり方で説明した。使節は「拝礼を練習するために」謁見の広間に行くことを求められた。彼は侍臣に導かれて進み，われわれも数歩はなれて黙って彼について行くことを許された。われわれは，木の床板を張った回廊に似た長い廊下を通って右へ進み，次に畳を敷いた広間を通って，四方とも板張りの回廊に囲まれたひとつの大広間につく。その広間の二番目の角のところで上席番所衆と使節一行中のふたりの随員が残り，使節はなお少し先へ進んで角を右に回り，そこで彼も立ち止まる。彼は今や千畳敷といわれる謁見の大広間の前に立つ。ここで奉行とふたりの接待係が出てきて，儀式ばったお辞儀をし，回廊に沿って使節を伴いなお二〇歩ほど進み，そこで奉行は顔を広間の方に向けて畳の上にすわる。しかし使節は回廊の板張りの床の上に日本流にひざまずかねばならない。しばらくたってから使節は奉行について大股で一〇歩進むと，畳を敷いた三段の階段が通じている部屋の前にある一本の柱の傍に達した。すべての木造部には精巧な彫刻がしてあり金張りになっている。ひとつの閉め切られた部屋が見え，その左には机の上と，白い檜，いわゆる火の木で作った担架に似た進物台の上に献上品がうまくきちんと並べてあった。ここで使節は二度・三度と拝礼する。そのうえ日本流に脆いて深く頭を下げ，拝礼と拝礼の間にはその都度起き上がるのである。第三回目の拝礼を終えると目立つほど色の白い美少年がふたり，畳を敷いた階段を三段目まで降りて来た。それは将軍のふたりの子であった。今や使節はなおしばらくの間立ち止まっていて四方から見物されねばならなかった。拝謁のおもな予行演習はこれで終わり，奉行は使節を数歩連れもどすと，あとは侍臣が再び控えの間まで送って行った。少し時間がたってから使節拝謁の合図があった。奉行ならびに数名の侍臣が使節を案内し，ふたりの上席番所衆と通詞が随行し，そしてわれわれは静々とついて行った。―使節とそのふたりの随員にとってはたいへん名誉であった―広間のふたつ目の角のところでふたりの上席番所衆はあとに残り，通詞は三つ目の角まで従った。

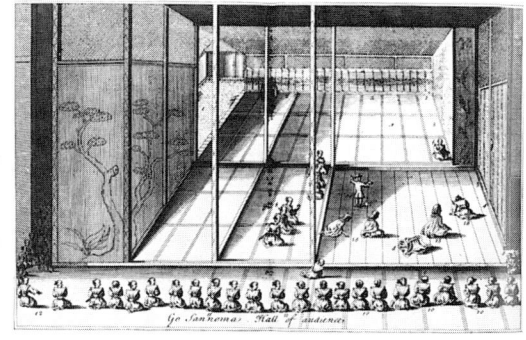

そこで使節は一瞬立ち止まると，大名や他の高官連はじろじろと彼を眺めた。それからすぐに低いシーという声が聞こえた。最も高い地位の人が近づいて

ケンプファー『日本誌』

来られる合図であった。みなはめいめい決まっている席につこうと急いだ。
　さて奉行は使節を伴って小さい謁見室の第一の柱のところまでゆくと、大通詞はその廊下の床に平伏したが、使節はなお立ち止まっていた。それからふたりの外人接待係と同じように廊下の板床にすわっていた奉行は、使節を数歩先の例の畳を敷いてある三つの階段の前方にある廊下の表側の拝謁席に伴った。使節はここで脆き低く頭を下げていたので、前方の金張りの木彫を見ただけで、将軍の影さえ目にはいらなかった。不意に伝奏者の声が響いた。「オランダ・カピタン！」――奉行は深く脆いて敬意を表わしている者の服を引き拝謁を終わった。使節は床から立ち上がり、ほうぼうからたくさんの挨拶を受けながら、最初の部屋にもどると、奉行と外人接待係は彼が賜わったこの上ない名誉の拝謁に対し祝意を述べた。ここでまた多数の大名や高官が姿を見せていて、その中には一〇――一一ぐらいのたいへん礼儀正しい少年で将軍の世子のいちばん年下の弟もみえ、二、三のオランダ語を紙に書いてくれと使節に頼まれたので、書記はただちに書いて差し上げた。
　見物されるのもこれが最後としばらく我慢してから、使節は随行者と共に退出することが許された。儀式は終わった。エンゲルベルト・ケンプファーが述べたように、透き通って見える竹の簾の後ろにかくれた将軍の前で踊ったり歌ったりするオランダ人の個人的な演技が時の移る間に廃止されたことは、やはりわれわれの幸福というべきだった(注23)。

　シーボルトの観察記録が精緻をもって書かれているために、当時の情景がありありと浮かんでくる。伝統は遵守されたから、江戸参府に出たカピタンが等しく体験した内容である。将軍拝謁が長い準備過程をもち、そして一瞬に終わるさまが表すものは日本という国の待遇表現がどのような行動性をもっていたかをよくあらわしている。そこには権威の示し方がみえる。ケンプファーは他の大名も同じであったと書いている。日本人の証言を待たずとも、徳川幕府体制が様式化した「将軍拝謁」という儀礼が一つの典型として示されているというべきである。ケンプファーの『日本誌』の図ではケンプファーがダンスしているさまが描かれているが、シーボルトたちはこうした振る舞いを要求されることがなかった時代の拝謁であったことをよろこんでいる。物珍しく、好奇の目で遇されることが多少は減じていたのだろうか。

　西欧の目に観察された江戸時代の日本人の儀礼とはこうしたものであった。これが日本外交史の上では西欧との出会いにあって著しい日本的特色の一つとして受け入れられたのである(注24)。

2-2 日本人の贈答行為

　イエズス会宣教師が総長に宛てた多くの書簡には，日本における贈答行為に触れているものが多い。1593 年 12 月 15 日付マカオ発フランシスコ・カブラル Cabural, Francisco の書簡をみる。

　　私は猊下に断言する。私が日本に滞在していた間中，私が行なった贈り物は，最も高価な場合で二五スクードにも達しなかった。通常は，上述の，仏僧が与える進物と同じものであった。初めて信長と公方様(クボサマ)を訪ねた時には，私は牛の尾一彼らはこれを兜の中に入れる。日本では珍重されており，七～八スクードするかも知れない—とシナの緞子の反物で三～四スクードするものを贈っただけであつた。これによって彼らは，私に異例なほどの名誉と恩恵を与えた。私が日本にいた間，巡察師が来るまでは，イエズス会士の何人もこれを越えたことをするのを許さなかった。

　　巡察師が行なっているような進物には，多くの弊害が伴っているが，私はそのうちのほんのいくつかの点だけを指摘したい。第一に，日本人は次のような習慣を持っているということを，猊下は知っていただきたい。すなわち，私が今日誰かに紙一枚でも贈ったら，後で同じ日のうちに，別の人々にも同じ贈り物をしなければならない，と彼らは考える。また，少なくとも同じ名誉を帯びた人々は，私が誰かに贈り物をしたのを知ると，自分にも同じ物をもらいたいと思い，もしそれをしないと不満を言い，われわれに敵意すら示す。しかも彼らは，この点自分の方が他人より優越していることを望む。そしてこれが際限なくつづいて行く。したがって，いま天下において誰が関白殿のあとをつごうと，巡察師が彼に持っていった進物を知れば，その者もまた，そこまで持って行くことが不可能なような馬をのぞんだり，（関白殿に贈ったのと）同じ品物やさらにそれ以上の物が欲しくなるに違いない。日本人たちは非常に貪欲で，その欲することを実現するのに非常に狡猾なので，直ちにパードレたちに次のようなことを言ってくることは明らかである。自分は関白殿以下ではない。関白殿にこれほどの物を贈ったのであるから，それと同じような物を自分にも持ってこさせてもらいたい，さもなければ，パードレたちは日本に滞在できなくなるであろう，と。そればかりか，キリスト教徒の領主たちまでが，このような進物が行なわれているのを見て，自分たちもわれわれから贈り物をしてもらうことを期待するであろう。しかも，私に対して行なったように，かねを貸してほしいと要求してくるに相違ない。私はこういった貸付を免れるために，われわれの資産を隠して，貧しく見せかけていたが，それにもかかわらず，また私は彼らキリスト教徒と知己であって，彼らにそのような特権を振わせないだけの力を持っていたのであるが，そのような要求を

第2節　西欧の発見した日本語の本質―南蛮・紅毛の見た待遇表現の文化

　　してきた。そして，もしも殿が要求してきたものを私が与えないと，彼はキリ
　　スト教徒たちを苦しめ，キリスト教界をつくるのに同意しないであろう，と言って
　　彼らは私を大いに脅迫してきた。
　　　現在，進物や交際においてこれほどの放縦が行なわれているのをご覧になって，
　　一体どのようなことになるか，猊下に考えていただきたい。このほかにも多くの
　　弊害があるが，あまりに長くなるので指摘しないでおく。彼らがその地〔日本〕
　　から猊下に書き送るような，真実よりはむしろ想像にもとづく危惧や恐怖，ある
　　いはその他ここに挙げたくない諸事情に基づいた，いくつかのうわべだけの理由
　　を信じ込んだりしないだけの意志の強さが猊下にあるなら，こういったことをす
　　べて改めて，物事をその本来の姿に戻すための対策は容易であろう。
　　　前述のとおり，出費と贈り物の面でわれわれが節制し，イエズス会本来の清貧
　　を守れるようになるために，現在はまたとない好機である。というのは，われ
　　われが追放され，教会やカーザが破壊されたことを皆が知っているし，またわれ
　　われが所有していた財貨と資産は盗まれ失われてしまった―というのは，領主の命
　　令によって追放されたら，すべてが没収されたが…(注25)。

　豊臣秀吉の治下，禁教令が宣布され，やがて日本を退去していく運命にあったイエズス会宣教師がしきりに相談した総長への書簡が当時の日本で感じた気分を伝えている。現代になお変わらず，年賀状にはじまり，中元，歳暮の習慣は日本人の基本的な行動を示し，「そしてこれが際限なくつづいて行く」という言及はことさら印象に残る記事である。

　こうして「関白殿」の出現以前「下剋上」下の日本を見たフランシスコ・カブラル Cabural, Francisco のイエズス会総会長に宛てた 1596 年 12 月 10 日付ゴア発，イエズス会総会長補佐ジョアン・アルヴァレス Alvares, João 宛て書簡にはさらに以下のような日本人観をみることができる。

　　私は日本人ほど傲慢・貪欲・無節操，かつ欺瞞にみちた国民を見たことがない。
　　というのは，百姓でも内心王たらんと思わないような者は一人もおらず，機会あ
　　り次第そうなろうとする。これは日本で毎日はっきり認められることである。私
　　が日本にいた時，肥前の一寒村に一人の哀れな百姓がいたが，これが，わずかな
　　期間にほとんど一国全体の領主となつた。私が日本に滞在した一四，五年の間に，
　　こういった例は数多く目撃したので，挙げることが出来るが，そのうちの二例だ
　　け述べて，その他は省略する(注26)。

　カプラルがここで詳しく語った武将は明智光秀と豊臣秀吉のことを指しているが，いずれも興味深く，臨場感に溢れた情報として見過ごすことができ

ない。

> 第一は明智で，彼は貧しい兵士にすぎなかったが，信長に優遇されて二カ国の領主となった。しかし，彼の貪欲はこれにとどまるものではなく，自分の生命とその資産のすべてが信長のお蔭であったにもかかわらず，彼を殺害することを欲した(注27)。

と記した後，秀吉のことに言い及び，またこのようにも述べていた。

> また，二年間に，京都の地方だけで，一一人もの王や大身たちが，彼ら自身の家臣たちや親戚の者たちの謀叛によって死亡したのを見た(注28)。

下剋上の時代にたまたま居合わせた宣教師が異教徒日本人を観察してのことだから，多くバチカンをめぐる中世史をわきまえながらも，いかにもそうであったというようにこれらの情報に耳を傾けておく必要もある。あるいはジョアン・ロドリゲス Joān Lodriguez は『日本教会史』"Historia da Igreja do Japao" で日本人がどういう人間集団であるかをこう書いていることにも注視しないわけにはいかない。

> 日本人はシナ人やコーリア人以外とは交際もせず知識も持たなくて，世界の果てのこの地に育っているので，元来彼ら自身につき，また彼らの民族について強い自負心を持っている。従って，尊大で高慢な性質であって，たとえ他の諸民族について見たり聞いたりしても，自分たちの方がすぐれていると思う。特に，戦時における武器とその使い方と，大胆で勇敢な精神においてはそうであると考え，世界中でこの面では彼らに匹敵する者はなく，むしろ他民族は彼らと比べて甚だしく劣っていると考えている。なぜなら，戦について現在までの彼らの経験といえば，国内において相互間に行われる打続く内戦や混乱，またシナ人やコーリヤ人との戦だけであり，ここではいつも格別の勝利を得たのである。彼らは誇りが高く面目を重んずるので，名誉に関することでは簡単に生命をすてることもいとわない。同様に，自分の保護と援助の下に身をおいている者のためには，無造作にわが生命を賭ける。彼らは侮辱や悪口を我慢しないし，また人の面前でそれをいい出すこともしない。彼らはその点できわめて辛抱強く感情を外に表わさないからである（死ぬ覚悟でいる場合は別である）従っていさかいは稀である。というのは，いさかいをする者は死を決意するからであるか，それは彼らの武器（刀剣）はそういうことに適していて，死者を出さないいさかいは稀にしか起こらないからである。そして，一方が他方を殺す場合に，仕掛けたものであろうと，強要されたものであろうと，道理があろうとなかろうと，逃げ出すことはほとんどない。その結果，かかることが彼らの上に起これば，他人から殺されるのは不名誉と考えて，彼らはそれ以前に自分で腹を切る。自分で生命を絶つということは

第2節　西欧の発見した日本語の本質―南蛮・紅毛の見た待遇表現の文化

　　名誉であり，勇気あることとして他人から褒められると考えている。自分で自らの生命を絶つという行為には，重大な儀式と厳粛さが伴い，どのように切腹するか見守っている大勢の人々の見世物となる。この気概と誇りから，意志の弱さや卑怯さを見る場合には，女でさえ，むしろたいへんな勇気を示す。そしてその場に居合わす人々と数々の挨拶を交わし，彼らは死に臨んで決然とした態度を示して冷静な気持ちをあらわすのである(注29)。

　このように『日本教会史』は贈答のこと，また儀礼のことを含め克明に日本人の生活習慣の観察内容を記している。

　彼らの目には互いに贈り物をする日本人の姿が奇妙に映ったようである。ペドロ・ラモン Lamon, Pedro は1587（天正15）年にイェズス会の総会長に宛てた書簡で触れている。

　　この国民は非常に貧しくて欲が深いので，贈り物が伴わなければ，これを愛情のしるしとして重視しない(注30)

　アビラ・ヒロンの『日本王国記』にも，このように書かれている。

　　日本人にはお互いに贈りものをやりとりする風習が多くあって，これを土産 Meangues と呼んでいる。というのはもしわれわれが「贈りものは岩をも砕く」と言うとしたら，彼らはそれを確証してくれる連中である。誰か身分の高い人を訪れるには，少なくとも最初の時には，しかも何か是非たのみたいという時には，たとえどんなものにしろ，土産 Meangue なしで訪れるわけにはゆかないし，常にカンテラは先立たなければならないのである(注31)。

　ヒロンの観察にはさらにつぎのような注目される記述がある。

　　一切のことが私たちの反対であり，その習慣も礼儀にいたるまで私たちのとは逆である(注32)。

　前述したようにルイス・フロイス Frois, Luis（1532〜97）が著名な『日欧文化比較』（1585 天正13）でも逆の関係にあることがらを列挙して日本人を西欧に紹介するものであった。少なくとも彼らの目に映じた日本人の贈答行為はこうして南蛮・紅毛の筆を垣間見るだけでも，多くの点で欧州の目が日本人のレトリカルな行動をクローズアップしていることがわかる。

　『日本教会史』では，はるかに多くの情報を介しながら日本文化の総体を記述したが，それらはただ礼儀・作法にとどまらず風俗・習慣から茶の湯の作法などを含めた当時の日本人の生活すべてについての克明な観察記録であった。

以上，敬語と敬語的行動が文化のコンテクストにあってはどのような性質をもつものであるか，中世，戦国時代の環境下にあった宣教師の書簡文や日本を体験したヨーロッパ人の著述を通した観察を中心に考えてみた。外から見られる日本人の姿として多くの事柄があるけれども，これはほんのノートであるのにすぎない。

注
1　土井忠生（1938）「吉利支丹の観たる敬語」国語・国文 8 巻 7 号（『吉利支丹語学の研究』靖文社刊 1942，新版三省堂刊 1971 所収）。訳文は松田毅一，佐久間正編訳（1965）「日本巡察記」による。
2　土井忠生訳（1971）『吉利支丹語学の研究』（新版　三省堂）引用の訳文による。
3　前掲土井忠生訳(1971)『吉利支丹語学の研究』
4　リンス・ホーテン（1592）『東方案内記』（大航海時代叢書Ⅷ 1968 岩波書店　岩生成一，渋沢元則，中村孝志訳）
5　『イエズス会と日本 1』大航海時代叢書
6　V・M ガラヴニン（1816）『日本幽囚記』（井上満訳　岩波文庫 1943）岩波書店
7　前掲 V・M ガラヴニン（1816）『日本幽囚記』
8　前掲 V・M ガラヴニン（1816）『日本幽囚記』
9　辻村敏樹（1989）「待遇表現（特に敬語）と日本語教育」（日本語教育 69 号）日本語教育学会
10　前掲辻村敏樹（1989）「待遇表現(特に敬語)と日本語教育」
11　西田直敏（1987）『敬語』東京堂書店
12　辻村敏樹（1971）「敬語の本質」（『金田一博士米寿記念論集』三省堂）
13　トメ・ピレス『東方諸国記』大航海時代叢書Ⅴ　岩波書店
14　前掲トメ・ピレス『東方諸国記』
15　前掲リンス・ホーテン『東方案内記』
16　前掲リンス・ホーテン『東方案内記』
17　前掲リンス・ホーテン『東方案内記』
18　前掲リンス・ホーテン『東方案内記』
19　A・ヴァリニヤーノ（1593）高瀬弘一郎訳 1593 年 11 月 15 日付　マカオ発書簡　『イエズス会と日本 1』大航海時代叢書　岩波書店
20　詳しい年次と差出人を不明とする 16 世紀ポルトガル人の書いた書簡　『イエズ

第 2 節　西欧の発見した日本語の本質―南蛮・紅毛の見た待遇表現の文化

　　ス会と日本 1』大航海時代叢書
21　A・ヒロン『日本王国記』（佐久間正他訳　大航海時代叢書XI　1965）岩波書店
22　E・ケンプファー（1727）『日本誌』（今井正訳 1978）霞ケ関出版
23　F・フォン・シーボルト『江戸参府紀行』（斎藤信訳　東洋文庫　平凡社）
24　永積洋子（1990）『近世初期の外交』創文社
25　F・カプラル（1593）高瀬弘一郎訳 1593 年 12 月 15 日付マカオ発書簡『イエズス会と日本 1』　大航海時代叢書　岩波書店
26　F・カプラル　1596 年 12 月 10 日付　ゴア発書簡（大航海時代叢書Ⅱ―6　高瀬弘一郎訳『イエズス会と日本 1』　1981 岩波書店）
27　前掲 F・カプラル　書簡
28　前掲 F・カプラル　書簡
29　J・ロドリゲス『日本教会史』上（土井忠生他訳 1967　大航海時代叢書　Ⅸ　岩波書店）
30　P・ラモン「1587 年 10 月 15 日付イエズス会総会長宛て書簡」（高瀬弘一郎訳 1981　大航海時代叢書Ⅱ―6『イエズス会と日本 1』岩波書店）
31　前掲 A・ヒロン『日本王国記』
32　前掲 A・ヒロン『日本王国記』

第3節　唐話の受容と江戸の言語文化

1．唐話と日本

　唐話の受容が江戸の言語文化にどのように反映したかを考える。長崎を基点とする明・清との交流の過程で日本文化史上では伝統的な語彙とは異なった新しい漢語である口語語彙が運び込まれた。中国近代語の学習が行われ，また白話小説の翻訳・翻案などをはじめ，唐話は江戸時代のことばの一層をなした。読本における唐話の反映事実をはじめ，蘭書翻訳における唐話の受容事実に至るまで，書物文化の上に見られる唐話受容の広がりが把握される。

　唐話は一般に近世日本で受容した明・清の口語語彙をいう。中世後期における口語の受容については，かつて修士論文を書いた折に，下学集・古本節用集など主として辞書類における反映を調べたことがあるが，認められないものとした。室町時代には明との交易があったのだから，文字史に反映する宋・元以来の俗字のように，とうぜん口語語彙の流入事実が観察されるものとするのが自然なので，改めての精査の必要を課題として措き，ここではもっぱら江戸期以降に眼を注ぐ。

　なお，「唐話」は日本語学史研究の上での慣用的な用語であり，「白話」は近世文学研究で一般的に使われる。また「中国近世俗語」とも称され，日本語学史でも，ただ「近世俗語」と呼称される例もある。しかし王力などの考え方を中国言語学史の基準になる見解とすれば，明・清の口語は中国における近代語の範疇でとらえられることになる。ここでは，唐話，白話という用語を適宜必要に応じて使う。

2．唐話の受容と唐話学の展開

2-1　唐通事と黄檗宗

　唐話の受容は長崎における交易にはじまった。先行研究にしたがうと長崎開港は1571（元亀2）年とみられるが，唐船の長崎入津の確認は同年10月8

日のイルマン・ミケル・バズの報告書に基づいている。ただ，確実視されるのは「通航一覧5-198」によれば，1600（慶長5）年，明船の長崎来航がある。この初期における唐話の受容についてはこれまでほとんど調べられていないが，「上弁・開験・掲封・到弁」のようなことばが記録されている(注1)。人が動けばそこにことばが観察されるわけだが，徳川初期の時代における資料は乏しく室町期から江戸最初期における唐話の観察は今後の課題である。

　さて，唐話の受容事実は近世全期を通じて幕末・明治に至るが，最初期の唐話受容にかかわった者は長崎の唐通事であり，明末清初の亡命者やその子孫が主であって後年この環境におかれた日本人が唐話を学習してこの任を担うに至った。また長崎以外でも薩摩藩は漂流民への対処もあって独自に唐通事を置いていた(注2)。

　一方渡来した黄檗宗は長崎に興福寺（南京話），福済寺（漳州話），崇福寺（福州話）を基点として亡命者の菩提寺とした。それぞれ南京，漳州，福州の出身者が創建にあずかったため，日本に流入した中国三方言の日本流布の基点ともなった。享保元年になって湯島聖堂で開催された「長崎通事唐話会」の記録が篠崎東海『朝野雑記抄』に収められたが，これら三方言が使用された(注3)。時代の推移とともに黄檗宗は日本各地に定着し，唐話学の展開に大きく関わることになる。とりわけ，日本に受容された中国各方言の実態は概括的にとらえられているだけで，音韻をはじめとして精査される必要がある。とりわけ，以上の三方言とはまた別に，流盛していく過程には「江南音」に比定されるとする語音の観察がなされている。音韻学にいう呉語の研究で徹底して調べられる必要もあるので，文化史的享受とは別の言語学的な研究も俟たれていることを副えておきたい。長崎から発信された唐話は徳川幕府の安定化とともに，やがて元禄～享保期に柳沢吉保などの庇護下で大きく学的発展をとげていくことになった。その中心にいた人物は岡島冠山であった。

2-2　岡島冠山と唐話

　唐話学史の上でいちばん重要な時期はこの元禄～享保期における岡島冠山にかかっていた。冠山学については第三章で詳細に述べるが，これまで青木

正児，中山久四郎，石崎又造など1945（昭和20）年以前を一つのピークとする研究を系由しながら，第二次世界大戦後，鳥居久靖，長沢規矩也などを経て，今日に至るまで地味ではあるけれども堅実に調べられてきた。青木正児が冠山の学についての評価を公にした後，中山久四郎（1933）は冠山について詳細を示したが，その学問内容の質，実態を著述の検討によって明らさまにするものではなく，外形的に全体像を浮かび上がらすにとどまった(注4)。また石崎も「支那俗語文学史」研究の下，冠山の文学史的評価に及んだが，徂徠との出会いをはじめとするいくつかの伝記的事跡を摘記したのにとどまった(注5)。したがって，語学内容を学術的に明らめるものではない。すべてこれら碩学は一つ一つの著述の内実を詳細に解析するという今日的な意味での言語学的記述には及んでいない。いわば帝国時代の大状況的な学問環境における概括であった。こうして一々の著述の記述的検討は今に残され，冠山の語学上の内実を究明する必要が今日的な課題であり続けている。

　さて，冠山の存在が唐話学における大きな成果であることを認めながら，荻生徂徠の門下太宰春台などに継承された徂徠学派の唐話学，ならびに，『唐話纂要』をはじめとする冠山自身による唐話教育におけるテキスト形成の結果は江戸中期以降の唐話学習を基底で支えることになる。早く石崎は徂徠が釈悦峯と交わした唐話の問答を文献的に明らかにし，また柳沢吉保の唐話学習の事実を明らかにするなど冠山の指導下で行われた唐話の学習の熱気を伝えている。徂徠については平石直昭（1984）が鞍岡元昌との対話を拾うなど，元禄〜享保期におけるアカデミックな環境下での唐話摂取の実態がすこしずつ明確になってきている(注6)。

　冠山の作成したテキスト『唐話纂要』は効率性が高く，組織的な学習過程を経れば短期間で実用の場に適応することが可能な内容をもっている。また『唐話便用』も同様なテキストであり，さらに『唐音雅俗語類』においては書名のとおり，雅俗の表現を取得できるような工夫がほどこされている。これら冠山の方法は実用語学としての力が大きく涵養され，今日的な眼でみてもすぐれたテキストであった。

　徂徠学派は岡島冠山を師として唐話を学習する環境にあったが，総帥徂徠は訓点，返り点を付して，訓読する読み方を否定し，ことばは発せられるそ

第 3 節　唐話の受容と江戸の言語文化

のままの順で学ぶべきことを説いたことは周知の事実である。

2-3　白話と読本の成立

　新しい漢語語彙としての唐話の受容は近世期の表現内容にインパクトを与え，新しい分野の形成をもたらし，発展を促した。しかし，白話小説の翻訳に従事した人々は多く日本語の和文で翻訳せず，文体のベースは和文であっても語彙的には漢文訓読の歴史の流れにあって唐話をほぼそのまま受容する傾向を示している。

　読本の形成史については昭和初年代に著された山口剛(注7)の諸論文をはじめ，麻生磯次，20世紀後半における中村幸彦，横山邦治などの研究を含め，今日に至るまで文学史研究の過程で明らかになってきた(注8)。八文字屋本のカテゴリーにおける「風流読本」以後でいえば，通常，「読本」の概念は中国小説の影響下におかれて成立したものを対象とする。

　宝暦期，京阪における唐話学の展開，中国白話小説の受容の過程で，やがて都賀庭鐘が現れ，翻案小説の『古今奇談英草紙』（1749寛延二刊）をはじめとして『繁野話』（1766明和三刊），『莠句冊』（1786天明六刊）などを書いた。読本の全盛期は江戸を根拠とし，文化・文政期（1804〜1829）山東京伝・滝沢馬琴などによって展開された。

　もっとも，よく知られているように馬琴は読本の嚆矢として建部綾足（1719享保四〜1774安永三）を挙げたが，古語を駆使した表現で雅文体『西山物語』（1768明和6），『本朝水滸伝』（安永2）などを公刊した。

　唐話，白話小説にも関心の深かった森島中良（1756宝暦4〜1809文化6）は『凩草紙』をはじめ初期に属する読本作家として登場した。和漢洋の文化を享受した中良のような文人のあり方は重要である。

　このように，『雨月物語』の上田秋成，やがて山東京伝，滝沢馬琴に至る読本形成の一途にあっては教養階級の満足ということもあるが，新しい明・清の口語がもたらした力は書く側にとってもう一つの想像力の顕現化であった。それは視覚を通したイメージ喚起と，新しい漢語のもつ造形性に魅き寄せられた創造性への近づきでもあり，さらに衒学的な装いを含めたファッション感覚をもつレトリックによる効果であった。このようなことは馬琴の『南

総里見八犬伝』などの漢字の用字法の中に典型的に表されている(注9)。

　冠山はまた読本形成史にあっても注目される先駆者の一人である。語学上の仕事のみに終わらない冠山の文学史における功績は『太平記演義』にある。

2-4　唐話辞書の形成

　江戸中期『水滸伝』が流行した事実はよく知られているが、『水滸伝』読解の過程に釈義を記述し作られた辞書がいくつも存在する。また『水滸伝』ばかりでなく、『警世通言』『醒世恒言』『喩世明言』『拍案驚奇』『二刻拍案驚奇』のいわゆる三言二拍をはじめとする白話小説の受容の過程には『小説字彙』などの唐話辞典が編集・刊行されたが、やがて『俗語解』のように未刊だが大きな唐話辞書も形成された。唐話辞書の形成は一人文学におけるものではなく、もとは実用語学の場にもとめられたのである。ちょうど、蘭語学史の過程に現れた語彙集群のように、交易における通事家に置いて求められた。『訳司統譜』などが語るように、明滅亡による亡命者はネイティブとして通訳業務に携わった者もあったのであり、彼らの多大な努力があった。が、やがて、日本人の参入事実を含めて備忘性をもった辞書類が必要となった。

　今日容易に検索しうる唐話辞書が長沢規矩也編『唐話辞書類集』全20集中に収められており、これらによって江戸全期を通じての唐話辞書の様相が明らかになる。唐話辞書類についての詳細は第Ⅲ章第2節に述べる。

3．白話小説の翻訳意識

　白話小説の翻訳過程にあって翻訳者たちはどのような翻訳意識をもっていたか。翻訳行為におけるもろもろのことがらは、それが現代であろうと古代の言語の場であろうと日本語を生きるものにとっては基本的には何も変わることはない。そういうとき江戸中期における「通俗物」と総称される一群の翻訳刊行された白話小説の翻訳実態はさまざまな意味で日本人と翻訳にまつわる問題を教え、これらの検証は日本人の異文化受容のあり方を明確に浮かび上がらせる。

白話小説類の翻訳に関する詳細については第Ⅲ章第5節で詳しく述べるが，江戸中期の白話小説翻訳者は白話の文体を基礎で支える唐話を保存する傾向を強くもっていた。日本人にとって，伝統的に受容してきた漢語群とはまったく異なる口語語彙に「かなによる読み」や意味を添えて白話を文中に置き続けたから，唐話の心得があるか否かで読解の質が決まるような日本語文を作り上げている。極端な場合にはほとんど白話原文のままに文体を形成したので，翻訳者がどのような意識のもとに文を為したかを考える必要がある。文章のわかりやすさを求めるとき，基本的に白話語彙を多用している傾向は一般的で作品によっては副詞の扱いをはじめとして，名詞語彙に至るまで翻訳における和文の質というものをどのように考えていたか疑念を抱かせる。翻訳者にとって漢字・漢語の受容が本質的に何を意味していたのか考えさせる。どうして原表記を残したのだろうかと。

　いわゆるルビ付きの表記は今日にも生きている。欧文の翻訳にあっても哲学の著述などには翻訳不可能であるとして漢字語の訳語を設定したところに原語をかな表記でしめしたりする傾向がある。この方法は原語の概念を受け止める日本語がないとき，これを蘭語学史上にも音訳語として扱う例があった。しかし白話小説の翻訳者の意識とはまったく異なっている。江戸における白話小説の翻訳にはこれがトータルに表されたのであった。

　翻訳文の和文化の度合いは翻訳者の資質，翻訳意識によって異なるものであるが，またとうぜん，時代の潮流における反映もある(注10)。しかし，こうした作品の読者への提示はいずれにしても漢文読解力の高い者への読解を可能にしたばかりである。本来訓読には馴染まない白話の文体が生のままに出され，提示された作品は読者の教養の程度に従わざるをえなかった。こうしてみると，改めて白話小説の翻訳者の言語感覚について明らかにされる必要を感じるが，これらの翻訳者の意識下には漢字・漢語に魅かれ，当代の日本語で翻訳しようとしないことから，ほぼ全域的に漢字文化に従順であることを示してしまう。

　しかし一方で中国の日本文学受容における翻訳態度と比較すると興味深い現象がみられる。中国人による日本文学の翻訳の例は明・清にはないので現代の例をあげる。日本文学に造詣の深かった豊子愷は『源氏物語』を「話説

（さてノ意。筆者）」という口調で発せられる語りの話体に置き換え五十四帖の巻々を翻訳したのだった。『源氏物語』を完全に章回小説風に置き換えた事実は，翻訳者の意識では今になお明・清の大衆小説世界が近接していることを明らかにした。また豊子愷の翻訳意識には母語によって異文化を摂取する態度が明確にうかがわれる。それに比して，江戸の白話小説翻訳者ばかりか，20世紀中半に至る翻訳者の意識には中国作品の原文に忠実であろうとし，あるがままに生かそうとしてきた傾向がある(注11)。たしかにこのような語彙は時の推移にしたがってやがて消えていくけれども，翻訳者が唐話語彙を翻訳の場で和語に置換せず，そのまま残して読みを付す現象には，漢字・漢語に魅かれ，容易に手放すことができない意識が働いていた一つの証だと考えられる。

　今日では欧米の小説と同じく中国小説を翻訳する際にも，あたりまえのように現代日本語の統辞法にしたがって，文語文で訳すこともなく，また翻訳語彙の選択にも原文をそのまま受容するようなことはない。誰も訓読などはしないし，やたらに漢字語を表記に残さない。したがってなぜ江戸時代，白話小説の翻訳者は当代のことばで翻訳を試みようとしなかったかということのもつ意味は小さくない。ここにはあるレトリック効果，ファッション感覚を狙うとはまたもう一つ異なった，漢字に呪縛される翻訳者の姿を感じる。

4．蘭語学と唐話学との交渉

4-1　蘭語学と唐話

　蘭語学史と唐話学史とを対照して近世日本におくと，西洋，東洋の二つの大きな異文化と接した日本がどのような環境におかれていたかが見えてくる。オランダというフィルターを通じたヨーロッパがあり，また明・清を系由して中国がある。徳川幕府の海禁政策下，平戸から長崎出島を経た異文化接触の一大拠点としてここに海禁日本は国際社会を生きる場としたのである。

　二つの異文化が，同時並行的に徳川幕府の管轄下にあった事実はとうぜん言語交流の可能性を孕んでいた。たとえば，P・F・フォン・シーボルトは主著『日本』11の「1826年将軍府への旅」にこう書いている。

第 3 節　唐話の受容と江戸の言語文化

公使の私的な通訳として野村八太郎（名村）とかいう人がわれわれに随行した。当時われわれと接していた日本人のうちで，もっとも才能に恵まれ練達した人のひとりであったことは確かである。彼は母国語のみならず支那語やオランダ語に造詣が深く，日本とその制度・風俗習慣にも明るく，たいへん話好きで，そのうえ朗らかだった(注12)。

長崎通詞が蘭語を中心に生きていたことはとうぜんであるが，同時に海禁日本にもたらされていた唐話に通じる機会があったことは地理的，環境的にはかることができる。シーボルトの証言はそういう意味からいって貴重である。

江戸の蘭学者には宇田川玄随のように漢学に深い造詣がある者に唐話を使用した事実が認められる。たとえば『蘭訳弁髦』には代名詞の翻訳に「het—這　dat—那　dit—此　ik—予　u—你　hij—彼　mijn—吾」の「這，那，你」のように蘭語の翻訳語にそのまま唐話をもって迎えた。こうした傾向は馬場佐十郎など長崎通詞系の翻訳にもみられ，多くの蘭書の翻訳にはしばしば白話の句文が使われている。玄随の場合，漢学に長けていたが，新来の唐話にも通暁していたのである(注13)。蘭学者が蘭語ばかりか，もう一つの外国語であった唐話に関心を寄せたのは異文化に関心をもつものとして自然の流れにあった。たとえば四代目桂川甫周（国瑞）が大黒屋光太夫の尋問記録をまとめた『北槎聞略』は唐話語彙を駆使してきわめて新しい文体を作った(注14)。蘭学者たちが唐話にも注目していた一つの証であるが，さらにそのようなことを裏付けるものとして対照辞典の事例がある。

4-2　蘭語・唐話と日本語の交渉

『類聚紅毛語訳』（1798 寛政 10 年刊，一冊本。『蛮語箋』の初版）は本邦最初の日蘭対照辞典として知られ，編纂者の意図が二語対照であったことが知られているものの，今日的な眼でみれば，事実上唐話・日本語・蘭語の三語対照辞典として評価される。これは唐話と蘭語に向かい合った蘭学者が翻訳語に唐話を選び取った事実をよく表わしている(注15)。たとえば「ショモツヤ書賈　ブーク・フルコープル，フルホンヤ書舗　ヲウデブック，フルコープル，カザミ五両　ウエールハーン」の場合，「書賈・書舗・五両」の唐話

が蘭語「ブーク，フルコープル（boek verkopel 筆者以下同断）・ヲゥデブーク，フルコープル（oudeboek verkopel）エールハーン（weerhaan）」に対照され，さらに唐話の読みのように振られた日本語「ショモツヤ・フルホンヤ・カザミ」に対照される。

　この辞典を編纂した森島中良は和漢洋に通じた江戸中期の文人であり，大槻玄沢と並んで近代以前に出現した柔らかな啓蒙思想家であった。唐話学習と江戸文人のかかわりをみるとき，多くの文人が唐話に関心を示しているが，中良はその典型的な一人である。彼は和漢洋の三つの文化を生き唐話と蘭語のいずれにも深い関心を寄せ，唐話に関して『備忘雑鈔』の中にその学習の痕跡を残している。内容は『唐話纂要』などに見られる方法によっていた。中良はさらに最晩年に最大の唐話辞典『俗語解』改編を試みたが未完の仕事となった(注16)。

4-3　長崎通詞と翻訳

　順序が逆になったというべきかもしれないが，長崎通詞の大きな仕事の一つであった蘭日辞典の形成に唐話がしばしば翻訳語として生きている。翻訳によって生まれた最大の蘭日辞典『和蘭字彙』（「ドゥーフ・ハルマ」の桂川家による校訂刊本，長崎ハルマ）にその事実を示している。

　いささかエピソード的な記述になるが，たとえばわたしにとって印象的な翻訳語につぎの例がある(注17)。

　　Weerhaan z. m de haan op de tooren 五両　風並ヲミル
　　Hij is zoo veranderlijk als een weerhaan. 彼ハ五両ノ様ニ心ガクラクラカハル。

「五両」の出自は古く，古代例に「五綱」の語形があり，古代の測候器をいうのだが，この語などは上に述べた『蛮語箋』にも登録され，また『雑字類編』に「カザキリ・カザミ」の項に「続　五両　定風旗・看――・占――」のように見える。唐話が明・清の口語語彙であるとするとき，この語などはこの範疇に入らないことになりそうだが，長崎通詞が採用した翻訳語として考えるとき，古くまた新しい語の一つであったと認めることができるのではないかと思われる。ただし，語の新古の判断は単純ではないから，取り扱い

を含めて慎重でなくてはならない。思えば見出しの翻訳語選択にあたって，当代でも日本語に「カザミ」や「カザキリ」があったのだからどうしてこのような語を採択せず「五両」のように一般性に乏しいとしか思われない語が採択されたのだろうか。森島中良によっても最初の日蘭辞典に登録されている事実に直接関係をもつかどうかは不明である。これは素朴な疑問であるが，白話小説におけるまったき漢語受容と合わせて考えると，外国語と接するとき，日本人の言語行動に何か異なった意識が働いた一つの表れなのであろうか。原本フランソワ・ハルマ François Halma 編『蘭仏辞典』第二版 "Woordenboek der Nederduische en Fransche Taalen" 1729 の仏語説明は "la girouettes, coq de cuivre au haut d'une tour" とあり「風見 塔の頂にある真鍮の鶏」と訳せる。「ドゥーフ・ハルマ」翻訳ではフランス語を解するドゥーフが導いていたのだと思うが，一つの概念の取り結びの結果が「五両」であった。

『和蘭字彙』は周知のように，オランダ商館長ヘンドリック・ドゥーフ Doeff, Hendrik がナポレオン戦争で独立を奪われ，やむなき 19 年の長崎滞在の時日，吉雄権之助以下十余名の長崎通詞と共訳したものであり，その翻訳語文には日常のことばを採用したことが明らかである。したがって，長崎通詞が翻訳語に採用したことばが当代に生き，理解語彙としての「五両」はまた日常を生きていた可能性があり，流入する口語語彙などとともに中国の古代語はここに生息していたと言うべきだろうか。ちなみに，いわゆる「江戸ハルマ」（早大本）の訳語は「定風旗」である。

5．漢字文化の日本

こうしていくつかのことがらからみてくると，これによって江戸という時代全般を通じて唐話の層が見えるわけではなく，あくまでたまたま拾いえたわずかのものを見るのにすぎず，唐話の広がりを全体として示すことができたかどうかとは思う。とりわけこうした仕事に向かってみて，今日常生活における唐話の使用事実について組織的に調べたことがないのでこれはこれとして今後の調査に委ねざるをえない。ただ，たとえば今日にも生きる「老舗」

の「一舗」また「書肆」の「一肆」といった漢語造語機能の成分の多くがしばしば観察される。『雑字類編』などに登載される語は日常に生きたことばであったのかどうかわかる段階にはないが、この唐話語彙を多く登載した辞書はやはり一部の識字階層にのみ獲得された理解語彙を集めた物にすぎなかったのだろうか。ごく普通の人々にとっての事情は現代においても状況は変わらないのだから、よりいっそうの調査が必要である。

　唐話の受容史が教えることを改めて考えてみると、日本人の言語生活史は常識的にいって、現代に至る過程、漢字・漢語・漢文の量が漸減してきた歴史であったことに思いが行かざるをえない。江戸時代の唐話受容は一方で表現の獲得史の中に明瞭にうかがわれるわけだが、このような唐話の受容とその反映は江戸期を越えて、明治期に至る。

　たとえばそれは「小説神髄」中の語彙にもみられ、明治中期まで多くの作品に観察される。こうした傾向はやがて言文一致の運動過程を経ながら徐々に姿を消して行き、自然主義、白樺派などの流れ、また作文教育を含めた学校教育の過程、昭和期になると江戸に隆盛した唐話語彙はほぼ完全に姿を消す。

　唐話が江戸の書記世界にもたらした現実とその影響は決して小さくはない。漢字を無視してはどうにもならないことばの歴史を考える場に身を置くと、このような分野がなぜ多くの関心をひきつけてこなかったのだろうといまさらのように感じる。

　そうしたときふと思い浮かぶのは杉田玄白が『蘭学事始』に書いた一節である。

> 翁が初一念には、此学（蘭学のこと　筆者）今時のごとく盛になり、斯く開くべしとは曾て思ひよらざりしなり。是れ我不才より先見の識乏しきゆへなるべし。今に於てこれを顧ふに、漢学は章を飾れる文ゆへ、其開け遅く、蘭学は実事を辞書に其まま記せし者ゆへ、取り受けはやく、開け早かりし歟。又、実は漢学にて人の智見開けし後に出たる事ゆへ、かく速なりしか知るべからず。

　玄白の文字認識は明らかにアルファベットの優位をいっているが、ただこの控え目で弁えのある言動の中には日本文化に通底する伝統的な文字とそのシンタクスへの目もある。文化史の大きな流れにこのような言説をおいたと

き，改めて思うことは日本人にとって漢字文化とは何ものであるのだろうかという根元的な問いかけの必要である。

注
1　山本紀綱（1983）『長崎唐人屋敷』謙光社
2　武藤長平（1925）「鎮西の支那語研究」（『西南文運史論』所収）岡書院
3　石崎又造（1940）『近世日本に於ける支那俗語文学史』弘文堂
4　中山久四郎（1933）「唐音の意義功用及び『華音の名師』岡島冠山について」『桑原博士還暦記念東洋史論叢』京都弘文堂
5　石崎前掲書
6　平石直昭（1984）『荻生徂徠年譜考』平凡社
7　山口剛は大正末・昭和初期，白話小説の翻訳に日本語口語をもってした。江戸以来の白話小説翻訳営為においては稀なあらわれであった。『山口剛著作集』中央公論社参照
8　白話小説への興味はこれと出合った近世文学研究者の多くが白話語彙に大きな関心を寄せている。
9　岡田袈裟男（1985）「蘭語・唐話・護園そして冠山―江戸言語学の地層」「国文学解釈と鑑賞」1月号特集＜国際化社会への飛翔＞（『江戸の翻訳空間―蘭語・唐話の表出機構』1991笠間書院所収）至文堂
10　岡田袈裟男（1993）「通俗物」白話小説の翻訳と和文度（未定稿，日本比較文学会　1993春季大会発表要旨）本書第Ⅲ章第5節参照
11　岡田袈裟男（2002）「豊子愷訳『源氏物語』の発想と江戸白話小説翻訳の発想―母語と翻訳の文体をめぐって」立正大学「文学部論叢」114号
12　斎藤信訳「江戸参府紀行」（F・フォン・シーボルト（1832）『日本』所収）東洋文庫　平凡社
13　岡田袈裟男（1983）「『和蘭字彙』と人称の表現―江戸蘭語学史の流れの中で」（「国文学解釈と鑑賞」，『江戸の翻訳空間―蘭語・唐話語彙の表出機構』所収）
14　岡田袈裟男（1981）「＜蘭学系文学＞のあるアスペクト」（『江戸の翻訳空間―蘭語・唐話語彙の表出機構』笠間書院　所収）「日本文学」日本文学協会
15　岡田袈裟男（2002）「唐話・オランダ・日本語対照辞典としての『改正増補蛮語箋』―江戸における唐話学・蘭語学・日本語学の交渉を探る」立正大学人文科学研究所報29号
　　岡田袈裟男（1976）「森島中良『類聚紅毛語訳』の考察」早稲田実業学校研究紀

要11号（『江戸の翻訳空間―蘭語・唐話語彙の表出機構』所収）
16　岡田袈裟男（1982）「森島中良と『俗語解』改編―静嘉堂文庫所蔵「俗語解」をめぐって」国語学会春季大会（於早稲田大学）
17　岡田袈裟男（1985）「蘭語・唐話・蘐園そして冠山―江戸言語学の地層」（「国文学解釈と鑑賞」『江戸の翻訳空間―蘭語・唐話語彙の表出機構』所収）至文堂

第4節　蘭語の研究と幕末に至る言語空間

1．アルファベットと漢字

　前節末尾に記したように，83歳の杉田玄白は『蘭学事始』（1815 文化12 成稿，明治2 刊行）にこう書いている。

> 翁が初一念には，此学（蘭学のこと　筆者）今時のごとく盛になり，斯く開くべしとは曾て思ひよらざりしなり。是れ我不才より先見の識乏しきゆへなるべし。今に於てこれを顧ふに，漢学は章を飾れる文ゆへ，其開け遅く，蘭学は実事を辞書に其まま記せしものゆへ，取り受けはやく，開け早かりし歟。又，実は漢学にて人の智見開けし後に出たる事ゆへ，かく速かなりしか知るべからず。

杉田玄白肖像

　玄白の認識には漢字文献にしたがう伝統的，在来の学問体系に潜む濃厚な修辞性とアルファベットにしたがう新来の学問体系のもつ現実性との対比がある。漢字文化の中にいて，これは一人漢学にとどまることなく待遇表現が「章を飾れる」面を有し，人事関係への配慮に多くの時を費やさなくてはならない日本語の基本的な性格にも通底している。「又，実は漢学にて人の智見開けし後に出たる事ゆへかく速かなりしか」という玄白が「知るべからず」としても，基本的には漢学で鍛えた語学力が礎になったことは『解体新書』翻訳が語っている。江戸蘭学者は長崎通詞のようにプラクティカルな意味での言語修得者ではなかったが，語彙面からの接近による理解と桂川甫周（国瑞）のように蘭語を解する者によって翻訳を完成できたのである。漢文素読によって養った教養はあたりまえのように，西欧語の修得にも貢献し役立っ

ていた。何よりも漢文訓読へのアナロジカルな欧文訓読の方法は江戸蘭学者にとって必定の読解行為であった。

さらに，アルファベットと漢字の対比に関して蘭学者，国学者などが示した認識についてはすでに杉本つとむ（1976）によって明らかにされた。杉田玄白ばかりでなく，江戸時代にみられるアルファベットに寄せられた認識の実態はつぎのように見られる。

はじめに森島中良のアルファベット認識の例を挙げる。中良に関しては長いこと調べてきているが和漢洋の学に通じ，蘭学の啓蒙に尽くし，近代以前に現れた柔らかな啓蒙思想家として大槻玄沢とともにこのように呼んでいるけれども，『紅毛雑話』（1787 天明7）にはつぎのように記している。

> 紅毛人万国の風土を記したる書に，支那の文字を笑て曰く，唐山（もろこし）にては，物に附，事に依て字を製す。一字一義のものあり。或は一字を，十言二十言にも用ゆる物あり。その数万を以て数ふべし。故に国人，夜を以て日に継，寝食を忘れて勤学すれども，生涯己か国字を覚尽し，その義を通暁する事能（あた）はず。去によりて己か国にて記したる書籍を，容易（たやすく）読得者少し。笑ふべきの甚しきなり。欧羅巴洲は，（注略）二十五字の国字を以て，少なからすとすと記したりとなん。（注略）中良案るに，皇朝の古へは，簡易にして文字をさへ用るす，夫より世降りて，五十言の目標（めじるし）に唐土の字を仮用する事となり，いよいよ末の世に至りては唐土の字音広義を用る事と成てより，事少なく安らけき，吾国風を捨，事多く煩はしき唐土風を用るは何事ぞや。紅夷といやしむる蛮夷すら，心有者は宜なはぬ，唐土（もろこし）の字学なれ。

また幕末に至って本多利明は「西域物語」で以下のように指摘している。

> 支那文字は字数多く国用に不便利なり。支那の文字数万あるを記臆せんとせば生涯の精神これが為に尽すとも如何で得べけん。（中略）日本の大儒の名を得し人といへども一国の事にもろくに通るはなし。然るに彼国にては博学ともいはれし人は外国三十余国の辞に通じ国情物産に迄も明白なりといへり。是文字少して精力みなこれに用ゆるゆへなるべし。

アルファベット文字についての認知，認識はさらに国学者たちにも及んでいる。杉本つとむ（1976）他を踏まえながら主要な点を挙げる。1765（明和2）年賀茂真淵は「国意考」でつぎのように書いている。

> 先から国のわづらはしくあしきは，世の治らぬはいはんも更也。こまかなる事をいはゞのたまふごとくの文字也けり。今按に丹生てふ人の用有字のみを挙といへるをみれば，三万八千とやらん侍り。たとへ花の一つにも，開散薬樹茎その外十

第 4 節　蘭語の研究と幕末に至る言語空間

まりの字なくてはたらず。又こゝの国所の名何の草木の名などいひて，別に一ッの字有て外に用ひぬも有。

　かく多の字をそれをつとむる人すら皆覚ゆるかは。或は誤り，或は代々に転々して，その論にかゝれるも益なくわづらはし。然るを天竺には五十字もて五千余巻の仏の語を書伝ふるに，たゞ五十の字をもてせり。此五十をすらしれば，古しへ今と限りなき詞もしられ伝へられ侍るをや。字のみか，五十のこゑは天地のこゑにて侍れば，その内にはらまるゝものゝおのづからの事にて侍り。その如くすめら御国にもいか成字様かは有つらん，かのからの字をふとつたへてより誤りてかれにおほはれて，今はむかしの詞のみのこり，その詞は又天竺の五十音に同じからねど，よろづのことをいふ様，五十音の通ふ事などは又同じことわりにて，右にいふ花をばさくちるつぼむうつろふしべくきなどいへば，字をもからでよきもあしきもやすくいはれて，わづらひなし。をらんだには二十五字とか，此国には五十字とか。大かたの字の様も，四方の国おなじきを，たゞからのみわづらはしき事を作て，世も治らず事も不便也。

一方，本居大平は「古学要」1827（文政 10）で表音文字の優勢を記した。

文字をかり用ひ給ふ事のよきあしきは猶よく深く考ふべき事なり。文字製作，天竺和蘭其外の国々のは人々音声の形を以て作れり。漢土のは山川草木鳥魚など，その物の形を以て作れり。漢土の製作ぞ便利なる。但し漢字のひがことは，あまりに文字の品数をいくつもつくりたるは，こはいと〱つたなくわづらはしきことなり。（後略）

もとより，また，漢学者三浦梅園も示したことが明らかにされている。さらに佐倉藩，田中参は以下のような認識を示した。

漢文簡而字煩，西字簡而文煩。漢字有義一字或兼数言或兼十余言，故数百言之文可以収之於数十字，豈不簡哉，只其字有義毎物一一製之豈不煩哉。西字只用二十六字母，聯貫成文豈不簡哉，只其字無義合字而成音合音，而成語加助字於語之首尾以取其義，故数十言之文至累数百字豈不煩哉……譬之衣服漢猶錦繡也西猶布帛也，錦繡雖美不如帛之可以用於常服之為便也。

　上のように，学にあるものはその立場がいかにあれ同じような認識を示している。その意味で杉田玄白がアルファベット文字を通して認めた西洋の言語への見方は洋・蘭学者と呼ばれる者の西欧認識の一面を表わしているといっていい。一般に蘭学史は医学を核とする西欧科学技術の受容史とみられる。そして「実利の学」であるというような外面的現わればかりが強調されるきらいがある。しかし文化の受容にあっては，ほんとうにそのような面ばかりにしかないというようなことはすでに多くの研究が示しているように本来的

にはありえないことだ。あたりまえのように同時に心の内側へ関与する思想，芸術といった面への変革を促した要素としてもとらえることができる。たしかに詩とか小説とかいうだけの文学分野との直接の交渉には至らない面が多々みられるが，西欧を認識する行為は自ら背景をなす思想基盤へ接近し，受容することであったのはむしろ自明のことと言わなくてはならない。いわば玄白が『蘭学事始』に表明したことは西洋への認識をことばの次元に認めたことになり注目されるのである。

　文化はつねに人を取り囲むすべてによって様式化される。だから人が人である証である言語に根源があって，存在の様式が規定され，そのことが時にある文化に対して大きな変革をもたらすことに言い及ぶ必要がある。その意味では，中国，朝鮮を主たる機構とする東アジアの文化様式からのみ影響を受けてきた日本文化が，西洋化の一途を辿り始める文化へと移行する重要な転換点にたとえば杉田玄白の位置があったことが考慮されていい。21世紀はじめの今日に至ってもなお止むことのない西洋の文化様式への礼賛と憧れを表象するモニュメンタルな書物が『解体新書』であった。もちろんこれ以前の歴史的過程にこの書物を生み出す流れがあったが，玄白はつぎのような表現で江戸中期，半生の回想を説き起こしている。

江戸本石町長崎屋

　　今時世間に蘭学といふ事専ら行はれ，志を立つる人は篤く学び，無識なる者は漫りにこれを誇張す。其初を顧み思ふに，昔し翁が輩二三人，不図此業に志を興せし事が，はや五十年に近し。

『解体新書』の刊行は1774（安永3）年であったが，すでにそれ以前一世紀余の「プレ解体新書」の時が流れており，新文化受容の根底には異言語獲得の深い水脈があった。異文化との交流にはつねにその基底にことばがある。

2．西欧の言語との出合いと蘭語学の発展

　室町末期から安土桃山時代に旧教徒がもたらした南蛮文化は言語の受容の面からいうと，スペイン語，ポルトガル語を基底としたが，またコレジオ，セミナリオなどではラテン語が学習言語のひとつであった。宣教師たちは，日本人にもラテン語を教授していたが，宣教師たちのイエズス会総長に宛てた書簡類をみると，ポルトガル人，日本人を問わず内部でも教会経営を柱として，布教活動にもさまざまな思惑が働き，それが言語の学習の具体的な内容についても影響したことがわかる。関白秀吉施政における禁教令下では，この「暴君」のために宣教師たちは受難し，代わったオランダ人の言語をフィルターとする紅毛文化においては，やがて日本人自身が新しい言語の担い手になった。言語そのものが展開する新世界の構築はその言語が日常的に飛び交う領域ではじまる。それはとうぜん徳川幕府が公式に定めた外国人の居留地平戸であり，やがて長崎にオランダ商館が移転してからは，ここが蘭語を中心とする西欧言語の伝播発祥地となる。

　これまでの研究が明らかにしてきたように，「崎陽の学」と呼ばれる異文化受容の場こそが日本文化圏とは異なる世界を運ぶ入り口であった。徳川政権は創成期のキリスト教排斥のときから，交際する西欧はオランダのみであった。ただ，長崎商館に勤務するオランダ東インド会社の長カピタン職にあるものが，江戸参府によって，江戸への経路に西洋を感じさせたし，江戸本石町の長崎屋は西欧文化の扉であった。定宿長崎屋における異文化交流の実態は江戸蘭学の基本部分を形成した。この宿こそが，江戸におけるネイティブや生の蘭語をあやつる日本人通訳との意見交換の場であったからである。幕閣にあっても，ごく初期のころから，中国以外の外地への関心は高く，ジャワ，バタヴィアを経由して伝えられてくるオランダ風説書などの情報があっ

新井白石肖像

た。一般に思われているよりは，外国に関する情報は乏しくない。それに，幕政を担う幕閣の関心はあたりまえのように，海外情報に接する環境であった。たとえば中国情報は柳沢吉保のような中国の口語を学んだ閣僚が学問好きの徳川綱吉治政下にあっても存在し，またそれ以前にも長崎通詞今村英生の通訳でイタリア人シドッチ Sidotti, Giovanni Battista（1668〜1715）への尋問記録を『西洋紀聞』として残した新井白石もいた。白石は『同文通考』や『東雅』のような著述でしられるようにことばへの関心を深く示し，東アジアにいる自身を国際環境の中にあるものとして自覚した。新井白石のような知性は幕政への関心にひとりとどまるものではなく近世日本の国際感覚を示している。

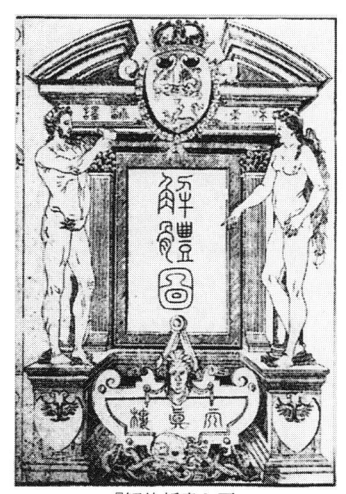

『解体新書』扉

さらに八代将軍徳川吉宗の時になると，いわゆる洋書解禁によって異文化の言語学習が許されるようになった。青木昆陽，野呂元丈などの蘭語学習の実態についてはすでに詳細に調べ上げられてきている。とはいえこの段階では，蘭語文法の基本的な把握はなされてはいなかった。

しかし，18世紀末にいたると「蘭語学」はことばの直接の担い手長崎通詞，とりわけすぐれた文法学者中野柳圃の出現によって大きく切り開かれ，江戸中期に至ると国学（ジャパノロジー）・漢語学・唐話学（シノロジー）と並ぶ新たな言語研究の場を形造った。その場合玄白は今日的な意味でいう蘭語に習熟した者ではない。

『解体新書』成立には前野良沢の語学力に負うところが多く，彼の長崎遊学の成果をもとに『ターヘル・アナトミア』 *"Ontledekundige Taferen"* door John Adam Kurumus の翻訳に及んだ。良沢の方法は江戸蘭学者の語学を良く伝え漢文訓読に習った「蘭化亭訳文式」が以降，大槻玄沢，宇田川玄随，稲村三伯らに継がれ，伝統的な翻訳法として幕末に流れた。はじめ彼らの翻訳は文法構造の精密な理解に基づくものではなく，語彙の意味レベ

ルでのことばの置換であり，文構造の把握は漢文訓読のアナロジカルな応用であった。とくに江戸の蘭学者は漢語学の影響下に置かれていたから，漢文訓読式に欧文も読もうとして現実に実践した。文法用語の生成過程をみても，中野柳圃の文法が江戸に現れるまで，ほとんどの品詞を漢語学にいう「助語」としていた。文構造を文法的に明確には把握していなかったのである（第Ⅱ章第7節参照）。

3．蘭日辞書の形成

　蘭学環境が出来上がると，江戸でも初期以来の語彙集をはじめとし，徐々に蘭語と対訳される辞書が作られ始める。このような辞書の形成史もすでに杉本つとむ（1976〜1982）をはじめとする江戸蘭語学史研究の場で明らかにされてきた。

　森島中良の『類聚紅毛語訳』（蛮語箋）をはじめとして多くの辞書が作られ，プラクティカルな言語学習が展開された。長崎通詞の語学は現実的であり，『解体新書』に序を寄せた吉雄耕牛をはじめ，中野柳圃(志築忠雄)，馬場佐十郎，吉雄権之助らを輩出する。彼らは蘭語の文法研究，『蘭日辞典』の編纂に多大な貢献をした。たとえば長崎通詞

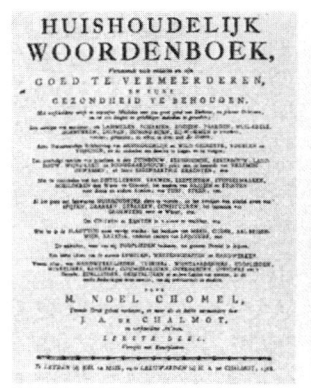

ショメールの『百科事典』タイトル挿絵

の語学力は個人的な語彙集をはじめとして江戸を通貫する辞典編纂の底流をなしている。たとえばフランソワ・ハルマ Halma, François が編纂刊行した蘭仏辞書 *"Woordenboek der Nederduische en Fransche Taalen"* 1716 の第二版（1729）の翻訳から生まれたいわゆる「江戸ハルマ」*"Nederduische en Japansche Taalen*"「長崎ハルマ」(「ドゥーフ・ハルマ」,幕末に『和蘭字彙』の名で刊行),その系統にある『訳鍵』『増補改正訳鍵』などはその大きな証である。とうぜん文法研究にも彼らの貢献があり,柳圃や馬場の研究成果は,国学における宣長ら国学者の日本語研究,あるいは伊藤仁斎,荻生徂徠,皆川淇園らの漢語学研究などとあわせて江戸言語学の地層をなしている。この地層こそ江戸中後期における諸科学の成果の中でももっとも水準の高い学的環境を形成した。こうした通詞たちの地道な努力は新来の言語文化を正確に摂取する上での土壌となった。

蘭語学は天才的語学者,馬場佐十郎が江戸に出府した1808(文化5)年を機に変わり,今日普通にいう翻訳の方法が江戸に植え付けられた。江戸蘭学者も大きく啓発され,変貌を遂げていく。馬場がもたらした文法研究は淵源に柳圃学があって,後継者である馬場佐十郎が江戸の文法研究にもたらした影響は大きかった。大槻玄沢はそれまでの蘭語学習を旧法であるといい,馬場以降を正法とした。本当の文法学を知った玄沢の衝撃はそれほど大きかったのである。

外国事情に通う公的実務機関「蕃書和解御用」では幕末に至る一大事業として「ショメールの百科事典」(『厚生新編』*"Huishoudelijk Woordenboek"* door Noël Chonrel)の翻訳に従事する。このために江戸に招聘された編集主幹馬場佐十郎の下で大槻玄沢,大槻玄幹,宇田川玄真,宇田川榕庵,湊長安,小関三英らの俊才がこれに従った。この企ては西洋文化をトータルに受容しようとする国家的規模の事業であり,近代を支える土壌をなした。一方,江戸時代には今日にアナロジーしうる高い出版文化が築き上げられ,『節用集』などの辞典,事典類ほか,多くの図会や図彙などの百科事典類を生んだが,そのコンセプトのほとんどが東アジアの価値観に規定されていた。したがってこの翻訳事業は西欧世界の現実を肌に感じとるようになった徳川幕府体制の基層における西洋化への脱皮をも意味した。

4. 新たな世界の発見と生活の思考

　大槻玄沢は『蘭学事始附記』に寛政年間（1789〜1800）から天保年間（1830〜1843）までを一つの隆盛期とした。ことばが媒介となる文化の底はそれに伴ってさまざまな概念装置を変える。

　医学をはじめとする自然科学の側面が目に見え，また人目を引く要素であることは洋の東西，時の古今を問わない。蘭学をめぐる環境はさまざまな広がりを具象の場に大きく顕現させた。

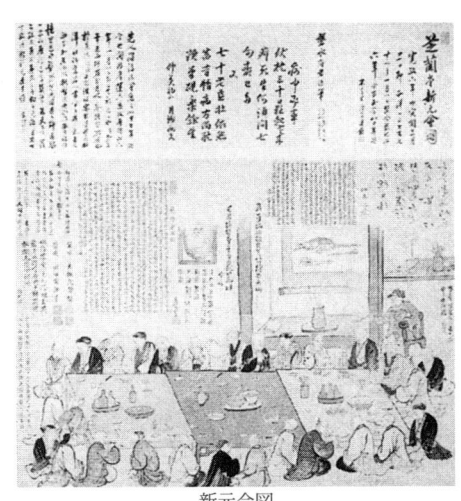

新元会図

たとえば江戸中期，玄白の友人平賀源内は田村藍水などと同様に物産会，薬品会などを開いた。源内の蘭語学力は不十分であったが，物質的な側面における関心は大きく自らの西洋受容を生活のなかに描こうとした。源内の新奇への探求心は大槻玄沢『蘭説弁惑』や森島中良『紅毛雑話』などの西洋紹介の書物に至り，江戸に西洋の薫りを放つ。いわば物質的な面での発見，驚きにはじまった源内らのデモンストレーション，エキスポジションが江戸のメディアに西洋を運び込んだのである。

　こうして視覚の刺激がことばとしての知覚を促し，変革へとつながる道筋はいつでも変わらない。たとえば中良は「顕微鏡」を覗くことで，それまで日本人がほとんどが気付かないでいた小動物の詳細な姿に接する。彼は発見を自ら絵画化した。それはミクロの世界の発見であった。百科事典的知見に富む『紅毛雑話』はこうして新しい世界の情報に富んだ著述となり，さらに新しい世界を呼ぶ代表的な書物のひとつになった。玄沢の書いた啓蒙書も同工異曲の著述である。中良らの行動はそのまま洋・蘭学者の知的好奇心の発

露であり，知的啓蒙活動であった。その意味で彼らを明治以前に出現した，柔らかな文化状況における「啓蒙思想家」と呼ぶのにふさわしいものと考えるのである。

　こうした新奇の事物の認知は模倣，獲得へと進み，新しい生活の彩りへと誘う。衣食住のあらゆる場面で少しずつ，ふと気がつけばこの国に西洋化への道が展開されてきた。中良や玄沢たちの行為が同時に変わることのない今の私たちの姿でもあることがわかる。それは物のレベルだけでなく目に見えない生活の面にも及んでいる。

　たとえば『和蘭字彙』に「week, z. v. de tijd van reden dagen 七曜一メグリノ日数」とある。「Z・V」は「女性名詞」のこと。このことばは「一週間」をいい，今日では何の違和感もないが，幕末に完成した蘭日辞典は原書の説明を訳し，例句文では「eene hele week 全クノ一ウエーキ」とか「Het is drie weeken geleeden. 三ウエーキヲ経テ居ル」のようにこの新来のことばを音訳語に付して使用した。暦は生活の根幹にあるが，日本人が七日を一つの単位とする生活に入ってからの歴史の流れにおいては，それほどの時を経てはいない。玄沢はこうした生活の基本部分に多大な関心を寄せて「新元会」と称し，西洋の暦で正月を祝ったりした。いわゆる「おらんだ正月」である。洋・蘭学者がここに誘われ遊ぶ。異文化への好奇，憧れの意識がこのような行為へと人を導いたのである。こうした西洋模倣は誰にもある関心事への具体的な接近になるが，それが新たな思考を生む。はじめはドラマティックな変化にみえることが生活のさりげない部分に及ぶとき，慣れはいつか異文化の獲得につながる。洋・蘭学者の江戸を生きる気分は日本における西欧化の先駆けをなしたのである。

5．蘭学者の視点と認識

　ところで，西欧の自然科学がもたらした驚愕的な事実は人体解剖を通じて知った事実認知のもつ力であった。蘭書の翻訳が『解体新書』以後，継続的に西欧学に従事した蘭学者に言語認識を通じて大きく科学精神を涵養させた。とうぜん，視点の変化が彼らを取り囲む環境へあらゆる変化をもたらした。

眼にみえる科学技術の先進性は驚きから，憧れへ，さらに自ら獲得したいという願望の実現へと向かうのが自然である。そして一方では形而上学的な面に導く。西洋医学にあった者の中にも杉田玄白は「病家三不治」大槻玄沢は「養生七不可」を著したし，あるいは杉田成卿のようにドイツの医学者フーフェランドの「医戒」*Enchiridion medicum* を翻訳した者がいた。玄沢が戯作「医商」を著し，医の本質を逸脱して商売とすることに痛烈な風刺をしたこともすでに杉本つとむによって明らかにされている。人間を考えることに洋の東西もないわけであるとしても，根底にキリスト教倫理をもつ西欧文明のもたらしたインパクトは今日の想像を超えて大きかったものと思われる。

　もとより，西欧を必要以上に賛美する必要はないが，最初期の文化的衝撃が『解体新書』の翻訳を生んだことは純粋に形而上学の内容に属することを銘記するべきである。近代における西欧化のプロセスで，すでにこのような江戸時代における西洋文明摂取の実態観察が深く，広くなされた。その基底にあったものがかつては西欧優位の考え方，あるいは礼賛につながった面もあるが，そこにはそれだけの理由もある。このことは近世を通貫して蘭学に志した青年たちの心にあったものと通底する面があったと考えられる。

　そしてもっとも肝要なことは，「実用」「実利」の一点張りで江戸時代における西欧科学の摂取を語るべきではないということである。

6．西洋との新たな出合いと情報

　安永年間にもたらされたロシア情報以来，幕末に至る対外関係の諸事が幕府体制を揺さぶる。海外情報はオランダ商館を経由するほかには帰還した漂流民の尋問などからもたらされた。整った情報であるというよりは，真偽の明確でないものであったり，あるいはいきなり来航する外国船舶のもたらす驚きであった。大航海の時代から時を経，17世紀から18世紀にかけて西欧の列強はアジア・アフリカに急迫し，つぎつぎと植民化を進めた。19世紀前半にはアジアにおけるイギリスの植民化の波は中国・朝鮮への通商要求に及び，1840（天保11）年のアヘン戦争での香港割譲に向かう。日本はや

がて1854（安政元）年イギリス，アメリカ，ロシアと和親条約を締結することで海禁の体制が崩壊する。いわば18世紀末から半世紀以上の幕府崩壊までの期間，国内だけの平和安逸の屋内生活に安住しえない状況が刻々と迫っていた。そうした環境下，はじめに現われた脅威はロシアからもたらされる。アダム・ラクスマン，レザノフ，プーチャーチンとつづくロシアの南下政策は確実に日本を射程に入れていた。第一波は18世紀末，漂流民大黒屋光太夫らを護送して根室に至った。全権使節ラックスマンはエカチェリーナ女帝の治政下，日本への通商を要求するが幕府は拒否した。しかし日本人の護送に謝し信牌（長崎通商照票。元は正徳新令で創設された対中国船に与えた貿易許可証）を与え帰国させる。第二波は19世紀初頭アレクサンドル二世の治政下，世界周航を経て派遣された。全権使節レザノフは提督クルゼンシュテルンとともに仙台の漂流民津太夫らを伴って長崎梅が崎に来航，通商を要求する。幕府は半年後に拒否した。

　いずれも総合的な世界政策などと無縁であった日本政府の場当たり的泥縄式の対応でしかなかった。この過程，幕藩体制の側はけっきょく洋・蘭学者の桂川甫周（国瑞）や玄沢に漂流民の尋問記録を整理させ，対ロシア情報とした。こうして生まれたのが『北槎聞略』（1794寛政6），『環海異聞』（1807文化4）であった。これらの報告は情報量も多く，よく整理され構造的にロシアを解き明かすものであり，ソヴィエト時代以来貴重な学術文献として研究されている。

7．ナポレオン戦争とドゥーフ

　1812年ナポレオンはモスクワから敗退し，オランダは奪われた独立を取り戻す。しかし欧州がフランスに席捲された時期，オランダ国旗はただ長崎出島のオランダ商館に翻っていた。ヘンドリック・ドゥーフ Doeff, Hendrik は余儀なく滞在した19年の間に長崎通詞とともに翻訳蘭日辞典の編纂に携わった。商館長ドゥーフは開幕以来来日したオランダ人の中でももっとも長く日本を生きた人物であるといっていい。彼の残した『日本からの回想』 *"Herinneringen uit Japan"* Haarlem 1833 は江戸を生きるオランダ人

の気分を十全に伝える貴重な文学作品の一つといえる。

　幕末に至る期間，英雄ナポレオンの像は日本にも伝えられ，小関三英は1837（天保 8）年にリンデン Linden の評伝を翻訳，死後 1857（安政 4）年『那波列翁伝』のタイトルで刊行された。これはもっとも早い日本におけるナポレオン受容であった。

8．アヘン戦争と「ドゥーフ・ハルマ」出版の建白

　1838（天保 9）年徳川斉昭が内憂外患についての意見書を幕府に提出したが，同時期に渡辺崋山は『慎機論』『鴃舌或問』を，高野長英は『夢物語』を書いた。しかし筆禍を得て崋山，長英は逮捕され，三英の自殺に及ぶ。蛮社の獄はこうして憂国の洋・蘭学者を弾圧した。海外の状況を知って日本をしっかり見つめようとした知性はあえなく守旧，保身派によって芽を摘まれた。けれども警世の言はこうした洋・蘭学者と呼ばれる者の口から発し，いずれ来るべき運命のもとに晒される。1840（天保 11）年のアヘン戦争ではイギリスが勝利し香港割譲に及んだ。崋山はその認識においてよく世界の趨勢に通じ，その海防についての考え方は江川英竜などに継承された。この戦争が東アジアにおける 19 世紀最大の事件であったことは明白である。海防国家建設の具体的な提言を試みた佐久間象山は対峙する西欧を熟知しようと自ら所属する松代藩主真田幸貫が老中であったとき，次いで幕府老中阿部正弘に「ドゥーフ・ハルマ」の公刊を建白したが，実現できなかった（第Ⅳ章第 4 節参照）。しかしほとんどの洋・蘭学者の持った対外認識は現実性を帯びていた。

　日本は植民地化こそ免れたが，近代へと至る道筋にはかつて洋・蘭学者の見据えた眼があった。蘭語を基とすることばを通しての世界認識の努力があった。それだけにまた江戸を通観して，長崎通詞を含めた洋・蘭学者たちが蘭語の研究を基底とし，世界を見据えながら生きた気分を探ることが広義の文学史・文化史の近世を考える上でもう一つの大切な要件であるものと考えられる。

第 I 章　江戸異言語接触と言語文化

文献
越智治雄（1975）『近代文学の誕生』講談社現代新書
勝本清一郎（1961）「幕末から明治へ」（『座談会明治文学史』所収　他に猪野健二，大久保利謙，柳田泉）岩波書店
杉本つとむ（1976～82）『江戸時代蘭語学の成立と展開』I～V　早稲田大学出版部
杉本つとむ（1960）『近代日本語の成立』桜楓社
杉本つとむ（1967）『近代日本語の新研究』桜楓社
趙徳宇（1985）岡田袈裟男訳「渡辺崋山と林則徐の西洋学」（洋学史学会編『洋学』4所収）八坂書房
趙徳宇（2001）『西学東漸与中日両国的対応』世界知識出版社
前田愛（1977）「幕末の文学」（『シンポジウム日本文学』所収　他に野口武彦，延広真治，芳賀徹，橋川文三，富士川英郎）学生社
岡田袈裟男（1991）『江戸の翻訳空間―蘭語・唐話語彙の表出機構』笠間書院
岡田袈裟男（1991）「幕末の文学―18, 9世紀の東アジアを生きる気分と蘭学文学」（『日本文学史を読む　近世』所収）有精堂　本書第IV章第1節
岡田袈裟男（1991）「佐久間象山とアヘン戦後の東アジアを生きる気分―『省諐録』と蘭学文学史―」（「日本文学」42-1特集「アジアという視座」所収）日本文学協会　本書第IV章第4節

第Ⅱ章　蘭語学史の諸相

第1節 『和蘭字彙』(「ドゥーフ・ハルマ」)翻訳文体の基礎分析

I 論文解題

『和蘭字彙』はいわゆる「ドゥーフ・ハルマ」の刊本であり，底本フランソワ・ハルマ編『蘭仏辞典』の第二版 "Woordenboek der Nederduische en Fransche Taalen" door François Halma 1729 の蘭語例文・例句をすべて日本語に翻訳している。この辞典の書誌をはじめとする基本的なことがら，また評価はすでに明らかである(注1)。

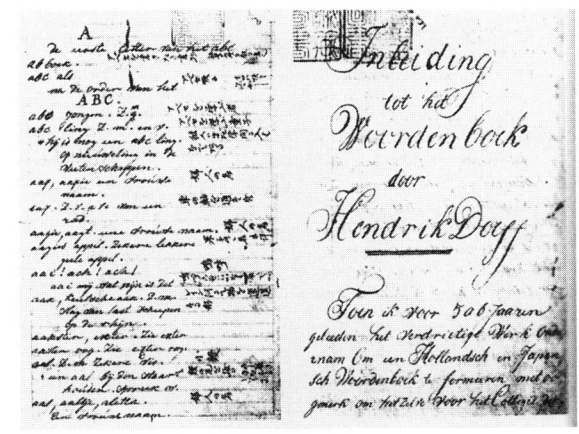

「ドゥーフ・ハルマ」坪井本

F・ハルマ『蘭日辞典』

総合的にいえば，近世期を通じて行われた異文化言語の受容史上，とりわけ蘭語学史にあって，その日本語訳文としての巧拙はともかくとしても，もっとも完成度の高い，文法的にもしっかりした翻訳である。そしてまた，西欧言語の受容の面から見て，いわゆる欧文脈，翻訳文体の典型として掲げることができる。

ここではいくつかの観点からここにみられる翻訳文体について分析する。なお，『和蘭字彙』は総行数 109993 行，見出し語数 49024 語，ドゥーフの増補は 1281 例である。

原文表示に際しては以下のとおりにした。
1 　本文は今日確立されているオランダ語正書法以前の綴字法によっているから，ここには適用されえないし，また綴り字には u/v, ch/g, ij/y ほかユレがみられる。ここでは原文のまま記した。
2 　日本語表記における仮名遣い，カナの清濁は揺れているが，すべて原文のままに例示する。
3 　訳文には句読点が。で付される場合がある。一定してはいないが，原文通りとした。
4 　〆，㐂，㐧などの合字はシテ，トモ，トキなどとした。
5 　異体字は原則として現行字体に改めた。
6 　検討語彙については日本語部には下線を施こし，蘭語部分は斜体とした。
7 　日本語訳文に対して，底本に二つ以上の文が示される場合には／によって分け原本表示通りとはしない。
8 　文頭 'Doeff' とあるのはドゥーフの増補した語句文。

　ここでははじめに文法用語の翻訳実態を示し，欧文脈の諸相を取り上げ，さらに翻訳文における諸表現を示す。
　なお，本節は1970年早稲田大学に提出した学士論文「『和蘭字彙』に現われた西欧的思惟・表現の研究—近代文学の表現・文体の源流」（未発表　主査杉本つとむ助教授，副査稲垣達郎教授　当時）の第四章を基としている。執筆以来今日に至る30余年の間，杉本つとむ編，影印本『和蘭字彙』の解説，また杉本つとむ（1979）における大きな観点からの検討以外に『和蘭字彙』の翻訳句文の研究はみられない。したがって江戸時代における翻訳文体精査のための基礎的な資料の提示，分析のための一助として，ここに載録する。現在，執筆当時とは記述の方法に異なった考え方があるが，ここでは学士論文に記したものを生かし最小限の補訂を施して示す。

II　文法用語のパラダイム

第1節 『和蘭字彙』(「ドゥーフ・ハルマ」)翻訳文体の基礎分析

1．見出し語に付された略号

　以下は冒頭に "*Verklaring der Tekenen die de Natuur der Woorden aanduiden*" として掲げられている品詞説明の略号と本文の説明である。（　）内は現代の文法用語。

z. m.	mannnelijk zelfstandig naamwoord	────		（男性名詞）
z. v.	de vrouwelijk naamwoord	陰静詞	文学ノ語	（女性名詞）
	het vrouwelijk geslacht	陰詞	文学ノ語	（女性）
z. g.	geenerlei zelfstandig naamwoord	────		（中性名詞）
bijv. w.	een bijvoegelijk naamwoord	虚静詞		（形容詞）
bijw.	bijwoord	形動詞		（副詞）
	een woord dat bij de werken bijvoegelijk woorden genoegd word〔ママ〕			
w. w.	werkende werkwoord	────		（他動詞）
g. w.	geenerlei werkwoord	自動詞		（自動詞）
	het geenerlei, of onzijdig geslacht woord der spraakkunst			
voorz.	voorzetsel	前置詞	文学ノ語	（前置詞）
voeg w.	voegwoord　zie koppelwoord	連続詞		（接続詞）
ond w.	onduitsh woord	獨逸語デナイ		
onv. tijd	onvolmaakt tijd	現在過去		
oud w.	oud woord	────		（古語）
	oude woorden	昔ノ言葉		（古語）
koppel w.	koppel woord	連続詞		（接続詞）
	woord der spraakukunst			

2．本文に現れた翻訳文法用語

単詞	物ヲ一ツ称スル時ノ語ナリ	E20オ2 Het enkele getal. een w. der spraakkunde.
普通ノ発声詞　文学ノ語		O24ウ5 onbepaald lidwoordje in de spraakkunst
静詞		N4オ21 naamwoord z.g. een w.der spraakkunst
複静詞		M27ウ3 Meervoudige namen
実静詞		N3オ24 Zelfstandige naam
実静詞		N4オ23 Een zelfstandig naamwoord
虚静詞		N3オ25 Bijvoegelijke naam
虚静詞		B156ウ6 Een bijvoegelijk naamwoord.
陰詞　文学ノ語		V174オ11 Het vrouwelijk geslacht. spraakw

陰静詞	文学ノ語	V174オ14 De vrouwelijke naamwoorden
代名詞	文学ノ語	V155オ27 voornaam z.m woord der spraakkunst. voor naamwoord, gedeelte der rede voor of in plaats des naams komende
動詞		W53オ30 werkwoord. z.g. woord der spraakkunst.
動詞		T73オ10 tijdwoord of werkwoord
自動詞		O83オ3 Een onpersoonlijk werkwoord
自動詞	文学ノ語	O129オ12 Een onzijdig werkwoord, werkwoord dat noch lijdende noch werkend is.
動他詞		W53ウ2　Een geenerlei werkwoord
自動詞		G26ウ15　Het geenerlei, of onzijdig geslacht woord der spraakkunst.
自動詞		W53ウ3　Een werkende werkwoord
中詞	文学ノ語	O129オ14 Onzijdig geslacht in de zelfstandige namen
前置詞	文学ノ語	V165オ6 voorzetsel. z.g. een der onbuigzame deelen van een rede
助詞		W76オ6　Helpwoord of hulpwoord
根元詞		W78ウ6 wortelwoord. z.g.
嗚呼　歎息詞		O1オ3 O! een teken van uitroeping of verwondering
嗚呼　歎息ノ詞		O1オ15 och! tusschenwerpsel
動詞ノ直説法　文学ノ語		A26ウ17 De aantoonende wijze der werkwoorden
直説法　文法辞法ノ		T49ウ30 Toonende wijze, woord der spraakkonst.
分註法		w49ウ25　De wenschende wijze. woord der grieksche spraakkunst.

3．本文に現れた文法説明

自動詞ヲ虚静詞ノヤウニ遣フ法 B156ウ7 De bijvoegelijk wijze van een werkwoord

動詞ノ上ニ冠スル語ニテ物ヲ離ス意ニ用 A39ウ5 af, voorrzetsel tot de zamenstelling der Nederduitsche werkwoorden, word veel in tegenstelling van aan gebruikt.

静詞ヲ変化サスル　文学ノ語　B144オ20 Een naamwoord buigen.

動詞ノ変化　文学ノ語ニシテ譬バ現世ニテ云フ」ト云フ語ヲ過去ニテ云フタ」ナド、遣フ事 C8オ8　conjugatie, ond.w. z.v. buiging der werkwoorden. tijdvoeging.

静詞ノ転用　N4オ5 naambuiging. z.v.

夫ハ静詞ノ第一格ニヨリテ転用シタル語ナリ N4オ6　Dat woord is van de eerste naambuiging.

　以上『和蘭字彙』に表わされた文法関係用語の翻訳を掲げた。文法は「文学ノ語」としてとらえられている。また，本節では日本語訳文の上に立って，考察するので，蘭語文が本来的に抱えている文法的諸事相については副次的な扱いになる。したがって蘭語文のサイドから帰納されるもろもろの事柄については常に参考に供するものとして扱われる。なお個々の文法用語と蘭語学史における位置については本章第7，8節に詳述した。

Ⅲ　翻訳と欧文脈形成の諸相

1．代名詞の多用

　欧文脈の特色の一つは「代名詞」を多用することであるが，ここでは『和蘭字彙』にみられる翻訳実態を記述する。人称詞と指示詞，場所詞の三つのパートに分け，翻訳句・文例を掲げる。また，人称について論じる。なお，蘭語と対照される翻訳語のパラダイムを表として示せばそれで役に足るものではある。しかし翻訳文体の諸相を考える一端として，学士論文執筆当時一々に示した例文をここにも踏襲して掲げる。現代ではさして違和感をもたらさない表現として定着した感のある文例があるが，「ドゥーフ・ハルマ」成立当時の一般の日本語構文とは異なった文体が少なくない。

　なお，ここでは日本語訳の側から見て，整理をしているので，蘭語の側から評価しようとするときには，とうぜん整理の方法が変わらざるをえない。

『和蘭字彙』

1-1 人称詞

　『和蘭字彙』の原文蘭語の人称詞と翻訳とを対照すると，用例から帰納された人称のパラダイムは以下の表のように整理される。

表1　『和蘭字彙』人称パラダイム

	単数	複数
一人称	ik 我・我レ，私，吾，自分，我輩，吾輩	wij 我々，我等，吾等，己々
二人称	u 汝，其許	u, ulieden 汝等，君達
三人称	hij, zij 彼，彼女（彼女），彼人（彼男），奴，人	zij 彼等，彼人等，彼女等，人々
不定称	iemand, niemand, ander(s) 何某，誰・或人，各，互，皆人，他人，他ノ者 己	

表2　『和蘭字彙』蘭語人称パラダイム

	主格	対格	与格	属格	reflexive
単数					
一人称	ik	mij/me	mijn/m'n	me/mij	
二人称	jij/je U gij/ge	jou/je U	jou/je Uw	je	zich/u
三人称	hij zij/ze het/'t	hem/'m haar/d'r/'r het/'t	zijn/z'n haar/d'r		zich zich zich
複数					
一人称	wij/we	ons	ons/onze	ons	
二人称	jullie U	jullie/je uw	jullie/je	je	zich/u
三人称	zij/ze	hun/hen/ze	hun/d'r		zich

　注 gij/ge は古語，現代語では使われない。　jij/je は普通体，U は敬称

【一人称】
単数

第1節 『和蘭字彙』(「ドゥーフ・ハルマ」)翻訳文体の基礎分析

「我　我レ」
　　我彼ニ催促スルテアラフ。A5オ26 Ik zal hem aandoen.
　　我夫レヲ厳重ニ言付ケタ。U5オ24 Ik heb het uitdrukkelijk belast.
　　我レ彼女ニ書翰ヲ讀聞カセタ。V154ウ7 Ik heb haar den brief voorgeleezen.
　　汗ガ我惣身ヨリヒドク出居ル　U3ウ6 Het zweet begint mij overal uit te breeken.
　　我ガ家ヲ二年目毎ニ出替ニ出ヤウガ出ルマイガ勝手ニナルヤウニ極ヲシテ六ケ年ガ間借シタ　O178オ18　Ik heb mijn huis gehuurd voor zes jaren, met optie van twee jaren.
　　人カ我ニ誓詞ヲセヨト押乞シタ。A43オ4　Mij wierd eenen eed afgeeischt.

蘭語は受身文であるが，訳語は与格になっている。

　　彼ハ常ニ我ヲ覘テ居ル。M77オ30 Hij heeft het altoos op mij gemunt.
　　彼ハ我レヲ昼前ニ見舞ニ来タ。V155オ12 Hij kwam mij's voormiddags bezoeken.

「我」は安定した一人称の翻訳語である。主格「我」は「我レ」があり，対格には「ガ」のないはだかの形の「我」がみられる。

「吾」
　　吾最早食事ヲシタ　A70オ21　Ik heb al gegeeten
「私」
　　夫レハ私ニ於テ為ルトモ為ズトモ同ジ事デアル　O118オ26　Het is mij onverschillig. /of ik dat doe of niet.

「私」に主格用法はないしまた人称詞として扱うことにも問題があるが，蘭語との関係で挙例する。

「我輩」
　　我輩　O127ウ29 De onze/ons volk

単語訳がみられるだけである。

「自己」
　　我自己ヨリ　U1ウ25 uit mij zelven

複数

「我々」
　　我々ハ転居ニテ甚タ取乱シテ居ル　O199ウ28 Wij leggen met ons verhuizen heel overhoop.
「我等」

69

我等ハ彼所ニ於テ夕方ニハ汁ノアル梨子ヲ得タ（訳注　飲酒シタト云意）
　　　　P15ウ18 Wij hadden daar des avonds een soppige peer.
「梨子」は唐話である。
　　　昼後ニ我等ガ方ニ参ラレヨ。O84ウ30 Koom bij *ons* van de namiddag.
　　　夫ハ我等ノ利益ニナル　O85オ12 Dat strekt tot *ons* voordeel.
　　　我等ドモノ間ノ事ヲ云フタ　O85オ3 Tusschen *ons* of tusschen ons gezeid.
　　　夫ヲ我等ニ分ケ与ヘラレヨ　O85オ4 Laat *ons* dat onder ons verdeelen.
　　　我等ニ組セヌモノハ我等共ノ敵デアル　O85オ2 Die niet met *ons* is, is tegen ons.
　　　汝ハ我等ヲ子供ヲ取扱フ様ニナド思ハレナ　K84ウ21 Gij hebt met geen kootjongens te doen.
この例には「我等ヲ」にあたる蘭語はない。
　　　汝ニ言フタル事ハ我等バカリニシテ置ケ　O85オ5 'Doeff', Het geen ik u daar gezegd heb, laat dat onder *ons* blijven.
「吾等」
　　　吾等ハ汝ニ拘ツテ居ル事ニ於テハ常時共ニ……シタ　D10オ21　*Wij* hebben altoos gedeeld in het geen u betreft.（底本 gedeelt）
　　　汝ハ吾等ニ何ヲ言フヤ　O84ウ29 Wat zult gij *ons* zeggen.
　　　汝ハ吾等ヲ欺タ　O84ウ27 Gij hebt *ons* bedroogen.

【二人称】
単数
「汝」
　　　汝　U1オ5 *U*. voornaam van de tweede persoon（u　二人称の代名　筆者）
　　　汝其事ヲ知ラヌ　A34ウ25 *Gij* zijt niet achter de zaak.
　　　汝ハ下女ヲ使ヒニ出シタ歟　U2オ13 Hebt *gij* de meid uitgestuurd?
　　　我ノ仕事ヲ仕舞タ後我汝カ方ニ参ルテアラフ。A41ウ24 Na de afdoening van mijne taak, zal ik bij *u* komed.
　　　我ハ夫レヲ汝ニ言フタ　U1オ7 Ik heb het *u* gezegd.
　　　我ハ汝ニ彼ガ事ヲ解スル様ニ言ヒ聞カセハ得ヌ　U5ウ23 'Doeff' Ik weet hem *u* niet uit te duiden.
「其許」
　　　我其許ニ此砂糖ヨリ三十ポンド掛分テヤラフ　A66オ7 Ik zal *u* dertig pond van deeze zuiker afweegen.

複数

第 1 節　『和蘭字彙』(「ドゥーフ・ハルマ」) 翻訳文体の基礎分析

「汝等」
　汝等　U1オ6　*u lieden*
　汝等二人ノ内誰ガ強イカ。S130オ10　Wie van *u* beide is de sterkste?
「君達」
　君達ガ我等ニ何ヲサセヤウト云フ事ハ知テ居ルヤ　G134オ5　*Gij* weet,
　　heeren wat ons te doen staat.

「君達」は明確に gij の訳語であり，今日的な用法と同じである。「君」には対称詞例がみられないが，複数形で明確に対称詞として表れた例である。

　参考：敬称

「君」heer
　其君ハ甚タ礼儀ガアル　P32ウ2　*Die heer* is vol pligtpleegingen.
　君ハ夜食ヲ召シ上ケラレズ　E9ウ20　*Mijn heer* eet 's avonds niet.

　尊公様　U1オ9　*ue. uwe* Edele

【三人称】
単数
「彼」
　彼ハ離ル所ニ住テ居ル。A34ウ22　'Doeff', *Hij* woond achter af.
　我彼カ言事ヲ善ト思ハズ。A34ウ12　Ik acht *zijn* zeggen niet.
　彼女ハ彼男ニ引キ連レ出サレタ。U3ウ24　'Doeff', Zij werdt door *hem*
　　uitgebragt.
　彼カ彼ニ是事ヲ一口ニ言フタ　A38オ29　*Hij* zeide *hem* dat met eenen
　　adem.
　我彼ヲ失フテ居ルト心得テ居ル　A34ウ10　Ik acht *hem* al verlooren.
　彼ハ彼ヲ呼ビ出シタ　U6オ6　*Hij* heeft *hem* uitgeëischt.

「彼」は安定した三人称の訳語であるが，「彼男」の例もある。

「彼人・彼ノ人」
　彼人ハ自分ヨリ外人ヲ善トハ思ハズ　A34ウ13　*Hij* acht niemand den zig
　　zelven.
　彼人ハ其人ノ子息デアル　D16ウ12　*Hij* is de zoon van dien man.
　彼人ハ自分ノ物ヲ残ス費シタ　D33オ23　*Hij* heeft al *zijn* goed doorgebragt.
　彼人ハ魔ヲ使フ人ジャカラ火刑ニ逢フ　T52オ30　*Hij* wierd als een tovenaar
　　verbrand.
　夫ハサゾ彼人ノ利益ニナルデアラフ（訳注　是ハ嘲弄ノ語ニシテ事ノ及ヲ云タ

71

ルモノナリ）　A2ウ1 *Hij* heeft daar wat aan! /'t is wat schoons!
　　彼ノ人ハ余計ナ難キ事ヲ仕抜タ　D42ウ28 *Hij* heeft veele zwaarigheden doorgeworsteld.
「彼男」
　　彼女ハ彼男ニ引キ連レ出サレタ。U3ウ24 'Doeff', Zij werdt door *hem* uitgebragt.
「彼男」の音価は「アノオトコ」あるいは「カノオトコ」で本来「彼」は指示代名詞である。
「彼女」
　　彼女ハ桜色ノ頬ヲ持テ居ル。W12オ24 *Zij* heeft roode of bloozende wangen.
　　彼女カ我ニ借銀ヲ多ク負テ居ル。A35オ5 *Zij* is veel aan mij ten achteren.
　　彼女ノ美シサが最モ秀テ居タ。U2ウ24 *Hare* schoonheid heeft meest uitgeblonken.
　　彼ハ彼女ヨリ久敷避テ居タ　A40オ27　Hij bleef lang van *haar* af.
　　彼ハ役ニ立タヌ女デアル　D59オ26 *Zij* is eene slegte duif. /zij is een slegt vrouwmensch.
「彼女」の音価は「アノオンナ」「カノオンナ」で，「彼」は本来指示代名詞である。
「奴」
　　横着ナル奴デアル　D41ウ13 *Het* is een doortrapte gast.

複数
「彼等」
　　彼等ハ彼ニキル丶モノト　刃ノナキモノヲ持テ仕掛リタ　O85ウ1 *Zij* gingen hem met scherp en onscherp te keer.
　　彼等カ口論ヲ互ニ酒ニテ流ス。A42オ5 *Zij* hebben t' zaamen afgedronken.
　　夫レガ彼等ニハ金ヲ沸ラカシテヤル（訳注　其事カ彼等ノ渡世ナリト云意）
　　　K80オ19 Dat doet *hunne* ketel kooken. /dat schaft *hun* den kost.
「彼女等」
　　彼女等ハ甚ダ美シイ。Z49オ8 *Zij* zijn zeer schoon.

「己」
　　蘭語三人称対格用法

第1節 『和蘭字彙』(「ドゥーフ・ハルマ」)翻訳文体の基礎分析

彼ガ己ノ病ヲ彼ニ移シタ　A30オ23　Hij zette *hun zijne* ziekte aan.
彼ハ己ガ妻ヲ愛シ居ル　T60オ4　Hij troetelt *zijne* vrouw.

蘭語再帰用法
僕ヲ己ガ後ニ連レ行ク　A34ウ29　Met eenen knegt achter *zig* gaan.
彼ハ己ヨリ外ノ人ヲ重ゼヌ　H61ウ22　Hij achs niemand zoo hoog als *zich zelven*.
彼ハ医者ノ様ニ見セカケテ居ル。U8ウ29 Hij geeft *zich* uit voor een artz.
向フノ地面ヲ奪ヒ取リテ己ガ国境ヲ広ムル　U3ウ15　*Zijne* landpaalen door verovering uitbreiden.
己ガ怒リヲ人ニ吐キ出ス　U3オ22　*Zijne* gal op iemand uitbraaken.

対格用法は「己ガ」が多く、「己ノ」は少ない。再帰代名詞 zig/zich については『和蘭字彙』で以下のように記述されている。

自分ヲ　Z23ウ15　zig of zich, voornaamwoord in het eenvoudig en meervoudig getal

原注訳は施されていない。『和蘭字彙』を使って直訳すると「数アル、簡便ナル数における代名詞」ということになる。これでは明確な文法説明にならない。

「自分」
蘭語三人称対格用法
人ニ<u>自分</u>ノ災難ヲ歎テ話ス。N38ウ28 Iemand *zijnen* nood klaagen.
彼ハ<u>自分</u>ノ金ヲ費シテ仕舞タ　D37オ30　Hij heeft al *zijn* geld doorgeholpen.
彼ハ余リ<u>自分</u>ヨリ貴キ娘ヲ妻ニナサント思テ居ル　H61ウ11　Hij wil al te hoog vliegen. /hij zoekt eene juffer van al te grooten staat.
「人」
<u>人</u>ガ彼ニ其ノ事ヲ帰セタ　A6オ28　*Men* duidde hem dat werk aan.
<u>人</u>ノ誉レヲ吹聴スル　U3ウ17　*Iemands* lof uitbreiden.
「人々」
彼ハ<u>人々</u>ヲ右ノ方ニ置タ　P28オ2　Hij plaatste *'t volk* aan de regterhand.
「或人」
<u>或人</u>ニヨキ容貌ヲ見スル　G44オ8　*Iemand* een goed gelaat toonen.
「各」
<u>各</u>手遊ビ人形ヲ持テ居ル（自分ニヨイト思テスル馬鹿ラシキ事ガ人毎ニアル）
P40オ17　*Elk* heeft zijn pop daar hij mede speelt.

73

「互」
　　我等ガ事ガ今日迄ニテ不残互ニ出入ナシニ成ツテ居ル　E10ウ22　Nu zijn wij tot heden van alles essen.
「皆人」
　　西大洋ノ深サハ皆人ハカル事難シ。P16ウ20　Men kan de Spaansche zee niet peilen.
　　世人が皆彼ヲ甚ダ慕フ　A3オ23　al die wereld aanbid hem, of bid hem aan.

【不定称】
「何某」
　　夫ハ死後何某ノ物ニ成テ居ル物デアル　A11オ11　Dat zijn aangestorvene goederen.
　　何某トックリ名シテ居ル人ハ出立シタ　P46ウ18　'Doeff', De pretense *Heer N* is vertrokken.
「誰」
　　誰ト汝ハ互ニ言合セタカ　A23ウ6　Met *wien* hebt gij aangespannen?
　　誰ガ其高慢事ヲ堪ヘ得ヨウカ　P35ウ15　*Wie* kan al die pocherij verdragen?
　　誰モ彼ガ気ニ叶フヤウニスル事ハ出来ヌ　R17オ28　*Niemand* kan met hem te regt komen of raken.（底本 raaken）
　　其内ニ誰モ居ラヌ　N34オ7　Daar is *niemand* in.
　　内ニハ誰モ居ラヌカ　N34オ8　Is 'er *niemand* in huis?
　　誰モ容赦サレヌデアッタ。N34オ10　Daar wierd *niemand* verschoond.
　　我々内デ誰モ夫レヲ覚ヘヌデアッタ　N34オ11　*Niemand* van ons heeft het gevoeld.
「他人」
　　我モ他人ノ通リニ遣ルデアラウ。N29オ6　Ik zal geven neffens een *ander*. /of, gelijk een ander.
「他ノ者」
　　他ノ者ハナラヌトハネ除ケテ我斗リスベキ「ホールレグト」ヲ受ケテ居ル　U26ウ4　Ik heb dat voorregt met uitsluiting van *alle andere* verkregen.

【以下は学士論文に書かれた筆者の人称論である。1970年当時，内外のさまざまな文体論・表現論などに接していて，近代における文体と表出の問題などを考えていた。】

　以上，人を表わす詞は第一人称では「我」が Ik の安定した訳語である。

第1節 『和蘭字彙』(「ドゥーフ・ハルマ」)翻訳文体の基礎分析

単数使用ばかりでなく，複数にも使用されている。「吾」は少なくないが，「私」は稀である。これは「私ニスル」というような表われであり，今日通常に使用する「私」ではない。「己」は再帰代名詞の訳語に使われる。複数の訳語は「我々」「我等」が一般的であり，「我等」が多く，安定した訳語である。

蘭仏辞典 "*Woordenboek der Nederduische en Fransche Taalen*" 1729 を翻訳したヘンドリック・ドゥーフの指導下長崎通詞の共同訳の所産であった「ドゥーフ・ハルマ」では人称詞の翻訳において，かなり自覚的であったものと考えることから始める。

翻訳に際してドゥーフと長崎通詞にあった言語観は認識の質にかかわってくる。前述したように第一人称単数の翻訳表現として「我」が彼らの翻訳の中で定着した「自称」の表現形である。もとより "ware" の音価をもつ自称の表現の形は，古代日本語より脈々と継承されてきたが，たとえば平安時代に一般となった「われ」，あるいは室町時代の「われ」などとは本質的に異なった語として評価する必要がある。歴史的過程の中にこれをとらえるとするならば，おそらく＜蘭語学習＞が行われた時点で考えるとき，その客観的妥当性を得るものと考える。

そういう時，蘭語の学習を通した人称論は江戸蘭学者宇田川玄随における彼自らの人称論に明らかなように，よほど技術的に生きていただけであるとか，よほど鈍感でない限り，西欧語における人間存在のあり方とことばによる表出の仕方とに異文化と接触した者の意識が深く関与していたと考えられる。

"Ik" の項はつぎのように翻訳されている。

  ik, voornaam, in de eerste perzoon 我
   Ik ben 't   我レナリ
   Ik hoop   我レ望ンデ居ル
   Ik geloof   我レ信シ思ウテ居ル
   Ik mench   我レ希ウテ居ル
   Ik zelf   我レ自分ニ

ここに，翻訳者の認識が直接に働いた姿は見えないが，翻訳者たちの意識の上で一人称「我」は翻訳語としての意味をもつのであり，「自己表出」に

おける「対自」としての強い認識を，無意識のうちに，蘭語に従う人々が文体生成の基本部分として獲得したものではないだろうか。

「人称」の認識は蘭語の学習史の末期，総合的な認知を表わした藤林普山『和蘭語法解』にはつぎのように書かれている。

> 第一人代言
> 本語「ヱールステペルソーンレイク。ホールナームウヲールド」ト云。第一人代言ノ義ナリ。第一人トハ我ヲ云ナリ。我ハ万物称呼ノ始ニシテ。宇宙ノ物品名目皆悉ク我ニ資性ス。故ニ人ヲ称呼スルニ於テモ。先ツ我有テ而後ニ汝アリ。彼アリ。我ナクバ。汝ト云ヒ。彼ト云ノ称モ亦起ル所ナシ。是ヲ以テ我ハ人物ヲ称呼スル第一ナルモノナルガユヘニ第一人ノ称アルナリ。

ここに尽きているが，翻訳された人称パラダイム「我─汝─彼」は蘭語の人称パラダイム "Ik-u/gij-hij/zij" に変換される。その場合，西欧の人称についての意識は「我ハ万物称呼ノ始ニシテ。宇宙ノ物品名目皆悉ク我ニ資性ス。故ニ人ヲ称呼スルニ於テモ。先ツ我有テ而後ニ汝アリ。彼アリ。我ナクバ。汝ト云ヒ。彼ト云ノ称モ亦起ル所ナシ」に置かれている。

つぎに二人称をみる。ここではとうぜん，対他意識がどのようにみえ，その客体認識はどうなのかという視点で考えられもしよう。ここではほとんどすべてが「汝」，複数「汝等」である。『和蘭字彙』にはつぎのように表現されている。

> U, voornaam van de tweede persoon.　　汝
> U, ulieden　　　　　　　　　　　　　　汝等

「汝」の場合，これはすでに相当古い言い方であるが，「我」に対置される訳語として採用されたものと考えるのが自然である。自明のことだが，古代の表現とは到底言いがたい。たとえば，同時代の「対称」詞を蘭語学を追及する杉本つとむ『日本語歴史文典』でみると，次の通りである。

> 江戸時代（前期）人称代名詞（対称）
> こなた，そなた，貴〜，おまへ，おのれ，かた様，うぬ
> 江戸時代（後期）人称代名詞（対称）
> おまえ，おめえ，おぬし，こなた，そなた，そこ，おてまえ，てめえ，われ，きさま，あなた，うぬ

「ドゥーフ・ハルマ」が作られた江戸時代後期についてはつぎのように説明している。

対称は＜おまえ＞が一般的である。これは現代語のように，目上→目下へ用いるのではなく，本来下→上，同輩間でも用いられている。

『和蘭字彙』における用いられ方でも，これと似た言い方ができるのではないだろうか。すなわち，同輩間における対称詞としての地位を「汝」は得ているからである。上の多くの例で明らかなように，現代語の「君」と意識の内容では近い。

第二人代言
本語「テウェールデ。ペルソーンレイク。ホールナームウヲールド」ト云。即チ第二人代言ノ義ナリ。第二人トハ汝ヲ云リ。汝ハ正ク我ニ相敵スル者ヲ称呼スル言ナルヲ以テ第二人ト名ケタルナリ。

『和蘭語法解』におけるこの認識は「汝ハ正ク我ニ相敵スル者」であり，まさに「自」に対峙する「汝」である。「我と汝」が強くここには意識され，『和蘭語法解』の説明は主対客の関係を明瞭に意識していることを明かしている。

二人称複数の「汝等」は用例に乏しいが，複数表現として顕著である。一方単数「君」には二通りの用法がある。一つは蘭語敬称"heer"の訳語であり，また一つは対称詞としての使われ方である。前者は"mijn heer"のように表われるが，『和蘭字彙』では「君 平日用ル礼儀ノ語ニテ此邦ノ様トイウ意ニ同シ H26オ13」とし，挙例した「其君ハ甚タ礼儀ガアル」「君ハ夜食ヲ召シ上ケラレズ」などがこれにあたる。これらと「君我等ハ汝ノ家ヲ全ク場所取ルデアラウ（訳注　大勢参テ其方ノ邪魔ニナルデアラウ　ト云意）」では自ずと「君」の働きがちがう。「君」はこの場合「我」に対する人称詞としての表われになっている。複数「君達」は「君達ガ我等ニ何ヲサセヤウト云フ事ハ知テ居ルヤ G134オ5　Gij weet, heeven wat ons te doen staat.」のように，現代語では使われない敬称の"gij"についていえば，ここでの待遇価値は単純に対称詞である。

つぎに三人称の検討に移るが，本書中白眉と称すべきは「彼」「彼女」の表現である。「彼」は『和蘭字彙』にはつぎのようにみえる。

　　　hij, persoonlijk voornaam van het mannelijk geslacht.　　　　彼
蘭語説明を直訳すると「男性の人称代名」詞である。

また『和蘭語法解』にはつぎのような説明がされている。
第三人代言
本語「デルデペルソーンレイク。ホールナームウヲールド」ト云。即チ第三人代言ノ義ナリ。第三人トハ彼ヲ云ナリ。彼ハ我汝ノ他ヲ称呼スル言ヲ以テ斯ク名ケタルナリ。前条所謂我汝ハ男女中相通ジ斯同ジケレドモ。此レノミ各々其言ヲ異ニス。

として，男性，女性，中性を通じ，格変化と性別による表を掲げ，「彼」は男・女・中を通じ，複数もすべて「彼等」としている。『和蘭語法解』での例文は「彼男」「彼女」として「彼」を指示詞とするが，『和蘭字彙』の扱いはちがう。つぎに三人称女性形 "zij" の訳述を示す。

zij, vrouwlijk enkelvoudig voornaamwoord van de derde persoon.　彼女

蘭語説明を直訳すると「第三人の女性単数代名詞」になる。語形「彼女」はしたがって翻訳者の意識からすれば，今日いう「彼女」のもっとも早い現われであるものと考えることが可能である。

しかし「彼女」は現代語「彼女-カノジョ」と等価ではないはずである。まだこの時代，今日いう「彼女-カノジョ」は存在しなかった。しかし語の形態としては安定した訳語として多くの例をもっている。したがって，この近代意識を表わす第三人の位置をいうこれらの語について考えてみたい。

順序から，指示代名詞としての「彼」から始めよう。「彼」はとうぜん第三の位置コソアドのアでしかない。音価は「ア」ないし「カ」，「彼人」は「ア」ないし「カ」ノヒトである。『和蘭字彙』では読みがふされていない。

また「彼女」の場合，この形が多く見られる一方で，「彼ノ女ハ今世ノ花デアル」のような例も少なくない。こうした例から明確に知られることは「彼女」に「ノ」が介在するのが普通であり，「アノオンナ」ないしは「カノオンナ」であって，やはり，基本は「彼」が指示詞であって「女」はあくまで「オンナ」と読まれていたものと考える。また「彼ハ柔弱ナル女デアル K117オ19 Zij is maar een kruk／een zwak vrouw mensch.」「彼ハ大寝スル女デアル　S58オ11 Zij is een lustige slaapster.」のような例をみると，やはり「カノジョ」への距離を遠くする。それゆえに，「彼ノ女共ハ彼處テ大喧嘩ヲ為シ居ル」は「アノオンナドモ」であるだろう。しかし，先に見た見出し語 "zij" の訳語が「彼女」であることの意味は小さくない。

「疱瘡ガ彼女ノ顔ヲ見苦シクシタ G72ウ24 De kinderpokjes hebben haar gansche aanzigt geschend.」「彼女ノ心ガ彼ヲ見捨テタ A64オ21 Haar hart is heel van hem afgetrokken.」「彼ハ彼女ト接吻シタ K124オ1 Hij kuste haar voor den mond.」などの例を見ると，我々は安易に今日の読み方，ことばを感じ取ってしまうからである。

いずれにしても，〈hij〉には「彼レ」の用例もあり，これが今日に通ずる「カレ」の音価をもつ人称詞になり，人称の範疇としては「彼，彼女―彼等，彼女等」が『和蘭字彙』では極めて安定した人の表わし方であったことだけを指摘しておく。

詳細は今後の研究にゆだねられるけれども，西欧学に従事した長崎通詞たちが発見したものはこのような人称の捉え方にも深くかかわっていたことを確かめておきたい。

1-2 指示詞

日本語訳語によるパラダイム

	単数	複数
近称	是，此，コノ	
中称	夫，夫レ，其，ソレ，ソ	夫等，夫々
遠称	彼，彼ノ	
不定称	何，何レ	

蘭語によるパラダイム

	単数	複数
近称	dit	
中称	dat het	dezen, zijn
遠称		
不定称	wat	

近称
「是」
　是ハ夫ヨリ出来タル事ナリ　A39ウ9 *Dat* koomt daar af.
「此」
　我ハ此冬ハ厳敷寒ヲ得タ　V167オ4 Wij hebben *dezen* winter een felle

vorst gehad.

中称
「夫」
　　夫ハ愛ラシキ子(コ)デアル　A27ウ26　*Dat* is een aanvalig kind.
　　夫レハフランス(フランス)拂郎察国ヨリ出ルモノナリ。U1ウ15　*Dat* komt uit Frankrijk.
　　我ハ夫ヲ汝ニ言フタ　U1オ7　Ik heb *het* u gezegd.
「夫レ」
　　夫レハ其書物ヲ新ニ増補シタル版テアル。D56ウ21　*Dat* is een nieuwe en schoon druk van dat werk.
「其」
　　其市中ハ爰ヨリ三里アル　D1ウ22　*Die* stad legt hier drie mijlen van daan.
「ソノ」
　　ソノ損ハ汝ニカヽワル　Q5オ3　*Dat* hebt gij aan uw quast, /*Dat* verliest gij, /*Die* sehade hebt gij.
「ソレ」
　　ソレハイマダ久敷カカラウ　J1ウ21　*Dat* loopt nog jaar en dag aan.
「夫等」
　　夫等ハ多クハ善ヒ　D32ウ26　*Zij* zijn door de bank goed.
「夫々」
　　夫々ニ其取ヘキ分ケ前ヲ遣ル。D9ウ17　*Jeder* zijn deel geeven.

遠称
「彼」
　　彼ハ何モ彼モ代リ物ナシニ得ル　N34ウ1　Hij heeft *alles* voor niet.
　　蘭語 "alle" の翻訳が「何モ彼モ」である。
「彼ノ」
　　彼ノ女ハ今世ノ花デアル（訳注　鑑トナルベ透逸ナル女デアルト云意）
　　　P50オ19　*Zij* is een pronkjuweel harer eeuwe.
　　彼ノ女ハ微弱ニアル　P24ウ13　*Zij* is een onnozel pimpeltje, een zwak teêr menschje.
　　我ハ通リガケニ彼ノ方ヘ立チ寄ルデアラウ　P13オ17　In het passant zal ik *bij hem* aangaan.
　　彼ノ女共ハ彼處テ大喧嘩ヲ為シ居ル　K125オ22　Die wijren maken daar eenegroote kijvagie.

彼ノ所ニ栓ガ打込デアル　P24ウ22　Daar is een pin in geslagen.

不定称
「何」
　　彼ハ何モ彼モ代リ物ナシニ得ル　N34ウ1　Hij heeft *alles* voor niet.
「何レ」
　　何レノ「パン」ヲ汝ハ最モ好テ食欲　W19オ10　*Wat* brood eet gij het liefst?

上にみられるように，「彼ノ女」はZijの訳語であり，とうぜん人称代名詞としてとらえる必要もある。しかし上述したようにこの期「カノジョ」はまだ人称詞として認定できない。したがって指示詞としての表れが本来的であったものとする。又日本語訳語の表れは，蘭語文法における指示詞と必ずしも文法的な対応関係にはない。

1-3　場所詞

　日本語訳語によるパラダイム
　近称　爰，此処，此所
　中称　其処，其所，ソコ
　遠称　アスコ，アソコ，アチラ，アッチ，彼処，彼所，彼方，他処
　不定称　何処，何所，何方其処，其所
　　蘭語によるパラダイム
　近称　　hier
　中称　　'er
　遠称　　daar, geen/geene
　不定称　nergen

近称
「爰」
　　我ハ爰ニ商売事ヲ繁昌サセウト思フ　Q5オ27　Ik zoek *hier* neering te queeken.
「此処」
　　其言葉ノ此処ニハ美味ガナイ　V5ウ3　Die woorden hebben *hier* qeenen val of aangenaamheid.
「此所」
　　此所ニ厩アリ（訳注　是レハ旅人ノ馬を宿スル宿屋ノ看板ニ書ク文言ナリ）

S117オ15 *Hier* stalt men paarden.

中称
「ソコ」
　彼ハソコヨリ遠方ニ居ル（訳注　彼ハ其事ヲ知テ居ラウトモ迚モ悉クハ知ラヌト云意）　V8オ20 Hij is *er* verre van doan.
「其処」
　彼ハ其処ニテ能クモテナサレヌデアツタ　H55ウ9 Hij was *'er* zoo welkom als een hond in een kegelspel.
「其所」
　其所ニハ臭気ガアル　S135オ26 Daar is eene stinkende lucht in *die plaatze*.

遠称
「アソコ」
　彼所ヨリ又アソコヨリ　V8オ19 van *daan*, daar van *daan*, bijw.
「彼処」
　我ハ彼処ニ早ク行クデアラウ　G107ウ17 Ik zal *'er* ginds en weêr aangaan.
「彼所」「彼所(アッチ)」「彼所(アスコ)」
　我其時刻ニ彼所ニ来ルデアロウ　D2オ2 Ik zal op dien tijd *daar* komen.
　彼所ニ行ケ(アッチ)　D1ウ27 Hier van daan; pak spillen; schrobje.
　彼所ノ向ニ(アッチ)　D3オ9 daar tegen over.
「彼方」
　彼方ヘ(アッチ)　D2ウ3 daar heere, derwoorts.
　我彼方ニ行ク　D2ウ4 Ik gaa *daar* heene.
「他処」
　他処ニ行テ居ル兵士ヲ備ヘノ為ニ市中ニ呼ヒ寄スル　I18オ5 Bezetting in neemen.

不定称
「ドコ」
　汝ハドコヨリ来タカ　V8オ23 *Waar* komt gij van daan?
「何処」
　我何処ニモ行クマイ，内ニイルデアラウ　N30オ13 Ik zal *nergens* gaan, ik zal te huis blijven.

夫ハ何処ニテモ見出サレヌ　N36オ25 Dat word *nieuwers* gevonden.

　蘭語 "nergens" と "nieuwers" は同義語。"nergens" の訳注は「ドコニモ……セズ」であり、"nieuwers" の訳語は「何所ニテモ……セヌ」である。
　「何所」
　　　彼ハ何所ニ住デ居ルヤ　S147オ17 In *wat streek* woont hij?
　　　彼ハ何所(ドコ)サマヘ行キ居ルヤ。H25ウ3 *Waar* is hij heen gegaan?
　　　汝ハ何所ニ行タルヤ　J5オ28 *Waar* ging je naar toe?
　「何方」
　　　汝ハ今何方ヨリ来テ居ルヤ。D1ウ26 *Waar* koomt gij nu van *daan*?
　　　彼ハ何方ニテモ知レ渡リテオル　B118オ29 Hij is bekend als de bonte hond.

　上のように、日本語訳語で場所詞とあらわれても、蘭語に代名詞対応しない例がある。

　【以下、翻訳例文の取り扱いは、日本語として観察される際の文体を問題にする。したがって、蘭語原文の文体、文型との対照は、用例にそくしてそのつど言及する。また、用例は『和蘭字彙』からアト・ランダムに引く。】

2. 非人称代名詞の主語使用

　冠詞とは異なった非人称代名詞 "het" にはつぎのような注が与えられている。

　　　Het. het woordje dat men voor een onpersonlijk woord zet.
　　　此 het ハ意味深クシテ訳詞ヲ下ス事能ハス。然レトモ文学ノ書ヲ読ム時ハ其運用明ナリ。
　　　此下条ノ凡例ヲ見テモ大概察知スル事ヲ得。

「文学ノ書」は文法書を意味している。いずれにしても het は訳さないということでつぎのように例示がなされている。

　　　het is waar.　　　　　　　　　　　実テアル　此下ニ…トイフ事ガト云フ語カ
　　　　　　　　　　　　　　　　　　　　添フナリ
　　　het is, of het is onwaarachtig.　　　実デナイ
　　　het is zoo als gij zegt.　　　　　　　汝ノ言フ通リデアル
　　　het is koud.　　　　　　　　　　　寒クアル
　　　het is heet.　　　　　　　　　　　暑クアル
　　　het is regent.　　　　　　　　　　雨ガフル

　　　　het is sneuwt.　　　　　　　　雪ガフル
　　　　het waait.　　　　　　　　　　風ガ吹ク
　　　　het zij zoo, laat dat zoo zijn.　　ヨイヨイ　其侭置テモヨイトイフ時ニ用フ
　　　　het zij alzoo.　　　　　　　　　如件
　　　　het zij dat.　　　　　　　　　　…スルトモ，…セズトモ
　　　　'Doeff', het zij dat hij komt of weg blijft, het is mij even eens.
　　　　（ドゥーフ補）彼ガ来ルトモ来ズニヲルトモ我ニヲイテハ同様デアル
　　　　het zij hoe het zij. ドノ通リニアッテモ

　非人称代名詞の"het"は一般にその概念把握が容易でなかったさまがしばしばみられる。「ハルマ和解」には非人称の'het'で導かれる天候表現を訳して「ソレハ雪デアル」のようにしている例がある。

　『和蘭字彙』ではつぎのような例がみられる。
　　　1 暗キ「ケルキ」デアル D28ウ13 Het is eene donkere kerk.
　　　2 暗キ日和デアル D28ウ14 Het is eene donker weer.

　1「ケルキ」'kerk'は「教会」を意味するが，2「日和」は'weer'（天候）を意味する。1は代名詞が訳されてもいい。ただ，つぎのような例もあって，'het'を訳さない場合があった。

　　　国カ危ク見ヘテオル D28ウ17 Het zag 'er donker uit voor den staat.
　　　ケ様ナル人ト附キ合ウ事ハ退屈ナル事テアル D29オ23 Het is de dood met zulk een mensch te doen te hebben.

3．抽象名詞の主語使用と擬人法

3-1　抽象名詞の主語使用

　　　其損失カ彼ヲ大ニ苦シメテ居ツタ　D57オ10　*Dat verlies* drukte hem zeer.
　　　死ガ我ガ目ノ前ニ見ヘテ居ル（訳注　甚ダ危難ノ場ニ臨デイルト云意）S112ウ3
　　　　De dood staat ons voor oogen.
　　　死カ彼ニ俄に躍掛ツタ（訳注　俄ニ死タト云意）D29オ9 *De dood* besprong
　　　　hem schielijk.
　　　疱瘡ガ彼女ノ顔ヲ見苦シクシタ　G72ウ24　*De kinderpokjes* hebben haar
　　　　gansche aanzigt geschend.
　　　彼女ノ心ガ彼ヲ見捨タ　A64オ21　*Haar hart* is heel van hem afgetrokken.
　　　其病ハ汝ヨリ久ク離レズニ居ラフ。A13オ9　*Die ziekte* zal u lang

第1節 『和蘭字彙』(「ドゥーフ・ハルマ」)翻訳文体の基礎分析

  aanhangen.
 暖サハ渇ヲ発ス　D45オ14　De hitte maakt dorstig.
 其禍ガ軍兵ニ降カヽルヲ彼ガ見タ　(訳注　軍兵ガ其難ニ逢ノヲ彼ガ見タトイフ意)
  A5ウ26　Hij zag dat onheil op 't leger aandraaijen.
 国ガ其事ニ用心スルデアラウ　S114オ1　De staat zal daarin voorzien.
 我魂ガ天ヲ恋シガツテ居ル。S79ウ14　Mijn ziel snakt naar den heere.
 不幸ノ打重ナリガ彼ヲ貧ニシタ　T76オ16 "Doeff" Een t' zaamenloop van verscheiden ongerukken heeft hem arm gemaakt.

3-2　非人称名詞の主語使用

 大雨ガ市中ニ降カヽッタ　A5ウ24 Dat onweeder draaide op de stad aan.
  Onweerder=onweer, onwerder　嵐
 風ガ船ヲ倒シタ　O13オ20 De wind sloeg het schip om.
 鳥ガ己ガ籠中ニテ悲デ居ル。T58ウ14 Het vogeltje treurt in zijn kouw.
 船々ガ残ラズ船具ヲ備ヘ付ケテ出船ノ用意シテ居ル　T43-1　De schepen zijn altemaal toegetakeld en zeilreede.

　現代日本語では人以外が主語になる構文が定着している。かつて大正時代，藤森成吉が『何が彼女をさうさせたか』を発表した時に，その異様さが話題になった。あるいはこのような構文は横光利一の小説にもみられ新しさをもたらしたことがあった。
　1960年代NHKの番組「それはわたしです」もアメリカテレビの引き写しだったが，このタイトルは当時清新な印象をもたらした。
　しかし，近世後期においてはまだこのような「人」以外の名詞が主語使用される構文は不自然な日本語であった。欧文の直訳は抽象名詞を主語に立てた日本語をもたらしたが，また非人称の具象名詞を主語に立てる訳文を生んだ。
　とりわけ抽象名詞の主語使用については長崎通詞が訳注で配慮したことが，日本語としての自然さの表われを意識したことを如実に示している。
 1 死ガ彼ニ俄ニ躍掛ツタ (訳注：俄ニ死タト云意)
  De dood besprong hem schielijk.
 2 死ガ我ガ目ノ前ニ見ヘテ居ル (訳注：甚ダ危難ノ場ニ臨デイルト云意)
  De dood staat ons voor oogen.
 3 其禍ガ軍兵ニ降カヽルヲ彼ガ見タ (訳注：軍兵ニ其難ニ逢ノヲ彼ガ見タトイフ意)

Hij zag dat onheil op't leger aandraaijen.
　1，2は名詞 'de dood'（死）が主語に立ち，翻訳文は忠実に直訳されている。また3の 'Hij zag'（彼がみた）が dat 以下の名詞節を受けている。『和蘭字彙』中では見出し語 'zag' が次のように記述されている。
　　　zag. onv.tijd van zien, als
　　　Ik zag. 我見タ
このように 'zag' は動詞 'zien'「見る」の過去形であり，例文が上のように訳されるものとしている。
　また例3の翻訳文は倒置構造を示している。素直に訳せば「彼は禍がその兵士を襲うのを見た」である。

4．受身・使役の用法

4-1 受身

　　　彼女ハ山賊ヨリ<u>シカケラレタ</u>　A5オ28 'Doeff' Zij is door struik rovers *aangedaan*.
　　　彼ハ裁判所ニ<u>訴ラレタ</u>　A14オ29 Hij *is* bij den regter *aangeklaagd*.
　　　彼ハ十ヶ年ノ間帰ル事ナラヌト言フテ追放サレタ　U2ウ3 Hij is voor tien Jaren uitgebannen.
　　　我等ハ道ニテ<u>為カカラレタ</u>　A20ウ23　Wij *wierden* tussen wege aangerand.
　　　彼ガ荷物ハ残ラズ<u>取上ラレタ</u>　A23オ11　Alle zijne goedren *wierden aangeslagen*.
　　　彼ハ魔ヨリ<u>トリツカレタ</u>　A28オ20 Hij *wierd* van den duivel aangevogten.
　　　裁判役ガ賄賂サレタ　O11オ3 De regters zijn omgekogt.
　　　彼ハ彼女ヨリ毎々色目ヲ遣ヒ<u>カケラレタ</u>　T38ウ14 Hij *wierd* te elkens van haar toegelonkt.
　　　「ローフガラーフ」ヲ見分ニ行タ人ガ射殺サレタ　K125オ5 Daar *wierd* een kijker in de loopgraaven geschoten.
　　　彼ハ「ビールシカール」ニ呼ビ出サレテ死罪ヲ言ヒ付ケラレタ V118ウ19 Hij *wierd* in de viersckaar gebragt en ter dood gevennist.
　　　注: "viersekaar" は『和蘭字彙』で「裁判所」
　蘭語では受動態表現に zijn 動詞と過去分詞によって構文化される方法と wierd を使用する方法とがある。見出し語 wierd の項目ではつぎのように

見える。

  ラレタ　又　ナリタ　　wierd, onv.tijd van worden of werden als.
  我……サレタ　　　　Ik wierd… .

4-2 使役

"laaten" 文

  彼ガ大騒キシテ彼ヲ喚ビ驚カシタ　O191オ28 Hij overbobbelie hem met een groot geraas.
  夫ハ我ニ任セテ置ケ。A15オ22 Laat het op mij aankomen.

原文は使役文。動詞 laaten は使役文を構成する。『和蘭字彙』該当の見出し語では laat の語形で立項されている。

  セシメヨ　L2ウ26 laat, gebiedende wijze van laaten, dienent tot hulpwoord in de gebiedende wijze van de andere werkwoorden, gelijk het uit de volgende voorbeelden genoeg blijken zal.
  我等ハ行カウヨ　L3オ2 laaten ons henen gaan.
  彼ヲ来ラセヨ　L3オ4 laat hem maar komen.
        hij kome maar aan.
  我等ハ其事ヲ此後ハ噺スマイヨ　L3オ5 laaten ons daar niet meer van spreeken.
  我等出立セウヨ　L3オ7 laaten ons vertrekken.
  我等ハウキウキト楽マウヨ　L3オ8 laaten ons vrolijk zijn, enz.
  其侭置ケ　又　夫ニシテ置ケ　L3オ9 laat dat zoo zijn, het zij alzoo.
  我ニ任セ置カレヨ　L3オ10 laat mij begaan of geworden.

  我ヲ遣リタル者カ……ト云フ事ヲ我ヲシテ汝ニ言ハシムル。D16ウ23 die mij gezonden heeft, doet u zeggen, enz.
  彼ガ鳩ヲ飛ビ出サセタ　U32ウ14 Hij liet zijne duiven uitvliegen.

5．名詞句の多用

  辞書ヲ拵ルニハ甚タ手間取仕事テアル　A38ウ4 'Doeff' *Een woordenboek maken* is een werk van een langen adem.
  其人テナシノ女カ己カ子ヲ服薬シテ下ソフトシテ居ル。A42オ29 *Die ontaarde zoekt haare* vrugt door dranken af te drijven.

後見シテ居ル伯父ガ姪ヲ尼ニシタ　S122オ21　Den oom stak zijn nicht, daar hij voogd over was, in een klooster.
　　色々ノヨキ色分ケガ甚夕見事ニ見ヘタ　S8ウ17　De schakeering van zoo velerhande verwen gaf een aangenaam gezigt.
　　関係詞による例
　　我汝ニ噂ヲシタル所ノ人ハ此人ナリ　D23ウ19 dit is *de man daar ik van gesproken heb*.

　関係詞については項目を改めて説明するが，名詞節の構成がとうぜん重い主部を形成する。

6．動詞と二重目的語

　　我ハ彼ニ百ギュルデンヲ算ヘ與ヘタ　A26ウ6　Ik heb hem 100 guldens aangeteld.
　　我汝ニ此食物ヲ少給仕致シマショウ　T31ウ7　Zal ik u iets van deze spijs toedienen?
　　彼カ我ニ其事ヲ為セト挑撥タ。D51ウ10 Hij drong mij sterk toe.
　　大将ガ自分ノ兵士ニ武術ヲ教ヘタ　D51オ26 De capitain heeft zijne soldaaten gedrild.
　　我其事ヲ汝ニ知ラスルデアラウ。　V105オ4 Ik zal *'er u* van verweettigen.

7．進行態用法

　蘭語では進行状況を表わす特別な言い方はない。たとえば Ik zing が「わたしは歌う・わたしは歌っている」のいずれであるかは，すべて文脈によって判断する。また進行する状況を示すとき，動詞 liggen（横たわる），lopen（歩く），staan（立つ），zitten（座る）などを te によって導かれる不定詞をつかってあらわす。

　　「カカツタ」
　　　子カ彼ニ笑カヽツタ　A15ウ27 Het kind lagte hem vriendelijk aan.
　　　彼ノ血ガ壁ニ潸カヽツタ　A23ウ10 Zijn bloed spattle tegen den muur aan.
　　「カカツテ～タ」

獅子ガ彼ニ走リカヽツテ来タ　A22オ10　Een leeuw kwam op hem aanschieten.

「カカツテ居ル」

戸ガ開キカヽツテ居ル　A31オ15　De deur is aan.

其薔薇ガ開カヽツテ居ル。G1ウ19　Die roos begint open te gaan.

其壁が落チカヽツテ居ル　D49オ2　Die muur dreigt te vallen.

此果物ハ腐レカヽツテ居ル　A24ウ16　Die vrigten beginnen aan te steeken, te rotten.

葡萄カ今年ハ能ク実テ居ル　D55ウ6　De druif is van het jaar wel geslaagd.

彼ハ痩オトロヘテ死ニカヽツテ居ル　D56オ6　Hij druipt door zijn bedstroo; hij verquijnt.

夜ノ明ケカヽツテ居ル　D1オ25　Het begint te daagen.

日ガ長ク成カヽツテ居ル　A29ウ14　aanwinnen, als, de dagen beginnen aan te winnen.

日カ暮カヽリ居ル　D3ウ14　De dag neigt ten avond.

其事ニ就テ人。奇ナル事ヲ言ヒカヽリテオル　B26ウ18　Men begint daar wonderlijk van te spreeken.

其娘ハ乳房ガ太クナリカヽリテオル　B123ウ16　Die dogter begint borsten te krijgen.

「ツツ」

彼ハ彼ニ其事ヲヒカリクワセツヽイフタ　D49オ10　Hij zeide hem dat al dreigende.

深浅ヲ量リツヽ地方ニ船ヲ寄スル　舶師ノ語　A5オ17　aandiepen. zeew. al peilende naal land vaaren.

8．比較法

比較は dan によって，構文化される。つぎに辞書中のことばを引くとつぎのようにみえる。

dan, koppelw. als. D6オ30　ヨリ外　又　ヨリ

Daar was niemand *dan* ik. D6ウ1　彼所ニハ我ヨリ外ノ人ハ居ラヌデアツタ。

Gij doet anders *dan* gij beloofd hebt. D6ウ2　汝ハ約シタル事ヨリ外ノ事ヲスル

Hij is wijzer *dan* ik. D6ウ3　彼ハ我ヨリ才智ノアル人也。

89

Hij doet dat nergens om, *dan* om, enz. D6ウ4　彼ハ其事ヲ……ノ為ヨリ外ノタメニハセヌ

「danによる比較級」

我夫ヲ願フヨリハ事欠テ居ルガヨイ　D14オ17 Ik heb dat liever te derven, *dan* het te verzoeken.

吾ヨリ不幸ナル人ガ世ニアラウカ　E3ウ28 Is 'er eenig mensch ongelukkiger *dan* ik?

彼女ハ彼ヨリ強ヒ　S130オ11 Zij is sterker dan hij.

船ノ戦争ノ時ハ時トシテハ弾丸デヨリハ木ノ切レナドニテ人ガ多ク損ズル　S102オ29 In scheeps gevechten word somtijds meer volks door de splinters beschadigt, *dan* door de kogels.

「形容詞の比較級」

彼ガ智恵ハ其所マテニテ夫ヨリ深クハナイ　D19オ20 Het is 'er niet *dieper*, spreekwoord. zijn begrijp gaat niet verder.

「レイ」ノ屋根ハ瓦屋根ヨリハヨイ　P8ウ16 Een leidak is *beter* als een pannedak.

其「コーヒーカン」ハ汝ノトヨリハ重ヒ。W59ウ24 Die koffijkan is *neigtiger* als de uwe.

「最上級」

彼ハ世界ノ最ヨキ人デアル。B66オ16 Het is *de beste* man van de waereld.

彼ニ於テ我カ見ル所ノ最能キ事ハ彼カ賄賂ニ易ク迷ヌ事也。B66オ17 *Het beste* dat ik in hem vinde, is, dat hij zig niet laat omkoopen.

我家ニ居ル事カ最能キ事也。　B66オ23 Het is *best* t'huis te blijven.

9．接続法

接続法については，これを表わす動詞 "wenschen" の翻訳がつぎのようにみられる。

　　wenschen. w. w. begeeren, verlangen　　W49ウ15　希フ　又　祝ス

以下，例示された句，文は以下のとおりである。

　　Ik wensche u geluk op uwe reize. W49ウ16　我汝ノ路中ノ安全ヲ希フ。

Ik wensch 'er niet naar. W49ウ17　我夫レヲ希ハヌ
　　Ik wensche u goeden dag. W49ウ18　我汝ニヨキ昼ヲ祝スル
　　Ik wensch u goeden nacht. W49ウ19　我汝ニヨキ晩ヲ祝スル
　　Hij wensch te mij alles goeds. W49ウ20　何事モヨカレガシト彼ハ我ニ希フ。
　　Het waare wenschen dat de menschen in een geduurige vreede leefden.
　　W49ウ21不絶人々一和シテ居ル事ハ希フベキ事デアル
　　Het wenschte wel dat de gemeene zaken op een beter voetstonden.
　　W49ウ23国中ノ事ガ猶モヨクアレガシト希フ

　なお、『和蘭字彙』では、以下に見られるように文法用語としては「分註法」とした。

　　De wenschende wijze. woord der grieksche spraaakkunst. W49ウ25　分
　　　註法

　原本ではフランス語の説明に 'L'optatif ; terme de la Grammaire Greque' とあり、「願望法、希求法：ギリシャ文法の語法」と訳すことができる。蘭語学史の上では他にも「死語法，附説法，接続法」などの翻訳語がみられる。
（本章弟8節参照。）

10. 倒置法

　　其禍ガ軍兵ニ降カヽルヲ彼ガ見タ（訳注　軍兵ガ其難ニ逢ノヲ彼ガ見タトイフ意）
　　　A5ウ26　Hij zag dat onheil op 't leger aandraaijen.
　　嗚呼我レハイツマデモ嘆クベキヤ。イツマデモ不幸ニアルベキヤ。ト。彼レヨバ
　　　ワリタリ　E10オ23　Ach! riep hij, zal ik eeuwig klaagen, en eeuwig ongelukkig zijn?

IV. 各種表現

1．構文表現

daar, 'er
daar is,　　　'er is　　　　ニ……ガアル
daar zijn,　　'er zijn　　　 ニ……ガアル　復詞
daar was,　　'er was　　　　ニ……ガ有タ
daar waaren,　'er waaren　　 ニ……ガ有タ　復詞
　以上 daar ハ仮ニ設ケタルモノニテ彼所ト訳ス事能ズ　委キ事ハ文学ノ書ヲ読マザレバ知ル事能ハズ

時
wanneer bijv. ter welker tijd? als, toen.　W13ウ11　何レノ時　又　時ニ　又　其時。
wanneer zijt gij 'er geweest?　W13ウ12　汝ハ其所ニイツ居リタルカ
Ik zal het doen, wanneer ik zal oordeelen het noodig te zijn. W13ウ13　我夫レヲココゾト思フ時ニイタスデアラフ
Laat hij komen, wanneer hij wil. W13ウ15　彼ガ好ム時ニイツナリトモ来ラシメヨ
'Doeff' Het regende wanneer wij in de stad kwamen. W13ウ16　我等市中ニ来リシ時雨ガ降タ。
'Doeff' wanneer het mij aanging dan zoude ik anders kan delen. W13ウ17　若シ其事ガ我身ニウツテ来ラバ我サヤウニハ取斗フマイモノヲ。
　蘭文法からみると時の構文だが，日本語訳文は条件文として表現されている。

Toen
我ガイマダ幼少ニアリシ時ニ。T39オ26　Toen ik nog een kind was.

Als dan, dan bijw　然ハ　又　然ル時ハ
Als dan zal de koning zeggen, enz.　　然ル時ハ王……ト云デアラフ
als toen　　　 其時
als wanner　　 其時
Zo ras de dag aanbrak sloegen wij opweg A4オ30　夜ノ明ルト直ニ我等ノ道ニ趣キ

第1節 『和蘭字彙』(「ドゥーフ・ハルマ」)翻訳文体の基礎分析

条件（仮定）

条件表現は基本的には以下のような als, bijald ieu, bij zoo verre などがみられる。

als, indien, bij aldien　　　　　ナラバ
als het u belieft,　　　　　　　　汝ノ気ニ叶フナラバ
als dat nu zoo is, wat raad?　　若シ其事ガ斯アラバイカガスベキカ
als het waar is dat hij zegt,　　彼カ言フ事カ実事ナラバ

bij aldien　　　　若シ……ナラハ
bij zoo verre　　若シ……ナラハ
bij zoo verre hij zulks on der straat. 彼ガ其事ヲ思ヒ立ツナラバ。

indien, koppelw.zoo, bij, aldien　　バ　又　モシ……セバ
indien ik dat doen kan.　　　　モシ我レ夫レヲ得ナサバ

譲歩

alhoewel,　koppelw, hoewel　……ト雖モ
　hoewel zie onder hoe

hoewel, met een woord. alhoewel koppelw　トモ　H48オ21
　Hoewel de zaak zoo is,　事ガカクアルトモ

of,　koppelwoord, schoon, hoewel　……トイヘドモ
　of gij dat doet, het zal u niet heloen,　汝ガ夫レヲ為ストイヘドモ夫レガ汝ノ助ニハナルマヒ
　of hij goed of kwaad is,　彼ガ善トイヘドモ悪トイヘドモ

hoe,　如何ヤウニ……ストモ　H47ウ21
　een zin beginnede; en van eene aanvoegende wijze of subjunctivus
　　gevolgd wordende met het bijwoord ook uit gedrukt of onder vers
　　taan, word in 't Fransch overgezet met de woord quelque als,
　Hoe groot mijne zonde zij, gods barmhartigheid is nog grooter, 我カ
　　罪ガ如何ヤウニ甚シトイヘドモ天ノ慈悲ハ猶甚シシ
　Hoe men het ook make.　人カ如何ヤウニナシテモ……
　Hoe zeer ik u beminne, echter moet ik u verlaaten. 我汝カ如何ヤウニ
　　好テ居ルトモ我汝ヨリ離レネバナラヌ,

ケレドモ　順接接続詞 maar の訳語として
　　　我ハ出ルケレドモ永クハ出テ居ルマイ U3オ3　Ik ga uit, *maar* ik zal neet lang uitblijven.

理由
　　　彼ハ悪キ事ヲシタニヨリテ親モ彼ヲ打ツデアラウ　G27オ19　Hij heeft eene geesse ling ver diend *en* zijn voder zal hem die ook geven.
　上の例は蘭文法の理由構文ではないが，順接の接続詞 "en" による複文の翻訳が日本語訳文からみると理由を示す表現になっている。

関係詞
　　die, dewelke, opzigtelijk voornaam.　所ノ　D16ウ15
　　　De kinderen die god vreezen.　天ヲ恐ル所ノ子供
　　　N B, zomtijds vind men digte bij malkander de voornaam *die*, in beide de beteekenissen: als,
　　　Die geen die, ……ヲ為ル所ノモノハ
　　　Zometijds woord ook die alleen gebruikt voor *die geene die*. als die mij gezonden heeft, doet u zeggen, enz.　我ヲ遣リタル者カ……ト云フ事ヲ我ヲシテ汝ニ言ハシムル。

　　dat, is ook het onzijdige van den betrkkelijken voornaam *die*　所ノ
　　　Het huis *dat* ik gehuurd hebbe,　我借タル処ノ家
　　　Het kind *dat* mij aanspreekt,　我ニモノ云タル処ノ子

　とうぜんのことといえば，関係代名詞の翻訳「トコロノ」が蘭学の時代に現れていたことである。現代からさかのぼって過去に問いかけるとき，英語，仏語，独語に慣れた思考は近世にすでに同じ印欧語から生まれた諸事象に眼が行き届かないことが多い。とくに蘭語がゲルマン系のことばであることを思えば独語のアナロジーで到達できるのだが。定訳として「トコロノ」という訳があった。

2．時制表現

　時制のパラダイムは当時の蘭文法構造においてすでに18世紀末から19世紀初期段階では中野柳圃が示していた。詳細は本章第7，8節に記したが，

柳圃学を継承した馬場佐十郎(貞由)は「ドゥーフ・ハルマ」についても関与している。馬場は吉雄権之助とともにヘンドリック・ドゥーフが絶賛した長崎通詞であった。したがって，彼らの存在が訳語に反映しているとみてもよい。まず馬場が示した時制の文法用語訳語を『訂正蘭語九品集』(静嘉堂文庫所蔵)でみると以下のようなパラダイムが認められる。

Tijd	諸時
Tegen woordig tijd	現在
Onvolmaakt voorleden tijd	過去ノ現在
volmaakt voorleden tijd	過去
meer dan volmaakt voorleden tijd	過去ノ過去
Toekomede tijd	未来
Tweede toekomende tijd, of onbepaalde tijd (Der aantoonende wijze)	
	不限時　貞由按ルニ未来ノ不定ナリ
Derde toekomende tijd, of onbepaalde (Der aanvoegende wijze)	
	不限時　貞由按ルニ過去ノ不定ナリ
Tweede Toekomende tijd	未来ノ過去

これを『和蘭字彙』で確かめると，辞書の見出し語にあるものだけしか確認できないが，以下のように見える。

tijd	時
de tegenwoordige tijd	今　又　現世
de verleedene tijd	過去
de toekomende tijd	未来
volmaakte tijd meer der spraakkunst	過去　文学ノ語
de meer dan volmaalkte tijd	過去ノ過去　文学ノ語

2-1 過去の表出

　中野柳圃が示したパラダイムでは文語文における「き，けり」「つ，ぬ，たり，り」を中心とする表現の一々を示したが，『和蘭字彙』では過去の表現は基本的には「タ」体である。いわば中世末期以来の口語文として翻訳文が形成されたといってよい。とくに長崎通詞の翻訳方針には俗語で訳すことが宣言されている。長崎方言をも包括した訳文の表出がなされた点を考慮する必要がある。

「タ」
　　我君ニ夫ヲ告タ　A5オ14　Ik heb mijnen heere dat aangediend.
　　　注：「君」は敬称 mijnen heere で二人称詞ではない
　　大勢ノ人堰ガアツタ　A6オ5　"Doeff" Daar was veel aandrang van volk.
　　彼ハ三度続ケテ飲タ　A18オ13　Hij drank driemaal aan/ of na malkanderen.
　　夫ハ彼於テ板挟ノ心苦ミデアッタ（訳注　左ニ付ケバ義ヲ失ヒ右付ケバ身ヲ亡シ
　　　抔ト苦テ居ル意）A28オ24　Dat was eene groote aanvegting voor hem.
　　彼ハ速ニ駆ケ付ケテ来タ。T38ウ21　Hij kwam snellijk toegeloopen.
　　彼ハ目ヲ明ケテ居リ得ヌ程ニネブタサニシタ　V1オ20　Hij was zoo vaakerig, dat hij zijne oogen niet op kost houden.
　　其ノ事ハ我等ノ境内デオコッタ。P1オ26　Dat is geschied binnen onze palen.
　　彼ハ己カ演説ヲ……ト言事ヲ希ト云言葉限リテ止メタ。A40ウ13　Hij brak zijne reden af met eenen wensch dat, enz.
　　彼ガ顔ニ血ガホトバシリタ。S92ウ14　Het bloed spattede in zijn aangezicht.

　上の訳語「演説」。「演舌」は "reden" から導かれている。「道理ノ辨ヘ，理，訳筋ノ言ヒ立，次第又訳合」の訳語がある。「演説」は福沢諭吉が造語したとされるが，福沢が緒方塾で使用した「ドゥーフハルマ」にこのような例があったことを考慮すべきである。

　翻訳語「タ」の表出は，蘭語文から検討すると，完了態，過去を表わしている。なお，現代オランダ語では英語のような異なりはあまりみえない。

「居タ」
　　彼ガ死タル事ガ長ク我気ニカヽツテ居タ。A13オ11　Zijn dood hing mij lang aan.
　　彼ハ己ガ演舌スル時ニ立チテ居タ。O193ウ25　Hij stond overeind in zijne redenvoering.
「居ツタ」
　　雨ガ降タニ依テ彼ハイッチ悪キ着物ヲ着テ居ツタ。A13オ26　Hij had zijn slegtste kleed aan, om dat het regende.
「ダ」
　　彼等ノ歎ヲ聞ク事デ王ノ心ガ和ラヒダ　A13ウ22　Het aanhooren hunner klagten vermorwde 't hart des konings.

　また「デアル」の過去は「デアリタ」「デアッタ」である。断定の項を参照。

2-2 未来の表出

我彼ニ其金ヲ催促ショフ。A17ウ30 'Doeff' Ik zal hem over dat geld *aanmaanen*.

「居ラフ」

其病ハ汝ヨリ久ク離ズニ居ラフ。A13オ9 Die ziekte zal u lang aanhangen.

「居ラウ」

我其事ニ急度気配リシテ居ラウ。T38ウ5 Ik zal het 'er op toeleggen.

2-3 状態・継続の表出

「テアル」「テアリタ」

食物ハ卓子ニ備テアル。A10オ27 Het eeten *is* aangeregt.
"aangeregt" は受身の動詞形で訳語は「卓子ニ備ラレタル」。
娘ガ軽薄ニテ彼ヲ取リモツタ。彼ハ気ガ付カヌテアリタ。O183オ30 Hij merkte niet dat de juffer hem opzette.

「テ居ル」

彼ハ自分ノ思込ミニカタマリテ居ル O182ウ27 Hij bleef bij zijn opzet.

3．存在表現

「アル」

市中ノ場レノ所ハ至テ淋シクアル。E3ウ23 Het is zeer eenige op het land.
市日ニハ爰ニ人堰ガアル。A17ウ6 Op de markt dagen *is* hier de aanloop.
我隣家ニハ多クノ人の出入ガアル A17ウ7 Het huis van mijnen buurman *heeft* veel aanloop.
彼ガ文体ノ内ニハ不拍子ナル事ガアル L7ウ2 Men ziet eene lammigheid in zijnen stijl.

「居」

天ハ残フズノ事ヲ知テ居 A72ウ17 God weet alles.

「居ル」

「居ル」は読みが明確なことから「オル」であり，「イル」ではない。

汝ガ娘ハ能クヲイタチ居ル A15オ20 uwe dochter *begint* alreê aante komen.
其肉ガ腐カカツテ居ル。A15オ29 Dat vleesch *begint* aan te komen.
彼所ヨリ彼ガ馬ニテ来居ル A21ウ23 Daar komt hij te paarde aanrijden.
彼所ヨリ彼ガ車ニテ来居ル A21ウ25 Daar komt hij met de wagen

aanrijden.
汝カ娘ハ誰に似テオルヤ。A32オ13 Waar aard uwe dogter na?
彼ハ隙ニテ居ル事バカリヲ心ガケテ居ル　T38ウ3 Hij meent het opledig gaan toe te leggen.
或ル事ヨリ何ゾ徳ヲ得ント目ザシテ居ル　T38ウ6 Zich iets van eene zaak toeleggen, zich iets belloven, eenig loon of voordeel van iets verwagten.

4．否定・打消表現

否定表現はniet, geenによって表わされるが，翻訳文では「ナイ」，「ヌ」が並列して表われる。

4-1 「ナイ」
夫ハ極メ通ニハナイ　A7ウ5 Dat gaat *niet* aan; dat is niet gelijk 't behoort.
其ノ学術ハハテガナイ　P1ウ1 Die wetenschap is in geene palen besloten.

4-2 「ヌ」
其事は汝に拘ワラヌ　A7ウ4 Die zaak gaat u *niet* aan.
彼女ノ言語ガドフモ。イヘヌ　A9ウ24 Zij heeft eene groote aangenaamheid in 't spreeken.
我ハ個様ナル残刻事ヲ目ヲ止メテ見得ヌ　A22ウ1 "Doeff" Ik kan zulke wreedheid niet aanschouwen.
人ハ「パン」バカリニテハ生テハオラヌ　B150ウ5 De menscch leeft *niet* alleen bij brood.
彼女ハネブタサデ目ヲ明ケテ居リ得ヌ　V1オ17 Zij kan hare oogen niet open houden van vaak.

4-3 「ズ」
彼ハ其事ニ拘リ合フ事ヲ好マズ　A23オ14 Hij wil daar *geen* hand aanslaan; hij laat die zaak vaaren.

5．推量表現

5-1 未来推量
「アラウ・アラフ」

基本的に「アラウ・アラフ」で翻訳されている。
 彼ハ己ガ目当ニトヾク事ハ難クアラフ　A2オ27　Het houd 'er aan./of hij zijn oogmerk bereiken zal.
 我彼ニ催促スルデアラフ。A5オ26　Ik zal hem aandoen.
 我彼ニ其事ヲ目前デ云フデアラフ。A12オ17　Hij smeet haar dat in 't aangezigt.
 天ガ一度ハ世界ニ罪ヲ言ヒ付クルデアラウ　O134オ10　God zal de wereld eens oordeelen.
 日ハ程ナク立昇ルデアラウ。O145オ30　De zon zal haast opgaan.

5-2　未来打消

「マイ」
 彼ガ病ハ汝ガ云フ様ニ早ク伝染スルマイ　A29オ5　Zijne ziekte zal u zo niet aanwaaijen.
 汝ハ着物ヲ「ハリース」ニ残ラズ入レ置ク事ハ出来ルマイ。L3オ29　Gij zult al dat goed in uw valies niet konnen laaten.

6．疑問表現

6-1「カ」

 如何シテ其事ヲ都合サスル事ガ出来ヨフカ　A6ウ8　Hoe kan men die zaaken aaneen brengen？
 彼ハ如何シテ事ノ道理ヲ述ヘ立タルカ　A6ウ22　Hoe heeft hij zijne redenen aaneen geknoopt？
 彼ガ異名ハ何ト言フカ。T39オ28　Hoe is zijn toenaam？

6-2「欤」

 汝カ煙管ニハ火カ付テ居ル欤　A31オ13　Is uwe pijp aan？
 何レノ「パン」ヲ汝ハ最モ好テ食フ欤　W19オ10　Wat brood eet gij het liefst？

6-3「ヤ」

 此事ハ皆童戯事ニテハ無キヤ　A31ウ9　Zijn alle die dingen niet maar aapenspel？
 汝カ娘ハ誰に似テオルヤ。A32オ13　Waar aard uwe dogter na？
 其事ノ発頭人ハ誰デアルヤ。A16ウ17　Wie is de aanlegger van dat werk？

下僕ハ掛ケテアル鈴ヲ引タルヤ。A22オ7 Heeft de knegt aangescheld?
誰ガ汝ヲサヤウニヨゴシタルヤ　T39オ8 Wie heeft u zoo toegemaakt?

「哉」
汝ハ何事ヲ云フ哉。W19オ24 Wat zegt gij?
夫ハ如何ナル人デアル哉　W19オ19 Wat voor een man is dat?

7．義務・当然表現

「ネバナラヌ」moeten
蘭語「moeten」の定訳。
汝ハ些早ク行ネバナラヌ　A7オ18 Gij *moet* wat aangaan.
船頭ハ一寸船ヲ陸ニ繋置カネバナラヌ　A16オ20 De schipper *moet* eens aanleggen.
汝ハ我ニヨク明カリヲ見セテ呉レネバナラヌ　T38ウ12 Gij *moet* mij ter deege toelichten.
此疵ニハ金ノ膏薬ヲ附ケネバナラヌ　P27オ1 Op dat gebrek *moet* men een goude plaaster leggen, /dat gebrek *moet* men met geld vergoeden.

「可シ，ベシ」
彼ハ老年ニ至テハ乞食スルベシ。O186ウ11 Hij *moet* in zijne oude dagen gaan badelen.
彼ガ言フ事ヲ聴カウト思フナラハバ能々念入レテ聴ク可シ。T38ウ27 Men *moet* snel toeluisteren, als men hooren wil wat hij zigt.

8．詰問表現

汝ハ自身ヲヨクヨゴシタナ。T39オ9 'Doeff' Gij hebt u mooij toegemaakt.

9．命令表現

鉄砲ヲカマヘテ火ヲ付ケヨ　A16オ25 *Leg* aan, en geeft vuur.
汝其羊ヲ少シ先ニ追ヒヤレ　A6オ17 Gij *moet* die schaapen wat aandrijven.
其一句ヲ謠ヒアゲヨ　O184オ21 *Zing* dat stuk eens op.

10. 勧誘表現

　我等ハ行カウヨ　L3オ2 *laaten* ons henen gaan.
　我等出立セウヨ　L3オ7 *laaten* ons vertrekken.
　マア其老人ガ若キ娘ト戯ルヽヲチト見ラレヨ　P1オ8 Maar *zie* dien ouden paai eens met een jong meisse sloijen.

　使役の項で示したが，勧誘は使役表現が担うひとつである。

11. 禁止表現

　人ノ云事ヲ易ク信用スルナ　A19オ28 Men *moet* zo ligt *niet* aanneemen het geen de menschen zeggen.（注　『和蘭字彙』本文 hetgeen，底本はもちろんhet geenである。）
　汝其様ニ包ミ隠スナ　V119オ15 Houd u zoo vies *niet*, houd u maar niet of gij er niet van weet.
　夫ヲ念入レテ掃除セヨ穢物ノ付テ居テハナラヌゾ　A4オ11 Maakt dat ter deeg schoon, daar *moet geen* drek aanblijven.
　汝サヨフニセリツケテ書クナ。C7ウ5 Gij *moet* zoo compres *niet* schrijven.

12. 詠嘆・感嘆表現

　嗚呼　A34オ4 *ach*!, *eilaas*!
　嗚呼　歎息詞　O1オ3 *O*! een teken van uitroeping of verwondering.
　嗚呼我レハイツマデモ歎クベキヤ。イツマデモ不幸ニアルベキヤ。ト。彼レヨバワリタリ　E10オ23 *Ach*! riep hij, zal ik eeuwig klaagen, en eeuwig ongelukkig zijn?
　嗚呼……ト云事ヲ天与ヘラレヨ。O1オ16 *Och*! of, god gave dat, enz.
　嗚呼夫レハ如何ニ能ク為シタモノデアラフカ。O1オ17 *Och*! hoe wel is dat gedaan.
　嗚呼不幸ナルカナ　O1オ18 *Och* armen! *Och* ermen! eilaas!
　嗚呼我等ガ朋友ハ死シタ　E14ウ4 *eilaas*, onze vriend is gestorven!
　嗚呼是ハ如何なる痛デアラフゾ　A1オ17 aai mij, *wat* pijn is dat!
　汝ニヲイテ其事ガ何ノ大切ナル事デアラフカ（訳注　汝ニヲイテ大事ナル事ハナ

イト云意） A9オ24 *Wat* is uw daar aangelegen？
嗚呼彼ハ如何ナル謙リタル人デアリタラウカ　O1オ19 *Och*! hoe ootmoedig was hij!
嗚呼夫ハ如何ナル結構ナル事デアル　O1オ4 *O*! wat eene schoone zaak is dat!
嗚呼　歎息ノ　E14ウ3 *eilaas*! eene uitroeping van beklag.
天。難シ有ヤ我ハ甚健康ニアリ　L51オ20 Ik bevinde mij, god lof, ingoede gezondheid.

13. 断定表現

「ジャ，ヂャ」

下女ガ彼ガ子ヂヤト言ヒカケタ。O142ウ27 De meid drong hem het kind op.
我ハ其分ケマヘニ入ル事ハイヤジャ（訳注　我ハ夫レニカヽリ合フ事ハイヤト云意）P11オ22 Ik wil aan die zaak part nog deel hebben.

「デアル」

デアル体については多くの議論があった。杉本つとむ（1967）では「近代語の標章」として『和蘭字彙』に現れた「デアル」を位置づけた。伝統的な国語史を踏まえた中村通夫他の「デアル」体を見る眼とは，その視点が異なっている。

-1 「デアル」

其道ハ近路デアル　T38ウ22 Die weg loopt toe. /die weg schiet kort aan.

-2 「デアリタ」

汝ハ其時ハ内ニ居ラヌデアリタ。T39オ24 Gij waart toen niet te huis.
人ノ寄リ集リガ多クアリタ。T38ウ18 Daar was een groote toeloop van volk.
我ハ其時ハイマダ若クアリタ。T39オ23 Ik was toen nog jong.

-3 「デアツタ」

彼ハ「アリストテレス」ヲ信仰スル人デアツタ　A13オ17　Hij was een aanhanger van Aristoteles.

-4 「デアラウ」

其道ガ最近路デアラウ　T38ウ24 Dat pat zal toeloopen. /dat pat zal de kortste weg zijn.

「ナリ」

天ヲ恐ルヽハ智恵ノ始リナリ　B26ウ22　De vreeze des heeren is 't beginzel

der wijsheid,
天ノミ念ズベキモノナリ　A3オ17　God is allen aanbiddelijk.
其所ハ世界ノ楽土ナリ　P10ウ6　Die plaats is een aardsch paradijs.
神ハドコニモマシマスモノナリ　O191オ10　God is overal tegenwoordig wezentelijk en dadelijk.

「候」
……ト云事ニ汝御気ヲ付ラレテ御覧被(サル)下事ヲ御願申候　A18ウ3　"Doeff" Ik verzoek dat uwe:/wel zult gelieven aan te merken dat enz.
今月廿日日附ノ御状慥ニ請取申候　C9ウ21　Uw briefvanden20 courant is mij wel geworden.

書状ほか，慣用性の高い表現には候文体で翻訳されている。

以上，いくつかの観点から『和蘭字彙』の翻訳句文にみられる実態について記述したが，カテゴリーの類分けをはじめとして，ゆるやかな枠組みの内部において欧文脈受容の内容を考えてみた。長崎通詞の翻訳の実際はもとより書物の翻訳にその本領をみるのがいい。しかし辞書における「ドゥーフ・ハルマ」のような蘭仏辞典を丸ごと翻訳した事例では，かえって総合的に文法の力ほか長崎通詞が処した蘭語翻訳の実状を示してくれる。

また，学士論文を書いた折の分析に処する自身の初期的な思考を改めて確かめることができるという思いもあったので，この枠組はこれとして了承されれば幸いである。

注
1　『和蘭字彙』すなわち，"Woordenboek der Nederduische en Japansche Taalen" door Opperhoofd（蘭館長）Doeff Henderik en Japansche tolken（長崎通詞）の研究は書誌的には杉本つとむ（1978）などによって精査されている。翻訳実態については，早く森岡健二（1966）がサンプリング調査を実施し『英和対訳袖珍辞書』の訳語への反映をとらえ，その内容についての報告がある。以後，杉本つとむ，岡田袈裟男などの研究によってその翻訳実態が明らかにされてきている。

文献
森岡健二（1966）『近代語の成立』明治書院
岡田袈裟男（1970）「『和蘭字彙』に現れた西欧的思惟と表現―近代文学の文体的源流」学士論文（早稲田大学へ提出）
杉本つとむ（1974）『和蘭字彙』解題　早稲田大学出版部
岡田袈裟男（1974）「江戸時代翻訳語彙の考察―『和蘭字彙』を中心に」（「早稲田大学文学研究科紀要」修士論文概要）
岡田袈裟男（1974）「音訳語彙集」（『江戸の翻訳空間』所収）
杉本つとむ（1978）『江戸時代蘭語学の成立とその展開Ⅲ　対訳語彙集および辞典の研究』早稲田大学出版部
岡田袈裟男（1991）『江戸の翻訳空間―蘭語・唐話語彙の表出機構』笠間書院
岡田袈裟男（1997）『オランダ語基本文法』ライデン　私家版（FD版）

第2節 「ハルマ和解」・「ドゥーフ・ハルマ」再考
―F・ハルマ編『蘭仏辞典』の翻訳辞典をめぐって

1．二つの翻訳辞典

　江戸時代日本人が形成した蘭日対訳辞典類については1970年代までに，ほぼ書誌的に解明されたが，ここで概括的に記しておきたい。俗に「ハルマ辞書」と呼ばれる蘭日辞典は一つはF.HALMA *"WOORDENBOEK DER NEDERDUITS WOORDENBOEK"*（1796寛政8刊行。通称「江戸ハルマ」「波留麻和解」，以下「ハルマ和解」という）であり，またひとつは *"NEDERDUISCHE EN JAPANSCHE TAALEN"* door Hendrik Doeff（1833天保4頃成立。写本。通称「長崎ハルマ」「ヅーフ・ハルマ」刊本は桂川甫周編『和蘭字彙』　以下「ドゥーフ・ハルマ」という）である。二書に共通する底本はオランダ人フランソワ・ハルマ François Halma 編著 *"Woordenboek der Nederduische en Fransche Taalen"*（蘭仏辞典　1716年初版，翻訳の底本は1729年第2版）であって，いずれも翻訳によって蘭日辞典として成立した。海禁時代，蘭学の隆盛とともに西洋文明に接する人々が増えたが，開国への環境が整う過程，二つの翻訳辞典は新しい世界を知り，さらに深く広い西欧理解を求めた者たちにとっての基本書となった。幕末へ至る道程，緒方塾をはじめ全国的に広がった蘭学塾の蘭学書生たち，あるいは新しい日本を築いた若き蘭学者の抱負を底で支え，また開国への基礎をなすヨーロッパ学を生んだ者たちの蘭語学習を大きく支えた。

　近世，蘭語と日本語の交渉についてはさまざまな展開があったが，二つのハルマ辞書は，藤林普山によって「ハルマ和解」からコンサイス版『訳鍵』（1810文化7刊行）が生まれ，また「ドゥーフ・ハルマ」は幕府法眼家，桂川家によって，写本の一本から『和蘭字彙』の名で1855〜58安政2〜5年に刊行された。さらにこれらの辞典を総合したコンサイス版『増補改正訳鍵』（1859安政末〜1860万延1）を加えると，日本における蘭語学習史の上でもっとも重要な蘭日辞書史の骨格を描く事を可能にする。

第Ⅱ章　蘭語学史の諸相

　ところで，日本文化史上蘭語学の基本をなす書物について，一般にはどのように理解されてきたのか記しておきたい。標準的な高校日本史の教科書をみるとつぎのように書かれている。

> 1774（安永3）年，前野良沢や杉田玄白らが西洋医学の解剖書を訳述した『解体新書』は，その画期的な成果であった。続いて大槻玄沢や宇田川玄随がでて，蘭学は各分野でいっそう隆盛をみせ，玄沢の門人稲村三伯は蘭日辞書である『ハルマ和解』をつくった。（『詳説日本史』384頁　山川出版社）

　このように，近世日本におけるヨーロッパ文化の受容を代表するものが，歴史学者には一般に『解体新書』と「ハルマ和解」の二書で捉えられ，二つの文化の相克の過程に，日本で生まれた記念碑的な書物であったとしたのである。前者は人にかかわる普遍的な場での認知であり，後者は蘭語を媒介にして先進科学文明との出会いを基底で支えるものの認知であった。

　異文化交流とは，コミュニケーションの基底をなす「ことば」を通じて異文化間相互の理解が成立することを意味する。今日本のすべての歴史を振り返るとき，異言語との交渉では漢字・漢文受容の長い歴史がある。しかし中国文化と異なる西欧文化の受け入れにはとうぜんのように新しく伝来した「ことば」を獲得するための闘いがあり，これが日本語史に新しい息吹をもたらしたのである。「ハルマ和解」をこのような歴史に現れた大きな努力を象徴する一書とすることが，一般的な意味で貴重なことだと思われる。高校日本史の参考教材では「ハルマ和解」についてさらにつぎのように記している。

> 『ハルマ和解』最初の蘭日対訳辞書。三伯が宇田川玄真らの協力で，蘭人ハルマの『蘭仏辞典』を翻訳し1796年刊。別名『江戸ハルマ』。長崎では蘭人ヅーフが通詞と協力して『ヅーフハルマ』を刊行（刊行されていない　筆者）。これを七代目桂川甫周が『和蘭字彙』として出版。「ハルマ和解」1796年成稿。収録語は約六万語。蘭語は木活字，訳語は毛筆で書込み，漢字まじりの片仮名文である。三十余部発行。全六巻29，8x19，5c（『図説日本史』浜島書店）

　高校教科書や参考教材の記述は常識的な理解の範囲を示しているといってよいが，30余部発行されたという「ハルマ和解」の所在について今日多くは確認されていない。佐倉高校鹿山文庫，東京大学，早稲田大学，静岡県立図書館葵文庫などに残る数本が被閲可能なだけである。また現存する諸本は

すべてが単純に一致するものではなく，それぞれが微妙な差異を示している。ことに日本語訳語の部分は手書きなので，オリジナル版の確定はやさしい仕事ではない。それでも今日に至る研究の成果から，少なくとも江戸版と関西版の二種があるのではないかとされ，鹿山文庫の一本は江戸版と関西版の中間に置かれた一本である可能性があるものと推論されている(注1)。残存する諸本間においてはもとより，一本における内容検討を含んだ書誌調査は杉本つとむや岡田袈裟男らの研究でかなり明らかになっているが，今日に至るまで語彙検討の徹底ははかられていない。今後いっそう深い調査がなされる必要がある。

2．改めてハルマの辞書の価値を問う

辞典の価値についてはすでに安定した評価がある。ひるがえってみれば，蘭語との出会いは長崎に来航したオランダ人との接触からはじまる。通じることがないことばは互いに意味を探り合う。しっかりとした意味の伝達，交流を求める努力はことばと出合った者によって自ずとメモ，単語帳などの作成に結びつく。こうして辞書を生む環境が形成される。およそ異文化のことばとの出合いは，いつでもどこでもそうであるように手探りの状態から少しずつ進む。異文化交流のいくつかの潮を経て，ちょうど18世紀の半ば，本格的な蘭日の対訳辞典が求められるようになった。時とともに増大してきた学習者たちがそうした流れを求めたからである。

フランソワ・ハルマの蘭仏辞典は稲村三伯（1759 宝暦9〜1811 文化8）が石井恒右衝門，宇田川玄髄，岡田甫説，宇田川玄真らの協力を得て翻訳され蘭日辞典に仕立てあげられたが，辞典は格別の思いをもって蘭学の徒に迎えられている。規模が大きいし，しっかりした翻訳内容があると認められたからである。翻訳者も信頼されていた。刊行後ほどなくして縮小版『訳鍵』が藤林普山によって作成された。大辞典が出て，コンサイス版が求められたわけだが，こういう事情は今日と変わらない。

一方，稲村たちとは別個に長崎のオランダ商館長ヘンドリック・ドゥーフが長崎通詞吉雄権之助らと図り，ハルマの蘭仏辞典原本の全訳をはじめる。

訳語に詳細なコメントを付し，「ハルマ和解」とはちがった内容になる。「ハルマ和解」は原本の単語を中心として翻訳された辞典だった。稲村たちの辞書には原本に豊富な例文や例句をほとんど採用していなかったのである。

しかし，日常的に蘭語を生きるオランダ商館長や長崎通詞たちにとって，生きた蘭語と日本語の対訳辞典が強く意識された。原本をまるごと忠実に翻訳した辞典は "Woordenboek der Nederduische en Japansche Taalen"（蘭日辞典）と名づけられた。また，ドゥーフが作ったハルマの辞書だということから，いつの日か「ドゥーフ・ハルマ」と呼ばれるようになった。これが蘭書を読むために非常な力を発揮する。需要が増える。いつか多くの写本がそこから生まれた。この辞典は「ハルマ和解」やその縮小版『訳鍵』と比べてよりいっそうの価値があった。豊富な例文，克明に付された訳注，これらは実践的に蘭語を学んでいる蘭学書生にとって，この上なく重宝な辞典であった。たとえば福沢諭吉は緒方洪庵の適塾で争って辞書を引きに行く「ヅーフ部屋」や，写本作りの話を生き生きと『福翁自伝』に書いている。

また若き勝海舟をはじめとする多くの蘭学書生が学費の捻出のために必死に写したというようなエピソードが残されている。開国に向かうとき，蘭学書生は書斎に閉じこもる学究ではなく，地球に羽ばたこうとする行動的な青年たちであった。やがて新しい時代へと向かう青年たちは力強い行動の基礎を辞書を引き西欧を学ぶ中に養ったのである。徳川末期，アヘン戦争の余波は幕府要人をはじめ多くの蘭学者たちの関心をよんだが，佐久間象山は海防の必要を説きながら，西欧を確かに理解するための基本工具としてこの辞書の公刊を自ら所属する松代藩藩主や，また幕府老中へ建白したが果たせなかった（第Ⅳ章第4節参照）。しかし一方辞典の重要性を知る幕府世襲の典医，最後の桂川甫周（国興）は，「ドゥーフ・ハルマ」出版の事業に取り掛かり，公刊を実現している。娘，今泉みねが『名ごりの夢』に回想しているように，公刊のためにはいくつもの艱難辛苦があった。しかし家を挙げてそれらを乗り越えて『和蘭字彙』という新たな名を付された「ドゥーフ・ハルマ」が公刊されたのである。

3．原典・「ハルマ和解」・「ドゥーフ・ハルマ」(『和蘭字彙』) の訳語対照と再検討

3-1 音訳語生成の問題

　ハルマ関連辞書の対照研究ではこれまで本格的に語学的検討を付されたことは少なく，森岡健二（1965）がサンプリング方式によって『和蘭字彙』から単語を拾い『英和対訳袖珍辞書』との対照を試みたことが早い事例である(注2)。以後，英学史上の辞書史の記述のために前提となる事柄として「ハルマ和解」，「ドゥーフ・ハルマ」などの簡単な対照を試みた永嶋大典（1966）が訳語の漢字語的性質の如何を調べたことがあるが(注3)，杉本つとむ（1979）によって調査されるまではハルマ関連の書誌的検討を含めて本格的な内容の研究はなされなかった。平行して岡田袈裟男が『和蘭字彙』の検討を試みてきた以外，語学上の研究処理は経ていない。そのため，膨大な資料である辞書の調査はまだ考究しなくてはならないことが多い。そのような意味からここではその後新たに判明したことも含めていくつかのことがらについて簡略に述べる。

　かつて取り上げたことのある「ブルジョワ，市民」にあたる「BURGER」ということばをめぐりその周辺を引いて再論を試みる(注4)。

　表1は原拠となった『蘭仏辞典』第二版1729と"F.HALMA NEDERDUITS WOORDENBOEK（ハルマ和解)"（早大本），その縮小コンサイス版『訳鍵』，「ドゥーフ・ハルマ」坪井本（早大所蔵）『和蘭字彙』『増補改正訳鍵』の比較対照表である。

第Ⅱ章　蘭語学史の諸相

表1　ハルマ関連辞書類訳語対照表

― 無記　× 未載　（　）筆者

	蘭仏辞典　第二版1729	品詞表示	ハルマ和解(早大本)	品詞表示	訳鍵	品詞表示
1	BURG	―	城内ノ街	―	城郭。城内ノ街	―
2	BURGER	z.m.	同上（城郭。城内ノ街）ノ住民	z.m.	同上（城郭，城内ノ街）ノ住民	―
3	Iemand burger maaken	―	×	×	×	×
4	Burger worden	―	街ニナル	―	×	×
5	Burgeragtig	bijv.w.	野鄙ニナキ	―	×	×
6	Burgerbrood	z.g.	手製ノ麦餅	―	手製の蒸餅	―
7	Burger-deugden	―	御坊ノ風俗ノヨキ	―	町風ノ佳キ	―
8	burgerdragt	z.v.	町風ノ衣服スル	z.v.	町風ノ服ヲスル	―
9	Burgerheersching	z.v.	町ヲ司ル	z.v.	町ヲ司ル	―
10	Burgerkost	z.v.	町ノ食物	z.v.	×	×
11	Burgerkrijg	z.m.	国中ノ戦	―	国内ノ戦ヒ	―
12	Burgerleven	―	町ニ生育スル	―	町ニ生育ス	―
13	Burgerlieden	z.m.	町人	z.m.	×	×
14	Burgerlijk	bijv.w.	町ノ	―	×	×
15	Een Burgerlijken oorlog.	―	×	×	×	×

110

第2節 「ハルマ和解」・「ドゥーフ・ハルマ」再考

ドゥーフ・ハルマ（坪井本）	品詞表示	和蘭字彙	品詞表示	増補訳鍵改正訳鍵	品詞表示
zie kasteel	—	zie kasteel	—	城郭。城内ノ街	—
町人＋	z.m.	町人＋	z.m.	同上（城郭，城内ノ街）ノ住民。町人。豪家者。	z.m.
人をビユルゲルにする	—	人ヲ「ビユルゲル」ニスル	—	×	×
ビユルゲルになる	—	「ビユルゲル」ニナル	—	×	×
ビユルゲルの様なる	bijv.w.	「ビユルゲル」ノヤウナル	bijv.w.	「ビユルゲル」ノ様ナル	bijv.w.
手製のパン	z.g.	手製ノ「パン」	z.g.	手製ノ蒸餅	z.g.
zie zededeugden	—	zie zededeugden	—	町風ノ佳キ	—
ビユルゲルの着ぶり着物の	z.v.	「ビユルゲル」ノ着振リ着物ノ	z.v.	「ビユルゲル」ノ着振リ	z.v.
ビユルゲルの支配	z.v.	「ビユルゲル」ノ支配	z.v.	同上（「ビユルゲル」）ノ支配	z.v.
ビユルゲルの食物	z.v.	「ビユルゲル」ノ食物	z.v.	同上（「ビユルゲル」）ノ食物	z.v.
國中の軍	z.m.	國中ノ軍	z.m.	国中ノ戦	z.m.
ビユルゲルの暮し	—	「ビユルゲル」ノ暮シ	—	町ニ生育ス。「ビユルゲル」ノ暮シ	—
ビユルゲルとも	z.m.	「ビユルゲル」ドモ	z.m.	「ビユルゲル」ドモ	z.m.
ビユルゲルの	bijv.w.	「ビユルゲル」ノ	bijv.w.	「ビユルゲル」ノ	bijv.w.
「ビユルゲル」の軍	—	「ビユルゲル」ノ軍	—	×	×

111

第Ⅱ章　蘭語学史の諸相

	蘭仏辞典　第二版1729	品詞表示	ハルマ和解(早大本)	品詞表示	訳鍵	品詞表示
16	Zy houden eene burgerlijke tafel.	—	×	×	×	×
17	Burgerlijk	bijv.w.	町ノ風俗	—	×	×
18	Iemand Burgerlijk onthaalen	—	×	×	×	×
19	Burgerlijk leeven	—	同上（町ノ風俗）ニ育ツ	—	×	×
20	Burgerlijk regt	—	町ノ掟	—	×	×
21	Burger-luiden	z.m.	町人輩	z.m.	×	×
22	Burgerman	—	町人	—	×	×
23	Burgermeester	z.m.	町ノ司役	z.m.	×	×
24	Burgermeesterlijk	bijv.w.	同上（町ノ司役）ノ	—	×	×
25	Men droeg hem de burgermeesterlijke waardigheid op.	—	×	×	×	×
26	Burgermeesterlijk	bijv.w.	同上（町ノ司役）ノ	—	×	×
27	Burgermeesterschap	z.g.	同上（町ノ司役）	z.v.	×	×
28	Burgerregeering	—	町ノ掟	—	町法	—
29	Burgers	bijv.w.	町ノ	—	町ノ	—
30	Burgerschap	z.g.	町ノ掟	—	町法。総テ町	—
31	Burgerschap	z.v.	総テノ町	z.v.	×	×

112

ドゥーフ・ハルマ（坪井本）	品詞表示	和蘭字彙	品詞表示	増補改正訳鍵	品詞表示
彼等はビユルゲルの食ふべき食物を食ふてをる	—	彼等ハ「ビユルゲル」ノ食フヘき食物ヲ食ウテオル	—	×	×
ビユルゲルのやうに	bijv.w.	「ビユルゲル」ノヤウニ	bijv.w.	×	×
人をビユルゲルのやうにとりもつ	—	人ヲ「ビユルゲル」ノヤウニ取持ツ。	—	×	×
ビユルゲルのやうなる暮し	—	「ビユルゲル」ノヤウナル暮シ。	—	×	×
各国の法　国々にてたてたる法	—	各国ノ法　国々ニ立タル法	—	×	×
zie burgerlieden	z.m.	zie burgerlieden	z.m.	×	×
zie burger	—	zie burger	—	×	×
年寄役	z.m.	年寄役	z.m.	年寄役ノヨウニ	z.m.
年寄役の	bijv.w.	年寄役ノ	bijv.w.	年寄役ノヨウニ	bijv.w.
人が彼を年寄役の官になした　上よりのいひ付けにあらず		人ガ彼ヲ年寄役ノ官ニナシタ　上ヨリノ言附ケニハアラズ		×	×
年寄役のように	bijv.w.	年寄役ノヤウニ	bijv.w.	×	×
年寄の役目	z.g.	年寄ノ役目	z.g.	年寄ノ役目	z.g.
zie burger-heersching	—	zie burger-heersching	—	町法。「ビユルゲル」ノ支配	z.v.
ビユルゲルの	bijv.w.	「ビユルゲル」ノ	bijv.w.	「ビユルゲル」ノ。町ノ	bijv.w.
ビユルゲルの持ちまへ	z.g.	「ビユルゲル」ノ持チマヘ	z.g.	「ビユルゲル」ノ持マヘ総テ町。	z.g.
ビユルゲルども	z.g.	「ビユルゲル」ドモ	z.g.	×	×

第Ⅱ章　蘭語学史の諸相

	蘭仏辞典　第二版1729	品詞表示	ハルマ和解（早大本）	品詞表示	訳鍵	品詞表示
32	Burgertrant	z.m.	町ノ風習	z.m.	町風	―
33	Burgervader	―	町ノ司ヲ崇テ称スル名	―	町司ノ崇称	―
34	Burgervoogd	―	町ノ司	―	×	×
35	Een Burger-vrouw	―	町ノ婦	―	×	―
36	Burgerwetten	―	町ノ掟	―	×	―
37	Burgery	z.v.	町ノ輩カ	z.v.	×	―
38	De Burgery was in de wapenen	―	×	×	×	×
39	BURGGRAAF	z.m.	官名	z.m.	官名	×

　上に掲げた訳語対照表からハルマ関連の辞書の相互関係がみえてくる。まず一見して明らかなように原本の蘭仏辞典に対して「ドゥーフ・ハルマ」とこれの公刊本である『和蘭字彙』が確かに原本に忠実な全訳を施していることが確認できる。また『訳鍵』が「ハルマ和解」と同一の訳を踏襲した縮小版であることの実際もわかる。また，たとえば"Burgerbrood"の場合，「手製の麦餅」（「ハルマ和解」）と「手製の蒸餅」（『訳鍵』）のちがい，あるいは"Burg"の場合は「城内の街」（「ハルマ和解」）から「城郭。城内の街」（『訳鍵』）と一つ訳語が増えていること，さらにこれが『増補改正訳鍵』に受け継がれた形跡も見て取れる。『増補改正訳鍵』の訳語は『訳鍵』を通じて「ハルマ和解」を受け，さらに『和蘭字彙』をも取り入れたものであることが鮮明に浮き上がる。また"Burger"の訳語として新しく「豪家者」が施されていることもわかる。
　これを形式の面からみると『訳鍵』に品詞表示がないことをはじめとして，『和蘭語法解』の著者である藤林普山の言語観，文法観などこれから検討さ

ドゥーフ・ハルマ （坪井本）	品詞表示	和蘭字彙	品詞表示	増補改正訳鍵	品詞表示
ビユルゲルの行作	z.m.	「ビユルゲル」ノ行作	z.m.	「ビユルゲル」ノ行作。町風	z.m.
ビユルゲルメーステルに与ふる尊称	—	「ビユルゲルメーステル」ニ与フル尊称	—	町司ノ尊称	—
町奉行	—	町奉行	—	町奉行	—
ビユルゲルの妻	bijv.w.	「ビユルゲル」ノ妻	—	×	×
ビユルゲルの掟	—	「ビユルゲル」ノ掟	—	「ビユルゲル」ノ掟	—
ビユルゲルとも	z.v.	「ビユルゲル」トモ	z.v.	「ビユルゲル」トモ	—
ビユルゲルともは鎧ふておりた。	—	「ビユルゲル」ドモハ鎧ウテオリタ。	—	×	×
城代	z.m.	城代	z.m.	城代	—

れる必要のあることがわかる。

　つぎにハルマ関連の辞書を時系列で表わすとつぎのようになる。

　　1796（寛政8）刊　　　　　　「ハルマ和解」
　　1810（文化7）刊　　　　　　『訳鍵』
　　1833（天保4）頃成立　　　　「ドゥーフ・ハルマ」
　　1855〜58（安政2〜5）刊　　『和蘭字彙』
　　1857〜60（安政4〜万延1）刊『増補改正訳鍵』

　ここで明らかなようにハルマ関連の辞書は18世紀末から幕末に至る60余年の間に形成されてきているが，蘭語学史の流れにこれをおけば，中野柳圃の本格的な文法研究が現れて隆盛期に至った時点から，やがて英学史の新たな展開へ道を譲る過程に形成されてきたことを示している。

　訳語の内容を探ると「ドゥーフ・ハルマ」『和蘭字彙』の記述が詳細を極めていることが知られ，翻訳の方法は直訳，義訳（意訳），音訳の三通りに

行われたが，このうち音訳の方法が単なる便宜的な方法ではなかったことも明らかになっている(注5)。

　表1では「町人　＋」としたが，＋は翻訳に加えられた長崎通詞の施した注釈部分の内容をいう。「町人」の注釈はつぎのように書かれている。

　　素性正シキ由緒アル町人ヲ云ナリ　彼国ニテハ此者トモ政道ニ与リ此方ノ士ノ如クニ賤シカラヌ者也　事アル時ハ王ヲ助ケテ一方ヲ防ク者ナリ

　一見して明らかなように，「町人」としたものの，これだけでは蘭語の正しい理解につながらないから注をしたのだといっているのである。一つのことばを単語に訳すことができても，語によっては一筋縄にはいかないということである。したがって彼我における語の概念の明確な違いを自覚することから例句，例文の翻訳に「町人」とは記述しない。「彼等ハ『ビュルゲル』ノ食フヘキ食物ヲ食ウテオル」とか「『ビュルゲル』ノ暮シ」などと，音訳の語として翻訳に臨んでいる。原語はフランス語"bourgeois"（ブルジョワ）に対応している。「ビュルゲル—ブルジョワ」は当時の日本語「町人」とは同じ概念として受けいれることはできないものと認めたからである。いうまでもなく，彼我ではまるで社会のあり方が違っていた。杉本つとむ（1978）では訳語「町士」の存在を指摘している(注6)。これであれば，音訳語ではなく新漢語として「ビュルゲル」の内容を示すのに妥当な内容をもったものとみなすことができる。一方「ハルマ和解」の訳語は「（城内ノ街）ノ住人」であった。両書を単純な眼で比較するときどちらが優れた訳になっているか。これには両様の見方ができる。「ハルマ和解」はこの訳をすぐ前の「burg　城内ノ街」を受けたシンプルな対応から生まれた。これはこれで何もまちがってはいない。辞書に登録されたことばの一つとしての忠実な受け入れを示したものと考えられ，一語一語の概念内容を吟味するいわば百科事典的な構想の中にはないからである。文化のコンテクストの内部に翻訳行為が意図されていないだけのことである。したがって，派生語の訳語もシンプルに「町」を基語として使って訳したものと推量される。一方，「ドゥーフ・ハルマ」はそうではなかった。前述したように音訳語として適用させる必然性をもっていた。この違いをどのように評価しようとするかは見る者の価値観にしたがわざるをえない。

3-2 長崎通詞の翻訳方針

　何ら確かな資料も残されていないのでこれはひとつの推理にすぎないが，オランダ商館長と長崎通詞の間には訳語の定め方をめぐってたぶん熱心な議論がなされたものと考えられる。ドゥーフが長崎通詞に教示したヨーロッパの社会，風俗，習慣が訳語の決定に反映しているものと見てよい。これが「ドゥーフ・ハルマ」の訳注によって明白に表わされていることの意味である。ドゥーフや長崎通詞はことばを表面的に捉えることに満足しなかったことになる。訳注はオランダを通して見たヨーロッパを現実的に理解させる配慮があったものとみていい。できるかぎり正確にことばの内包する意味を伝えようとしたものと考えられる。「ドゥーフ・ハルマ」がすぐれている証の一つはここにある。翻訳者たちは一語の概念内容を深く理解した結果を正確に記述しようとしたのである。こういう事例が「ドゥーフ・ハルマ」には満ち満ちている。とくに，当時の日本では理解のできなかった政治や経済，社会のさまざまなシステム上の差異への注目が翻訳に顕著にあらわれている。ただ単純に単語で翻訳することが困難な多くの事柄，事項が意識されたのである。翻訳に参加した長崎通詞たちは「ドゥーフ・ハルマ」の「凡例」に音訳を取り上げてつぎのようにいう。

　　Advocaat, ambacht, klier 等の語は都て運用中にある時は訳語を附せず蘭語の儘にてアテホカーテ・アムバクテ・キリールなどと記す。詳解は詳に本詞の下にあるが故に其繁きを除かんか為なり。

　実際「advocaat（本文では advokaat）」の翻訳は「公事ニアフタル人不弁ニシテ宮府ニ其事情ヲ達スル事能ハサル時此人本人ニナリ代リテ趣意ヲ述ルナリ」のように概念の内容が見出し語への日本語説明として与えられている。けれども江戸時代には日本に「弁護士」は一人もいなかった。オランダとはまるで裁判制度がちがっていたからである。日本社会にないことがらは単語の形で認知することをむずかしくする。長崎通詞が「其繁きを除かんか為」というのは，このように自らの属する日本社会の現実にないことを十全に意識したためである。誠実にことばを翻訳しようというのならとうぜんの帰結であった。早大本「ハルマ和解」には「公事裁断スルヽ中ニタテテ和議ヲハカル」と書かれている。江戸の蘭学者も概念を正確に捉えているが，翻

訳者の一人石井恒右衛門はもと馬田といわれる元長崎通詞であったとされる。こうした類の訳語決定には「ハルマ和解」段階においても長崎通詞からの情報が反映したと見てよいのではないかと思われる。

つぎに「アムバクテ」は底本に "ambagt, z. g. hooge heerlijkheid" と書かれているが，その訳は「邑ノ添テ居ル領地」とされ，さらに「彼邦ニテハ地面ヲ求メ領スル事能フ　其内ニ村アル時ハ夫共ニ領ス」という注釈が施されている。蘭仏辞典本文を文字通りに訳せば「侯領」となる。「ハルマ和

表2　『和蘭字彙』（「ドゥーフ・ハルマ」）と「ハルマ和解」（早大本）比較

"W-F TAALEN"			『和蘭字彙』（「ドゥーフ・ハルマ」）		ハルマ和解
底本見出し語	品詞	原注	日本語訳語	原注訳	日本語訳語
Ambagt	z.g	Handwerk	手職		職業
Hij kan een goed ambagt.			彼ハ能キ手職ヲ知テ居ル。		―
Het beedelen is een gemakkelijk ambagt.			乞食ハ易キ業ナリ		―
Ambagt	z.g	Hooge heerlijk-heid	邑ノ添テ居ル	彼邦ニテハ地面ヲ求メ領スル事能フ其内ニ村アル時ハ夫共ニ領ス	官名
De drost van 't Hursterambagt.			「ヒョウルストル」ノ「アルバクト」ノ領主		―
Ambagtsgezel			手職人ノ手間取		職人ノテマトリ
Ambagtsheer	z.m	heer van eene hooge heerlijkheid	「アムバクト」ノ領主		―
Ambagtsheerlijkheid	z.v	Zie ambagt			―
Ambagtsknegt		Zie ambagtsgezel			―
Ambagtslieden		Het meerv. Van ambagtsman	手職人等		職人等
Ambagtsman	z.m		手職人		職人
Ambagtsvrouw	z.v	Vrouwe van eene hooge heerlijkheid	「アムバクト」ヲ領スル女		高貴ナ婦人

第2節 「ハルマ和解」・「ドゥーフ・ハルマ」再考

解」は二語登録しそれぞれ「職業」「官名」としている。底本には別語 "ambagt z.g.handwerk" があり，「ハルマ和解」で「職業」とした語は「ドゥーフ・ハルマ」では「手職」として原語を直訳しているが，単に「職業」としただけでは底本の正確な反映にはならない。部分だけを見ていてはわからないことがあるので "ambagt" の箇所を引き，二つの翻訳辞書の記述内容を対照してみる。

　翻訳にあたって，両者とも同じ底本を使用したのだからとうぜん「ハルマ和解」の翻訳者のように記載された内容を知っていたのである。ここで注意したいのは「ハルマ和解」翻訳者が "handwerk" を字義通り解釈していないことである。もとより派生語における訳語「職人」は「手職人」としなくとも，江戸の職人というとき英語でいう "handcraft" や "jack of all trades" などと同質であったかもしれない。けれども基本語 "ambagt" を「職業」とした意識が判然としない。また長崎通詞の凡例に挙げられた "ambagt" の原注 "heerlijkheid" には領地の意味がある。「官名」としたことは間違いではないが，蘭語に潜む深い実態にはここでは及んでいないことになる。とりわけ "ambagtsvrouw" に「高貴ナ婦人」としたのは正確な概念把握をなしているだけに，今一歩理解が及ばなかったものといわざるをえない。

　さらに「凡例」に挙げられた「キリール」には "klier, z. v. sponsachtig deel in het menschelijk ligchaam, om deszelfs vochten te klenzen" とあるが，訳では「体中ニ有テ諸液ヲ分離スル物」として蘭語の説明部分を訳したにとどまった。現実にはこの医学用語「キリール」は『解体新書』で「機里爾」とされ，やがて宇田川玄真の『医範提綱』で「腺」という「新製字」に表わされ新たな翻訳語となったことばである。近年，さらに通説をくつがえして，翻訳語生成の過程を深めた語の一つ「神経」という翻訳語などとともに医学史の上で概念の把握がそうたやすいものでなかったことがよく知られている(注7)。「注」「凡例」の断りは，こうしていずれも翻訳する側が語の本質に迫り，これを自らの言語によって表わすことの難しさとその処理の方法をいうのである。

　このことばについても対照するとつぎの表3に見られるとおりである。

119

表3 『和蘭字彙』(「ドゥーフ・ハルマ」)と「ハルマ和解」(早大本)との比較

"W-F TAALEN"			『和蘭字彙』 (「ドゥーフ・ハルマ」)	ハルマ和解
底本見出し語	品詞	原　　注	日本語訳語	日本語訳語
Klier	z.v	sponsachtig deel in het menschelijk ligchaam, om deszelfs vochten te klenzen.	体中ニ有テ諸液ヲ分離スル物	機里児
Klier			瘰癧ノ類	瘍腫ノ類
klierachtig	bijv.w		「キリール」ノ多キ	多ノ機里児

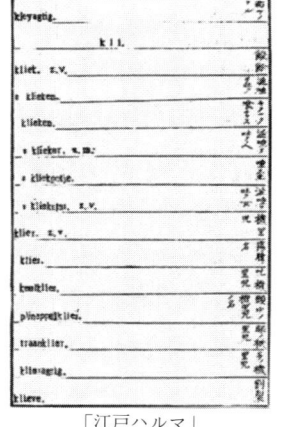

『和蘭字彙』(「ドゥーフ・ハルマ」)は上表にみられるように語句が配列されている。しかし注意しなくてはならないのは「ハルマ和解」では "klier" と "klierachtig" の間につぎの三語が置かれていることである。それはつぎのようにみえる。

　　keelklier　　　　　咽機里児
　　pijnappelklier　　　頭中ノ機里児ノ名
　　traanklier　　　　　眼ノ機里児

対照すれば「ハルマ和解」は底本に記載された事実を忠実に反映していることがわかる。

「江戸ハルマ」

いまこれを『和蘭字彙』(「ドゥーフ・ハルマ」)で該当項目を検索してみた結果はつぎのようであった。もとよりこの調査は一語一語が登録されている k, p, t の部における事実である。

　　keelklier　　　　（当該箇所になし）
　　pijnappelklier　　頭脳中ニアル松毬形ノ
　　　　　　　　　　「キリール」但シ翻訳書
　　　　　　　　　　中ニアル痛「キリール」
　　　　　　　　　　ナリ
　　traanklier　z.v　涙「キリール」

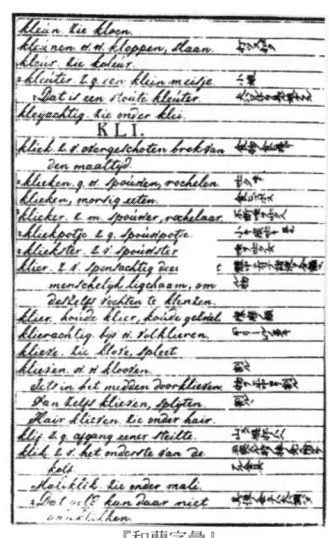

『和蘭字彙』

『和蘭字彙』は底本 "klier" の項に記載されている内容を拾っていないことが判明する。

このことから従来底本の記載内容を完全に忠実に復元して形成されたとする『和蘭字彙』についての認知事項に若干の訂正をしなくてはならない。しかし一方では書誌的にはほぼ整理された「ドゥーフ・ハルマ」成立問題に関して『和蘭字彙』が依拠した写本推定の考察への一助となる。単純な見落しとは考えにくいので，底本となった「ドゥーフ・ハルマ」写本の再調査への有力な根拠になるという意味である。

3−3 『和蘭字彙』の問題

改めて底本,「ハルマ和解」,「ドゥーフ・ハルマ」『和蘭字彙』の諸本を対照してみるとつぎのようなことがわかる。写真でわかるように，見出し語の配列についていえば底本における見出し語，見出し語説明に包括される同意語，派生語を「ハルマ和解」,『和蘭字彙』の二本はともに，それぞれの記述形式に基づいて独立の見出し語とするなどの処理を施している。その意味では少なくとも第一語 "abboek" から "aallijk" に至る語彙の搭載事実は同一である。

このことから二つの翻訳辞書が底本を踏襲して形成された事実を確認できる。

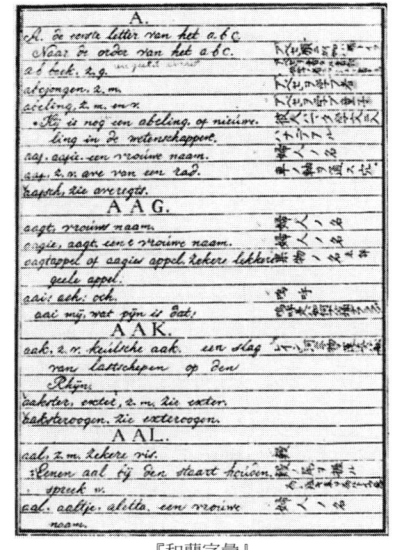

『和蘭字彙』

だが，微細な点に触れればつぎのような差異も観察される。

1 『和蘭字彙』で "aaf, aafie" は独立した見出し語であるとともに「婦人ノ名」の訳語があるが,「ハルマ和解」は「aaf, aafie　婦人ノ名」として統合されている。底本の事実は「ハルマ和解」に反映されている。

2 『和蘭字彙』の見出し語"aafsch"には"zie averegt"とあるが,「ハルマ和解」では"aafsch zie averecht"である。底本の事実は「ハルマ和解」に反映されているが,『和蘭字彙』の綴りは"averegts"であり,正書法確立以前にみられた"g"と"ch"が表記上のゆれをみせている。しかし,このことも『和蘭字彙』の元となった「ドゥーフ・ハルマ」写本の記載事実を示すものと考えられる。こうしたいくつかの点は,翻訳の内容に及ぶものではないから,ある程度許容される部分をもっているが,書物の様式は常に著述する側の想像力の基点を意味することも多いから無視できないのである。

『和蘭字彙』

3-4 『和蘭字彙』翻訳上の配慮

　『和蘭字彙』(「ドゥーフ・ハルマ」)にはさまざまな翻訳上の配慮がなされた。量目の単位にも細かい配慮が施され「オンセ once」は「『ホンド』ヲ十六ニシタル一ツ　即チ八銭ナリ」のように訳されて,これが音訳語として使われる。もとより日本の量目への換算も施こされている。このように翻訳上の配慮がとられたのが,自明のことであるといってしまえばそれきりだが,異文化の受容が微細な差異の確認に及ぶことは彼此の対比にしか成立しないことを考えれば,あたりまえのこととして退けられないのである。

　こうして少し読めば細かい点に及ぶまで丹念に訳語を形成している様がわかる。さらに音訳語の適用は「ハルマ和解」がとった翻訳の実態とその差異とを顕著に示している。いわば『和蘭字彙』(「ドゥーフ・ハルマ」)はヨーロッパ文化の記述に及んでいたのである。

　こうしてみるとナポレオン戦争の影響で出島に釘付けになり,19年を日本で過ごすことになった商館長ドゥーフが考えていたことが垣間みえるとい

えるかもしれない。共にいた長崎通詞に対してヨーロッパを深く理解させようとした結果であるのだろう。単なる対訳辞典の形成というところから大きくヨーロッパ文化の内面に踏み込んだのである。こういう面からみて「ドゥーフ・ハルマ」がいかにすぐれた翻訳辞典であるかを改めて確認しうるのである。

　そのことは主編者ドゥーフが帰国後に書いた回想記『日本からの回想』"Herinneringen uit Japan", 1833, Haarlem からはっきりと見て取れる。ドゥーフの自負はこの業が自らの極東における存在の価値ある証であると考えた。必死の努力を積み重ね、翻訳による辞典作成に至ったことの自負である。辞書の必要についてドゥーフは「緒言」で辞書が初学者にはかなわぬもの、学習が確実に進む者にこそ必要だと書いている。これが長崎通詞の語学教育の基本ポリシーだった。すぐれた語学の担い手を育成することも意識したといえるのだろう。すでに江戸に招かれた馬場佐十郎やあるいは翻訳を共にする吉雄権之助のようにドゥーフから語学力を称えられた者を除けば、長崎通詞たちの基礎語学力の涵養に心するのはとうぜんだった。不自由な環境にあって、ドゥーフは最大限生きる道をここに探ったのであった。

　なお、この点については第Ⅳ章第2節に詳述した。

3-5 基本方針の差異

　また改めて、この翻訳された二つの辞典の違いを考えようとするとき、すでに述べたようにもっとも大切なことは、学者の仕事と実用へ向かうときの一般性の獲得へのありかたである。稲村三伯らの行為は学問的な深い翻訳行為であったといってよい。それに対してドゥーフの翻訳はきわめてシンプル、平易な翻訳行為であった。いつの時

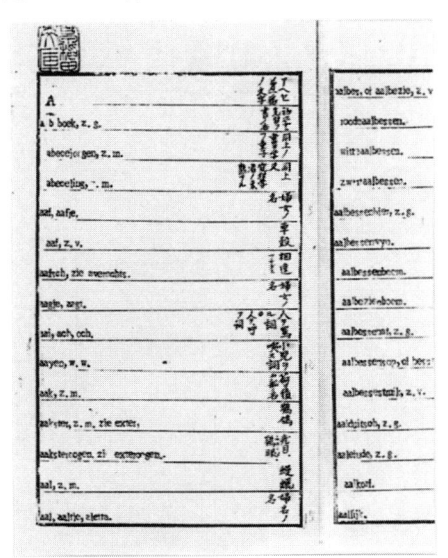

「江戸ハルマ」

代も認識的であるよりも，実用的であるほうが安易でまた実践的である。わたしは「ハルマ和解」の誉れをいわないが，こちらははるかに学問的である。それゆえ，句文の翻訳に及ばなかった「ハルマ和解」は一般的な人気をもち得ない。辞書はこれを読むことでコロケーションを学び，読んで，書いて話せなければ一般の実用にはかなわない。

　単純なことである。ドゥーフがまるごと辞書を翻訳した行為は漸増していく蘭学学徒の実用にかなったのである。それが「ハルマ和解」に欠けていただけである。しかし，稲村はなぜ豊富な例句・文を省略してしまったのか。江戸蘭学が話す蘭語への実用的興味をはじめから欠いていたゆえなのであろうか。しかし上述したように共訳者石井恒右衛門の存在などを考慮するとき，にわかに断じることはできない。この問題についてはさらに探求していかなくてはならない。

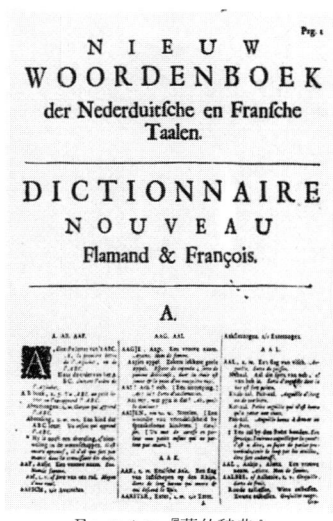

F・ハルマ『蘭仏辞典』

　辞書がことばを学ぶものの基本にあるということはいうまでもない。辞書を徹底して引く，そして読むということが知らない世界，内省できない異言語獲得の道に通じている。ましてネイティブと接触する環境が乏しい地で学習する者にとって，ハルマの辞典がどれほど力強い存在であったかは自明のことである。

　こうして幕末に至って整備されてきた蘭語の対訳辞典はやがて訪れる明治維新以降，英語，仏語，独語にとって代わられていく。17世紀から19世紀に至るまで続いたオランダとの交流も一気に細いものになった。とはいえ，江戸で育まれた外国語の読解の力は他の言語に変わっても，これが地層に堆積する豊かな栄養源となって，新しい時代における異文化獲得における基盤となったのだといってよい。

注
1 杉本つとむ（1978）『江戸時代蘭語学の成立とその展開』Ⅲ 早稲田大学出版部
2 森岡健二（1965）『近代語の成立』明治書院
3 永嶋大典（1970）『蘭和英和辞書発達史』講談社
4 岡田袈裟男（1970）「『和蘭字彙』に現われた西欧的思惟・表現の研究─近代文学の文体的源流」学士論文（早稲田大学）
5 岡田袈裟男（1974）「江戸時代翻訳語彙の考察─『和蘭字彙』を中心として」修士論文（早稲田大学）
6 杉本つとむ（1978）『江戸時代蘭語学の成立と展開』Ⅲ　早稲田大学出版部
7 杉本つとむ（2002）『江戸の阿蘭陀流医師』早稲田大学出版部

第3節　トクガワ・ジャパンで聞いた蘭語の響き
　　　　―『和蘭字彙』音訳語の表記をめぐって

1．蘭語と発音体系

　はなしことばが具体的にはどのようなものであったか。歴史のさまざまな場面で思い浮かべると生きたことばが知りたくなる。最近（1993年10月）も大和路を歩いたとき、法隆寺にいて聖徳太子がどのように話していたのかと、しきりに知りたくなったり、柿を食う子規はどんな風にここでつぶやいたのかと奇妙に物ぐるほしいありさまだった。じっさい、録音の技術が発明されたのは人類の歴史のなかでもつい最近のことであった。歴史のなかでの語音復元とか、探求はなかなかやっかいなことであるし、的確にはわかりにくい。

　1993年の9月、第二回目の日本オランダ学術シンポジウムが24年ぶりにオランダのライデン大学で開かれた。ライデンでの一夏、毎日現代オランダ語の環境にいたが、わたしには江戸時代 Tokugawa Japan の終る寸前に出版された蘭日辞典である『和蘭字彙』（1855〜58 安政2-5刊「ドゥーフ・ハルマ」の刊行本）のカタカナによる外国語表記がどれほど現実の蘭語音に近いものであるかということが改めて気になった。

　現在、オランダ語は日本ですっかりポピュラリティを失っている。大部分の日本人にとっては英語の発音感覚が一般的であるほかにはシノワ、ドイツ語、スペイン語、フランス語あるいはロシア語などが馴染みの深い外国語で、ごく少数の人々を除けば、他の多くのことばを知る機会が少ない。だからローマン・アルファベットで書かれたことばに出会うとわたしたちはまず英語の発音体系にしたがって発音する傾向があるのにちがいない。そのために＜ビール＞がドイツ語からきたことばであると思っている感覚には、これがすでに江戸に蘭語からきた外来語の一つだと知れば、意外な事実と映るかもしれない。そして改めてこのこと一つから江戸の文化への思いを馳せるとすれば、それこそ、そこには単純そうでいて、なかなか単純ではないいくつかの興味

深いことがらがきっと浮かび上がってくるのにちがいない。＜ビア・ガーデン＞に行っても＜ビアー＞と言わないで＜ビール＞を注文することの面白さが。

2．前置詞 uit の発音

たとえば"uit"という蘭語の前置詞があるが，これはどのように発音されると思われるか。わたしの試みたいくつかの調査の結果では，ゲルマン系の言語を何らかの形で知る人を除くと，大部分の日本人は正確に発音することができなかったし，知った瞬間に意外だという顔をした人が多かった。ほとんどの場合これは＜ウィット＞になった。言語音は博言学的に多くのことばを知っている人には自明であるが，一つか二つぐらいのことばを学んだ耳には音節をきちんと把握することはやさしいことではない。また，文字の音価はひとつのことばの体系への認識があっても，書かれたとおりの文字をどのように発音するかのむずかしさは「おもろ」語一つをとっても了解される。

したがって，上のように英語の類推からだとどうしてもこうなるし，一般的に日本人が知っている言語の感覚で発音を試みても，ここからは正確なオランダ語音が出てこない。同じ類のいくつかのことば "huis, thuis, buiten" はどのような音になるだろうか。これらはすべて "uit" の部分の発音が問題になってくるのだが，実際にはこれはつぎのような音になる。

uit	[oeyt]	out/E	アウト
huis	[hoeys]	house/E	ハウス
thuis	[toeys]	home/E	タウス
buiten	[boeyt(n)]	outside/E	バウテ(ン)

注：[　]内は"Cassel's Dutch Dictinnary"の記述する発音，/E は英語の意，カタカナは仮に写した蘭語音の日本語の受けとめを表す。)

"buiten"の場合カッセルの辞書が記すように語尾音"n"は現代，通常気持の中におさめられるように，現実には発音されていないように聞こえることが多い。こうした現象は全ての"en"で終わる動詞語尾音の発音にも通じている。動詞が原形と同語形で示されるようなとき，一般には"Zij spreeken Japans.（They speek Japanese.）"は＜ゼイ　スプリーケ（ン）ヤーパンス＞のように発音される。ただ，アパー・クラスでは＜スプリーケン＞のように語尾音まで正確に発音する傾向が残っているとE.クロイシンハ Kruisinga は書いている(注1)。

　"uit"の場合，現地で知り合ったライデン大学の博士候補生である数年滞在する日本人留学生のうちの一人は"uit"がどうしても"oud（oud）アウト old/E"と同じ音にしか聞こえないといって聴き取りの難しさを嘆いていたし，外国人のために編まれた優れた入門書に"Nederlands is gemakkelijk.（Dutch is easy.）"と書かれた表現にも苦笑しながら，そうは思わないと言っていた。それはやはり発音の問題に属し，聴き取りのむずかしさが，日本語の音声体系の内部に置かれた者にとっては宿命的な事だと思って聞いた。ただ篤実で勤勉な留学生たちのことを思い出すと，これが日本語を母語として外国語の習得に苦しむ者の正直な感想であることにいっそう深い思いがし，長崎通詞 tolken たちの顔つきが想像されてならなかった。

　言語が異なれば同じアルファベットの表記でも発音が違う。このようなことをあたりまえのことだといってしまえばそれっきりのことである。しかし日本語を生きるということから改めて考えてみると留学生の嘆きはただそれだけのことであるとは思われない。事実日本語史の上ではこんなことがなかなか無視し難いこととして浮かび上がってくる。

　たとえばこれと同じ音をもった語について『和蘭字彙』で調べるとつぎのようになる。

uitdrukselen	オイトデュリュックスル	解スル様ニ言フ次第
uilspiegel	オイルスピーゲル	言ヒ訳ケ作リテ徒ラスル人(長崎通詞注:他言セント誓ヒ秘法ヲ伝授シテホシヒママニ筆伝スル族ノ如シ)
uitval	オイテハル	脱ケ出ントノ働キ(長崎通詞注:敵ノ虚ヲ見テ其石火矢ノ火門ニ釘打等種々ノ仕業ナリ)
koffihuis	コツヘイホイス	湯ニタテタル「コツヘイホイス」ニ行ク

　一見して明瞭なように"uit"の表記上の受けとめかたが「オイト」であ

り，わたしが仮に書いた「アウト」ではない。けれども，これが［oeyt］という音にどれほどの差異が感じられるか。わたしはこれをオランダ人に発音してもらうことにした。インフォーマントは正調のオランダ語ネイティブを自負する首都アムステルダムの出身者のほかに，オランダ各地からライデン大学に来ている学部クラスの学生とドクトルランドルス（博士候補生）たちであった。

わたしははじめ岡田袈裟男（1990）「和蘭字彙音訳語集」(注2)からサンプルをピックアップして示した上で音訳表記にローマ字を添え，発音してもらい，すぐに感想を聞いた。すると，すべてのインフォーマントはこれらをとうていましなオランダ語とは思えないと異口同音に言った。もちろん江戸時代の在日オランダ人がどのように発音していたかなど想像もできない上でのことだった。

しかしこれらをつぎには相当のスピードで発音してもらったところ，その結果はおもしろいものだった。そこから得られた一つの解釈は，もしローマ字表記をかなり早く発音すれば，けっこうオランダ語として聞くに耐えるという感想だったからである。もちろん正確な仮説を得るには，組織的な調査をしなくてはならないが，そのとき，わたしがひとまず知りたかったことにはある示唆を与えられたということなのだ。それは江戸の環境下でアムステルダム出身のヘンドリック・ドゥーフに従って勉励した長崎通詞たちはかなりがんばっていたという推測である。ことに，ドゥーフが賞讃した二人の長崎通詞馬場佐十郎と吉雄権之助のうち，権之助のオランダ語は屏風を挟んで聞くとネイティブと区別がつかなかったというエピソードがある(注3)。

3．いくつかの語音の受けとめについて

デン・ハーグに「スケベニンゲン」がいると指揮者の岩城宏之氏が『九段坂』というエセー集に書いている。国際司法裁判所のある旧王宮からそう遠くなく，クワハウスのある北海に近接するこの有名な地名こそ蘭語から遠ざかった現代日本人にとって，すこし品には欠けるけれども，きわめて興味の深い語音の問題を象徴的に現わしている。正確には"SCHEVENINGEN"

と書く。これをローマ字式に発音するとたしかに＜スケベニンゲン＞になる。

しかしこれをきちんとオランダ語音として発音しようとすれば，そうはやさしい音ではない。これは＜スヘフェニンヘ(ン)＞と発音する。現代オランダ語音からはこのように日本語のカナに転写することが可能である。ここで問題になるところは"che/ve/ge"であり，これらの発音が日本人にとってはやさしくないという意味で特徴のある語音なのである。

それでは長崎通詞たちはじっさいどのように聴き取っていたのであろうか。

つぎにこうした蘭語音を中心として『和蘭字彙』の音訳に付された語群からいくつかの問題を考えてみたい。

3-1 "g" の場合

elfgenaam	エルフゲナーム	遺物ヲ受ケルベキ人
ganzebord	カンセホルド	遊ビ事ノ名
galderij	ガルデレー	廊下ノ如キ処
indagen	インダーゲン	呼ビ越ス　　　（原訳注は省略）
ongeld	オンゲルド	用金
onmondig	オンモンデイグ	二十五歳以下ナル

"g"の現代音はオランダ語"ch"と同じ発音であり，喉音である。しかし『和蘭字彙』に観察される音訳語例で"g"をもつものは339例あるが，喉音の表記例は「土曜日」をいう＜サーテルダフ saterdag, zaterdag, saaterdag＞あるいは＜ヒュントジフト puntdicht 物事ヲカイツマンデ作リタル語＞のみがハ行音で受けとめているが，他の"g"の音価にはすべてガ行，あるいはカ行の転写音があてられている。これは長崎通詞が"g"音を多く有気音として聞きとった証になる。ただ清濁の混在した表記上のユレはただちに発音上のユレを示すものではないと考えられる。このような現象は日本語史の上ではいくらでもみられる表記現象と同じで，オーソグラフィーが確立する以前の表記習慣の表われと理解することが可能だからである。蘭語"g"音については今後の調査に委ねられるが，相当蘭語に習熟していた長崎通詞の存在を意識すると改めて組織的に調べ上げなくてはならない音韻現象である。

ところで江戸ではこのように聞こえた"g"について，「ドゥーフ・ハルマ」（『和蘭字彙』の底本）の主編者ヘンドリック・ドゥーフ Doeff Hendrik はどこまでかかわれたか。当時でもこの"g"の発音は現代と大きくは変わらないから，長崎通詞の受けとめた語音がガ行で転写されることについて18世紀アムステルダムにおける発音を含めての検討が必要になる。とはいえオランダ商館長といってもドゥーフは言語学者でなく，ネイティブであるということだけであった。したがってこのオランダ東インド会社の社員がこのような発音の転写処理について専門的なレベルでどこまで介入できたかは定かではない。有名なドゥーフの回想録に長崎通詞たちのすぐれた語学教師であったかのような言辞があっても，それをそのまま評価点へと導くことはできない。

　そうはいいながらも，外国語音の転写については現代でもしばしば浮び上がる問題である。現代のオランダ語音にしたがえば，画家の "Gogh" は「ゴッホ」でなく「ホッホ」であり，地名 "Gouda" は「ホーダ」という具合になるのだが，人によってはガ行で発音しているように聞こえるという見解もある。たとえばオランダ在住期間が30年余と長い元ユトレヒト大学の難波収（1992）『写真物語　アンネ・フランク』では「訳者の言葉」として，つぎのようなことを書いている。

　　オランダ語のgの音は，たんを吐くときのように，咽喉の奥を呼気でこすって出すのですが，そのカタカナ表記は常に問題となります。しかし，わたしの日常の経験と多くのオランダ人に当たっての実験から，有気音のgはガ行で表わした方がよいと考えます。van Gogh もファン・ゴッホが一番良い"近似"で……

わたしとしてはこれに対して異論をもってはいるが，ここでとりあげていることがオランダ語音声学としてのアカデミックな考察であるよりは外国語音としてのオランダ語を日本人がどのように転写したかを問題にしているので，こうした長期滞在者の経験による観察結果を無視することができないのである。いずれにしてもこれの解釈には方言地図の作成を含め，フィールド調査などをしなければはっきりとした仮説は出せない。

3-2　"g"のカ/ガ表記以外の場合
3-2-1　拗音化表記

Champagne　　　　シヤンパンニー
compagnie, kompagnje　　コンパニヤ　　舫ヒ商売(モヤ)

　Champagneはフランス語出自の外来語音の表記，kompagnjeは蘭語化した蘭語音の転写音と考えられる。

3-2-2　ザ行表記

Egipt　　　　　エジプト/エジット
plantagie　　　ブランタージイ（長崎通詞註：諸樹ヲ植立テタル所）
virginisch　　ヒルジニア/Virginieien　ヒルギニヤ

ただしEgieptには＜エゲイプト/エゲプト＞もあってユレている。

3-2-3　"g"と"ch"

pagt, pacht　　　パグト　　　官ニ金出シテノ運上ノ　（長崎通詞訳注は省略）
　　　　　　　　　　　　　　受ケ切リ
ambagt, ambacht　アムバクト　邑ノ添テ居ル領地　　（長崎通詞訳注は省略）

　また上のように二通りの蘭語綴りを並列している例も少数例あるが，"pacht, ambacht" もつぎに取り上げる "ch" にも関連するが，前述した＜サーテルダフ＞にもみられたように蘭語綴字法における異表記である。表記の上でも日本語としての受けとめ方として，たとえば "pagt" に＜ハグテ・パグテ・パグト＞にみられるような異表記例は多い。

　「博多ドンタクク」で有名な「ドンタク」の語源にあたる "zondag 日曜日" も『和蘭字彙』では「ゾンダク/ソンダク」である。「サーテルダフ」があれば「ゾンダフ」があってもよかった。ちなみにカッセル辞書の記述は[zondax]。

3-3　"ch, sch" の場合

tichel　　　　　　テイゲル　　　　　瓦
torenwachter　　　トーレンワグテル　　市中ノ塔ノ上ニアル遠見
Dordrecht　　　　ドルデレクト　　　（オランダ地名ドルドレヒト　筆者）
graafschap　　　　ガラフスカップ　　諸侯ノ役
weetijenschap　　ウェイテンスカップ　性理ヲ知ル学
beschuit　　　　　ビスコイト　　　　二度焼キシタル「パン」

第 3 節　トクガワ・ジャパンで聞いた蘭語の響き

fresch	フラスコ	（原訳注は省略）
trekschuit	トレッキスコイト	馬或ハ人ニ挽スル船
vlotschuit	フロットスコイト	荷物ヲ運送スル平ヒラナ船ノ類
Griekshe	キリークス	（国名ギリシャ　筆者）
Korinthische	コリンテセ法	（建築の様式）

　"ch"はこれが単独の場合と＜s＋ch＞になる場合とでは転写上の受けとめにちがいが現れるが基本的にはカ行で対応している。ここでの"ch"の場合は"g"の異表記の現れだが，たとえば"tiche1"は今でもカッセルで［tIga1］のように記述される。"sch"では名詞の形容語尾になる場合にサ行で処理される以外，"schap"が「スカップ」であるように"sch"でも"ch"は常にカ行に対応する。

3－4　"v"と"w"の場合

voorspraak	ホールスプラーク	本人ニ成り替ハリテ言フ事
vorst	ホルスト	王
wagenschot	ワーゲンスコット	エイケン樹ノ材ヲ薄くワキタル板
week	ウェーキ	七曜一メグリノ日数
wijk	エイキ	町（長崎通詞注 市中ヲ分ケタル其一分ヲ云ウ）
wijnkoop	ウエインコープ	物買ヒニ行夕者ニ飲マスル酒

　これらは全例，v 音がハ行で，w 音がワ行でとらえられているから現代のとらえ方と同じだといってよい。ただじっさい発音の上で両唇の音を喉音でとらえていたかについては疑問を感じる。インタープリターは両唇音で話していたものと考える。

　以上，ここでは三つの語音問題を取り上げただけだが，これ以外にも検討を要する発音の問題はいくつも横たわっている。もちろん『和蘭字彙』のみでの観察結果だけで江戸全般でのオランダ語音の受けとめ方を一般的に語ることはできない。

　しかしこの辞書の記述の持つもっともすぐれた価値がネィティブのオランダ人ドゥーフの主導によっていることと，彼がもっともすぐれた蘭語の使い手と賞賛した吉雄権之助がこの翻訳に加わっていたことなどに由来する事実は特に考慮される必要がある。

133

4．転写上のユレと一つの規則

4-1 さまざまな蘭語音の表記

　長崎通詞は一つの語にさまざまな転写音で記述している。すでにいくつかの例示はしたが，以下にみられるユレが一つの辞書の内部でみられることは，語形をはじめとするさまざまな表記への江戸の翻訳者のことばに対する関心を物語る。正書法への関心は，しかし，どこでも近代になってから国家的な事業として，ある種の国語純化の意識とともに処理されるようになってきたことであった。現代日本でも，つい最近（1991年）も国語審議会が改めて外来語をどう表記するかを示したばかりである。

　　　Augustus　　　　アキュステユス・アギュステユス・アギュスト
　　　Amsterdam　　　アムステルダム・アムストルダム
　　　Alexander　　　　アレキサンデル・アレキサンドル
　　　Aristoteles　　　　アリストーテレス・アリストヲテレス
　　　Egipt　　　　　　エゲイプト・エゲプト・エジット・エジプト
　　　orgel　　　　　　オルゴル・ヲルゴル
　　　worst　　　　　　ウヲルスト・ウオルスト

4-2 語音転写上での一つの規則（仮説）

　閉音節のことばがCV構造の日本語に音転写されるとき一定の規則性が認められる。下の例のようにたとえば語頭から子音が連続した場合，つづいて現われる最初の母音に支配されて転写音が決ってくるというように。

　　子音十子音十母音…
　　kraag　　　　カラーフ（karahu）　　　頸骨
　　schaapje　　　シカーピイ（sikapi）　　　子供ヲ愛シテ言ウ言葉
　　klomp　　　　コロンプ（kolonpu）　　　下駄又木ニテ造リタル沓
　　Griek　　　　ギリシア（girisia）　　　　ギリシヤ

　もとより，江戸に響いた蘭語音については長い蘭語学史の上で総合的にと

第 3 節　トクガワ・ジャパンで聞いた蘭語の響き

らえられる必要がある。しかし，ここで取り上げたように19年間日本に暮らしたオランダ商館長ドゥーフが長崎通詞を教育しながら翻訳した事業から，幾分かの様子が見て取れる。音訳に附されたことばは訳語表記という面で，現代にも共通してさまざまな興味深い現れがある。またこのことは唐話を受けとめた岡島冠山をはじめとする唐話学の側でも共通したことがいえ，江戸に流入した外国語音との遭遇はまさに開音節のことばと閉音節のことばとの必死な相克であった。現代日本が国際化社会のなかでと称し，すでに海禁をやめて一世紀以上の日を要しても，つい二，三十年前まで英語の発音も一般的には十分とは言えなかったことを思うとしみじみと日本語の宿命的なありようを感じる。

注
1　E, Kruisinga *"A Grammar of modern Dutch"* introduction, 1924, London
2　岡田袈裟男（1991）『江戸の翻訳空間―蘭語・唐話語彙の表出機構』所収，笠間書院
3　呉秀三（1925）『シーボルト先生　其生涯及功業』吐鳳堂書店

＊本節は1993年9月12日，オランダ，ライデン大学で開催された第2回日本オランダ学術シンポジウムのために用意された蘭語と英語で書かれた原稿の一部を基にしている。一般講演ではデータの一部を発表資料の形で示すゆとりしかなかった。
　なお，セバスティアン・ヤンセン氏（作曲家）をはじめ，インフォーマントとして多数のライデン大学学生に協力を得た。発表原稿の原題は "On Doeff's Halma"

　　　　　　　　　　　　　　　　　　　　　　　　　　　　　1994 春

【追記】
　シンポジウム開催の翌9月13日，アムステルダム海洋博物館見学会の折，マリウス・ジャンセン Marius Jansen プリンストン大学名誉教授から声をかけられ，そこで受けたわたしの発表への心温まるご厚誼は忘れられない。学生の頃，ジャンセン教授の書物に接し，緑の薫風のような印象を得ていたので，喜びは一入のものであった。当時，教授の恩師エドウイン・O・ライシャワー教授が駐日アメリカ大使として赴任していた。ジャンセン教授はプリンストンへの来訪を望んでくれたが，それも果たせないままに，2000年に逝去の報に接した。心から教授のご冥福をお祈りする。

第4節　漢語の定着と『和蘭字彙』
　　　－異文化接触に現われた翻訳漢語の生成について

1．翻訳と漢語の生成

　漢語の定着について考えることは日本語語彙史の考察にとって魅力に富み，かつ基本的に整理していかなくてはならないことでありながら，あまりにも大きなテーマであるといわざるをえない。漢字の移入の源から，漢文が日本語に与えた影響の大きさは誰でもが知っている。漢語が洪水のように流入してきている事実がトータルな意味で日本の文化そのものを規定しているからだ。漢語との相克，それは識字層にとって，常に厳しいストラッグルであった。日本を考え，日本人としてことばを生きようとする姿は，すぐれた知性の認識行為として常に本質的な場での闘いでありつづけた。その意味では西欧出自の定着したことば，外来語における場合とは異なった位相にある。

　わたしは長いこと江戸での蘭語，中国近代語の日本語への影響がどのような文化的な意味をもつか興味を持ち続けてきたけれども，年々に深まる思いの一つはたとえば本居宣長，荻生徂徠というような知性に対する関心である。現在，国際化社会での日本などというけれども，日本と日本人はすべての歴史の中でいつでも国際化社会の中の日本でありつづけ，そうした環境のなかでの生き方は昨日今日問題になったわけではない。ことばを生きる日本人は中国から移入される漢字文献の波に洗われつづけ，近世，江戸の初期からは海禁を経る過程において，さらに少しずつ蘭語に象徴される西欧のことばに洗われて今日に至る。宣長が「鳥獣の言を排せよ」といい，徂徠が「和訓廻環之読」を否定した行為は一見反対の極にいるようにみえるが，たぶん日本語を心底見つめた者の深い認識に発している。外面に振り回されず，インナーヴォイスに耳を傾けた行為である。漢語は日本語に重くかかわり，日本語に組み込まれつづけ，いつでもかけがえのないものとしてありつづけている。ただ沁入してきた膨大な漢語群を，たとえば日本語の辞典に記述しようというとき，「定着した漢語」としての総体を提示することはむずかしい。おそ

らく日本語史の流れに浮き沈みしている漢語の群を便宜的に把握したとしかいえない可能性がある。

　もし、トータルな日本語史を輪切りにし、いくつもの共時層を並べ立てたとすれば、それらは一つ一つの共時層における漢語の定着を記述しうるかもしれない。しかし、その場合でも日本語史のすべてに向かって「漢語の定着」を語ることは至難の業といわなければならない。そのような思いから、ここでは「漢語の定着」として与えられたテーマに対し、わたしはほんのわずかな日本語史の時の中でのいくつかのことがらについて考えたいと思う。

2．翻訳漢字語の実態

　『和蘭字彙』では長崎蘭通詞たちがドゥーフとともに異文化のことばを必死に日本語で表わそうとしたのだったが、その翻訳行為ではいくつかの興味深いことがらが示されている。『和蘭字彙』の訳語については、これまでもどのような創製漢語がみられ、安定するにいたるかについては検討に付されてきている。ただその場合、蘭語原語との関連よりは、もっぱら表わされた翻訳語としての漢語の性格やそのジャンル的分布について述べたものが多い。

　けれども、訳語はつねに翻訳という認識行為のプロセスにしたがって創出される。そのために、記載内容の現象的把握の段階から、原語との相関によるさらなる探求が必要である。ここではそのような観点から蘭語原文を見つめ、訳語の生成の過程に着目しながら、検討を試みる。なお、本節での考察対象の性質の上から、通常漢語というときの字音語以外の漢字で組成される漢字語も考慮した。

2-1

　　a 養子　　A10オ3　een aangenomen zoon
　　　養女　　A10オ4　eene aanenomene dogter
　　b 静詞　　N4オ21　naamwoord

たとえばaの場合、「養子/養女」の訳語が引き宛てられたもとには動詞"aangenomeen"があるが、この訳は「引キ請ケラレタル」とされ、これが

それぞれ "zoon" の訳語「枠」"dogter" の訳語「娘」にかかる。翻訳のプロセスではとうぜん「引き請けられたる枠/引き請けられたる娘」が予想され，ここからすでに日本語として組み入れられている漢語「養子/養女」へ至ったと考えることができる。もちろんこうした翻訳行為は自明にすぎるが，一つの外国語の単語から日本語の単語に到達するには概念化の過程を経るのがとうぜんのことであるし，翻訳者が海禁状態におかれ，長崎出島のみで異文化の言語との相克の状況におかれたことを考慮する必要がある。

　このことは派生する訳語「養子スル een kind aanneemen」のようなサ変動詞，「養子スル人 aangeneemen van een kind」「養子スル事 aanneeming」といった生硬な訳をみるとはっきりしてくる。コロケーションとしては「養子を取る/養子にする」があるから，この語の場合漢語のサ変動詞化は日本語としての不自然さが濃厚である。それにこのような人事関係はオランダと日本との違いなどを越えてどこにでもみられる日常の行為である。単語「養子」は『日本国語大辞典』に『続日本紀』から引かれ，西鶴の浮世草子「養子に来たる…」を引いている。だが，おもしろいことに翻訳行為に当面するととうぜん日本語の内部にこなれたことばを持ちながらも，現在でもしばしばこなれぬ訳を運びこむことが多い。おそらく，インタープリターたちにとって，たとえ彼らが長崎の方言世界にいたとしても「養子スル」という表現には翻訳行為としての訳語でしかないというような思いがあったのではないだろうか。

　ひるがえってみれば，現在でもたとえば英和辞典をはじめとする多くの対訳辞典の訳語に，しばしば慣用性に乏しい翻訳語をみることがある。二葉亭四迷で有名なあの「愛」ということばの翻訳に苦しんだエピソードとは質が違うけれども，どこから引き出してきたかが疑問であるような訳語がみられると思うのはわたし一人だけであろうか。関連していえば最近では表現辞典が多く編まれるようになってきて異言語間相互のより妥当性の高いことばが得られるようになってきた。しかし，人の自然な表出行為に求められる異言語からの翻訳には今でも相当な苦労を感じることが少なくない。

　そういう思いからすると翻訳辞典『和蘭字彙』の訳語のこうした生ぶ硬さは「養子スル」一つとっても文化の違いを意識するとき，やはりネイティブ

の説明に聞き入り，見たこともない異国のカスタムを感受しながら生まれてきたのではないかと思われる。それゆえに，こうした翻訳行為を自明の事であると切って捨てたくはないのである。またｂの場合では「静詞 naamwoord」の関連からみると"naambuging"は「静詞ノ転用」と訳され，文例"Dat woord is van de eerste naambuging."は「夫ハ静詞ノ第一ノ格ニヨリテ転用シタル語ナリ」のように翻訳される。この訳文は一見してすでに今日の文体に近似していることが了解される。文法用語についてはすでに蘭語学史研究の上で訳語としての実態が子細に検討されているが(注1)，この例のように『和蘭字彙』では今日に通じる安定した文体をみせている。こうした例などを蘭語学史の流れに乗せると，この幕末に刊行された蘭日辞典はある意味で江戸における西欧理解のトータルな表われを示している。そして，これらが近代日本に流れる西欧言語のもたらしてきた結果として，新たな漢語群をみせ日本語として定着する可能性をつねにはらませてきたのである。

2-2

  a 幼院（訳注）他国ヨリ来テ孤ニ成リタル者ト棄子ヲ養ヒ置ク所
   A1ウ22 aalmoessenicrshuis（原注）huis waar de vreemde weekinderen en vonderhouden en bezorgd worden.
  b 雨水溜（長崎通詞注）阿蘭陀国ニテ地ヲ掘リ底ヲ四方トモ石ニテカタメ屋上ヨリ桶ヲ通シ此内ニ天水ヲ溜メ貯メテ飲水トスルナリ
   B4オ9 een regen bak（原注ナシ）
  c 部街（訳注）市中ヲ部分ケシタル其一部分ヲイフ
   原注 zeker begrijp van malanderen
  d 分園（長崎通詞注）分断シタル園ナリ
   C5オ4 cirkelstuk（原注）der wiskunde

たとえばアトランダムに挙げたこれらの中でも b，c，d のような訳語は『日本国語大辞典』などにはみられない。b「雨水溜」は今のところ『雑字類編』や唐話関係の諸書にも認められないが，同じ雨水をためるにも「天水桶」のような用途も素材も異なることばで受けとめるわけにはいかなかったものだろう。"bak"の訳語は「クリ鉢」，"regen"の訳語は「雨」である。江戸にはすでに洒落本などで明らかなように「水道の水」ということばがあ

り，これを産湯に使うことが自慢であったが，長崎にいてドゥーフから西洋式の水道施設などの説明を聞き異文化を意識すると，すでに存在することばでも訳語としての適用にためらうことがある。この訳語の場合はわかりやすいことばになっているだけに，原語の説明のないことともあいまって，ネイティブの説明によって創出された訳例の一つと思われる。c は原注の単純な訳出。d は原注 "wiskunde" には "wiskonst" と同義語であるとの参照指示があり，「度数ヲ量ル術」と訳出された範疇に属する。けれども，「分圏」がどこまでじっさいの使用に耐えた語であるか否かはにわかにはわからない。むしろ単語として表われていても，音訳に付されていた。『和蘭字彙』をはじめとして蘭語学史で音訳は安易な翻訳法ではなかった。ちなみに訳句文例では wiskonst の音訳語「ウィスコンスト」として使われている。

　また a は『日本国語大辞典』に採られてはいるが，ここに挙げられた二つの用例は一つが森島中良の『紅毛雑話』から「同国中に，ウキスホイスという府あり，明人幼院と訳す」であり，またもう一つの例は福沢諭吉『西洋事情』にある「貧院」の説明「老院と云ひ幼院と云ひ」である。したがってこれらの訳語例はいずれも蘭語学史の流れに置かれていて，ほかにも確認される類であり，中国文献から訳語が引き宛てられた例である。現代この語は「孤児院」（このことばも今日使用されなくなった）あるいは「養護施設」と表わされる。森島中良が書く「ウキスホイス」は "aalmoesenierhuis" の同義語で『和蘭字彙』には "eeshuis 原注 stadhuis vorrweeskinderen"（ママ）であり，訳語は「幼院」，vorr は voor のミスプリであろう。「国家的施設（筆者訳）」を意味する。関連することばには "weesjongen 孤" があるが "jongen" は「少年」を意味するから，現代語での「孤児」をいう。さらに "weesjongen" に与えられた同一の訳語「孤」を持つ "wees" には "ouderloos kind"「両親のいない子供（筆者訳）」という原注が添えられている。こうしてみると『和蘭字彙』の底本「ドゥーフ・ハルマ」で長崎通詞たちが把握したことと，森島中良が『紅毛雑話』にさらに「貧院」をあげ「欧羅巴国中にアルムホイスとあり，明人訳して貧院と云」としたこととの間には，明確に二つの蘭語を区別していることが注目される。福沢諭吉はそのような蘭語学史のプロセスを踏まえて『西洋事情』を書いたのである。

蘭語の翻訳にあたってはこのように中国の近代語がしばしば訳語選択の上での大きなアーカイブをなしていた。江戸における国際交流では唐話と蘭語が出島のオフィシャルなことばであり，唐話学と蘭語学との交渉については，いっそう深められるべきテーマである。

2-3
　　a 雇ヒ侍（原注訳）警ハ五十人抱ベキ侍大将恒ハ三十人抱ヘ置キテノ別改ノ時ニ至リ外ヨリニ十人雇ヒ足リテ数ヲ合スル事アリ　其雇ヒ足シタル侍ヲ「ロルレンダラーイエル」ト言フ
　　L61オ2 lorrendraaijer 原注 een die zich voor soldaat laat monsteen, en niet in dient is.
　　b 東印度掛リノ組合（長崎通詞注）阿蘭陀ヨリ東印度ニ通フ事ヲ組立テタル初発ニ掛リ合ノ家二千余今ニアルト云
　　M8ウ11 De oostindische maatschappij
　　c 胸ト上腹トノ内ノ間ヲ隔テヽ居ル膜（長崎通詞注）翻訳書中ニアル横隔膜
　　M41オ20 middelrif, of middelrigt

　aは長崎通詞が『和蘭字彙』で音訳語として使用している例の一つだが「傭兵」のような訳語にいかないのは彼此の状況の違いである。やはり「侍」がもっともふさわしいコロケーションを生んだのだろう。なお，ここでの訳注は原注を敷衍した長崎通詞の注記となっている。

　bは「東インド会社」のことだが，見出し語 "maatschappij" の訳語は「組合」であり，この語にあてられた蘭語説明 "genootscap" は見出し語の訳に「寄合　又　集会」とある。これを原語説明から追って行くと "gezelscap" があり，この見出し語には「ツキ合」の訳が施され，さらにこれの原語説明を追っていくと "bijeenkomst" には「打寄」と訳語が施されている。こうして尻取りのように『和蘭字彙』を引いていくと，ここに至っては今日，とても理解できないところに到達したとしか思えない。つき合いきれない感じだが，「打寄」とは何か。この語の用例「『ケルキ』ノ打寄」は "Eene kerkelijke bijeenkomst" の訳であり，現代日本語で「教会の集会（筆者）」を意味する。"maatschappij" を理解することはオランダ商館が東インド会社の日本支社であったことを考えれば，長崎通詞にとって概念把握ができな

かったはずがないが「組合」を訳語にあてたこと一つをとっても，こうしてみると，漢語「会社」を得るまでの過程にあった江戸での外国語とのストラッグルを強く印象づけられる。

　ｃの注に「横隔膜」は「翻訳書中」にあると書かれているが，"middelrif"（現代蘭語では middenrif）を「胸ト上腹トノ内ノ間ヲ隔テ，居ル膜」と説明的な訳が施されたのは，原注がないので長崎通詞の処置である。したがって，この訳は長崎通詞に備わる医学理解であるか，翻訳された医学書によってもたらされたことが推測される。しかし，なぜそのまま翻訳された漢語「横隔膜」をあてなかったのか。おそらくこの背景には原語の正確な概念把握のために辞書としての記述を意識したためかと思われる。

　このような例をみると，長崎通詞が翻訳する過程で，創製された漢語に対して一定の規則的な認識を持っていたことをよりいっそうはっきりさせる。すでにほかで述べたように，音訳的処理は長崎通詞にとって安易な選択ではなかったが(注2)，さらに安定度の低い単語訳にも同じ態度をとっていたという推測である。長崎通詞たちがポピュラーな語になっていない翻訳語をここでも概念の説明によって明確にその辞書形式への意識を示した例の一つと考えられる。

　こうした処理のしかたをみると，この辞書を読むとき，ただ単に漢語ないしは漢字だけで組成した語として表われた部分のみに目を向けるだけの現象的把握が，正確な意味での訳語の読み取りにつながらないことがわかる。翻訳された漢語と目される訳語だけに注視して，一つの解釈を得ようとするだけでは，訳語の生成する過程を読み取ることができない。『和蘭字彙』では，尻取り遊びのような引き方を通じてもこの辞書の編纂に払われた努力が看取できるからだ。以下，関連して触れたいと思ういくつかのことについて簡略に記したい。

2-4

　　ａ為替手形相場（長崎通詞注）仮令ハ十貫目ノ為替手形ヲ相場ニ依テ十貫目五百目ニ売リ又五百目ニ売ル事ヲ云フ
　　coers van de wissel 原注ナシ

医学用語に限らず、原語の概念把握がされた例。「為替」、「為替手形」「相場」は江戸に多くの例があるが「為替手形相場」はみられない。

　　b-1　町人（長崎通詞訳注）素性正シキ由緒アル町人ヲ云ナリ彼国ニテハ此者トモ政道ニテ与リ此方ノ士ノ如クニテ魘シカラヌ者也事アル時ハ王ヲ助テ一方ヲ防ク者ナリ
　　　B148オ19　burger　原注ナシ
　　b-2　安穏（長崎通詞訳注）警ハ市中ヲ敵カ取囲ンデオルニ夫雨ナド降リ敵逃ル時ハ則其大雨ガ市中ノ「ベホウド」ナリ
　　　B31ウ21　behoud　原注ナシ
　　b-3　浴場（長崎通詞訳注）大ナル家ノ内ニ部屋数多造リ一部屋ニ盟一ツ有リテ一人宛浴ス湯水ハ其人ノ好ミニ桶ヲ以テ取ルナリ
　　　B3ウ8　badstoof　原注ナシ

"burger"の訳語のもつ意味については本章第2節で特に取り上げたが、「ベホウド」のように音訳語として処理される例、「浴場」は『和蘭字彙』の訳句文には見えないが、それは辞書中にこの語を用いた句文例がないだけのことで、こうした習慣の異なる事象にあたっては音訳語として表される可能性も持っている。「町人」はいうまでもなく新造語ではない。「安穏」は『百座法談』『今昔物語集』『日葡辞書』『元和本下学集』などにすでにみられるが、「浴場」は新しい。中国での例もみられない。

　　c　書記役　遺書其他ノ取極メ書ヲ作リテ遺ル役人
　　　B11ウ24　beamptschrijver　原注ナシ

重箱読み風に付された訳語の例。「書記」は『続日本記』などにすでにみられる。

　　d　職人組（長崎通詞訳注）弟子ガ昇進シテ仲カ間ニ入ナリ　弟子此仲カ問ニ入ラザル内ハ賃ヲ取テ仕事ヲスル事能ハズ　仲カ問入ノ節ニ試ミニ仕事ヲサスルナリ　モシ此仲カ問ノ内一人死時送リ雑用並妻子育方皆此仲カ問ニテスルナリ
　　　G107オ11　gild　原注　genootschap van eenig handwerk

cと同じく重箱読み風に付される訳語で原注は「手仕事の仲間」とでも訳せるが、英語で言えば"society of some handwork"。長崎通詞は原注を訳さず、ここでは概念の説明だけを施した例である。訳句文例があれば、とうぜん「ギルド」の音訳形で表われる。ちなみに、今日の「ギルド」の出自は荒川惣兵衛『外来語辞典』も記していない。「職人」はすでに『大乗院寺社

雑事記』などにみられる。

  e 腎ノ臓 N34オ13 nier

　この例は見出し語では上のようにあらわされていても訳文例においては「腎臓ニ瘍ヲ受ケテ居ル N34オ14 Eene verzweering in de nieren hebben」のように二字漢語の形で表われる。

  f-1 麦餅母（長崎通詞訳注）饅頭ナド拵ヘルニ用ユル D10ウ24 deessem 原注ナシ
  f-2 醒覚（長崎通詞訳注）是迄悪事ヲ為シタルガ是ハ悪キ事デアッタトオゾミヲ云 I14オ23 inkeer 原注ナシ
  f-3 最端 A1ウ8 aaleinde
  f-4 言語 spraak

「Zij heeft eene groote aangenaamheid in 't spreeken. A9ウ24 彼女ノ言語ガドフモイヘヌ」中に「言語」のルビ表示がみえる。訳語が漢語の形でもルビによって漢語扱いにならない例。「麦餅母/醒覚/最端」はなく宛て漢字で処理される例である。「麦餅母」はイースト菌のことで，「醒覚」の注にある「オゾミク」は「オゾム」と同義。「オゾム」は『日葡辞書』『物類称呼』などにみられる。「言語」は例文中のルビが「モノノイイカタ」とされ，句形をなしているが"spreeken"の名詞形"spraak"の訳語として表われる。見出し語"spreeken"の訳語は「言フ（長崎通詞訳注）言葉ヲ，物言フ（長崎通詞訳注）人ニ向テ，噂スル（長崎通詞訳注）或ル事ノ」である。

  g 挑発ル オダツ（ル） A3ウ23 aanblaazen

　この語は動詞化して使われている。同意語"aanhitzen"の名詞"aanhitzing"でも「挑発ル事」とされで，「挑発」という二字漢語としては使われていない。「彼ハ不和ヲ挑発ル人デアッタ A3ウ30 Hij was de aanblaazer der onlusten.」のような例があり，また"aanblaazen"の訳文例では「王ガ彼ニ軍ヲセヨトオダテタ A3ウ24 De vorst had hem tot den oorlog aangeblaazen.」のように表われる。

　『和蘭字彙』は蘭語学史でもっとも貴重な翻訳された大部の辞書である。そのために，本節のテーマのような場合，この辞書は西欧言語がもたらした翻訳によってできた漢語の宝庫と言える。しかし，ここでもしばしば触れてきたように，翻訳された日本語の部分のみを対象として把握するだけでは，

漢語創製の本質を見失う可能性があると考えられる。ここに提示したほかにも触れなくてはならないことが多々あるが，このノートでその一端を示しえたとすればさいわいである。

注
1　岡田袈裟男（2002）「オランダ語の翻訳研究史に生まれた文法用語―徳川日本の言語学環境の下で」国文学解釈と鑑賞
2　岡田袈裟男（1975a）「『和蘭字彙』とその音訳語の考察」国文学研究64号（岡田袈裟男（1991）『江戸の翻訳空間』笠間書院に改編版『和蘭字彙』音訳語集として所収）
　　岡田袈裟男（1975b）「江戸時代における翻訳語彙の考察―『和蘭字彙』を中心に」早稲田大学大学院文学研究科紀要23号

文献
　杉本つとむ（1967）『近代日本語の新研究』桜楓社ほか
　佐藤喜代治（1970）『国語語彙の歴史的研究』明治書院

第5節　馬場佐十郎と蘭文指導
　　　－宇田川榕庵 "Handboek" に見る江戸手紙文化の一面

1．早稲田大学洋学文庫所蔵『孔保知文』との対比

　長崎の通訳だった馬場佐十郎（1787～1822）は商館長ヘンドリック・ドゥーフ（1777～1839）が折り紙をつけた語学の才の持ち主だった。1808（文化5）年幕府の要請にしたがって蕃書和解御用の任に着くべく，江戸に招聘されたのも語学力のなせる業であり，大槻玄沢をはじめとした本物の蘭語に憧れた蘭学者がこの若き日の馬場を尊び，語学の指導を受けた。

　宇田川榕庵（1798～1846）もそんな学者の一人で，馬場について蘭語の学習に励んだ。榕庵は西欧書信の書き方も指導され，馬場の添削付きの備忘録は武田科学振興財団杏雨書屋に所蔵されている。

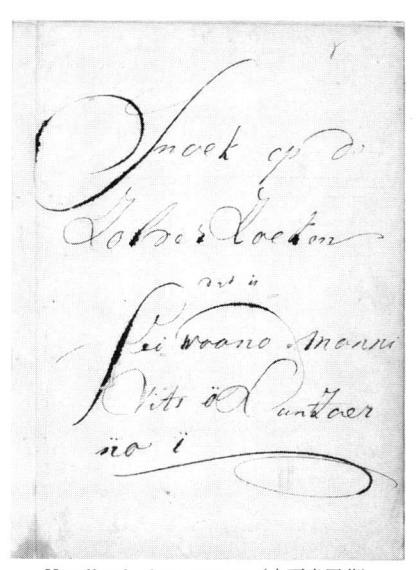

Handboek door youan（杏雨書屋蔵）

この一本は江戸時代における蘭語学習とその教授実態がみえて貴重である。さらに杉本つとむ（1978）によってはじめて世に出た早稲田大学洋学文庫所蔵の一本『孔保知文』に照応する内容を持っている(注1)。

　つぎに "Handboek" の書誌的概要について記す。

　　料紙　　　　　四針眼
　　大きさ　縦225mm　横158mm
　　表紙　　書き外題 "Handboek door youan"（「榕庵著　ハンドブック」岡田訳）
　　墨付　52丁

第 5 節　馬場佐十郎と蘭文指導

Snoek op de zolder zoeken dat in Seiwoono monni Vits o Dunzaer na i
成立　1805（文化2）以降1818頃か（推定根拠：本文内に見られる日付による）
印顆　杏雨書屋

内容
　1　無題　wiledel heer 宛蘭文書簡（和文による欧文訓読付き），和文訳　馬場添削内容
　2　答　weledel Heer 宛蘭文書簡（和文による欧文訓読付き），和文訳　馬場添削内容
　3　贈魚　Mijn heer genzoeij! 宛蘭文書簡（和文による欧文訓読付き），和文訳　馬場添削内容
　4　贈魚二尾　wiledel heer en vriend 宛蘭文書簡（和文による欧文訓読付き），馬場のコメント
　5　頼書物　Aan den heer N 宛蘭文書簡（和文による欧文訓読付き），馬場添削内容
　6　候疾病　weledel gebooren heer en veel 宛　蘭文書簡（和文による欧文訓読付き），馬場添削内容
　7　答ニ人ノ問ニ　Aan den heer josi: Junzoo 宛，den 1ste 8maand te jedo W. jouan 署名蘭文書簡，語釈
　8　謝恩　Aan den zeer gelerde vriend f: Taijskij 宛 W. jouan 署名蘭文書簡（和文による欧文訓読付き
　9　返灯燈
　　-1　Mijn heer 宛 dienaar jouanan 蘭文書簡（和文による欧文訓読付き）），和文訳
　　-2　weledel gebooren heer en zeer gederde vriend! 宛　den 4de sanguats N 署名蘭文書簡（和文による欧文訓読付き）
　　-3　Aan den heer N 宛 d: W dienaar N 署名蘭文書簡（和文による欧文訓読付き）註釈
　　-4　Aan de heer　N 宛蘭文書簡（和文による欧文訓読付き）註釈
　　-5　wiledele heer 宛　uweledel dienstwiollig dienaar N 署名蘭文書簡（和文による欧文訓読付き）註釈
　10　〔答ル人ニ〕穀里先生
　　-1　N: N 署名蘭文書簡
　　-2　mijn heer N 宛 W 署名蘭文書簡
　　-3　Aan den Heer N 宛 dienaar N 署名蘭文書簡
　　-4　Aan den Heer N 宛 dienaar ioan 署名蘭文書簡

147

-5 Aan den Heer N! 宛 Lin Zoo 署名蘭文書簡
-6 Aan den Heer N 宛 Liukeij 署名蘭文書簡
-7 W.Jouan 署名蘭文書簡
-8 paard! 宛蘭文書簡
-9 aan den heer Zunnan Rochter van den ????ds heer van Wakaija 宛 N 署名蘭文書簡
11 Besluijt der Vergaderinge, 9 de Ziuguats door Sansindo
　　Sansind は「三新堂」馬場塾の名称。
12 Aan den Heer N 宛 jouan 署名蘭文書簡
13 Aan den Heer N 宛 1818 jouan 署名蘭文書簡
　　冒頭に Heer Abraham とある。アブラハムは馬場の蘭名。
14 和文（宇田川，青地連記），蘭文訳
15 和文（宇田川，青地連記），蘭文訳
　　蘭館長カピタンドゥーフが取り上げられている。
16 Aan den heer R
17 斜めの筆一本で消去した書簡　和文，蘭文訳
18 aan den weledele gestrengen heer kranZoo 宛　蘭文書簡
19 和文・蘭文短簡
20 aan den heer N
本文に日本語で「五月雨や　ある夜ひそかに　松の月」「お前百までわしゃ九十九まで」「世の中にたえて桜の無かりせば春の心はのどけからまじ」などの和文・蘭訳など他あり。
以下
21 書簡書式
22 〔称人〕（男子）以下書簡の書き方についての―
23 書簡とは無関係の記事　2丁半分

2．蘭語書簡文

つぎに第一書簡を検討してみたい。蘭文はつぎのように蘭語に和語が副えられて書かれている。

Wiledel heer
［吾ガ］頼ム　ネンゴロニ　爾ガ　吾ニ　知ラ　セル　欲　爾ガ　今年　尚　子
Verzoek　vriendelijk　ue　mij　weeter doet, of　ul dit jaar nog, op
出島ニ　　　　　滞留スル　ソレナレバヨシ　爾ガ　　　　ヘ　ハターヒア

　　　　　　　　　　　　　　　　　　　第5節　馬場佐十郎と蘭文指導

't Eijland dejima overblijven,　dan wel,　　　of ue weder naar batavia
　　　　　　　希望ス　偏ニ　自カラ　爾　便郵（タヨリ）事ヲ　可キ　　得ネシ
ver trekke, wenphe gaarne van 　u tijding te 　mogen er langenzult
ソレヲ以テ　吾ニ　甚ダ　大悦ナル　　　吾ガ　自ラ　以テ　恐惶ヲ
daar mede hem Zeer verpligten,　 die　 zig　 met　 agting.
　　　　　　　　　　　　　　　　　　　　Uwelde: D:W: dienaar N

このような漢文訓読のアナロジーによる読み方は前野蘭化以来の江戸蘭学者にとって蘭語文を翻訳するときの一つの方法である。日本語文は次のとおりである。

貴公様御事当年モ矢張出島ニ御滞留被成候哉（左様候へば宜しく御座候）バターヒア（地名）江御出被成候也　右の段　私にねんごろに御知らせ可被下候様御頼ミ申上候　私は貴公様から御便りを得ることも有之候様　偏ニ　奉希望候これに依る私大悦可仕候　恐惶謹言

つぎに榕庵の記述がなされる。

　○穀里先生曰此文 aanvoegende wijze 也若シ aantoonende wijze ナラバ ik
　　wil die zaak vriendelijk verzoeken トカクベキナリ
　　〔verzoek〕〔wensche〕共ニ上ニ ik ヲ略シタル者ナリ其略シタル事ハ何ヲ以
　　テ　鑑定スルト云ヘバ versch ノ語ニテ知ルヽナリ其法左ノ如シ
　　　　　　　　　　　　　ik wensch　　gij wenscht　　wij wenschen
　　　　　　u ヲヌームルニ用ヒタルトキ
　　　　　　ハ heeft ナリト先生云ヘリ ----- ik versoek　gij versoekt　wij versoeken
　　最初ノ ul ノ上ニタバノ文ナレバ dat 等ノアルベキ処也
　　即 ik versoek u vriendelijk dat die zaak.　ウェルキ詞
　○gaarna ト云書幹ニ多ク用ユ　偏ヘニト云意　又婦女子ノ詞ニ　イッソモー
　　京ノ詞ニ　ドナイニ　等ヨク当レリ　ベーウヲールドゞ也

この記述のつぎに圏として以下の書簡がおかれる。

　〔答〕
　Weledele heer
　〔吾ガ〕取ル　謙遜シテ　憚リヲ　為メニ　爾ニ　デ　コノ　毎年ノ
　Neeme　 nedrigst　de vrijheid, om　uwled :bij deeze jaarlijkte
　良キ折リ　柄（カラー）吾之 滞留ヲ　今 年ニ　出島　傳語スル　圃ニ（上）
　geleegentheid, mijn verblijt dit jaar hier op desima, mede te deelen,
　唱ヘル　　圏ガ　自ラ　以　　恐惶ヲ
　文言ヲ
　en noeme　mij　met　waare hoog achting.
　　　　　　　　　　　　　　　　　　uwld:D, W:dienaar N

日本語は以下のように見られる。

> 私儀今歳も此出島表ニ滞留いたし候此年々之幸便を以て乍憚右之段御知らせ申上候恐惶　訳云　_{昔ハ蘭人年々東都ニ来朝ス／故ニ此ノ年々ノ幸便デト云シ也}

割注は書簡の性質についてのメモで毎年江戸参府が行われていた時分のことの解説だが，翻訳についての細かいノートが興味深い。欄外の注にはこう書いてある。

> ○geleegentheid ハヒコキ詞ナリ即チ de geleegentheid markt den dief, ト云語アリ小人閑居シテ不善ヲ為スト云ニ同ジ○閑暇ハ竊ヲ為ス事○馬日良キ折柄ト云ヘバ意カルク閑暇ト云ヘバ意一ニ重シ

「馬日」の「馬」は馬場のこと，こうした翻訳語の選択はもちろん蘭語への理解から求められている。さらにそのような意味での榕庵のノートはつぎのようなところに認められる。

> ○穀里先生日コレ又 aanvoegende wijze ノ文ニシテ冒頭及ビ下ノ mij ノ上ニ ik ヲ略シタルナリ

「コレ又」というのは文が接続法 aanvoegende wijze の文だという馬場の教えをすでにうけているためである。直接法での書き方との違いを示し丁寧でわかりやすい文法的な説明をしている。そんな馬場の指導は書簡文の書き方として榕庵のノートの随所にあらわれている。そこにはマゲを結い和服を着た青年が毛筆をもって横文字を書き，表現の方法を学んでいる姿がくっきりと見える。

> ○gaarne ト云書幹ニ多ク用ユ偏ヘニト云意又婦女子ノ詞ニイッソモー京ノ詞ニドナイニ等ヨク当レリベーウヲールド也

副詞 gaarne は英語の readily, gladly, 馬場が示す訳語も女性のことば，あるいは京言葉としての表現というように位相性に配慮した豊富な語彙量が生きていたことがわかる。馬場のことばへの感覚は日本語のもっとも大切な待遇性についても及んでいる。

> ○穀里先生日 vriende versoek ik（ママ）トカキシハネンコロニ願ヒ奉ルトコロノ吾ガト云意ニシテ枕詞ノツキシ吾ナレバ ik versoek vriendelijk（ママ）, 吾ガ願ヒ奉ル／ネンゴロニト云フヨリ意十陪モ重ク且丁寧ナリトゾ　而シテ共ニトウネンデウェーセ（aantoonende wijze 直接法－筆者）ナリ

解説の必要はないだろう。たくさんの用例をみているから書簡についても

このような言い方ができる。
　〇hem 此ハ彼ト云事ニシテ即チ吾身ヲ云フ尺牘及ビ証文券書ナト多ク吾ヲ如此称ス

また別の書簡では「此尺牘前ニ似テ丁寧ナリ　穀里」などとも書いていて外国語で書く現場での底力を感じさせる。このような馬場の指導はとうぜん広範な知識にささえられていた。
　〇冒頭ニ吾ガ至極ノ気ノ毒ヲ以テ爾ノ病毒ヲウケ給タ」ト云ハ日本ニテ云ハバ（貴君は御病気之由うけ給り扨て御気の毒之至りに御坐候）ト云意和蘭ノ語脈ナリ

シンタクスのちがいから翻訳する方法への具体的な指示がこうして宇田川榕庵のノートに書かれたのである。そんな榕庵は多くの書簡用例文に蘭語の手紙の書き方のフォームを数種類書いている。つぎのものはそのうちの一つフランス語対訳付きである。

```
［自称］
  本文
-----------------------------------------------------
  同上
-----------------------------------------------------
  Mijn heer            uwe ootmoedigste dienaaar
  Monsieur             votre tres  humble serviteurs

  de heer 人名         Jouan van Woedagawa
  monsieur

  koopman tot 地名
  marchand à  ------
                       à 地名, den 6 february 1768
                       ---- le 6 fevrier 1768
```

ほかにも書簡に必要なことがらとして人の称し方では「称人　男子 Mijn heer! monsieur!/weledelen heer/hoog edelen heer/mijn heer en vriend/mijn lieve vriend」等と記し封筒の宛名の書き方を含めての真剣な書信学習の跡が忍ばれる。

ここでは内容の一部を示したのにすぎないが，宇田川榕庵のハンドブックはいつの世も変わることのない書簡の書き方に込めた思いと蘭語指導者馬場佐十郎の語学の高さがひしひしと伝わってくる。

　しかし，ひるがえってみれば玄真の祖父宇田川玄随はすでに『蘭学秘蔵』で書簡文について書いていた。「蘭人ヨリ中川淳庵ヘ書状ヲ贈ルソノ上カキの式左ノ如シ」として以下のように記している。

　　　　aan den heer　Sjunnan
　　　　　ヘ　サマ　　淳庵
　　　　Doctor van den landscheer
　　　　　医　　　之　候
　　　　van wakassa tot
　　　　　之　若狭
　　　　　　　　　　　　jedo
　　　　　　　　　　　　江戸

　また，「テッチンキ榜葛刺ヨリノ書牘」としてテッチンキが中川淳庵に送った書状を掲げて解説をしている(注2)。

　思えば近代の日本が必死に辿ってきた西洋化の道，それは西洋文化への憧れに支えられてもいた。手紙を書くということはそうした現実にコミットすることであった。今ではすっかり西洋の風俗に変貌した東京だが，学んだ西洋のことばも一世紀半前までの江戸では蘭語の中に新しい薫りを嗅いでいたのである。

注
1　杉本つとむ（1978）「宇田川榕庵『孔保知文』の考察」早稲田大学図書館紀要48（杉本つとむ日本語講座5「蘭語学とその周辺」所収）で以下のように記している。
　　ここに紹介する『孔保知文』は，これまで紹介考察されたことのない著作で，もっとも新しいと思われる道家達将の（宇田川榕庵―その生涯と業績Ⅳ（『舎密開宗研究』，講談社，50年刊）にも，これについては書名さえ示されておらず，まったく言及されていない。いわゆる稀覯本に属する。内容はオランダ流手紙の書き方である。純粋な語学書というのではなく，むしろ語学的な記述より，手紙の形式や用語，実例文を解説したのである。図解入りで，親切丁寧に記述されている点，榕庵の代表的作品の一つといってよかろう。榕庵の語学的業績については，「江戸時代蘭語学の成立とその展開Ⅲ・Ⅳ」の小著で考察記述しておいたが，本書は語学中心の記述ではない点いちおう割愛しておいたものである。し

第5節 馬場佐十郎と蘭文指導

かしかねてから，早稲田大学図書館・洋学文庫中の逸品（勝俣銓吉郎旧蔵）として公開し，多くの研究者に提供したいと願っていたので，同学の士とともに図書館当局に厚く御礼申しあげる。

『孔保知文』は上・下の二巻二冊（43丁）からなり，前者は墨付28丁，後者は墨付15丁，半紙本（170ミリ×238ミリ）袋綴，四針眼からなる小冊子で，榕庵の自筆である。表紙は紺色，ただし書入れ・貼紙・抹消部分などがあって，全体的に未整理の観をまぬがれない。

＜巻下＞の最終丁表（本文が終った次の一丁）に，＜この本は原稿ナリ人にかしてハわろし。孔保知文上下＞とあって，人に示すべきものではないというのが榕庵の本意であったと思う。書名は＜巻上＞の表紙裏に題簽の体裁で，〈孔保知文全＞と書した紙片が貼付されている。内題にも，＜孔保知文巻上（巻下）江戸榕庵著＞とある点，さらに最終丁に＜孔保知文上下＞とみえる点から，本書を＜孔保知文＞と呼んでよかろう。本書の成立は本文最終前の一丁（表）に，＜孔保知文大尾文政五年四月中旬起稿＞とあって，執筆の時期は明確である。榕庵25歳のころの作品ということになる。また下巻の最終（裏）に，＜冒頭熟語常用雅言時令類語時候＞と「内容小目」的なものが覚書き的にノートされている。しかし全体を通覧すると，これはやや部分的な表示，たとえば，「冒頭」があれば，＜結尾＞も表示すべきであるなどにおわっている。

2　杉本つとむ（1976）『江戸時代蘭語学の成立と展開』Ⅱ早稲田大学出版部

第6節 フィッセル「蘭日対話集」のローマ字表記
―フィッセルの表記法

1．フィッセル「蘭日対話集」

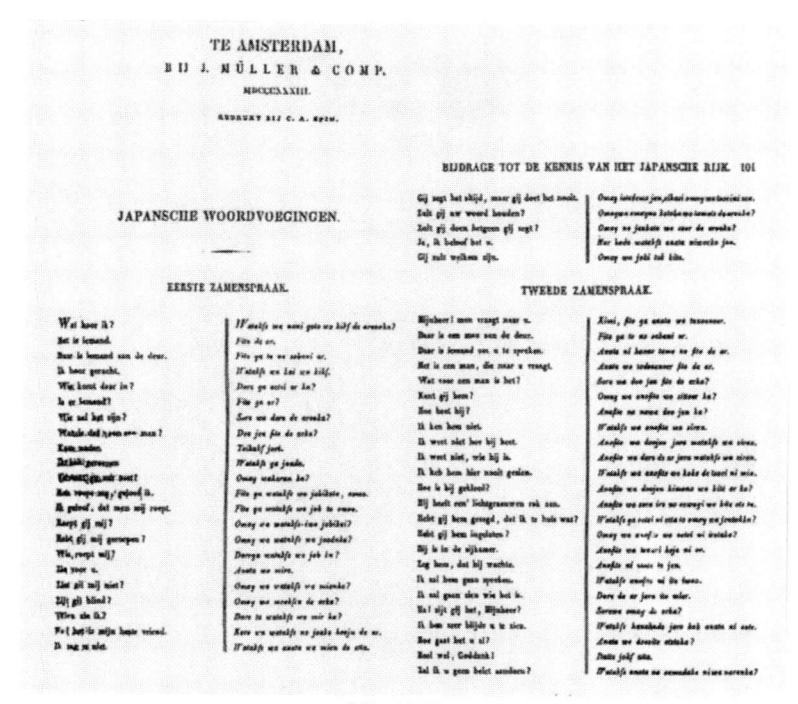

「蘭日対話集」

　蘭学とローマ字をめぐる問題については杉本つとむ（1971〜82），(1980)によって蘭語学史を通じて明らかにされ，松村明（1970）を合すると蘭学のローマ字世界についてはほぼ一望できる。個々の資料の個別記述の徹底と統合とが今後の課題である。

　したがってここではファン・オーフェルメール・フィッセル J, F. van Overmeer Fisscher（1800〜1848）の『日本帝国の知への寄与』 *"Bijdrage tot de Kennis van het Japansche Rijk*" Amsterdam, 1833 に収載される蘭語とローマ字とで対照される「対話集 zamenspraak 1-7」のローマ字表記について述べる。本書は『日本風俗備考』として知られ，杉田成卿以下六人の蘭学者が二十二巻に訳述した。なお，ここで使用したテキストは平凡社東洋文庫に収められた一本，庄司三男・沼田次郎訳（1978）である。

2. フィッセル式ローマ字の表記法

フィッセルは「科学」"wetenscappen"篇で日本人と日本語について述べている。ちょうどヘンドリック・ドゥーフと同時代を日本で過ごしているので，いわゆる長崎ハルマについての貴重な同時代証言もある。要するに日本語と本質的な出合いをしたヨーロッパ人の一人の日本語観察がなされているといっていい。そして本論とのかかわりから大切なところを拾うとフィッセルのつぎのような言辞が注目されるところである。

> その際，ここでは言葉は正しい綴字法によって書かれたものではなく，発音されるときに聞こえるままの音に従って記されたものであることが観察されるはずである。

徳川幕府は外国人の日本語学習，日本人との交流も一般的に禁じていた。フィッセルはそうした事情を記しながら，ドゥーフの功績を述べ，また困難な環境のなかでこの「対話篇」を編んだと主張することになったのである。もちろんドゥーフの翻訳辞典編纂とは規模がちがうのだが。

「対話篇」は第一回から第七回まであり，458の文例からなる。すべて蘭語文との対訳形式でこれをフィッセル式のローマ字で表記している。

2-1 ローマ字表

対訳された日本語ローマ字文から採集して五十音図をつくると表1ができる。一方原著「科学」wetenscappen篇の扉には＜日本語アルファベット Japansch Alphabet＞としてフィッセルの記述によるイロハが綴られている。表2はこのカナ表を改編した五十音図である。

表1

あ	い	う	え	お
a	i/j/y	u/oe/w	ê/e/ye/ie/jé	o
か	き	く	け	こ
ka	ki	k/kf/kfoe	ke/ké	ko
が	ぎ	ぐ	げ	ご
ga	gi		ge	go
さ	し	す	せ	そ
sa	si	s/soe	se	so
ざ	じ	ず	ぜ	ぞ
za	zi/zie	zoe	ze	zo
しゃ		しゅ		しょ
				syo/sijo
じゃ		じゅ		じょ
		zju/ziju		zjo
た	ち	つ	て	と
ta	tsi	tsoe/ts/tzoe	te/té	to
だ	ぢ	づ	で	ど
da		dsoe	de/dé	do
ちゃ		ちゅ		ちょ
tsya		tsju		tsyo/tsijo
な	に	ぬ	ね	の
na	ni	noe	ne	no
は	ひ	ふ	へ	ほ
ha	fi/hi	f/foe		ho
ば	び	ぶ	べ	ぼ
ba	bi	b		
ぱ	ぴ	ぷ	ぺ	ぽ
			pe	po
ま	み	む	め	も
ma	mi/mie	m/moe	me/mê	mo
や		ゆ		よ
ja		ju		jo
ら	り	る	れ	ろ
ra	ri	r	re/ré	roo
わ				を
wa				wo
ん				
n				

表2

ア	イ	ウ	エ	オ
a	i	−	e	o
カ	キ	ク	ケ	コ
ka	ki	kfoe	ke	ko
ガ	ギ	グ	ゲ	ゴ
ga	gi	gfoe	ge	go
サ	シ	ス	セ	ソ
sa	si	soe	se	so
ザ	ジ	ズ	ゼ	ゾ
za	zi	−	ze	zo
シャ		シュ		ショ
ジャ		ジュ		ジョ
タ	チ	ツ	テ	ト
ta	tsi	tsoe	te	to
ダ	ヂ	ヅ	デ	ト
da	dsi	dose	de	do
チャ		チュ		チョ
ナ	ニ	ヌ	ネ	ノ
na	ni	noe	ne	no
ハ	ヒ	フ	ヘ	ホ
ha	hi	foe	he	ho
バ	ビ	ブ	ベ	ボ
ba	bi	boe	be	bo
パ	ピ	プ	ペ	ポ
pa	pi	poe	pe	po
マ	ミ	ム	メ	モ
ma	mi	moe	me	me
ヤ	−	ユ		ヨ
ya		yoe	ye	jo
ラ	リ	ル	レ	ロ
ra	ri	roe	re	ro
ワ	ヰ	ウ	ヱ	ヲ
wa	wi	woe		wo
ン				

二つの表を比較すると明らかなように，表2にフィッセルが記述するローマ字は＜ち，ぢ，つ，づ＞を除けば子音にア行 "a i oe e o" を結ぶものである。これには現実に採集した表1で明らかなように音表記の異なるもの，不足するものがある。つぎに具体例を挙げながら実態を探る。ローマ字綴りに付した数字は用例458文例に付した出現順番号であり，必要に応じて（　）内に日本語に対照される蘭語文を書いた。

2-2　表記の実態

　全般的にみると，ウ段表記 "oe" は蘭語学史の流れにあっては伝統的であり，早く青木昆陽などにも現われている。語学の原点は長崎にあるから明視できる時点以前からこれがあったということができる。むしろいつの時点で今日のような "u" による表記がされるようになったかについての検討が必要である。こうして一般的に "oe" が各行子音と結び合うが，ただウ段の特徴は多くの行で "k, s, f, b, m, r" のように「く，す，ふ，ぶ，む，る」に対して子音が単独で現われる場合と両用がある。

　長音の表記については "hooju21, 145 朋友（vriend)", "juta 183 言うた（Man heeft mij gezegd.)", のように "ju" がみられるが，基本的に "uu (hoojuu 朋友)", また "bosi 147 帽子（Gij houdt uwen hoed niet wel)", "torooka 27" のような例があるが，一般には "oo (aroo あらふ/hooni 方に，sayoo 左様，tookf 遠，vjukoo 85 行こう，jooi 用意，itsidoo 一同，soowoo 相応，omoo 思う)" のように母音の重ね合わせによって表記される。ただ "hooju21, 145" の例でも蘭語 "vriend" の訳語として "hoojuu8" の表記が一般で，"hoojuw21・145" もあって，さらに一般には "arooka7, 25, 26" であるのが "arooaka 1" のような例もある。どう考えれば良いか，にわかにはいえない。ここに原則があるわけではないと判断できる。

　このように全体を通じて原理原則という面では整合性がないから同一音の異表記が顕著である。こうした点を念頭において，併用例を中心にいくつかの特徴を探る。

「イ」の表記

「key303景」など"y"が一般的で多くの例をもつ訛音「omay お前」がある。"toeiini ついに・sorairo そらいろ・idzoerka 75いづれか"のように"i"があり，また"jma nari or, 103いまなりおる(Het is daar zoo geslagen.)"の"j"がある。"je 205いえ（Zeg het geen gij weet.)"は「言う」の命令形。"i"と"j"とはもともとアルファベットの歴史の上では同一視されてきた歴史があるので，これ自体は特に問題ではない。青木昆陽の『和蘭文字略考』ではアルファベットが25文字とされ"i"と"j"を一つにあつかっている。とはいえここでは"j"は希少例であり"i"で表わすのが一般的である。他に"nai159 ない・nay170, 275"の併用がある。「i」と「y」によって「イ」を表わすことは特段奇異な表われとはいえない。なお"jieu 216 言う(Ik spraak al…)"があるが，"ji"を「イ」の音価とするのには合理的な説明に苦しい。

「ウ」の表記

一般には「oetsi 42 うち」「oewagi 41 うわぎ」「oekejau 72 うけやう」など"oe"で表記されるが，「negau 56 ねがう・juu 218 言う・hoojuu 81 朋友」のように"u"も少なくなく，希少例として「hoojuw 251 朋友」の"uw"がある。蘭語には第二人の人称詞に"uw"があり，音価は日本語音「ユゥ」に通じているから，これなどは，蘭語音表記にひかれたかと思われる。

「エ」の表記

"e"が一般的だが問題も少なくない。全体としてはフィッセルの日本語のさまざまな聞き取りというパーソナルな観察の結果に収束するのだが，細かい点ではとうぜんヤ行，ワ行とのかかわりも考える必要がある。ことに「koê4声」の"ê"のほか"té, mé, ré"にあらわれたアクセント記号のもつ意味は同一語における両用であるから，やはり統一的な観察結果を表わしてはいない。

なおエ音はヤ，ワ行とともに扱うべきだが，この項でみておく。基本は「mae 137 前」の e と ye, je —「nogoje 137 のごえ」(veeg uwen mond…), 「maje138 前」, araje108 (Wasch uwe handen...) に表われた「洗う」の命令形はともかく, je 言え 205 (Zeg het geen gij weet), 217 (Gij begaat geene merkelijk foute.) には「jê 231 言え (spreek duindelijk...)」が異表記としてあるものの, 他行におけると同様に対立しない。さらに「koê 声」はなお検討しなくてはならない。「ietsdemo 23 (al tijd)」の "ie" は「いつでも」に翻字されるから資料に多くみられるのと同じく方言的な訛音かと考える。

「カ」行の表記

「ク」は「watakfs わたくす (訛音筆者)・kinodokf 気の毒, hayakf 225」をはじめ "kf" は一般的で, つぎに「kfoer くる」の "kfoe", また "ke" には「katasike」がある。濁音では "gf" に「massoegf 223 まっすぐ」, "go" に「tenogoi 109 手のごい (訛音筆者)」がある。拗音はみられない。

「サ」行の表記

"sa/za" は一般。一般的な「し」に「sonsy 211 尊師」の "sy" がある。"zi" では「hazimoer 192, onazi 212 daga」, さらに「frans zien 245 フランス人」がある。"zie" はいちおうこのままにしておく。ウ段では他と同様に「damas220」の "s" と「soer する」の "soe" が併用され, 濁音でも「tazoenoer たずぬる」のように "zoe" がある。"se, ze" では「kikaseri 214」や「naze 70, so (soba 3 そば)」も一般である。しかし "s/z" の対立は「azoban177 遊ばん/asobiwa 176 遊びは」の併用がみられるが, 双方の関係を明示する根拠がここでは明かにできない。けれども「oyozo 198, haaze 201, zoseneba 209, zooosokf 324, sajoo 227, zajoo 219 左様 *katasike naku 251 かたしけなく」の例などをみるとフィッセルのことばの聞き取りの結果を思わせる。やはりかなり馴れた耳といってもその限界を示している。拗音では「zijuboen 142」の "ziju" また,「zjuuboen 142, 190」の "zjuu" があるが「zjuboen 99, 318」ではこれが長音である。「食事」は「sijokfzi 98, 112」の "sijo",「syokfzi 91, 106」の "syo" が並立している。"sijo" には「sijomots 213」などもある。濁音に "zjo"「zjozjo

159

178 常常（Ik verlies altijd.）」がある。また"syo/sijo"では「sijo 91, 106・syokfzi/98, 112・sijokfzi, sijomots 213」などがみられる。

「タ」行の表記

"tsi"には「katsi 122 かち tsijoto 226 ちょっと」などがみられる。"tsoe"「つ」は一般的で「tsoetomoer つとむる」などがある。"tzoe"では「itzoets 166 いつつ」がある。濁音ヂの例はなく，"ヅ dsoe"は「tadsoenoer29」などがある。"te"については「kite 40, keite 206」があり，また"de"でもこの一般形に"de"―「deken 209, kike 40」がある。ただし，他例と同じく，これらが互いに対立する関係は観察されない。拗音では"tsju"には「sitsju 319 市中・dootsju 道中」の例がある。"tsijo"には「tsijotto 一寸」，また訛音「tsyokfrokf 114 キョクロク曲禄（僧侶の椅子筆者）（Die stoel is voor u tel aag.）の"tsyo"がある。

「ナ」行の表記

ウ段の表われは他行と同じく「tazoenoer たずぬる」のように"noe"であるけれども，"n"の単独使用が問題になる。ただこれには「on 66 恩・pan126, 127, 136, 137・パン，jonda 10 呼んだ・nandoki 165 なんどき・sanga gets 198 三ヶ月」のような明かな"ン音"がある。はだかの"n"が他のすべての行と同じように"nu"である可能性があるとはいえ，特定することができない。

「ハ」行の表記

"ha／ba"は安定しているが，「fima 64・ fito 59」のように"fi"が一般的である。これに「hir 75 昼・anohito」の"hi"が併用されている。"f／foe"も他行と同じ。半濁音では「soepetsoekf 88 すぺつく（glad），sipokf 92 卓袱」がある。

「マ」行の表記

「ite mier 46 行って見る（Ik zal gaan zien.）ほか。また"me"と"mê"

がみられる。

「ヤ」行の表記

　ア段表記は"ja"が一般的である。ウ段表記は"ju"で安定しているのだが、なお問題がないわけではない。j＝イ＋u ではない。すでに記したようにウ段表記は一般に"oe"が受けるか子音が単独に請け負うから、ここでの"u"は"j+u"で「ユ」の音価に比定する方がノーマルといえる。「hayakf 225」の ya があるがこれは希少例である。"y"は蘭語表記の上ではしばしば "ij" と等価に扱われる。長音の表記でもふれた通り「juu fito 227 ゆうひと（Gij spreekt...）」と「jukoto 228, 229 いうこと（Gij spreekt...）, hajakf ju 233（Gij spreek...）, jutoori 287 言うとおり（Gij gebt gelijk,）, juu 223 ゆう（Ik zeg...）jokfjuu 218（Gij spreekt...）」など数多くの"ju"による長音がみられる。さらに 23 文には「Omay ietsdemo jeu...（Gij zegd het altijd...）」がある。また「jukf 304 ゆく（Wij gaan...）」もヤ行で「juukoo 297 ゆうこう（laat ons...）」は「さあ、行こう」で単純なミスだと思われるが、"言う／行く"がヤ行ウ段のことばとして観察された実態がわかる。さらにまた"言う"は「doo jeu fito de arka8（Wat is dat voor een man?）」があるが、これは訛音（長崎を中心とする方言と考えられる）23, 26, 33, 35, 45 など多くの例がある。さらにこれも「イ音」との関連でみるべき「jieu216」がある。「jovjo 117 よ, jokf 218 よく, jome 213 jori 136 より」等はこれで安定している。

「ラ」行の表記

　「ar 8 ある・tazoenoer たずぬる」の"r"と"roe"の併用されている。"re"と「réjoré 9 寄れ」。拗音には"riohoo"の"rio"がある。

「ワ」行の表記

　"wa"は「watakfs 私」、"wo"は「siwo 135 塩, soowoo 188 相応」などがある。

161

「促音」の表記

「makkfoer 178 負くる・itatte 182 至って。attaka 186 あったか・ikkoo 195 一向・atta あった・motte 持て・tsijotto 一寸・tsitto mo 177 ちっとも isjo 一生」のようにおおむね安定してはいるが,「atskfoenari kakata 29」と「nari kakatta 306」のような例がある。

しかし,他にも「ite iwoo 46, ite mier 47」のように本来促音の表記が欲しい例がしばしばある。なお「doosite otstaka 50 (hoe gaat het u al?)」のように文語的な形もあるが,こうした文がすぐつぎの返答文「Itatte jokfatta51 (Heel wel, God dank.)」を求めるのでここに統一性はないことがわかる。

「撥音」の表記

ナ行で述べた。

2-3 さまざまな表記

以上のようにフィッセルのローマ字表記の実態はいくつか整理されていない様相をみせるが,他にも蘭語がそのまま姿を表わす「frans go 224, 226, duits go 224」,音訳語の「banko 309 バンコ (laat ons op deze bank gaan gedaan.)」などもある。なおここでは若干訛音として少数例にふれただけだが,「omay, watakfs」といった人称詞をはじめとし「soer koto ga nakka57 (Ik heb niets te doen.) tenogoi 124, omay wa watakfs wo tamagaru378 (Gij verbaast mij.)」のような方言的な要素が深くかかわっている。

不明なものにたとえば「Omay wa *kykosjo* sitte or ka149」がある。"Kent gij uwe les reeds?"の訳。「les」は『和蘭字彙』で「習ヒモノ」とあり,稽古のことを意味するから「稽古書」をいうものと考えられる。

こうした観察結果をみるとローマ字日本語文として,この資料は多くの問題をかかえていることが知られる。日本語としてのシンタックスが問われるもの,方言的であるいわゆる訛り,また原書における校正上のミスと考えら

れる例などいくつかの問題があるから資料の扱いには注意が必要である。
　ここでは蘭学の環境に現われたローマ字をめぐって多くの問題を残しながらも若干の検討結果を示した。今後は語彙論的な検討を踏まえた研究が必要になってくる。

文献
杉本つとむ（1980）『外国語と日本語』杉本つとむ日本語講座　桜楓社
杉本つとむ（1971〜82）『江戸時代蘭語学の成立と展開』Ⅰ〜Ⅴ早大出版部
松村明（1962）「『日本風俗備考』蘭日会話の部に見られる錯簡について」蘭学資料
　研究会報告第105号（『洋学資料と近代日本語の研究』1970 東京堂所収）
庄司三男・沼田次郎訳（1978）『日本風俗備考』1　東洋文庫　平凡社

第7節　蘭語の翻訳・研究史に生まれた文法用語
　　　　　－江戸の言語学環境の下で

　江戸全史を通じて，蘭語の翻訳・文法研究史の過程に生まれた文法用語について考える。

1．蘭語学研究史にみる文法用語観察のための前提と基本要件

　蘭語学が成立し展開される環境には漢語学の文法カテゴリーとの関わりを考える必要がある。徳川前期，荻生徂徠の『訳文筌蹄』（1714〜5 正徳4〜5刊），あるいは伊藤東涯，皆川淇園などの漢語学者によって展開された過程，基本的に「実字・虚字・助字」の三つのカテゴリーで把握される漢語学の語分類にしたがった文法観が蘭語学史における初期段階では文法用語記述に際しての底流にあった。18世紀後半から幕末に至る過程に著わされた蘭語学文法研究資料を通観すると，文法用語の名づけには蘭語の翻訳によったものと漢語学の用語が生かされて名づけられたものと両様のターミノロジーが観察される。また，富士谷成章にみられる動詞の自他を「表裏」とした概念も蘭語学研究の底に流れていたことを明かす例がある(注1)。ただこれは稀少例で，国学者の文法ターミノロジーとどのような影響関係が観察されるかについてはなお分明ではないが，蘭語学史の研究成果を国語学史に改めて位置づけ，根源から捉え直そうとする見方もある。とくに蘭語文法研究の源をなし実質的な核となった中野柳圃は蘭語との対照に日本語を深くみつめ，古典に明るく，宣長，徂徠の著述にも通暁していたことを言い，さらに対照言語学的な見方が必然的に生まれた蘭語学史上の諸研究には，歌学研究の歴史から生まれてきた日本語研究とのかかわりを再考する余地があることを説いている(注2)。今日，富士谷や鈴木朖のターミノロジーには漢語学の影響が認められているが，こうした事実と蘭語学とを含めての直接，間接の同時代における相互の学的情報交換が作用しうる場があったのではなかったかと推測される。しかし，むしろ，同時代における知とはもともとそうした総合的な環境

下に理解されるものではないか。このようなことから蘭語学史における文法研究の環境が広く江戸の学的環境の中で展開されていた可能性に留意する必要があるものと思われる。

　1738（元文3）年，青木昆陽，野呂元丈の二人が幕命によって蘭語学習を開始する。しかし，彼らの著述内答をみるかぎり，江戸の蘭学者の流れには1793（寛政5）年，宇田川玄随が『蘭学弁髦』を著わすまでは本格的な文法研究は生まれていないことがわかる。また，江戸蘭学者はリビング・ダッチについての学的要件に関して，初期以来西吉兵衛，吉雄耕牛などをはじめとする学究としての能力をもった長崎通詞たちの恩恵を常に受けてきている。
　したがって，蘭語学史における文法カテゴリーの構造把握の歴史は，杉田玄白や大槻玄沢といった江戸の蘭学者とは異なって語学的探求に従事した「長崎通詞」を前面に据えた観察の場で明らかにされる。
　玄随のターミノロジーは江戸蘭学において蘭語学・漢語学交渉の一つの結晶点にあったが，元長崎通詞の中野柳圃(1759 宝暦10〜1806 文化3，1774 安永6 通詞辞職後本格的な蘭語文法研究に入る。一名志筑忠雄，蘭語学史では「中野柳圃」が正式な呼称)と柳圃学を継承し発展させた馬場佐十郎（1787 天明8〜1822 文政5，1808 文化5 幕府から招聘され蕃書和解御用で洋書翻訳の要になる。）の文法研究が江戸蘭学にもたらされてからは一変する。文化年間に蘭語研究は本格的な研究段階に入り，柳圃の研究はその基礎をなした。しかし柳圃の著述は生前ほとんど刊行されることがなく，没後「遺教」というような形で後世の蘭学者によって公刊されたり，あるいは学問の系統において伝えられたような経過もあり，「柳圃学」の事実は広く知られていない。したがって今日書名の上でのみ蘭語学史が記述され年表化される場では，中野柳圃の蘭語文法研究は表面には現われてこない(注3)。

2．蘭語学史における文法用語の生成過程

　文法用語は現代語の日本語文法研究にあっても，明治初期以来今日に至るまでかなりの多様さを示し，ことばの観察における認知・認識の方法と類概

165

念化のむずかしさがわかる(注4)。蘭語学史においては蘭語が対象となるから母語をみつめ類化し名づける行為とは異なる。しかし，蘭語を観察し文法のターミノロジーを把握しようとした行為には日本語文法論の展開史と本質的には変わることがない。そこには蘭語への細密な観察があり，文法構造の差異の発見と受容の過程で類的にとらえたことばの群への名づけは多様である。また異言語間で共通する類的把握を可能にする語句群への名づけから，さらに異質のシンタクスを認め日本語とは共通項をもたない類としてのことばに対する個々の名づけへのさまざまな様相が観察される。

　蘭語学史における文法用語の分布をみるとそこには今日日本語文法に適用される文法用語と同様の用語もみられる。また同一の著述において同時に複数の文法用語が掲げられている例も少なくない。同じ著述者によって記述された複数の著述間にあっても，まったく文法用語が異っているケースもみられる。しかしそこに著述者への統一性を求めても単純ではない。それは個々の翻訳の対象となった原語によって異なるケースもみられるからである。もちろん，自ら蘭語語彙を採集，分類し丁寧に記述した著述も少なくないから，著述者自身のオリジナルな努力によって成立した複数の著述間には整合性が認められる場合もある。とはいえ，中野柳圃，馬場佐十郎の学的継承の系列におかれた研究者群像をみるとき，現段階では，彼らの脳裏にあった確定的な文法用語の認知・認識の実態についての文法用語の創出，継承などを含めた詳細については今後の研究に委ねられる。とりわけ現実に言葉を自由に運用し，蘭語で考えることができた長崎通詞系の研究者にとっては著述における分析説明以外に，どれほど具体的な日本語訳語による表出が必要であったかについては，また別の問題に属するからである。そうした意味ではリビング・ダッチを運用できない江戸の蘭学者における観念内容とは分別される。

3．蘭語学史にみられる文法用語
3-1　資料文献
　ここではつぎのような著述にあらわれた文法用語によって記述する(注5)。
　1769（明和6）頃成　山路之徽『和蘭緒言』（『蘭学緒言』），1784（天明4）頃成　中野柳圃『三種諸格』，1785（天明5）成　前野良沢『和蘭訳筌』，

第 7 節　蘭語の翻訳・研究史に生まれた文法用語

1790（寛政 2）以前成　中野柳穂『助詞考』，1790 成　宇田川玄随『蘭学秘蔵』，1793（寛政 5）成　宇田川玄随『蘭訳弁髦』，1806（文化 3）以前成　中野柳圃『九品詞名目』，1806 以前成　中野柳圃『蘭学生前父』，1806 以前成　中野柳圃『属文錦嚢』，1806 成　中野柳圃『蘭語九品集』，1808（文化 5）成　馬場佐十郎『蘭語首尾接詞考』，1809（文化 6）成　吉雄権之助『属文錦嚢』，1810（文化 7）成か　宇田川玄真『検籠韻府』，1811（文化 8）成　吉雄俊蔵『訳規』，1811 成　馬場佐十郎『和蘭文学問答』（『西文規範』），1811 成　馬場佐十郎『和蘭辞類訳名抄』マーリン・ハルマ，1812（文化 9）成　野呂天然『九品詞略』（中野柳圃『九品詞名目』の略述），1812 成　吉雄俊蔵『訳規』，1813（文化10）成　馬場佐十郎『魯語文法規範』，1814（文化11）成　馬場佐十郎『訂正蘭語九品集』（原著中野柳圃），1814 成　馬場佐十郎『和蘭文範摘要』，1814 成　吉雄俊蔵『六格前編』，1814 成　吉雄俊蔵『六格明弁』，1815（文化 12）刊　藤林普山『和蘭語法解』，1816（文化 13）成　馬場佐十郎『蘭学梯航』，1816 成　ヘンドリック・ドゥーフと長崎通詞編 "*Woordenboek der Nederduische en Japansche Taalen*"（「長崎ハルマ」初稿 1811〜），1819（文政 2）成　大槻玄幹『和蘭接詞考』，1821（文政 4）成　吉雄権之助『重訂属文錦嚢』，1824（文政 7）成　大槻玄幹『蘭学凡』，1825（文政 8）成　大槻玄幹『訂正和蘭接続詞考』，1828（文政 11）高野長英『繙巻得師』，1833（天保 4）刊　鶴峯戊申『語学新書』，1833 成『和蘭辞書和解』，1840（天保 11）渋川・藤井『英文鑑』，1848（嘉永 1）刊　箕作阮圃『改正増補蛮語箋』，1855（安政 2）刊　馬場佐十郎『蘭語冠履辞考』（遺著　原著は『蘭語首尾接詞考』），大庭雪斎『和蘭文典凡例』（『訳和蘭文語』），1855〜8 刊　桂川甫周『和蘭字彙』，1856（安政 3）刊　飯泉士譲『和蘭文典字類』，1856 小原竹堂『挿訳俄蘭磨智科』，1856 刊　遠田天籟『和蘭文典前編訳語筌』，1856 刊　可野亮『蘭学独案内』，1856　可野亮『和蘭字典』，1857（安政 4）刊　広田憲寛『増補改正訳鍵』，1857　香処閑人『和蘭文典便蒙』，1854〜8（安政期）　原梅南『設卯多幾斯和蘭陀語法』，1862（文久 2）刊　堀達之助『英和対訳袖珍辞書』，1863（文久 3）刊　『英吉利文典字類』，1866（慶応 2 刊）刊　桂川甫策『法朗西文典字類』

3-2 漢語学における実・虚・助の語分類概念

　蘭語学史を概観すると「実・虚・助」であらわされる文法用語が各品詞に広く分布している。これは漢語学の三分類による文法用語が蘭語文法の場にも適用され伝播，継承されたからである。しかし，それは漢語学の文法観がそのまま蘭語学史を覆っていたということを意味しない。あくまで学の環境の基層にある漢語学の伝統が新しい外国語の研究環境に関与したということであり，それが蘭語学史のターミノロジーをトータルに支配したのではなかった。

　つぎに示すパラダイムは漢語学における語分類の基準である(注6)。

　　1 実語・実辞・実字
　　2 虚語・虚辞・虚字　―1 虚字・虚辞・動・作用字面
　　　　　　　　　　　　―2 半虚字・半虚辞・静・形状字面
　　3 助語・助辞・助語・助語辞　―1 語辞
　　　　　　　　　　　　　　　　―2 助字

このような文法用語に反映した漢語学文法用語の適用の実態，またそれとは別個の蘭語訳語の実際について，以下具体的に記す。

3-3 文法用語の実際

　品詞の各項目と関連する文法カテゴリーにあらわれた用語を示す。なお，ここでは今日一般的にいわれる品詞を主とし，関連する項目について記した。なお，各品詞項目を主としたため，関連する細目については最小限にとどめてある。

　また資料文献の引用に際しては，私意をもって，句読点を付し，異体字は現行字体に，合字については今日の表記に改めた。なお蘭語の綴りには"ij=y, g=ch"のような表記上のユレもみられ，正書法は近代になってしばしば改正されてきているので，ここで引用した綴りが現在の正書法と異なることがある。

4．主要文法術語

4-1　品詞: **spraakdeelen**

言語品目，詞品，辞品，品，品詞，品類 negenderlijk spraak deelen 九品，九品詞

　柳圃『九品詞名目』（1806以前成）に「九品」があり，「品詞」「詞品」が，『蘭学生前父』（1804）『蘭語九品集』（1804成）などにみられ，馬場では「品類」が『蘭語冠履辞考』（1855刊）に，「辞品」が『蘭学梯航』（1816成）にみられる。「詞品」「品詞」は諸著述にみられ，「言語品目」は宇田川玄随『蘭学秘蔵』（1790成）の用語。

4-2 冠詞: ledkens, lidwoord, geslagt (geslacht) woorden

冠辞，名目ノ冠辞，冠字，冠詞，冠秘辞，関節詞，助語，助字，助辞，性言，性辞，声詞，節，節言，節辞，宗詞，発声，発声ノ詞，発語，発声詞，分類詞，弁声詞

　蘭語の冠詞には"de, het"がある。蘭語学史の流れでは，ほとんどの品詞を助語とした前野蘭化『和蘭訳筌』（1785成）に早く「発語」があり，ほぼ同時期に中野柳圃『三種諸格』（1784頃成）に「発声」がみられる。一方玄随『蘭学秘蔵』（1790成）には「助語」「助字」「助辞」と同時に「冠詞（字）」がみえるが，『蘭訳弁髦』（1793成）では「発語」とした。「助字」は他に辻蘭室にもみられるが少なく，蘭語学史初期の用語であり，漢語学の文法カテゴリーによったものとみられる。「発声」「発声詞」は中野柳圃『九品詞名目』『蘭学生前父』『蘭語九品集』などの著述にみえ，柳圃の学的系統に属する馬場『和蘭文学問答』（『西文規範』1811序），『訂正蘭語九品集』（1814成），『和蘭文範摘要』（1814成）『蘭学梯航』（1816成），吉雄俊蔵『訳規』（1811成）『三種考』（1843以前成），「ドゥーフ・ハルマ」（1816初稿）などに継承された。『和蘭字彙』では"het"の説明に「実го/発声ニシテ此邦ノガニナル時アリオニナル時アリ格ニ依テ差有」としている。「発声」「発声詞」以後，やがて幕末に至る過程に「冠辞」「名目ノ冠辞」「冠字」「冠詞」のように「冠」をかぶせる名づけが増える。その間大槻玄幹は『和蘭接詞考』（1819成），『蘭学凡』（1824成）『訂正和蘭接続詞考』（1825成）に「弁声詞」をあげた。玄幹は『蘭学凡』に「発声詞」「声詞」「関節詞」なども掲げている。「性言」は吉雄権之助『重訂属文錦嚢』（1821成）にみら

れるが，藤林普山『和蘭語法解』（1815刊），高野長英『繙巻得師』（1828成）などにもみられる。「節」は早く柳圃『和蘭詞品考』（1806以前成）にみられ，幕末になって「節言」「節辞」があらわれた。蘭語 geslacht は「性」，ledekens からは「節」が導かれる。藤林はこれを『和蘭語法解』で「節言ノ義ニシテ名言ニ冠スル事，猶節度ヲ為ガ如シ」としている。「宗詞」は柳圃の『蘭語九品集』（1806以前成）にあり，吉雄権之助，吉雄俊蔵の著述にもみられる。冠詞の定冠詞・不定冠詞については柳圃が「定，不定」とするほか，後継の著述の多くが「定冠詞（辞），不定冠詞（辞）」としておおむね今日と変わらない。しかし俊蔵『三種考』（1843以前成）に「区域定位アル発声―不定発声詞」，玄幹『蘭学凡』（1824）に「厳声詞―慢声詞」，大庭雪斎『和蘭文語凡例初篇』（『訳和蘭文語』1855）に「極定性辞，不定性辞」，『設卯多幾斯和蘭陀語法』（1854～8安政期）に「定局―不定局」，また『和蘭文典後編』（1854～8安政期）に「キメノ冠詞―不キマリノ短詞」などがある。

4-3-1 名詞: naamwoord

体ヲサス詞，ウゴカヌ詞，虚静死詞，死詞，死字，静詞，自体詞，正能，当名詞，物名詞，名言，名詞，名辞，名目語，名目詞，名目字，名目辞
zelfstandige naamwoord: 事物トモニ体ヲ成タル語，事物ノ実体トナル詞，実，実語，実詞，実辞，実詞過称，実体言，実静詞，実名言，実名詞，実名辞，自立名言，自立名語，正名詞，定性性名辞，定名詞，独名詞，名数辞

蘭語 "naamwoord" は「名のことば」であり，"zelfstandige naamwoord" は「一人立つことば」で，名詞はこれら二語の訳語が掲げられる。蘭語学史の初期，18世紀後半の著述，山路之徽『和蘭緒言』（1769頃成）の「名目字」「名目詞」，玄随『蘭学秘蔵』（1790成）の「名目語」などは "naamwoord" をそのまま受けとめた用語である。これら「名」をかぶせた用語は蘭語学史の流れ全体にみられる。

一方，名詞の基本的な概念把握をあらわすものとして山路之徽『和蘭緒言』（1769頃成），玄随『蘭学秘蔵』（1790成）の「事物トモニ体ヲ成タル語」，柳圃『属文錦嚢』（1806以前成）「事物ノ実体トナル詞」，また馬場『蘭語首尾接詞考』（1808成）「体ヲサス詞」，柳圃『蘭学生前父』（1806以前成）

第 7 節　蘭語の翻訳・研究史に生まれた文法用語

「ウゴカヌ詞」などのように，「事物」「体」「実体」そして「ウゴカヌ」ことばという捉え方がある。また蘭語訳を受容する立場とともに，漢語学の語分類基準，二つのファクターがあわせて名づけに働いている。漢語学のパラダイムにある「実字」に属する名づけは多い。「実」のかぶさる用語はおおむね "zelfstandige naamwoord" とみてよい。また柳圃は『蘭学生前父』（1806 以前成）で「実詞」「自体詞」「ウゴカヌ詞」とともに「虚静死詞」をパラレルに置いたが，「虚静死詞」は形容詞にあてた「虚静活詞」と対をなして名詞グループに置かれている。これらを略称するときにはともに「静詞」と呼んでいる。これは形容詞が名詞に属するラテン語文法に由来する。ラテンの伝統文法の環境下にあったヨーロッパ文法の記述を原著で読んだ柳圃にとってはとうぜんの反映であった。『蘭語九品集』（1806 以前成）に柳圃はつぎのように書いている。

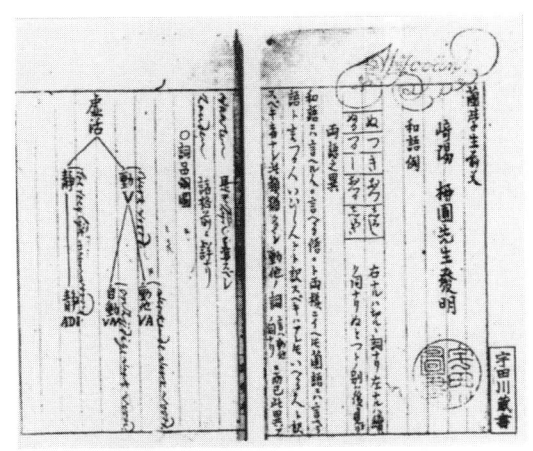

中野柳圃『蘭学生前父』日蘭対照語法

　　夫レ naamwoorden ハ
静詞ノ総称ニシテ乃チ虚実ノ区別アリ。即チ実静詞ナル者ハ一語ヲモテ全意ヲ為スモノヲ云フ。所謂 zelfstandige naamwoorden ナルモノニシテ茲ニ実詞ト訳ス。凡ソ hemel 天 aarde 地 mensch 人等ノ如シ。虚静詞ナル者ハ諸実静詞ノ諸形諸性ヲサスモノニテ所謂 toevoeglijk naamwoorden ト呼フ。茲に虚静詞ト訳ス。仮ヘバ wit 白♯hard 堅♯zoed 旨♯schoon 美♯lelijk 醜♯rood 赤♯grood 大♯hoog 高♯等ナリ。

このように柳圃の時点で名詞・形容詞が名詞のカテゴリーでとらえられた点に注意する必要がある。柳圃学の影響下にあった吉雄俊蔵なども『三種考』（1843 以前成）で形容詞のカテゴリーに「静詞」を入れている。また特異な訳語として「正能」があるが，これは吉雄権之助『重訂属文錦嚢』（1809 成）にのみみられる。また「名数辞」は馬場『和蘭辞類訳名抄』（1811 成）

「P・マーリン」におけるラテン語 "subustantivum", 蘭語 "zelfstandig" にあてられ,「定性性名辞」は同著「F・ハルマ」における "zelfstandige naamwoord" にあてられた。ただ, これらは馬場においても特異な例で, 著述の多くは柳圃と同様「静詞」をとっている。

4-3-2 名詞に関連する数, 性

性 geslagt:
三種:
男性 mannelijk: 男, 男種, 男性, 男声, 男属, 陽
女性 vrouwelijk: 陰, 陰種, 陰性, 女, 女性, 女声, 女属
中性 geenlijk: 中, 中種, 中性, 中属, 間, 間声

数: getal 両, 両数
1 単数 eenvoudig: 単, 単員, 単員詞, 単言, 単詞, 単称, 単数, 特称, 独詞
2 複数 meervoudig: 衆詞, 総称, 複, 複員, 複言, 複詞, 復詞, 複辞, 復辞, 複称, 複数, 塁員
1 男性名詞 mannelijk naamwoord:
剛音辞, 性名辞, 男語, 男性, 男声, 父性詞, 陽ニ属シタル語, 陽詞, 陽語, 陽字, 陽辞, 陽種, 陽性
2 女性名詞 vrouwelijk naamwoord:
陰ニ属シタル語, 陰詞, 陰語, 陰字, 陰辞, 女語, 女性, 女声, 性名辞, 柔音辞, 母性詞
3 中性名詞 geenerlijk/onzijdig naamwoord:
陰陽ニカタヨラヌ名物, 間音辞, 子性詞, 性名辞, 中詞, 中辞, 中間語, 半陽半陰語, 半陽半陰字, 非陽非陰詞

4-3-3 代名詞: voornaamwoord

指名詞, 斥詞, 前名, 代言, 代辞, 代称, 代名言, 代名詞, 代名字, 代名辞

代名詞の名づけは「代名」をかぶせた用語が多い。蘭語 "voornaamwoord" は「名のためのことば」,「前名」は柳圃『和蘭詞品考』(『柳圃中野先生文法』1790以前成),「斥詞」は吉雄俊蔵『六格前編』(1814成),「指名詞」は玄幹『蘭学凡』(1824成)にみられる。

下位区分における代名詞についてはつぎのような名づけが分布する。

人称代名詞 persoonlijk voornaamwoord: 人代言，人品，人類斥詞
指示代名詞 aanwijsende voornaamwoord: 指示，指示代名辞，指示代名字，指代言，指代名詞，直指詞
所有代名詞 abezittende voornaamwoord: 持代名詞，持代名辞，接指詞，所有，真ノ代名，真代名，物主代名字，持主代名詞，有物，指示
関係代名詞 betrekelijk voornaamwoord: 関係代名詞，関係代名字，再呼詞，再指詞，再代言，承接
疑問代名詞 vaagende voornaamwoord: 疑問，疑問ノ辞，疑問代名字，疑問代名詞，問指詞，問代言，問代名詞，問名
不定代名詞 onbepaald voornaamwoord: 通代言，普通代名，普通代名詞，不人称代名詞，慢指詞

4-4-1 形容詞: **bijvoegelijk/toevoegelijk naamwoorden**

依頼名字，虚語，虚詞，虚辞，虚字，虚静，虚静詞，虚静活詞(静詞)，虚体言，形言形状詞，形動辞，形名言，形容，形容語，形容詞，形容辞，従私辞，静詞，静活ノ詞，静活詞，静虚詞，静辞，接名詞，属名詞，属名辞，属名詞，添名辞，動形辞，陪辞，陪名詞，倍名詞，副言，附属名言，附名詞，傍寄名語，ヤウスノ詞

"bijvoeglijk naamwoorden" は "zelfstandige naamwoorden" とともに "naamwoord" のカテゴリーで認められていた。藤林普山『和蘭語法解』(1815刊)の『附属名言』のように，「属」や，また「添」「倍」「傍寄」などをかぶせた名づけがみられる。蘭語動詞 "bijvoegen, toevoegen" はともに「加える」意味をもつ。したがって，これらの形容詞形 "bijvoeglijk, toevoeglijk" が "naamwoorden" に係るので，概念的には「名のことばに加える」また「添える」「添う」というような意味が出てきて自然であり，そこから「付する名のことば」が出てもおかしくはない。こうした原語に即して訳語から用語を得ようとする場合には「虚」「形」「静」をともなう用語以外の名づけにさまざまにあらわれている。柳圃が『蘭学生前父』(1806以前成)に挙げた形容詞の用語は「形容詞，虚詞，虚静活詞(静詞)，静活ノ詞，静活詞，静虚詞，ヤウスノ詞」と多岐にわたる。ここには名詞の項でも述べたように，ラテン文法における名詞グループのカテゴリーでとらえた「虚静活詞」がある。略称するときは「静詞」とするので，名詞・形容詞の

区別は実例の中で確かめることになる。柳圃には『三種諸格』(1784成)に名詞を「実詞」,形容詞を「虚詞」とする例があり,また『助詞考』(1792成か)ではすでにそれぞれ「実詞・実詞過称」,「静詞・静活詞」がみられる。「静虚詞」「虚静詞」は漢語学,とりわけ徂徠の『訓訳示蒙』(1738刊)のカテゴリーにいう虚字と,さらに下位区分で動詞と形容詞とを分別する「動」と「静」の対立における合体化「静虚」への概念化の過程を推測させる。また漢語学からいえば「形状詞」は徂徠のいう「形状字面」の反映にみえる。もとより『九品詞名目』(1806以前成)にはすでにあり,柳圃学における文法用語である。また,「倍(陪)名詞」は蘭語に即した名づけだが,稀少例であり,冠詞・名詞・副詞などの訳語にもあらわれている。『属文錦嚢』(1809成)における特異な訳語といえる。

4-4-2 形容詞に関連する比較

1 比較 vergelijkinge: 最極階法, 三等ノ差別, 比較スル階級, 比較ノ階級, 比較ノ辞, 比較詞;
原級 stellinge trap:称, 定級, 平行階
比較級 vergelijkende trap: 較級, 勝, 比較階, 比較段, 尤階級
最上級 overtreffende trap:為大級, 最, 最級, 最階級, 最勝階, 最大級, 勝衆段

4-5 動詞: werkwoord

活言, 活語, 活字, 活辞, 活用言, 業詞, 作業詞, 作用詞, 態語, 態動辞, 動語, 動詞, 働詞, 動字, 動辞, 働辞, 能活言, 用言, 用詞, ワザ詞

—他動詞 werkende/drijvende/dadelijke werkwoorden: ワザニ属スル言語, ワザ語, 業詞, 作業詞, 事語(使然語), 自他ノ二義, 他活言, 他活字, 他業詞, 他動詞, 他動辞, 態動辞, 動他, 動他詞, 表裏ノ別, 能, 能活言, 能動詞, 能動字, 能動辞, 能用詞
—自動詞 geenerlei/onzijdige werkwoord: 陰ニモ陽ニモ偏ラヌ態語, 自, 自活言, 自活字, 事語(由己語), 自他ノ二義, 自動, 自動詞, 自働詞, 自動字, 自動辞, 自用詞, 中活言, 中性動詞, 中動辞, 表裏ノ別
—受身 lijdende werk woord: 所活言, 所動詞, 所動辞, 所用詞, 被業詞, 被動詞

―助動詞 hulp woorden: 人性ノナキ(動詞)，人ニカカワラザル動詞，助言，助
　　　詞，助字，助代動，助動，助用詞，代動詞，動助詞
　　―分詞 deelwoorden: 跨詞，死語，動虚詞，静虚詞ノ格，動静詞，同分詞，同
　　　文辞，判辞，判言，不断詞，分言，分字，分辞，分析詞，分動詞，分動辞，分
　　　働辞，分領詞，分類詞，連体言
　　―現在分詞 tegen deelwoorden: 現在分詞，能分詞，能動分字，能用分詞
　　―過去分詞 verleden deelwoorden: 過去分詞，所分詞，所動分字，所用分詞
　動詞については，関連する用語とともに一括してあつかう。蘭語 "werk"
は「はたらく」意味であるから「活」「作用」「動」「働」などをかぶせてで
きあがった用語はいずれも蘭語からみればすなおなあらわれをしている。一
方漢語学のカテゴリーにいう「虚字」内部における「動」と「静」の対立，
動詞と形容詞の二分としてあらわれた用語も多い。このカテゴリー内におい
ては徂徠学にいう「作用字面」と「形状字面」の対立があって「作用詞」は
その反映といえる。藤林普山『和蘭語法解』(1815刊)で動詞の定義を以下
のように記している。

　　本語「ウェルクヲールデン」ト云。即チ活言ノ義ナリ。是支那ニ所謂活字ニ当ツ
　　テ。事物ヲ活動セシムル言ナリ。其活動ニ能所(中略)中ニアリ。故ニ此レヲ分
　　テ。三等トス。其一ハ能活言　其二ニハ所活言。其三ハ中活言ナリ。
　　〇蓋シ活言ハ素ヨリ自立セル者ナリト雖モ然ラズシテ。一種名言ヨリ転シ来ル者
　　アリ。仮令バ
　　　　　　　息スル　笛ヲ吹　膠ニテ估ル　魚ヲ漁ル　水ヲ注ク
　　　　　ademan, fluijten, lijmen, vrischen, wateren, 以上自立名言ノ転シタル者
　　　　　黒スル　急シス　略スル　切硪スル
　　　　　zwarten, hasten, verkorten, scherpmaaken 以上附属名言ヨリ転シタル者 等ノ類ナリ。
　　　　　　　　　　　　　　　　　縮メル

藤林の時点ではすでに先人の成果を十分に汲み上げることのできる環境に
おかれていたが，淵源にある柳圃は動詞への認識をたとえば『蘭語九品集』
(1806以前成静嘉堂文庫蔵写本一冊)につぎのように示した。

　　按ルニ werkwoorden ハ動詞ノ総呼ニシテ是ヲ werkende werkwoorden 茲ニ
　　動他詞ト訳ス onzijdig werkwoorden 茲ニ自動詞ト訳ス　lijdende werkwoorden
　　茲ニ被動詞ト訳スノ差別アリ　其甲ナル者ハ即チ bewegen 動カス slaan 打ツ
　　maken 作ス zeggen 言フ dooden 殺ス等ノ詞ニシテ人ノ能スル所ノ者ヲ言フ
　　其乙ナルモノハ即チ zig ebewegen 動ク worden 成ル steerven 死ス regenen
　　雨フル waaijen 風フク等ニシテ人力ヲ以テ為ス事能ハサルモノヲ云ヘリ　其丙
　　ナルモノハ動他詞ニ worden ヲ添テ言スル者也　即チ beweegen worden 被レ動
　　geslagen worden 被レ打 gemaakt worden 被レ作 gezegt worden 被レ言

gedood worden 被ル殺サノ類也。

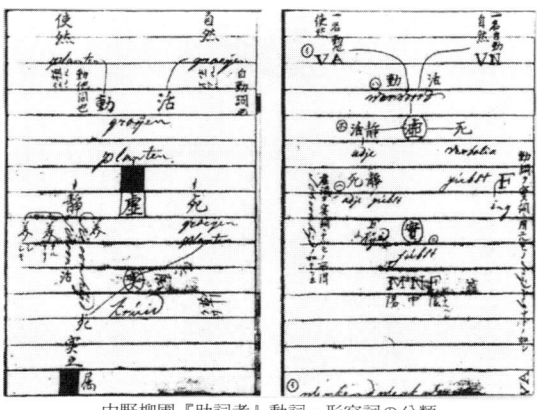

中野柳圃『助詞考』動詞・形容詞の分類

さらに柳圃はこの総括的な説明の後で採集した実例をそれぞれ挙げ、「動他詞」「被動詞」「自動詞」概念についてつぎのように敷衍している。

1 動他詞ナル者　蓋シ人ノ事業ヲ指ス詞ニシテ即チ左ノ如キ者也（leezen　読ム　以下30語挙例　筆者）

2 被動詞ナル者　蓋シ被動詞ナル者ハ凡wordenヲ添テ言フ　但シ単称ニハword或ハwerd、複称ニハworden或ハwerdenト言フ也　又此worden用ユル所ノ地ニ在テハ成ルト云ヘル義ニナルナリ　乃チtot steen wordenテ石成ル　witworden白ク成ルノ義也（gel eezenwerden被ル読ム　以下　30例挙例　筆者）

3 自動詞ナル者　蓋シ自動詞ナル者ハ人ノ事業ヲ指ス　自然ニナル所ヲ指スノ詞ニシテ左ノ如キモノ也　（blinken光ル　以下　30語挙例　筆者）

柳圃では「他ヲ動カス詞」が「動他詞」であり，受身の形になるものが「動かさ被る詞」として「被動詞」と名づけられた。他のほとんどの著述はこの語をとっている。一方，初期以来「ワザ」「業」があるが，馬場佐十郎には『蘭語首尾接詞考』（1855刊）の「表裏ノ別」があり，これが冨士谷成章の「表裏」によったとすれば注目されるターミノロジーであった。ただ，馬場没後，30余年に刊行された『蘭語冠履辞考』（1855刊）では「自他ノ二義」とみえる。宇田川玄随は『蘭学秘蔵』で他動詞を「ワザニ属スル言語，ワザ語」とし，また自動詞を「陰ニモ陽ニモ偏ラヌ態語」として，概念化への初期的状況を如実に示した。これは，江戸蘭学がまだ文法的に成熟した一語を得られない苦闘の痕跡としての証であった。

動詞一般を「業詞」としたのは吉雄俊蔵『六格前編』（1814成）で他動詞，

自動詞，受身をそれぞれ「他業詞」「自業詞」「被業詞」とする。自動詞について玄随は「陰ニモ陽ニモ偏ラヌ態語」としたが，この内容はそのまま「中活言」などニュートラルな働きをするものとしての「中」をかぶせた名づけに通じる。

分詞については「動静詞」とした柳圃『蘭語九品集』（1806 以前成）の説明をつぎに引用する。

　　Van de deelwoorden
　　夫レ deelwoorden ハ動詞ヲ以テ転シテ虚静詞（ママ）ノ如ク使ヘル者也。即チ為業男 naaijende vrouw 縫フ女 de man is geslaagen 男ハ打レタリ ik hebhem geslaagen 我レ彼ヲ打タリキ等ニテ考ベシ。
　　動静詞ノ部
　　動静詞ハ動詞ヨリ分別シ来テ，静虚詞ノ格ニナルモノニシテ則チ左ノ如シ（hoorend 聴ク ヒタル，geleerd 学 ヒタリ（以下 30 例挙例，略），右数箇ノ詞ヲ以テ推知ヘシ。又 hoorend ト云ヘハ静虚詞ノ格ニ為リテ則チ hoorend man 聴ク男トツヽクナリ。Geleerd man ハ学ビタル男ナリ。Hij is geleerd 彼ハ学ヒタリ也。naaijen ハ原縫云動他詞ナリ。Naijende ト云ヘハ静虚詞ノ格ニ為リテ，即チ naaijen de vrouw 縫フ女 ト云フ義ニナル也最モ genaaijde ハ縫 タル ダリト 訳ス。即チ genaaijde vrouw ハ縫タル女ト訳ス zij heeft dat genaaijd. ハ彼女其レヲ縫フタリト云義ナリ。此外此ニ倣テ推知スヘシ。

分詞化する動詞をここでは過去分詞をとって示し「静虚詞ノ格」になるという捉え方をしている。分詞には他に玄随の「死語」があり，また可野亮に「跨詞」とした独特の名づけがある。しかし，大方は「分」をかぶせた名づけである。

4-6 副詞: bijwoorden

　　加添詞，助字一語ニテ義ヲナスモノ，加添詞，虚動詞，形状詞，形動詞，形動辞，形容言，形様詞，助語，助辞，側詞，属用辞，属用詞，添言，添詞，添字，添辞，添旁辞，動形辞，動状詞，半虚語，副字，副辞，附言，傍詞

蘭語 "bijwoord" は「添える」「副える」ことばを意味する。ただ，江戸蘭学における文法把握の困難さを，蘭語との格闘によって内実をつかんだ玄随が「助字　一語ニテ義ヲナスモノ」としたことで漢語学と蘭語学との間にいた玄随の認知・認識の過程を如実に示している。ただ，玄随は『蘭訳弁髦』

177

で副詞を「助字　一語ニテ義ヲナスモノ」とした『蘭学秘蔵』と異なり「半虚語」とした。さらに「善・良ナドノ比較ノ辞」である"beter"がここにおいて"wel beter beste"と働き，形容詞における"goed beter best"とはちがうことを明らかにしている。同時に形容詞における比較法の弁別を示している。

「副詞」は吉雄権之助『属文錦嚢』（1806以前成）にみえるが，稀少例で，その後吉雄俊蔵『六格明弁』（1814成）『六格前編』（1814成）の二著にみえるほか，可野亮『蘭学独案内』（1856刊）にみられる。吉雄権之助はつぎのように書いている。

　　或ハ bijwoord（副詞ト訳ス上文ノ dikwils, altijd ノ如シ werkwoord ニ係ルナリ）二或三モアレハ此ヲ重ネ置クナリ，
　　　譬ハ Hij heeft alle morgen eenen versterkinde middele in genoemen,
　　　　　　　　　　　副詞　副詞　　　　　　　　　　　　　　　　　副詞
　　右ノ如ク bijwoord ヲ撰テ werkwoord ニ属スヘシ即チ all, morgen, in, トモニ bijwoord ナレトモ其中ノ in ハ werkwoord ニ属スカ如シ

また「副字」は香処閑人『和蘭文典便蒙』（1857刊），「副辞」は大庭雪斎『和蘭文典凡例初篇』（1855刊），堀達之助『英和対訳袖珍辞書』（1862刊）などにみえ，「副詞」の例とともに 1850 年代以降に顕著になった。「形状詞」「形動詞」「形動辞」，あるいは「動形辞」「動状辞」さらには「半虚語」などは漢語学的ターミノロジーの反映とみなせる。「添」「属」がかぶさる名づけ，あるいは「動」がかぶさる名づけはむしろ副詞のシンタクティカルな本来のありさま，用言，別の副詞を修飾する機能をとらえたターミノロジーで，「副」も「添」に通じた名づけだが，むしろ蘭語学史の初中期過程ではみえない。蘭学隆盛期には「形動詞」が多くみられ，「虚動詞」などいくつかの呼称が平行しながら学習の過程に行われた。徂徠学の「半虚字」に通底する「半虚語」は玄随『蘭訳秘蔵』（1790成）にみえる。なお，副詞を多くの著述で「形動詞」とした柳圃は『蘭語九品集』（1806以前成）でつぎのように説明している。

　　夫レ bijwoorden ハ動作ヲ形容スル詞ニシテ　即 hard 剛 sterk 猛　duidelijk 委
　　　　　　　　　　　　　　　　　　　　　　　　　　ハゲシク
　　ク　strenglijk 厳ク schoon 美ク等ナリ　又虚静詞ハ静物ヲ形容スル詞ナリ　即
　　チ hardwind 厲風 het waaijd hard 厲ク吹クトニテ推知スヘシ。静虚詞ト形動
　　詞ト通用ナルモ多シ。

4-7 接続詞: t'zamenvoegsel woorden

助言，助語，助詞，助辞，接言，接語，接語辞，接続言，接辞，接属詞，接続詞，接続字，接続辞，配布ノ語，附接ノ語，連辞，連句辞，連接詞，連続語，連続詞，連属詞

"t'zamenvoegsel" は「互いに加える」を意味するので，上と下とを結び付ける意味が出る。したがって「接詞」はすなおな名づけになる。「接続詞」は吉雄俊蔵『六格明弁』(1814成)にみえるが，同年の『六格前編』では「接詞」，その後可野亮『蘭学独案内』(1856刊)以降にあらわれる。玄随の『蘭訳弁髦』(1793成)の「助語」ほか，「助」がかぶさる品詞名が上に示した用語例の三分の一以上の著述にみえ，平行して「接」のかぶさる品詞名が同一の著述などにもみえる。

ここで特異な例に「配付ノ語」があるが，これは広田憲寛『増補改正訳鍵』(1857刊行開始)に「附接ノ語」「助詞」「連続語」などとともにみられる。この蘭日辞典は長崎商館長H・ドゥーフが称えた馬場佐十郎，吉雄権之助ら多くの長崎通詞と協力して訳出してできたいわゆる「ドゥーフ・ハルマ」の刊本『和蘭字彙』，稲村三伯に係る「江戸ハルマ」の縮小版『訳鍵』をもとに成立した。

また，近代文法研究史の上で接続詞の嚆矢であるものと誤って記述された大槻玄幹『訂正和蘭接続詞考』(1825成)の「接続詞」は「接辞」を指したが，ここでは「連続詞」，前年の『蘭学凡』(1824成)で「連接詞」と呼んだ。ちなみに蘭語学史上の文法研究のエッセンスを踏まえた『和蘭語法解』(1815刊)で藤林普山はこれを「接言」とし，接続詞の概要をつぎのように記した。

> 本語「フーグウヲールデン」或ハ「コッペルウヲールデン（koppel woorden 筆者）」近頃配言ノ事モ亦云フ也 或ハ「テサーメンフーグセル（t'zaamen voegsel 筆者）」ト云。即チ接言ノ義ナリ 是文辞ヲ接続スル所以ノ言ニシテ而然故則与及且又亦或於ナドノ助字ニ当ル也。此ヲ分テ十等トス。

藤林はこうして十分類の内容を「合・分・舎・件・因・決・除・逮・保・明」字を「接言」にかぶせて示した。

4-8 前置詞: voorzetsels

冠言，冠詞，冠辞，指示言，指示詞，取在詞，助語，助詞，助辞，助字，助声，上言，所在詞，処前詞，処前字，処前辞，初用辞，冒辞，前詞，前処詞，前置詞，前置辞，前立詞，前立辞，慢詞

「助語，助詞，助辞，助字」など「助」が付く名づけは一つには蘭学学習の最初期，蘭語文法概念の未熟であった時以来，広く多くの品詞を概念化していた過程にあるが，漢語学における三分類下「助字」のカテゴリーで処理されたものと考えられる。

「冠言」「冠詞」「上言」は理解がしやすい。また「所在詞」「処前詞」「処前字」「処前辞」「初用辞」があるが，「前詞」「前処詞」「前置詞」「前置辞」のように今日的な目で理解しやすい名づけがあるものの「慢詞」という名づけがある。藤林は『和蘭語法解』（1815 刊）で「蓋言」「冠言」とする。

4-9 間投詞: tusschenwerpselwoorden

感慨詞，感言，間辞，間投詞，間投辞，間立辞，感動言，感動詞，挿間詞，歎詞，嗟嘆字，嗟嘆辞，嘆字，歎声，歎息詞，嘆息詞，嘆息辞，突詞，悲歎辞

宇田川玄真は『檢麓韻府』で「悲歎辞」とした。この名付けのように悲しみ嘆く側でのみ捉える用語はない。「間投詞」は『英吉利文典字類』（1864 刊）にみられる。『英和対訳袖珍辞書』（1862 刊）にみえる「間投辞」とともに「間投」は新しく，19 世紀初期以来「歎息詞」がもっとも用語として多く，並行的に「嘆息」をはじめ「歎」「嘆」を配した用語，あるいは直接に「嗟嘆」で示した用語が支配的である。「感動詞」は可野亮の『蘭学独案内』（1856 刊）にみられ，今日称呼する間投詞，感動詞が幕末期に用いられるようになった様相が伺える。

5-1 接辞

接詞，接続詞，分用前詞，連用前詞，前詞＜接続スル詞＞
接頭辞: 冠辞，冠属，首辞，首詞
接尾辞: 尾詞，尾字，尾辞，履辞，履属

第7節　蘭語の翻訳・研究史に生まれた文法用語

　接辞はもちろん日本語にもあるが，蘭語とは性質を異にする。接辞についての理解の過程をみると馬場佐十郎の『蘭語首尾接詞考』（1809成）が達成の一点でもあり，精緻をきわめた概念化によって，その様相が明らかにされている。馬場は「凡例」三条の第一につぎのように書いた。

　　一此書ニ載スルモノハ一語ヲ以テ解ヲ為スベキ助詞ノ類ニ非ズ。但全詞ノ首尾ニ附属シテ一語ト為シ，或ハ実詞ヲ虚詞トナシ，虚詞ヲ実詞トナシ，又其義ハ同訳ナレドモ其意味軽重アルガ如シ。又転訳シテ其義ヲ異ニスルモノアリ。

　品詞の転成，意味の変化にかかわる役割をもつことばが接辞の概念内容をあらわすということだが，さらに，第二に一見接頭辞に見えながらも実は異なるケースがあることを指摘し，第三に不分明な接辞もあるが強いて解を試みて初学者に提供するとした。馬場の挙げた接頭辞・接尾辞の解釈例をつぎに引用する。

　　接頭辞：○ ver ノ意甚タ広シ。ver ヲ冠ラシムレバ本詞ニ勢ヲ付ケ，又活ヲ入レタル気味故ニ，静実ノ詞モ動詞トナシテ，doen ヲ帯タル物ノ意ト同ジ。凡テ本来ノ動詞ニ ver ヲ添ユレバ其意イヨイヨ重クスルナリ。故ニ本詞ノ意ニ因テハ，其勢極メテ本意ヲ変化セシムルコトアリ。都テ動静実詞トモニ ver ヲ添ユレバ，意味少シ異ナルナリ。然レドモ前性ハ猶存ス。譬ヘバ steen ハ石ナリ。実詞ナリ。versteen ハ石トナルナリ。コレ死物ニ活ヲ入レタルモノノ如シ。kort ハ短ナリ。verkorten 短クスル又略スルトモ訳ス。是所謂ル静詞ニ活ヲ入レタル物ナリ。コノ二語 doen ヲ帯タルガ如シ。（以下略）

　　接尾辞：○ lijk ニ三種アリ。実詞ニ附テ静詞ト為スナリ。動詞ニ附テ静詞トナスナリ。又静詞ニ附テ形動詞トナスコトアリ。意味共ニ異ナリ，其実詞ニ附スル物ハ属スルノ意ニシテ，静詞ナリ。仮令ヘバ keijzerlijk 帝ニ属スル kooninglijk 王ニ属スル vrouwelijk 女ニ属スル（中略）ナドノ類ナリ。（以下略）○ zints, zins ハ都テ静詞ニ附クナリ。コレヲ附タルハ原詞ノ意ヲ重クシテ——且，形動詞ト為スモノナリ。仮令ヘバ geenzints 決シテナシ又決シテアラズト訳ス。Hij is geenzints kwaal aardig. 彼人ハ決シテ恩質ニアラズト訳ス。（以下略）

　また，大槻玄幹は接辞を「接続詞」と呼んでいるが，同時に「前詞＜接続スル詞＞」とも呼び，今日いう接続詞の概念とは異なった位相にあることを明瞭に示している。他，「冠」「履」を付した文法用語は「首」「尾」とともにわかりやすい名づけである。

5-2 格 naamvallen
格：言格

 1 主格 noemr, eersten vallen: 正格・第一格・第一之格・主格・能格
 2 属格 eigenaar, tweeden vallen: 主格・第二格・第二之格・生格・母格・領格
 3 与格 ontvanger, derden vallen: 受格・得格・与格・第三格・第三之格
 4 対格 aanklger, ierden vallen: 所格・第四格・第四之格・任格・役格
 5 呼格 toehoorder, vierden vallen: 呼格・聴格・第五格・第五之格
 6 奪格 derver, zesden vallen: 佚格・失格・執格・奪格・取格・第六之格・第六格・呼格

　格はふつう名詞説明の中でとりあげられているが，ここでは独立的にあつかう。現代蘭語は格支配が希薄になり，近代オランダの植民地となった今の南アフリカ共和国に発達したアフリカーンスなどは英語に近いものとなっている。蘭語の歴史をみても，同じゲルマン系言語の中でもドイツ語のように四格を維持しているのとは異なり，今日格支配は漸減してきている。

　江戸時代には蘭語はすでに四格であったが，蘭語学史ではラテン文法の枠組みで書かれたオランダ文法書の影響下にあって，規範的に六格で格支配をとらえ，これが幕末までの文法書では一般的に行われた。しかし幕末に至って大庭雪斎は現実の蘭語文法が四格支配であることを認知し，『和蘭文典凡例』(1855 刊)に記述した。これは蘭語学史において注目すべき現実認知の言であったといっていい。柳圃学によって開かれた蘭語文法研究は幕末期を迎えて成熟し，現実を認知することによって，規範的な文法の研究へ大きな訂正を加えたことになる。雪斎の四格の捉え方はつぎのようであった。

 第一格独立シテ文主トナリ句頭ニ見ル。第二格実辞ノ相互関係ヲ示ス。第三格作業ノ標的ヲ示スノ用トナル。第四格活辞ヲ以テ示シタル作業ノ直ニ及達セル事物ヲ示ス。

　雪斎の格に対する見方はすでに現実の認知によって自ずと知られることであったと思えるが，従来の六格で説明されてきた事態については以下のように書いている。

 通常ハ蓋シ羅甸人ニ擬シテ六個ノ格ヲ分チ，其式ニ従テ之ヲ「ノミナチヒュス」「ゲニチヒュス」「ダチヒュス」「アキュサチヒュス」「ホカチヒュス」「アブラチヒュス」ト名ケタリ。但，羅甸人ハ其辞ノ実ニ六個ノ変勾ヲ察セシムルカ故ニ，此区別ニ於テ理不可ナル事ナシ。然レドモ和蘭人ハ夫ノ変勾ヲ以テ，其終末ノ両

第7節　蘭語の翻訳・研究史に生まれた文法用語

格(「ホカチヒュス」「アブラチビュス」)ヲ示スニ由ナシ。何者其対話ニ用ユル「ホカチヒュス」ハ, 和蘭ニ在テ常ニ「ノミナチヒュス」第一格ト同一ニシテ, 彼ノ「アブラチヒュス」ハ, 和蘭文語ニ於テ常ニ冒辞ノ助ヲ以テ之ヲ見ハスカ故ナリ。是ヲ以テ今其区別ト共ニ, 其名目モ亦タ云々セリ。是合当ノ事故ニ在テハ, 又更ニ些子ノ論ヲ要スル事ナシ第二格及第三格モ亦和蘭ニ, 在テハ冒辞ノ助ケヲ以テ之ヲ幹旋ス。故ニノ eens 王 konings(王ノ)若クハ des konings(王ノ), een zaak(事ノ), eens words(辞ノ)若クハ eens woords(辞ノ)ト云代リニ van eenen koning(王ノ), van den koning(王ノ), van eene zaak(事ノ), van de zaak(事ノ), van een woord(辞ノ)van het woord(辞ノ)ト云ナリ。(以下略)

　一方, ここに至る以前の蘭語学史において,「格」は中野柳圃によって早く第一格から第六格に至るまで・基本的には「ガ・ノ・ニ・ヲ・ヨ・ヨリ」に対応する「正・主・与・所・呼・取」格として把握されていた。ただ第一格に非格助詞「ハ」を入れ「格」の概念を理解するには文法の理解がかなり深まってくる過程でも漸増する蘭語学習者には容易なものではなかったようでもあり, またその重要性が意識されてもいる。たとえば, 中野柳圃, 吉雄権之助の学統に属する吉雄俊蔵は『六格前編』(1814成)でつぎのようなことを書いている。

　　詞序トハ諸詞連属ノ次序ヲ識リ, 詞ヲ連ネ文ヲ属スルノ学ニシテ, 即チ此篇ニ論スル所ノ六格ハ其学一枝別ナリ。右学法三級ノ名ハ倭漢未ダ言ザル処ナリト雖モ自ラ其法アリテ存ス。(中略)其三級ニ属スル六格ヲ以テスル所ノモノハ先ツ堂宇ヲ経営スルノ規矩準縄ヲ示シ彼ノ草舎高堂ノ結構ヲ知ラシメバ始テ其旧貫ヲカヘテ此ノ規矩ニカヒ鋸錐ヲ需ムルノ意ヲ生セシメン事ヲ翼フノミ。

　また, 藤林普山は『和蘭語法解』(1815刊)で以下のように説明をしている。

　　本語「ゲハッレン」或ハ「ナームハッレン」ト云。即チ言格ノ義ニシテ言辞ノ呼法ヲ云ナリ。此ニ主格・生格・与格・役格・呼格・奪格ノ六等アリ。故ニ今此ニ六格ト称ス, 蓋シ六格ニ関係スル言ハ性言・名言・代言・分言ノ四ツノミ。学者能此ノ六格ヲ弁セザレバ書ニ対シテ奈何トモ定訳スベキヤウナシ。仮令ハ Ik ken haar niet.「吾彼女ヲ知ラヌ」(正訳)ト云事。「彼女吾ヲ知ラヌ」(誤訳)ト云事。スベカラザルガ如シ。

つぎに具体的な適用例を『属文錦嚢』(1821成)から引用する。

　　第一　　aantoonendewijze

183

```
G   TN   ZN    H    B    G    TN    ZA    B    W
de  zagte meester heft dikkwil de snijdige wond stark gemaakt
```
右ノ如ク直チニ事ヲ示シ，何ガ第一格，何ヲ第四格　何ニ第三格　何スルWト云ガ如ク其体ヲ初ニ挙テ其用ヲ後ニ出スナリ。

写本にはアルファベット略号の日本語表示がないが，Gは"Geslagt"冠詞，TN"Toevoccglijk naamwoord"形容詞，Hは"Hulpwoord"助動詞，Bは bijwoord 副詞，"ZNは zelfstandige namwoord"名詞，Wは"werkwoord"動詞を表わす。

5-3 法 wijze
法: 四法

 1 直説法 aantonendcwijze: 直説法
 2 命令法 gebiedende wijze: 使令法・命令法
 3 接続法 aanvoegende wijze: 死語法・附説法・分註法
 4 疑問法 vraagende wijze: 疑問法・叩問法・問叩法
 5 不定法 onbepaalde wijze: 寛用法・普通法・不限法・不厳法・不定法

　法の記述はふつう動詞の項目で取り上げられる。柳圃以来,「直説法」はほとんどの著述でこの名づけがなされ現代にそのまま継承される。疑問法は「叩問法」「問叩法」が多く,「疑問法」は高野長英『繙巻得師』(1828成)にみえ，以降英学関係の辞書などにみられる。接続法は「附説法」が『和蘭語法解』(1815刊),『増訂属文錦嚢』(1821成)などに,「分註法」は『九品詞名目』(1806以前成)ほか柳圃の著述にみられ，一般に接続法の名づけには「附説法」「分註法」が多くの著述にみられる。また柳圃『四法諸時対訳』(1803成)に「死語法」と名づけている。「接続法」は玄幹『蘭学凡』(1824成)にみられる。不定法は『四法諸時対訳』(1803成)に「普通法」がある。「普通」は"onbepaald"の訳語で，代名詞などでも不定代名詞を「普通代名詞」などといった。不定法にはまた「不限法」があって，馬場は『蘭学梯航』(1816成)に「不限法」「不定法」を並行的にあげる。また蘭作文法としての独立した著述で初め柳圃が書きやがて吉雄権之助によって世に出た『属文錦嚢』(1806以前成)，吉雄の『増訂属文錦嚢』(1821成)に「普通法」「不限法」がみられる。「不厳法」は大槻玄幹『蘭学凡』(1824成),

「寛用法」は香処閑人『和蘭文典便蒙』（1857刊）にみられる。

5-4　時制 tijd

　ここではまず柳圃『四法諸時対訳』（1803成）のパラダイムを示す。時制を総称して「諸時」といい「三時（過去・現在・未来）ニ細分アル故ニ諸時トスル」とする。その上で「現在・現在過去（過去ノ現在）・過去・過去ノ過去・未来・不限時・過去ノ未来，未来ノ過去」を挙げている。なお「現在過去（過去ノ現在）」には「事跡常ニ用フ」とし，「過去ノ過去」は「此ハ事跡ニ用フ」とする。以下これらを「直説法・使令法・死語法・不限法・不断法」の五法内部に適用しそれぞれの訳法を説いた。『属文錦嚢』（1806以前成）などにおいては和歌を引き，時間表現の位相に及び，日蘭語文の対照研究による解釈は妥当性が高い。柳圃の時制への理解は基礎となって多くの著述に継承，受容され展開された。江戸では宇田川玄随が過去を「前時，経時，過去，ワザ詞ノ過ギタル時ノ語」としていた初期の状況があって，柳圃学が如何にインパクトの強いものとして江戸蘭学を魅了したかの一つ証しになることがわかる。

　後世，普山は『和蘭語法解』（1815刊）に「活言三世」とし，「過現未」の三カテゴリーに「未成過去」「全成過去」「過去過去」を設定した。

　なお，次節で時制を取り上げた。

　ここでは主として杉本つとむ（1976〜82）・（1991）などの論考に掲げられたり，著書に附載されている各種の蘭語学関係の文法用語比較表，古田東朔（1984）ほかを参照した。可能な範囲で原本，影印などをもとに整理した結果を記述しようとした。なお被閲しえなかった原資料もある。

2001.10.25 Paris

注
1　馬場左十郎は『蘭語首尾接詞考』で動詞の自他の別を「表裏ノ別」とした。

2 杉本つとむ（1991）『国語学と蘭語学』武蔵野書院国語学史，蘭語学史の交渉を新しい見方でとらえる。
 3 杉本つとむ（1976〜82）『^{江戸時代}蘭語学の成立と展開』Ⅰ〜Ⅴ早稲田大学出版部 中野柳圃の著述を整理し，柳圃学の実態が解明されている。
 4 北原保雄編（1982）『日本語文法論術語索引』有精堂刊。1874（明治7）年田中義廉『小学日本文典』から1972（昭和47）年鈴木重幸『日本語文法・形態論』に至る42書の文法論における術語が整理されている。
 5 諸著述の成立年次，原著者などについては，主として杉本つとむ（1977〜82）によった。書誌調査では現段階で信頼度が高い。
 6 築島裕・古田東朔（1976）

文献・資料
杉本つとむ（1967）『近代日本語の新研究』桜楓社
杉本つとむ（1976〜82）『江戸時代蘭語学の成立と展開』Ⅰ〜Ⅴ　早稲田大学出版部
　　蘭語学関係資料の写本，版本など全国的調査の結果を記述し蘭語学史を総合的にとらえた。
杉本つとむ（1991）『国語学と蘭語学』武蔵野書院
築島裕・古田東朔（1972）『国語学史』東京大学出版会
　　1960年代段階までの研究を整理した漢語学史・国語学史・蘭語学史の個々とまた相互のかかわりにも記述がある。
古田東朔（1984）『洋学史事典』所収「蘭語学関係執筆項目」雄松堂書店
　　主要な蘭語学関係資料についての文法説明が簡要に記述されている。
松村明・古田東朔監修（1999）『近世蘭語学資料・第4期・和蘭文法書集成』
　　ゆまに書房
　　蘭語学史上基本的な文法研究書をセレクトした影印の集成。
吉川幸次郎他編（1979〜81）『漢語文典叢書』1〜6汲古書院
　　漢語学史上17世紀から明治に至る主な研究書の影印と解説。

第8節　蘭学者のとらえた時制表現
　　　　－江戸蘭語学史の流れの中で

1．初期段階江戸蘭学者の時制認識

　江戸時代，蘭語と出合った蘭学者が時制をどうとらえたかを考える。蘭学者が蘭語研究を通して，理解した印欧語の時制表現の内容を明らかにしてみたいと思う。

　蘭語学史上，最初に記述される必要がある人物は新井白石であるが，直接蘭語を学習してはいない。したがってもとより蘭文法の委細に通じてはいない。『西洋紀聞』におけるイタリア人 J. B. シドッチとの折衝は長崎通詞今村英世のポルトガル語を主とし，またラテン語を介して行われた。以下，今日の段階で明らかにされている江戸蘭語学の展開は宇田川玄随が出るまで本格的な文法理解には至らなかった。時代環境をいえば 1727（享保 12）年に薬学，暦学，窮理学関係の西洋書の輸入が許され，やがて青木昆陽などに蘭語学習が命じられる。江戸蘭学が事実上はじまるが，玄随以前はいずれも構造的に蘭語を明らかにできたものではなく，したがって蘭文法構造への理解もほとんど認められず，時制表現を正確にとらえるのにはほど遠かった。この段階に著された語学関係書はつぎのようにみられる。

　　北島見信『紅毛天地二図贅説』（1763 宝暦 13）
　　青木昆陽『和蘭国語考』（1746 延享 3）『和蘭文字略考』（1744 延享 1）『和蘭話訳』（1743 寛保 2）『和蘭文訳』（1749 寛延 2～58）
　　山路之徽『和蘭緒言』（1769 明和 6）
　　前野蘭化『蘭訳筌』（1771 明和 8）『和蘭訳文略』（1771 明和 8）『和蘭訳筌』（1785 天明 5）『思思未通』・『西文訳例』・『蘭語随筆』・『和蘭点例考』以上寛政初期か
　　大槻玄沢『蘭学階梯』（1788 天明 8）『蘭学佩觿』（1795 寛政 7）『蘭訳要訣』寛政初期か

　また，『解体新書』の校訂者としての四代目桂川甫周（国瑞）は語学書を著していないが蘭語理解がかなり深かったことは『魯西亜志』などの翻訳に

よって知られている。今日の評価ではネイティブのオランダ人の調査においても翻訳精度の高かったことが明らかにされている。したがって翻訳の実態からその水準を認めることになるのだが，だからといって国瑞がどのように文法構造を理解していたかを判定するのはむずかしい。ここでは幕府法眼侍医を世襲する国瑞の置かれた環境からみて，国瑞自身の実力もさることながら，参府オランダ人に随行する長崎通詞の助力が相当深かったものと考えられる。

　上に掲げた初期段階における江戸蘭学の著述は本格的な蘭文法研究が行われる以前の状況を如実に語っている。発音，語彙，漢語学流の文法認知など，たしかに蘭語の言語現象を必死に捉えようとした歴史であったとはいえ，文法事実への確とした認知，認識には至っていなかった。しかし，徐々に成熟の過程に置かれた蘭学者は一方に素養としてあった漢文読解力を礎として，元禄〜享保以降これもまた深まりをみせていた荻生徂徠，皆川淇園などの漢語学者がとらえた「実字，虚字，助字」の三分類カテゴリーを応用して，日本語よりは語順が近接する蘭語理解に到達していた。『解体新書』などはそうしてできた成果であった。文法構造の細部への理解は宇田川玄随が現れ，漢文読解のアナロジーに依存しなくともよい段階に至った。蘭学者が拠り所とした江戸参府に随行する長崎通詞の教示には深いものがあった。すでにごく初期段階における吉雄耕牛は江戸蘭学の発展に大きな貢献をなしていた。長崎通詞が江戸蘭学における蘭語読解を底で支えていた事実の多くは歴史の表面に現れてこないが，たとえ蘭語学習を促した徳川吉宗以前に幕府の公式的立場が外国語学習を認めていないとしても，常識的にいってリビング・ダッチを生きる長崎通詞の不断の蘭語運用は自ずとそのような見解を退ける。

　学究的な長崎通詞は18世紀中半以降に出た中野柳圃に代表され，結実した蘭文法理解を示している。長崎行きが蘭語理解に必須事項であることが自覚されて以来，やがて大槻玄沢，大槻玄幹などは長崎に遊学して，直接蘭語を学ぶ段階に至った。このような環境の変化は柳圃の著述が江戸に流布する因ともなった。柳圃の著述は多くの写本を生み相当に出回った。玄随もその恩恵を受けた一人であったものとされる。

　玄随が示した時制認知は『蘭学秘蔵』（1790 寛政2）でたしかめられる。

玄随の時制表現認知はつぎのようなものであった。これは「過去」のみのものだが三つのカテゴリーを設け「前時，経時，過去，ワザ詞ノ過タル時ノ語」とした。訳語に関する限り，柳圃学が反映しているとは言いがたいが，「ワザ詞」すなわち動詞の過去時制の詳細を明確に認知，認識していた事実がここでわかる。玄随の著述，翻訳活動は江戸において，それまでの蘭文構造把握の現実を一変させたのであった。玄随にはまた『西洋医言』(1793 寛政5)『蘭訳弁髦』(1792 寛政4)『宇氏秘笈』(1793 寛政5)などの著作がある。また玄随の学統には宇田川玄真がいて『検籠韻府』を著した。さらに宇田川榕庵が出て『蘭学重宝記』(1850 嘉永3)『厄利斉亜字音考』(文政期か)『魯西字音考』(寛政期か)『宇田川氏蘭語綴字書』(1856 安政3以降)『点類通考』(1824 文政7)などの語学書を著している。さらに辻蘭室が出た。いずれも玄随の業績にならい，伝播した柳圃学に学び，江戸蘭学を文法領域において，正確に理解する過程にあった。

2．18世紀末に現れた中野柳圃の時制認識

　長崎にいた柳圃についてはかつて杉田玄白が『蘭学事始』に書いているが，現代になっての文法研究の実態については齋藤信，杉本つとむなどによって研究に付され，杉本つとむによる書誌調査と詳細な内容検討によって，このすぐれた文法家の姿が総合的に明らかにされた。近代における国語学史研究でも中野柳圃の存在は容易に発見し得ない歴史であった。ほとんどの著述が柳圃の名で刊行されることもなく，馬場佐十郎，吉雄権之助，大槻玄幹らこの学統にあった継承者が時に自らの名で刊行したり，新たな装いで世に問うていたからでもある。内容をみれば柳圃への賛辞がなされていたが，ほとんど国語学者の目に留められなかった。杉本によって柳圃学が改めて正当に評価されたと言ってよい。
　柳圃は『蘭学生前父』（成立不詳）では時制について「三世図」としてつぎのように示している。

	現世			過去及仮令	
未来	zallen		未来	zouden	
	zal	将		zou	応
	zult			zoude	
現世	zijn		現世	waaren	
	ben, zijt	在		was	曾在
	is			waart	
過去	hebben		過去	hebben	
	heb, hebt	既又有		had	曽又曾有
	heeft			hadt	

　このように zijn, hebben 動詞の助動詞用法を記述する中で「未来，現世，過去」をいうが，三時制以外は「過去中ノ過去，現世ノ現世，現世ノ過去，過去ヨリ現世ニカケテ云フ語」とする。さらに柳圃は『四法諸時対訳』（1805 文化 2 成）で時制のパラダイムを次のように示している。

　時制の総称を「諸時」とし，「三時（過去・現在・未来）ニ細分アル故ニ諸時トスル」と述べる。

現在	tegen woordig tijd
現在過去—「事跡常ニ用フ」	onvolmaakte voorleden tijd
過去	volmaakte voorleden tijd
過去ノ過去—「此ハ事跡ニ用フ」	meerdan volmaakte voorleden tijd
（未来）	toekomende tijd
不限時	tweede toekomende tijd
不限時	derde toekomende tijd
過去ノ未来	———
未来ノ過去	tweede toekomende tijd

参考
諸時

Tegen woordig tijd	現在
Onvolmaakt voorleden tijd	過去ノ現在
volmaakt voorleden tijd	過去
meer dan volmaakt voorleden tijd	過去ノ過去
Toekomede tijd	未来

第8節　蘭学者のとらえた時制表現

　　　　Tweede toekomende tijd, of onbepaalde tijd（Der aantoonende wijze）
　　　　　　　　　　　　　　　不限時　貞由按ルニ未来ノ不定ナリ
　　　　Derde toekomende tijd, of onbepaalde（Der aanvoegende wijze）
　　　　　　　　　　　　　　　不限時　貞由按ルニ過去ノ不定ナリ
　　　　Tweede Toekomende tijd　　　　未来ノ過去

　柳圃は具体的に例示して動詞"leeren"を挙げ、「法」における日本語での翻訳の実際についてコメントを付しながらその対照を以下のように書いている。はじめに『蘭語九品集』（杉本つとむ『蘭語学と国語学』に影印あり）から①直説法の例を掲げる。［　］は静嘉堂文庫所蔵本による異表記を示す。*の部分に対応する。

　　*直説 aantonende wijze
　　［aantonende wijze 直説］
　　現在　　　　ik leer.　　我学ブ，　　gij leert. *彼学ブ
　　　　　　　　　　　　　　　　　　　　　　　　　　［汝等学ぶ］
　　　　此如キ ik, hij, gij ナドニヨリテ動詞ノ格異ナル事，*並ニ余カ三種諸格ノ
　　　　　　　　［及ヒ aanvoegende wijze ニヨリテ異ナル並予カ三種］
　　　　後ニ見タルヲ以テ，此ニハ ik ノミヲ表シテ他ハ略セリ。事跡ナトニ ik ト云
　　　　ハ我昔ヲ語ルナリ
　　過去ノ現在　ik zal gegaan hebben.　事跡　○　我学*ブ［ふ］我学*ビキ［ひき］
　　　　事跡ニアル時ハ過去ニ於テ*ノ［。］現在ノ意ヲ以テ我学*フ［ふ］ト訳スレトモ，
　　　　時ニヨリテハ*現在［現世］ニカケテ云*アリ［事］。其時ハ我学*き［ひき］ト訳
　　　　ス。事跡*ヲ［ノ］説ニモアラス，又ハ文ノ中ニ過去詞ト現世詞トヲ雑ヘタル
　　　　時ノ事*也［ナリ］。過去ヨリ現在ニカケテ云故*ナリ［也］。但シ学ひつト云フ
　　　　時ハ意ノ決シタル過去ナリ。Voegande ノ時ハ*［多ク］事跡ノ格ニ*去［云ヘ］
　　　　リ
　　過去　　　　ik heb geleerd.　　　吾学ひつ
　　過去ノ過去　ik had geleerd.　　　我学ひつ　我学ひき
　　未来　　　　ik zal leeren.　　　　我学*てん［は］
　　不限時　　　ik zou leeren　　　　我学ふへし　我学てまし
　　　　此文法*［ハ］aantonende ナトハ事跡ニ於テハ*未見アタラス［イマタ見アタ
　　　　ラス］。*イカ［如何］　様事跡ニハナキ理アラン。又まシト訳スル法ノ事ハ詳
　　　　ニ予カ生前父ニ見*［エ］タリ

191

*［スプラーカコンストニハ右ノ通リ見タレトモ其外ニ希ニ云フ者左ノ二法ノアリ］
　　*不限時ノ過去［なし］　　ik zou geleerd hebben.　　我学ひてし
　　　　学*ハ［バ］又以前ヨリ学＊［ヒ］タル後ヲ期シ＊タル語［テ云フ］ナリ。未来ノ過去
　　　　ナルヘシ。但シ aantonende ニハ此類最希ナリ
　　*過去ノ未来［なし］　　　　我学つらん　　我学
　　　　学＊ツラン［つらん］ハ過去ノ事ヲ推量＊ニテ［ヲ］云ナリ。又過去ニテモ下ノ句
　　　　*［ニ］maar dag ナドアリテ意ヲ反ス＊［時ノ］如キハヘかりしなれともナト訳
　　　　ス。下ニ現在詞ヲ置テ，*現在［現世］ニカケテ云*［フ］トキハヘかりしかとも
　　　　ナト，訳ス。又何ノ事ナリ。*現在［現世ノ事］ニ使フ*トキ［時］ハヘかりきと
　　　　訳ス。皆不限時ナレハ*也［ナリ］。但シ下ノ hebben ニ過去ノ意アル故，不
　　　　限時ノ過去ト云テ可ナリ
　　*未来ノ過去 ik zal geleerd hebben［なし］

　ついで②の使令法（命令法）では「此法ハ皆現在ナリ」として例示しているが，「過去ニアル時ハ皆 aanvoegende wijze 学ヘといひけりナトナリ。Dat zeg leeren.ノ如キ彼等学べといへ，又ハ彼等学べかしと願ナト云トキ使フ」としている。さらに③死語法，不限法④不断詞ではさらに詳細な内容を示し，蘭語文法における時制の把握が日本語とどのように相合うかを明瞭に説いている。

　また『蘭学生前父』では日本の和歌の例をあげながら，日本語助動詞がいかなる対応をするかについて明かした。「十一　種々ノ結ヒ詞」として記述している内容の一部をつぎに掲げる。

　　けり　めりハ意ヲ決スルノ詞ナリ。其内下けりハ過去，めりハ現世ナリ。蘭ニハ様々
　　ナ点ヲ以テ句ヲ絶ツユヘニ，けりめりニ当ルベキ詞ナシ。唯末ニ 畢点ノ名ハ大槻カ 蘭学階梯ニ仍ル
　　アル所ニ自ラ是等ノ意ヲ含メル所多シ。文勢ニヨリテ知ルベシ。詳ニ説ク事，右
　　能仮ニ一二例ヲ示サン。
　　　　現世 het rivie͡t water vloeijt zo verwondelijk.
　　　　　　河水乱れて流るめり
　　　　同　de lente is al gekomen.
　　　　　　春は来にげり
　　右ノけりめりノ外ナル詞ハ定格アルモノ多シ
　　　　同　hoe zo haastelijk vallen de bloemenaf!
　　　　　　しつ心なく花のちるらん
　　疑ノ詞ト末ナル歎息ノ点トニヨリてらんノ意ヲ知ル。但シ現世ノ詞ナリ。らんハ

つらん　ぬらん何レモ同意也。譬ヘバ歌ヲいふらんト云ヒテハ一字足ラヌ時ハいひつらんト云フヲ得本居氏ノ日，此らんハ然ルヲ疑フニ非ス然ル所以ヲ疑フナリ。

　　同　misschien is de zomer al gekomen.
　　　　夏来るらし
　　　　らしモ現世ノ詞ナリ
持統天皇ノ御歌ニモ万葉ニアル本歌ハ夏来ルらしトアリ。俗ニハ夏ガ来タソーナト云らしト常ノらんトノ分別スヘキ蘭語未タ思ヒ得ス
　　　misschien was hij hier gekomen.
　　　　彼ひと髪に来にげらし
　　けらし　過去ナリ。コレモ俗ニハ来タソーナト云　（21 ウ）

　中野柳圃が見せた和歌の蘭語翻訳は「き，けり」「つ，ぬ，たり，り」など現代語では「た」に収斂されてしまった「過去」表現を微細に理解していることを示した。

　柳圃学の正式な継承者は馬場佐十郎であった。馬場は『蘭語九品集』を受けた『訂正蘭語九品集』（1814 文化 11）でほぼ柳圃のターミノロジーを受け継いでいる。

諸時　三時ニ細分アリ。故ニ諸時ト云フ
　tegenwoordig tijd　　　　　　　　　現在
　onvolmaakte voorleden tijd　　　　　過去
　meerdan volmaakte voorleden tijd　　過去ノ過去
　toekomende tijd　　　　　　　　　　未来
　tweede toekomende tijd　　　　　　不限時
　derde toekomende tijd　　　　　　　不限時
　Tweede onvolmaakte voorleden tijd　過去ノ未来
　Tweede toekomende tijd　　　　　　未来ノ過去

また馬場佐十郎と並ぶ吉雄権之助も『属文錦嚢』（1806 以前成）を受け継いだ。権之助によって中野柳圃の著述が継承された結果，今日的な評価を得る環境に置かれるに至った。ここでは和歌を引き，時間表現の位相に及び，日蘭語文の対照研究による解釈は妥当性が高い。柳圃の時制への理解が基礎となって多くの著述に継承，受容され展開された。

さらに吉雄俊蔵は中野柳圃の学統にあったが，二歳年長の吉雄権之助に師事し柳圃学を継承した。文法的著述に『六格前編』『六格明弁』『三種諸格』『訳規』がある。「格」については詳細な研究を残したが，時制については柳圃を追ったものとみられる。

3．柳圃以後の時制認識

　長崎で隠者のように透徹した蘭語研究にいそしんだ中野柳圃の蘭文法はやがて柳圃の周辺から写本として伝播していったと推測されている。
　蘭学の隆盛期にあった大槻玄幹は長崎遊学を果たし，やがて『増広蘭学佩觿』（1811 文化 8）『蘭字醸音鑑』（1811 文化 8）『訂正和蘭接続詞考』（1825 文政 8）などの著述を残した。
　玄幹の『蘭学凡』では時制の理解をつぎのように記した。

現	現在	tegen woordig tijd	現在
甞	未往	onvolmaakte voorleden tijd	不定過去
已	在往	volmaakte voorleden tijd	過去
既	既往	meerdan volmaakte voorleden tijd	過去ノ過去
未	将来	toekomende tijd	未来
応	料度	onbepaalde tijd	不定時

　玄幹が柳圃の影響を受けたとすれば，文法記述にあたって当然用語にも反映するものと考えられるのだが，しかし，蘭語学史で一般的なこととしてこうした現代流の理解とつながらない側面がある。原語で理解するものが訳語を独自に決めている場合が少なくないからである。とりわけ生きた蘭語を解した長崎通詞系の蘭語学者にとって，いちいちの日本語訳語は著述においてのみ意味があったものと推量せざるを得ない点が目立つからだ。
　幕末に至る蘭語学史にはたとえば小関三英がいた。三英は文法書を残していない。しかし，「文法用語一覧」があって，ここで，時制認識をつぎのような翻訳で示している。

Tijden	六時
Tegenwoordig	現在
Onvolmaakt verledene	過了現在

volmaakt verledene	過去
meerdan volmaakte voorleden	過了過去
eerste toekomende	未来
tweede toekomende	過了未来

　また高野長英は『繙巻得師』(1828 文政 11)で「人称・活言の三世と語形変化」として「現在，過去，未来」を示すにとどまっている。「三世」についてはこの期すでに蘭学者は一般に理解していたが，過去や未来の時制における細分される相違についての記述はまちまちである。

　さらに，蘭語研究の発展は著しく，原書の復刻が相次いだ。そのような環境下，香処散人『和蘭文典便蒙』(1857 安政 4)が折本で著した啓蒙的な一書の文法用語はかなり独自な名づけがされている。時制については動詞を「動字」としてこのカテゴリーの内部でまとめられ，「現在，未了過去，過去，過了過去，未来，又未来」としている。このうち「未了過去，過了過去」はすでに他の文法書でも認められるが，「又未来」は tweede toekomende tijd の概念を表しているとはいえない。

　なお参考までに記せば，動詞の種類を五分割し「能動，所動，復帰，自動，無人」とし，さらに「法」については四法でカテゴリーをとらえ「寛用，直説，吩咐，虚構」としていて，これがきわめて特殊な用語であることを示している。蘭語学史上では「復帰，無人」詞，「寛用，吩咐，虚構」法は現れず，文法研究が成熟しきっている安政期になぜこのような独自な用語を翻訳語としたのかはわからない。杉本つとむ (1977) では「本書は全体的によく整備された，ハンディな入門書として，傑作の一つといってもよかろう。ただ安政期のみでなく，他の時代のものもふくめて，一般的に，文法用語に＜一字＞を用いている点，やや特異であることを充分に考慮しておくべきであろう。漢訳洋文典と関連があろうか」としているが，時代環境を考えると，文法用語把握が特異でありすぎる。

　終わりに藤林普山をあげよう。普山は「ハルマ和解」の縮約版『訳鍵』を著し，『蘭学逕』を残したが，さらに多くの原書検討の後文法事項をまとめた『和蘭語法解』(1815 文化 12 刊)において，江戸蘭語学史上総合的な蘭文法理解を示すことになった。普山は動詞についての記述を「活言三世」と

して取り上げ，つぎのように書いた。二行割註部分は（　）

　　活言三世
　　　本語「デリー。テイデン。デル。ウェルクウォールデン」ト云。即チ活言三世
　　　ノ義ニシテ過現未ヲ云ナリ。蓋シ過現未ハ活言ノ他絶テ関係スル事ナシ
これにしたがって，以下つぎのように展開している。

　　現在
　　　本語「テーゲンウヲールヂゲ。テイド」ト云。即チ現在ノ義ニシテ今現ニナス
　　　所ノ能所中ヲ云ナリ。故ニ「風が吹く。花がちる」ト云ガ如ク。うくすつぬふ
　　　むゆるうえけせてねへめえれゑノ一字ヲ履トシ訳スベキ也。仮令バ
　　　　○ik stootuwe.（吾ハ汝ヲ打[つ]）
　　　　○Spaanse vrouwlud gebruiken veel blanket.（伊斯把泥亜ノ婦人ハ多ノ
　　　　　白粉ヲ用[ふ]）
　　過去
　　　本語「ホールレーデン。テイド」ト云。即チ過去ノ義ニシテ既ニナシ了タル所
　　　ノ能所中ヲ云フ。又是ニ三等アリ。各少異ヲナセトモ共ニいきしちにひみいり
　　　ゐノ一字ヲ履トシ訳スベキナリ。左ニ示ス
　　　未成過去（以下未過ト云者是ナリ）
　　　本語「ヲンホルコーメン。ホールレーデン。テイド」ト云。即チ未成過去ノ義
　　　ナリ。是過去ノ全ク成ラズ現在ヘカヽル意アル所以ニシテ「雪の降し。花を見
　　　た」抔ノありし。見たノ類ヲ云。仮令バ
　　　　○ik schreef, toen hij mij riep.（吾ハ彼ガ[呼びし]時ニ書タ）
　　　　○Salmon had drie honderd wijven, en zeven honderd bijwijven.
　　　　　（「サロモン」ハ三百ノ妻ト七百ノ妾ト[ありき]）
　　　全成過去（以下全過ト云者是ナリ）
　　　本語「ホルコーメン。ホールレーデン。テイド」ト云。即チ全成過去ノ義ナリ。
　　　是過去ノ全ク成タル所以ニシテ「雪は降たり。花を咲けり。抔ノたりけりノ類
　　　ヲ云。仮令バ
　　　　○ik heb middagmaal gehouden.　吾ハ午飯ヲ食ヒ[たり]
　　　　○Daar zijn van 't jaar weinig apelen geweest.　彼処ニ今ネンハ果ガ少
　　　　　シバカリ[ありき]
　　　過去過去（以下過過ト云者是ナリ）
　　　本語「メール。ダン。ホルコーメン。ホールレーデン。テイド」ト云。即チ過
　　　去ノ過去ノ義ナリ。是過去ノ重ナリタル所以ニシテ「てあつた。たヨリ前ニ何
　　　何したノ類ヲ云。仮令バ
　　　　○ik had geeindigd, eer hij kwam.　吾ハ彼ガ来たルヨリ前云ヒたり

未来
本語「ツーコメンデ。テイド」ト云。即チ未来ノ義ニシテ未タ為サヾル所ノ能所中ヲ云ナリ。故ニ「雪が降ろ。花が咲こ」抔ノ如クあかさたなはまやらわおこそとのほもよろをノ一字ヲ履トシテ訳スベキナリ。仮令バ
○ ik zal schrijven.　吾ハ 書こ
○ Wilt gij morgen komen?　汝ハ明朝来タ ろと思ふ カ

以上、ここでは一々について論評しないが、藤林のまとめは中野柳圃以来約半世紀余の間に流布発展していった蘭文法の到達点を示すものであり、やがて英学ほか諸外国語の文法理解の基礎を成したのである。
　こうして時制の把握が蘭語理解において確実になされたさまがよくわかる。文法用語は概念内容の一般化ないしは抽象化の結実であるだけに、表面に現れるターミノロジーの如何は今後も問い続けられなくてはならない。
　中野柳圃の文法研究で果たされた時制の認識は蘭語学史全般を通じて大きな影響力を与え続けたことがよりいっそう明瞭になるものと思われる。

　なお主として杉本つとむ（1976）、（1977）の研究成果を踏まえつつ、私見を加えて記述した。

文献
岡田袈裟男（2002）「オランダ語の翻訳・研究史に生まれた文法用語―徳川日本の言語学環境の下で」国文学解釈と鑑賞　至文堂
杉本つとむ（1976）『江戸時代蘭語学の成立と展開―長崎通詞による蘭語の学習とその研究』早稲田大学出版部
杉本つとむ（1977）『江戸時代蘭語学の成立と展開―蘭学者による蘭語の学習とその研究』早稲田大学出版部
松村明・古田東朔監修（1999）『近世蘭語学資料・第4期・和蘭文法書集成』ゆまに書房

第9節　唐話・蘭語・日本語対照辞典としての『改正増補蛮語箋』
　　　　　―江戸における唐話学・蘭語学・日本語学の交渉を探る

1　『改正増補蛮語箋』をめぐって
1-1　森島中良と箕作阮甫

　箕作阮甫は1848（嘉永1）年に『改正増補蛮語箋』を刊行する。最初の日蘭辞典といわれる『蛮語箋』（一巻一冊。森島中良編，初刊は『類聚紅毛語訳』1798（寛政10）年(注1)）を基に成立した辞典だった。

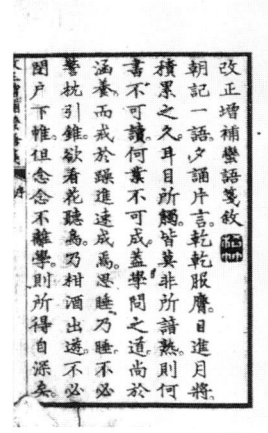

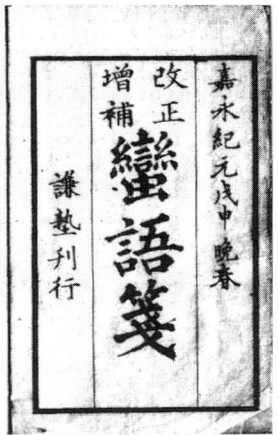

　　　　　　　　　　　　　　　　　　底本『蛮語箋』は1859語の語彙を16部に分類して配列し，世界の地名・国名を「万国地名箋」として付載した。しかし，蘭語のスペリングはアルファベットでなく，カタカナで記述している。また「神仏」部は目次に「此条姑闕」と書かれ，あらかじめ省略されている事実を示した(注

『改正増補蛮語箋』扉

2)。箕作は『蛮語箋』を踏襲するが，一部の語彙を削補し，さらに「言語」部を独立させる。ここに「日用語法」と呼ぶ会話表現を加え二巻の辞書とした。また蘭語をカタカナとともにアルファベットでも記したので，森島の時には不可能だった蘭語との対照辞典編纂の基本部分が整備された。二つの辞書についてはすでに評価が定まり「日蘭辞典」として外国語対照の辞書史に記述されている。しかし，『改正増補蛮語箋』巻二の「言語」部の一部と「日用語法」のパートには日本語，蘭語のほかに中国近代語とも対照された事実を確かめることができる。

　これまで『蛮語箋』の見出し語彙に明清の口語（白話・唐話・中国近世俗

語などの呼称がある(注3)）が反映していることは明らかであったが，だからといって，これを三つの言語が対照された辞典であるとして評価することはなかった。さらに明清の口語についてこれを対照言語研究の俎上に上せることもなかった。

1-2 唐話と文学・語学研究

近世期，文学・言語学の環境には文言（文語）で書かれた文献のほかに，白話（口語）で書かれた多くの書籍が舶載された。日本近世文学史の上では，中期以降「読本」のジャンルが形成されたが，それは中国白話小説の受容と翻案，翻訳の影響下に成立し滝沢馬琴に至ってピークに達している。このことはよく知られたことだが，日本語史の分野では，音韻研究のフィールドを除けば，今日に至るまで唐話・白話の日本語環境に及ぼした影響についての研究はほとんどなされていない。

むしろ明清の口語が多く移入された事実を認めながらも，これらは古代以来積層される漢語語群の内部に置かれ，そのカテゴリーの内部で処理されてきた。しかし元禄～享保期の岡島冠山以来蓄積されてきた唐話学が江戸の知的分野にもたらした影響はひとり文学史にとどまらない。とくに白話語彙は時間の推移とともに血肉化して日本の漢字文化の流れの中に吸収されてきた。それは漢語・漢文を本来外国語の範疇にあるものと感じない文化にとって，自明のことであったかもしれない。

けれども中国近代語を中国古代語と同じように扱うことについては一定の配慮が必要である。今日，現代のシノワをいわゆる漢文と同じカテゴリーで捉えようとする見方はまずみられない。同じように現代語に近接する明

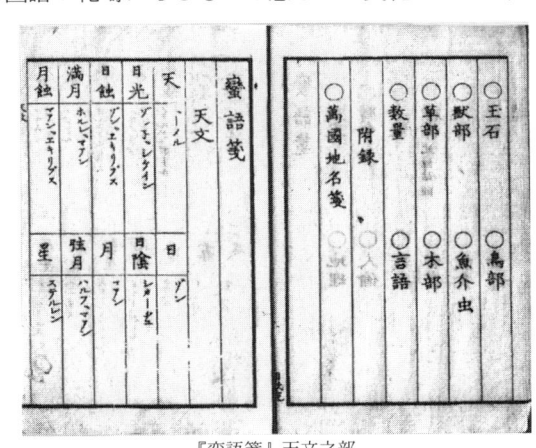

『蛮語箋』天文之部

清の白話は古代語に求めた伝統的な漢文訓読の読み方にはなじまない。したがって古代語と同じカテゴリー内で唐話を処理しきることには無理がある。ただ単に漢語の語彙として語彙論のカテゴリー内にのみ閉じ込めておくだけでは白話文を正確に掌握するには至らない。このことから江戸における明清の口語語彙の取り扱いの方法については再考される余地を残している。

　そのため，こうした言語事象は『改正増補蛮語箋』の評価に際しても考慮される必要がある。森島中良が『蛮語箋』を日本語と蘭語の対照と意図したことは明らかである(注4)。森島中良にとっては唐話が伝統的に受容されてきた漢語史上にある群れでしかなかった。

　しかし，一方で唐話の存在をかなり意識していたことがわかる。また，編者の意図がどのようなことであったにしても，評価はいつも対象が内包する諸事象によって把握される。おそらく無意識裡に唐話を新たな漢語であり，伝統的に受容された漢語とは差異があるものとしてとらえたのである。

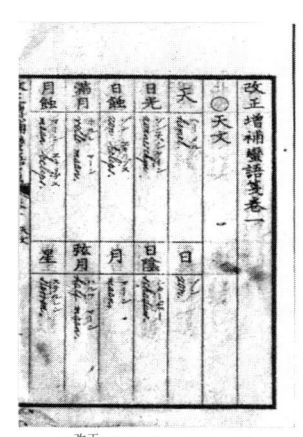

　『蛮語箋』の記述法は，たとえば「机案―タフル」と「唱曲冊―リイデブック」のように二つの形式で記述されている。二語はともに白話の語彙だが，森島は見出しの表示を「唱曲冊」の右横に平行して「ウタノホン」と書いている。「机案」にはこれ以外記述はない。『蛮語箋』の見出し語のほとんどは漢字語であり，このような日本語の表示の施された語彙は1859語の見出し語に対して，762語で全体の約40パーセントを占める。

『改正増補蛮語箋』天文之部

　見出しの漢語に並行するカタカナ表記は一見するとルビにみえるが，いわゆる当て読みである。したがって，これを単純にルビと呼ぶことは妥当ではない。むしろ，蘭語に対照される見出しの白話語彙にさらに対照された日本語の表示とみなすことができる。

　たとえば「唱曲冊」と「ウタノホン」の関係は単純に漢字語とルビによる読みの関係を示さないからである。この場合「ショウキョクサツ」などとあ

第9節　唐話・蘭語・日本語対照辞典としての「改正増補蛮語箋」

れば漢字語の読みを指すことになるが，「唱曲冊」に対する「ウタノホン」は当て字ともいえず，二国語間の置換を意味している。これは現代語に生きる「小豆」を「あずき」といい，「老舗」を「しにせ」と読む関係とまったく同じである。これはたとえば「犬」に「dog」と振って読ませる関係と変わらない。要するに異言語間における同一物への指示を関係付けたのにすぎない。

　また，唐話「唱曲冊」に対照される「ウタノホン」は三つの単語からなっていて，一語ではない。これは『蛮語箋』が蘭語の翻訳を見出しとする日蘭辞典であることに起因しているからである。日本で最初の日蘭辞典の作られ方が蘭語の日本語訳見出し語とした日蘭辞典であることに注意しなければならない。森島は辞典編纂にあたって，蘭語の翻訳に多く唐話語彙を採用しているが，妥当する訳が単語で見つからない場合には，句形式の訳を見出しとして立てたことになる。それが収載された語彙の六割に日本語表示がない理由である。

　ひるがえってみれば，編者森島中良は蘭学ばかりでなく漢学・唐話学への関心も深く，晩年には唐話辞書で最大規模の『俗語解』の改編を企図した。若い日々にはまた唐話の学習の痕跡を今に残している(注5)。さらに黄表紙，洒落本，読本，狂歌の作家として近世中期の文芸界を担い，さまざまな表現の方法へ関心を示し，和漢洋の学に通じていた。

　箕作はこの『蛮語箋』を批判的に摂取し，新たな構築をはかったのである。しかしその時点で箕作もまたどれほど唐話に通じていたかは明らかではない。しかし個的な問題にとどまらず，森島も含めての近世期の知識人がどれほど新旧の漢語について峻別していたかは今後の研究に委ねられる。

　とはいえ，いずれにしても『改正増補蛮語箋』についても新たな視点の導入が必要であり，そのような観点から本辞典について改めて解析を試みたいと思う。なお，巻一は森島中良の『蛮語箋』をほとんどそのまま踏襲しているので，ここに箕作の独創性を見出すことはできない。したがって箕作のオリジナルになる巻二「言語」部「日用語法・会話一・会話二」部が考察の対象領域となる。

2.「言語」部「日用語法」の検討
2-1 箕作阮甫の編集方針
『改正増補蛮語箋』には「凡例四則」があり，そこには以下のように記されている。(漢字は現行字体に改めた)

　　一此書，原係森島忠良撰，忠良寛政間人(ママ)，当時洋学未甚明，訳語往往失確当，至地名箋尤甚，因補正数欵

　　一原本毎語下，独用邦字訳彼語，今改而訂之，并載西字，蓋以我仮名，写彼字音，固欠妥当，用字愈密，鈎口愈甚，猶拙画師写人物小照，終不能肖其髣髴，不如彼我相照，縦横迭発，使易領其大綱之為便，此改正之主意，非敢僭越自擅，以没作者苦心也

　　一原本本為目不暁洋字者而作，然以今観之，通洋字習洋語，非甚難事，且即記一語，不通原字，則不能得其本旨，以適其用，故篇首先洋音二十六頭字三体，次挙其四十八音対訳例，使以暁其配音大法，学者苟熟之，天下無不可上口之語，無不可登筆之音，於字学至為簡便

　　一人事部，原本甚略，今太半改訂増補，依毎語性品，以類相従，以示文法端緒，下更挙会話三篇，以表成句大法，学者玩索此書，於読洋文，蓋思過半

　ここに明らかなように，「凡例」には本文の具体的な記述内容について，蘭語原綴を設けたこと，会話文，文法への配慮について記している。とはいえ，記述方法の詳細が具体的にどのような方針であったかはわからないので，本文の記述形式を整理することから帰納する以外には判明しない。

　したがって，編者が蘭語と対照される唐話・日本語の二語を意図的に記述しようとしたか否かにかかわらず，現実には「言語」部の一部と「日用語法・会話一・会話二」部のすべての例に唐話文・蘭語文・日本語文三語の対照事実が観察されることから，これを箕作阮甫による三語の対照をはかっていたものと認定し，以下観察結果の実態について明らかにしたいと思う。

2-2 文法カテゴリーと品詞名
　本書，第一冊目の目次「改正増補蛮語箋目録」には「巻二言語」とし下記の「」内にみられるような文法用語の表示があり，つぎに「日用語法　会話一　会話二」がおかれている。また第二冊目の本文では品詞別に蘭語の原綴を表示し，必要に応じて下位カテゴリーを設けている。つぎの表1は箕作のターミノロジーに応じて，現在一般的に呼称される文法用語と対照し，収録

第9節　唐話・蘭語・日本語対照辞典としての「改正増補蛮語箋」

される語数を示したものである。

表1　『改正増補蛮語箋』文法用語表・収録語彙数

品詞名	蘭語品詞名	現代品詞名	収録語彙数
「依頼名字」	bijvoegelijk　naamwoord	形容詞	129語
「添字」	Bijwoord	副詞	34語
「動字」	（werkwoorn）	動詞	全130語
自	Onzijdige（werkwoorden）	自動詞	47語
自能			4語
能	bedeijvende（werkwoorden）	他動詞	68語
能自			6語
所	lijgende　werkwoorden	受身動詞	4語
「代名字」	（voornaamwoorden）	代名詞	全49語
人品	persoonlijk（voornaamwoorden）	人称代名詞	39語
指示	aanwijzende（voornaamwoorden）	指示代名詞	4語
承接	beterkkelijk（voornaamwoorden）	関係代名詞	6語
疑問	vraagede　voornaamwoorden	疑問代名詞	0語
「処前字」	Voorzetsels	前置詞	78例
「接続字」	Voegwoorden	接続詞	17語
「嗟嘆字」	Tussechenwerpsels	間投詞	6語

　表注：「依頼名字」は蘭語学史上，箕作一人にみられるだけの形容詞への名づけである。18世紀第Ⅳ四半世紀に元長崎通詞中野柳圃（志築忠雄1760宝暦10-1806文化3）がラテンの伝統文法にしたがう蘭語文法原著の翻訳受容によって本格的な文法研究を著わすようになってから，形容詞を名詞のカテゴリー内で扱うために"bijvoegelijk voornaam woord"とされ，"voornaamwoord"（名のためのことば）の翻訳語に「名字」があてられている。また動詞は自動詞・他動詞以外に両様に用いられる語を自能・能自に分ける。受身の動詞はこれが独立的にとらえられ，早く中野によって「被動詞」と名づけられ多くの文法研究著述に使われてきているが平行して「所動詞」とも呼ばれた。ここにはまた自，能，所で「助字」とするものが一語ずつあるが，動詞であると同時に助動詞の働きをもつ基本動詞を意味し「自zijn，能hebben，所worden」をいう。なお「助字」は漢語学の文法カテゴリーの三分類「実字・虚字・助字」であり，蘭語学史では初期から蘭語品詞の名づけに使用された。箕作の段階では「助動詞」が一般性を獲得していたから「助字」は古い。ちなみに青木昆陽から前野良沢など江戸の蘭学者は文法的な蘭語把握には未熟な段階にあり，ほとんどの単語を「助字」とした(注6)。

2-3　見出しの記述形式

　見出しには漢字・漢語が用いられている。「依頼名字」「添字」「動字」「接

203

続字」で単語表記,「嗟嘆字」で使用時,「処前字」で用法が句例によって示されている。つぎに，表記の方法はつぎのように観察される。

A 「依頼名字」「添字」「動字」「接続字」
　1）漢字のみの見出し
　　1 単漢字　例：無 niet 6オ・亦 ook 6ウ
　　　　　　　　　　ニート　　　ニート　　　　　ヨーク
　　2 二字の漢字　例：此処 daar, 其後 waar 6ウ 於_此處 ter dezer plaats 6ウ など副詞にみられる。
　　　　　　　　　　　ダール　　　　　ウアール　　　　テ　　テル デーカル プラーツ
　2）漢字・漢語の見出し
　　送り仮名的な表示（送り仮名的表示は原則として漢字の右下）
　　1 漢字＋カナ
　　　　例：善 — goed（形）1オ, 沈ム — zinken（動）7ウ, 安寧 — gerust（形）2オ
　　　　　　　　　　グード　　　　　　　　　ジンケン　　　　　　　　　　　グリュスト
　　2 単漢字＋漢字の右に日本語カタカナ表記
　　　　　　ラクビイヨウナル　　　　　ラフ・ハルチフ
　　　　例：怯 — lafhartig 4オ
　　3 単漢字＋漢字の左に日本語カタカナ表記＋右下にカナ
　　　　　　ノ　　　　　　ヲイトウェンデフ
　　　　例：表 — uitwendig 1ウ
　　　　　　ヲモテ
　　4 二字以上の漢字＋漢字の右にカタカナ表記
　　　　　　　コヘ　タル　　フェルチフ
　　　　例：肥 的 — vertig 1ウ
　3）レ点, 一・二点を施した漢文訓読方式の見出し
　　　　　　　ル　　　　　スキュルヂフ
　　　　例：有レ罪 — schuldig 5オ
　　　　　　ナラゼル　　　　　ヲンドイドレイキ
　　　　　　不二明白一 — onduiclelijk 5オ
　4）句文形式の見出し
　　　　　　　　　　　　　　ホーフヂフ
　　　　例：頭ガキレル — hoofdig 5オ
　　　　　　　　　　　　　　　　　　　ボイキフ
　　　　　　肚 裡 有 病的 — buikig 5オ
　　　　　　　　　　　　アシ

B 「嗟嘆字」
　見出しは語の運用時を説明している。　例：悲ム時 — ach, 嗚呼
　　　　　　　　　　　　　　　　　　　　　　　　　　　ア

C 「処前字」
　見出しは前置詞の具体的な運用例を示すための句文例になっている。
　　　例：攀_高山_上 — op een hoog berg klimmen. 19ウ
　　　　　　　　　　　　ラツプ エーン ホーグ ベルグ キリムメン
　　　　　　　　上ニ3　　高キ1　山ノ2　登ル4
　2）「日用語法・会話一・会話二」部
　　見出しの例文表示は「言語」部の「処前字」の記述形式と同じである。
　　　例：我不レ道得_仏蘭西_ — ik durf geen Fransch spreken. 42オ
　　　　　　　　　　　　　　　　　イキ デュルフ ゲーン フランシュ スプレーケン
　　　　　　　　　　　ワレ1 得5 ナキ2 フランスヲ3 言ヒ4

204

以上のように,「言語」部全体を観察すると蘭語訳が主体に置かれ,対照
される訳語の見出しになっている。単語レベルでは日本語・唐話,二語の記
述があり,若干の句・文がある。見出しはすべて蘭語の文法カテゴリーにし
たがって整理され,記述されたことが明瞭である。そのことは「A4)句・
文形式の見出し」の例がはっきりと示している。句・文形式の見出しはこの
二例だけだが,日本語の側からはこれらを一語の形容詞としては認めること
ができない。
　このような例は明らかに蘭語の文法カテゴリーに属する形容詞を翻訳し,
それをそのまま見出しとして掲げた事実を示している。したがって,この点
からみれば『改正増補蛮語箋』巻二は翻訳された語・句・文を基本として見出し
を立てていることがわかる。
　なかでも「言語」部の「処前字」,「日用語法・会話篇一・会話篇二」に立
てられた見出し句文が唐話文である点が注目される。単語の対照と異なって,
訓読が施された明清の口語表現であることが明確である。この事象について
はすでに指摘があるが分析には至っていない(注7)。また日本語は上の2例に
みられるように,蘭語の句や文に並列して記され,数字で記された蘭語語順
にしたがって訳文が導かれている。したがってこの記述から『改正増補蛮語箋』
が唐話・蘭語・日本語三語の対照をなしている事が判明する。

2-4 「言語」部の分析
-ⅰ 「依頼名字」(形容詞)

　箕作は形容詞と副詞とを同じカテゴリーで扱っている。形容詞は「善グー
ド goed」ほか129語が収められ「悪」「美」「醜」のような漢字一語で示
された語は日本語語彙として認められるが,なお異質の要素が観察される語
彙がある。以下タイプを分けて記す。
　　なお,( )内は見出しにおいて漢字と並列される日本語カタカナ表記を示している。Dは漢字
　漢語の右にあることを,Gは左にあることを,(一)は日本語が表示されていないことを示す。以
　下このような表記を「日本語」の表示として扱い「ふりがな」とは呼ばない。数字とオ・ウは丁
　数とその表裏を示し例の収載個所を示す。

-i-1 「依頼名字」における見出しの型
-i-1-1 一字の漢字見出し

　　裡ノ　　inwendig　1ウ
　　ウラ

　この語は「表 uitwendig」と対になる。現代北京語 Li でも inside を意
　　　　　　　ヲモテ
味する日常語の指小辞としての働きをもつ。

-i-1-2 二字の漢字見出し

　二字の漢語で示された形容詞は，一字の漢字表記と比べれば語彙的にみて
日本語語彙のパラダイムにおいては常識的ではない。つぎの表2にはここ
に観察されるすべての二字漢語形容詞語彙の見出しに示されている例である。
ここには示された形式にしたがって記述するが，見出しに記された日本語カ
タカナ表記は＜日本語＞欄に示した。また，語の出自を確かめるために以下
のような調査をした。
　1 現在中国の最大規模の辞書『漢語大詞典』(上海辞書出版社刊) では登
　　載の有無と明清期の出典の確認　→漢
　2 現在中国でポピュラーな『現代漢語詞典』における登載の有無　→現
　3 現在日本で最大規模の辞書『日本国語大辞典』(小学館刊) に登載の有
　　無と近世期の出典の確認　→日
　いずれも一般的な辞書の調査によって，語彙の一般的使用事実を確認しよ
うとしたものだが，なお，箕作と同時代における漢語使用の事実については
規模が大きくなるので，詳細については別稿に委ねる。また一方では，箕作
の蘭語翻訳環境の調査のために『蛮語箋』，『ハルマ和解』(早大本)，『和蘭
字彙』との比較を試みた。

表2　「依頼名字」二字の漢字見出し

順	見出し	蘭語カナヨミ	蘭語原綴	蛮語箋	和蘭字彙	ハルマ和解 (早大本)	漢	現	日
1	顕露 ウハムキノ	ヲイテルレイキ	uiterlijk		外向キノ	外・表	○	○	○
2	陰私 ナイシヤウノ	インエルレイキ	innerlijk		内心ノ	内ノ方	○	○	○
3	閑寂ヒ シヅカナル	スチル	stil		静ナル	静然	×	×	○
4	安寧 ナル	ゲリユスト	gerust		静ナル・ 落付テヰル	柔和・穏静	○	○	○

第9節　唐話・蘭語・日本語対照辞典としての「改正増補蛮語箋」

順	見出し	蘭語カナヨミ	蘭語原綴	蛮語箋	和蘭字彙	ハルマ和解（早大本）	漢	現	日
5	随宜(ホドヨキ)	ゲフーゲレイキ	gevoegelijk		寛容ナル	便用・随宜	×	×	○
6	唐突(ツキダシ)	ストーチフ	stootig		衝キタガル1	獣ノ角ニテ突ク	○	○	○
7	四角(ナル)	ヒールカンチフ	vierkontig		四角ナル	方形ナル	○	×	○
8	八角(ナル)	アクトカンチフ	achkontig		八角ノ2	八稜2	○	○	○
9	滑澤(ヌメヅク)	ガラヅド	glad	ガラット滑澤	滑カナル	平	○	×	○
10	糙渋(ザラツク)	リユウ	ruw	ラウウ糙渋	ガサツク・アラ	野鄙	×	×	×
11	不幸(フシアワセナル)	ヲンゲリュッキフ	ongelukkig	不幸ヲンゲリユツキフ	不幸ナル	不幸			○
12	仁温(ナル)	フリーンデレイキ	vriendlijk		叮嚀ナル・懇ナル	懇切ナル	×	×	×
13	吝嗇(ナル)	ギーリク	gierig	吝嗇(シワイ)ギイリク	吝嗇ナル	吝嗇	○	○	○
14	遜譲(ナル)	ゲホールサーム	gehoorzaam		謙ル・叮嚀ナル・畏ル・順従ナル	言ツケヲ善ク守ル	○	×	○
15	謹慎(メンミツナル)	ホールシクチフ	voorzigtig	慎ホールジクチフ	用心スル	（預用心スル）人	○	○	○
16	虔潔(シンジンナル)	ゴッドフリユクチフ	godvruchtig		信心ナル3	神ニ事ル人	○	×	×
17	忠実(マメヤカナル)	トロウ	Trouw		忠節ナル・実義ナル・頼モシゲナル	忠誠・懇篤	○	○	○
18	和平(ナル)	フレードナーム	vredzaam		平和ヲ好テ居ル	穏静・和順	○	○	○
19	希有(ナル)	セルドサーム	zeldzaam		稀ナル・奇妙ナル	異常ナル・特ニ	○	○	○
20	明白(ナル)	ドイデレイキ	duidelijk		明ナル・精キ	明ラカ	○	○	○
21	切須(ナル)	ノードサアケーイキ	noodzakelijk		要用ナル	要用	○	×	×
22	精密(ナル)	ナーユウケウリフ	naauwkeurig		細密ナル	詳密	○	○	○
23	十分(ナル)	ゲヌーグサーム	genoegzaam		充分ナル・充分ニ	十分ニ集ル・多クアル	○	○	○
24	快快(タル)	テレウリフ	treurig		悲テ居ル・歎テ居ル	悲哀・怯懼スル	○	○	○

第Ⅱ章　蘭語学史の諸相

順	見出し	蘭語カナヨミ	蘭語原綴	蛮語箋	和蘭字彙	ハルマ和解（早大本）	漢	現	日
25	疑待（トリモチヨキ）	ガストフレイ	Gastvrij		人ヲ我方ニ留置キテモテナス	宿賃ナシニ旅舎ヲ恵ム事カ	○	○	○
26	開豁（ナル）	レーフェンジフ	Levendig		活キ活キトシタル4	活動・敏達	○	○	○
27	沈毅（ナル）	ソーベル	Zober	－	－	－	○	×	○
28	手快（キ）	ハンジフ	Handig		手ニ利テ居ル・手早ク	速・手早キ	○	○	×

　表2注　1 stootig の同義語 stootsch として　2 achthoetig achtkantig　3 godvrugtig ch＝g　h 表記のゆれ

　表2にみられるように，ほとんどの例は中国に典拠が認められるが，二字漢語の形をしていても典拠のない語彙がある。「随宜」は日本語史では仏教語とされ，日蓮関係の法語，文書に出る。しかし，4・8についてはシノワの語彙としての用例がみられない。「閑寂」は今日でも使用されるが，日本語史の上では芭蕉の『幻住庵記』に「ひたぶるに閑寂を好み」とあり，一方「わび・さび・しほり」などとともに蕉門の美的理念を表わす概念の一つである。8の「價貴」は『漢語大詞典』になく，二字の漢語として古い用例も現代のシノワにも，また日本語史上，『改正増補蛮語箋』の時点までこの用例がみられない。因みに，『蛮語箋』では「デユール（duur　筆者）高値」「グードコープ（goedekoop　筆者）下値」である。会話例にも「夫ハ高値ジャ　ダーツ　チュールコープ（Dat is duurkoop. 筆者）」「夫ハ下値ジャ　ダーツ　グードコープ（Dat is goedekoop. 筆者）」とある。

　『改正増補蛮語箋』の場合，森島中良の翻訳を採用していないわけだが，「價」が「価格」を示し，「貴」にはシノワに形容詞「(値)の高い」意味がある。「貴」は今日でも普通話で「(値が)高い」という意味で使われ，反義語「便宜」に対応する日常語である。一方蘭語 "kostbaar" は英語の "costly precious" にあたり「値が高い」という意味がある。

　したがってこれが蘭語に対応する翻訳語として創出された可能性がある。また見出しには対応する日本語表記がないので読みが不明であるが，他に「頭ノヨキ」という見出し例からみると，形容詞語尾「キ」の表示を含めて，

「ネノタカキ」というように箕作は読んだかもしれない。

ただ，実際こうした推理を裏付ける資料として本辞典の刊行後万延元年刊村上英俊編『五国語箋』がある。

これにはつぎのような語が登載されている。

せの部　cher（セール）　フ　價貴（ネノタカキ）　下47オ
あの部　duur（デユリル）　オ　價貴（ネノタカキ）　下30ウ
あの部　durance（デユランセ）　エ　價貴（ネノタカキ）　下30ウ

上のように本辞典にはフランス語，オランダ語，イギリス語の三語が記述されている。

またさらにつぎにみられるように「價貴（ネノタカキ）」の反意語が「賤價（ネノヤスキ）」の語形式で登載されている。巻頭の「五国語箋総目」「ねの部」にしたがって引くと，以下のように「索引」の指示がある。

價貴（ネノタカキ）　下ノ二九，四七
賤價（ネノヤスキ）　上ノ十　下ノ十四，四七

これら反意語の関係をなす「賤價（ネノヤスキ）」を引くと，つぎのようにみえる。

せの部　cheap（セーブ）　エ　賤價（ネノヤスキ）　下47オ
ほの部　bonmarche（ボンマルセ）　フ　賤價（ネノヤスキ）　上10オ
くの部　goedkoop（グードコープ）　オ　賤價（ネノヤスキ）　下14オ

以上のように，この事実は新しい漢語が作られるときの一つの傾向を示しているが，その良し悪しはともかくとして，漢字の性質をみると蘭語からの翻訳を系由して，このような語が出来上がってきてしまうのである。日本語の翻訳過程にはこうしていかにも漢語らしい装いをもった日本製漢語が少なくない。

なおここで，『五国語箋』との直接的類縁性を示す編者村上英俊の証言はないのだが，「箋」を名乗る語彙集が幕末から明治に至って出版されている傾向からみると，村上英俊が『改正増補蛮語箋』に習った可能性は否定できない。

-ⅰ-1-3 「的」のある見出し

表3 「的」による見出し

順	見出し	日本語	蘭語		箇所
			原綴	カタカナ表記	
1	肥的	コヘタル	vettig	ヘッチフ	1ウ
2	痩的	ヤセタル	mager	マーゲル	1ウ
3	痛的	ーアル	pijnlijk	ペインレイキ	5ウ
4	頑的	カタクナナル	geloovig	ゲローフィフ	5ウ
5	限定一所的	イッショヲカギリサダムル	plaatselijk	プラーツェレイキ	5ウ
6	好的	ヨキ	wel	ウェル	5ウ
7	悪的	アシキ	kwalijk	クワーレイキ	5ウ
8	永遠的	ナガヽルベキ	duurzaam	デュールサーム	5ウ
9	貌視的	コソニミル	versmaadelijk	フルスマアデ、レイキ	5ウ
10	来的	キタルベキ	komelijk	コーメ、レイキ	5ウ
11	買的	ー	koopelijk	コーペ、レイキ	5ウ
12	歩的	アユンデ	te voot	テ フート	6オ
13	可分解的	ワカルベキ	deelbaar	デール、バール	6オ

「的」は中国の現代語においても変わることなく名詞を修飾する語を支える。

-ⅰ-1-4 訓読形式の見出し

表4 訓読形式の見出し 否定

順	見出し	蘭語		個所
		原綴	カタカナ表記	
1	不ᴸ馴	wilde	ウィルデ	3オ
2	不ᴸ斎	ongelijk	ヲン、ゲレキ	3ウ
3	不ᴸ惜ᴸ財 (Gキレル)	milddadig	ミルドダージフ	4オ
4	不ᴸ可ᴸ称	onaangenaam	ヲ、アアン、ゲナーム	4ウ
5	不₂忠信₁	ontrouw	ヲン、トロウ	4ウ
6	不ᴸ明白	onduidelijk	ヲン、ドイデレイキ	4ウ

なお，否定の見出しには「不幸（フシアワセナル）ongelukkig 4オ」，「不親切ナル niet vriendelijk 4オ」のように訓読を付さない例もあるので，箕作がこれらをはじめから日本語語彙と認めていた証であると考えられる。

第9節　唐話・蘭語・日本語対照辞典としての「改正増補蛮語箋」

表5　訓読形式の見出し　肯定

順	見出し	蘭語		個所
		原綴	カタカナ表記	3ウ
1	可ㇾ愛(キ)	beminnelijk	ベミンネレイキ	3ウ
2	可ㇾ恨(キ)	haatelijk	ハアテレイキ	3ウ
3	可ㇾ恐(キ)	vresselijk	フレーセレイキ	4オ
4	有ㇾ礼(ル)	beleefd	ベレーフド	4オ
5	無ㇾ礼(キ)	onbeleefd	ヲン，ベレーフド	4ウ
6	可ㇾ謝(キ)ス	dankbaar	ダンキバール	4オ
7	可ㇾ称(キ)	aangenaam	アーン，ゲナーム	4ウ
8	可ㇾ意(ナルニ)	behaagelijk	ベハーゲレイキ	4ウ
9	可ㇾ扶(キ)	behulpzaam	ベヒュルプサーム	5オ
10	有ㇾ罪(ル)	schuldig	シキュルヂフ	5オ
11	無ㇾ罪(キ)	onschldig	ヲン，シキュルヂフ	5オ
12	可ㇾ議(キ)	raadzaam	ラード，サーム	5オ
13	肚裡(ニ)有ㇾ病(ルアシ)的	buikig	ボイキフ	5オ
14	易(ク)砕(ケ)	breekbaar	ブレーキバール	5ウ
15	有ㇾ價(ヒ)的	waardig	ウワールヂフ	5ウ

「可」は「ベキ」「ベシ」，またこれを音読して「ナル」に訓読されることから日本語形容詞にカテゴリー的対応をもっている。

i-2　「依頼名字」における形容詞型の分類

また，箕作が形容詞としてあげた見出しを語末の型によって分けるとつぎのように観察される。(蘭語のカタカナ表記は省略)

　　―1 キ型　　例：長(キ) lang 1ウ
　　―2 タル型　例：汚(レタル) morsig 1オ
　　　　「的」一字漢語　例：肥(コヘタル)的 vettig 1ウ，好(ヨキ)的 wel 5ウ
　　　　　　　二字漢語　例：永遠(ナガヽルベキ)的 duurzaam 5ウ

211

―3 ナル型　一字漢語　例：小ナルklein 1ウ　速ナルvroeg 2オ
　　　　　　二字漢語　例：四角ナルvierkantig 2ウ,　閑寂シヅカナルstil 2オ
―4 ノ型
　　　（名詞＋ノ）例：表オモテノuitwendig 1ウ,　裡ウラノinwendig 1ウ,
　　　　　　　　　　　真マコトノwaar 3オ,　右ノregter 2オ,　左ノlinker 2オ
―5 分詞型（動詞）
　　　ル型　　　　例：曲レルkrom2ウ,　富メルrijk2ウ,　馴ルルtam 3オ,　不馴サルレwilde 3オ,
　　　　　　　　　　　悲メルdroevig 3ウ
　　　ツク型　　　例：糙渋ザラツクruw 3オ,　滑沢ヌメヅクglad 3オ

　上記の例を日本語の側から観察すると，形容詞のカテゴリーには本来属さない用例が少なくない。今日，一般的に日本語文法を記述しようというとき，現実のことばの認め方にしたがうと，形容詞は「い」で言い切るイ型と，学校文法では形容動詞と呼ぶ「な」で名詞にかぶさるナ型の二つを認める事が多い。その意味からいえば，箕作の組み込んだ用例のうち，文語的な「タリ」型は別として，4・5で挙げた事例は日本語文法のカテゴリーからみれば，形容詞の認め方として問題が起きる。たとえば「右の人」といえば，それは二つの名詞を格助詞「の」が結びつけた形であり，文法的観点を変えれば「右」は「ノ格」の名詞である。一方，5の例はすべて動詞で，ル型は連体修飾をとる形，ツク型はまた終止としても働く。このように，見出しの語彙から観察した結果は，改めてこれらが蘭語から導かれた翻訳語彙であることを裏付けている。たとえば，見出し「糙渋」は＜ザラック＞と表記されるが蘭語"ruw"は英語の形容詞"rough"にあたり，同時代の蘭日辞書『増補改正訳鍵』には"ruuw"(注8)で＜平滑ナラヌ，ガサツク，不骨ナル，烈キ，厳キ，粗野，愚鈍ナル＞が挙げられている。

　辞書で対照される語彙は必ずしも両語の文法カテゴリーに忠実ではない。いうまでもなく，それはシンタクスの差異を含めて，統語上，互いに交換可能な品詞へと翻訳操作が働くからである。したがって，ここでも箕作の辞典編纂時の意識に中心が蘭語にあったことを明らかにする。見かけは日蘭辞典であっても，箕作の残した現実は実際には蘭語主体の対照辞典を編集していることを示している。

第9節　唐話・蘭語・日本語対照辞典としての「改正増補蛮語箋」

ii　添字（副詞）
　　―一字の漢字　「常ニaltijd」「奇ナルaartig」「誠ニmet der daad」「猶nog」「諸・皆al・alle」「亦ook」「既ニreeds」「初メハeerst」「終リニeindelijk」
　　―二字の漢字語　後面　前面

　　　　這回(コノタビ) ditmaal 5ウ・即少(スナハチスクナクトモ) ten minste 6オ・別処(アルトコロ) elders 6ウ

　　―「的」のあるもの：歩的 te voet 6オ
　　―訓読形式
　　向レ己(ジシンニ) naar zig 6オ・以レ手(テヲモッテ) te hand 6オ・不レ然 neen 6オ・有レ時 somtijds 6オ・如レ是 dus 6ウ・於レ此処(ココニ) ter dezer plaats 6ウ・可レ分解的 deelbaar 6オ
　　「常 altijd 6オ」「奇 aartig 6オ」「誠 met der daad 6オ」「猶 nog 6オ」「諸・皆 al・alle 6ウ」「亦 ook 6ウ」「既 reeds 7オ」「初 eerst 7オ」「終 eindelijk 7オ」

iii　動字（動詞）
　　聚(ル) samenkomen 7ウ・臥(ネル) liggen 8オ・嚥下(スル) slikken 8オ・醒(ル) worstelen 8オ・角觝(スモフトル) worstelen 9ウ・商議(サウダンスル) raaden 9ウ・順従 gehoorzamen 10オ・還与(カヘスル) weergeven 10オ・罵誹 verwijten 10オ・欺瞞(ダマス) bedriegen 10オ・攪擾(フンベツスル) roeren 10オ・調習(ナスル) vermengen 10ウ・所 worden 10ウ・商量 oerwegen 11オ・洗浄(ヒフス) reinigen 11オ・着岸ス aanlanden 11ウ・慰藉(ナクサム) troosten 11ウ・貌視(コゾニミル) versmaden 11ウ・労碌 bemoeijen 11ウ・辛勤ス benaarstigen 11ウ・転戻(ネジマス) draayen 12オ・中レ意 behagen 10オ・可レ以 mogen 10ウ＜能フ＞

　　―訓読形式
　　向レ己掣引(テニヒク) naar zich haalen 11オ・向二後面一来(テ) achterwaarts komen 11オ・航二海(フネニ) zeevaren 11ウ・所レ試(ラルル) beproeven woorden 12オ・所レ打(ラルル) geslagen worden 12オ・所レ為(ルルナ) gemaakt worden 12オ・害(ジャマニスル) benadeelen 11ウ

iv　「代名字」（代名詞）
　　ここには「人品指示承接疑問四種代名字」として四分類した代名詞を取り上げている。トータルで49の見出し語が掲げられるが、このうち39語が「人品代名字」に属し、「指示代名字」に「是(カヲ) 4例」、「承接代名字」（関係代名詞　筆者）に「是所(カノ) 4例・誰所(カノ) 1例」がある。「人品代名字」については次項で一括して扱う。

v　処前字（前置詞）
　　於ツイテ　aan 7例，側・於 bij 9例，後 achter 4例，以・従 door 13例，内・

下 onder 6例，上・於 op 8例，コシテ over 4例，可・由 te 3例，於 ter 3例，之・自 van 5例，内・於 in 7例，前・ト・代 voor 7例，方・於 naar 6例
―訓読形式（読み順の数字は原漢数字）

　　従﹅戸出去　　　door de deur　　gaan　17ウ
　　　　　　　　　　ドール デ デウル　ガーン
　　　　　　　　　　ヨリ2　戸1　　　行ク3

　　従窓望見　　　　door het venster zien　17ウ
　　　　　　　　　　ドール ヘット フエンストル シイーン
　　　　　　　　　　ヨリ2　窓1　　　　　見ル3

　　儞用﹅誰﹅那些事　door wien wilt　gij　dat　doen　？　17ウ
　　テヲ コノヲ　　　ドール ウィーン ウィルト ゲイ ダット ズウーン
　　　　　　　　　　モツテ2 誰ヲ1 欲スルヤ6 汝ガ3 コレヲ4 為サント5

　なお，接続字（接続詞）に関しては「為﹅能（デキルヤウニ　右ルビ）opdat　25オ」があるが，嗟嘆字（間投詞・感動詞）にはみられない。
　　　　　　　　　　ヲップダット

2-5 「日用語法・会話一・会話二」部の分析

i 「日用語法」見出しの文体

　「日用語法」の文体について考える。本節では『改正増補蛮語箋』が従来評価されてきたように，単に蘭語と日本語を対照した辞典ではないことを前提に述べてきた。しかし，前項「代名字」で記したように，唐話文としての二人称表現における疑問が残る。二人称「君」を「儞」におきかえればノーマルな文体になる。

ii 人称の表現

ii-1 「代名字」にみられる人称のパラダイム

　「人品代名字」（人称代名詞）の見出し語と訳語とは以下のようなパラダイムを示している。

第9節　唐話・蘭語・日本語対照辞典としての「改正増補蛮語箋」

表6　「代名字」にみられる人称パラダイム
蘭語

人称	性	第一格		第二格		第三格		第四格	
		単数	複数	単数	複数	単数	複数	単数	複数
1		ik	wij	mijn miner	onzer van ons van mij	mij aan mij	ons aan ons	mij	ons
2		gij		uws, uwer		u, uw		u	
3	男	hij	zij	zijns zijner van hem	hunner, van hun	hem aan hem	hun aan hun	hem	
	女	zij		hare van haar		haar aan haar		haar	
	中	het							

見出語

人称	性	ガ格	ノ格	ニ格	ヲ格
1		我カ　我們カ	我レノ　我們ノ	我們ニ	我們ヲ
2		汝カ	汝ノ	汝ニ	汝ヲ
3	男	他カ　他們カ	他ノ　他們ノ	他ニ　他們ニ	他ヲ　他們ヲ
	女	他女カ	他女ノ	他女ニ	他女ヲ

表注：見出しは漢字表記であるが，カタカナによって格の表示がされている。これは見出し語が唐話であるときには訓読文における形式による送り仮名と理解される。表6では記述された蘭語の格にしたがって対照された唐話，日本語を示している。蘭語学史においてはラテンの伝統文法で書かれた蘭語原著にしたがうために幕末に至るまで六格で書かれていた。しかし，ここには第五格（呼格）の見出し語がなく，また第六格（奪格）もみられないので，四格の表となった(注9)。

　人称のパラダイムは基本的に見出し語＜我・我們―汝―他／他女・他們＞が蘭語＜ik/wij-gij, u, uw-hij・zij／zij＞に対照される。見出し語の人称表記は一人称「我們」，三人称「他」とあるから唐話と蘭語とが対照されていることは明らかである。一方，一人称複数の第Ⅱ格＜我們ノ―ons＞には「ワレラ」が一見フリガナにみえるように並列的に施され，また三人称単数の第Ⅰ格＜他カレ―hij＞に「カレ」も同じように並列されている。したがって，これらは「我們」「他」の唐話に対する日本語を示すものとして理解で

215

きる。しかし，二人称「汝」は人称のパラダイムでは，中国語学史における中古初期「爾」とともに使用された古い人称詞であり，明清では「北斉書」に初出例をもつ「儞」が二人称に用いられている(注10)。したがって箕作が自覚的に古い中国の人称パラダイムにみられる二人称「汝」を用いたとは考えにくい。それよりはむしろ日本における近世使用の例であるものと考える方が自然である。そのことは本章第1節に示した『和蘭字彙』(「ドゥーフ・ハルマ」)に表わされる第二人称における「汝」と同じであることが一つの証しとなる。このようにみると，「代名字」部の人称パラダイムは日中両語にしたがった折衷的なものということになる。しかしこの場合でも，はたして編者の箕作がどれほど日本語と唐話とを分別していたかには疑問が残る。したがって，さらに「日用語法・会話一・会話二」部の句，文例によって二人称表出の実際について観察する。

ii-2 「日用語法・会話一・会話二」部の人称パラダイム

つぎの表は例文に観察される人称の実態を表わしている。

表7 『改正増補蛮語箋』の用例に現われた人称詞のパラダイム

言語 人称	性	が格		の格		に格		を格	
		単数	複数	単数	複数	単数	複数	単数	複数
蘭語 1人称		ik		mij mijn mijne mijnem		mij aan mij		mij	
2人称		gij		uw uwe uwen	uwen	u		u	ons
3人称	男 女 中	hij zij het		hare		hem haar		hem het	
不定称						aan iemand		iemand	
唐話 1人称	性	我	我們						

第9節　唐話・蘭語・日本語対照辞典としての「改正増補蛮語箋」

2人称		你 君 君ハ			君ヲ	
3人称	男	他ハ 他ガ	他ノ	他ニ	他ヲ	
	女	他レハ 他女ハ 他女カ				
	中	此				
不定称	中	此				
日本語	性	ワレ　　ワレラ	ワレノ	ワレニ	ワレヲ　　ワレラヲ	
自称		我　　　我レ等 我レ ワレガ 我レガ	我ノ			
対称		ナンチカ 汝ガ 汝ハ	汝ノ	汝ニ ナンヂニ	汝ヲ	
他称	男 女 中	カレハ		他男ニ 他女ニ 人ニ	人ヲ	
不定称						

表注：表1，表2で第一格に副助詞「ハ」を格助詞「ガ」とともに表わしているが，蘭語学史の上では18世紀末，中野柳圃が本格的な文法を記述して以来，「ガ」，「ハ」を第一格とするのが一般的である。これはまた別の検討課題なので，ここではこれ以上ふれない。また，表1と同じようにここでも唐話の格表示については訓読的に施された送り仮名の表示によって示している。

　表7からは人称パラダイムは蘭語に対応する唐話が＜我・我們―君・你―他・他女・他們＞であり，日本語が＜ワレ・ワレラ―ナンヂ―カレ・カレラ＞であることがわかる。また，表6を表7と対照すると明らかなように「代名字」に記された二人称「汝」は「日用語法」における実際の唐話の例文にはみられない。具体的にいえば，二人称は大部分が「君」で表わされ，また唐話の人称パラダイムに基本的な「儞」を使った例文が「処前字」に一例「日用語法」に三例観察され，建前として据えられた「汝」は現実には使用されていないことがわかる。また，この事実は箕作の唐話に対する認識を

含めて，希有ともいえる白話文での「君」の使用は何に由来するのか現段階では判然としない。

ii-3 二人称代名詞と文体

「儞」の例文はつぎのようにみられる。

1
儞用誰做那些事　door wien wilt　　gij　　dat　doen? 17ウ
　　　　　　　　ドール ウイーン ウイルト　ゲイ　ダッチ ズウーン
　　　　　　　　モツテ2 誰ヲ1 欲スルヘ6 汝ガ3 コレヲ4 為サント5
日本語文：誰ヲモッテ汝ガコレヲ為サント欲スルカ。

2
儞向上他家道我在家裡麼　hebt gij　　hem gezagt, dat ik　te huis was. 48オ
　　　　　　　　　　　　ヘブト ゲイ　 ヘム ゲセフト　 ダット イキ　テ ホイス ワス
　　　　　　　　　　　　タカ9 汝ガ1 他ニ2 言フ8　ト7 ワレハ3 ニ5 家4 アリシ6
日本語文：汝ガ他ニワレハ家ニアリシト言フタカ。

3
儞進入他房内麼　hebt　gij　　hem　ingelaten? 48ウ
　　　　　　　　ヘブト ゲイ　 ヘム　インゲラーテン
　　　　　　　　タカ4 汝ガ1 他ヲ2 トフシ3
日本語文：汝ガ他ヲトフシタカ。

三つの例文は唐話の範疇にあることを示している。日本語文は蘭語を漢文訓読の方法にアナロジーした方式によって得られる。しかし「儞」の例がありながら，二人称代名詞は「君」で表わされている。

ii-4 二人称代名詞「君」をめぐって

ii-4-1 敬称「君」

「君」は敬称を表わす"heer"と人称代名詞"u, gij"に対照されているが，はじめに敬称"heer"の訳語の例を示す。

1 君不待拉生麼　verwacht gij den heer L niet? 33ウ
　　　　　　　　待タ4　　 汝ハ1 君ヲ 拉2 ヌカ5
2 拉君在君裡麼　's de heer L te huis? 33ウ
　　　　　　　　在ルヤ5 君ハ2 拉1 ニ4 家3
3 君兄弟近況雅健　hoe vaart mijn heer uw brander? 45ウ
　　　　　　　　　イカゞ4 クラスゾ5 君ノ3 汝ノ1 兄弟ノ2
4 相公有人来訪　mijn heer! Men vraagt naar u. 47オ
　　　　　　　　ヲマヘサマ 人ガ1 問フ4 ヲ3 汝2.

第9節　唐話・蘭語・日本語対照辞典としての「改正増補蛮語箋」

5 呵君其人　　ha! Zijt　gij　　het,　　mijn heer! 49ｵ
　　　　　　　ハア1 アル4 汝カ2 ソレデ3 ヲマヘサマ4.

　"mijn heer（mijne heren）"は身分や地位の高い男性への敬意表現であり，上の五例の「君」はそれに呼応している。今日では"meneer"とし，英語の"mr"と同じ丁寧表現としての待遇価値をもっている。

　例文では1・2に蘭語にde heer L（拉君），den heer L（拉君）とあるので，対称の「L」の待遇は高く，敬意の度（以下，敬度）が高い人物への呼称と理解される。例3以下も"mijn heer"とあるので，同じように高い待遇性をもっていることが明らかである。とくに4・5の例では日本語訳に「ヲマヘサマ」とあるように敬度の高い対称詞としての待遇性を示している。そのことからいえば，例文4・5の日本語訳「汝」もとうぜん敬度の高さをもったものと理解されなくてはならない。しかし，例4の「ヲマヘサマ，人ガ汝ヲ問フ」例5の「ハア，汝ガソレデアル。ヲマヘサマ」というような単文例では全体の待遇の度合がはたしてどれほどであったかわかりにくい。

ii-4-2　二人称の代名詞として使用される「君」

　二人称の代名詞として使用される「君」は日用語法41例／全123例，会話一22例／81全，会話二16例／63例みられ，全体では79例／267例で約三割の例文がある。

6 君所欲何事　　　　wat　wilt　　gij　　hebben? 26ｳ
　　　　　　　　　　ナニヲ1 欲スルヤ4 汝ガ2 モタント3
7 君何覔　　　　　　wat　zoekt　　gij? 26ｳ
　　　　　　　　　　ナニヲ1 モトムルヤ3 汝ガ2
8 甚覔么事君所覔　　wat　is　　er　　van　uwen　dienst? 26ｳ
　　　　　　　　　　何事カ1 アルヤ6 ソレニ2 ツイテ3 汝ノ4 モトメデ5
9 君為誰　　　　　　wie　zijt　　gij? 26ｳ
　　　　　　　　　　タレデ2 アルゾ3 汝ハ1
10 我是君好朋友　　 ik　ben　uw　goede　vriend. 27ｵ
　　　　　　　　　　我ハ1 アル5 汝ノ2 ヨキ3 友デ4
11 我是君之奴練　　 ik　ben　uw　deenaar. 27ｵ
　　　　　　　　　　我ハ1 アル4 汝ノ2 ケライデ3

219

第Ⅱ章　蘭語学史の諸相

12我是供君使令的　　ik　　ben　　tot　　uwen dienst. 27オ
　　　　　　　　　　我ハ1　アル5　デ4　汝ノ2　召仕3
13我是供君使令的　　ik　　ben　　tot　　den uwen. 27オ
　　　　　　　　　　我ハ1　アル4　デ3　汝ノメシツカヒ2
14請君見充進入房内　treed in　　als　　het　　u　　beliefd. 27オ
　　　　　　　　　　歩ミ入レ5　ナラハ4　ソレヲ1　汝ニ2　好ム3
15少郤君坐下的椅子　schuif　　uwen stoel　　wat　　achteruit. 28ウ
　　　　　　　　　　ズラシヤ5　汝ノ1　椅子ヲ2　少シ3　アトサマニ4
16君飲否　　　　　　hebt　gij　gedronken? 30ウ
　　　　　　　　　　ダカ3　汝ガ1　ノン2
17君食否　　　　　　hebt　gij　gegeesten? 30ウ
　　　　　　　　　　タカ2　汝ハ1　クロフ2
18君従何処来　　　　van　　waar komt　　gij? 30ウ
　　　　　　　　　　ヨリ2　ドコ1　来ルヤ4　汝ガ3
19君往何処麽　　　　waar　　zijt　　gij　　geweest? 31オ
　　　　　　　　　　ドコニ　タリシゾ4(ママ)　汝ガ2　行テ居3

　このように，対称の表現として「君」が使われていることがわかる。例文は「君」が「儞」に変われば，唐話文として普通の文例になる。

ii-4-3 「儞」との対照における「君」の待遇性

　上の例にみられるように蘭語の例文は当代における普通文であり二人称"gij u/uw uwen" は "ik" の対称として表わされている。「君」はこの蘭語に対照されているので『改正増補蛮語箋』における口語文の二人称代名詞として使月されたことが明らかである。したがって，この奇異な現われをしている「君」は当代においてどのような待遇価値をもち，どのように使われていたのか唐話，日本語の両側面から検証しておきたい。また三例みられた「儞」に関しても，あわせてふれておく。

　「君」は現在中国において最新で信頼度の高い『漢語大詞典』によると「1 古代太夫以上，据有土地的各級統治者的通称，2 称天子，諸侯之妻，3 称先祖及父母。意為一家之主，4 対方的尊称，猶言您。亦用在人姓名後表示尊敬。5 謚号；封号，6 主体，7 主人，8 主宰，統治，9 姓」のように記述されている。例文はほとんどが古代文献から引かれ，明清時代の例はわずか1と6に『紅楼夢』があり，4に魯迅『書信集』8に『三国志演義』が挙げら

れているだけであり，4魯迅『書信集』，8の太平天国洪仁玕『資料新編』の例は時代が新しいからここでの対象にはならない。したがって「君」を尊称としない例は8の主体表現のみになる。二つの引用例を引く。

『紅楼夢』第二八回 "那為君的薬，説起来嚇人一跳。"
三国魏曹植＜青躬詩＞ "帝曰爾候，君茲青土"

『漢語大詞典』の例は結局「君」が人称詞としては基本的に待遇性の高さを表わしているだけで，対称詞として「我」「他」と等位に使用されることばではないことを示している。

4における尊称表現は今日「您」として目上に対する丁寧表現であるが，『改正増補蛮語箋』ではすでに見たように蘭語 "heer" に対応する「君」があった。とはいえ，等位関係の「君」は19世紀以前になく，今なお存在しない。むしろ，二人称は唐話において「儞」に収斂される語が担っている。たとえば太田辰夫（1958）はつぎのように書いている(注11)。

> ≪你≫は爾の古体≪尒≫が略字として用いられ，これに人偏が加わってできたもので，≪爾≫の古音を傳えるものである。≪你≫は隋以前にもあったようであるが，あまりたしかな用例がない。正史では，北斉書，周書，隋書，北史にみえ，その重複を去ると8例ある。しかしこれらの正史はいずれも唐代の編纂であるので，古い史料の文章をそのまま採ったものが多いとは思うがなお無條件で採用できない。隋以前の譯經にもみえるが，テキストにより異同があり，また誤字かと思われるものもある。例えば，今遣我來至儞所（月上女經上）（いまわれをつかわし，汝のところにいたらしむ）この≪儞≫（實は你を排印のさい臆改せるもの？）は別のテキストでは≪爾≫になっている。卽擇五百青衣賢明多智，爲作儞母（過去現在因果經1）（そこで五百人の侍女の賢明多智なるものを太子のために乳母とした）この≪儞≫は≪嬭≫の誤かと思われる。≪你≫は唐代になるときわめて多く用いられる。ただ廣韻によれば≪秦人呼傍人之稱≫とあるから，長安を中心とした地方の方言であったのかも知れない。

また，志村良治（1984）も同様の見解を述べているが(注12)，いずれにしても唐話文に表わされる二人称が「儞」によって表わされる以外，「君」がその待遇価値をもって代わる例はみられない。したがって『改正増補蛮語箋』の例文の供給源を推量するとき，ふつうに唐話文を自由に運用できる者によったものと考えることには否定的にならざるをえない。

一方日本語の対称表現は今日「わたし―あなた―かれ・かのじょ」が標準

語の基本にあり，主として男性の使用する親称用法として「ぼく―きみ」がある。いうまでもなく，この＜きみ＞は「君」で表わしているが，「君」は古代前期では男性への敬称として使われ，古代後期，平安朝以降では男女ともに敬称として使用された。しかしその後敬度は下降し，中世室町期以降では対等もしくは目下に使用されるようになり，江戸後期には知識人の間で対等関係を表わすものとして使用されてきた。

このことを江戸中期に現れた文献で確かめると，1763（宝暦13）年に成稿した『操觚字訣』に伊藤東涯は「君ト云ハ，貴賎ニ通シテツカフルモノハ，君ナリ君臣有義ト是ナリ」と書いている。また松本愚山は1808（文化5）年の『訳文須知』「キミ」の項に「所ノ政ヲ主ル人ナリ【論語】――臣臣」としている。いずれの漢学者も「君」を敬称としてしか記述していない。さらに柴野栗山による『雑字類編』には「公（トノサマ）。君。君侯」としてやはり二人称敬称であるとこの期のさまを語っている。このようにみてみるとこの期の漢学者が一般に今日使用される人称詞「君」として位置づけるような意識がないことが明確に確認できる。

ただ，これも幕末に至ると事情が変わってくる。

近世後期の人を表わすことばについて，辻村敏樹（1977）によるとつぎのように説明される(注13)。

　　［近世］（前略）しかし全体を通して言えば，士農工商の階級制度の確立した時代

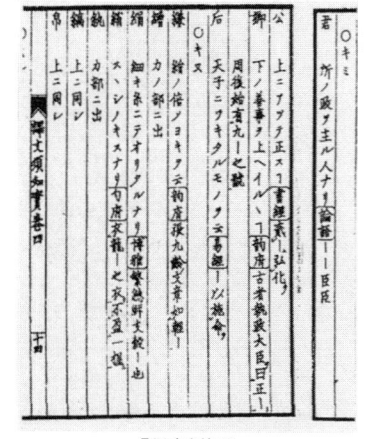

『訳文須知』

だけに，身分差による敬語の使い分けはきびしく，特に武士と町人ではそれぞれ用いることばにも大きな差が生じ，それは明治維新に至るまで保持された。

　　［後期］（前略）人を表わす言い方では，自称の「あたし」があり，「あなた」は他称から対称に転じた。「君」「僕」も漢学者たちに用いられ，現代的用法の先駆をなした。

上のように「君」は幕末を生きた箕作と同時代の漢学者によって使用された事実が検証された結果が辻村の記述になっているわけだが，敷衍すると

第9節　唐話・蘭語・日本語対照辞典としての「改正増補蛮語箋」

「君」は周辺の学的環境にあった蘭学者をも含む幕末の知識人たちに共通する二人称の表出に変貌していたのである。

このようにみてくると、『改正増補蛮語箋』の唐話文にみられる奇異な現われがどこに由来するかは、現段階ではわからないが、箕作にとって「君」が「我」に対応する位置にあったことは明らかである。したがって、これらの和漢折衷的な例文群は彼の自作であったか、あるいは箕作の周辺にいた人物による独自の作文であった可能性が高い。「代名字」の人称パラダイムほか、ここで得られた分析結果は十分にこの推測を許すものではないかと考えられる。

すでに述べたように元禄〜享保期の岡島冠山以来、唐話学習の底は深く、白話小説や中国文献を読解するものにとっては当為のことであった。したがって唐話に接した白話小説翻訳者、また翻案家たちにとって、このような人称パラダイムが白話のカテゴリー内部で意識されていたとしても不思議はない。こうした事情は読本作者でもあり、寛政・文化年間多くの唐話に接していた森島中良一人をとっても、今日に残された唐話学習の根跡はこうした環境に置かれていた近世中後期の知識人の様相を明かしている。

結局、「日用語法」に表わされた表現を通じて「君」を含んだ文例は、変体的な唐話文として、しかしシンタクスがおおむね正確であるので、例文は和漢折衷的な要素をもった唐話文であると判断できる。

また対応する蘭語とそれを解読する形式で訓読の方法によって示された日本語を対応させた事実が明らかである。このことから『改正増補蛮語箋』を蘭語・唐話・日本語の三ヶ国語が対照された辞典として改めて措定することが可能であるものと考える。

注

1 岡田袈裟男（1975）「森島中良『類聚紅毛語訳』の考察」早稲田実業学校研究紀要11.（『江戸の翻訳空間―蘭語・唐話語彙の表出機構』1991 笠間書院　所収）
2 キリスト教関係語彙を忌避したものとみられる。また原綴りがほどこされなかった原因にも、当時、松平定信執政下の環境で忌避したものとみられる。洋学史の上では後藤梨春『紅毛談』におけるオランダ語原綴の削除がその版面に明らかで、周知の事である。なお、森島中良は幕府法眼侍医桂川甫周国瑞の弟で松平定信に

も禄仕したとされ密接な関係にあった。
3 中国の語学史研究では明清の言語を近代語のカテゴリー内におく。日本では主として17世紀から19世紀に流入した明清の口語を中国近世俗語、唐話、白話などと呼んでいる。シノワで文語を「文言」とするのに対して、口語を意味する。また中国の口語で書かれた小説を白話小説と言いならわしている。かつて呼称された唐人小説とか唐話小説とは今日言わない。唐話は近世における日本での呼び方であり、一般に語学分野で使用される。
4「備忘雑鈔」国立国会図書館所蔵『万象随筆』全七冊の一冊。岡田袈裟男（1975）参照
5 ⅰ 岡田袈裟男（1982）「森島中良と『俗語解』改編―静嘉堂文庫所蔵「俗語解」をめぐって」国語学会春季大会（於早稲田大学）
　ⅱ 岡田袈裟男（1991）「森島中良と辞書編纂の方法―2 中日辞典の構想」（『江戸の翻訳空間』所収）
6 岡田袈裟男（2002）「蘭語の翻訳・研究史に現われた文法用語―徳川日本の言語学環境下で」（「国文学　解釈と鑑賞」2002年1月号）至文堂
7 杉本つとむ（1976-82）『江戸時代蘭語学の成立と展開』Ⅰ-Ⅴ　早稲田大学出版部
8 蘭語の正書法は20世紀になって確立され、今日までに幾度かの改正を経ている。したがって、ruw=ruuwのように、蘭語学史の過程では、母音字における長音表記ほかij=y, ch=g, などアルファベットの歴史はu=vであったことなどを含めて、語音表記のユレがしばしば観察される。
9 岡日袈裟男（2002）「オランダ語の翻訳・研究史に現われた文法用語―徳川日本の言語学環境下で」（「国文学　解釈と鑑賞」2002年1月号）至文堂
10 太田辰夫（1958）『中国語歴史文法』朋友書店1981（江南書院1958復刊）
11 太日辰夫（1958）『中国語歴史文法』朋友書店1981
12 志村良治（1984）『中国中世語法史研究』三冬社
13 辻村敏樹（1977）「近世の敬語」（講座『国語史』）岩波書店

【追記】
　例文の分析にあたって、ネイティブの内省による判断を求めるためにアンケート的な方法によって直観的な瞬時のチェックを試みた。協力してくれた立正大学大学院・東京大学大学院の中国人留学生諸氏に謝意を表する。
　なお、本稿は2000年度立正大学人文科学研究所、個人研究A「江戸の言語学―蘭語学と唐話学」に与えられた研究助成費による報告である。

2002. 3　　Paris

第Ⅲ章　唐話学史　白話の受容と展開

第1節　岡島冠山における唐話学の方法
　　　－改めて冠山学を考える

1．岡島冠山の語学書

　岡島冠山は多くの著述をなした。文学，語学の両面に渡って，近世の文学・語学の状況を明清の言語の影響から捉えようとするとき欠くことができない存在である。しかし今日に至るまで日本文学史や語学史の正面からとらえられたことはほとんどない。また語学面においても総合的な検討がなされたとはいえない。いずれも語学上の問題がネックとされてきたものと考えられる。
　冠山の事跡についてはかつて青木正児がとらえて以来，中山久四郎が1933（昭和8）年，桑原隲蔵還暦記念論文集「東洋史論叢」に寄せて，その外郭が明らかにされた。以後石崎又造が『近世日本に於ける支那俗語文学史』に取り上げて，その内実を示した。
　しかし，それも概史的に整理されたというべきで一々の著述が仔細に検討されたものではない。語学の面からは，岡田袈裟男（1985）他があり，一方近年奥村佳代子が取り組んでいるが，日本語学の成果への視点とは別個に中文の語学分野で独自に展開されている。
　その意味からいえば現在においてなお冠山学は総合的な研究としては基礎の整備段階におかれているといわなければならない。したがって，本節では語学書を再検討することから冠山が唐話学に顕現した語学の方法を追い，冠山が意図した唐話学習の内容に迫ってみたいと思う。
　冠山の残した語学書は以下に示した六種の書物である。

　　1『唐話纂要』　　6巻　1716（享保元）年刊　同三年増補本　六冊
　　2『唐話類纂』　　2巻　1725（享保10）年　　冠山他撰　写本　半一冊
　　3『字海便覧』　　6巻　1725（享保10）年刊　大七冊
　　4『唐訳便覧』　　5巻　1726（享保11）年刊　半五冊
　　5『唐音雅俗語類』5巻　1726（享保11）年刊　半五冊
　　6『唐話便用』　　6巻　1735（享保20）年刊　半六冊

　これらの著述を通して，岡島冠山を中心に近世初期における語学上のさま

ざまな問題について考えたい。

2.『唐話纂要』

『唐話纂要』6巻6冊1716（享保元）年刊。享保3年増補本　江戸

2-1　書物の性格

『唐話纂要』についてはこれまでも再三にわたって考究してきたが(注1)，これは江戸出府後岡島冠山のもっとも早く刊行した語学テキストであった。

1715（享保元）年に刊行された，「唐話纂要序」文の識語に「享保元年丙申秋九月吉旦　医官法眼林崇節男林将監藤原安治叙」とある。

　　古之象胥。今之通事也。蓋通事之職。不可一国而無之者也。吾国長崎。有華夷之通事。薩州。有瑠球之通事。閩州。有朝鮮之通事。備且重矣。然而通事之職。未足以為悉也故間有善権之士。不肯補其職者。不亦宜乎。茲有岡嶌玉成子者。精通華之音与語也。一開口。則錚々然成於金玉之声。一下筆。則綿々乎。聯於錦綉之句。乃以是而鳴於当世。赫々驚人耳目。郁々流崎遠近者。有年于茲也。然弗補通事之職。而遊乎江湖者。無乃憎嫌其職之不悉耶。嗚呼善権之志。必数若是而已矣。今究門弟子所求。而著華語書五巻。名曰唐話纂要。字副其点。句加其語。紛然槐縷。泪泉分明也。噌乎玉成子之於其象胥。可謂少足者也。笠可常序屠龍之技。而不用於世哉。吾因序之。以祝其前程云爾。

まず語学の達人としての評価を十全に著わした書物なのである。

またもう一つ長文の序文は「享保元年歳次丙申秋九月紀府侍医高希樸仲敦甫書于青山学舎」とするもので，本書の挙についてはつぎのように書いている。

　　（前略）世之学者。多膠旧習。以唐音為弁髦。置而不講。甚矣不達也。間有学焉者。拘四声泥宮徴。僅需其口之肖而已。夫崎陽者。其地瀕海。跨海一葦。賈舶商船。舳艫相接。職訳官此。歳致千金。故其土人士。戸学人習。然超然出類者。僅僅晨星耳。獨我友玉成子。能抜萃者也歟。玉成崎之人也。少発大志。長来東都。其開口譚唐。揮筆訳和。恰如仙人之尸解。将凡骨庸胎。一時脱換。獨余其衣冠。而不化也。一起一坐。一咲一嚬。無不肖唐。嘗在崎陽。與諸唐人。相聚譚論。其調戯謾罵。與彼絲髪不差。旁観者。惟辨衣服。知其玉成。其技之妙。大率如此。故海内解音者。聞名譽服。望風下拝。宜乎所著南木大閤等書。與水滸西游。相頡頑。使見

者ノヲ愛翫ラシム不レ已也。（後略）

　序文などはいつでも，著者を讃えることが基本で必要以上の評価を与えることが少なくない。「其開口譚唐。揮筆訳和。恰如仙人之尸解。将凡骨庸胎」は漢文世界のレトリックであるが，冠山の語学力が舌を巻く体のものであったことの証であろう。他書における評価とも相俟って，また他の著作の内容は，現代においても十分通用する相当の著述であることが明らかである。

　さらに，「享保元年秋九月穀旦紀陽後学白樫仲凱希八甫跋于　武府全庵」と識語をもつ跋文をみると，当時の評判が具体的に知られる。

玉成岡嶌君。世々家ニトス長崎ヲ。少ニシテ交ハリテ華客ニ。習ヒ熟スノム其語ヲ。凡自ヨリ四書六経ヲ。以及テテフ諸子百家稗官小説之類ニ。其声音之正。與ヒ詞言之繁。頗究ム其閫奥ヲ。且質スニ之於大清秀士王庶常トイフニ者ニ。而后華和之人。無レ不レシテ伸レ舌以称嘆シコト之。

　石崎又造はこうした序跋に加え，1726享保11年の柳里恭「ひとりね」，「太平記演義」序，などを援用して冠山の当代における評価を語っている。

　しかし当代における絶賛はそれとして内容面についての具体を核として，今なお考究されるべき事が多く残されているというべきである。

2-2 記述の内容

　この著述についてはこれまでも幾たびか検討してきたが，ここでも一書の骨格について改めて記述しておきたい。全体の構成はつぎのとおりである。

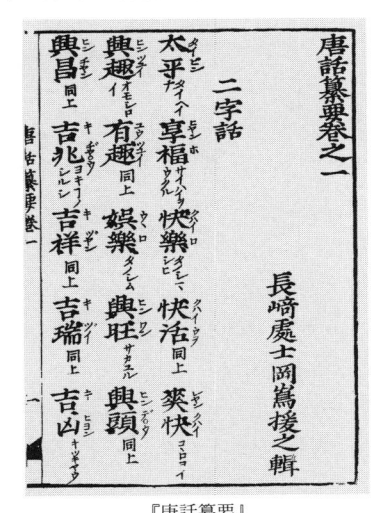

『唐話纂要』

　巻之一
　二字話「太平タイピン」以下26ページ，153行，765語
　三字話「有才華ユウツアイハアン」以下20ページ，119行，476句
　巻之二
　四字話「今日何往キンジホウワン」以下40ページ，238行，714例
　巻之三
　五字話「今日天色好　今日ハ。テンキヨシ」キンジテンマエハゥウ以下20ページ，118行，118例

六字話「今朝天気不好　今朝ハ。テンキガ。ワルヒ」以下20ページ，118行，118例

常言「平常不﹅作﹅虧心事﹅。半夜敲﹅門不﹅喫﹅驚　平日ウシロ。クラキコトヲセネハ。半夜ニ門ヲタヽケトモ驚ク事アラズ」以下，22ページ142例

巻之四

長短話「今天下太平。四海無事。上憫﹅下労﹅。下沐﹅上恩﹅。歓声四起。朝野倶楽。而重值﹅堯舜之時﹅也。恭喜恭喜。今天下タイヘイ。四海ブジ。上ハ下ノ労ヲアハレミ玉ヒ。下ハ上ノ恩ヲ沐リ。悦ノ声四方ニオコリ。貴賎共ニタノシミテ。再ヒ堯舜ノ御代ニアエリ。メデタシ〳〵。」以下40ページ，57例

巻之五

親族　器用　畜獣　蚖雰　禽鳥　龍魚　米穀　菜蔬　果㮈　樹竹　花艸　船具　数目　小曲（青山　崔鶯　張君　桃花　一愛　一更二更三更四更五更　疋頭）

巻之六　「有点四声」「孫八救﹅人得﹅福」の寓話文，16ページ，125行，2334字，翻訳文「奇談通俗　孫八救﹅人得﹅福事二」と，「徳容行﹅善有﹅報」13ページ分，104行，1951字，翻訳文

すなわち，ここからアトランダムに引けば「興趣　オモシロイ・請酒サケマイレ・費力　チカラヲツイヤス」のように「二字話」を基点に，「初相見　ハシメテアフ・意思好　シユビカヨヒ・那裡去　ドコニユクカ」の「三字話」，「今日何往　ケフ。ハドコニユクカ・不要忘記　ワスルヽナ」の「四字話」，「今日天色好　今日ハ。テンキヨシ・差不多些好　大方ナラハヨヒ」の「五字話」「中了你的意麼　汝ノ気ニ。入リタルカ・他愛着象碁哩　彼ハ。シヤウギヲ。サス事ガ。スキ也」の「六字話」のように語数を増やしながら，さらに「常言」，「長短話」寓話文などが置かれ，単純な表現から徐々に複雑な表現を獲得していく方法であった。

表1

部	総数
二字話	765
三字話	476
四字話	714
五字話	118
六字話	118
総計	2191

本書では巻之六のみに声調の記載がある。長文をリズミカルに読む趣向で

あったのだろうが，なぜ他には施さなかったのか。冠山の証言は今得られないから，この点が惜しまれるが，10年を経て他の著述ではこれらが実現している。

なお，二字話に関しては，第Ⅴ章に，改編した二字話部を辞典として収載した。

3．『唐話類纂』

『唐話類纂』2巻　1725（享保10）年　写本　不完全本
3-1　書物の性格

この書物は内容をみると整理されきっていない不完全本である。完成されていれば別ではあるが，これまでの書誌的な検討は岡島冠山の伝記研究に位置づけられており，ある部分，書物の性格を見失っているところからみているといってよい。石崎又造段階でもこの書の所蔵者であった長沢規矩也によれば「唐話辞書類集」第一巻解題に本書はつぎのように解説されている。

　　唐話類纂二巻半一冊
　　　底本題岡島援之（冠山）等撰。援之，名は璞，初名は明敏，援之・玉成は字，通称は長右衛門または彌太夫，号は冠山。長崎の人。若いころから唐音（シナ語）に通じ，初め，萩侯毛利氏に仕え，辞して京都に上り，足利侯戸田氏に聘せられて江戸に至り，また下坂し，宝永七年再び江戸に来て荻生徂徠のもとに訳士となり，訳社を開いて儒者にシナ語を教えて，これよりシナ語の学習を主張する者，直接または間接に冠山の教えを受けない者はないといってよいくらいである。晩年に京坂に移り住むこと三，四年，享保十三年，京都に没した。年五十五。編著訳述の書すこぶる多く，「唐話纂要」「字海便覧」「唐音雅俗語類」「唐訳便覧」「唐話便用」「通俗元明軍談」「通俗忠義水滸傳」「太平記演義」等，枚挙にたえず，また，學庸・三體詩・唐詩選等にも唐音を加えた。
　　　本書，序跋なく，巻頭に，岡嶋冠山・釈大潮・釈天産・釈恵通・荻生徂徠・安藤東野・太宰春台・篠崎東海・天野曾原・山田翠柳・度會東華・馬嶋東洲の名を列し，編者校訂の別をしるしていない。本文は，二字話から十字已上話までを，二字話と，三字話以上との二巻に分け，巻末に
　　　　　一巻跋
　　　　享保十年乙巳孟春校于尚古堂東海平維章
　　　　　一巻跋

右華言一巻山田正朝所自輯也
享保十年乙巳八月十七日東海平維章

の五行があり，また

元文五年庚申春二月中二卒業于鶡庵
　　　　　金陵田友秀子蘭
寛保三年癸亥冬十一月下九以金陵先生
蔵書亀柳居南窓下臨写
　　　　　河品祥孤村

の二奥書がある。

　この奥書について，石崎又造氏は，冠山辞去の後，東海・翠柳が合編校訂したもので，両巻の紙数から考えても，「一巻跋」ということばから考えても完本ではあるまい（「書誌学」二ノ二）といわれたが，「華言一巻」というが，必ずしも巻二を指すものとはいえず，おそらく，山田翠柳が冠山の説を編修し，篠崎東海が校訂したものが本書の原本で，漢文の知識があれば明白である語句まであげて邦訳したり，唐音注記の有無が統一されていなかったりしているのは，もともと編者のしわざか，伝写者のしわざかはよくわからないが，巻中に明らかに筆録者孤村の補訂部分があり，「十字話」末の「清朝戯台看板」の一条は，孤村が補ったものであることが明記されているので，底本は原本のままではなく，かなり改められたものと思われる。跋文ももとはあったものか。（以下略）

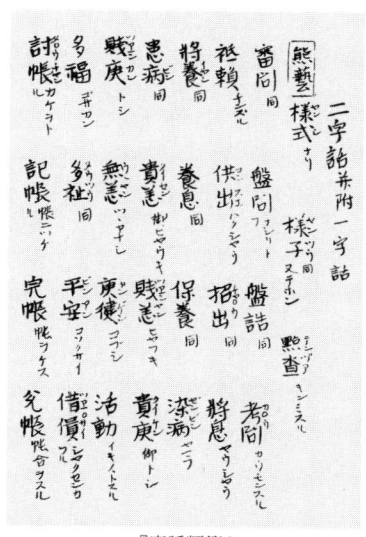

『唐話類纂』

　書誌上の問題にはここで深入りするつもりはないのだが，謢園における「訳社会」が1711（正徳1）年10月から1724（享保9）年までの9年間開催されていたこと，釈大潮が1717（享保2）年に江戸を去っていることによって，すでにこの頃までには，本書の形態が備わっていなくてはならなかったとの推測もなされている(注2)。

　本書は1716（享保1）年に刊行された『唐話纂要』六巻と同工異曲の書物である。しかし，出来具合からみれば，収載された内容からみて，一見搭載項目の豊かな『唐話纂要』をしのぐ要素も備え

ているかのようにみえる。書物の構成をみれば，違いは，『唐話類纂』の巻末におかれた日本語カナで記されるオノマトペア六例などと「華言裏多用的字」とした36字の常用字の記載だけである。これらの語彙は唐話学習者にとっては初歩的なことばにすぎない。内容面からみれば，見出しの唐話に対照される日本語が多くの場合記述されていない。したがってテキストとしてはまだ整理されてはいない不完全な一本であるといわざるをえない。収載された語句をみると，『唐話纂要』の記述内容にまさると主張できるものではない。

このような点からみるとき，護園と岡島冠山の関係を見ようという時の研究上の資料としてはいいが，冠山自身の語学を考えようとするとき，収載されたことばが増強される以外にはとくに問題にするには足りない一本ということができる。

3-2 記述の内容

「巻之一」は「二字話」を収載し，意義分類によって十門を八分類している。収載語彙は以下のように整理される。

表1から総語彙数の28.84%の語彙に語釈がほどこされていないことが明らかである。それなら，語釈が空白に残された語彙の性格が難度の高いことばであったのかというとそうではない。たとえば「態芸」でアトランダムにあげるとつぎのような語がみられる。

出頭，下次，下回，下雪，天亮，完了，
教化，回話，懃愧，没信，清楚，喫飯

表1

門	総語数	欠語釈語数
態芸	797	337
宮室	18	1
乾坤	5	0
時候	46	39
気形・人倫	87	5
支体	52	0
生植	39	0
器財，食服	301	6
総数	1345	388

上のような語は今日，初歩の学習者にとっても，難解な語など一つもない。まして，護園にいた俊秀にとっては何ほどのことばでもなかったものと考えられる。要するに，出版しようというのなら，不完全原稿の段階，それもかなり早い段階にあったといえる。

「巻之二」
表2

部	総例数	欠語釈例数
三字話	878	184
四字話	900	325
五字話	201	93
六字話	204	171
七字話	38	17
八字話	14	0
九字話	2	1
十字話	82	50
総計	2319	841
十字已上話		2366

　表2をみると，分量的には少なくないことがわかる。ここでも36％の例に語釈がほどこされていない。かりにこれだけの句文例を完全に記述し終えれば，語学テキストとしての質が高く深いものになったことは確かである。だが，収載語彙，例句，例文を一応書き終え，語釈を添えてきているが，中途で終わった感が深い。

4．『字海便覧』

　『字海便覧』7巻7冊，1725（享保10）年9月刊　大坂

4-1　書物の性格

　「享保乙巳秋八月」の那波兎毛の叙によれば，書名の由来を「於㆑朱氏語類中四書五経之文㆓　可㆔以入㆑弁者悉皆羅㆓致之㆒　使㆓国字訳焉　乃命曰㆓字海便覧㆒」と解説している。さらに，「竊惟世之学者毎㆑逢㆓宋儒之話言㆒大率窒礙不㆑通諒非㆓大患㆒也哉　先生本出㆓于崎嶨㆒而精㆓于華語㆒　其功豈不㆑為㆑多㆑乎　則知是書之必克大㆓行于世㆒矣」

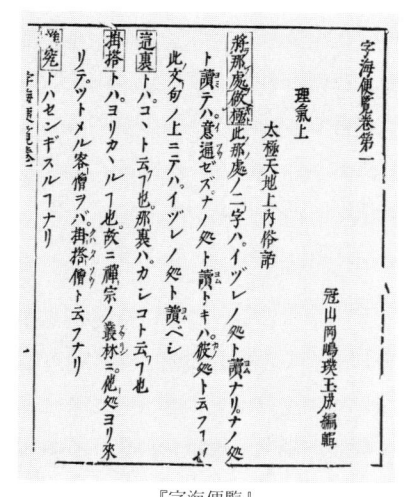

『字海便覧』

第1節　岡島冠山における唐話学の方法

として，蘐園の非難する「宋儒」の学問に対する読みへの提示である。徂徠学派はまさにこのような場で語学に長けた岡島冠山が必要であった証となる記載である。本書は蘐園における冠山講義録の一種であると思われる。徂徠をはじめ，生きた唐話を冠山の教えに仰いだ過程の一本にあたるものと推測する。

　徂徠も，後『倭読要領』を書いて「宋儒」の訓読の誤りを徹底して攻撃した太宰春台なども，冠山のこうした講義に接し，ここに至ったものと考えられ，那波の書くとおり，当代明・清の口語に通じていた冠山の面目躍如というべき一書である。

4-2　記述の内容

　『字海便覧』の記述の大半が個々の語の釈義，あるいは訓読の問題に当てられている。記述された語彙，あるいは四書五経の語釈にはまさに長崎において「華語」に通じた者の語学力が生きている。全七巻の個々の部にはすべて「〜〜内俗話」のような小見出しがおかれているので，この書物は「朱子語類」に収載されている口語を取り出す行為であったことが明瞭である。このような仕事は生きた語学に通じた者でなければなしえない。冠山はこのように記述する。たとえば，つぎのようなごく初歩的なレベルの記述が本書ではかなりの部分を占めている。

　　這裏　トハ。コヽト云フ事也。那裏ハ。カシコト云事也　1-1オ
　　甚麼　トハ。ナニトモ。イヅレトモ読ナリ。什麼ト同シ　1-1ウ
　　胡乱　トハ。ミダリニト。云フ事ナリ。又ヤリバナシト。云フ事ニモ叶フナリ　1-2オ

収載された語は二字の唐話が多く，上にみられるように，生きたことばに接している者にとっては常識的でしかない語群である。リビング・チャイニーズの学習を踏まえての講義であったのだろう。このようなことが一方で徂徠の唱導する「倭訓廻環之読」の否定と，古文辞を唱え，新しい学のあり方を提唱する徂徠の思いに十分答える内容であったのだと思われる。

　こうして，純粋に初歩的な語彙力の増，補強を本書は示すものであるが，一方，那波の言う「宋儒」の読みを改めようとする冠山の学問内容に介入した記述はつぎのようにみえる。まず「論語」から引く。

235

論語一「語孟綱領内俗話」論語二「学而篇上内俗話」
1　尹氏只説┣出 問┳謝氏┘之説┻多
　　　此ノ句古点ニハ。大ニ差ヒアリテ。義理通セズ　2-13ウ
2　某嘗苦┗口與┳┳説得口┗破少┓有┗依┳某去著┳力做┳工夫┓者┻
　　　此句古点ハ較粗シ　2-13ウ
3　要┣體┳認得這心性下落┳擴而充┳之於此等類語┻
　　　此ノ句古点ニハ。下落　二字ノ点。差ヒアリ。心性ノ下落トハ。心性ノ。
　　　オチツキ処ト。云フ事ナリ　2-14オ
4　楽與┗不┗愠。自可┳以次而進
　　　此句古点ニハ少シ差ヒアリ　2-14ウ

　上で明らかなように，岡島冠山が読む「古点」への視線は，弟子と共通するテキストによって，読み解く性質のものであったものと推測される。例１から例３までのような記述は講義の中で述べたものではないか。したがって，例４の示し方に至って，ようやく講義の場にいない読者に得心のいく解釈が出る。これの妥当性の如何は今問わないこととして，さらに冠山の講義の質をもう一歩探るために「論語二」の「学而篇内俗話」から引いてみる。

伊川解不┳亦説┳作説在┗心　2-15ウ
　　此ノ句古点ニハ。不亦┳不ヲ。ズトハカリ。付タルユヘ。表裏ノ差ヒアリ。不亦┳不ハ。ズヤト付テ。ヤノ字ヲ加ヘテ読ベシ　不┳亦説┳乎　不┳亦楽┳乎　不┳亦君子┳乎ノ類是ナリ。乎ノ字ハ。句ニヨリテ。有モアリ。無モアル。亦不ノ不ハ。ズトバカリ読ナリ。後皆コレニ倣フベシ。

　また，冠山の造詣は音韻学的な釈義に及んでいる。つぎの例はその典型的な現われである。「論語三」の「曾子曰吾日三省吾身章内俗話」から引く。

問。為┗人謀有┳二意┻一是。為┗人謀┳那事┻一是這件事。為┗己謀則如┗此。為┗人謀則　如彼日只是一個。為┗人謀。那裡有┳両個┳文勢只説┻。為┗人謀┳何須┳更將┗為┗已来挿┗此。項看為┗人謀不┗忠如何便是┳罪過┻

　　此ノ全句。古点ニハ。大ニ差ヒアリ。那ノ事ハ。彼ノ事ト云フ事ナルユヘ。那ノ字ヲ上声ニ読。那裏ハ。此ノ処ニテハ。何ゾト云フ事ナルユヘ。那ノ字ヲ去声ニ読ム。又那裏ヲ。カシコト云フ意ニ取テ。這　裡ト相対スル時ハ。那ノ字ヲ常通リニ。上声ニ読ムナリ。此ノ差別。字書ノ上ニテハ。未タシカト。分明ナラザレドモ。唐山ノ俗。此ノ如クニ。分別シテ。トナエ。ナレタリ。故ニ那ノ字ヲ上声ニ。トナエルトキハ。カシコノ意ニ聴取。去声ニ。トナエルトキハ。ナンゾノ意ニ聴取ルナリ。又那裏ノ二字ヲ。イヅレノ処ト。訓スル処モアリ。此ノ時モ亦去声ナリ。然レドモ是ハ上声ニトナエテモ相通ス。何ンゾノ

第 1 節　岡島冠山における唐話学の方法

トキホドニハ。分(ワケ)ザルナリ。古点ニハ。何ゾト云フ。意(イ)アル事ヲ。知ラザリケルニヤ。那裏ノ二字ノ点。付ケ差ヘタリ。此項看ノ。此項 這樣(ヤウ)ト同(ノ)フシテ。カヤウニ看バト。云フ意ナリ。項ハ。樣ノ書カエニテ。去声ノ圏(ケン・マル)ヲ付テ。ヤウノ声ニヨムベシ此項看ノ(ノヤウニ)。三字ニモ。古点ニハ差ヒアリ。願(ネカ)クハ之(コレ)ヲ看ル人。參考(サンカウ)アルベシ。2-18オ

巻 5「孟子九」の「告子篇諸章内俗話」
如(キ)井(ノ)水(ハ)不(ク)打(ハクマ)他便清只管(チシ)去(スラテ)打便濁了(テチリル)　5-16ウ
トハ。井ノ水ノ如キモ。汲(クマ)ザレハ清シ。只管(ヒタスラ)往テ汲ハ。便(スナ)チニゴルト。云フ事ナリ。打ハクム事ナリ。故ヘニ俗話ニ。水ヲ汲事ヲ。打(タス)水(ヲ)ト云フ也。

　さて，冠山の学問について篠崎東海が「学才も余りなしとかや」としたことについて石崎又造（1940）は「先哲叢談　後編巻三」の東條琴台の一文を引いている。

冠山講説経史。論督生徒。其所爲大異堪世儒。世之儒者必以仁義道徳治乱興廃。辯論鄭重，間渉煩冗。不生伸欠者少。冠山専言時世目撃之事実。於唐山則明末清初。於我邦慶元以降。自謂，不如此，不甚近于人情。

　これに対する石崎によるコメントはない。人の評価は常に相対性を帯びているから，これで，篠崎東海の言を否定しうるということではない。しかし『字海便覧』の記述を読むとき，少なくとも「其所爲大異堪世儒」と書いたことの内実は，今後探求されるべきである。
　なによりも，言語の学が人文学において，「読む行為」の基盤をなしているからである。護園にあった冠山がただ語学に長けた者としてのみ寓されたどうかの検証は，この学派の学問の質をさらに問いかける必要と，それは相俟っているといえよう。

5.『唐音雅俗語類』

『唐音雅俗語類』5 巻　1726 享保 11 年刊本　5 冊　京都
　岡島冠山が編集し，篠崎東海（維章），松宮観山（俊仍）の二人が校正に携わっている。護園にいて，冠山の教えを受けた二人が弟子として，薫陶を受けたものであろう。

237

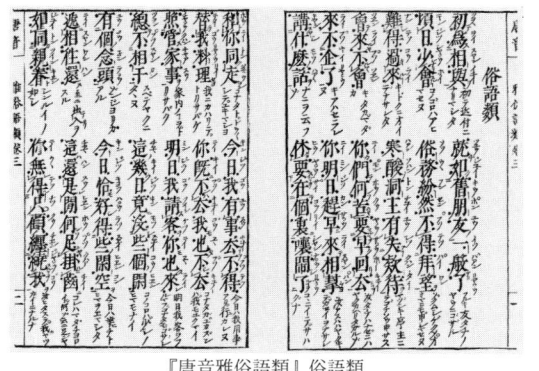

この書物にも釈大潮が序文を寄せている。「夫レ語言之道二曰雅与₂俗也不レ知₂雅俗₁所レ為相紊文章不朽之大業何在₂乎不朽₁其実二者相須非レ知₂俗則雅不レ能レ就非レ知₂雅則俗不レ能レ去二者之於レ学也均為レ之用₁矣故就者去之成也而去者就之至也雅因レ俗而成俗待レ雅而化二者未レ嘗偏倚₁然亦各有レ所レ主邪曰俗平易而近二於人情₁雅清高而遠₂於人情₁以レ近而取レ遠能使レ人不レ相紊苟得レ之而熟レ之何書不レ可レ読今夫医師之治₂百草₁特謀₂諸薬肆₁而不レ問₂乎山藪₁豈謂₂之粋₁邪（以下略）」。日本文化はいうまでもなく雅俗の対立を濃厚にもつが，言語表現にあって，唐話学習の上でも，この対立を冠山は意識したのである。雅俗の表現性の違いをとらえるのに，基本部分をみると，雅俗の対立は釈大潮の序にある通りである。

つぎに，巻三におかれた「俗語類」の例句をみる。なおこの引用にあたっては本文の訓読は省略し唐音表示のみを残す。

　来不企了　　　　　キアハセラレヌ 3-1ウ
　講什麼話　　　　　ナニヲ云フゾ 3-1ウ
　和你同走　　　　　コナタト。ドウ〳〵シテ。ユキマシヨ 3-2オ
　不好意思　　　　　オモハクガハルヒ 3-4ウ
　小心火燭　　　　　火ノ用心ヲセヨ 3-6オ
　今日火似熱的天気　ケフハ。火ノ如クアツキ。テンキナリ 3-7オ
　你們何苦要早回去　汝タチハナゼニハヤクカヘリタガルゾ 3-1ウ

上のような例は唐話に浅くとも，容易に理解できる句文例である。また，この書物の優れている点は，今日の資料としてこれが音韻学的に大切な要素をもつことである。巻頭に「毎レ字註₂官音₁并点₂四声₁」として「去入上平」を掲げている。これによって，またすべての漢字に付されたカタカナによる唐音表示は，とうぜんのことと言いながらも，学習者が声を出して，当代の

第1節　岡島冠山における唐話学の方法

リビング・チャイニーズを修得しようとすることに対する配慮である。

とりわけ，巻四に収載された「俗語類」における長文の例示は，これが完全に修得されれば，基本的にはコミュニケーションに困難を覚えないレベルに達する。

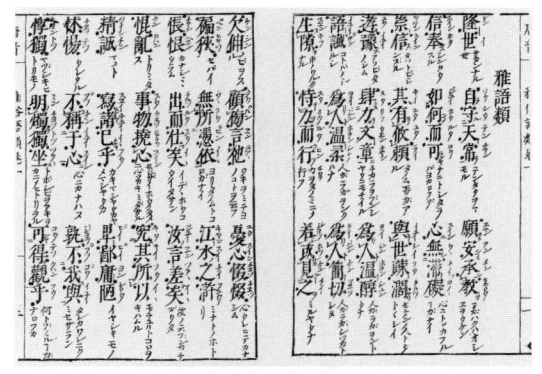

『唐音雅俗語類』雅語類

以上のように，本書がよく配慮されたテキストであることは内容が明らかにしてくれる。これをみても，岡島冠山の語学力が相当のものであったことは歴然とし，また教育者としても，無駄がなく，短い時間で修得するためにはよく整理されているといってよい。

6　『唐訳便覧』

『唐訳便覧』5巻5冊　1726（享保11）年刊本

「唐話辞書類集」の解題に長沢規矩也が「巻四の後半及び巻五は各『長短雑語』と題してあたかも補遺のやうである」というのは，本書の性格，また岡島冠山の方法に対する理解に欠けている。本書で注意していいのは伊藤東涯（長胤）が1726（享保11）年正月に書いた白文序の冒頭の一句である。ここには「古者辞無雅俗之別」と書き出しているが，当時言う「雅俗」の概念を明らかにさ

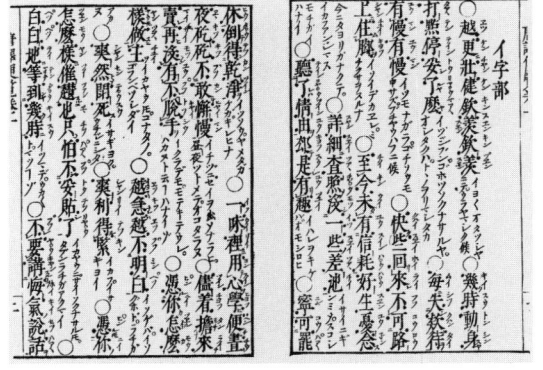

『唐訳便覧』

239

せる一文である。当代の漢学者が唐話学にもった関心の内実も垣間見え，釈大潮等が別書に書いた序文類とは，また一味違って，東涯の言は貴重な証言である。以下，全文を引く。

> 古者辞無雅俗之別。国風諸篇出於里巷歌謡。其宜平易近情。而後世尚或昧乎其義。*周誥殷盤。当時以播告天下之人。天下之蠢夫賤隷。皆能通暁。不待講解。亦爰見其佶屈聱牙。年紀已遠。語言日新。降及後世。耆儒碩師。毎難属読。纔借当時之語。以明前世之文。於是古者唯見其雅。而今者唯見其俗。鄭氏解経。有斗檢封相偶人之語。此当時恒言耳。後世亦苦難暁。自漢而還。歴南北唐宋。以逮元明。不知其幾変。揣量隱度。言人々殊。至乃一事而数説争出。一言而多義並興。以此示（ママ）知古。亦難矣。況乎　本国之学。上世嘗傳華音。訳以方語。呼応斡旋之間。主客已未之差。又別有口訣。加之承訛襲敝。其習已熟。以此求知古。不知亦隔幾重公案。甚矣読書之難也。生于　本国。而求通華音。在于后世。而求知上世。宜世之以為迂且煩。而不宜読書也。然苟有得乎其本。則亦何苦難為。而今之不可及古也哉。冠山子生乎肥。長乎肥。々(肥)会同之地。故多与閩広呉会之人交。善操華音。嘗自東来。求叙其所輯唐訳便覧。予素不諳華語。諾而未果。近刻成。書舗齎来催迫。其書凡五巻。彙以国音四十八字母。標以唐話。旁以国字。唐音和訓及訳語皆具焉。其功不勤矣。操觚之士。取而誦之。則其於求知古。亦庶幾乎
>
> *「周誥殷盤」−「書経」大誥，康誥，酒誥，召誥，洛誥　「盤庚」の上中下三篇のこと。

「於是古者唯見其雅。而今者唯見其俗」という言から東涯の認識が古代書と現在の白話の違いに言及したものと言える。この場合，生きて話される今日の「華音」はまさに「唐話」を指している。当時の唐話の受容について「本国之学。上世嘗傳華音。訳以方語。呼応斡旋之間。主客已未之差。又別有口訣。加之承訛襲敝。其習已熟。」と述べることによって，日本における冠山時代の到来が納得されると言うのである。冠山の語学力の価値は「冠山子生乎肥。長乎肥。々(肥)会同之地。故多与閩広呉会之人交。善操華音。」として，冠山の唐話が閩南，広東，江南の方言であることを明かしている。序文を与えることが両者の交渉を語るわけだから，この点において，受容された白話の性質を明かすものと言ってよい。

『唐音雅俗語類』，『唐話便用』と並んで『唐訳便覧』の価値は例示する句文にカタカナによる音表記とともに声調を施した点にある。これより10年前に刊行した『唐話纂要』には声調が施されていなかった。冠山は護園で教

鞭を取る過程で，学習者から声調の記述を要請されたのではないかというのが，わたしの推測である。徂徠率いる蘐園学派が生きたことばを求めていたわけだから，とうぜんのことであったと思われる。

7 『唐話便用』

『唐話便用』6巻6冊　1735（享保20）年刊本

釈大潮の序では「唐語便用」とされている。石崎又造は『唐話纂要』に変わることがないものとして，2，3行であっさりかたづけている。しかし，大潮が語るところには，蘐園が冠山をなぜ招いたのかを明かす内容がある。

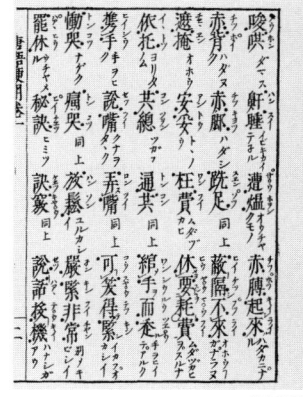

『唐話便用』

崎陽学一華音足矣　学興冠山子唐話纂要出而学者好之不啻玄酒梁肉也　後有唐訳便覧及唐音雅俗語類　学者謂天実生才哉　即取一道崎陽　以為標幟矣　於是冠山子醇醇誨之猶姆師之教児女輩　夫学者稍稍就姆師請焉　則東西趨之無不承其教　頃者嗣有唐語便用　凡六巻蓋中華所談日用言語具在　視諸前之三部　此其傑然者然要皆備之質訪而便于日用　及茲書出　四部成功譽猶四時成　歲不可闕一焉　且此所載而彼脱彼所遺而此備也　則互其有無　未始繁重耳乃茲書以尽唐語　而唐語尽唐語尽而尽之乎　則吾知其日用之無不尽矣　是作唐語便用序

享保乙巳春二月初吉

西濱釈皓大潮撰

『唐話便用』は『唐話纂要』と内容はたしかに変わらないが，このテキストがすぐれている点は，音韻学の観点からみたときにある。これはすでに述

241

べた『唐音雅俗語類』や『唐訳便覧』に共通して，すべての漢字に岡島冠山たちが学んだ当代の「官音」を表示しているからである。

　以上のように岡島冠山の語学における著述は言語を奥底で理解するという以上に書物読解における基礎部分を整備したものとして評価する必要がある。したがって，今元禄から享保期の人文学の本質を問いかけるとき，徂徠学とのかかわりにおいても，冠山の学をこの期における新たな「解釈学」と呼びうるものとして位置づけたいと思う。

注
1　岡田袈裟男（1985）「蘭語・唐話・護園そして冠山」（国文学解釈と鑑賞一月号　特集　国際化社会への飛翔（『江戸の翻訳空間－蘭語・唐話語彙の表出機構』1991 笠間書院所収）至文堂
2　石崎又造（1940）『近世日本に於ける支那俗語文学史』弘文堂

文献
青木正児（1927）「岡島冠山と支那白話文学」『支那文芸論薮』弘文堂
中山久四郎（1933）「唐音の意義功用及び『華音之名師』岡島冠山について」（『桑原博士還暦記念東洋史論叢』桑原博士還暦記念祝賀会編纂　京都 弘文堂書房
長沢規矩也（1933）「江戸時代に於ける支那小説流行の一端」（「書誌学」第1巻第4号『長沢規矩也著作集』5巻所収）
石崎又造（1940）『近世日本に於ける支那俗語文学史』弘文堂
麻生磯次（1946）『中国文学と日本文学』三省堂
長沢規矩也編（1969～76）『唐話辞書類集』第1～20集解題　汲古書院
岡田袈裟男（1991）『江戸の翻訳空間－蘭語・唐話語彙の表出機構』笠間書院

第2節　唐話辞書探索
　　　―唐話辞書六二書の検討

1．唐話辞書の検討
　近世日本，唐話辞書の果たした役割の大切さは，ことさらに強調されてよい。たしかに明・清の口語と接する者は唐通事など交易に従事する者と唐話に関心を示す知識人に限られていたが，読書人にとっては，唐話を自ら抜き出し，読みや注釈をする行為が想像力の喚起につながり，また大きな知的な楽しみへと誘った。

　本節では，今日に残る唐話辞書の内容を点検することによって統括的に把握しようとする。長沢規矩也（1969〜76）「唐話辞書類集」第1〜20集によって基本資料の整備がなされた。ここに集積された諸本を大きな手がかりとして基本的な検討をしたいと思う。

1-1　唐話辞書成立刊行史
　諸本を年代別に排列すると表1にみられるとおりである。

表1

西暦	日本年号	書名	編著者
1694	元禄7	語録字義	不詳
	元禄以後	宗門方語	不詳
	江戸前期か	公武官職称名考	穂積以貫
1716	享保1	唐話纂要	岡島冠山
1716	享保1	唐音和解	不詳
1718	享保3	漢字和訓	井沢長秀
1718	享保3以前	訳通類略	岡井孝祖
1725	享保10	字海便覧	岡島冠山
1725	享保10	唐話類纂	岡島冠山
	享保10以後	唐話為文箋	渡辺益軒
1726	享保11	唐音雅俗語類	岡島冠山
1726	享保11	唐訳便覧	岡島冠山

第Ⅲ章　唐話学史　白話の受容と展開

西暦	日本年号	書名	編著者
1727	享保 12	水滸伝訳解	岡田白駒
1727	享保 12	授幼難字訓	井沢長秀
	享保期か	明律考	徂徠か
	享保期頃	唐人問書	不詳
1735	享保 20	唐話便用	岡島冠山
	享保期頃	両国訳通	不詳
1736	元文 1 以前	応氏六帖	伊藤東涯
1748	延享 5	語録訳義	留守希齋
1748	延享 5	官府文字訳義	留守希齋
1748	延享 5	俗語訳義	留守希齋
1754	宝暦 4	唐音世語	禿山
1757	宝暦 7	忠義水滸伝解	陶山冕
	宝暦期	忠義水滸伝鈔訳	陶山冕
1761	宝暦 11	八僊卓燕式記	山西金右衛門
1762	宝暦 12	雑纂（訳解）	不詳
1767	明和 4	南山考講記	島津重豪
1769	明和 6	碧巌録方語解	服部天游
1770	明和 7	詞略	武田草盧
	明和以前	囈幼略記	不詳
1772	明和 9	学語編	釈大典
1777	安永 6 以前	常話方語	浅見絅齋
1778	安永 7 以前	遊焉社常談	石川金谷
1783	天明 3	中夏俗語藪	岡崎元軌
1784	天明 4	忠義水滸伝抄訳	鳥山輔昌
1784	天明 4	小説字彙	秋水園主人
1785	天明 5 以前	水滸伝批評解	清田儋叟
1795	寛政 7 以前	訳家必備	不詳
1800	寛政 12 以前	訳官雑字簿	不詳
1810	文化 7	俗語解	森島中良
1820	文政期	胡言漢語	荷塘か
1833	天保 4 以降	奇字抄録	不詳
1860	安政 7	徒杠字彙	金内格三
	明治前期	華語詳訳	不詳
1882	明治 15 以前	爾言解	不詳

西暦	日本年号	書名	編著者
1882	明治15以前	色香歌	不詳
1884	明治17以後	支那小説字解	不詳
	江戸中期か	怯里馬赤	不詳
	江戸中期か	俗語解	不詳
	江戸中期か	忠義水滸伝（語解）	半唐師
	江戸中期か	忠義水滸伝（語釈）	不詳
	江戸中期か	水滸伝字彙外集	不詳
	江戸中期か	水滸伝記聞	不詳
	江戸中期か	水滸伝抄解	不詳
	江戸中期か	劇語審訳	不詳
	江戸中期か	訓義抄録	不詳
	江戸中期か	雑字類訳	不詳
	江戸中期か	崎港聞見録	不詳
	江戸中期か	中華十五省	不詳
	江戸中期か	崎陽煕々子先生華学圏套	不詳

注．成立，刊行年の曖昧な書目はいくつかの推定をもって掲げているので，今後の書誌的検討を通じて変更される可能性がある．

　以上のように，写本の書写年代他曖昧な点が少なくない．とりわけ「江戸中期か」としたものはいずれも成立，刊記などを明らかにしない諸本について施こした．これらについてはたとえば編著者が明確な場合にはその人物の「没年以前」を判断基準とするというように，多少マクロな視点で仮に年代を設定したのである．いずれにしても，これらの辞書類が形成された時点は総じて近世期にあり，とくに享保以降，江戸中期に至って隆盛した事実がある．この事実は文学史における近世，読本の形成過程などとも符合するところがみられるから一定の推定領域におかれているものと考えられる．

　さて，このような唐話辞書の研究は石崎又造（1940）以降，鳥居久靖（1951）他一連の唐話辞書研究，長沢規矩也（1969～76）などの手を経て，書誌学的，内容的な検討が施されてきた．

　さらに，長沢規矩也によって編集刊行された「唐話辞書類集」20集に収められた全63種の唐話辞書類は，唐話学史を通貫してほぼ全体像を示すものとしてとらえてよい．したがって先行研究と文献資料とを踏まえ，総括的

第Ⅲ章　唐話学史　白話の受容と展開

に唐話辞書類を通してみた唐話の状況を検討することが可能である。

なお，岡島冠山の著述に関しては前節で取り上げたので，本節ではそれ以外の唐話辞書類の個々の性格に基づいて，パースペクティブを示した。

1-2　唐音表記の有無による分布

　唐話の受容にあたって唐話辞書に唐音が表記されているか否かは編纂者の意識にも関わるが，「唐話辞書類集」に収録された辞書のうち，唐音を表記したものは以下の22種類である。

表2

西暦	年号	書名	唐音表示
1716	享保1	唐話纂要	有
1716	享保1	唐音和解	有
1725		唐話為文箋	有
1726	享保11	唐音雅俗語類	有
1726	享保11	唐訳便覧	有
1735	享保期頃	唐人問書	有
1735	享保20	唐話便用	有
1735	享保期頃	両国訳通	有
1754	宝暦4	唐音世語	有
1757	宝暦7	忠義水滸伝解	有
1761	宝暦11	八僊卓燕式記	有
1767	明和4	南山考講記	有
1771	明和以前	麗幼略記	有
1778	安永7以前	遊焉社常談	有
	江戸中期か	崎港聞見録	有
	江戸中期か	中華十五省	有
	江戸中期か	俗語解	有分
1719	享保4以前	訳通類略	有分
1725	享保10	唐話類纂	有分
1763	宝暦13	満漢瑣語	有分
	江戸中期か	崎陽熙々先生華学圏套	有分
1795	寛政7以前	訳家必備	有分

　注：有はおおむね全体に唐音表示が施されていることを示し，「有分」は部分的に唐音表示が認められる書目であることを意味している。

唐音の性格を考えるとき，一般に江南音であるものとされる傾向があるが，今日に至ってもなお音韻学的な精査に附されてはいない。ここで注目すべきは，『中華十五省』に記された漳州話である。また『鸚幼略記』には南京話と福州話の対照がみられることである。実例についてはそれぞれ辞書検討の当該箇所に示した。これら三方言音は唐話研究でも最重要な語音であり，今後もっとも重点的に研究されるべき内容である。

1-3 排列方法による分布

唐話辞書類を検索の方法から分類してみると以下のようになる。

表3

西暦	日本年号	書名	著編者	基本排列
1795	寛政7以前	訳家必備	不詳	―
1736	元文1以前	応氏六帖	伊藤東涯	意義別
1772	明和9	学語編	釈大典	意義別
1868	明治前期	華語詳訳	不詳	意義別
1718	享保3	漢字和訓	井沢長秀	意義別
	江戸中期か	崎陽熙々子先生華学圏套	不詳	意義別
	江戸中期か	劇語審訳	不詳	意義別
	江戸中期か	公武官職称名考	穂積以貫	意義別
	江戸中期か	雑字類訳	不詳	意義別
1884	明治16以後	支那小説字解	不詳	意義別
1777	安永6以前	常話方語	浅見絅齋	意義別
1771	明和以前	鸚幼略記	不詳	意義別
1716	享保1	唐音和解	不詳	意義別
1754	宝暦4	唐音世語	禿山	意義別
1735	享保期頃	唐人問書	不詳	意義別
1767	明和4	南山考講記	島津重豪	意義別
1761	宝暦11	八僊卓燕式記	山西金右衛門	意義別
	享保期か	明律考	徂徠か	意義別
1800	寛政12以前	訳官雑字薄	不詳	意義別
1718	享保3以前	訳通類略	岡井孝祖	意義別
	享保3以前	訳通類略	岡井孝祖	意義別

247

西暦	日本年号	書名	著編者	基本排列
1735	享保期頃	両国訳通	不詳	意義別
1770	明和7	詞略	武田草盧	意義別文法
	江戸中期か	怯里馬赤	不詳	いろは順
1882	明治15以前	色香歌	不詳	いろは順
1727	享保12	授幼難字訓	井沢長秀	いろは順
	江戸中期か	俗語解	不詳	いろは順
				いろは順
1783	天明3	中夏俗語藪	岡崎元軌	内部－意義別
1726	享保11	唐訳便覧	岡島冠山	いろは順
1727	享保12	水滸伝訳解	岡田白駒	回別出現順
	宝暦期	忠義水滸伝鈔訳	陶山冕	回別出現順
1784	天明4	忠義水滸伝抄訳	鳥山輔昌	回別出現順
1785	天明5以前	水滸伝批評解	清田儋叟	回別出現順
	江戸中期か	忠義水滸伝（語解）	半唐師	回別出現順
	江戸中期か	忠義水滸伝（語釈）	不詳	回別出現順
	江戸中期か	水滸伝記聞　不詳		回別出現順
	江戸中期か	水滸伝抄解（収録順）	不詳	回別出現順
1757	宝暦7	忠義水滸伝解	陶山冕	回別出現順
1765	明和2以前	官府文字訳義	留守希齋	画数順
1830	天保期以降	奇字抄録	不詳	画数順
	江戸中期か	訓義抄録	不詳	画数順
	文政期	胡言漢語	荷塘	画数順
1748	延享5	語録訳義	留守希齋	画数順
1784	天明4	小説字彙	秋水園主人	画数順
	江戸中期か	水滸伝字彙外集	不詳	画数順
1749	延享5	俗語訳義	留守希齋	画数順
1810	文化7	俗語解	森島中良	画数順
1860	安政7	徒杠字彙	金内格三	画数順
1882	明治15以前	爾言解	不詳	画数順
1694	元禄7	語録字義	不詳	字数別
1704	元禄以後	宗門方語	不詳	字数別
1725	享保10	唐話類纂	岡島冠山	字数別
				二字話部－意義別

西暦	日本年号	書名	著編者	基本排列
1778	安永7以前	遊焉社常談	石川金谷	字数別
1725		唐話為文箋	渡辺益軒	字数別
1726	享保11	唐音雅俗語類	岡島冠山	字数別句
1716	享保1	唐話纂要	岡島冠山	字数別句
1735	享保20	唐話便用	岡島冠山	字数別句
1769	明和6	碧巌録方語解	服部天游	規則出現順
1725	享保10	字海便覧	岡島冠山	書物別
	江戸中期か	中華十五省	不詳	意義別
	江戸中期か	崎港聞見録	不詳	――
1762	宝暦12	雑纂（譯解）	不詳	――

　これらをまとめると，つぎのように排列の方法が分布していることが知られる。

　　意義別　　　　　25種
　　回別出現順　　　12種
　　画数順　　　　　 9種
　　字数別　　　　　 8種
　　いろは順　　　　 6種
　　規則出現順　　　 1種
　　書物別　　　　　 1種

　これをみると，半数近くの唐話辞書類が「意義別」に語句が排列されていることがわかる。ついで多いのが「回別出現順」だが，これらはすべて『水滸伝』の注釈類に適用される。『水滸伝』が章回小説であるということから，回別に読み進めていく順序にしたがってことばを読み取っていくことであった。
　「いろは順」は唐音の秩序に従うものと，日本語音の順にしたがうものと両様の排列がみられる。また「いろは順」，「画数順」は意義分類的に作られていた中・近世期の辞書形成の方法にみられるように，あたりまえのように実用に供せられた辞書作りの方法であった。二法を合わせると，意義別の排列に次いでいる。
　「字数別」としたものは，岡島冠山の方法に示された表現語句の獲得法がその典型である。二字話，三字話と順序を踏んで少しずつ，生きた表現を学

び，やがて長く話すことが可能になるような学習方法であった。この排列は表現辞典として評価されるが，これは岡島冠山の語学教育法である。ただ，『唐話類纂』の場合，さらに「二字話」部において「態芸，宮室，乾坤，時候，気形・人倫，支体，器材・食服」のように節用集的な意義分類のフレームが設けられて語彙が排列されている。

同じことは「いろは順」とした辞書などにもみえて，『中夏俗語藪』では，下位分類において「態芸」以下の意義分類を踏襲している。また「通用」というカテゴリー内に接続詞，副詞など言語運用上のことばを集めている。

さらに「規則出現順」としたのは『碧巌録方語解』にのみ現われているが，これは『碧巌録』の記述の順序にしたがって，摘記される唐話を拾う形式である。

このように検索の方法から見ても，学問，研究の工夫はいろいろな方法で意識され混然としている。

2．『水滸伝』注解・注釈書類をめぐって

『水滸伝』の読解のために，いくつもの注釈が生まれた。「唐話辞書類集」に収録された中でこれらを整理すると以下のようになる。

表4

西暦	年号	書名	編者	排列	唐音	内容	備考
1727	享保12	水滸伝訳解	岡田白駒	回別出現順	無	序〜120回	艮齋口述校正
1757	宝暦7	忠義水滸伝解	陶山冕	回別出現順	有	1〜16回	秦理兵衛・渋川與市
1760	宝暦期	忠義水滸伝鈔訳	陶山冕	回別出現順	無	17〜120回	写本
1784	天明4	忠義水滸伝抄訳	鳥山輔昌	回別出現順	無	17〜36回	林権兵衛・渋川與左衛門
1785	天明5以前	水滸伝批評解	清田儋叟	回別出現順	無	序〜70回	写本
	江戸中期か	忠義水滸伝(語解)	半唐師	回別出現順	無	1〜50回	長崎半唐師口授
	江戸中期か	忠義水滸伝(語釈)	不詳	回別出現順	無	1〜3回	写本
	江戸中期か	水滸伝字彙(語釈)	不詳	画順	無		写本
	江戸中期か	水滸伝記聞	不詳	回別出現順	無	26〜120回	写本
	江戸中期か	水滸伝抄解(収録順)	不詳	回別出現順	無	序〜10回	写本

第2節　唐話辞書探索

　表4で明らかなことは,『水滸伝』流行の過程にあっても, 誰も全体を統括しうる索引作成行為には及ばなかったということである。その意味では今日的な意味でいう辞書ではなく注解, 注釈のレベルにあったものといってよく, 全体に通じる索引形成には及んでいないので辞書として扱うことには限界がある。

　それもあたりまえのことで, これらはすべて白話学習を視野に入れての講義メモでありノートであった。誰も最初から索引や辞書を作ろうという自覚的なところにはいなかった。けっきょく章回小説を読む者が自ずと回を進め, 時間の経過に従って注解を施した結果の集積であるといえる。

　したがって, それぞれの記述内容をみれば, とうぜん訳法の異なりが比較され, 各々の白話読解の実態が明らかになる。それは読み手の理解のレベルを語ることになるのだが, さらにいえば, エクリチュールの本質に迫るものといっていい。そして『水滸伝』がなぜ江戸中期に流行したかとの問いに答えることにもつながる。

3．各辞書の検討

　引用にあたっては漢字・異体字は原則として現行字体とした。語彙数については, 語を認定する方法によって若干の異なりを示すことになる。

　ア行

　【い】

　1.『色香歌』丹行蔵, 1882（明治15）以前　内閣文庫所蔵

　唐音表記は無い。書き外題で「色香歌」とあり, 丹行蔵による「色香歌序」がある。印刷された用箋は8行, 一行あたり二語を収載する。全87丁。

　長沢によれば書名は「『いろは歌』と訓むか。『イロハ四十八字ヲ云』といふ注がある」とするが, これは「注」ではなく, イ部に登録された一語についての語釈である。

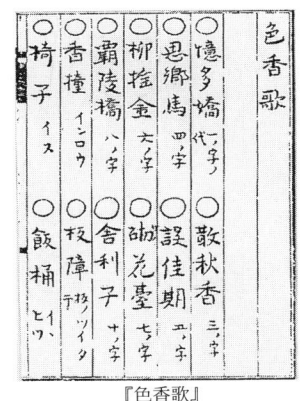

『色香歌』

251

構成は長沢の書くとおり「前半は二，三字の語を主とし，語句の訳を片仮名で注解したものを，訳語のイロハ順に排列し，後半は鳥・獣・草・木・魚・蟲の単語をまとめ，是亦仮名訳を注し，最後の梵（仏語）訳は仮名訳でなく，漢文で注解」である。「梵」としては「師子座・八師禅・仏」などの仏教関係のことばを収めている。

　収載語彙には「佛郎機　イシビヤ」のように蘭学者が蘭語の翻訳に使用した語などがみられる。以下若干例を挙げる。

　　胡行ムサトアリク，風蓬ムシロ帆，枝指ムツユビ，抹胸ムネアテ，義塚ムエンヅカ，馬椿ムマツナキ

『色香歌』語数表

伊	85	利	13	札	6	—	0	工	99	美	53	鳥	26
呂	18	奴	10	曾	29	乃	13	江	20	之	132	獣	11
波	115	留	1	津	87	—	0	天	77	—	0	草	62
仁	24	遠	85	祢	20	久	77	安	78	比	95	木	32
保	50	和	30	奈	36	也	60	左	81	毛	34	魚	41
辺	18	加	158	良	8	未	46	幾	66	世	48	蟲	27
登	73	与	25	武	40	計	53	由	16	壽	52	梵	84
知	50	太	87	宇	56	不	82	女	33	小計	2248	小計	282

　　　　　　　　　　　　　　　　　　　　　　総計　2531

〚文献〛　長沢規矩也（1971）「唐話辞書類集」第4集解題

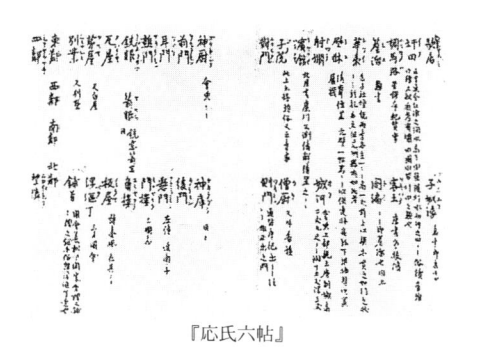

『応氏六帖』

【お】

2.『応氏六帖』伊藤東涯，1736（元文1）以前

　唐音表記は無い。東涯は父伊藤仁斎のすぐれた漢語学を継承し，同時に唐話の現実に関心をもった。

　意義分類はすべて「天文箋」のように「箋」によって名づけられている。内容は東涯の『名物六帖』と同一である。長沢はいくつかの事由とともに「未刊本であることから本集に収めた」と解題に記している。

『応氏六帖』語数表

帖	部	数	帖	部	数	帖	部	数	帖	部	数
1	天文	209	2	釈属	69	4	走獣	101	6	人事	685
1	地理	213	2	鬼神	32	4	蟲魚	345	6	食服	156
1	附地名	23	3	人事	966	5	竹木	268	6	顔色	29
1	夷狄	18	3	身体	163	5	草花	695			
1	宮室	186	3	病疴	184	5	金石	115			
2	人品	506	4	飛禽	141	6	器用	912		総計	6016

＊「附地名」としたのは筆者。ここには「新羅」以下23の国名が掲げられている。

〖文献〗 長沢規矩也（1973）「唐話辞書類集」第12集解題
　　　　中村幸彦（1960）「名物六帖の成立と刊行」ビブリア17

カ行【か】

3.『学語編』釈大典，1772（明和 9）

　唐音表記は無い。「明和九年壬辰九月　二條通堺町西入町　瀬尾源兵衛　堀河通仏光寺下ル町　浅井庄右衛門　河南四郎右衛門」とあって刊記は明確で，末尾には「大典禅師著柿本人丸事跡考　全一冊出来」の広告表示がある。「竺常題」の識語のある序にはつぎのような記述がある。

楚人之学＝斎語＿豈特臚句諧恊間哉。亦不﹨知﹨殻為﹦乳於兎為﹦虎。已彼屈宋之倫豹変虎譬能先﹨於北方学者、推﹦其始＿蓋莫﹦不﹨以﹦其鴃舌＿当﹦蒼頡所﹦制叨咀乎鞮﹦訳之＿上。而枳橘之異﹦南北＿或病﹦其不﹨当也。不﹦已難﹦乎。江之永矣非﹨不﹨可﹦方而猶如﹨是。況吾極東之域溟渤懸殊荘岳之伝古在今亡。必也裁﹦鬢六書之面＿以﹦侏離＿治﹦侏離＿求﹦至﹦於不﹦侏離＿哉。茲編之所﹦以﹦訓﹦童蒙＿也。夫能以﹦東為﹦西而後可﹦以﹦今為﹦古則為﹦屈宋之豹変虎寶﹦亦庶﹦幾乎補﹦一班＿矣。

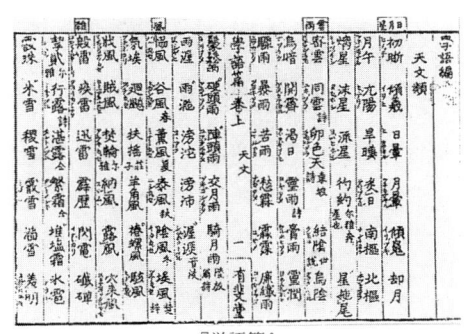

『学語篇』

さらに凡例では以下のように述べる。

此篇ハ典籍便覧 名物六帖 郷談正音 雑字通攻 等諸ノ類書ヲ主トシ其他諸書ヨリ采出スル者ナリ繁冗ヲ憚テ一一本書ヲ引サレドモ一語モ憑拠ナキハナシ間常語ニ非ス類書ニ見エザルモノハ其書ヲ識ス

また語の雅俗についての注意をうながしている。

「類書ニ見エザルモノハ其書ヲ識ス」としたものについてただ単に「詩」とか「書」としたものは検討がつかないが，挙げられた書目はつぎのように見られる。（ ）内は筆者。

- ア 哀帝記
- エ 易（経），衍義補
- オ 王敦伝，音炳，音談
- カ 会典外庵集，夏候嬰伝，貨殖伝，画墁録，鶴林玉露，韓策，管子，漢書，閑情偶寄，灌嬰伝，漢趙皇后伝，韓非子，漢尹賞伝
- キ 魏志，魏志倭伝，却掃編，居家必用，匈奴伝，金日磾伝
- ケ 倪寛伝，恵休明妃曲，日癸車志刑法志，黥布伝，宋景文公筆記
- コ 荒政要覧，五雑俎孔氏雑説，孔子閑居（礼記か），項羽伝，公羊伝，呉王濞伝，後漢書，滑稽伝，困学紀聞
- サ 雑纂，西京雑記
- シ 尓雅，史記，始皇紀，字典，司馬相如伝，謝霊雲詩，周礼，繡虎軒尺牘，繡襦記，叔孫通伝，春秋伝，食貨志，鍾退谷集，蜀志，晋孫登伝，晋任愷伝，釈氏要覧，晋載紀
- ス 水滸伝
- セ 西湖志，世説（新語），（戦）国策，西域記，漢西域伝，禅月集
- ソ 宋史，荘子，楚詞，楚辞，叔孫通伝，続虎軒尺牘
- タ 大伝，大明会典
- チ 漢張敞伝，漢張湯伝，楮記室，陳子昂集，陳渉伝
- ツ 通雅，通鑑
- テ 鄭氏家範，輟耕録
- ト 唐書唐回鶻伝，董賢伝，唐国史補，陶侃伝，杜詩，東坡詩，都城紀勝
- ナ 南斉書南史，南史元允邵伝，南史倭伝，南渡典儀
- ニ 日用新字
- ハ 馬援伝，万石君伝
- ヒ 廟亮伝
- フ 武帝紀，文献通考，続文献通考，文三王伝
- ヘ 平壌録，篇鵲伝
- ホ 封禅書，本事詩，北魏書，北斉書

ム　夢華録，夢渓筆談
メ　名山蔵
モ　孟子孟嘗君伝，文選
ユ　幽怪録，続幽怪録，游侠伝
ヨ　餘冬序録楊雄伝
リ　陸放翁詩
レ　列子，冷斉夜話
ロ　琅邪代酔，六典

収載語彙は語の左に日本語を振っているが語彙の採集は精緻である。辞書の体裁は 8 行に行あたり 6 語が意義分類排列され，規矩正しく整っている。「雨」の項をつぎに例示する。

　　霊雨ヨキアメ，膏雨ウルホヒアメ，驟雨ニワカアメ，暴雨ツヨキアメ，苦雨コマルアメ，愁霖ナガアメ，霰霖コザメ，廉繊雨コマカナアメ，鬖鬆雨キリアメ，硬頭雨アラレアメ，陣頭雨ユフダチアメ，交月雨ツキゴシノアメ　騎月雨（訳語なし）

『学語篇』巻上 語数表

順	部	数	順	部	数
1	天文類	87	12	身体類	451
2	時令類	175	13	性情類	167
3	地理類	342	14	言語類	130
4	朝廷類	79	15	行事類	233
5	居処類	406	16	生産類	35
6	人倫類	370	17	交遊類	168
7	人品類	771	18	行旅類	41
8	釈道類	56	19	文才類	81
9	鬼神類	45	20	伎戯類	62
10	官職類	275	21	雑語類	188
11	政刑類	158			
				上巻計	4319

『学語篇』巻下 語数表

順	部	数	順	部	数	順	部	数
1	生齢類	215	13	刀鉄類	62	25	食菜類	171
2	書記類	154	14	兵器類	106	26	花草類	147
3	画軸類	65	15	耕具類	56	27	雑草類	209
4	文具類	111	16	舟輿類	145	28	花木類	43
5	飲食類	322	17	食器類	143	29	樹木類	110
6	衣服類	212	18	香具類	55	30	菓栿類	80
7	財産類	221	19	数量類	63	31	鱗介類	165
8	金玉類	93	20	印記類	29	32	飛禽類	102
9	磁器類	47	21	身具類	174	33	走獣類	54
10	漆器類	31	22	家具類	246	34	虫豸類	99
11	響器類	41	23	雑記類	376			
12	火燭類	125	24	五穀類	76			
							下巻計	4350
							総　計	8669

〚文献〛　長沢規矩也（1974）「唐話辞書類集」第 16 集解題

4.『華語詳訳』不詳，明治前期

　唐音表記は無い。巻首に「花木，菓品，病証，身体，禽獣魚蟲，地理，食物，人物，船器，衣服」とあるが，内実とは異なっている。語句数表の門によっているが，「人事通用」が本書の大半を占めている。ここには長短問わず多くの日常表現が採集されている。また全体的に語釈の有無が見られる。長沢は北方語が反映しているとしているが，もちろんすべての語句の仔細な検討にゆだねる以外にはない。「人事通用門上」から若干の例を挙げる。

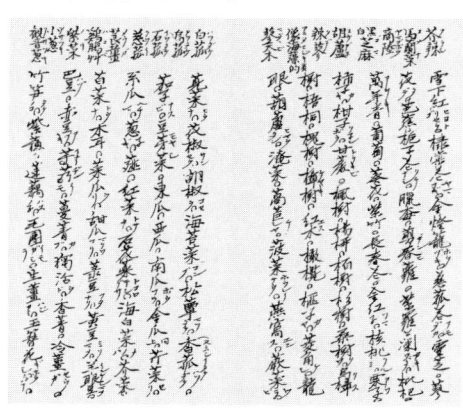

『華語詳訳』

　只道　タヽヲモフ意，発出去　イトマ出ス，有説誇嘴　テカラハナシ，唐話壊起来　唐口カアシウナッタ，没有人点検了　センサクスル人カナヒ也

　一方「地理門」では「当舗シチヤ」や「荊棘林　北里」「花街　同上」「貴刹テラ」などの語があり，これらが「紅毛国　ヲランダ」「梁歯国　日本」などと並んでいるので，地理という概念をどうとらえていたか疑問を感じさせる面をもっている。

『華語詳訳』語数表

順	門	語句数	順	門	語句数
	天			地	
1	花木門　菓品門	239	10	人事通用門　上	1784
2	器用門	530	11	人事通用門　下	1886
3	病証門　身体門	61			
4	禽獣魚蟲門	238			
5	地理門	60			
6	食物門	48			
7	人物門	514			
8	船器門	100			
9	衣服門	3		総計	5463

〚文献〛　長沢規矩也（1974）「唐話辞書類集」第17集解題

5.『漢字和訓』井沢長秀，1718（享保3）

　唐音表記は無い。題箋には表記なく，見返しに「蟠龍子井沢先生著・漢字和訓・洛陽書林柳枝軒蔵板」とあり，「享保三戊戌冬十一月朔冬至日　京師六角通御幸町西江入　書堂茨木多左衛門蔵板」の刊記がある。また本書末には「蟠龍子井沢長秀先生編輯書　柳枝軒茨木方道版行　目録」として以下の記述がある。

> 俗説弁　七冊，続俗説弁　三冊，新俗説弁　五冊，広益俗説弁　廿一冊，同後編　五冊，同遺編　五冊，同附編　七冊，（右）広益俗説弁大成　合全部三十八冊，武士訓五冊　明君家訓二冊，武士男子訓　五冊，和俗女子訓三冊，西海紀談　未刻，和書考　未刻，菊池佐々記　十一冊，漢字和訓　八巻，同後編　未刻，今昔物語　改正纂補　未刻，神道訓　未刻，本朝諸社誌大成　未刻　追々可印行

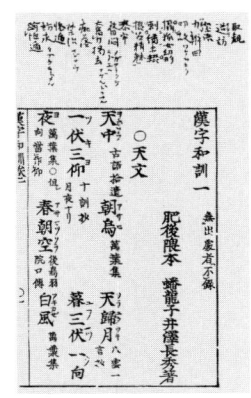

『漢字和訓』

　長沢は「戯曲小説書からの引用はなく，雅俗を交へ，準漢語をも収めてゐるが，随筆と類書からの引用語中に俗語が入つてゐるので収録」としている。井沢は博引傍証，古代以来移入された漢語の中でも難訓の語彙を採集している特異な辞書である。日本の古典から語彙を採取している語彙も多いからである。ただ伝統的な語彙といっても，収載語彙のほぼすべてに明確な典拠があって，簡潔に記述されている。

　「天文」部から若干提示する。

> 天中ヲホソラ　古語拾遺，朝烏アサヒ　万葉集，天帰月ソラユクツキ　八雲一言抄，一伏三仰ツキヨ　十訓抄月夜ナリ

　また中国典籍からの語彙も多く「老漢トシヨリ　雑纂，小廝僕コモノ　五雑組〔ママ〕」などのように唐話として通用する語彙も多く収めている。

『漢字和訓』語数表

部		語数	部	語数
天文		20	衣服	54
地理		34	宝貨並米穀類	59
	附水	16	器用上文房具	184
	附火	8	器用中兵家具	286
	附土	1	器用下	192
	附石	4	畜獣	28
	附金	4	禽鳥	12
歳時		16	魚蟲	40
居処		232	米穀	23
人物上		232	飲食	85
人物下		383	果蓏	12
身体		55	菜蔬	5
	附病名並疇人	531	草木	44
親戚		18	総計	2078

〚文献〛 長沢規矩也（1974）「唐話辞書類集」第 16 集解題

6.『官府文字訳義』 1765（明和 2）以前。

　唐音表記は無い。首題に「官府文字訳義」とあり「留守友信　編輯」とある。長沢は「俗語訳義」の初稿本かとする。また本文中しばしば記載のある「二先生」は他の写本から三宅尚斎，また浅見絅斎とする。今は長沢にしたがっておく。「俗語訳義」あるいは「語録訳義」と比べて収録語数は少ない。いくつか例示する。

　　丁塩銭　文集十八〇二先生云一人前ヲ塩ノ銭ヲカケテトル丁銭ハ役銭ノ事也
　　口快キ底ノ人　口ノカシコキ人ト云事
　　火把　タイマツ
　　毎　イヅレモト云事人之名ヲ誰々ト書テ下ニ此字ヲ置ク

第2節　唐話辞書探索

『官府文字訳義』語数表

画	数	画	数
2	6	13	24
3	13	14	12
4	21	15	13
5	17	16	12
6	19	17	1
7	21	18	5
8	34	19	3
9	26	20	2
10	22	21	1
11	31	22	3
12	29	23	1
		総計	311

『官府文字訳義』

〚文献〛　長沢規矩也（1974）「唐話辞書類集」第17集解題

【き】

7.『崎港聞見録』不詳，江戸中期か

内閣文庫所蔵。「浅草文庫」印。

　唐音表記有り。書き外題「崎港聞見録全」とある。部立はなく，語彙が単純に並べられ，後部には「皇族九等封爵」などがあり，最後部には若干のポルトガル語，オランダ語なども記載されている。辞書としての規模は小さい。語彙の性格は港湾，旅行関係語彙をはじめとして，一般語彙に及んでいる。つぎに若干例を挙げる。

『崎港聞見録』

車帆〔チェパン〕　帆ヲマク事，写港門〔シイキヤンメン〕　書所　書キイタス事，上番〔ジャンパン〕　荷役ノ事，進港〔ナンキヤン〕・入港　共ニ入津也　起椗〔キイデリン〕（ママ）　イカリヲアグル事，抛椗　イカリヲヲロス事，眠桅〔メンクイ〕　帆柱タヲス事

一般語彙　694語

〚文献〛　長沢規矩也（1971）「唐話辞書類集」第4集解題

259

第Ⅲ章　唐話学史　白話の受容と展開

8.『奇字抄録』編者不詳，1833（天保4）以降。

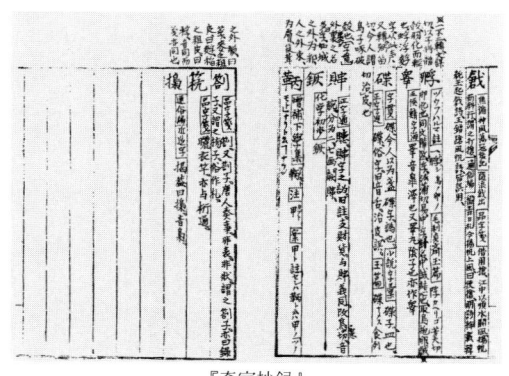

本書が唐話辞書類の一種であるとするのは長沢の解題による。しかし，単字で省画の異体字などに注目された一本であることから，他の唐話を登載した辞書とは性格，趣向を異にする。点画を省略した文字を集めた字書である。

『奇字抄録』

　太宰春台『和楷正訛』，『品字箋』，『省文集』など多くの引用書がある。
　引用書目は目録で中国書123種，和書38種である。原本排列を五十音順に改めて示すと以下に見られるとおりである。

　　引書　唐山　（下線のある書名は目録になく本文に見られる書目）
　　イ　一夕話　韻会小補　詳註飲香尺牘　韻府群玉
　　エ　瀛環志略　艶史　簷曝雑記
　　カ　外国竹枝詞　外蕃通書　海鳥逸誌　諧鐸　覚後禅　鶴林玉露　漢書評林　翰墨飛鴻萬暦板
　　キ　寄園寄所寄　紀効新書　今世説　欽定銭録　金瓶梅　玉鑑海篇
　　ク　虞初新志　広虞初新志戡靖教匪述編　群玉海篇
　　ケ　月令広義　言鯖説鈴　元曲選　甓雑記　元龍雑于
　　コ　五雑組　呉青壇説鈴　曠園雑志説鈴　康熙字典補遺・備考　香祖筆記　郷談雑字　広輿記　紅楼夢伝奇　後漢書　古今秘苑　觚賸説鈴
　　サ　西域記　西域聞見録　三国志　増註三体詩
　　シ　続字彙補　爾雅註疎　字海　詩学大成萬暦板　字学七種　字貫　史記評林　家事林広記　釈氏要覧　述異記説鈴　朱子語類　常言道　鍾馗全伝　笑府　小補字彙　訳解笑林広記　徐岳見聞録説鈴　職方外記　食物本草　真山民詩集人天眼目　赆聞録　七修類藁　七書直解
　　ス　水滸四伝全書　水滸後伝　水滸全本　聖歎評水滸伝　忠義水滸伝　酔菩提
　　セ　正字通　石点頭　註釈西廂記　戚参軍八音字義便覧　説苑　泉志　全浙

第 2 節　唐話辞書探索

　　　　兵制　剪灯新話慶安元年板　禅林類聚　宣和遺事　清白士集
ソ　　艸訣百韻歌嘉靖板
タ　　大乗妙典　台湾雑記説鈴　談往説鈴
チ　　知不足齋叢書　駐春園小史
テ　　定海県志　鄭成功伝　輟畊録　天経或問　天工開物　天録識余説鈴
ト　　唐代叢書　峒渓繊志説鈴
ハ　　博聞勝覧全書
ヒ　　品字箋
フ　　武功紀盛
ヘ　　碧巌録　篇海類編
ホ　　本草綱目
マ　　萬方全書
ミ　　閩小紀説鈴　明季遺聞　明齋小識　明史朝鮮伝　明末野史八家集　名義集
モ　　文選
ユ　　遊仙窟
リ　　劉向新書　留青日札　林碧山珠玉同声
ル　　類書纂要
レ　　嶺南雑記説鈴　聯珠雑字　聯珠詩格　連城壁
ロ　　琅邪代酔編　瑯環記　老子妄言

引書　本邦
カ　　解剖図式符号　元和三年版本下学集　葛原詩話　葛原詩話後編
キ　　気海観瀾
ク　　句双㖃葛藤集　句双㖃尋覓　軍法之巻　軍法之巻覚書　異本軍法之巻
ケ　　桂林漫録　元明史略　鈴録
コ　　盍簪餘録　甲陽軍艦
シ　　砂石集無住著述弘安二年ノ序アリ　小説字彙　助語審象
ス　　水滸伝解　ズウフハルマ
セ　　征韓偉略　慶長十五年版本節用集　善隣国宝記
ソ　　俗語解　俗語藪
テ　　点例
ト　　同文通考　唐話纂要
ナ　　南山俗語考
ヒ　　病名彙解
フ　　文教温故
ヘ　　秉燭譚　碧巌方語解　碧巌録種電鈔肥之前州釈嗣祖沙門統大智撰　碧巌

261

```
            録集合山首書
    メ  名物六帖　名物六帖続編　写本
    ヤ  薬学簡諭　薬性新編
    ロ  撈海一得
    ワ  和楷正訛　和漢三才図会　和漢朗詠集　慶長十五年版本和玉篇　和爾雅
        和名鈔
```

　詳しくは別稿に譲るが，これらの中で注目される書目は青地林宗「気海観瀾」であるが，本文中には「ズウフハルマ，病名彙解，薬学簡諭，薬性新編」などの引用も見られるので，本書の編者が蘭学の環境にも置かれていた者であることが推測され，唐話学と蘭語学の交渉を示す資料性をみせている。つぎの例はそのような内容を鮮明に物語っている。

　　独　字書未見之，以至小之狗，チンと云。蓋此独字ヲ用フ（中略）［愚案］蘭名 kniehondo 又 speelhondje 又 juppershondje と云フ（以下略）

　さらにつぎの記述によって，本書の成立が1833年（天保14）以降であることが判明する。

　　孵　［ズウフハルマ註］一孵シ　鳥ノ卵ノ
　　いわゆる「ドゥーフ・ハルマ」"Nederduische en Japansche Taalen"「ドゥーフ・ハルマ」は1833（天保4）に成立し，1855（安政2〜5）年『和蘭字彙』として刊行されるまで，写本で流布した。

　一方「慶長十五年版節用集」がここにみられるところにも注目したい。わずかであるにしても，ほとんど関与性がないものとみていた節用集と唐話とのかかわりを確かめることができるからである。

〚文献〛　長沢規矩也（1973）「唐話辞書類集」第14集解題

9.『崎陽熙々子先生華学圏套』編者不詳，江戸中期　京都大学付属図書館谷村文庫所蔵

　唐音表記は部分的に有る。「（古歌楽譜），小説語類字義，訳文示蒙，演義示蒙，棋局示蒙」を収める。音楽関係の譜面がはじめにおかれ興味を引く内容であるが，唐話辞書の体をなすものは「小説語類字義」である。15丁半。語の排列は「二字の語」が350語までは整理されている

が，以下は一字から五
字までが混濁して排列
される。若干例を挙げ
る。

整日　終日，寡酒　サ
　　チンジツ　クワアチウ
　カナノナキサケ，安
　貼　（唐音なし）
　モトヲル，難道(唐音
　　　　　　　　　　　
　なし）　ナゼニ，
　挣札　フセグ，因
　ツエンツア　　　　イン
為　インヲイ　ソレテ，少　停　シバラク，難為（唐音なし）　メイワク
　　　　　　　　　　　シヤウテイン

『崎陽熙々子先生華学圏套』

〚文献〛　長沢規矩也（1975）「唐話辞書類集」第18集解題

10.『怯里馬赤』（小説字典）不詳，江戸中期（一名『小説字典』関西大
学泊園文庫蔵）

イロハ別の辞書。
長沢は「中には，一
路打恭・一斉出馬な
どのように，どうか
と思われるものも少
なくなく，一々明登
記・抨了一抨・排頭
児のごとく重出した
ものもあり，上乗の
書とはいえない」と
している。

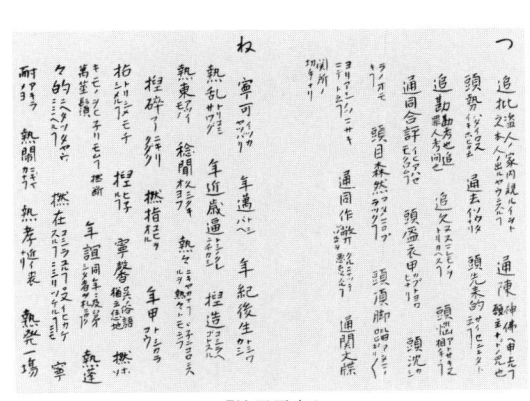

『怯里馬赤』

　書名「怯里馬赤」はモンゴル語で「通訳」を言う。この語については
鳥山石丈『忠義水滸伝解』，『小説字彙』によって知られるが，本文「き」
の部に「怯里馬赤　訳史之以以通夷言語文字」とある。鳥居（1957）
　　　　　　　　　　　　　　（ママ）
は本書収載語彙が『中夏俗語薮』『小説字彙』と「互見するものの極め
て多い」としている。関西大泊園文庫の『小説字典』と対校した結果を

示した鳥居に詳細は譲るが，最終的には『怯里馬赤』が『小説字彙』『中夏俗語薮』の元をなしたものとする。『小説字彙』への提供は『怯里馬赤』3500から3600語とした。『小説字彙』総語数4673語に比べるとき，鳥居の『小説字彙』評価が低いものとなる。つぎに若干例を挙げる。

見外　キャクシンカマシイ，見説　イヒブンヲキク，圈套　人ヲダマシハメル（ワナ），慶官酒　拝賀フルマヒ也，現報　ヂキニハチカアタルト云事，傾銀舗　リヤウカイミセ，稽遅　オソナハル事，閨閣文章之伯流翰苑之才　女ノ学者ヲ云

『怯里馬赤』語数は鳥居によるとおよそ4600語である。

〔文献〕　鳥居久靖（1957）日人編纂中国俗語辞書の若干について－近世日本中国語学史稿の四　天理大学学報ⅩⅣ－１
長沢規矩也（1969）「唐話辞書類集」第１集解題

【く】

11.『訓義抄録』成立年，編者不詳

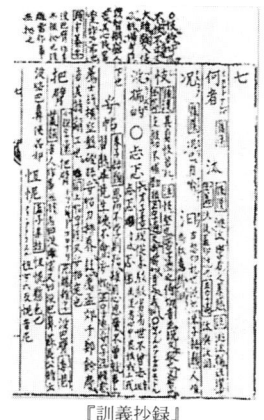

唐音表記は無い。書き題箋で「訓義抄録上」長沢は「奇字抄録と同一著者のもの」としているが，手はたしかに似るが長沢の根拠とするところはわからない。しかし，引書書目を検討すると「奇字抄録」に引く書目と重なり合うものが多いことがわかる。

「助語辞」，1～30画，「事林広記巻四正訛門」「論語集註姓氏目録」「元享利貞」以下8語「人名地名」「金傍不諧声字従玉篇中抄出左記」56字「台徳院様」以下13例。

つぎに一例を挙げる。

四
　比若（後漢）タトフ，比　若下（後漢）タトヘバゴトシ，日者（後漢）コノゴロ，　斗（註釈六才子書）タチマチ，不争（六才子書）

『訓義抄録』

『訓義抄録』語数表

画	数	画	数
1	7	11	66
2	13	12	81
3	39	13	73
4	51	14	59
5	51	15	64
6	44	16	40
7	61	17	24
8	70	18	13
9	67	19	17
10	62	20-30	37
		総計	933

〚文献〛　長沢規矩也（1973）「唐話辞書類集」第 15 集解題

【け】

12.『劇語審訳』不詳，享保から宝暦の間に成立したか。内閣文庫所蔵。「浅草文庫」印。

　唐音表記は無い。演劇用語とそれに関連する語彙を収めている。鳥居（1957）は本書の四分の三を採った「増補本俗語訳義」に及ぶが，『俗語解』にしばしばみられるとして共通する語彙の一致を述べる。それによるとｐ部（ママ）における語彙対照から 23％弱の一致をみるものとする。要するに『俗語解』が本書の語彙を利用したものとする仮説である。蓋然性についてはいっそうの調査によって確かめられる必要がある。

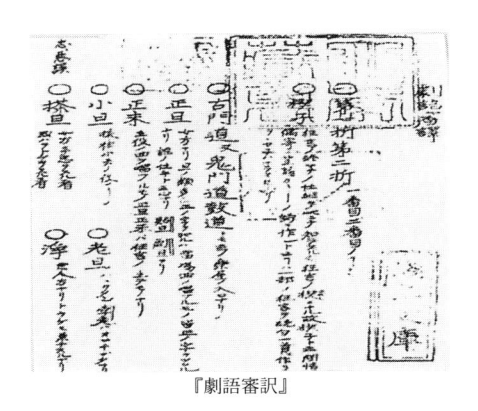

『劇語審訳』

　　第一折第二折　一番目二番目ノ事
　　楔子　狂言ノ終マテノ仕組ヲ此ニテ知ラスル也狂言ノ楔（クサヒ）ニナル故楔子ト云

（以下略）

などの後に「陶九成論曲」「芝庵論曲」「丹丘先生論曲」「函虚子論曲」がおかれ，後半は「人物」以下，一般語彙を含めて関連する語などが意味分類され排列される。

『劇語審訳』語数表

順	部	語数	順	部	語数
1	（芝居用語）	24	8	動客	47
2	陶九成論曲	5	9	居処山川草木天象	67
3	芝庵論曲	3	10	衣食器財	154
4	丹丘先生論曲	10	11	助辞発語	61
5	函虚子論曲	14	12	雑辞	531
6	人物	182			
7	肢体	40		総計	1138

鳥居久靖（1957）倉石武四郎蔵本（京都東方文化研究所覆印本1940）の調査では総語数1227語とする。

〚文献〛　鳥居久靖（1957）日人編纂中国俗語辞書の若干について－近世日本中国語学史稿の四　天理大学学報ⅩⅣ－1
長沢規矩也（1971）「唐話辞書類集」第4集解題

【こ】

13.『公武官職称名考』穂積以貫

　唐音表記は無い。題箋に「公武官職称名考」，内題も同じだが「以貫輯」とする。また，「附_農工商及雑人_」とある。分量は少ないが，官位の中日対照を著したものである。「雑人」とされる語群は俗語理解に貢献する。

　つぎに例示する。

　　孺　人　太夫ノ妻ヲ孺人ト称ス諸士ノ妻ヲモ通ジテ孺人ト称スルモ可ナリ
　　　　　　其子ハ嫡子庶子等ト称スベシ
　　健歩　又ハ脚力トモ云フ飛脚ナリ

第 2 節　唐話辞書探索

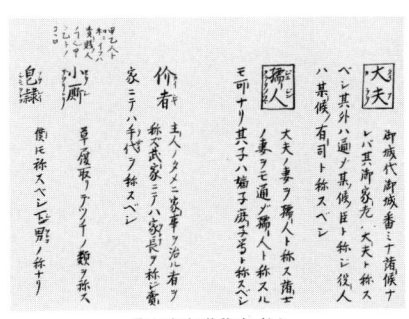

　　　　　　　　　　　　　　　　　　佃　　戸　　人ノ田地ヲ請取テ作ル
　　　　　　　　　　　　　　　　　　　　　　　　百姓ヲ称ズ
　　　　　　　　　　　　　　　　　　保　戸　　人ニ物ヲ請合ヲ業トスル
　　　　　　　　　　　　　　　　　　　　　　　　家ヲ云フ
　　　　　　　　　　　　　　　　　　阿　保　　男ノメノトヲ称ズ
　　　　　　　　　　　　　　　　　　居亭主人　俗ニイフ家主ナリ
　　　　　　　　　　　　　　　　　　当　屋　　即チ質屋ナリ物ヲ質ニヲク
　　　　　　　　　　　　　　　　　　　　　　　　ヲ当ト云フ
　　　　　　　　　　　　　　　　　　奕　者　　囲碁ヲ奕ト云フユヘニ碁ウ
　　　　　　『公武官職称名考』　　　　　　　　チヲ奕者ト云フ

〖文献〗　長沢規矩也（1973）「唐話辞書類集」第 13 集解題

14.『胡言漢語』遠山荷塘か，文政期，「板倉家文庫記」

　唐音表記は無い。「胡言」
は語そのものの意味からいえ
ば「でたらめを言う」だが，
ここでの意味は「北方のこと
ば」をいう。語彙の量は決し
て多くはないが，一々の語の
語釈は漢文で書かれ，詳細で
ある。ここには比較的短文の
釈義を施した語を例示する。

　　奴家　按俳優家婦自称奴家猶左伝妻対夫称婢子
　　丫頭　丫鬟　品字箋鬟還也弁其髪而回還成髻也又小鬟双鬟了鬟皆婢子之称以良
　　　　　人処子頭止一髻而若輩之髻双鳥也俗直謂之丫頭
　　　　　類書纂要　丫鬟小女垂鬟小婢也

　上のように，漢籍を引き，語の概念を明確にしようとする。
　江戸に流布した唐話の理解のためには，語の淵源が示されていること
から，より精緻な読解に有力な一助となる。

267

『胡言漢語』語数表

画	語数	画	語数	画	語数
1	2	19	72	26	3
2	40	20	52	27	4
3	85	21	26	28	6
4a	98	22	25	29・30	1
4b	44	23	21	31	2
—	—	24	8		
18	78	25	4	総計	571

〖文献〗　長沢規矩也（1969）「唐話辞書類集」第1集解題

15. **『語録字義』** 編者不詳，1694（元禄7）刊。

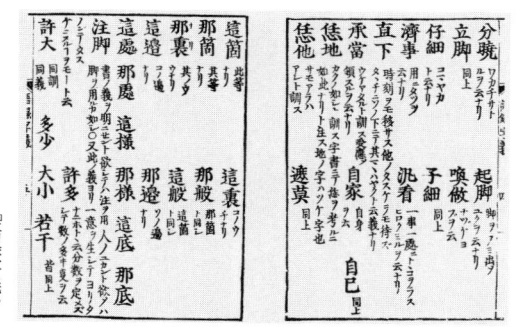

題箋に「語録字義　並　素読一助」，序文「語録指南序」，また内題に「語録字義」。用箋は罫がなく8行，一行二語が収録される。刊記に「旹　元禄七甲戌年　仲秋　山岡四郎兵衛」とある。「寛文辛亥秋七月日　洛下　濫吹子書」の識語を持つ序文は長文だが本書は「語録指南」とするものであったが，それは「乃執覧之抜粋群書之要語各諺解其下後附記誦詞章之楷梯而便于童蒙」であるとした。青少年教育のために編まれたということだが，一字部から五字部まで全体で472語句であり，学習にそれほどの負担になるものではない。ただ，長沢が解題にいうように純粋な唐話以外の語句もある。文言と俗語をきちんと見分ける事は容易ではないが，このころ，すでに新たな口語としての唐話の流入は伝統的な漢文の語彙と混交して受け止められる側面もあったものと考えられる。その意味では漢文を素読する青少年にとって供給された本書がひとつの時代の反映であるとみても差し支えがないのではないかと思われる。

第2節　唐話辞書探索

「四字部」から例示する。
徹上徹下　　上下ノ道理ニ道ヲ云言ハ高クトケテモ畢ヲノコス事ナキナリ
徹頭徹尾　　同上
信口胡説　　口舌ニマカセテミタリニ説
胡思乱想　　胡モ乱モミタリトヨメリ想モヲモヒトヨメリ
また「素読一助」はつぎのような記述が施されている。
出　　自ラ出ル時ハシユツ
　　　イタスノ時ハスイ
　　出納　コノトキノイルニモ入ノ字不用

編者はこの一覧のあとに「右一百字ノ倭訓ハ幼学素読ノ階梯魯魚分弁ノ一助ノミ何ソ博雅ノ眼ヲ煩サンヤ。故ニ諺解シテ以テ指南セルノミ。其余ハ類ヲ以テ推スヘシ」と結んでいる。

『語録字義』語数表

部	語数
一字部	71
二字部	347
三字部	7
四字部	43
五字部	4
総計	472

〚文献〛　鳥居久靖（1957）「日人編纂中国俗語辞書の若干について　－近世日本中国語学史稿の四」　天理大学学報ⅩⅣ－1
長沢規矩也（1956）「家蔵江戸時代編纂支那語関係書籍解題」支那語学報第二号
長沢規矩也（1972）「唐話辞書類集」第8集解題

16. **『語録訳義』** 留守希齋・千手旭山，1748（延享5）

　唐音表記は長沢本には無い。長沢は「留守友信の同書を増補した書の一種で，原本に比すれば，原項目に増補したり，新項目を設けたりして，語彙は殆ど旧に倍してゐる。原書については嘗て鳥居久靖氏が天理大学学報に詳しく攷証されたことがあるが，流伝本には，俗語訳義または俗語釈義と外題されたものもあり，語録字義（語録指南）元禄七刊・唐話

纂要_{岡島冠山}・字海便覧_{同享保}を始め，その他数十部の和漢雅俗の語彙を輯めた書物から，語録その他に使はれる俗語を採集して，頭字の総画別に排列し，訓訳をつけたもの，中には単に引用せず，先人の誤解を訂正してゐるものもある」としている。しかし鳥居久靖（1952）では氏が石浜本（石浜純太郎所蔵）とする一本について比校した太田辰夫所蔵本，天理大学所蔵本などとの差異をつぎのようにいう。

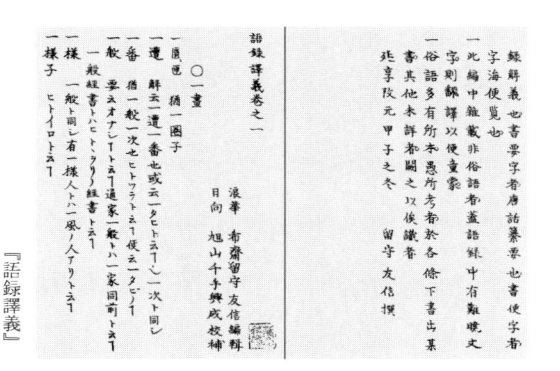

「本書の他の諸本と異なる点は，見出語にしばしば唐音を附すことである。たとえば一般・一起走・一味裡・一塊生・一半・一斉去のごとく。音を附した語はすべて唐話纂要のうちに見出され，附された音も同書とまつたく一致する。思うに希斎の原本では唐話纂要より採った語には『纂要』そのまゝの音が附してあったのではないか」としている。鳥居の詳細な研究によって本書が儒者の間にあったものとされる。すなわち『俗語解』との関係について引用書目の一致を図った検討結果から「『俗語解』の著者らが拠って立つ学問の分野を異にするからであろう。『俗語解』の引用書が当時のいわゆる唐話学者の一般的読書傾向を示すものとするならば，本書の引用書は儒者たちのそれを示すものと言い得ないだろうか」と注目すべき推理をしている。

『語録訳義』(長沢本) 語数表

画	数	画	数	画	数	画	数	画	数
1	50	7	134	13	138	19	29	25	3
2	14	8	143	14	75	20	17	26	1
3	69	9	94	15	91	21	0	27	1
4	74	10	156	16	78	22	32	28	0
5	129	11	194	17	50	23	9	29	2
6	111	12	147	18	41	24	4	総計	1886

〖文献〗 鳥居久靖(1952)留守希齋「語録訳義」について－近世日本中国語学史稿の一 天理大学学報第Ⅲ-2
長沢規矩也(1970)「唐話辞書類集」第2集解題

サ行【さ】

17.『雑纂(訳解)』不詳,1762(宝暦12)

　唐音表記は無い。題箋に「続家　雑纂　全」,見返しに「唐　李義山　宋　王君玉　宋　蘇子瞻　明　黄允文　四続　四巻／雑纂訳解／龍洲先生閲　玉樹堂発行」とある。最終丁には「宝暦十二年壬午季秋／平安書肆西堀川仏光寺下ル町　唐本屋吉左衛門」とある。さて「宝暦壬午之秋　河子龍撰」と識語がある「小引」が置かれ,本文になる。内題に「雑纂正編　唐李義山」とあって,「雑纂次編　宋　王君玉」「雑纂三続　宋　蘇子瞻」「雑纂四続　明　黄允文」と続いている。黄允文は「李義山浪子。以_二巷談_一寓_二滑稽_一。王君玉蘇子瞻各倣_レ之。遂成_二風流雅謔_一。後有_二続者_一。不_レ免_二画足_一寧復遺_レ珠。徒為_二大雅罪人_一。未_レ必能_レ博_レ好,諏士一軒渠也。壬申下第出_二白門_一車中識」と書いている。要するに唐代の李商隠から宋の王君玉,蘇子瞻,明の黄允文が採集した語句に注釈が施された一

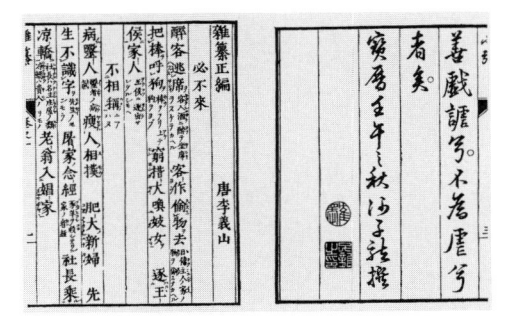

第Ⅲ章　唐話学史　白話の受容と展開

	巻之一			巻之二			巻之三			巻之四	
順	見出し	句数	順	見出し	句数	順	見出し	句数	順	見出し	句数
1	必不来	5	1	奴婢相	8	1	回耐	4	1	必不来	5
2	不相称	7	2	易図謀	3	2	自羞恥	3	2	殺風景	5
3	不嫌	6	3	難奈何	6	3	強陪奉	4	3	不如不解	5
4	遅滞	5	4	不得人憐	8	4	伴不会	4	4	難理会	3
5	不得已	9	5	無馮拠	9	5	旁不忍	5	5	勧不得	7
6	相似	7	6	趣不得	6	6	不快活	8	6	難忘	5
7	不如不解	6	7	冷淡	3	7	未足信	7	7	不祥	11
8	悪不久	6	8	悪行戸	3	8	頓歓喜	5	8	難久留	7
9	悩人	14	9	少思算	5	9	這回自在	6	9	学不得	5
10	失本体	13	10	不相称	9	10	不図好	4	10	未足信	9
11	隔壁聞語	5	11	自做得	5	11	怕人知	6	11	不可過	4
12	富貴相	10	12	好笑	6	12	説不得	7	12	暗歓喜	5
13	謾人語	8	13	阻興	6	13	謾不得	3	13	阻興	3
14	酸寒	8	14	可惜	9	14	諱不得	4	14	頓歓喜	4
15	不快意	6	15	重難	9	15	改不得	12	15	得人憐	6
16	惶愧	5	16	没用處	6	16	得人惜	8	16	可惜	7
17	殺風景	12	17	又愛又怕	6	17	学不得	6	17	悶損人	4
18	不忍聞	9	18	不識羞	7	18	忘不得	5	18	悪模様	5
19	虚度	7	19	不済事	13	19	留不得	5	19	這回自在	4
20	不可過	9	20	暗歓喜	6	20	勧不得	4	20	遅滞	5
21	難容	5	21	不自量	8	21	悔不得	8	21	富貴相	6
22	意想	8	22	愛便宜	6	22	怕不得	4	22	回耐	5
23	悪模様	12	23	過不得	8	23	不可託人	5	23	少道理	4
24	不達時宜	20	24	難理会	9	24	可惜	3	24	冷淡	5
25	羞不出	6	25	不識疾遅	6				25	無憑拠	6
26	痴頑	7	26	不識好悪	5				26	不相称	7
27	愚昧	9	27	輭不得	4				27	伴不会	3
28	時人漸顛狂	8	28	少道理	5				28	旁不忿	5
29	非礼	5	29	難忍耐	4				29	怕人知	5
30	枉屈	17	30	没意頭	4				30	不嫌	3
31	不祥	10							31	強陪奉	4
32	須貧	18							32	不図好	4
33	必富	17							33	説不得	5
34	有智能	17							34	謾不得	5
35	教子	13							35	諱不得	2
36	教女	10							36	易図謀	4
37	失去就	10							37	没意頭	3
38	強会	8							38	重難	7
39	無見識	7							39	必不得	3
40	要	7							40	不快意	3
									41	不達時宜	8
									42	不識羞	7
									43	虚度	5
									44	不忍聞	8
									45	改不得	6
									46	快意	7
	小計	371		小計	192		小計	133		小計	239
						総計					935

書である。唐話辞書の枠からは少し遠いが，中国近代語のカテゴリーに属する表現がみられるので，広い意味での唐話辞書として認められる。あるいは唐，宋からの口語表現の研究には貢献するものといってよいかもしれない。ただ，その判定は容易ではない。翻訳者は不詳。

つぎに李商隠から例示する。

必不来
酔客逃ㇾ席（ハツシサシキ）　客人酒ニ酔テ坐席ヲヌケテカヘル
不相称
肥大新婦　コエフトリタルハナヨメ（左ルビ　読み）
〚文献〛　長沢規矩也（1973）「唐話辞書類集」第14集解題

18. 『**雑字類編**』柴野栗山

唐話表記は無い。『雑字類編』は唐話を多く採集している。とくに唐話辞書として扱われるということよりはすでに儒者栗山が編んだものとしてよく知られている辞書である。詳細は岡田（1972），藁科（1981）などに譲る。

〚文献〛　岡田袈裟男（1972）「森島中良『類聚紅毛語訳』の考察」早稲田実業学校紀要11号
藁科勝之編（1981）『雑字類編』ひたく書房

19. 『**雑字類訳**』編者不詳，江戸中期か

唐音表記は無い。印刷された用箋が白紙であったり，一語しか収めていないなどの状況からみて，完成された一本とはいえない。収録語数も少なく，記述は唐話と日本語との簡潔な対照をしたものが大半を占めている。ただ，語彙の排列には意味分類を企図したことが明白である。

つぎに若干例示する。

　＊燻　タバコ，烟筒　キセル
　＊剪刀　ハサミ，鑷　ケヌキ，耳爬　ミミ

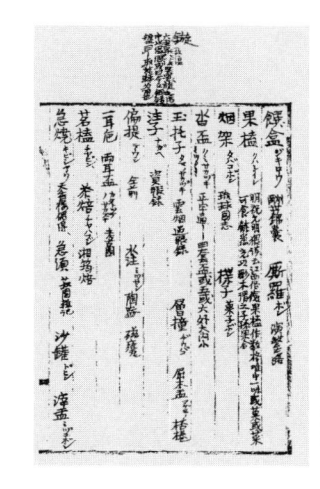

『雑字類訳』

　　　　　カキ
　　*浴桶　タラヒ,浴斛　スヘフロ,提桶　テヲケ
　　*村的　ヤボ,恠奴才　ケチナ野老,鳥嘴イナカ口ヲキク
　　　奴唇婢舌　アシキ物イ
〚文献〛　長沢規矩也（1975）「唐話辞書類集」第19集解題

【し】

20.『字海便覧』岡島冠山，1725（享保10）刊
　前節参照

〚文献〛　長沢規矩也（1973）「唐話辞書類集」第14集解題

21.『爾言解』編者不詳。　内閣文庫所蔵

唐話表記は無い。書き外題「爾言解全」とあり，内題は「爾言解乾集」用箋は10行，一行二語を基本とする。画引「一」から「亠」部まで。語彙排列は整理が行き届いてる。唐話，日本語の記述は簡潔。若干例示する。

　　人部
　　人手　タヾ人ト云事,人情　人事同シ　ツケトヾケ,人惜　小児ナドノ人ニカワイカラレル,人口　妻妾子孫ヲ云,人家　自分ノ家ヲ云,人眼的　是ハヨイト思フ人アレハ

〚文献〛　長沢規矩也（1971）「唐話辞書類集」第4集解題

22.『支那小説字解』不詳，1884（明治17以後）
　唐音表記は無い。鳥居（1957）では「小説字彙」の語彙の一致が極

めて多く桑野顧柳『小説字林』に近似すると述べる。「性情」部の語彙調査の結果をもってほぼ「小説字林」に依拠したものとしている。詳細は鳥居に譲る。

『支那小説字解』語数表

部	語数
天文	78
地理	189
時令	116
人倫	1347
支体	1130
惰性	629
衣服	201
飲食	323
居処	337
総計	4350

『支那小説字解』

なお鳥居の調査は総語数4570語とする。

〚文献〛 鳥居久靖（1957）「日人編纂中国俗語辞書の若干について－近世日本中国語学史稿の四」天理大学学報ⅩⅣ－1
長沢規矩也（1973）「唐話辞書類集」第15集解題

23.『宗門方語』編者不詳 1704（元禄以後）

　唐音表記は無い。長沢が解題に「故字諺語多く，必ずしも俗語とはいへない」というように本書は「唐話辞書類集」に組み込んだ編者の意図をとろうとした。それでも「好大哥　兄之義也　謂兄為哥」のようにある例はまぎれもなく白話であって，さらに「那斯祈　山云言不知也或福州郷談分暁之謂也」とあれば，黄檗の宗徒が日本亡命の後，南京寺，漳州寺などと同時に福州出身の同胞とともに福州寺を建立して福州話の伝統を日本の地に運んだ痕跡を語る。長沢はこれらを見て，捨てるにしのびがたいものとして収録するに至ったのかもしれない。こうして細かに見ると，たしかに仏教の匂いは濃厚だが，「東語西話　杜撰不少」のような俗語の成句もある。

『宗門方語』語数表

部	語数	備考
一字	37	
二字	68	
三字	78	1 四言アリ
四言	337	
五言	225	
六言	53	
七字	63	
八字	14	
九字	2	
十字	7	
総計	884	

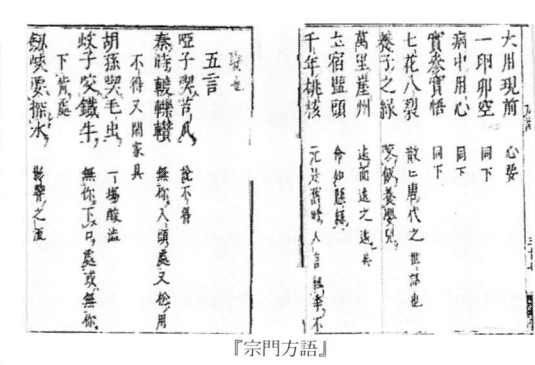

『宗門方語』

〚文献〛 長沢規矩也（1972）「唐話辞書類集」第8集解題

24.『授幼難字訓』井沢長秀，1727（享保12）刊。

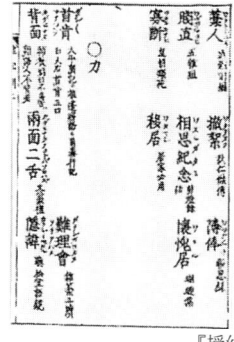

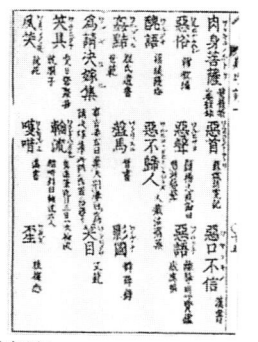

『授幼難字訓』

唐音表記は無い。題箋に「難字訓　自伊至加　上」、以下中，下，三冊。イロハ順に排列され，上はイからワ，中はヨからテ，下はアからスまで収録されている。なお，「キ」からはじまる語は「イ」に統合され，同様の措置は「オ」が「ヲ」に，「エ」が「エ」としてとられている。見返しに「蟠龍先生著〔前輩所録不再蘨無書出處者不敢載〕／授幼難字訓／京師書舗　柳枝軒」とあり，「享保五年九月六日　肥後隈本　井沢長秀書」の序がある。

刊記には「平安六角通御幸町西入町／享保十二年孟春穀旦／柳枝軒茨城多左衛門蔵版」「江戸日本橋南二町目／同店小川彦九郎」とある。また井沢長秀自身による序文にはこのように書いている。「天さがる鄙にそだてる童（ワラハベ）は。ことばふまりて。かたことおほければ。いみしき和（ヤマト）

訓などは。聞ても曉さぬなるへし。この故に 僕 是等のたよりにもなれ
かしとて。見侍る文どものうちにて。前輩の書もらせる。文字を。かれ
是と拾ひ集め。いにしへよりの訓をは。大やうはぶきて。しばらく俗間
のいやしきことばにかへ侍り。なづけて難字訓といふ。童蒙これにより
て文字を見ならはゞ。おのづから 古 の訓にも。通づるなるへし。（後
略）享保五年九月六日肥後隈本　井沢長秀書」とあって本書編纂の動機
は明らかである。

　井沢の編著『漢字和訓』と同様に，すべての語彙には読みのほか，出
典が記されている。

　長沢は「（漢字和訓）と逆に漢語及び準漢語を傍訓の伊呂波別に排列
し，その下の体裁は類似。中に俗語もあるので収録」としている。

『授幼難字訓』語数表

部	語数	部	語数	部	語数	部	語数
イ	88	ワ	29	キ	0	サ	64
ロ	6	カ	120	ノ	15	キ	53
ハ	90	ヨ	55	オ	0	ユ	18
ニ	18	タ	65	ク	74	メ	37
ホ	34	レ	5	ヤ	39	ミ	57
ヘ	17	ソ	27	マ	66	シ	74
ト	78	ツ	56	ケ	32	ヱ	0
チ	39	ネ	16	フ	58	ヒ	68
リ	4	ナ	61	コ	74	モ	39
ヌ	11	ラ	8	エ	11	セ	20
ル	2	ム	30	テ	42	ス	46
ヲ	74	ウ	74	ア	89	総計	1983

〖文献〗　長沢規矩也（1974）「唐話辞書類集」第16集解題

25.『**常話方語**』浅見絅齋，1777（安永6）以前。

　唐音表記は無い。全36頁。表紙には書き外題で，また首題も「常話
方語」とある。「這箇，者箇，這介，這般，這辺　以上コノト云義也」
以下35頁分に，二字話を中心に収録。（1）冒頭から124語句の後
に「右常話方語浅見先生ノ雑記ヲ以写ス」とある。（2）続く「要　ナ
ブル　ザレル」以下63語の後に「自要字至于此浅見先生訓」とする。

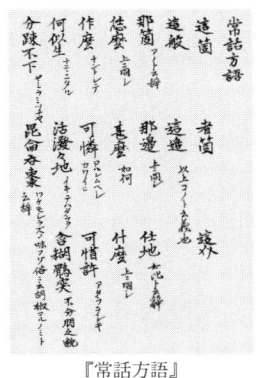

第Ⅲ章　唐話学史　白話の受容と展開

なお，最初の5語までを「以上水滸伝」とするが，すぐ後に「以下モ水滸伝也」とある。(3) ついで「漢通」以下30語句の後に「右丁丑四月浅見先生物語也」，(4)「推酒」以下20語句の後に「右同日宵録　進居」，(5)「果敢」以下　204語句の後，中途「恪以下乙酉晩冬廿三日夜語類会箚記」とあり (6) 最後部の38語句最終に　「安永六年丁酉二月十四日写之」とある。

『常話方語』

　　最終頁には「此書者浅見絅齋先生所集之俗語也。従奥野滝川翁乞借之以祐筆書摸記」としている。
　長沢の解題に「語彙は朱子語類・朱子実記などに取材したものが多いやうだ」とするが，「水滸伝」他からも多くの語彙が採用されている。編者が折々の読書に随って摘記したものと考えられる。収載句には「朱子語類」，「朱子実記」から長文で引用された句も少なくない。
〚文献〛　長沢規矩也（1971）「唐話辞書類集」第5集解題

26.『小説字彙』　秋水園主人1784（天明4）板本。高安蘆屋序，書肆，風月荘右衛門他。

　唐音表記は無い。鳥居（1954）の評価は小説専用の最初の辞書といふ点からみる以外には，総語数で他書と比較して見劣りがするとする。詳細については鳥居に譲る。

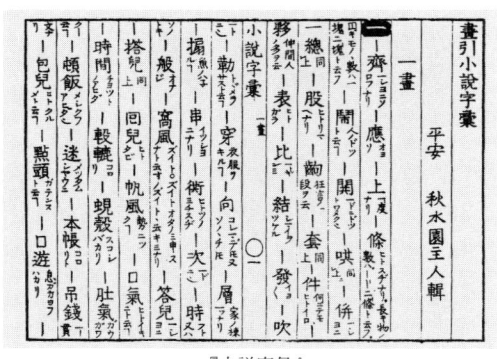

『小説字彙』

　引用書目は以下の通りだが，下線は「奇字抄録」引用書と共通する書物。
　イ　委巷叢談　一百笑

278

一片情　一夕話　引鳳簫　陰陽夢
ウ　雲合奇蹤　雲仙笑
エ　続英烈伝　燕居筆記　艶異編　鴛央鍼　艶史　炎冷岸
オ　王楼春　王杵記
カ　獪園　会真本記　懐春懐集　開闢衍義　覚世名言　雅笑編（篇）　雅嘆篇　画図縁　花陳綺言　滑燿編　韓魏小史　歓喜冤家　寒腸冷　韓湘子
キ　帰夢蓮　杏花天　侠士伝　玉嬌梨　玉鏡新談　驚夢啼　玉支璣　玉杵記　今古奇観　錦香亭　金翹伝　金瓶梅　錦帯文　金陵百媚
ク　虞初新志
ケ　警世通言　幻縁奇遇　妍国夫人伝
コ　合浦珠　功聯珠　好逑伝　五金魚伝　古今言　古今小説　五色奇文　五色石　孤樹裒談　鼓掌絶塵　五代史演義　蝴蝶媒　梧桐影　五鳳吟　五楼春　閫外春秋　混唐平西録　混唐後伝
サ　賽花鈴　賽紅糸　西湖佳話　西湖二集　西遊記　後西遊記　三教開迷　三国志演義
シ　耳譚　清律　繡摺野史　繡屏櫞　春燈鬧　春渚紀聞　照世杯　小説選言　詳清公案　情史　笑談　笑的好　笑府　情夢折　昭陽趣史　笑林広記　女開科伝　女仙外史
ス　後水滸伝　註水滸伝　隋史遺文　隋唐演義　水晶燈　酔菩提
セ　生絹剪　西廂記　醒世恒言　醒名花　西洋記　西洋暦術　石点頭　禅真逸史　禅真後史
ソ　双剣雪　僧尼孽海　蘇秦演義　俗呼小録　俗語難字　孫龐演義
チ　癡婆子伝　珍珠舶
テ　定鼎奇聞　定人情　点玉音　伝奇十種
ト　桃花影　東度記　東遊記　燈月縁　杜騙新書
ナ　南北宋則　南遊記
ニ　肉蒲団　二胥記
ハ　拍案驚奇　白猿伝　八洞天
ヒ　飛花艶想　美人鏡　琵琶記　百家公案　美人鏡
フ　封神演義　風流悟
ヘ　平山冷燕　平妖伝　偏地金
ホ　鳳簫媒　鳳凰池　包孝粛公案
マ　万錦情林
ム　夢月楼
ユ　有夏誌伝
ヨ　幼情櫞　暘谷漫録
リ　利奇櫞　両漢演義　両交婚伝　両山墨談　龍図公案　聊斎志異　麟児報
レ　茘枝奇逢　列国志　連城璧　恋情人

279

ロ　浪史

鳥居（1954）では掲出漢字1827語，総語数4673語とする。結果は同じだったが，詳細については異なっている。

〚文献〛　長沢規矩也（1973）「唐話辞書類集」第15集解題

27.『詞略』武田草盧，1770（明和7）

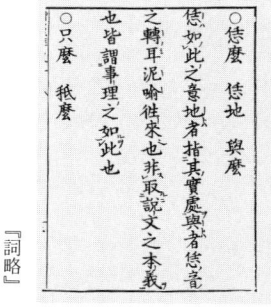

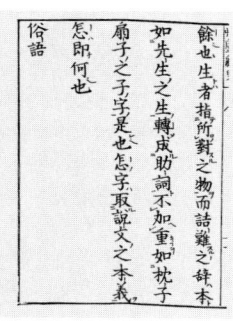

唐音表記は無い。長沢は本書が稀覯書に属し，他には刈谷市立図書館，無窮会織田文庫にのみあるものとする。本書は「明和庚寅春　彦城　釈惠龍拝識」とする「詞略題言」があり，「明和巳丑春淡海文学龍公美　京都新町通丸田町上ル町　八文字屋市郎兵衛　萬屋治兵衛蔵板」とする奥書を持つ小冊子である。

コミュニケーションの基本語彙を記述した書物。以下のように語の運用について解説してある。冒頭部分を引いてみる。

　○作麽生　什麽　甚麽　怎生
　作者本怎字之仮借而音転耳　非取説文之本義也　什字甚字又是同母而仮借也亦非取説文之本義也　麽者語之余也　生者指所対之物而詰難之辞本如先生之生転成助詞不加重如枕子扇子之字是也　怎字取説文之本義怎即何也
　俗語
　○恁麽　恁地　與麽
　　（略）
　○只麽　祇麽
　　（略）
　　這個　遮個　者個　此個　是個　這裡
　　可中　那裏　那辺　不肯
　○○那
　　（略）
　　如許　許多　何許　幾許
　　（略）

直饒　仮饒
　　（以下略）
〖文献〗　長沢規矩也（1973）「唐話辞書類集」第14集解題

【す】

28.『**水滸伝抄解**』成立・編者不詳。

　唐話表記は無い。書き外題に「水滸伝抄解　完」とあり，序から十一回までの語釈，注釈が施されている小冊子である。注解の内容は語句によって長短はまちまちであり，丁寧な記述内容となっている。若干例を挙げる。

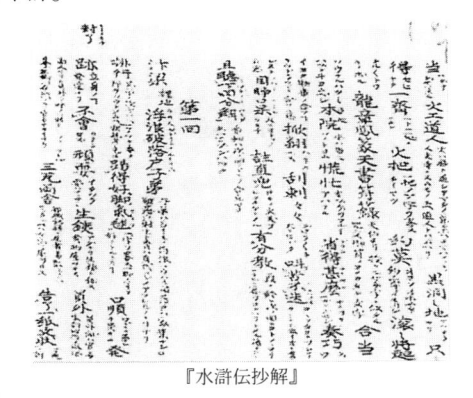

『水滸伝抄解』

打　能解斎漫録ニ打ノ字釈文
　　云丁者当也　打字　従手　従丁　以手当其事者也ト　然レハ文勢ニテ其用事毎ニ用ヒテヨシ譬ヘハ。スル。トル。ナス。ツクル。クイ。ノムノルイスベテヒロク当其事用ユル字六朝ヨリ唐マテノ多ノ頓字ヲ用ユルト同シ
些快楽　些此字ノ義語ノ尾ニ付タル付字　楚詞ノ助声
非同小可　ナミタイテイノ事デハナイ　ナミナミナラヌ

『水滸伝抄解』語数表

回	語句数	回	語句数
序	148	7	69
1	299	8	47
2	152	9	55
3	134	10	41
4	75	11	34
5	83		
6	96	総計	1233

〖文献〗　長沢規矩也（1976）「唐話辞書類集」第20集解題

29.『水滸伝批評解』清田儋叟，1785（天明5）以前。写本。七十回本。
　唐音表記は無い。内題に「清君錦先生水滸伝批評解　備前　高潤撰」とあり、「此一篇ハ先生ノ求ニ応シ水滸伝ノ図ニ題スルモノゾ。今是ヲ此ニ録シテ水滸伝ノ大段ヲ表示ス。因テ竊ニ加フルニ解ヲ以ス」とする小冊子。若干例を挙げる。

一回
　＊高俅施礼罷」
　　　可謂拭目三日」目ヲフルマニ見カヘルヲイフ
　　○三国呂子明ノ語
　＊八十万禁軍
　　　処々提出八十万禁軍蓋注明禁軍八十万敵三十六人不得
　＊敢問長上這後生是宅上何人
　　　不得不問」先ソノ人ヲ知テ後ニソノ意ヲトクヘシ
　＊一同赴席四箇人坐定
　　　主父子二人賓母子二人」　史進ト父ト王進ト母ト
　＊評」英雄手内請死其視史進如戯也」
　　　誤甚」　勢死ヲ請サル事ヲ得スタハムヽニアラス
〚文献〛　長沢規矩也（1970）「唐話辞書類集」第3集解題

『水滸伝批評解』

30.『水滸伝訳解』岡田白駒口授，艮齋校正1727（享保12）

唐音表記は無い。序から120回までに採択した語句に釈義を付す。「享保十二丁未初秋廿六日　艮齋」とする末尾の識語には次のように書かれている。
「夫学問之道多端。自上古至六朝者四部之書乃備矣。能読之有何難乎。而

『水滸伝訳解』

唐以来。有官府語。有俗語。加之。有転借有諱避。有家語。故難皆理会之。唐以下書。文義難通暁者。為是故耳。吾邦学者往々置而不講。故雖老師宿儒誤文義尽為多也。且雖粗解隔靴掻痒而已。水滸伝者元人羅貫中所著惣用俗。語所謂演義文者也。頃隨于岡龍洲受文義。逐一附訳解。以備後来之遺忘云」

岡田白駒の講義録であることが明確である。江戸中期における水滸伝講義の内容を示す。引用される書目は「熟字大全，市鎮，浮屠象相伝，度牒」など若干例を除けばほとんどみられない。語釈は回数順に語句が採択されている。つぎに第一回からいくつかの例を挙げる。

応有　アラユル
当下　ソノトキ　下ハ助字
那裡（イヅレノウチ）　那去声イカンゾ　平声カノ也　（後出例　カシコ，那里アソコ）
非同小可　タイテイノモノテナイ
胡説　ワケモナキ説也

『水滸伝訳解』語句数表

回	語句数	回	語句数	回	語句数	回	語句数	回	語句数	回	語句数	回	語句数
	80	21	151	42	23	63	27	84	12	106	8
1	183	22	56	43	24	64	14	85/86	30	107	15
2	480	23	49	44	32	65	24	87	13	108	28
3	239	24	223	45	91	66	31	88	19	109	27
4	220	25	88	46	37	67	16	89	14	110	29
5	124	26	108	47	38	68	12	90	27	111	13
6	97	27	52	48	21	69	18	91	16	112	6
7	126	28	51	49	53	70	12	92	16	113	10
8	82	29	41	50	28	71	22	93	22	114	21
9	70	30	36	51	99	72	41	94	23	115	9
10	67	31	45	52	31	73	31	95	13	116	13
11	45	32	52	53	49	74	53	96	8	117	9
12	86	33	40	54	52	75	23	97	13	118	17
13	52	34	31	55	36	76	11	98	30	119	24
14	32	35	34	56	46	77	11	99	11	120	25
15	53	36	18	57	38	78	14	100	8		
16	113	37	54	58	21	79	13	101	24		
17	76	38	72	59	23	80	22	102	61		
18	71	39	36	60	25	81	31	103	50		
19	97	40	32	61	60	82	15	104	107		
20	77	41	28	62	46	83	21	105	16	総計	5889

〘文献〙　長沢規矩也（1973）「唐話辞書類集」第13集解題

31.『水滸伝字彙外集』編者不詳。天保期か。

　外題は打ちつけ書きで「水滸伝字彙外集　全」とあり、以下「水滸伝序，（人称詞），附言，水滸読格，（詩），校定原本，編訳引書，一画から二十八画」となっている。

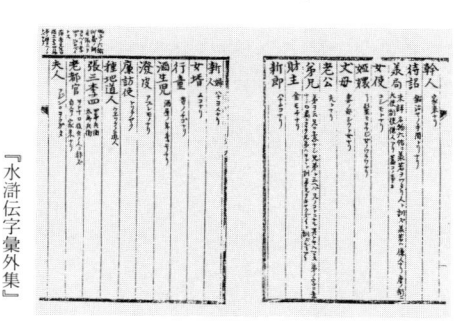

『水滸伝字彙外集』

　引用書目は，「水滸伝解，水滸伝抄訳」の二書によって，これ以降の成立であることが判明する。また「附言」に馬琴の言を引用することから成立は天保期と目される。

　「校訂原本」に「李卓吾一百回　和俗是ヲ百回本ト云」「金聖歎外書七十回　二本有　是ヲ聖歎本ト云」「卓吾評点一百七十五回　是ヲ李卓吾ト云」「水滸後伝四十回　二本アリ」とする。また「編訳引書　蓋馬琴引書矣」として書目を挙げている，以下五十音順に示す。

　　キ　金瓶梅　金瓶梅訳文
　　ク　群書纂要
　　コ　広輿記　郷談雑字　古言梯　五雑俎
　　シ　事文類聚　縉紳全覧
　　ス　水滸伝解　水滸伝抄訳
　　ソ　宋史
　　タ　大明一統志
　　ナ　南北宋志伝
　　ニ　日本書記〔ママ〕　日本風土記
　　フ　武備志　続文献通考　文体明弁
　　ヘ　兵録
　　メ　名物六帖
　　ユ　遊仙窟
　　ワ　和字正濫要略　和名類聚鈔

　さて本書はそう大部のものではないが，編集意図は他の水滸伝釈義書が回数順に語句を採集し示しているの比べると，趣を異にしている。ことに，語彙の性格によって分類する意図が見える。「水滸読格」の全例

をつぎに挙げる。

話説　ワセツス　〇爰ニ又　〇カクテ　昔ノ話ヲ説出ス
却説　去程ニ　〇爰ニ又　サテモ又
且説　爰ニ又　〇サテモ　〇カクテ　〇去程ニ
再説　爰ニ又　〇サテモ
只説　サテモ
不説　某某
只説　ソレハサテオキ　ココニ又
当下　其トキ
当時　其トキ
当日　其日
写道　書付テ日
不在話下　ハナシコノ下ニナシ　〇コレハサテヲキ　〇コノ末ハナシアラズ
　　　　　〇コレハコレマデ　〇コノ下ニハナシナシ
話分両頭　ハナシ二ツニ分ル　ハナシフタミチニ分ル
閑話休題　ムダバナシハサテヲキ　同〇ムタゴトハウチヲキテ云ズ
話休絮繁　ワズラワシク記サズ　〇ムダハナシハサテヲキ
不題話休絮繁　事ノシゲキヲシルサズ
按下不題　（無記）
閣過不題　コレハサテヲキ
放下一頭却説　コノカタカタノ話ハサテオキ　〇カクテ　〇ソレハサテヲキ
　　　　　　ココニ又
有詩為証　詩有証トス
有分教　次ニワケ有
正是　イカニモ
畢竟　ツマルトコロ　〇ドノツマリ　〇ヲンヅマリ
且聴下回分解　先ツ下回ノ分ガイヲキケ　〇マヅ次ノ段ニトキワケルヲキケ
　　　　　　〇ソワ次ノ巻ヲ読得テシラン
且把問話提過只説正話　ムダバナシハサテヲキサテモ
且不説　某某
却説　ソレハサテヲキ　爰ニ又
話中不説　某某
只説　ソレハサテヲキ　爰ニ又
休説　某某
却説　（無記）

ここに採集された語句は語りの慣用的表現だが，水滸伝読みには章回

小説の常套的文句の理解はやはり関心が深かったのである。繰り返しがあるなど完全に整理されていないが，水滸伝関係書では他にはこのような意義分類的な方法を試みた例をみないので資料として特筆される。

『水滸伝字彙外集』語句数表

回	語句数	回	語句数
人称	89	11	90
読格	32	12	49
1	40	13	60
2	60	14	45
3	59	15	43
4	53	16	23
5	74	17	20
6	87	18/19	16
7	55	20/21	5
8	81	22/23	2
9	74	24-28	3
10	69	総計	1129

〖文献〗　長沢規矩也（1973）「唐話辞書類集」第 13 集解題

32.『**忠義水滸伝鈔譯**』陶山冕，1758 以降。宝暦期か

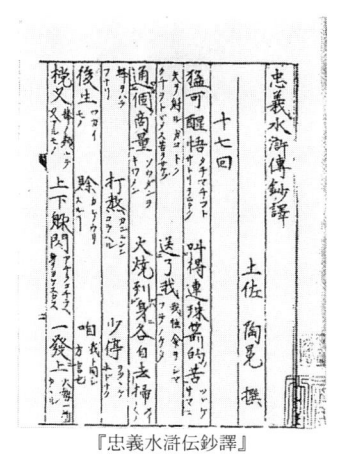

　　唐音表記は無い。首題に「忠義水滸伝鈔訳　土佐　陶冕撰」とあって，宝暦七年刊行本の続きと見られる。長沢は「陶山本の刊本及び続稿の写本」とするが，自筆稿本であるか写本であるかは不詳。17 回から 120 回に及びこれで陶山は全巻注釈をなしたものと考えられる。語釈は刊本と比較すると全体的に簡潔になっていて，本文理解と日本語訳は陶山の白話読解力の高い水準を示している。以下，若干例を挙げる。

咱　我ト同シ　方言也　（17 回）
洒家　関西ノ方言　魯智深モ揚志モ共ニ関西ノ人ナリ（17 回）

不可説　云ニモ云ハレヌ事（17回）
莫不誰在你行説甚来　誰レカ你カムレノ中ニ於テ何トソ云タテハナイカ（110回）

『忠義水滸伝鈔譯』語句数表

回	語句数	回	語句数	回	語句数	回	語句数	回	語句数
17	99	38	79	59	12	80	22	101	43
18	84	39	69	60	18	81	22	102	51
19	66	40	63	61	70	82	28	103	49
20	62	41	39	62	50	83	17	104	81
21	222	42	38	63	20	84	8	105	9
22	87	43	45	64	12	85	18	106	6
23	91	44	32	65	34	86	6	107	5
24	325	45	101	66	20	87	8	108	13
25	100	46	52	67	16	88	8	109	9
26	92	47	32	68	15	89	8	110	33
27	79	48	18	69	22	90	16	111	7
28	62	49	43	70	13	91	14	112	4
29	81	50	16	71	15	92	16	113	11
30	66	51	72	72	30	93	28	114	10
31	65	52	23	73	26	94	35	115	11
32	62	53	28	74	50	95	16	116	10
33	44	54	18	75	29	96	11	117	9
34	37	55	27	76	13	97	8	118	13
35	34	56	38	77	9	98	33	119	13
36	41	57	36	78	10	99	8	120	15
37	61	58	20	79	17	100	9	総計	3991

〚文献〛　長沢規矩也（1970）「唐話辞書類集」第3集解題

33.『**忠義水滸伝抄譯**』（『忠義水滸伝解』17回～36回）鳥山輔昌，1784（天明4）

　　唐音表記は無い。題箋に「忠義水滸伝解 自十七回 至卅六回」とあり，扉は「石丈鳥山先生著 石倉夙貯 玉笈永公／水滸伝抄訳／書刊 文泉堂 称鶩堂 発兌囧」とある。柱には「忠義水滸伝解」とあり，また内題には「忠義水滸伝抄訳／浪華鳥山輔昌爾熾著／彦城龍世文子章校」とあって，書名がゆれている。しかし，「友弟　墨池龍世文識」の「凡例」からは陶山の『忠義水滸伝解』（1回

第Ⅲ章　唐話学史　白話の受容と展開

から16回)を十分に意識して刊行に至った事情が鮮明に記されている。これによって，ここでは長沢と同じく，『忠義水滸伝抄訳』としておく。そして，この内容からは天明期における水滸伝流行の事情を伝える内容もわかり，注目される点がある。

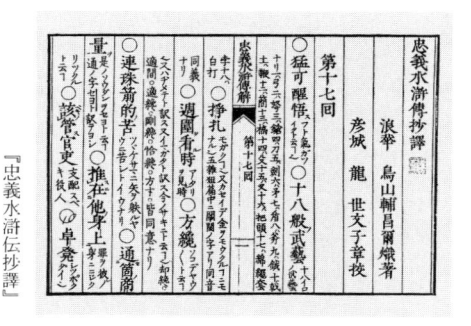

『忠義水滸伝抄譯』

「凡例」（原漢文）は六条からなる。

第一条は「石丈詞歌少小ニシテ稗官ノ学ヲ好ム。而シテ其ノ水滸ニ於ルヤ研究ニ年有リ。遂ニ施羅二氏ノ心肝ヲ挽スル事ヲ得タリ。縦横円活ト称スベキ也。因テ這冊子ヲ作為シテ以テ幼学ニ便ス」ために多くの読書のためにも良いというので世に問うことにしたとしている。第二条は陶山の『忠義水滸伝解』が既に流布しているから続きの17回から36回までを対象にしたことをうたっている。第三条は唐音表記をしない旨の断りだが，つぎのように記している。「陶山氏ノ訳本字毎ニ華音ヲ附ス。爾リト雖モ我カ東方ハ則チ単音有テ合音無シ。我カ邦ノ人華音ヲ学ブヤ。垂，髫自リスルニ非ザレバ，則チ得ル事能ハズ。況ヤ声音ノ妙ニ至リテハ則チ国字ノ能ク盡ス所ニ非ザル」からであるとしている。この言は水滸伝が相当に普及している事情を語っているとともに，「垂髫」すなわち子供の読書への配慮が伺われる。「幼学」のためにこの注釈書を刊行する目的があるのだとすれば，当代の水滸伝流行は難解な唐話をそのまま子供たちに示し，語釈を与えていたことを明かしている。さて，残る三条では，一つには「這，那，的，了，着，把，什麼，甚麼，恁地，則箇」など基礎的なことばは繰り返さず，陶山の書に譲るものとする。また陶山が同じく「機械，衣服之制」等は「類書」や「舶来ノ院画」にあるが，自分の目でたしかめたことではないから億説を避ける旨をいう。

本文は陶山を襲っていて版面をはじめとして記述方式は同一といって良い。つぎに記述内容を若干例示する。

行不更名坐不改姓　ドコデモカシコデモ姓名ヲカエヌヲ
老婆　女房ナリ　　　定リノ青面獣楊志ジヤト誇ル辞也

『忠義水滸伝抄譯』

回	語句数	回	語句数
17	114	28	82
18	88	29	76
19	89	30	90
20	104	31	103
21	159	32	116
22	60	33	76
23	96	34	69
24	328	35	64
25	113	36	54
26	167		
27	118	総計	2166

〖文献〗　長沢規矩也（1970）「唐話辞書類集」第3集解題

34.『**忠義水滸伝（語解）**』成立年不詳，半唐師口授，穂積以貫筆授。

　唐音表記は無い。内題に「忠義水滸伝 長崎半唐師口授　大坂　以貫筆授」とあり，第一回から第五十二回までの語句を採択している。採録語句は多くないので，他の釈義書と比べるとき初学者には用をなさない。また採択された語句もとりわけ難解であったものとは思われない。つぎに若干例を挙げる。

　　怎生奈何　ナニトイタソウゾ
　　約莫　ヲヽカタ
　　寒粟子　トリハダタチ
　　不要説謊　ウソイヤルナ
　　非同小可　ナミナミノヒトテナイ
　　不在話下　コレハサテヲキ

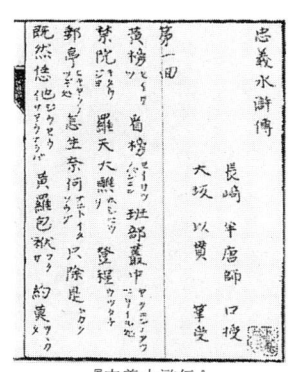

『忠義水滸伝』

『忠義水滸伝』（語解）語句数表

回	語句数	回	語句数	回	語句数
1	24	19	69	37	40
2	15	20	13	38	20
3	38	21	42	39	1
4	18	22	22	40	0
5	12	23	9	41	0
6	12	24	20	42	11
7	21	25	9	43	12
8	16	26	7	44	10
9	11	27	14	45	19
10	40	28	5	46	14
11	27	29	2	47	43
12	11	30	8	48	13
13	13	31	30	49	12
14	14	32	25	50	6
15	42	33	14	51	13
16	7	34	11	52	7
17	9	35	6	番外	17
18	18	36	13	総計	906

〖文献〗　長沢規矩也（1973）「唐話辞書類集」第13集解題

35.『忠義水滸伝（語釈）』成立・編者不詳。

唐音表記は無い。書き外題「忠義水滸伝考」とある。長沢は「外題に『忠義水滸伝考』とあるが，「考」字は後人の添加に係るかと思はれる。よって，仮に書名を作った。第一回から第三回までの語釈で，その内容は諸本と系統を異にする」と書いている。

つぎに第一回から三回までの語句を例示する。

話説　　ハナシイタス也
但見　　タヽケイキヲ見ル也
当下　　ソノトキ也
降々地　ソロソロト

『忠義水滸伝』

不要説謊　　ウソヲイフナ也
小可　　　　ナミナミノ事也
胡説　　　　メッタナ事ヲイフ
話下　　　　ハナシハコレテヤメル也
下方生霊　　世界人民

『忠義水滸伝（語釈)』語句数表

回	語句数
1	222
2a	59
2b	338
3	186
総計	805

〖文献〗　長沢規矩也（1973）「唐話辞書類集」第 13 集解題

36.『聖歎外書水滸伝記聞』不詳，天明期か。九州大学図書館所蔵

　表紙に書き外題で「水滸　下」とあり，首題に「聖歎外書水滸伝記聞　巻下」とある。料紙は印刷されたもので，半丁に九行，柱に「衛生堂蔵」とある。長沢は「金聖歎本の語句を和訳し，総批並びに評中の語句に及ぶことは他に例を見ない」とし，さらに「稿本らしい」としている。一例を挙げる。

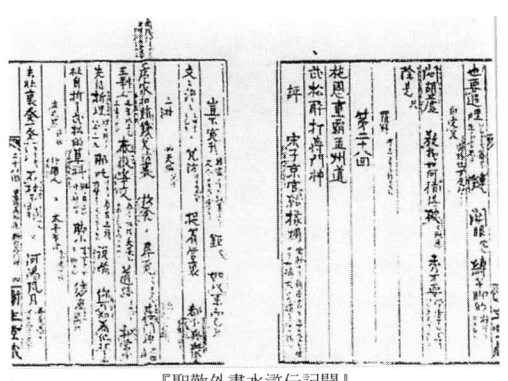

『聖歎外書水滸伝記聞』

　　総批　強弩之末勢不可穿魯縞　韓安国伝強弩之末勢不能穿魯縞注曲阜善作縞
　　尤為軽緩故曰魯縞

『聖歎外書水滸伝記聞』語句数表

巻下				附百二十回抄録			
回	語句数	回	語句数	回	語句数	回	語句数
26	44	49	30	71	9	99	4
27	45	51	44	74	28	100	4
28	45	52	35	75	10	101	15
29	41	53	41	76	9	102	33
30	41	54	43	77	8	103	18
31	53	55	74	78	6	104	33
32	35	56	42	79	6	105	10
33	34	57	29	80	7	106	5
34	46	58	28	81	9	107	1
35	32	59	25	82	9	108	7
36	50	60	91	83	7	109	8
37	71	61	75	84	5	110	10
38	54	62	41	85	4	111	7
39	33	63	25	86	2	112	3
40	46	64	33	87	3	113	6
41	55	65	43	88	4	114	4
42	65	66	29	89	4	115	5
43	56	67	19	90	7	116	4
44	155	68	26	91	6	117	4
45	73	69	20	92	7	118	4
46	43	70	42	93	7	119	10
47	34			94	0	120	7
48	73	総計	2059	95	8		
				96	4	総計	371

〚文献〛 長沢規矩也(1976)「唐話辞書類集」第20集解題

37.『忠義水滸伝解』陶山冕1757(宝暦7)

　唐音表記有り。「百二十回本忠義水滸伝」陶山冕の注解一回から十六回までを一冊としている。「宝暦七年丁丑仲秋上澣南海陶冕識」の識語をもつ「自叙」によると，30年来の講義の結果，難解語句等をまとめたものとする。「凡例」では「聖歎所訂。七十五回者。此年海舶齎来。盛行于世。今所解者。就一百二十回正本訂之。覽者其察諸」としている。また「第一回至第十回。曩者。岡島援之既已句読旁訳。以行于世。間有謬訳者。今解中正之。余豈敢好駁前輩之疵瑕。但要便於覽者耳」として，

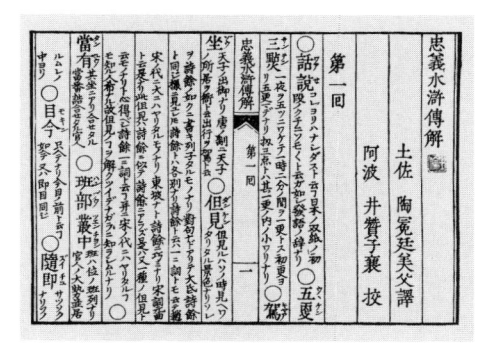

岡島冠山の解釈にも異見を述べていることがわかる。陶山はさらにつぎのように述べて，自著の自負を語っている。「至器械衣服等項。其制。固自非経目撃。不可得而暁。従来世之称解水滸者。博洽誇人是務。只以已不知為羞恥。甚鄙哉。非啻一時昧心。貽謬於後人。其罪非細。余則異此。其未詳者。不敢臆解。標出未詳。俟他日博覧君子」。一方，記述に当たっての二条がある。「字旁副音者。蓋其概耳。至声音之微忽者。固非国字之所可得而。悉覧者領其大較可也」と，常用の指示詞，疑問詞などについては重複して記述しないとしている。

　語釈は見出し語句に割注形式になっている。釈義は分量的には一定しないが，陶山の講義の様子がよくわかる。

記述例
目今（モキン）　只今ナリ今目ノ前ト云事　如今又ハ即目同ジ
不止一日（ポツウイジ）　日ノミナラズ毎日毎日ト云事
方（フロン）　ソコデト訳スベシ

『忠義水滸伝解』語句数表

回	語句数	回	語句数
1	111	10	59
2	409	11	40
3	199	12	65
4	186	13	26
5	70	14	65
6	58	15	46
7	72	16	106
8	47		
9	42	総計	1601

〘文献〙　長沢規矩也（1970）「唐話辞書類集」第3集解題

【そ】

38. **『俗語訳義』** 留守希齋, 1749（延享5）

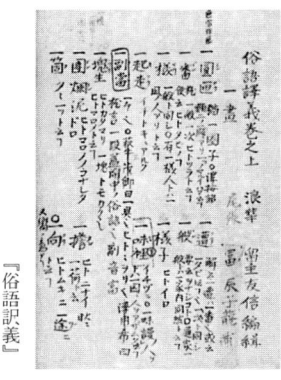

唐音表記は無い。凡例に「延享改元甲子之冬留守友信編」とあり, 首題に「俗語訳義 巻之上　浪華　留守友信　編緝　尾張　富辰子龍　補」とある。内容からいって,『語録訳義』の一本である。本書は異名の写本も多い。詳細は鳥居（1952）に譲る。語数は約2000語。

〘文献〙　鳥居久靖（1952）留守希斎「語録訳義」について　－近世日本中国語学史稿の一
天理大学学報Ⅲ－2

長沢規矩也（1974）「唐話辞書類集」第17集解題

39. **『俗語解』** 唐音表記は若干の語にみられるのみである。

『俗語解』は旧来唐話辞書中最大の規模を誇るものとされてきている。しかし, 近世期に刊行された事はない。今日まで調査に付された写本は多い。今日確認できる写本は十本になった。

-1 国会図書館所蔵沢田一斎手沢本『俗語解』八冊
-2 国会図書館所蔵『俗語彙編』五冊
-3 西尾市立図書館岩瀬文庫所蔵『俗語解』十二冊
-4 石崎又蔵旧蔵四冊
-5 松井簡治旧蔵若干本
-6 京都大学人文科学研究所所蔵七冊（京大）
-7 天理大学図書館所蔵藤井乙男旧蔵七冊
-8 長沢規矩也旧蔵本『俗語解』
-9 静嘉堂文庫所蔵『俗語解』森島中良改編本
-10 立正大学図書館所蔵『俗語解』

私的に関心のある一本は森島中良がいう「伍石居架蔵本」である。中良の親友であったというこの人物については未だに明らかにできないでいる。『俗語解』の記述例を挙げるが, 詳細は別論に譲る。

他們　他ハ彼ナリ　們ハ等ナリ　カレラト訳ス
来果　楽人ノ事　金陵六院方語

『俗語解長沢本』語数表

部	数	部	数	部	数	部	数	部	数
イ	302	ヲ	52	ウ	19	ア	107	雑劇名色	178
ロ	61	ワ	32	ヰ	0	サ	374	娼妓	172
ハ	504	カ	731	ノ	10	キ	480	金陵六院市語	115
ニ	11	ヨ	62	オ	0	ユ	45	小計	465
ホ	176	タ	534	ク	491	メ	44		
ヘ	124	レ	80	ヤ	33	ミ	10		
ト	251	ソ	250	マ	66	シ	1083		
チ	184	ツ	5	ケ	292	ヱ	54		
チ2	68	ネ	24	フ	258	ヒ	134		
リ	167	ナ	51	コ	348	モ	55		
ヌ	8	ラ	160	エ	0	セ	325		
ル	10	ム	15	テ	288	ス	0		
小計	1866	小計	1996	小計	1805	小計	2711	総計	9035

〖文献〗長沢規矩也（1974）「唐話辞書類集」第11集解題
岡田袈裟男（1982）「森島中良と『俗語解』改編－静嘉堂文庫所蔵「俗語解」をめぐって」国語学会春季大会（於早大）発表資料
岡田袈裟男（1983）「森島中良晩年探索－あるいは一文人の言語宇宙」（「日本文学」32-1）
岡田袈裟男（1991）『江戸の翻訳空間－蘭語・唐話語彙の表出機構』笠間書院
大橋敦（2005）「立正大学図書館『俗語解』について－森島中良改編本との比較を中心に」（「国語国文」43号立正大学）
大橋敦（2006）「『俗語解』の伝本と『雅俗漢語訳解』－森島中良・太田全斎・蒲阪青荘との関わりから」（「国語国文」44号立正大学）

40. 『﨟幼略記』編者不詳。1771明和以前成立。

唐音表記有り。本書には南京話と福州話の両方言で記述されている。この書物は題箋に「﨟幼雑貨訳伝　全」とあるが「近間ロ，唐船載ミ来ル﨟幼雑貨，他ノ時用ノ字説ニ憑ツテ，頗略シテ左

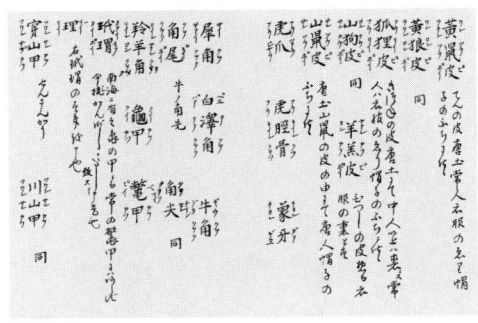

ニ開列ス」(原漢文)として「綢，紗(サヤ)，綾(チリメン)，緞(リンズ)(中略)参(ドンス)，鯊皮(ニンジン)，香木(サメ)(カウボク)，皮甲(カワカウ)　雑色，珠石(タマイシ)　雑色」など布地やそれにまつわることばを書いた後に「右ハ南京音(キンヲン)　左ハ福州音(フクヂウヲン)」として以下二音を語の左右に振っている。両方言音については今後音韻学的に精査される必要があるが，ここでは以下冒頭部の一部の語彙と両音表示を示す。

語	南京話	原注	福州話	原注
紬	チウ		テウ	
大花紬	タア　フア　チウ		トウイ　フア　テウ	
大紬	タア　チウ		トウイ　テウ	
二重	ルウ　ツヲン		ニイ　テヨン	
重紬	ツヲン　チウ		テヨン　テウ	
紡絲	フワン　スウ		パン　シイ	
中花紬	チヨン　フア　チウ		テヨン　フア　テウ	
中紬	チヨン　チウ		テヨン　テウ	
雙裙	ソン　キイン		サアン　クヲン	
京荘	キイン　ツヲン		キイン　ツヲン	
小花紬	シヤウ　フア　チウ		シヤウ　フア　テウ	
小紬	シアウ　チウ		シヤウ　テウ	
軽紬	キイン　チウ		キイン　テウ	
細仔	チウ　ツウ		テウ　キヤア	
北紬	ポ　チウ		ボク　テウ	ポ　予
白紬	ペエ　チウ		ハア　テウ	パ　予　バ　名
素紬	スウ　チウ		ソウ　テウ	
大素紬	タア　スウ　チウ		トツイソウテウ(ワ)	按　ツ非
温紬	ウヲン　チウ		ウヲン　テウ	
潞紬	ロウ　チウ		ロウ　テウ	
潮紬	チヤウ　チウ		テヤウ　テウ	
杭紬	ハン　チウ		ホン　テウ	
広紬	クハン(×)　チウ	×→ワ	クヲン　テウ	
塘西	トン　シイ		トン　スエ	
雙林	ソン　リン		サアン　リン	
土紬	ド　チウ		ドウ　テウ	ト。予　ト　名
大紅紬	タア　ホヲン　チウ		トワイ　エ丶ン　テウ(ママ)	

〘文献〙長沢規矩也（1974）「唐話辞書類集」第16集解題

タ行【ち】

41.『中夏俗語藪』岡崎元軌。1783（天明3）

唐音表記は無い。全五巻、各巻は意義別に排列される。記述内容は「伊字部」の「態芸」門を例にとると，つぎに見られるとおり，意義分類のさらなる下位区分は字数別に排列されている。

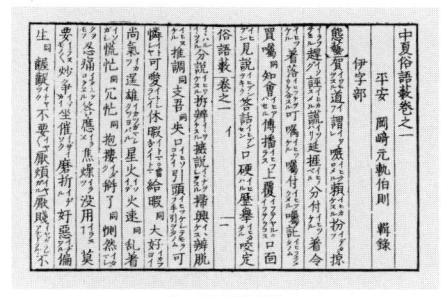

『中夏俗語藪』

賀　　　　　　　　　イワヒヲスル
延捱　　　　　　　　イヒノベル
逓伝去　　　　　　　イヒフラス
裏應外合　　　　　　イヒ合ス
不題一声児　　　　　一言モイハヌ
七十三八十四　　　　イロイロサマサマ
七個頭八個膽罵　　　イロイロサマザマニシカル
礙口識羞欲言又止　　イヽニクキ事
羊肉吃不得空惹一身臊　イタクモナイハラヲサグラル

このようにして，収録された見出し語句の数分布は以下のとおりである。

『中夏俗語藪』語数表

部門	イ	ロ	ハ	ニ	ホ	ヘ	ト	チ	リ	ヌ	ル	ヲ	ワ	カ	ヨ	タ	小計
態芸	78	6	86	19	33	13	78	28	16	11	4	115	53	89	36	53	718
気形	23	2	13	10	9	2	38	11	3	6	0	5	17	31	12	28	210
支体	16	2	2	0	2	2	2	4	0	0	0	7	1	9	0	4	51
時令	27	0	7	1	1	2	4	3	0	0	0	8	0	1	1	4	472
乾坤	7	3	7	3	5	2	11	0	2	0	0	7	1	13	3	5	69
食服	2	1	3	6	2	0	3	8	0	3	0	5	1	13	8	6	61
器財	29	1	25	11	10	9	16	15	2	0	0	11	10	60	6	11	216
通用	17	0	9	2	2	1	31	6	3	0	0	12	2	7	3	12	107
小計	199	15	152	52	64	31	183	75	26	20	4	170	85	223	82	123	1504

第Ⅲ章　唐話学史　白話の受容と展開

部門	レ	ソ	ツ	ネ	ナ	ラ	ム	ウ	キ	ノ	オ	ク	ヤ	マ	ケ	フ	小計
態芸	4	45	46	23	71	7	43	55	0	22	0	45	30	55	28	48	522
気形	3	9	8	7	25	6	6	6	0	3	0	12	13	9	11	11	129
支体	3	2	4	3	0	0	0	0	0	0	0	0	10	2	0	0	24
時令	0	2	2	4	1	1	0	0	0	0	0	3	0	5	0	0	18
乾坤	0	2	4	0	2	0	6	2	0	0	0	3	10	1	1	6	37
食服	0	3	7	0	4	0	3	1	0	0	0	2	0	3	8	4	35
器財	0	6	11	0	4	0	3	11	0	1	0	13	8	10	0	17	84
通用	0	22	10	0	28	0	6	3	0	1	0	2	6	4	2	3	87
小計	10	91	92	37	135	14	67	78	0	27	0	80	77	89	50	89	936

部門	コ	エ	テ	ア	サ	キ	ユ	メ	ミ	シ	ヱ	ヒ	モ	セ	ス	小計	総計
態芸	106	16	41	84	52	67	17	22	42	94	0	62	29	14	35	681	1921
気形	33	2	22	28	9	12	3	6	0	26	0	11	13	3	5	173	512
支体	0	1	0	12	0	2	0	12	0	5	0	0	0	3	0	35	110
時令	7	0	1	4	4	2	0	0	0	7	0	6	4	9	0	44	134
乾坤	10	0	0	13	12	2	4	0	6	9	0	2	2	4	3	67	173
食服	4	1	2	7	12	9	3	3	2	5	0	5	13	0	3	69	165
器財	22	4	12	11	9	11	5	3	7	34	0	19	12	5	8	162	462
通用	7	0	3	5	8	6	4	6	2	14	0	13	5	3	5	81	275
小計	189	24	81	164	106	111	36	52	59	194	0	118	78	41	59	1312	3752

注：「左之部」は「食服」と「乾坤」が逆になっている。

　　書名「中夏」の「夏」は中国，中華の意味だが，ここでは「夏」を「華」としたか。巻頭におかれた「中夏俗語藪序」（原漢文）に次のような記載がある。

　　夫レ俗語ハ諸夏ノ俚辞ニシテ，小夫，賤隷ト雖トモ亦タ恒ニ言フ所ナリ。然レトモ其ノ語ニ古近有リ其ノ字ニ難易有テ，解ス可カラ弗者ノ多カラズト為サズ。唐ノ李少通，劉斎既ニ俗語難字，釈俗語等ノ書ヲ著セバ，則チ知ヌ。古ヨリ易クシテ解スベカラザル者ヲ，而ルモ況ヤ　吾邦ニ於ヲヤ。肥ノ長崎ハ大洋ニ斗絶シテ，諸夏西ニ迤ル。其ノ距ル者ノ唯ダ一葦ノ抗スル所ナリ。故ニ諸夏ノ賈舶，輻輳ノ湊ニシテ象胥ヲ善クシ，俗語ヲ解スル者ノ鮮カラズ。岡玉成之力杰ト為リ，而シテ著ス所ノ数書猶ヲ未タ隔靴掻痒ノ誓ヲ免レザルナリ。頃家児元軌俗語ナル者ヲ裒拾シ，輯テ五巻ト為ス。将ニ以テ之ヲ梓セントシテ曰フ。其ノ国訓有ル者ヲ採ル。故ニ労セズシテ之ヲ為スト。余謂ラク，於乎，小冊子之ヲ為ス事易シテ，之ヲ輯ル事陝シ焉。吾レ聞ク，其ノ為ス事也，難カラ

ザレバ則チ其ノ伝ル事ナリ，悠カラズ其ノ輯ル事ナリ，広カラザレバ則チ其ノ達ル事ナリ，遠カラズト。若シ悠カラズ遠ラズンバ則チ藉令刊シテ行フモ亦タ唯々一時ノ漫戯ノミ。然リト雖トモ其ノ漫戯ヲ為ルナリ，之ヲ酒色ト博奕トニ媲レハ，則チ豈ニ間テ有ラザランヤ。詩ニ曰ク，善ク戯謔スルトモ，虐ヲ為サズト，爰ソ道ニ害アラン。廼チ遂ニ許ス。
　　天明二年歳壬寅ニ次ル冬十一月庚戌盧門　岡崎信好撰
　　　約3700語　－鳥居久靖（1957）
〚文献〛　石崎又造（1944）『近世日本に於ける支那俗語文学史の研究』弘文堂
　　　岡井慎吾（1934）『日本漢字学史』明治書院
　　　鳥居久靖（1954）秋水園主人「小説小彙」をめぐって－近世日本中国語学史稿之二　天理大学学報Ⅵ－2
　　　長沢規矩也（1974）「唐話辞書類集」第16集解題

42.『中華十五省』不詳，江戸中期か

　唐音表記有り。明・清の地名について簡単に紹介した事典的性格を帯びた小冊子である。地名に唐音表記が散見する。地名に訓と唐音が左右に併記されるものがあるが，すべてに均等に伏せられたものではないし，一定した記述に及ぶものではない。

　しかし本書でもっとも注目されることはここに漳州話が示されたとすることである。今後精査の必要があるが，以下本書最終に「唐船役者　漳州ノ詞ヲ記ス」としてみられる例を挙げる。

『中華十五省』

漳州話	唐音
1　夥長	ホイ　テウ
2　舵工	タイ　コン
3　頭椗	タウ　テン
4　亜班	ア　ハン
5　財附	ツアイ　フウ
6　総官	ツヲン　クワン

7	杉板工	サン バン コン
8	工社	コン シヤ
9	香工	ヒヨン コン
10	船主	ツン ツウ

〚文献〛 長沢規矩也（1975）「唐話辞書類集」第 19 集解題

【と】

　　43.『**唐音和解**』編者不詳。1716（享保 1）刊。

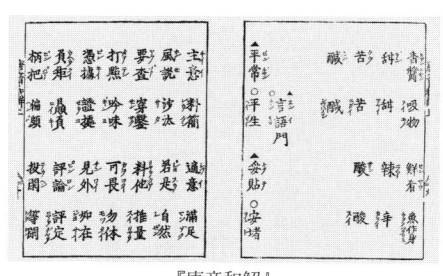

　　　　　　　　　　　　　　　序文に「正徳六丙申秋逍
　　　　　　　　　　　　　　遥軒自題」の識語があ
　　　　　　　　　　　　　　り，刊記に「龍宿享保元丙
　　　　　　　　　　　　　　申穐」とある。正徳 6 年
　　　　　　　　　　　　　　は 6 月22日改元して享保
　　　　　　　　　　　　　　元年になったので，序文は
　　　　　　　　　　　　　　その年の秋に書かれたこと
　　　　『唐音和解』　　　　　になる。発行元については
「書肆　浪華　田寺與右衛門　梓」とある。序には冒頭に「這一本不知
什麽人作的」とあって，編者不詳の一書である。逍遥軒は続けて言う。
「打等間話到庇没幹。争是天下才子消遣之一事。剱今浪花之壮勝於中
華。所載王東修六庫之書。無何有哉。雖為漢音　胡腔笛譜僞図之品。誰
敲奇乎。然。此焉春宮図。且不打緊耶」。乾巻には目録最後に「▲右ハ
唐音　○左ハ和音」とするが，すべての見出し語句に振られてはいない。
例示すると「▲天地　○天地」のように，見出し語を二度掲げて，一々
に振る形式である。「飲中八仙註」は散文に訓読符号を施し，「飲中八僊
詩」は全詩文の左右に唐音，和音を施している。「唐音和解音曲笛譜」
には「相思曲」「劈破玉」「百花香」「清平楽」「太平楽」「十三省」「酔胡
蝶並画註」「同曲（酔胡蝶）第二調」「秋風辞　楽調」「陽関三重曲　楽
調」が訓読符号付き和訓で解説される。つぎに「笛記」として笛の説明
が図入りで解説され，「音律ノ詞　口伝」が書かれ，最終に「笛譜」が
収載されているが，これには唐音が付される。

第2節　唐話辞書探索

『唐音和解』語数表

順	門	組み語数	内容
1	乾坤門	23	
2	十干十二支	22	
3	地理門	20	
4	人品門	22	
5	禽獣門	20	日本語，唐話の漢字音語彙の対照
6	草木門	20	
7	器用門	21	
8	飲食門	25	
9	言語門	189	
10	設宴話1	38	
	言語門2	24	色彩5　儒教5　家族10
	設宴話2	10	量詞
	総計	434	

言語門2は「言語門」最終部に登録されている語を。
設宴話2は「設宴話」中におかれた「一個両個……」を取り出して意味分類に示したものである。

言語門2は「言語門」最終部に登録されている語を
設宴話2は「設宴話」中におかれた「一個両個……」
を取り出して意味分類に示したものである。
〖文献〗　長沢規矩也（1972）「唐話辞書類集」第8集解題

44.『**唐音雅俗語類**』岡島冠山，1726（享保11）

前節参照
〖文献〗　長沢規矩也（1971）「唐話辞書類集」第6集解題

45.『**唐音世語**』禿山（洛北），1754（宝暦4）

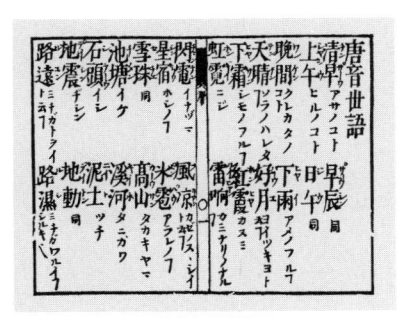

書き外題で「唐音世語序」とあるが，刊記に「京一条通　書肆　嘉登屋清左衛門」とある。「時甲戌春三月　洛北　禿山子序」の識語をもつ序文に「是書者或人所ν蔵也。夜話之次出ν之示‐座中‐各記ν此中之幾語‐而打話以ν唐音‐。実興不ν翅矣。傍人曰請雕ν梓以興ν世人‐。同ν談

『唐音世語』

笑也。座中僉與_レ_之其誤者解_レ_之人訂_レ_之」とある。唐話で遊ぶという記事はこの意味で注目される。文人の集まりであったのかは分からないが，宝暦年間の京都に唐話がこのような形で日本人の間に持て囃されていた貴重な資料になる。事実本文ではつぎのような掛け合いの唐話表現が出てくる。

我們聴見講	ヲレカ　キイタ
日本有桜桃花	日本ニ　サクラガアル
各々所在多得緊	ドコモカモ　タクサンナ
唐山不有多	カラニハ　スクナイ
爛々漫々	ミタレテ　花ガ　多ク　ヒラク
看的富貴	ミテ　フウキナ　モノジヤ
不比別花	ヨノハナニ　ハタ　クラベラレヌ
日本人愛有道理	日本人ノアイスルモ　タウリナリ
中華愛牡丹	カラニハ　ボタンヲ　アイスル
海棠這理有麼	海棠花ハ　此ニモアルカ

掛け合いが目に浮かぶ記事である。発音も当時解せられていた音を持っており，その意味で正確である。ここには唐人も参加していたものと見られる。

日本人可畏。有些七悪事。就殺死了　日本ノ人ハヲソロシヽ　少ワルイコトアレハ　其マヽキリコロス

「唐音世語」語句数表

字数	語句数
一字	58
二字	438
三字	174
四字	166
五字	60
六字	50
七字	20
八字	8
九字以上	3
総計	977

〖文献〗長沢規矩也（1972）「唐話辞書類集」第8集解題

46. **『唐人問書』** 不詳，享保期頃

唐音表記有り。長沢解題では「唐人と馬の部分，馬具，その他，馬に関する術語を問答，仮名交じり文で注解し，漢音と江南音とを旁注してある」とする。

なお，長沢は大庭脩の研究を引いて，本書が享保期，吉宗の時，清から馬医を招聘した際できた「陳釆若・沈大成・劉経先等申上馬一件之書留」と題する馬の書があるという。部立なく少数の語句が解説される。

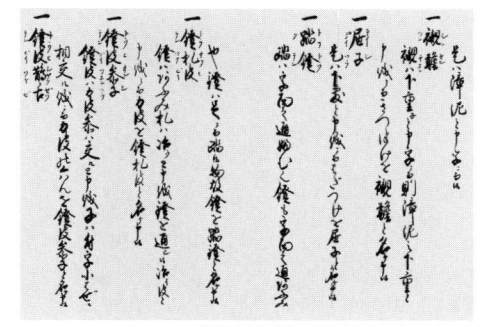

『唐人問書』

羊晴眼　ヨフセイカン　ヤンチンエン
　羊の眼と見立目かはりを羊晴眼と名け申候
〚文献〛　長沢規矩也（1971）「唐話辞書類集」第4集解題

47.『**唐訳便覧**』岡島冠山，1726（享保11）
前節参照　唐音表記有り。
〚文献〛　長沢規矩也（1972）「唐話辞書類集」第7集解題

48.『**唐話纂要**』岡島冠山，1716（享保1）
前節参照　唐音表記有り。
〚文献〛　長沢規矩也（1971）「唐話辞書類集」第6集解題

49.『**唐話為文筌**』渡辺益軒
『唐話纂要』とまったく同一の内容。
〚文献〛　長沢規矩也（1970）「唐話辞書類集」第2集解題

50.『**唐話便用**』岡島冠山，1735（享保20）
前節参照。
〚文献〛　長沢規矩也（1972）「唐話辞書類集」第7集解題

51.『**唐話類纂**』岡島冠山，1725（享保10）
前節参照　唐音表記　部分的に有り。
〚文献〛　長沢規矩也（1969）「唐話辞書類集」第1集解題

52.『徒杠字彙』(刊本)金内格三,1860(安政7)国会図書館所属

-『徒杠字彙』1

唐音表記は無い。「徒杠」は「徒歩で渡る小さな橋」を意味する。序の冒頭に「孟子」の「孟子謂鄭子産。以其乗輿済人於湊洧。恵而不知為政。歳十一月徒杠成」を引いていて明らかである。刊行本凡例につぎのような記載がある。

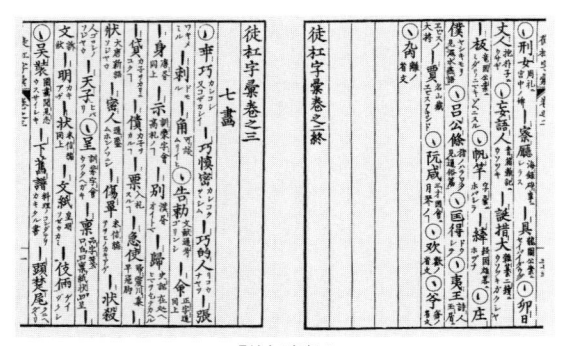

『徒杠字彙』

「此書ハ初学無二師友一モノノ為ニ設ク」,「本邦ノ人漢土ノ書ヲ読ム務テ其ノ義ヲ訳スルニアリ苟モソノ訳ヲ得ザレバ隔靴掻痒亦岩中ノ玉ヲ窺フニ同シ若シ其ノ解ヲ得レバ千載異境ノ事件今日ノ目撃ニ何ゾ異ナラン」,

「六朝以降諸家ノ語録又近世舶貢ノ諸書或ハ正文中ニ往々俗語ノ雑リタルナド率爾ニ読メバ不審アルベシ然ルトキハ此書に就テ訳ヲ求メ或ハ其ノ訳ヲ得ズトモ推シ考ヘハ思ヒ半ニ過ギン」とある。

博引傍証というべく,多くの書物から引いている。つぎに引用書目を五十音順に掲げる。

- イ 異聞録
- ウ 雲笈七籤
- エ 演繁露
- カ 漢書,願体広類集
- キ 御史台記
- ク 虞初新志
- ケ 鶏肋篇,月令広義
- コ 呉社編,後漢書
- サ 三才図会,山堂肆考,三峯集
- シ 仕学大乗,史記,事物紺珠,明李呈芬 射経,袖中錦,遵生八牋,小学,証治准縄,小補韻会,文嘉厳氏 書画讃,庶物異名疏
- ス 隋書,図書編

セ	青異録，政形大観，青瑣高議，正字通，醒世恒言，宋司馬温公　潜挙
ソ	俗呼小録，素問
タ	暖妹由筆，段成式詩
チ	元　張養浩詩，
ツ	通鑑陳記，通俗編
チ	陳司封詩
テ	伝灯録
ハ	拍案驚奇
フ	武平一景竜文館記，文献通考
ホ	法苑珠林，北斎書，本草
ミ	明律
ム	無冤録
ヤ	野客叢書，夜気箴
ユ	酉陽雑俎
ラ	礼記
レ	列仙伝
ロ	老学庵筆記

刊行本は10画までであり，写本がそれに次ぐ。鳥居久靖の検討した本とは異なっている。

鳥居久靖（1954）の調査では9947語を収録。

－『徒杠字彙』2　写本　長沢規矩也旧蔵

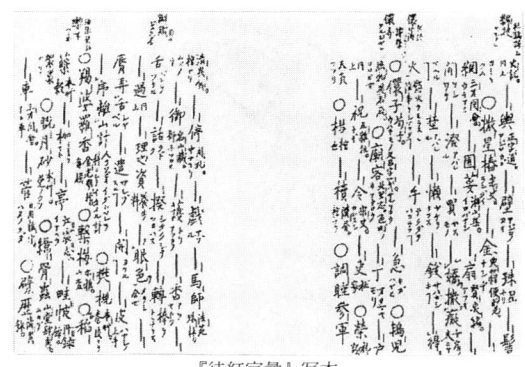

『徒紅字彙』写本

〚文献〛　長沢規矩也（1972）「唐話辞書類集」第9集解題

ナ行【な】
53.『南山考講記』島津重豪, 1767（明和4）

唐音表記有り。

大本八冊

第一冊 一頁平均21句（7行3段/頁）収載, 全50頁 三字話が中心で1016句弱

（内二字話 四字話2五字話1 6字話1）。

記述法は「生児子 コヲウンタ」の形式。

語釈は簡潔。

『南山考講記』

第二冊全59頁 1208句
「拿茶来 チヤモテコイ」基本は三字話

第三冊全59頁 1199句
「読々書 ショヲヨム」基本は三字話

第四冊全59頁 1199句 第一句「今日天気好 ケウハテンキヨシ」基本は三字話

第五冊全82頁 1600語 基本は二字話。「天文時令地理・人品・親族・身体・器用」の意義分類

第六冊全48頁 基本は二字話。「兵法並軍器・感動・療用・船件・婚姻並女工・家居」

第七冊全70頁 「菜蔬・魚介・虫・獣・樹竹・菓・馬具並毛色・飛禽・衣服並足頭絲綿花様・花草・飲食」

第八冊全「君臣唐話」第一文は「今日天色好 不知発駕到什麼所在去 況且這両天 不比日前路上乾了好走馬頑々也好－今日天気ヨシ何処ヘカ御遊行アルヘキ且此両日ハ前日ニ違ヒ路上モ乾キシホトニ御馬ニテ御出宜カルヘシ」

「明和丁亥仲冬日 南山自跋 印（陰）印（陽）」とある文章はつぎのようにある。

余華言ヲ好ミ, 粗ラ其ノ音ニ通ズ。故ニ燕居無事ノ間, 常ニ侍臣ト更互, 談話スルニ華音ヲ以テスルナリ。然ルニ唐話, 多端ニシテ, 曲ラカニ通ジ遍ク弁ジテ枚挙スルニ暇アラズ。惟ダ蒐輯シ記ス所ノ若干言, 以テ巻ヲ為シ, 名ヅケテ南山考講記ト曰フ。素ヨリ他人ノ為ニ非ズ。是ヲ座右ニ置キテ以テ

自ラ遺忘ニ備フルノミ。(原漢文)

跋文は学問好きの島津重豪の姿を好く伝えている。しかし，これだけの規模の唐話辞書は今日になお魅力的であり，すぐれた辞書といわなければならない。

『南山考講記』語数表

順	部	語数	順	部	語数
1	一般語彙	4492	15	虫	63
2	天文時令地理	326	16	獣	56
3	人品	334	17	樹竹	71
4	親族	144	18	菓	62
5	身体	125	19	馬具並毛色	71
6	器用	691	20	飛禽	120
7	兵法並軍器	163	21	衣服 並定頭糸綿花様	157
8	感動	269	22	花草	149
9	療用	21	23	飲食	205
10	船件	271		総計	8354
11	婚姻並女工	73			
12	家居	163			
13	菜	183		会話文例（長文）	
14	魚人	145	24	君臣唐話	60

8039語 －鳥居久靖（1957）

〖文献〗 鳥居久靖（1957）「日人編纂中国俗語辞書の若干について－近世日本中国語学史稿の四」天理大学学報ⅩⅣ－1

長沢規矩也（1971）「唐話辞書類集」第5集解題

ハ行【は】

54.『八僊卓燕式記』山西金右衛門，1761（宝暦11）

唐音表記有り。清の呉成充編。食卓，料理について記された料理語彙を収載した一書。「八僊卓」は「長崎のシッポク」の

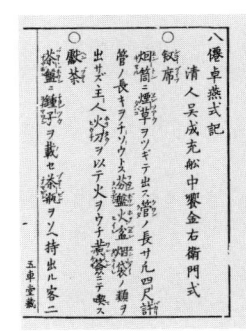

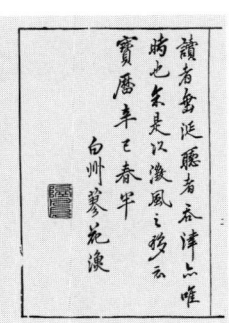

『八僊卓燕式記』

307

こと。22項目あり，文中に唐話が散見する。一例を挙げる。
　○叙席（シュイヅイツ）
　　烔筒（エントン・キセル）ニ煙草（エンツァウ・タバコ）ヲツギテ出ス　菅（クワン・クタ）ノ長サ凡四尺許（バカリ）管ノ長キヲチンウトス芬盤（フウボタン・タバコボン）　火盆（ホウベエン・ヒイレ）　烟袋（エンダイ・タバコイレ）ノ類ヲ出サズ主人火刀（ホヲタケ・ヒウチ）ヲ以テ火ヲウチ黄籤ニテ喫ス

　上のように唐話の右に唐音，左に日本語を振っているが，これは原則として唐話と認知した語彙にのみ適用され，「叙席（シュイヅイツ）」でわかるように訓を付さない場合も見られる。さらに，唐話ではない「許」には右に訓が付されている。194語を収める。

〘文献〙　長沢規矩也（1972）「唐話辞書類集」第8集解題

【ヘ】

55.『碧巌録方語解』服部天游述，1769（明和6）刊。

　長沢規矩也旧蔵書は林古芳の校正に係る明治16年9月成立の活字本。唐音表記は無い。辞書ではないが，『碧巌録』の方語解として，唐話が散見する。一例を挙げる。

『碧巌録方語解』

相席打令
　古來説々多シ一説ニ云舞ヲ舞者カ座敷ヲ見ツクラウテ舞ヲナスヲ云　又一説ニ云座ト奉行ナドヲスルモノガ何疊敷ジヤホドニ何ホド人ガナヲヲフズトミックヲフヲ云　又一説ニ云客ノ尊卑貴賎ヲ見テ列座ノ次第ヲ下知スルヲ云　今按ズルニ右ノ中舞ノ説可ナリ　其余ハ拠ナキ杜撰ノ説ナリ　朱子語類ニ云　唐人俗舞謂_之打令_其状有_四日招日揺日送
　其一記不_尽蓋招則邀（ハシ）_之意揺（シテ）_則揺手呼喚之意送（ル）_則送酒之意旧嘗見深村父老為（トテ）_余言其祖父嘗為（フ）_之取_譜子_日失火失去舞時皆裹（シテ）_襆頭_列座飲_酒少刻起舞ト
　又按スルニ右語類ニ俗舞ノ状有_四ト云事能々是ヲ考レハ吾邦散楽ノ舞ノ手ニ四種アリ　一ニ上羽二ニ打込三ニ指四ニ左右ナリ　語類ニ所謂招ハ上

羽ナリ揺ハ左右ナリ送ハ指ナリ　朱子ノ今一ツヲ忘レヲレシハ打込ナルヘシ
爾レハ散楽モ唐ノ俗舞ヨリ出タルカ　近歳物茂卿散楽ハ元ノ雑劇ヲ模シタ
ル物ナリトハ云フヘケレトモヽル事アル事ハ知ラスト見ユ
　（或論云）此解ニ朱子語類俗舞ノ事サモアルヘシ　然シ打令ノコトハ小説
ニモアマタアルコトニテ酒令トモ云　舞ニハ限ラズ児輩ノスルハ急口令ハヤ
クチヲ云テマハス也　臨済録ニモ如俗人打伝口令トアリ　又学者ノ出会ニハ
ムツカシキ令ヲ出ス也（以下略）
〚文献〛　長沢規矩也（1972）「唐話辞書類集」第 8 集解題

マ行【ま】

56.『満漢瑣語』編者不詳，1763（宝暦 13）

　唐話，満州語の表記が部分的に施されている。したがって唐話辞書とはよびがたい。漢語に対して，これ自体，満州族が建国した清における対訳が必要とされて作られた一本であるものとされる。長沢は「江戸中期の清国の政治経済を知る資料として役に立つ」と書いているが，小百科事典の体をなしている。つぎに若干の語彙につい例示する。

　　＊外套　ホイタア，論語　リヤウニイ，
　　　孔子コムツウ，風　ホム，
　　＊澎湖　日本ニテビヤウト云地台湾の内なり
　　満州　康熙帝ノ本国，蒙古　西韃子ナリ四十八王アリト云
〚文献〛　長沢規矩也（1975）「唐話辞書類集」第 19 集解題

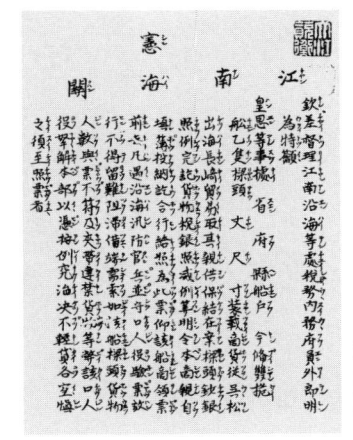

【み】

57.『明律考』編者不詳（一説に徂徠），1735（享保 16）以前。

　唐音表記は無い。長沢解題は伝写本の多いことに触れ，最古の写本が神宮文庫所蔵の一本にかかるとして「享保第十六龍集辛亥　三月廿七日　校合京師寓　舎」の識語を示している。なおこれを自筆稿本とはいえないという。今はこれを受けて享保 16 年以前成立の書とする。内容は明

の諸制度にかかわる語彙の注釈である。唐話も多い。

俗語の記述例は以下の通りである。

  庶人 明初ノ律ナルユヘ。
     庶人ヲ民ト見ル也。
     末ニ至リ明朝ノ書ニ
     庶人トアルハ。宗室
     ノ無官ヲ云
  脚力 人足ノ事也
  歇家 ヤドノ事歇宿ト云テ
     ネトマリスル事

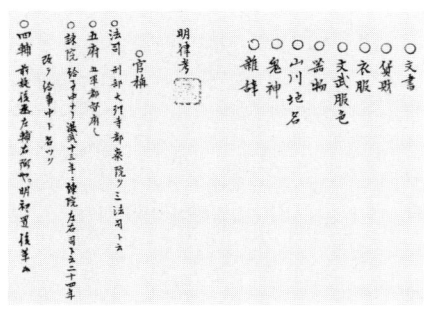

『明律考』

『明律考』語数表

部	語数	部	語数
官称	210	貨財	86
軍人	64	衣服	48
生員	13	器物	73
親姻	44	山川地名	100
諸色人民戸雑役	127	鬼神	38
宮室	60	雑辞	696
文書	123	総計	1682

〚文献〛 長沢規矩也（1973）「唐話辞書類集」第12集解題

ヤ行【や】

58.『訳家必備』不詳，1795（寛政7）以前。

唐音表記 部分的に有り。辞書ではない。全249頁。唐通事の万般について白話で書かれている。ただし，訓点，送り仮名が振られている。この文章から唐話を採取できる。

〚文献〛 長沢規矩也（1976）「唐話辞書類集」第20集解題

59.『訳官雑字薄』不詳，1800（寛政12）以前。国会図書館所蔵

唐音表記は無い。語彙は意味分類され，唐話に対して日本語訳が簡潔に記述されている。簡単に語彙がわかるように対照されていて，実用を重んじた辞書であることが推測される。

つぎに例示する
客房 客ヘヤ，臥房 ネヤ，客所 サシキ，浴室・堂 ユドノ，隔子 カウシ，欄杆──（カウシ），天窓 マド，地板 イタジキ，

一見して明らかなように，備忘性の高い唐通事にとって，通訳の便宜がはかられていたものと思われる。

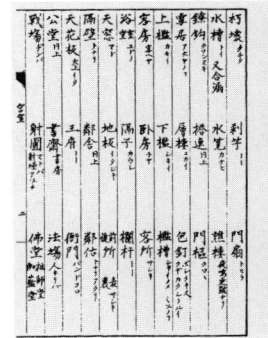

『訳官雑字簿』語数表

順	部	語数	順	部	語数
1	宮室	173	14	珍宝	89
2	船具	259	15	茶酒飲食	165
3	花草樹木	283	16	衣冠	117
4	身体	159	17	商買	109
5	病症	176	18	喪祭	98
6	菜蔬菓実	184	19	楽器玩器	102
7	百工技芸	117	20	訟獄	90
8	禽鳥	111	21	親族	212
9	糸帛	164	22	婚姻女工	53
10	毛蟲	64	23	染色	59
11	蟲蛇	108	24	家器	366
12	兵門	114	25	雑物	100
13	海味	208		総計	3680

〚文献〛 長沢規矩也（1975）「唐話辞書類集」第19集解題

60.『訳通類略』

―『訳通類略』1 岡井孝祖，1718（享保3）以前。唐音表記 部分的に有り。

―『訳通類略』2 千葉文庫所蔵 明治期写本

　岡井孝祖，成立1718（享保3）以前，1711（正徳1）以後。

　鳥居久靖（1957）では「国書解題」に載る国会図書館蔵本，無窮会織田文庫本，長沢規矩也旧蔵本，太田辰夫蔵本が確認できるものとする。

311

本書成立は鳥居の推定による。

『訳通類略』

中華常用の俗言を集めたもの。収載語彙の性格は鳥居によれば冠山が徂徠の訳社での語彙に注目し、『唐話纂要』との語彙対照を試みている。本書全体における占有率の低いことから両書の親近性を認めるのにとどまるものとしている。鳥居は本書が生の語句を収載することに注目し、また北方語にない江南のことばを反映しているものと結論付けている。

「唐話辞書類集」所収の二種の『訳通類略』の登録語彙は以下の部門に排列されるがここに対照表を掲げる。写本間では、類の排列は登録語彙が異なる場合がある。詳細は鳥居（1957）に譲る。

国会図書館本、千葉文庫本　対照登録語彙表

国会図書館本　訳通類略				明治写本（千葉文庫）訳通類略			
順	類	語数	所属	順	類	語数	所属
1	虚字類	185	巻之一	127	虚字類	186	訳通類略上
2	平生説話類	47	巻之一	28	平生説話類	44	訳通類略上
3	時辰類	155	巻之一	4	時辰類	175	訳通類略上
4	時候類	57	巻之一	5	時候類	57	訳通類略上
5	天地類	67	巻之一	1	天地類	66	訳通類略上
6	第宅類	48	巻之一	2	第宅類	48	訳通類略上
7	前後左右類	44	巻之一	3	前後左右類	41	訳通類略上
8	尋思類	16	巻之一	75	尋思類	16	訳通類略下
9	暁的類	14	巻之一	76	暁得類	14	訳通類略下
10	説道類	123	巻之一	31	説道類	80	訳通類略下
11	看見張望類	46	巻之一	61	看見張望類	42	訳通類略下
12	看顧看待類	23	巻之一	62	看顧待類	23	訳通類略下
13	看重小覷類	20	巻之一	63	看重小覷類	20	訳通類略下

第 2 節　唐話辞書探索

国会図書館本　訳通類略				明治写本（千葉文庫）訳通類略			
順	類	語数	所属	順	類	語数	所属
14	聴聞類	19	巻之一	77	聴聞類	19	訳通類略下
15	聴允類	9	巻之一	78	聴允類	9	訳通類略下
16	做為類	24	巻之一	79	做為類	25	訳通類略下
17	行走類	64	巻之一	52	行走類	65	訳通類略下
18	主意類	49	巻之二				
19	記掛放心類	26	巻之二	46	記掛放心類	26	訳通類略下
20	攪擾類	37	巻之二	47	攪擾類	36	訳通類略下
21	門路類	6	巻之二	48	門路類	6	訳通類略下
22	指教類	5	巻之二	49	指教類	5	訳通類略下
23	謙譲推托類	13	巻之二	89	謙譲推托類	14	訳通類略下
24	多謝類	7	巻之二	34	多謝類	5	訳通類略下
25	呼喚類	23	巻之二	33	呼喚類	22	訳通類略下
26	交割類	34	巻之二	90	交割類	27	訳通類略下
27	放下類	6	巻之二	91	放下類	6	訳通類略下
28	寄下類	7	巻之二	92	寄下類	7	訳通類略下
29	照応査看類	26	巻之二	93	照応査看類	23	訳通類略下
30	体面類	8	巻之二	94	体面類	6	訳通類略下
31	縁故類	6	巻之二	95	縁故類	6	訳通類略下
32	光景類	6	巻之二	96	光景類	6	訳通類略下
33	規矩類	9	巻之二	97	規矩類	9	訳通類略下
34	裁衣類	9	巻之二	68	裁衣類	11	訳通類略下
35	親事類	28	巻之二	98	親事類	24	訳通類略下
36	懐孕類	8	巻之二	99	懐孕類	8	訳通類略下
37	消息類	19	巻之二	100	消息類	17	訳通類略下
38	書信類	24	巻之二	101	書信類	21	訳通類略下
39	煩要類	30	巻之二	80	頑要類	21	訳通類略下
40	搬演類	18	巻之二	102	搬演類	19	訳通類略下
41	笑了類	17	巻之二	37	笑了類	17	訳通類略下
42	歓喜類	9	巻之二	38	歓喜類	8	訳通類略下
43	叫苦類	8	巻之二	39	叫苦類	8	訳通類略下
44	興旺窮煞類	25	巻之二	40	興旺窮煞類	25	訳通類略下
45	行的類	5	巻之二	103	行的類	5	訳通類略下
46	仕官類	30	巻之二	104	仕官類	24	訳通類略下
47	衝撞類	17	巻之二	64	衝撞類	19	訳通類略下
48	違拗類	21	巻之二	65	違拗類	21	訳通類略下

313

第Ⅲ章　唐話学史　白話の受容と展開

国会図書館本　訳通類略				明治写本（千葉文庫）訳通類略			
順	類	語数	所属	順	類	語数	所属
49	性発類	30	巻之二	66	性発類	27	訳通類略下
50	罵他類	42	巻之二	67	罵他類	43	訳通類略下
51	廝併類	137	巻之二	105	廝併類	126	訳通類略下
52	官司類	146	巻之二	106	官司類	71	訳通類略下
53	盗賊類	31	巻之二	81	盗賊類	31	訳通類略下
54	嗾嗹類	16	巻之三	50	嗾嗹類	12	訳通類略下
55	装扮類	16	巻之三	51	装扮類	17	訳通類略下
56	拽札類	16	巻之三	53	拽札類	16	訳通類略下
57	睡眠類	29	巻之三	107	睡眠類	65	訳通類略下
58	登東類	13	巻之三	69	登東類	13	訳通類略下
59	搬房類	18	巻之三	70	搬房類	18	訳通類略下
60	揣相類	11	巻之三	54	揣相類	14	訳通類略下
61	過活類	11	巻之三	44	過活類	12	訳通類略下
62	商賈類	109	巻之三	45	商賈類	104	訳通類略下
63	使銭類	34	巻之三	43	使銭類	34	訳通類略下
64	銭債類	19	巻之三	41	銭債類	19	訳通類略下
65	䐑皮類	4	巻之三	42	䐑皮類	4	訳通類略下
66	害病類	155	巻之三	108	害病類	120	訳通類略下
67	凶事類	23	巻之三	82	凶事類	24	訳通類略下
68	神仏類	32	巻之三	109	神仏類	29	訳通類略下
69	称呼類	176	巻之三	6	称呼類	199	訳通類略上
70	形体類	64	巻之三	55	形体類	62	訳通類略下
71	春話類	64	巻之三	29	春話類	64	訳通類略上
72	小説套語	13	巻之三	110	小説套語	13	訳通類略下
73	俗説套話	30	巻之三	111	俗説套話	35	訳通類略下
74	人品類	163	巻之四	7	人品類	157	訳通類略上
75	人物類	97	巻之四	8	人物類	95	訳通類略上
76	評品類	13	巻之四	35	評品類	13	訳通類略下
77	廝熟類	14	巻之四	—	—	—	—
78	初相見類	42	巻之四	20	初相見類	52	訳通類略上
79	請坐類	21	巻之四	23	請坐類	21	訳通類略上
80	送迎告別類	21	巻之四	24	送迎告別類	51	訳通類略上
81	拝伏類	14	巻之四	21	拝伏類	19	訳通類略上
82	平日相見類	41	巻之四	22	平日相見類	15	訳通類略上
83	款待類	19	巻之四	25	款待類	20	訳通類略上

国会図書館本　訳通類略				明治写本（千葉文庫）訳通類略			
順	類	語数	所属	順	類	語数	所属
84	筵席類	19	巻之四	26	筵席類	19	訳通類略上
85	飲食類	119	巻之四	9	飲食類	125	訳通類略上
86	食物類	68	巻之四	10	食物類	67	訳通類略上
87	甜辣類	37	巻之四	112	甜辣類	32	訳通類略下
88	物件類	351	巻之四	11	物件類	348	訳通類略上
89	植物類	69	巻之四	12	植物類	69	訳通類略上
90	動部類	32	巻之四	13	動部類	32	訳通類略上
91	進奉類	15	巻之四	113	進奉類	13	訳通類略下
92	許願類	16	巻之四	114	許願類	16	訳通類略下
93	起程類	13	巻之四	115	起程	6	訳通類略下
94	揺船類	23	巻之四	71	揺船類	24	訳通類略下
95	関門類	14	巻之四	72	関門類	14	訳通類略下
96	点燈類	4	巻之四	73	点燈類	4	訳通類略下
97	向火類	14	巻之四	74	向火類	16	訳通類略下
98	火伴類	6	巻之四	116	火伴類	6	訳通類略下
99	人叢類	7	巻之四	117	人叢類	7	訳通類略下
100	新旧類	8	巻之四	118	新旧類	8	訳通類略下
101	希罕類	5	巻之四	119	希罕類	5	訳通類略下
102	的確類	4	巻之四	120	的確類	4	訳通類略下
103	読書類	36	巻之五	18	読書類	39	訳通類略上
104	写字類	67	巻之五	19	写字類	68	訳通類略上
105	精神類	19	巻之五	56	精神類	16	訳通類略下
106	幹事類	22	巻之五	121	幹事類	17	訳通類略下
107	間管類	9	巻之五	122	間管類	8	訳通類略下
108	好歹類	35	巻之五	123	好歹類	39	訳通類略下
109	勧開類	13	巻之五	124	勧開類	13	訳通類略下
110	羞辱類	15	巻之五	83	羞辱類	15	訳通類略下
111	按納類	13	巻之五	125	按納類	12	訳通類略下
112	于罷類	8	巻之五	126	于罷類	5	訳通類略下
113	饒恕類	10	巻之五	127	饒恕類	10	訳通類略下
114	喝采類	11	巻之五	36	喝采類	8	訳通類略下
115	中意類	9	巻之五	―	―	―	―
116	幇襯類	8	巻之五	128	幇襯類	9	訳通類略下
117	忙急冷静類	25	巻之五	129	忙急冷静類	22	訳通類略下
118	空閑類	9	巻之五	130	空閑	9	訳通類略下

国会図書館本　訳通類略			明治写本（千葉文庫）訳通類略			
順	類	語数	所属	順	類	語数	所属
119	古怪類	13	巻之五	131	古怪類	12	訳通類略下
120	害怕喫驚類	26	巻之五	86	害怕喫驚類	25	訳通類略下
121	何妨類	7	巻之五	132	何妨類	5	訳通類略下
122	厭煩類	38	巻之五	84	厭煩類	37	訳通類略下
123	炒燥類	10	巻之五	85	炒燥類	10	訳通類略下
124	明白類	16	巻之五	133	明白類	13	訳通類略下
125	瞞過類	23	巻之五	134	瞞過類	6	訳通類略下
126	猜着類	16	巻之五	—	—		
127	滑倒類	17	巻之五	57	滑倒類	17	訳通類略下
128	翻筋斗類	6	巻之五	58	翻筋類	6	訳通類略下
129	損壊類	36	巻之五	87	損壊類	33	訳通類略下
130	丟落類	11	巻之五	88	丟落類	12	訳通類略下
131	歇息類	10	巻之五	—	—		
132	等候類	11	巻之五	—	—		
133	擔閣類	14	巻之五	59	擔閣類	15	訳通類略下
134	躱避類	8	巻之五	60	躱過類	8	訳通類略下
135	像箇類	15	巻之五				
136	栓束類	8	巻之五	135	栓束類	8	訳通類略下
137	形模類	48	巻之五	14	形模類	45	訳通類略上
138	一般類	8	巻之五	136	一般類	8	訳通類略下
139	一條類	40	巻之五	15	一条類	40	訳通類略上
140	嘈説類	11	巻之五	32	嘈説類	11	訳通類略下
141	畳字類	70	巻之五	16	畳字類	64	訳通類略上
142	雑纂	378	巻之五	17	雑纂	328	訳通類略上
				30	歎辞	29	訳通類略上
					二字話	417	
					三字話	189	
	総計	5154			総計	5440	

なお鳥居は太田辰夫本によって，総語数を5153語としている。

〖文献〗鳥居久靖（1957）「日人編纂中国俗語辞書の若干について－近世日本中国語学史稿の四」天理大学学報ⅩⅣ－1
長沢規矩也（1975）「唐話辞書類集」第19集・第18集解題

【ゆ】

61.『遊焉社常談』石川金谷，1778（安永7）以前。

唐音表記有り。題箋は「遊焉常談」，内題は「遊焉社常談　巻之上／金谷石川貞太一　輯」とある。語句には左右に振り仮名し，右に唐音，左に日本語訳を挙げている。排列は岡島冠山の『唐話纂要』などに習ったものと思われる。

巻上から若干例を挙げる。

　　二字話　家伙　　キヤアホヲ　ドウグ
　　三字話　不会説　ポホイシヨエ　エイハヌ

また下巻には長文例が挙げられ，必要に応じて唐音，日本語訳を付している。一例を挙げる。

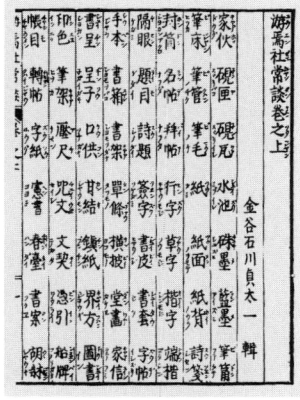

　　這個物件。唐山話怎麼講。正是。這個東西。叫做竹夫人。東坡先生也叫青奴。

『遊焉社常談』

例文で唐音を付された語句の中で「物件モノ，唐カラ，東西モノ」と日本語訳が振られている。冠山のテキストと同様に「長短話」「話説」をよむことができるようになれば，基本的には会話能力が函養される。ただし，「二字話」，「三字話」に振られた唐音の理解が前提となっている。入門期の個人では自習して習得できる内容とはならない。

『游焉社常談』語数表

部	語数
二字話	679
三字話	995
長短話	32
話説	2
総計	1707

〚文献〛　長沢規矩也（1974）「唐話辞書類集」第17集解題

ラ行【り】

62.『両国訳通』編者不詳，（享保期）頃か　板本

『両国訳通』語数表

巻	部	語数
上	通用話頭	1277
下	眼前官話	762
	総計	2039

〚文献〛　長沢規矩也（1972）「唐話辞書類集」第8集解題

　巻上に「通用話頭」巻下「眼前官話」を収める。刊記に書肆「平安書房唐本屋宇兵衛」とあるほか，著者名，序跋，刊記なし。唐音表記は大部分に有る。見出し語句の右に唐音，左に日本語訳を付している。語句の排列はたとえば「不」が語頭にあるものを一括して揃えるなどの関連することばを意識している。語句の長さもまちまちで，「好
ハウ
」のように一語のことばから「你
ニライゴ
 来
ホニキヤン
 我
ハア
 和
ソヤタラヂ
 你
ヤレチトハナスコトガ
 講話
アル
」のように長い句まで，字数をそろえての排列はしていない。

〚文献〛　長沢規矩也（1972）「唐話辞書類集」第8集解題

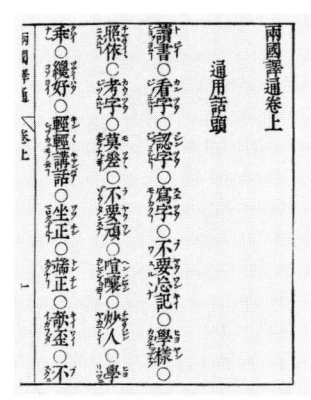

『両国訳通』

4　唐話辞書の分類

　以上，唐話辞書の一々について，主として形態面からの検討を試みたが，語句の採集実態，排列時の分類の方法などを考えるとき興味深いさまざまな事実が判明する。語句の供給された原点的な側面からいえば，唐話辞書をその内容によって分類すると大きくつぎのように分けることができる。

4-1　辞書

　編者不詳『語録字義』1694元禄7，岡井孝祖『訳通類略』1718享保3以前，井沢長秀『授幼難字訓』1727享保12，編者不詳『唐音和解』1716享保1，『両国訳通』享保期頃，伊藤東涯『応氏六帖』1736元文1以前，留守希齋『語録訳義』1748延享5，留守希齋『官府文字訳義』1748延享5，留守希齋『俗語訳義』1749延享5，島津重豪『南山考講記』1767明和4，

『鸚幼略記』明和以前，釈大典『学語編』1772 明和 9，浅見絅齋『常話方語』1777 安永 6 以前，石川金谷『遊焉社常談』1778 安永 7 以前，『雑字類訳』江戸中期か，『崎陽熙々子先生華学圏套』江戸中期か，岡崎元軌『中夏俗語薮』1783 天明 3，秋水園主人『小説字彙』1784 天明 4，『俗語解』天明期か，『怯里馬赤』江戸中期か，森島中良『俗語解』1809-10 文化 6-7，『訳官雑字簿』1800 寛政 12 以前，荷塘『胡言漢語』文政期か，金内格三『徒杜字彙』1860 安政 7，『爾言解』明治期，『色香歌』明治期

：『華語詳訳』明治前期か
：『宗門方語』元禄以後

言語：井沢長秀『漢字和訓』1718 享保 3，『雑纂（訳解）』1762 宝暦 12，武田草盧『詞略』1770 明和 7，禿山（洛北）『唐音世語』1754 宝暦 4，『訓義抄録』江戸中期か

4-2 実用的語学書

岡島冠山の著述など

『唐話纂要』1716 享保 1，『唐話類纂』1725 享保 10，『唐音雅俗語類』1726 享保 11，『唐訳便覧』1726 享保 11，『唐話便用』1735 享保 20

また渡辺益軒『唐話為文箋』があるが，内容は『唐話纂要』と同一である。

唐話辞書と呼ぶのは，組織的に語彙，語句，例文が習得しやすいように構成されているから今日的には辞書機能を十全に担いうるからである。ただ，語彙の排列方法などについては多く意味分類的な要素が見られるけれども，検索は自由ではない。したがって辞書的要素が高い，語学テキストとして評価できる。

4-3 小説講読から生まれた注解書

『水滸伝』類

岡田白駒『水滸伝訳解』1727 享保 12，陶山冕『忠義水滸伝解』1757 宝暦 7，陶山冕『忠義水滸伝鈔訳』宝暦期，鳥山輔昌『忠義水滸伝抄訳』1784 天明 4

清田儋叟『水滸伝批評解』1785 天明 5 以前，半唐師『忠義水滸伝（語解）』

編者，成立年代不詳『忠義水滸伝（語釈）』『水滸伝字彙外集』『水滸伝記聞』『水滸伝抄解』

『水滸伝』講義のために作成された注釈，注解類であり，章回小説の回数順に講義者それぞれの選択に基づいて注釈，注解がなされ，ある意味では臨床的に講義の内容を探ることもできて，『水滸伝』読解の方法が知られる。

4-4 小説講読のための辞書

秋水園主人『小説字彙』1784 天明 4，編者不詳『崎陽熙々子先生華学圏套』1780 江戸中期，『支那小説字解』1884 明治 16 以後

4-5 宋儒語録の訳解

鳥居久靖（1952）は「江戸初期から中期にかけて程朱の学が盛んに行われた」として，「宋儒語録の訳解」として以下の辞書を挙げている。

　　語録指南（題簽及柱記「語録字義」）刊本 1 冊　寛文 11 年濫吹子序　元禄 7 年板
　　語録解義　写本 1 冊　山崎闇斎撰（「国書解題」所見　存否未詳）
　　語録解義　写本 1 冊　林羅山　延宝 8 年及貞享 4 年識語
　　経字海便覧　7 巻 2 冊　冠山岡嶋璞玉成編，享保 10 年板
　　諸録俗語解写本 1 冊　撰者不詳　長沢規矩也氏「静嘉堂所蔵　江戸時代編纂支那語関係書籍解題」（書誌学10-3）所見
　　語録訳義　留守友信編　延享元年凡例　同　延享 5 年

4-6 位相性をもった辞書類

　明清諸情報：徂徠か『明律考』享保期か

　　穂積以貫『公武官職称名考』

　　編者不詳『中華十五省』江戸中期か

　宗教：服部天游『碧巌録方語解』1769 明和 6

　港湾用語：編者不詳『崎港聞見録』江戸中期か

　料理用語：山西金右兵衛『八僊卓燕式記』1761 宝暦 11

　音楽（譜面）：編者不詳『崎陽熙々子先生華学圏套』の一部

　演劇用語：編者不詳『劇語審訳』江戸中期か

　馬用語：編者不詳『唐人問書』享保期頃

省画文字：編者不詳『奇字抄録』天保期以降

こうした事実は唐話の受け入れがほぼ全域的に行われたことを明かしている。唐話語彙の実態把握のつぎには語彙の性格分析をはじめ，検討しなくてはならない課題が多く残されている。語彙の内実的な解明はさらにこの分野におけるさまざまな領域を切り開くことになる。

また語彙排列をめぐって，その分類方法を考えると，天正期から流行しはじめた中世末期の節用集，あるいは下学集などの辞書類の分類法を踏襲したほか，伝統的な画引き，イロハ順などの組み合わせが標準的なスタイルである。しかし，辞書によっては独特な分類法をもつものがあり，語彙排列法の歴史を考える上では，日本辞書史上，注目される辞書もある。

語句の排列を考える分類への意識はことばの認知・認識の方法を語るものであるだけに，唐話辞書に向かうことばの認知がどれほどの規模をもつものであったか，再考するべき資料群として評価しえる。

文献
岡井慎吾（1934）『日本漢字学史』明治書院
石崎又造（1940）『近世日本に於ける支那俗語文学史』弘文堂
鳥居久靖（1952）「留守希齋『語録訳義』について－近世日本中国語学史稿の一」
　　　　　　　　天理大学学報Ⅲ-2　第6輯
鳥居久靖（1954）「秋水園主人『小説字彙』をめぐって－近世日本中国語学史稿の二」
　　　　　　　　天理大学学報Ⅵ-2　第16輯
鳥居久靖（1955）「秋水園主人『小説字彙』をめぐって・補遺」　天理大学学報Ⅵ-3
　　　　　　　　第Ⅸ輯
鳥居久靖（1957）「日人編纂中国俗語辞書の若干について－近世日本中国語学史稿の四」
　　　　　　　　天理大学学報Ⅷ-3　第23輯
鳥居久靖（1962）「明治期における中国俗語辞書について－近世日本中国語学史稿の三」
　　　　　　　　天理大学学報ⅩⅣ-1　第38輯
長沢規矩也（1969～76）「唐話辞書類集」全20集　汲古書院
岡田袈裟男（1991）『江戸の翻訳空間－蘭語・唐話語彙の表出機構』笠間書院
岡田袈裟男（2004）「唐話辞書」・「読本」（『近代日本語研究』所収「日本語学」9月
　　　　　　　　臨時増刊号　明治書院）

第3節　唐話の翻訳文体と待遇表現
－『唐訳便覧』にみる人称詞と敬意表現

1.『唐訳便覧』の会話表現

　江戸の「はなしことば」についての一端を翻訳文体のなかで考える。岡島冠山が編んだ唐話の教科指導書『唐訳便覧』は全編が唐話日本語対照の会話文の形式をとっていて，口語資料としての要素が濃く，この時代の口頭語形を抽き出すことが可能である。すでに述べたように編者の岡島冠山は17世紀後半，元禄〜享保年間，長崎の唐通事を経て，江戸出府後，荻生徂徠，柳沢吉保などの周辺で唐話を教授した。資料は基本的に当時の武家階級の「はなしことば」を反映しているものとみていい。

　簡略にいえば，『唐訳便覧』は全5巻，131丁，唐話文と日本語訳文を載せる。文は長さが一定しないが，すべての文に句読訓点が付されている。すべての漢字には四声点，漢語音（江南音に比定される）がほどこされているので，近世の唐音受容についても音韻学的な第一次資料になる。各文は巻1〜巻4前半は訳文のはじめの音によってイロハ順に配列されている。巻4後半〜巻5は「長短雑語」というタイトルに従って文群がおかれる。収録される唐話文は基本的には冠山が経験的に得たものとみられ，創作文であるとしても大筋においては当時のコロケーションに従っているものとみなせる。分量的にも多く，例文の学習によって相当の会話，作文能力を養うことが可能である。

　ここでは，このような会話実用書という性格をもつ句文の日本語訳文の性格を唐話文との対照によって明らかにしたいと思うので，主として「人を表わすことば」と敬意の表現について翻訳文体を考える立場から述べる。なお，宋元以来，明清を中心とする「白話」の語彙をここでは「唐話」と呼び，「人称詞」は「人を表わすことば」一般を示す広い概念を指すことにする。

　つぎに原文との対照によって人称詞の実態を示し，さらに日本語としての表われ方をみる。ここで観察されることは人称の表出が翻訳のときにどういう形を示すかである。扱い方としての基本部分は（1）原文の人称詞が訳文

の上ではどのような処理をみせているか（2）待遇性とのかかわりではどのような表われかたがみられるかである。以下2でこの（1）についてみることにし，3と4で（2）について考えることにする。なお，非待遇系の一般的な話末表現については別稿に譲る。

2．人を表わすことば

 －0　唐話の人称が日本語訳文に顕在化している例についてはじめに記す。
 －1　『唐訳便覧』では唐話から翻訳された人称詞の分布を以下のようにする。1例ずつ挙げるが引用文は「日本語訳文－当該箇所（巻・丁・行）－唐話文」の順に表示する。

　なお，句読点は原文の通りとし，引用に際して唐話文中の省画字・合字は現行字体に改め，四声点・漢字音・返り点などは省略した。また，所在箇所は日本語訳部分を指している。

《自称単数》
　「我」に対しては「我－我」の対応が46例でもっとも多く，「ワレ－我」の対応は1例，「私－我」が5例，このほかすべて若干の例がみられる。

　　01我－我：ヘンジガマダナイ。我実ニアンドセヌ　Ⅰ14オ2　未有回復。我実放心不下
　　02ワレ－我：ワレヨリサキニユカレタ。多分コノコロハ。京ニツカレタルベシ　Ⅱ8オ1　先我去了。想是早晩。得到京師
　　03私－我：ハラタテヲヤメ玉へ。私ガムチヤウハフニテ候フ　Ⅰ7オ6　請息怒我的不是了
　　04私方－我：ホシヒト。オボシメス物ハ。ヒタスラ書付テ。ツカハサルベシ。私方ヨリ送 進ラセン（ヲクリマイ）　Ⅰ12ウ1　所要的東西。只顧開出来。我這裡奉送便了
　　05拙者－我：必ス〻拙者ガゴキケンウカヽヒニ参リ候由。Ⅱ2ウ4　説我某人特来問安。千托千托
　　06ミドモ－我：ニクヒヤツメジヤ。ミドモガキメテヤリマシヤウ　Ⅰ9ウ2　可悪得狠我要来殺他
　　07我等－我：我等モシカタガナイ　Ⅰ4ウ7　我也没有理会処
　　08ワレラ－我：チヤウハフノモノカナ。是レハドコニテ買候フヤ。ワレラモ此ノ物ヲ求メタイ　Ⅰ20ウ6　便宜的東西。這不知在那裡買来。我也正要這件物事哩

「名詞形」
09 ソレガシー残生：ソレガシガ命ヲ救ヒ玉ハリ。此ノ恩天地ト同シ。感佩何ソソ涯ンヤ　Ⅳ23オ6　力救残生。此恩如同天地。感佩奚涯

《自称複数》

「我們」に対して
10 我輩－我們：我輩今日ニカギリテ。用事アリ。オトモ致スマジ。御免々々　Ⅱ6ウ7　我們今日可可的有事。不敢奉陪了。得罪得罪
11 我々－我們：我々ヲオタノミナサレ候フトモ。事調ルマジケレバ。仰セニ従ヒガタシ。オウラミ。ナサルマジク候　Ⅱ8ウ2　方纔托我們我們也不済事。不敢領命了。休径休怪
12 我々ドモ－我們：アマリジヤウゴハニアルナ。我々ドモガ云フ事ヲモ。キヽイレヨ　Ⅲ22オ3　不可太強。也須聴我們的説話
13 我等－我們：ソネムニ因テ。我等ヲ容レヌ　Ⅱ17オ5　嫉妬人。所以不容我們
14 我等ドモ－我們：我等ドモガ詩作ノ。アマリアシキヲ。嫌玉フニアラズヤ　Ⅴ30オ1　莫非嫌我們做得大醜麼。
15 我等共－我們：ナゼニ久シク来リ候ハヌゾ。但シ別ニムマキ事アリテ。早ヤ我等共ヲ撇候ニアラズヤ　Ⅱ21オ6　不来莫非另有什麼膔脾就撇了我們麼
16 我カ們－我們：我カ們此ノ処ニ在テ。古今ノ事ヲ論シテ。ハナシシミケル処ニ。　Ⅴ20ウ7　我們在這裡。論談古今。正講得入濃處。

「我毎」に対して
17 我輩－我毎：我輩ハ同キ皆イナカ者共ニテ。　Ⅱ6ウ1　我毎都是一般郷下人。
18 ワレラドモ－我毎：ワレラドモハ。ヂタイ此事ノ知リ申サズ。　Ⅱ8ウ2　我毎原来不暁的這椿事。

「我等」に対して
19 ワレラドモ－我等：ワレラドモガ中間ハ。皆チギヤウガ少イ。　Ⅱ7ウ5　我等衆家。皆銭粮少。
20 我等－我等：我等曾テ異心ナシ。若アザムク事アラバ。天地ノ誅ヲ受ウ5　我等並無異心若有瞞昧。天地誅戮

《対称単数》

「你」に対して
21 汝－你：汝イカンゾ做事。イサギヨカラザルヤ　Ⅳ17ウ1　你怎做事没出豁
22 コナタ－你：チトコナタヲ頼テ。致シテモラヒタイ事ガアルガ。シヤウインナサリヤウカ　Ⅰ21オ2　我有些一小事。要托你幹不知允不允
23 尓ナンチ－你：ホントウノ事ヲ云バ。皆你ノ言ヲ聴入ルベケレドモ。只汝ヤ

第3節　唐話の翻訳文体と待遇表現

　　　　　　、モスレハ。ヒタスラ。イタヅラナル事ヲ云候フユエ。Ⅰ13
　　　　　　ウ1　若説正謹的話児大家肯聴你的。但你動不動只顧講没搭撒
　　　　　　的話頭。
24ソコモトー你：ソコモトニヨキオボシメシモアラバオシメシナサルベシ　Ⅰ4
　　　　　　ウ7　你有高見。請教請教
25汝共ー你：其後汝共カ為メニ。リヤウケンヲモ致スナリ。汝等委細マツスグ
　　　　　　ニ申セ　Ⅱ24オ1　然後好与你做主。你們必須従実招説
「名詞形」
26ソコモトサマー兄長：ソコモトサマ。オヒマニテ候ハヾ。ユルリトイテ。オ
　　　　　　カタリ候ヘ。Ⅲ15ウ3　兄長儻有貴間寬坐清譚
27貴公ー兄長：貴公ハ何故我ヲ撇テ。先ニ回ントハシ玉フゾ。Ⅴ24オ5
　　　　　　兄長你怎撇下我先回去。
28ソナター兄弟：ソナタハ。ケビタ人ナル間。モノヲイヤルナ。若云ソコナヒ
　　　　　　ガアレハ。我等共マデ。面目ヲ失フナリ　Ⅳ17ウ4　兄弟好村。
　　　　　　不要做声若説錯了話。未免連我們。也失些体面
29アニキー哥哥：アニキドコヘ往キ候フゾ　Ⅲ22オ2　哥哥那裡去。
30私宅ー舎下：ユウカタ私宅ニ御出ナサレテ。御カタリ候ヘ。Ⅳ2オ7　薄暮時
　　　　　　節。到舎下間話。
「指示詞形」
31コイツー這厮：汝コイツメハ。胆ニテ身ヲ包ホドノ大胆モノナリ。イカンゾ
　　　　　　只ヒトリ来テ。モノミヲナスヤ　Ⅴ9オ2　你這厮胆包身体。
　　　　　　怎敢独自個来做細作

《対称複数》

「你們」に対して
32コナタガター你們：トク来テ。コナタガタヲ。待テイル　Ⅰ16オ4　老早来了。
　　　　　　等候你們
33汝ー你們：クラウガ多イ。汝ノヤウナル楽人トハ。大ニ同シカラズ　Ⅲ10オ2
　　　　　　苦楚多。与你們快活人。大不相同
34汝等ー你們：其後汝共カ為メニ。リヤウケンヲモ致スナリ。汝等委細マツス
　　　　　　グニ申セ　Ⅱ24オ1　然後好与你做主。你們必須従実招説
35汝タチー你們：汝タチ両人打合。既ニ中ヲナヲリ候上ハ。向後ハ親シキ交リ
　　　　　　ノ朋友トナリ玉ヘ。Ⅳ18オ7　你們両個厮打。如今既然講和了。
　　　　　　向後做個至交的弟兄。
「你等」に対して
36汝等ー你等：今夜ハ風大イナリ。恐クハ火災アラン。汝等皆ノ者ドモ。必ス
　　　　　　夜ザトクネヨ　Ⅴ29ウ6　今夜風大。恐有火災。你等衆人。須要
　　　　　　醒睡些

325

第Ⅲ章　唐話学史　白話の受容と展開

「汝等」に対して
37汝等－汝等：況ヤ汝等ハ。皆役儀ヲツトメテ年々若干ノ金子ヲ取ル　Ⅲ3オ2
　　　　　　　況汝等皆有職事。年収若干金。
「你毎」に対して
38汝等－你毎：汝等内眼凡胎。イカンシテ。善人ヲミシランヤ　Ⅴ19オ4　你毎
　　　　　　　肉眼凡胎。那能認得善人。
「名詞形」
39レキレキ－列位：レキ〲コレニゴザ候フニ。我豈上座ヲ占候ハンヤ　Ⅱ16
　　　　　　　オ6　列位在這裏。我豈敢占上座
40イツレモサマ－列位：イツレモサマハ。早クオイテナサレテ。オマチビサシ
　　　　　　　クゴザ候ハン。御免シ〲　Ⅰ3ウ6　列位早至等久了。
　　　　　　　請免請免
41先生－先生：先生ハ何ユヘ此ノ如ク遅ク来リ玉フヤ　Ⅱ9オ3　先生却如何恁
　　　　　　　地来遅了

《他称単数》

「他」に対して
42彼－他：彼レヲサエキリ。トヾムル事ガ。ナラズシテ。只ユルシテ。トヲシ
　　　　　タ　Ⅳ17ウ7　攔当他不住。只得放了過去
43カレ－他：イナカモノ。レイギヲシラヌ。カレニカマハヌガヨイ　Ⅰ4ウ6
　　　　　郷巴老不識礼数。不要采他罷
44彼等－他：サレドモ我彼レ等ガ怨ルニ任テ。トンジヤクセズ　Ⅳ21オ2
　　　　　我也只得由他怪我了
「指示詞形」
45キャツ－那廝：キヤツ反テ自ラ来テ。毛ヲ吹テ疵ヲ求ム。　Ⅳ25オ3
　　　　　那廝倒来。吹毛求疵。
46那－彼：彼ノ女鴬声ヲ囀リ。燕語ヲ吐。スイラシキ事ヲ云フ　Ⅴ14オ6
　　　　　那婦人囀鴬声。吐燕語。説。些個知趣話児。
47那個－彼：サイゼンモ彼ノ人ガ。又来リタ　Ⅴ5オ1　頭先那個人。又来了

《他称複数》

「他們」に対して
48彼等－他們：我已ニ彼等ガ。テキハヲ。見ヤブリヌ　Ⅲ13オ7　我曾覷破了他
　　　　　們的手段
49彼レ等－他們：彼レ等幾人ハ。都テ我母方ノシンルイナリ　Ⅴ16オ2　他們這
　　　　　幾個人。都是我母党的親眷。

「他毎」に対して

50彼ラ－他毎：彼レラガ。コトバノ内ニ。ナゾガアレトモ。知ル人ガナイ　Ⅳ15オ５　没人暁得他毎話裡蔵闔

《疑問称》

51誰－誰：名タカキ人ナリ。誰カシタハザランヤ　Ⅱ21オ７　高名的人。誰不忻慕他

52タレ－誰人：タレガキタカ　Ⅱ14ウ６　誰人来了

53誰人－誰人：ノゾミハ誰人カナカランヤ。Ⅲ７ウ２　覬望誰人没有。

54タレ－什麼客人：ホカニタレゾ客ガアルカ。Ⅰ12オ１　余外有什麼客人

55ナニ者－什麼人：ナニ者ガ。アレニ在テ。サハグゾ。Ⅱ23オ７　什麼人在那裡嚷鬧。

また「人を表すことば」には摘記すると，つぎのような人を表わす表現がみられる。文脈から外して語彙だけで表す。

イナカモノⅠ４ウ６郷巴老　イナカ者共Ⅱ６ウ１郷下人　古ノ人Ⅱ15ウ７古之人　ウケ人Ⅲ４ウ７保人　ウサンノ者Ⅲ５オ１有可疑的人　ウハキ者ドモⅢ４オ６浮浪之徒　客Ⅲ７オ５客人　ケンゾクⅣ23ウ７家小　ゴシンブⅠ８ウ５令尊／ゴシンブサマⅠ17ウ４令尊　ゴシンルイⅢ22ウ１貴親　シシャウⅡ９オ３先生　ダンナⅡ24ウ１主顧　ダンナⅡ２ウ４老爺　ドウヤクⅠ18オ１同僚　ホウユウⅠ11ウ６朋友　ムゲイノ者Ⅲ３ウ５無芸之人　ムタウジンⅢ３オ５没道理的人　ヤマヒ者Ⅲ11オ３有病的人　楽人Ⅲ７オ３快活人　御先父Ⅴ25ウ１令先君　子弟ノ輩Ⅰ13ウ３子弟們　私宅Ⅳ２オ７舎下　小人Ⅱ15ウ６小人　先生Ⅰ９オ３先生　他人Ⅱ14オ２他人　貞女Ⅲ20オ６貞烈婦人　氷人(ナカタチ)Ⅱ24ウ７氷人　本人Ⅰ12オ３本人　友Ⅰ18ウ５朋友　乱心者Ⅱ26オ２風狂的人　老女Ⅱ26オ１老娘等

３．人称詞の翻訳における零表現化と訳出化

一般に，二カ国語間の翻訳上の対応では，日本語の場合，主語を示す人称詞が零になることが少なくない。これを主語の省略とみると否とにかかわらず，文の内部に包括された人称の零の表現であることにはちがいない。ここではそれを「翻訳における人称詞の零表現化」と呼ぶことにする。はじめに，人称詞が訳文の表層で消失する例をみる。

－１　唐話原文にある人称詞が零表現化されるケース

「我の零表現化」は28例，同様にして「我們の零表現化」２例，「你の零

表現化」21例,「他の零表現化」49例みられるが,ここでは1例ずつあげる。
　《自称》
　　56 ドウ〴〵シテマイランニ。シバラク待候ヘ。衣服ヲキカヘテ。ソノマヽマイルベシ　Ⅰ16ウ3　我要同你走。一時間等一等。更了衣便走

　《対称》
　　57 ドウヨクナル人カナ。ヤヽモスレハ。人ヲソコナヒ。己ヲ利ス。天ノシヤウラン。イカデカ。アシキムクヒ。ナカランヤ　Ⅰ17ウ5　没良心的人。動要損人利己。天理照彰。你怎無悪報

　《他称》
　　58 ルスニテ候フ。　Ⅱ2ウ7　他不在家裡。
　このように翻訳上の人称詞の零表現化は一～三人称のすべての場にみられるが,どのような場合にそれが顕現化するのか,いかなる構造になっているかは現在はっきりしない。資料内部の構造をどのように取り出せるかということについては人称詞がすべて顕現化しているケースとの相関関係が問題になるがたぶんに恣意的であると思われる。
　こうしたケースは一つの文,あるいはパラフレーズされる唐話原文にある人称詞が日本語の訳文において,すべて零表現化される例であるが,つぎの例のように部分的におきるケースがある。
　　59 我ホカノ人ナラバ。云分モアレドモ。エンルイノ間ニテ。是非アラバ。人ニアザケラレン。此故ニトリアゲズ　Ⅱ7ウ1　若外人時。我少不得有話説。但通家之間。若有是非。必惹人嘲咲。因茲我不敢提了

　上の例では,「因茲我不敢提了」の「我」が零表現化するが,主格が同一人格なので後「我」の消失はノーマルである。だが,多くの例のなかでのレアケースであるために,この資料の内部では現象の指摘にとどまらざるをえない。つぎのようなケースがこうした場合の基本的な形である。
　　60 ダマスナ。我モ知リテイル　Ⅱ14ウ1　不要哄我。我也暁得哩

－2 原文が零であるのに,人称詞が訳出されるケース
　しかし,つぎにみるものはこれとはまったく逆のケースである。具体的に

は唐話原文で表現されていない人称詞が日本語訳文で表出されてくることになるが、『唐訳便覧』ではまったくのレアケースになる。

  61　ルスデナクハ。我汝ト同道致シテ。ミマヒニ往テモヨカロフ　Ⅱ2ウ5
   他在家。同你去望他也好

 これは唐話原文の「他」が訳文では消え、「我」が出てきた例になる。この例では唐話が明らかに「彼が家にいる」という形で示され、複文化されている。訓読の形はつぎのようになる。

  他家ニ在レバ。你ト同ジク去テ他ニ望マンモ也タ好ラン。

 ここには唐話原文に意味の上から、話し手である「わたし」が内部に包括された形になっているものが、訳出に際して顕在化したのである。この要因も、資料の全体構造からみるとその内的連関を単純に述べることをむずかしくするが、単位文のレベルでとらえれば、「你」が主文におかれて、主格に立つ「我」が大きく呼び起こされる表出形になったとみていい。

－3　互いに人称詞をもたないケース

 さらに、対照的に原文に人称の表示がない形態では日本語と同じ形をとる場合がある。いずれも自称の主語表示の場合である。

  62　昨日ハ酒ニイタミ。一日臥ヌ。今朝モマダ心モチガワルイ　Ⅳ19オ7　昨日
   害酒。睡了一日。今朝尚不耐煩
  63　トク来テ。コナタガタヲ。待テイル　Ⅰ16オ4　老早来了。等候你們

 このような文については唐話の内的構造そのものが対象になるが、いわゆる主語の表出が零の表現になる場合についての日漢のシンタクス対照の内部での問題になる。ここでは指摘するだけにとどめる。

4．待遇表現の翻訳

 翻訳の文体では待遇表現がどのような傾向をみせるのか。その場合基本的な検討は唐話から日本語の翻訳文への変換がどのような内部変化をみせて待遇の表現を形式化するかということであり、翻訳という操作が待遇表現にどのようなかかわりをみせるかである。ただ、その場合あらかじめ確認しておかなくてはならないことは、翻訳する主体は固有の表現性ないしはそのセン

ス，価値感覚からいくらでも自由に，対象として向い合う外国語文の解釈を決定しうるので，その意味ではきわめて恣意的な文体決定の可能性が高いと予想されることである。

『唐訳便覧』の場合では，長い文章であったにしても，文脈を大きくもつわけではないので，唐話の原文からどうしてこのような待遇がなされたのかわからない例が少なくない。事実，今のわたしには，唐話文のあるケースについては待遇のとられかたが元の文体の中からでは理解がいきとどかないものがある。そしてこのわからなさは文が短く，判断材料が少なく，文脈的決定がほとんどできないときに顕著になる。たとえばつぎのような例をどうみるか，これらはすべて独立した文例である。

　　1　ルスニテ候フヤ。ダンナオ回リナサレ候ハヽ。必スヘ拙者ガゴキケンウカ、ヒニ参リ候由。仰上ラレクダサルベシ。頼入候　Ⅱ2ウ4　不在府上麼。等老爺回府。你替我転稟。説我某人特来問安。千托千托
　　2　ルスバカリニテ。イツ参テ。オミマヒ申テモ。オメニカヽル事ハコザラヌ　Ⅱ2ウ2　常不在家。憑管幾時来奉候。也只是没得拝顔。
　　3　ルスニテ候。他日重テ来リ候ヘ　Ⅱ1ウ2　不在家。改日再来罷
　　4　ルスニテ候フ。今日ハ往玉フナ。数日過テ。往キ候フトモ未タオソクハナラジ　Ⅱ2ウ7　他不在家裡。今日且不可去。過幾日去。也還未為晩了
　　5　ルスデナクハ。我汝ト同道致シテ。ミマヒニ往テモヨカロフ　Ⅱ2ウ5　他在家。同你去望他也好
　　6　ルスナラバ。家来ニ云オイタガヨイ　Ⅱ1ウ3　若不在家与家裡人説一声就是了
　　7　ルスジヤモシレヌ。人ヲ遣シテ。聴セタガヨイ　Ⅱ2オ3　不在也没憑拠。着人去探聴便了
　　8　ルスデ。アハナンダ　Ⅱ2オ4　不在家裡。没有見了
　　9　ルスナラバ。回ラルマテ待テヘンジヲ取テ我ニキカセヨ　Ⅱ2オ7　若不在家務要等候他回家。取個回来報我

ここでは1，2が高い待遇をしめしているが，この場合は明瞭にこの訳出理由がわかる。1は「府上，老爺」のような語彙がそれ自体待遇価値の上で敬度が高いし「千托千托」の文が明らかな人間関係を一層はっきりと示しているからである。2についても，「奉，拝顔」などが語彙的にはっきりとした待遇性を示している。ところが3になると，判断がしにくく，以下9ま

第 3 節　唐話の翻訳文体と待遇表現

での非敬語的な待遇の性質は，待遇するものとされるものとの相関関係が恣意的になり，明確な判断がしにくい。

　したがって，つぎに前例 1, 2 で認めたような比較的はっきりと語彙的な対応を認められる文を中心として，唐話原文の内部において待遇価値がすでに決定されている要素をいくつか指摘しておきたい。

-1　唐話原文に「請～～」のような形がある場合
　はじめに「請～～」形のものをいくつか例示する。
　　1 ゴアンドナサルベシ　Ⅰ2ウ3　且請放心便了
　　2 ナニ事モ。カンニンナサレイ。トウブンハ。高クモノ云フ時節デゴザラヌ。ゴリヤウケンアレ　Ⅱ22オ2　什麼事必須忍気吞声。目下不是高説話的時節。請自斟酌
　　3 オモハクガヨイ。先ゴアントナサルベシ　Ⅱ5オ7　意思好了。且請放心
　　4 ユルシ玉ヘ。重テハ仰ニソムキマスマイ　Ⅳ1ウ2　請免下次再不敢違命
これらの例は尊敬を示す「ナサル」系，「タマフ」系の訳文例であり，「請～～」の形の文があるときには，必ず訳文に敬意の表現が出るが，長文の場合，他の場にとくに敬意を示す表現がない時にでも，「請」の存在によって全体の待遇を整えているものと考えられる。いくつか例示する。
　　5 イカゞイタシタラハ。ヨカラフヤラ。我等モシカタガナイ。ソコモトニヨキオボシメシモアラバオシメシナサルベシ　Ⅰ4ウ7　如何而可。我也没有理会処。你有高見。請教請教。
この例は「高見」の語彙的バックアップがあるが，「請教請教」の表出される立場が聞き手への明確な待遇対応関係を示している。
　　6 シゲク来リ玉ハヽ。タブン人ガ知リテ。反テアシカラン。願ハクハ貴公自ラゴフンベツヲ。ナサルベシ　Ⅳ6オ4　常常来時。想必有人知覚反為不美兄長請自主張
　さらに，ここでも「兄長」が文の待遇フィールドを支えるとともに，「請自主張」が 6 と同じように機能している。
　　7 ハラタテヲヤメ玉ヘ。私ガムチヤウハフニテ候フ　Ⅰ7オ6　請息怒我的不是了
　　8 ヘンクツニシ玉フナ。ユルリトイテ。オハシナサルヘシ　Ⅰ14オ1　休要拘束。請寛坐叙話。

331

上のように，尊敬表現に翻訳される「請～～」の形は安定しているが，だからといって，「請～～」の形が必ずいつでも尊敬表現への結び付きをもつというわけではない。

　9 イツレモサマハ。早クオイテナサレテ。オマチビサシクゴザ候ハン。御メンシ＼＿　Ⅰ3ウ6　列位早至等久了。請免請免

9のような場合，唐話文の意味カテゴリーの内部には「請」がこれと結び付く動詞によっては尊敬の表出をしないことがあり，謙譲の表現などを示す用法がある。

　10 オリ＼＿参テ。教ヲウケタフ存マス　Ⅱ4オ2　我要時時来請教
　11 ムギメシヲマイラバ。明晩フルマヒ申サン　Ⅲ2オ2　你若用麦飯。明晩請你
　12 ヤドモトカトヲクシテ。常ニ来テ。オタツネ申事能ハス。御免＼＿　Ⅲ10ウ5
　　我家頗遠。不能常来訪問請恕請恕

けっきょく，このことは現代漢語にも通貫する「請」のもつ待遇値が広範囲であることを示す。このように唐話では敬語の示され方が文法的であるより語彙的であり，接辞や敬意を含義している語によって示される傾向を濃厚に示している。それは「リヤウケンナサレマセイⅠ23ウ2 請酌量一酌量」では「請」以外の要素として「酌量一酌量」の動詞の重ね表現がすでに語気をゆるくする働きをみせていることによれば，この場合では全文が敬意を表出していることになる。

－2　待遇成分となる語彙

このように，「請」のような待遇成分が文脈に応じて待遇値を表わしながら，翻訳の文体を表出するほかにも，つぎのような例はそれが待遇性を濃厚に示す語彙によって，日本語訳文の待遇値決定の要素であることを語る。唐話文後の「」内の語がそれぞれの待遇値にかかわる。

　1 ルスバカリニテ。イツ参テ。オミマヒ申テモ。オメニカヽル事ハゴザラヌ
　　　Ⅱ2ウ2　常不在家。憑管幾時来奉候。也只是没得拝顔「奉候／拝顔」
　2 ゴビヤウキハ。ヨフコサルカ。マダヨフコサラヌカ　Ⅲ19ウ6　未知貴恙曾好了不曾「貴恙」
　3 バレルナ。先生ガ追付ゴザルゾ　Ⅰ9オ3　不要作怪。先生就来哩「先生」
　4 クニヽハ。ゴケンソクガ。ゴザルカ　Ⅲ9ウ1　貴郷有宝眷麼　「貴郷／宝眷」

332

第3節　唐話の翻訳文体と待遇表現

5 ルスニテ候フヤ。ダンナオ回リナサレ候ハヾ。必ス〳〵拙者ガゴキケンウカヽヒニ参リ候由。仰上ラレクダサルベシ。頼入候　Ⅱ2ウ4　不在府上麼。等老爺回府。你替我転稟。説我某人特来問安。千托千托「老爺」
6 コトヾク皆赦免シ玉フ　Ⅳ3ウ4　悉皆赦免「赦免」
7 ミカギリ候フカ。我ニ何ノフトヽケ之(コレ)アリヤ。御示シ候ヘ　Ⅳ3ウ5　看破了我麼。不知我有甚不是処見教見教「見教見教」
8 ノチホド又参リテ。教ヲ受クヘシ。Ⅲ7オ4　少停再来領教「領教」
9 オリ〳〵参テ。教ヲウケタフ存マス　Ⅱ4オ2　我要時来請教「請教」
10 ヒマナキユヘ。オミマヒ申サズ。ゴブサタイタシマシタ　Ⅳ7ウ5　没有空夫故此不来問候。多多鈌情了「問候」
11 ベツシテカタシゲナイ　Ⅰ15オ3　真正多謝得緊「多謝」
12 ハヤクナサレタ。サスガオ上手ジヤ　Ⅰ9オ4　做得快真個高手了「高手」
13 ハシメテ。オチカツキニナリ候ヘドモ。多クオシエドモヲヽヲ承リ。感悦極リナシ。只オソク。オメニカヽリ候ヲ。恨ミ候フ　Ⅰ7ウ2　雖然初為識荊。多承清誨。感佩何極。但恨相見晩了「多承清誨感佩何極」
14 カサネテ参リ候ハヾ。カヤウニゴチサウナサルニ及ハズ。反テ痛入候フ　Ⅱ9ウ7　再来時。不必如此厚款。倒是折殺人了「厚款」

このように，「貴／宝／高」のような名詞性の接辞成分，「拝」のような動詞性の接辞成分，「老爺」のような人称詞が待遇値を大きく示す場合，「見教」のように教えを受ける立場，「多謝／感佩」のような恩恵に対する謝意を表明する場合，「問候」のように様子を聞くなど待遇の成分となりうる語彙が磁場をなして，全体の文の整合を促している。

-3　唐話原文には零表現の待遇訳文

以上のように，明確に示すことができる待遇成分の語彙のあるものはいいが，すでに示したように待遇値が出る背景がはっきりしないものもつぎのようにみられる。

1 シバラクコヽニイテ。ヤスミ玉ヘ　Ⅳ7オ4　暫且在這裡歇一回就是了
2 モンモウ者。彼ガ何事ヲ知リ候ハンヤ。オカマヒナサルナ　Ⅳ10ウ3　他是個懵憧的人。能知甚事不要怺他罷。
3 ヨモ已ニフケマシタ。今夜ハコヽニトマリ玉ヘ　Ⅱ11ウ4　夜已深了。今宵在個裏宿歇罷
4 カミヲユフテ往ン。汝シバラク待玉ヘ　Ⅱ11オ3　梳了頭髪了去。你須臾等我

333

これらは「オ〜ナサル／タマフ」の形ではあっても，原文には待遇値の決定要素をもつ語彙がないので，敬意が表出される理由がわからない例であって，このような類も決してすくなくはない形である。そして，こうした翻訳がどのようなところから生まれるかははっきりしないし，翻訳主体が文体決定の要素を唐話原文によらないさまざまなバックグラウンドを想定することで恣意的な決定がなされている可能性がある。

　しかし，基本的には唐話が日本語の慣用性のなかで受けとめられるときに，唐話原文の待遇成分に正しく対応し，応分の待遇値をもって『唐訳便覧』の訳文が形成されていることがわかる。

5．日本語にふさわしい翻訳

　翻訳の文体は，翻訳者と受け止める言語の性格によっていくらでも表層的なレベルでの文体が決定される可能性をもっている。シェイクスピアの翻訳ひとつとっても，かつての坪内逍遥から昭和の福田恒存，現代の小田島雄志の訳文が異なるのは翻訳者の読解が基礎にありながらも文体の選択は翻訳者自身とまた時代の言語傾向などに依存するからである。近代・現代の翻訳史を一瞥しただけでも，そのことは十分わかりきった問題である。

　一般論としてみても，日本語のカテゴリーの内部にあってどれだけ消化された翻訳であるかとみる場合，むずかしい議論をしなくとも一目瞭然のケースが多い。たとえば，10代のとき，テレビで見たある映画を思い出す。そこには富豪のわがまま娘のために家庭教師を雇う場面があったが，そのアフレコではまだ七つか八つの娘に青年教師を「あなた」と呼ばせていた。はじめはつっぱり娘の生意気を示すためにそのような人称を与えたと思ったのだが，娘が徐々にその家庭教師を尊敬するように移り行く過程においても「あなた」という呼称は一貫して変わらなかった。わたしはこれをみてことばの運用上の不自然さにうんざりしたが，ストーリーの面白さに免じて我慢をした。けれども，これはひどい訳だと思わないわけにはいかなかった。"YOU"で表される英語の世界のことでも，これとていろいろさまざまな状況場面に応じた的確なことばがあるはずなので，日本語の場合にはこれに応分の表現をもって示すべきである。人称の表わし方とその待遇に基づいた日本語の慣

用を踏まえた表出こそが日本語としての決定的な価値表現を示すのだから，このようなことを見過ごすわけにはいかないのである。とりたてて，指摘しなくとも，日本語が人と人との関係，位置をはかるのに待遇表現が基底的に存在することをぬきにしては成立しないことを銘記すべきである。本節はこうしたわたしの価値感覚にもしたがって，江戸における白話の翻訳世界の表現性を考えながら書いた。

表 『唐訳便覧』人称詞のパラダイム（「日本語－唐話」の対照を示す）

自 称		対 称				他 称			
単数		複数		単数		複数		単数		複数	

自称単数		自称複数		対称単数		対称複数		他称単数		他称複数	
我	我	我等	我們	コナタ	你	コナタガタ	你們	彼	他	彼等	他們
ワレ	我	我等共	我們	ソコモト	你	汝	你們	カレ	他	彼レ等	他們
ワレラ	我	我等ドモ	我們	ナンジ	你	汝等	你們	彼等	他	彼ラ	他毎
我輩	我	我輩	我們	汝	你	汝タチ	你們			彼レラ	他毎
我輩	我			コイツ	這厮	汝等	你們	キャツ	那厮		
私	我	我輩	我毎			汝等	汝等				
私方	我	ワレラドモ	我毎			汝等	你們				
私ノ	我的										
		我等	我等								
		ワレラドモ	我等								

拙者	我			ダンナ	老爺	レキレキ	列位				
ミドモ	我			ダンナ	主顧	イツレモサマ	列位				
ソレガシ	残生			ソナタ	兄弟						
				ソコモトサマ	兄長						
				貴公	兄長						

表注：輩ヤカラ，們トモガラ

追記1　太田辰夫（1954）『中国語歴史文法』では「古代語の人称代名詞には尊称がなく我們他們などが尊称謙称に転じた例がない」，「明代の尊称」として「你老人家　他老人家」があり，また清代には「你老」があると指摘している。

追記2　中国の敬語をめぐる日本の文献は少ないが管見に及んだのはつぎの論文である。
　　太田辰夫（1972）「中国における敬語の問題」言語生活249 筑摩書房
　　藤堂明保（1974）「中国語の敬語」敬語講座第8巻『世界の敬語』明治書院
　　輿水優（1984）「中国語における敬語」『講座日本語』第10巻　岩波書店

第4節　白話翻訳小説と人を表わすことば
　　　－江戸「通俗物」白話小説の人称語彙

1．人の呼び方・呼ばれ方と翻訳

　日本語の表わし方でもっとも基本になる表現の方法は人の呼び方，呼ばれ方である。日本語以外のことばでも単純でないものがあるが，日本語は自称と対称については待遇性に基づいて現代語においてもなおその多様さを示している。西欧からの来訪者は16世紀以来，日本語表現における人の呼び方の複雑さを認知し，待遇の表現を無視しては日本語環境に適応できないと認識していた事由については第Ⅰ章第1節で述べたとおりである。

　したがって翻訳の場合，日本語の運用上の現実を無視すると意味は通じても慣用にあわないから日本語らしい翻訳文にはならないことがある。日本人はいつも自分がどう呼ばれ，人をどう呼ぶかに腐心して生きる人間集団といっても良いからである。その意味では翻訳における日本語らしさは典型的な形で人を表わすことばの中にみることができる。「日本語らしさ」とは一見あいまいに聞こえるが，待遇表現をみる場合にはきわめて明瞭である。人間関係を表わす呼称表現は日本人の内省の力がもっとも良く働くからでもある。

　ここではそのような立場から江戸に入った白話の翻訳小説「通俗物」の諸作品から人を表わす表現の翻訳実態を明らかにする。江戸時代白話を噛み砕き，シンタクス変換を実現して和文化を進めた事情を人称語彙の翻訳はその度合いを明らかにしてくれる。

　もとよりどの言語にも多かれ少なかれ待遇性があり，さまざまな語彙の運用事実があるわけだが，日本人の場合，文字移入以来，漢字世界との決別ができないできた歴史においては圧倒的に漢字文化に支配されている。近世期においてもこの事情は変わらない。漢字に魅かれ，当代の日常言語で翻訳しようとはしていない。その結果が原文を生かしたままにし，難読と考えたのに違いないことばには日本語の読みを付すことでノーマルな読書を可能にする方法をとった。人称のことばにおいてもそれは十全に行われている。

　ここで用いた資料は以下のとおりだが，テキストは中村幸彦編『白話小説

翻訳集』(汲古書院刊)によっている。

刊年	作品名	略号
1759（宝暦 9）	『通俗酔菩提全伝』	菩提
1760（宝暦10）	『通俗隋煬帝外史』	煬帝
1761（宝暦11）	『通俗赤縄奇縁』	通赤縄
1789（寛政 2）	『通俗醒世恒言』	通醒恒
1789（寛政 1）	『通俗大明女仙伝』	通大明女
1814（文化11）	『通俗古今奇観』	荘子休・趙県君・売油花

　上の作品群から人を表わす白話がどのように翻訳処理されているかリストアップした結果，つぎのようなことがわかっている。

2．白話小説翻訳に現れた人称詞

　人称詞は自称・対称・他称において今日と同じように西欧語や今日のシノワなどのように，単純化してはいない。

　　凡例
　　1　語彙は自称・対称・他称・不定称・一般名詞語彙に分類し，日本語の五十音順，発音的に排列した。
　　2　語の示し方は原則としてつぎの通り。
　　　白話原語・邦訳・該当ページ・白話小説の作品名→（参照）
　　　なお作品に付したアラビア数字はテキストのページを示す。
　　3　*ではさまれた語彙は一語の白話に対する左右に付された二つの振り仮名のかたち，すなわち和語と字音語なのでここでは抱き合わせて記した。
　　4　日本語の清濁表記は原本のままとした。

2-1　人称詞

2-1-1　自称

「おのれ」	自己オノレ*ジコ113，124 通醒恒 30 通醒恒1/65 通醒恒 2己ヲノレ47 菩提
「それがし」	某ソレカシ18 通醒恒 1/40 菩提，在下ソレカシ15 通醒恒　学生ソレカシ*ガクセイ89 通醒恒 2/537 煬帝→ガクシヨウ→ガクセイ　小可ソレガシ*シャウカ 47 通赤縄→シャウカ→コマカ
「それがしら」	小可們ソレガシラ通赤縄
「ちん」	朕チン 371，409，468，517 煬帝

337

第Ⅲ章　唐話学史　白話の受容と展開

「みずから」	自ミズカラ 39 菩提/479 煬帝
「みども」	老身ミトモ 34 通赤縄→ラウシン
「やつがれ」	下官ヤツカレ 40 菩提
「わが」	我ワガ 479，516 煬帝→ワタシ，吾ワガ 377，421 煬帝→ワレ
「わがともがら」	我們ワガトモガラ 25 通赤縄/513 荘子休→ワレラ
「わたくし」	私ワタクシ 510 煬帝，児ワタクシ 40，46 通醒恒 1/38 菩提→コ→ジ
	小人ワタクシ通醒恒 1，老漢ワタクシ*ラウカン 15 通醒恒 1/513 荘子休→ラウカン
	小的ワタクシ*シャウテキ 540 煬帝→シャウテキ
	我等ワタクシドモ 35 通大明女→ワレラ
	奴僕ワタクシ*ヌビ 402，719 煬帝→シモヘ→ヌビ
「わたし」	我ワタシ 35 趙県君→ワガ，妹子ワタシ 728，729 売油花
「われ」	俺ワレ 667 煬帝，我ワレ 108 通醒慣 3/10 通赤縄/30 菩提/34 通大明女，吾ワレ 425 煬帝→ワガ
	孤ワレ 385，389 煬帝，小子ワレ 539 趙県率芋
	奴家ワレ 519 荘子休/735 売油花，不才ワレ 509 荘子休/602 趙県君
「われら」	俺們ワレラ 455 煬帝
	我等ワレラ 35 菩提
	我們ワレラ 515 煬帝/17 通赤縄
「われわれ」	我々ワレワレ 36 通醒恒 1

2-1-2　対称

「おこと」	汝オ(ヲ)コト 31 通大明女→ナンジ
「おまへ」	称オマヘ 655 売油花→ソコ→ナンジ(チ),
	官人オマヘ 50 荘子休→クハンニン→ダンナ
「おまへさま」	娘々ヲマヘサマ*ジョウジョウ 399 煬帝→ジョウジョウ
「きかう」	大人キカウ*タイジン 27 菩提→タイジン
「きさま」	好兄弟キサマ 559 趙県君，老兄キサマ 540 趙県君
「きみ」	君キミ 398 煬帝
「けい」	卿ケイ 383 煬帝
「けいら」	卿等ケイラ 468 煬帝
「そこ」	称ソコ通大明女→オマヘ→ナンジ(チ)
「そこもと」	其元ソコモト 539 趙県君
「そそ」	姐姐ソソ*ソモジ 573 煬帝→ソモジ→ヂヨラウ

338

第 4 節　白話翻訳小説と人を表わすことば

「そそら」	姐姐ソソ*ソモジ 53 煬帝→ソモジ→ヂヨラウ
	姐姐們ソソラ 525 煬帝
「そなたたち」	汝等ソナタタチ 32 通大明女→ナンジ（ヂ）ラ
「そもじ」	姐姐ソモジ*ソソ 573 煬帝→ソソ→ヂヨラウ汝
「なんじ」	ナンジ（チ）369，377，417，425，479，516 煬帝/38 通大明女/108 通醒恒 3/13 通赤縄/16 通醒恒 1/51/荘子休/651 売油花→オマヘ→ソコ
「なんじ」	汝ナンジ 23 菩提/30 通大明女→オコト
「なんじら」	卿ナンジ 383，392，440，484，531 煬帝
	你們ナンチラ 35 通醒恒 1/519 煬帝
	汝等ナンジ（ヂ）ラ 23，60 菩提/435 煬帝→ソナタタチ，卿等ナンヂラ 435，468，492 煬帝

2-1-3　他称

「かのひと」	那人カノヒト 32 通大明女
「きゃつ」	那奴キヤツ 32 通醒恒 1，那廝キヤツ 502 煬帝
「きゃつら」	那廝們キヤツラ 452 煬帝/544 煬帝
「かれ」	彼カレ 38 菩提/32 通大明女/509 荘子休 1/538 趙県君
	他カレ 10 通赤縄 12 通醒恒 1/ユ 13 通醒恒 3/49 菩提/619 売油/504，505，522 荘子休/375，378，431，403，396，479 煬帝/538 趙県君，這廝カレ 34 通大明女
「かれら」	他等カレラ 121 通醒恒 3　那人コノヒト 16 通醒恒 1→カノヒト

2-1-4　不定称

「いつれ」	何イツレ 42 通醒恒 1
「いつれも」	列位イツレモ*レッイ 717 煬帝→レツイ
「たれ」	誰タレ 40 菩提/45 通醒恒 1/480 煬帝
	那タレ 117 通醒恒 3
	那個タレ 488 煬帝/24 通赤縄
「たれひと」	誰人タレヒ（ビ）ト 28 通醒恒 1/393 煬帝

　この人称詞表は日本語訳語の観点から整理しているので，白話にある「学生」「卿」等のような一般語彙が頻出する。これは小説の文脈の中で意味をとったコノテーションの翻訳処理がされているためである。

　人称詞の表われからみて「通俗物」の翻訳者たちが白話原文をそのまま翻

訳文の人称表現に採用したことがわかるが，この傾向はさらに人を表す一般語彙の翻訳にも顕著に現れている。

2-2 人の表現（一般名詞語彙）

【ア】
対頭　　アイテ 116 通醒恒 3
丫髪　　アクハン*コシモト 73 通醒恒 2　→コシモト→コメロ
丫髪們　アクハンラ 79 通醒恒 2
商債　　アキヒト 107 通醒恒 3
哥哥　　アニキ*カカ 47 通醒恒 1　→カカ
大哥　　アニキ*カカ 39 通醒恒 1　→タイカ
潑皮　　アバレモノ 538 趙県君
狼僕　　アラヲトコ 711 売油花
家主　　アルシ 130 通醒恒 3
老公　　アルジ 116 通醒恒 3
行童　　アンドウ*カッシキ 35 菩提　→カッシキ
【イ】
一位　　イチイ 84 通醒恒 2
表兄　　イトコ*ヘウケイ 37 菩提 52　→ヘウケイ
村夫　　イナカモノ*ソンフ 130 通醒恒　→ソンフ
妹子　　イモウト 728 売油花
【ウ】
万歳　　ウヘサマ*マンゼイ 654 煬帝　→ハンザイヤ→マンゼイ
万歳爺　ウヘサマ*ハンザイヤ 395 煬帝　→ハンザイヤ
【エ】
嬰児　　エイジ*コドモ 85 通醒恒 2　→コドモ
【オ】
王先児　ワウセンジ 425 煬帝
王媽媽　ワウハハ 28 通醒恒 1
大王　　オカシラ 619 売油花
大頭児傲娘的　オホアタマハハブン 733 売油花
孩児　　ヲサナゴ 26 菩提
和尚　　ヲシヨウ 54 菩提
妻舅　　ヲヂ*サイキユウ 33 菩提　→サイキユウ
母舅　　ヲヂ 51 菩提

340

第4節　白話翻訳小説と人を表わすことば

兄弟	ヲトヲト 378 煬帝	
弟	オ（ヲ）トト 41 通醒恒 1/45 菩提	
二官人	ヲトトダンナ*シクハンニン 44, 46 通醒恒 1	→シクハンニン
令弟	オトト*レイテイ 43 通醒恒 1	→レイテイ
一個一個	ヲノヲノ 506 煬帝	
各	オノオノ 421 煬帝/ヲノヲノ 11 通赤縄	
帝自	オノヅカラ 421 煬帝	
姨娘	オバゴ 642 売油花	→オバサン
姨娘	オバサン 637 売油花	→オバゴ
大娘子	オフクロ 645 売油花	
煙花	オヤマ 719 売油花	
父子	オヤコ 386 煬帝	
老殿下	オヤダンナ 525 荘子休	
老媽	オヤブン 735 売油花	
彩頭	オヤマ 629	
小娘子	ジョラウ 710 売油花	
丫頭	ヲンナ 726 売油花	

【カ】

過経	クハケイ*ヤウシ 37 通赤縄	→ヤウシ
孩児	カイシ*セガレ 92 通醒恒 2	→セガレ
孩児	カイジ 93 通醒恒 2	
哥哥	カカ 47 通醒恒 1	→アニキ
老婆	カカ 537 趙県君	
長舌婦	クチワルカカ*チヤウセツフ 116 通醒恒 3	→チヤウセツフ
娘	カカ 640 売油花	→ハハ
做娘的	カカ 649 売油花→（ウチノ）カカ→カカタルモノ	→ハハオヤタルモノ 726 売油花
做娘的	（ウチノ）カカ 639 売油花→カカ→カカタルモノ	→ハハオヤタルモノ
媽児	カカ 644 売油花	
媽媽	カカ 660 売油花	
渾家	カカ 652 売油花	
媽家	（ヂヨラウヤノ）カカ 646 売油花	
做娘的	（ウチノ）カカ 639 売油花　→カカ→カカタルモノ→ハハオヤタルモノ	
做娘的	カカタルモノ 648 売油花　→カカ→ウチノカカ→ハハオヤタルモノ	
学生	ガクショウ 37 菩提　→ガクセイ→ソレカシ	
学生	ガクセイ*ソレカシ 89 通醒恒 2/537 煬帝　→ガクショウ	

341

家小　　カシャウ*カナイ 15 通醒恒 1 →カナイ
家人　　カシン*ケニン 26 通醒恒 1　　→ケニン
家人們　カシンラ 37 通醒恒 1
尊長　　カシラ 646 売油花
鉄匠　　カチヤ*テッシャウ 120 通醒恒 3　　→テッシャウ
行董　　カツシキ*アンドウ 35 菩提　　→アンドウ
家小　　カシヤウ*カナイ 15 通醒恒 1　　→カナイ
家小　　カナイ*カシヤウ 15 通醒恒 1　　→カシヤウ
自家人　カナイノヒト 34 通醒恒 1
彼女　　カノムスメ 55 通醒恒 2
家父　　カフ 37 菩提
官司　　クハンシ*キンミ 127 通醒恒 3　　→キンミ
官長　　クハンチョウ*ダンナ 34 菩提　　→ダンナ
官人　　クハンニン 37 菩提/53 通醒恒 2 →オマヘ→タナ→ダンナ
小官人　クハンニン 38 通赤縄
官兵們　クハンヘイラ 13 通赤縄
官門的　クハンモンテキ*（モンノ）ヤクニン 17 通醒恒 1　　→ヤクニン
官吏　　クハンリ*ヤクニン 539 煬帝
【キ】
李郎　　（ヒトリノ）キヤク 640 売油花
結義妹子キヤウダイブン 635 売油花
兄弟　　ケウタイ 11 通醒恒 1
弟兄　　ケウダイ 643 煬帝
御妻　　ギョセイ 386，419 煬帝
官司　　キンミ*クハンシ　127 通醒恒 3　　通醒恒 3→クハンシ
【ケ】
下官們　ゲクハンラ 541 煬帝
賎蝉　　ゲス 681 煬帝
家人　　ケニン*カシン 26 通醒恒 1　　→カシン
家人們　ケニンラ 131 通醒恒 3
家人　　ケライ 128 通醒恒 3
【コ】
児　　　コ 376 煬帝
小賎人　コアマ 712 売油花
這廝　　コイツ*シヤシ 544 煬帝　　→シヤシ
公子　　コウシ*ゴシソク 59 通醒恒 217　　→（ゴ）シソク

第4節　白話翻訳小説と人を表わすことば

皇爺　　　クハウヤ*ミロドザマ 708 煬帝　→ミロドサマ
皇帝爺　　クハウテイヤ 400 煬帝
皇爺　　　クハウヤ 401 煬帝
老　　　　コウシヤ 590 趙県君
養女　　　コガヒ 710 売油花
丫頭　　　コシモト 73 通醒恒 2
丫頭們　　コシモトラ 79 通醒恒 2
丫鬟　　　コシモト*アクハン 26 菩提　→アクハン→コメロ
侍児　　　コシモト*ジジ 477 煬帝　→ジジ
侍婢　　　コシモト 30 通醒恒 1
小廝　　　コセガレ 651 売油花
姑息　　　コソク*シウトヨメ 26 通醒恒 1　→シウトヨメ
丫頭　　　コドモ 724 売油花
嬰児　　　コドモ*エイジ 85 通醒恒 2　→エイジ
児女　　　コドモ 593 煬帝
小廝　　　コドモ 113 通醒恒 3
兄　　　　コノカミ 45 菩提
表兄　　　コノカミ 34 菩提
小可　　　コマカ 664 売油花　→ソレガシ→シヤウカ
丫鬟　　　コメロ 694 売油花　→アクハン→コシモト
小的們　　コモノノトモカラ 602 趙県君
小廝　　　コモノ 662 売油花

【サ】
尊宿　　　（ヨキ）シ*ソンシユク 50 菩提　→オシヤウ→ソンシユク→（ヨキ）シ
差人　　　サジン*ヤクニン 125 通醒恒 3　→サイジン→ヤクニン
差人　　　サイジン 456 煬帝
妻舅　　　サイキユウ*ヲヂ 33 菩提　→ヲヂ
爺々　　　サマ*ヤヤ 54 煬帝　→ヤヤ

【シ】
児　　　　ジ 40, 46 通醒恒 1/38 菩提　→コ→ワタクシ
法児　　　シカタ 76 通醒恒 2
二官人　　シクハンニン*ヲトトダンナ 44, 46 通醒垣 1　→ヲトトダンナ
自己　　　ジコ 113, 124 醒恒 2　→オノレ
児子　　　ジシ*セガレ 586 煬帝　→セガレ
侍児　　　ジジ*コシモト 477 煬帝
児子　　　ジシ*セガレ 586 煬帝/セガレ 108 通醒恒 3

343

侍児	ジジ*コシモト 477 煬帝 →コシモト
侍婢	ジヒ*コシモト 389 煬帝 →コシモト
奴僕	シモヘ 29 通醒恒 1 →ワタクシ→ヌビ
公子	（ゴ）シソク*コウシ 59 通醒恒 2 →コウシ
士卒們	シソツラ 494 煬帝
令公子	（ゴ）シソク*レイコウシ 39 菩提 →レイコウシ
令郎	（ゴ）シソク*レイラウ 60 通醒恒 27 →レイラウ
子弟	シテイ 33 菩提
子弟們	シテイラ*ムスコドモ 19 通赤縄 →ムスコドモ
丫頭	シモベ*ワカキヂヨラウ 673 売油花 →ジョロウ→ワカキヂヨラウ
丫鬟	シモヲナ 660 売油花
丫鬟	シモベオンナ 67 売油花
従人	シモベ 34 菩提
白丁	シモベ 677 売油花
僕	シモベ 87 通醒恒 2
僕従	シモベ 26 通醒恒 1
奴僕	シモヘ 29 通醒恒 1 →ヌビ→ワタクシ
這廝	シャシ*コイツ 544 煬帝 →コイツ
衆	シウ 通赤縄
衆官	シウクハン 421 煬帝
衆入	シウシン 34 通醒恒 1
妾	シャウ 369，372 煬帝
小可	シャウカ 47 通赤縄 →コマカ→ソレガシ
小二	シャウシ 14 通醒恒 1
少女	シャウショ 85 通醒恒 2
小姐	シャウソ 56，61，62，63，69 通醒恒 2
小的	シャウテキ*ワタクシ 540 煬帝 →ワタクシ
小児子	シャウニシ 421 煬帝素
従人	ジウニン*トモ 57 通醒恒 2 →トモ→シモベ
少年	ショウネン 49 菩提
妾們	シャウラ 486 煬帝
綽板婆	シャクハンバ 117 通醒垣 3
従人	シュジン 125 通醒恒 3
婦意	シユトヨメ*コソク 26 通醒恒 1 →コソク
従人	ジウニン*トモ 57 通醒恒 2 →トモ
女	ジョ 60，94 通醒恒 2 →ムスメ

第4節　白話翻訳小説と人を表わすことば

做小娘的　ヂヨラウタルモノ 726 売油花
丈夫　ジヤウブ*トノゴ 34 通赤縄
娘々　ジヨウジヨウ*ヲマヘサマ 399 煬帝　→ヲマヘサマ
女子　ジヨシ 369 煬帝
小娼妓　（コ）ヂヨラウ 712 売油花
丫頭　（ミセ）ジヨラウ 673 売油花
丫頭　（ワカキ）ジヨウラ 673 売油花　→シモベ→ワカキジヨウラ
妓　ヂヨラウ 619 売油花
姉妹　（コガヒノ）ヂヨラウ 640 売油花
小娘　ヂヨラウ 619 売油花
娘子　ジヨウラ 736 売油花
小娘子　ジヨラウ 710 売油花
姐姐　ヂヨラウ 674 売油花　→ソソ→ソモジ
媽家　ヂヨラウヤノカカ 646 売油花
新人　シンシン*ヨメトムコ 102 通醒恒 2　→ヨメトムコ
新婦　シンフ*ヨメ 382 煬帝　→ヨメ
臣等　シンラ 451，492 煬帝

【ス】

酔漢　スイカン*ナマエヒ 125 通醒恒 3　→ナマエヒ
師兄　スヒン 48 菩提
師父　スフ 65 菩提

【セ】

児子　セカレ 108 通醒恒 3
小児　セガレ 47 菩提
児子　セガレ*ジシ 586 煬帝　→ジシ
小厮　セガレ 116 通醒恒 3
孩子　セガレ*カイシ 92 通醒垣 2　→カイシ
先人　センジン*ナキチチ 58 菩提　→チチ→ナキチチ
先生　センセイ 34 菩提/86 通醒恒 2
千歳爺　センサイヤ*タイシサマ 395 煬帝　→タイシサマ
賎妾　センシヤウ 474，525 煬帝
老先生　（ラウ）センセイ 85 通醒恒 2　→ラウセンセイ

【ソ】

令愛　（ゴ）ソクジヨ*レイアイ 85 通醒恒 2　→レイアイ
姐姐　ソソ*ソモジ 573 煬帝　→ヂヨラウ
姐姐們　ソソラ 525 煬帝

345

二仙	ソナタシユ通大明女
服侍	ソハツカイ 29 通醒恒 1
姐姐	ソモジ 573 煬帝　→ソソ→ヂヨラウ
某等	ソレガシラ 70 菩提/734 煬帝
老朽	ソレガシ*ロウキウ 541 煬帝　→ロウキウ
老夫	ソレガシ*ラウフ 90, 91 通醒恒 2　→ラウフ
尊宿	ソンシユク*ヨキシ 50 菩提　→シ→ヨキシ
尊宿	ソンシユク*ヲシヨウ 45 菩提　→ヲシヨウ→シ→キヨシ
村夫	ソンフ*イナカモノ 130 通醒恒 3　→イナカモノ

【タ】

大家	タイカ*アニキ 39 通醒恒 1　→アニキ
大人	タイジン*キカウ 27 菩提　→キカウ
大尹	ヂタイイン*ブキヤウ 124 通醒恒 3　→ブキヤウ
千歳爺	タイシサマ*センサイヤ 395 煬帝　→センサイヤ
大戸	ダイジン 639 売油花
幇鳳間	タイコ 632 売油花
幇間們	タイコモチ 20 通赤縄
官人	タナ 29 通醒恒 1　→オマヘ→クハンニン→ダンナ
官人	ダンナ*クハンニン 22 通醒恒 1/604 趙県君　→オマヘ→クハンニン→ダンナ
老爺	タンナ 39 菩提/129 通醒恒 3　→ラウヤ
官長	クハンチヨウ*ダンナ 34 菩提　→クンハクチヨウ
長官	チヤウクハン*ヤクニン 17 通醒恒 1　→ヤクニン
長舌婦	チヤウセツフ*クチワルカカ 116 通醒恒 3　→クチワルカカ
仮爹仮媽	チチブンハハブン 736 売油花　→ハハブン

【チ】

先人	(ナキ)チチ*センジン 58 菩提　→センジン→ナキチチ
老爺	チヂサマ*ラウヤ 19 通醒恒 1　→ラウヤ
父	チチ 11 通醒恒 1/53 通醒恒 2
爸媽	チチハハ 13 通赤縄

【ツ】

妻	ツマ 11 通醒恒 1/60 通醒恒 2
老婆	ツマ 121 通醒恒 3
渾家	ツマ 107 通醒恒 3
佳偶	(ヨキ)ツレアイ 642 売油花

【テ】

老公	テイシユ 118 通醒恒 3

第4節　白話翻訳小説と人を表わすことば

鉄匠　　テツシヤウ*カチヤ 120 通醒恒 3　→カチヤ
父親　　テテオヤ 402 煬帝
【ト】
老医　　トシヨリイシヤ*ラウイ 90 通醒恒 2　→ラウイ
老娘　　トシヨリ 123 通醒恒 3
丈夫　　トノゴ*ジヤウブ 34 通赤縄　→ジヤウブ
老爺　　トノサマ*ロウヤ 540 煬帝　→ロウヤ
従人　　トモ*ジウニン 57 通醒恒 2　→ジウニン→シモベ
輩　　　トモガラ 690 煬帝
們　　　トモガラ 11, 42 通赤縄/27 通醒恒 1/64 通醒恒 2/376, 384, 415, 420, 445 煬帝
【ナ】
代柯　　ナカウド 732 売油花
先人　　ナキチチ*センジン 58 菩提　→センジン
某　　　ナニカシ 89 通醒恒 2
酔漢　　ナマエヒ*スイカン 125 通醒恒 1　→スイカン
【ニ】
婆娘　　ニヤウホウ 117 通醒恒 3
渾家　　ニョウバウ 622 売油花　→ニヨバウ
女子　　ニヨシ 85 通醒恒 2
渾家　　ニヨウバウ 708 売油花　→ニヨウボウ
【ヌ】
賊的　　ヌスビト 68 通醒恒 2
奴僕　　ヌビ*ワタクシ 402, 719 煬帝　→シモヘ→ワタクシ
奴婢們　ヌビラ*ワタクシドモ 515 煬帝　→ワタクシドモ
【ハ】
敗兵們　ハイヘイラ 11 通赤縄
母　　　ハハ 11, 41 通醒恒 1/114 通醒恒 3
娘　　　ハハ 82 通醒恒 2/108 通醒恒 3/623 売油花　→カカ
做娘的　ハハオヤタルモノ 726 売油花　→カカ→ウチノカカ→カカタルモノ
母親　　ハハサマ*ボシン 63 通醒恒 2　→ボシン
万歳爺　ハンゼイヤ*ウヘサマ 395, 425, 515, 516 煬帝　→ウヘサマ→マンゼイ
仮爹仮媽（チチブン）ハハブン 736 売油花　→チチブン
外婆　　ハハブン 735 売油花
【ヒ】
妃子　　ヒシ 508 煬帝

347

第Ⅲ章　唐話学史　白話の受容と展開

一位　　ヒトリ 674 売油花/87 通醒恒 2
一個　　ヒトリ 84 通醒恒 2
張郎　　ヒトリノヲトコ 640 売油花
李郎　　ヒトリノキヤク 640 売油花
表兄　　ヒウケイ*イトコ 37 菩提　→イトコ
【フ】
大尹　　ブキヤウ*タイイン 12 通醒恒 3
夫人　　フシン 64 通醒恒 2
父親　　フシン 98 通醒恒 2
父子　　フシ 93 通醒恒 2
父母　　フボ 377 煬帝
間漢們　ブラモノノトモガラ 709 売油花
【ヘ】
兵們　　ヘイラ 11 通赤縄
陛下　　ヘイカ 411 煬帝
【ホ】
母親　　ボシン 24 通醒恒 1/378 煬帝/ボシン*ハハサマ 63 通醒恒 2　　→ハハサマ
【マ】
万歳　　マンゼイ*ウヘサマ 654 煬帝　→ウヘサマ→ハンザイヤ
【ミ】
Y頭　　ミセジョラウ 673 売油花
皆　　　ミナ 517 煬帝
一家　　ミナミナ 91 通醒恒 2
合家　　ミナミナ 39，48 通醒恒 1
衆　　　ミナミナ 43 通醒恒 1
衆家人　ミナミナ 34 通醒恒 1
衆人　　ミナミナ 44 通醒恒 1
大家　　ミナ・ミナ 82 通醒恒 2/372，420，517 煬帝
皇爺　　ミロドザマ*クハウヤ 708 煬帝　→クハウヤ
【ム】
好人的女（ヨキヒトノ）ムスメ 642 売油花
子弟們　ムスコドモ*シテイラ 19 通赤縄　→シテイラ
女　　　ムスメ 82 通醒恒 2→ジョ
彼女　　（カノ）ムスメ 55 通醒恒 2
女子　　ムスメ 59 通醒恒 2/369，42，454 煬帝

348

第4節　白話翻訳小説と人を表わすことば

女児　　ムスメ 388, 498 煬帝/59 通醒垣 2
【メ】
姪女　　メイゴ 725 売油花
姪女　　メイブン 637 売油花
【モ】
衆　　　モロモロ 11 通赤縄/486 煬帝
【ヤ】
官門的　ヤクニン（モンノ）*クハンモンテキ 17 通醒恒 1　→クハンモンテキ
爺　　　ヤ 399 煬帝
官吏　　ヤクニン*クハンリ 539 煬帝　→クハンリ
差人　　ヤクニン*サジン 125 通醒恒 3　→サジン
長官　　ヤクニン*チヤウクハン 17 通醒恒 1　→チヤウクハン
【ユ】
煙花　　イウジョ 660 売油花
【ヨ】
庸医　　ヤヨウイヨ 87 通醒恒 2
過経　　ヤウシ*クハイケイ 37 通赤縄　→クハイケイ
尊宿　　ヨキシ*ソンシャク 50 菩提　→ソンシヤク
【ラ】
等　　　ラ 429 煬帝
們　　　ラ 370, 384, 400, 403, 410, 454, 469, 471, 507 煬帝
們　　　ラ 395 煬帝
【リ】
両下　　リヤウカ 32 通赤縄
【レ】
令愛　　レイアイ*ゴソクジョ 85 通醒恒 2　→ソクジョ
令公子　レイコウシ*ゴシソク 39 菩提　→シソク
合弟　　レイテイ*オトト 43 通醒恒 1　→オトト
令郎　　レイラウ*ゴシソク 60 通醒恒 2　→シソク
王孫公子（オ）レキレキ 649, 677 売油花
列位　　レツイ*イツレモ 717 爆帝　→イツレモ
【ロ】
老医　　ラウイ*トシヨリイシヤ 90 通醒恒 2　→トシヨリイシヤ
老漢　　ラウカン*ワタクシ 15 通醒恒 1/518 荘子休　→ワタクシ
老師　　ラウシ 26 菩提
老身　　ラウシン 34 通赤縄　→ミドモ

349

老先生　ラウセンセイ 85 通醒恒 2　→ラセンセイ
老婆　　ラウバ*ニョウボウ 41 通赤縄　→ニョウボウ
老夫　　ラウフ*ソレガシ 90, 91 通醒恒 2　→ソレガシ
老娘　　ラウシヤウ 116 通醒恒 3
老爺　　ラウヤ*タンナ 129 通醒恒 3　→タンナ
老先生　ラセンセイ 717 煬帝
老朽　　ロウキウ*ソレガシ 541 煬帝　→ソレガシ
郎君　　ロウクン 393 煬帝
【ワ】
丫頭　　シモベ*ワカキヂヨラウ 673 売油花
公子　　ワカトノ 630 売油花　→コウシ→ワコ
子弟　　ワカモノ 537, 630 趙県君
子弟們　ワカイモノ 20 通赤縄師
小官人　ワカダンナ 653 売油花
小二　　ワカキモノ 550 趙県君
小娘　　ヂョラウ 640 売油花
郎君　　ワカイシユ 537 趙県君
我爹媽　ワガチチハハ 13 通赤縄　→チチハハ
公子　　ワコ*コウシ 26 菩提　→コウシ→ワカトノ
男女們　ワタシノトモガラ 542 趙県君
奴婢們　ヌビラ*ワタクシドモ 515 煬帝　→ワタクシドモ
做妹子的ワタシガ 727 売油花
狼僕　　ワルモノ 710 売油花

　上のように一般語彙に現れた人を表わすことばの翻訳実態は文脈の中で処理され，白話原文が十全に生かされていることがわかる。しかし，これらの語彙をいったん文脈から外してしまえば，たとえば「渾家」一つとっても，白話を理解しない読者にとっては難解な語彙の一つに変貌してしまう。たしかに白話の語句が日本語の人称パラダイムに自由自在に置換されたことが，翻訳者たちの白話作品咀嚼の水準を物語る。とはいえ，そのことは同時に翻訳者たちが白話を受け止めるときに単純に日本語のパラダイムへの置換をしようとはしなかった傾向を明瞭にする。

　漢語に振り仮名を施すことによって原語を保存する措置をとった事実が語るものは，すでに述べてきたように，江戸の漢学的素養の深かった知識人のことばへの意識，とりわけ和文に対してもった違和を自ずと表すことになっ

第4節　白話翻訳小説と人を表わすことば

たものといえるのではないか。
　このような語彙群をさらに現代中国に通行することばと対照するとき，またもう一つの面が明らかになってくる。

3．中国現代の人称語彙表との対照
　つぎにこれらの人称語彙を現代中国で編まれたシソーラス『同義詞詞林』と対照してみたい。『同義詞詞林』から人称語彙を掲げる。なおここに引用した「通俗物」に現れた語には下線を施した。また簡体字は一部を除いて繁体字に改めた。

　　3-1　Aa02　我　我們
　　<u>我</u>　咱zán　俺ǎn　余　吾　予（舍～其誰）　儂nóng（寄言向江水，汝意忆～不?＜唐・李白詩＞）　咱zá家　洒sǎ家　本人（就這麼办好了，～没有意見）　身（～張翼德《三国志》）　個人（～認為他是対的）　人家(原来是你呀，把～吓一跳）
　　区区（此非別人，就是～）　仆　鄙（～意）　愚（～以為）　鄙人　卑人　小人（～是個書生）　小子　<u>小可</u>　<u>在下</u>　末学　晚生（～在此伫候）　不佞nìng（～有疾，不能奉陪）　<u>不才</u>（～愿聞一二)　不慧　不肖　牛馬走
　　老子（～偏不買帳）　乃公（竪儒! 幾敗一事＜漢書＞）
　　<u>老朽</u>　老拙　<u>老夫</u>　小老児　老汲　老可　<u>老躯</u>　<u>老身</u>　朽人
　　老妾　<u>老身</u>　老娘
　　愚兄　為兄（賢弟的事，～尽力而為）　小弟　兄弟（～不知，多有得罪）　愚弟
　　<u>奴</u>　<u>奴家</u>　奴奴　妾　妾身　賎妾　小女子
　　<u>朕</u>zhèn　<u>孤</u>（正合～意）　孤王　孤家　寡人　不穀（豈～是為＜左傳＞）
　　職（～等塞命）　卑職　<u>下官</u>　<u>奴婢</u>（～遵命）　奴才（～不敢）
　　貧道　小道
　　貧僧　貧衲
　　<u>我們</u>　<u>我等</u>　咱zán（～穷人都翻身了）咱們　吾等　吾人（先生真乃～師表）　吾儕chái　吾輩　吾曹　吾属

　　3-2　Aa03　你　你們
　　<u>你</u>　您　恁nín　儂nóng　而（～無罪）　尓　<u>汝</u>rǔ　若　乃　卿　君　公
　　<u>老兄</u>　吾兄　尊兄　俊兄　仁兄　世兄　兄長　<u>大哥</u>
　　老弟　賢弟　仁弟　俊弟　大弟　兄弟（～，這事托你了）

351

第Ⅲ章　唐話学史　白話の受容と展開

　　大嫂　大姐
　　閣下　足下　台端（謹聘〜為本杜指導）　釣座　大駕（恭候〜）　尊駕　駕（擋〜）同志
　　陛下　主公　大王　万歲
　　你們　汝等　汝輩　尓等　尓輩　尓曹　汝曹　公等（〜彔彔，所謂因人成事者也＜史記＞）
　　諸位　各位　列位　諸公　同志們

　3-3　Aa04　他　他們
　　他　她　怹 tān　彼（〜退我進）　其（促〜自省）　渠 qú（雖与府吏要，〜会総無縁＜楽府詩＞）伊　伊人（所謂〜，在水一方）　人家（全村誰不説〜好）　渠依（問〜：神州畢境，幾番離合?＜宋・辛棄疾詞＞）
　　他們　她們　彼等

Aa05自己　別人　某人
　　自己　自家　自個児　自各児　自身（泥菩薩過江，〜難保）　本身　一己（〜之私）　自我（〜介紹）　本人（此事由他〜負責）　小我（犠牲〜）　我（忘〜精神）　自（〜以為聡明）　己（舎〜為人）

　　別人　旁人　他人　人家（〜都不怖，就你怖）

　　誰（有〜能帮助我才好）　哪個（這事不論〜都能做）　哪位（〜去都行）　張三李四（不管〜都行）

　　某人　某（張〜）　某甲　某乙

Aa06　誰
　誰　敦 shú（〜勝〜負?）　誰人　誰個（〜不曉?）　何人　何許人　那個（〜敲門?）　哪位　若個（当年満朝士，〜在林泉?＜元・呉鎮詩＞）
　＊「?」は『同義詞詞林』原文通り。

　『同義詞詞林』では「自序」に「創作や翻訳のための扶助をなす目的で，よくみられる方言や古語を収めている」としている。現代中国においても，なおこの意義分類辞典の示すところには豊富な人を表わす詞をみせている。今，これらと対照すると，江戸の「通俗物」はある一定の傾向を示している。

それは，基本になる人称のことばにおいても，白話小説に現われた人を表わす詞は比較して少ない。翻訳者がたまたま掴みえた白話小説の語彙背景が，個々の作品の性格によって規定されるからである。また『同義詞詞林』「人」の部にはさらに多くの「人を表わすことば」が掲げられている。これらの豊かすぎる人を表わすことばの群れは中国という文明が歴史的に人そのものを如何に多様に分割して扱ってきたかを考えさせる。それと同時に，そのような文明史におかれたことばを白話小説の中で感じ取った日本近世の翻訳者はたぶんそのような語彙の力に魅かれたのである。したがって近世期よく読まれた『水滸伝』『三国志演義』『西遊記』などから受容された人称語彙をここに算入すれば，江戸で白話小説に接した者にとってはさらに語彙的な広がりの中に置かれていたことになることはいうまでもない。明清の口語としての新たな漢語との近世的出合いのもたらしたものは，こうして日本人の表現行為の中に深く食い込みつづけ，近世語彙を膨らませたのである。

第5節　「通俗物」白話小説と和文化の度合い
　　　　－翻訳文体解析の試み

Ⅰ.「通俗物」白話小説作品の分析

1．通俗物白話小説簡介

　江戸時代，多くの中国白話小説が翻訳されているが，現在に至る研究状況は出典検討が中心で表現それ自体の具体的検討，とりわけ翻訳文体をとりめぐる詳細については十分ではない。

　ここでは白話小説が日本語に翻訳されたときの諸問題について考えたいと思う。翻訳についてはそれが現代語であろうと，遠く古代の言語の場であっても基本的には等質の問題をかかえている。その意味では異文化接触における「ことばの交換」にまつわるもろもろの現象をみるとき，日本語の内部で処理される道筋は大筋においては変わるべくもない。

　しかしこんな自明なことに満ちているせいだろうか白話小説の翻訳文体についてはほとんど明らかされたことがない。

　文学史の上では読本研究の位相で扱われてきたが，翻案ではない白話小説から直接翻訳された作品に「通俗物」と呼ばれる一群があった。前節の「人を表わすことば」にはその典型的な翻訳例がみられるが，さらに，これらの作品を見るとき江戸時代の翻訳がもつ諸現象がさまざまな点から引き出される。

　したがって「通俗物」の検証を通して，白話の文体から日本語文に処理される過程を追い，明清の口語で書かれた中国小説がもたらした江戸の翻訳文体についての基本的な事柄の検討を試みたいと思う。

　資料には十一種の翻訳作品を使う。これらは中村幸彦編『白話小説翻訳集』第1巻から第5巻に収録されているので基本テキストとして用いる。それぞれの訳者・刊行・成立年次は以下のとおりである。

第5節　「通俗物」白話小説と和文化の度合い

表1

	作品名	翻訳者名	刊年・成立年
(1)	通俗酔菩提全伝	碧玉江散人（三宅嘯山）	1759（宝暦9）
(2)	通俗隋煬帝外史	贅世子（西田維則）	1760（宝暦10）
(3)	通俗赤縄奇縁	贅世子（西田維則）	1761（宝暦11）
(4)	通俗金翹伝	西田維則	1763（宝暦13）
(5)	通俗孝粛伝	紀滝淵	1770（明和7）
(6)	通俗大明女仙伝	滄浪居主人（三宅嘯山）	1789（寛政1）
(7)	通俗醒世恒言	逆旅主人（石川雅望）	1789（寛政2）
(8)	通俗繡像新裁綺史	月池睡雲庵	1799（寛政11）
(9)	通俗平妖伝	本城維芳	1802（享和2）
(10)	通俗西湖佳話	十時（梅涯）	1805（文化2）
(11)	通俗古今奇観	淡斎主人	1814（文化11）

　以上十一種の白話小説は白話の漢字・漢語・句・文に附されている日本語の「読み」をはずすと，読者の漢字理解の程度に従って読解のレベルもまた決まる。どのことばが容易な読みを促し，またどのことばが読みを不可能にするか。これは白話原文の漢字あるいは漢語が日本語内部でどのような読解処理に至らせたかによっている。これこそがここでの検討における問題の基本となるコンセプトである。

　つぎに考察の目的と検証する範囲について具体的に述べる。ここでの目的は白話から生まれた翻訳文についての総合的であり基本的な評価の試みである。したがってそれに伴って，問題点を挙げ江戸の翻訳文体の一過程を跡付けようとする。さらにそこから白話小説の翻訳文体に認められる日本語の性格を考える。そのことは白話小説の受容において翻訳された日本語文が意味の通じる範囲からどれほどこなれたことばに変換されているかの度合いの析出を意図しようというのである。

　十一種の白話小説はディアクロニカルな位置からみれば，ほぼ半世紀ほどの時間の内部におかれている。翻訳された時期である宝暦年間から文化年間に至る時間軸においてはとりわけ翻訳者を取りめぐる文化環境には著しい違いはないものとみていい。また，さまざまな点を考慮しても，ここに白話小説をめぐる言語環境には大きな変化は生じてはいない。したがって比較対

照する場合にも十一種の作品を並列的に処理することが許されるものと考える。

とはいえ一方で，これらの作品間において，あるいは翻訳者たちの関係において，特別に有機的な結びつきを持つとはいえない。すなわち個々の翻訳者の漢語観と日本語観の違いがそれぞれの問題となって，都合よく検討の俎上におかれるわけではない。したがって，そうしたもろもろの問題は今考察の対象外に置き，個々の文章とその文体をそれ自体単純比較対照の場におくことにする。

このようなことがらを考慮したうえで，どの作品がもっとも元の中国小説の白話性を高くもち，またその作品がもっとも日本語変換の度合いの高い作品までの距離がどのようにとれるかをはかろうとするのである。

この試みによって，白話小説を翻訳する際のさまざまなレベルでの受容のパターンを取り出せるかもしれないということが，ここに期するところである。

2．翻訳者の翻訳方針

はじめに翻訳者の意識を明らかにするために各々の翻訳者の翻訳方針が見られるかどうか調べると，以下のような結果をえた。

表2

作品名	記事	
通俗酔菩提全伝	凡例3	原本モト并回ニシテ。一回両段アル事諸ノ小説ニ同シ。其ノ標題スル処。或ハ長ク或ハ短クシテ。速ニ会シ難シ。故ニ今其要タル物ヲ挙テ。略シテ一回一段トシ。又粗数字ヲ更テ見易カラン事ヲ欲ス。
	凡例4	巻中ノ詩文章。悉ク和訓ヲ下シテ解シ易カラシム。亦是童蒙ノ一助ノミ。
	凡例5	唐本ノ諸書版極テ多シ。此書モ亦数本アルベシ。予ガ閲ル所ノ一二本。文甚簡ニシテ。水滸傳。西遊記。等ト大ニ同ジカラズ。今唯随テ之ヲ和解シ。更ニ文彩ヲ用ヰズ。人タヾ逆ニ志ヲ見ン事可ナリ。
通俗隋煬帝外史	ナシ	
通俗赤縄奇縁	ナシ	
通俗金翹伝	ナシ	

通俗孝粛伝	ナシ	
通俗大明女仙伝	ナシ	
通俗醒世恒言	ナシ	
通俗繍像新裁綺史	ナシ	
通俗平妖伝	ナシ	
通俗西湖佳話	ナシ	

　表2にみられるように，通俗物の翻訳者は『通俗酔菩提全伝』を翻訳した碧玉紅散人が「凡例」を掲げて翻訳の方針を示したことを除けば，誰も翻訳にあたっての具体的な方法を示してはいない。これは今日でも文学作品の翻訳に際して，一般にこのようなことを示すものが少ないから，何ら不思議はない。

　なお，作品の分量は以下の通りである。

表3　作品の分量

	作品名	頁数	行数	総行数	字詰	総字数	400字詰換算
1	通俗酔菩提全伝	280	10	2775	24	66596	166
2	通俗惰煬帝外史	337	12	3945	27	106513	266
3	通俗赤縄奇縁	114	10	1128	24	27072	68
4	通俗金翹伝	276	11	2989	24	71736	179
5	通俗孝粛伝	112	11	1184	25	29600	74
6	通俗大明女仙伝	518	13	6650	24	159600	399
7	通俗醒世恒言	205	11	2238	24	53712	134
8	通俗繍像新裁綺史	162	9	1382	21	29022	73
9	通俗平妖伝	281	9	2419	20	48380	121
10	通俗西湖佳話	120	10	1191	25	29775	74
11	通俗古今奇観	219	10	2148	23	49658	124

3．「通俗物」作品の文章・文体の特徴

　つぎに全作品の文例を作品からアト・ランダムに引用し，以下に掲げる。検討する内容の説明に長短はあるが，それぞれの要点は示した。引用にあたっては振り仮名はすべて外し個々の文章の書記法の特徴を中心に述べる。

第Ⅲ章　唐話学史　白話の受容と展開

3-1 『通俗酔菩提全伝』1759（宝暦9）

　　文例；斯テ数日ノ後浄慈寺ノ徳輝長老衆ト事ヲ談ズルノ時。忽門吏報シテ曰。苦哉々々寺中ノ禍出来リ侍ル。臨安府ノ趙太爺自ラ数百人ヲ帯来テ門前ノ松樹ヲ伐去ントス。早ク之ヲ免ノ謀ヲ議シ玉ヘト申ケレバ。長老大ニ驚テ曰。此松コレ一寺風水ノアヅカル所。モシ之ヲ伐去ハ大ニ事ヲ敗セン。汝等イカゞ計ト問レケレトモ誰カ一人口ヲ開ク者ナシ。時ニ済顛走テ方丈ニ入来リ。高声ニ叫デ曰。長老労慮スル事勿レ。弟子去テ太守ニ見へ。一言ヲ用テ手ヲ動シメジ。長老曰。我聞此人性甚烈ト。汝行テ説バ心ヲトゞメヨ。忘ニ狂禅機ヲ弄シテ怒ニ触。大禍ヲ引出ス事勿。（第1巻172ぺ）

　文中の振り仮名の振られた語で白話語彙として扱える語は「斯テ　カク（テ）」,「労慮　右ラウリヨ　左コヽロヅカイ」「門吏　モンバン」などであり, 「浄慈寺　ジンズジ」「徳輝　トクキ」「臨安府　リンアンフ」「狂禅機　キヤウゼンキ」は固有名詞である。

　字音語「数日　スジツ」「衆　シユ」「報　ホウ」「寺中　ジチウ」「数百人　スヒヤクニン」「門前　モンゼン」「松樹　セウジユ」「一人　イチニン」「議シ　ギ（シ）」「方丈　ハウジヨウ」「高声　カウシヤウ」「弄シ　ロウ（シ）」などは当時にあってとくに難読な語彙であったとはみなせない。それどころかここにみられる「後　ノチ」「事　コト」「時　トキ」「忽　タチマチ」「苦哉々々　ニカヽシヤヽ」「禍　ハザハイ」「侍ル　ハベ（ル）」「趙太爺　テウタイヤ」「自ラ　ミツカ（ラ）」「帯　右ヲヒ　左ツレ」「来テ　キタツ（テ）」「伐去ン　キリサラ（ン）」「早ク　ハヤ（ク）」「之　コレ」「免　マヌカルヽ」「謀　ハカリ事」「驚　ヲトロイテ」「此　コノ」「松　マツ」「一寺　イチジ」「風水　フウスイ」「所　トコロ」「之　コレ」「伐去　キリサラ」「事　コト」「敗セン　ハイ（セン）」「汝等　ナンジラ」「計　ハカラン」「問　トハ（レケレ）」「誰　タレ」「口　クチ」「開ク　ヒラ（ク）」「者　モノ」「時　トキ」「走テ　ハシツ（テ）」「叫デ　サケン（デ）」「勿レ　ナカ（レ）」「弟子　右テイシ　左ワレ」「去テ　サツ（テ）」「太守　タイシユ」「見へ　マミ（へ）」「一言　イチゲン」「用テ　モツ（テ）」「手テ」「動シ　ウゴカサ（シ）」

第5節　「通俗物」白話小説と和文化の度合い

「我聞　ワレ」「聞　キク」「此　コノ」「人　ヒト」「性　セイ」「甚　ハナハダ」「烈　ハゲシ」「行テ　ユイ（テ）」「説バ　トカ（バ）」「忘ニ　ミタリ（ニ）」「怒　イカリ」「触　フレ」「大禍　右タイクハ左ヲホワザハイ」「引出ス　ヒキイタ（ス）」「勿　ナカレ」など，要するにほとんどの漢字漢語に振り仮名を施しているだけのことである。これは出版書肆の読者向け配慮とみられる。

　文は上例にみられるように「〜時，〜シテ曰，〜侍ル」「趙太爺　〜トス」「〜ケレバ，〜テ曰，此　〜所，モシ　〜バ，〜セン」「〜ケレドモ，〜ナシ」「〜リ，〜テ曰，〜勿レ」のように骨組みを取り出すことができる。
　これらの例中には一文に会話文を挟み込んだ文が三例ある。このために文の長さが拡張しているが，基本となっている文は単文，複文の単純構造であり，長い文ではない。翻訳は一般的にいって白話原文に支配される傾向があるから，直訳的である場合には翻訳文の長さもそれによって規定される。しかし，この作品の場合中村幸彦（1984）の解題によるとはじめに「今の処その底本を見出し得ないのである」として白話原本を比定できない事情を語っている。さらに探索した数本の調査の過程で比校した結果中村幸彦の導き出した評価はつぎのようであった。

　　　翻訳態度は，第一の明末本のなどとの比較で述べれば，訳者の面白いと思われる処は詳に，しからざる処は省略して，意訳程度に筋を追っている。

　さらにつぎのように述べている。

　　　通俗物の常で，詩の類で採り上げなかったものが多い。その態度は凡例にも述べてある。また訳者は跋で，「余素痴頑，又疎于小説，唯取諸臆，而未必深考覈」と，白話に余り詳しくないことを断っている。

　表2に示したように『通俗酔菩提全伝』における碧玉紅散人の凡例に「巻中ノ詩文章。悉ク和訓ヲ下シテ解シ易カラシム」の記述があって，これらは漢文訓読の形式でそのまま原文がとられている。本文においてはつぎのように見られる。冒頭の文から引く。
　　夫釈門広大也。其一端ヲ見テ得タリトシテ妄想スベカラズ。仏説曰若見₁如来常在不₂滅。便起₂憍恣₁而懐₂厭怠₁。1オ

また以下のような例は本文中に表れた訓読を含んだ折衷的な文である。
　　仏菩薩時々娑婆ニ垂　跡シテ。種々ニ説法。1オ
　　　ブッボサッジジシャバ　スイシヤク　　シユシユ　トキハウヲ
　　是亦所謂遊戯三昧也　1オ
　　コレマタイハユルユケザンマイ

上のように，本文中の原文をそのまま記述し，訓読，振り仮名によって示している。さらにまた全体を貫く文体は和漢折衷の文体であり，また訓読の翻訳文体も多く見られる。
　　今日何ノ為ニ爰ニ到ルヤト　3オ

一般語彙についてはすでに随所に記してきたように，白話語彙をそのまま生かし，振り仮名を振ることで，日本語としての新漢語を生んでいる。
　　孩児　ヲサナゴ

しかし，またつぎのように字音で処理している。
　　此孩児修元後來果シテ霊隠寺ニ入ッテ出家シ…　6ウ
　　　　ガイジ

このように同じ白話の翻訳処理がなされているものの，一方でははじめに述べたように白話の原語を与え，語の左右に振った振り仮名によって右には字音を，左には日本語を記した形式が多くみられる。これは白話翻訳における語彙の取り扱いの特徴であった。文例中の語のほかに，いくつか例示してみる。

　　路頭　　　右　ロトウ　　　左　ミチ
　　痛痒　　　右　ツウヨウ　　左　カユイトコロ
　　虎跳　　　右　コヨウ　　　左　トラヲドル
　　連日　　　右　レンジツ　　左　マイニチ
　　表セン　　右　ヘウ　　　　左　アラハサン
　　他　　　　右　タヲシテ　　左　カレニ
　　厨下　　　右　チウカ　　　左　レウリバ
　　宝利　　　右　ホウセツ　　左　ヲテラ

つぎに文の翻訳処理について考える。なお，問題とする箇所のみを原文のまま表記し，他の部分の振り仮名は省略した。
　　1長老唱　了ケレバ
　　　　　　トナヘラレ

第5節 「通俗物」白話小説と和文化の度合い

「唱了」は「了」によって過去形になる白話表現であるが，和文での整合性は和語「ケリ」を与えることで処理している。これは原語にもひかれ，また和文としての整合性をも意識した和漢折衷の二重の過去表現になっていることを示す例である。

 2 汝等謹テ法戒ヲ放スル事勿(ナカレ)。5ウ
  此事忘事勿(ナカレ)。6ウ
  汝軽々シク不遜ノ言ヲ出ス事勿(レ)。10オ
  衆僧急ニ言依テ礼誦スル事暫(シバラク)。長老又紙筆ヲ取シメテ……5ウ
  幸ニ平安ヲ得テ家ニ回リシヲ以(モッテ)。今一千貫ノ財ヲ施(ホドコシ)。一人ヲ出家セシメ。8オ
  今日適師ヲ送路ナルヲ以(ル)。上利ニ遊ブ(テ)。9ウ
  一時其人ヲ得ザルヲ以。自一首ノ詞ヲ綴。衆行童ヲシテ二語ヲ続シメ。10オ
  彼道力深カラズ。自之ヲ取耳(ノミ)。10オ
  因縁アルガ為ニ到(イタリ)。大人ヲ請テ成就セン事ヲ欲。10オ
  五祖六祖ノ如誠ニ好(ヨシ)。

上は文末，あるいは複文の接続に原語そのままを取り，振り仮名を施すことで和文脈を形成した例だが，これも原文に大きくひきずられている翻訳処理である。

 3 漢文訓読表現

すでに明らかなように，底をなしている表現形式には敬語を含んだ和文が取られているが，上記以外にも，漢文語法における諸形式を踏まえた表現が多くみられる。たとえば，「〜曰」「焉(イヅクンゾ)」「豈(アニ)〜アランヤ」「何ゾ〜ヤ」「イカントナレバ」「何況(イカニハンヤ)〜ヲヤ」などまた一・二点，レ点の介在である。以下例示する。

  修元曰方丈ハ則僧家ノ客坐。7ウ
  修元取テ見レ之。則満江紅ノ詞ナリ。其詞ニ曰。8ウ
  老師忝ク臨ル。知ズ何ノ教カアル。10オ
  知ズ公子何ノ三事カアル。11オ

焉(イツクンゾ)　妄上乗ノ精微ニ参ゼン　11オ
　　豈(アニ)不孝ノ仏菩薩アランヤ。11オ
　　豈汝ガ師ト成事能ザランヤ。11ウ
　　何ゾ剃髪染ム衣父母ヲ捨ヤ。11オ
　　学生何ゾ身ヲ盲轄ノ輩ニ失ンヤ　11ウ
　　イカントナレバ　11ウ
　　何(イカニイハンヤ)況出家ヲヤ。11ウ
　　且師ヲ撰ニ到テハ。11ウ
　　小児狂妄ニシテ憚事ヲ知ズ。望クハ師罪ヲ免セ。12オ
　　従人共ニ送(ヲクツ)先生ヲ家ニ回(カヘ)ス。二人已ニ先生ヲ送テ帰来ル路ニテ。7ウ

　以上のように，この作品が見せている翻訳処理の諸現象の大略を見た。こうした現象は以下の作品においても多かれ少なかれ共通してみられる白話の翻訳文体である。とはいえ，作品それぞれにおける処理には微妙な異なりが見える。

　総体的にみるとこの作品は文言性が高い。そこには物語の内容が大きな要因をなしているとも言える。

3-2『通俗隋煬帝外史』1760（宝暦10）
文例：柳児小寿ニコノ由ヲ語リケレバ。二人ハ喜ニタヘズ。我們ガ計ハヤ七
　　八分ノ下落アリト。コレヨリ日々孩子ヲ盗ミ。蒸熟シテ。麻叔謀ニ献ジ
　　ケリ。麻叔謀ハコノ滋味ヲ得シヨリ。他処ヨリ献ジ来ル者アレドモ。都
　　テ謝絶シテ受ズ。只陶榔児ガ献ゼルヲノミ。心ヲ尽シテ受用シケルガ。
　　一日陶榔児ヲ叫テ曰。你我ニ忠ヲ尽シ。日々羔羊ヲ献ジ来ル。（第1巻
　　584ぺ）

　この作品には一般的に人称詞に「你」「你們」が頻出し，「我們(う)」もまさしく中国の現代語にも生きる一人称複数形である。これを「我等」とすれば何でもないが，振り仮名を振って原語を生かすさまはやはり翻訳者の外国語憧憬の意識があるものとみていい。語彙的にもここに見られるように「孩子(ガイシ)」がそのまま原文からとられている様子が知れる。

第5節 「通俗物」白話小説と和文化の度合い

　一般語彙についても，以下のように左右に仮名が振られる語彙が多い。多く右には字音を記し，左に和語を記している。

　　歎息タンソク・タメイキ 1-371 動静ドウセイ・ヤウス 1-372 奉承ホウシヤウ・キゲントル 1-373 一条ジヤウ・ヒトスジ 1-373 商議シヤウギ・サウダン 1-374 王府ワウフ・ヤシキ 1-374

　文体は典型的な和漢混交文体である。陳述に際しても確かに漢文訓読のスタイルだがカタカナで表わして，無理な漢字使用がない。
　副詞には漢字表記が多く見られるが，指示詞ではかな表記が濃厚である。
　『平家物語』などの中世以来，脈々と書き継がれた文体に似る。異なるといえば，それは語彙的に白話の原語を取り込むことである。
　この作品の場合，漢字，漢語に多く振り仮名が施されているものの，多くは今日の慣用的な読みに近く，人称詞ほかのいくつかの事例を除いては，違和感のある結びつきにはなってはいない。そのために，振り仮名を除外しても，今日的な読み方が自然にできる。
　その意味から言えば，無理のない読みができ，難解さから遠ざからせている。中村幸彦（1984）解題では以下のように述べている。

　　　訳し方は，原本に多く見える詞，詩の類で省略したものは多い。本文の略した処もかなりに多い。原本に於ける各回の紙数はほぼ同じようであるのに，この訳では，殆ど全部を訳出した多い枚数の回と，それに比して，枚数の少い回は，その程度に省略のあるものと考えてよい。

3-3 『通俗赤縄奇縁』1761（宝暦11）
文例：九媽ハコノ光景ヲ見テ。大ニ心ヲ苦シメ。秦重ニ対ヒテ曰。我女児。
　　　平日嬌養ニ慣。常ニ這般ニ使性ナリ。今日他ガ心中ニ。什麼ノ心ニ逐ハヌ事アルヲ知ラズ。又病ヲ発シタリ。却テ小官人ニ于ルコトニアラズ。
　　　必怪ミ玉フナトテ。又幾杯ノ酒ヲ進メ。臥室ノ中ニ引入。（第2巻80ぺ）
　文中の振り仮名は「光景　アリサマ」「対ヒ　ムカ（ヒ）」「嬌養　右キヤウヨウ・左アマヤカス」「使性　右シセイ・左キマヽ」「逐ハヌ　カナ（ハヌ）」「病ヲ発シ　ヤマヒ（ヲ）ハツ（シ）」「于ル　アヅカ（ル）」「怪ミ　ウラ（ミ）」「幾杯　スハイ」がある。指示詞「這般　カヤウ」「什麼　ナニ」，人を表わすことばが「女児　ムスメ」「他　カレ」と見える。一方「臥室　グバシツ」

は字音語として示されている。

　一般に「下女　ヒトリムスメ」「貌花　カンバセ」など白話語彙が多数原語のまま生かされている。

　冒頭の一文は「〜一統シ，〜玉ヒシヨリ，〜修メ，〜ナリケルガ，〜至リテ，〜信任シ，〜興シ，〜トシテ，〜怠リ〜怨ミ，〜得テ，〜攻入(セメイリ)，〜如ク，〜シ玉ヒ，〜渡リ，〜定メ，分レテ，〜ナレリ」と連綿と続く長文である。文は一般的に長く，別の例をあげると「コノ時ハ〜ニ〜サレ，〜ケル時，〜ヲ見ズ，〜ヲ〜ルモ〜シク，〜レ，〜ケレバ，〜シ，〜リテ，〜ケルニ，〜ナク，〜レリ」のように展開される。

　例示した文章のように中世以来みられる和漢折衷した文体はさほどの強い印象を与えないけれども，文体の基本部分に漢文訓読口調の文体が散見される。

　1 怎ンゾ你ガ詞ノ憨ナルヤ。只是従良モ也。幾個ノ同ジカラザルアリ。王美日…10ウ

　2 幸ニ両個トモニ相喜ビ你ハ我ヲ愛シ。我ハ你ヲ愛シ。別レ離ルヽニ忍ビズ。一個ハコレヲ討メ。一個ハコレニ従ヒ。一対トナリタル蚕蛾ノ如ク。死スレドモ相放サズ…11オ

　たとえば2の文は訓読口調が連綿とつづき，「両個，一個」など「二人，一人」にあたる白話の他，これ以降にも「表子」「那子」「他」などの人を表わす語彙が白話のままに表わされている。いったいに，人称詞が白話原語を生かしたいという傾向にはどのような翻訳意識が働いているのかひとつの指標になる。この作品でもそれが濃厚に裏付けられる。

3-4 『通俗金翹伝』1763（宝暦13）
文例：翠翹ハ金重ガ後ヲ看ヲクリ。我房ニ立カヘリ。睡モヤラズ起モヤラス。金重ガ事ヲ患ヒツヽケ。已ニ近午ニナリタル時。父ノ王松。王観翠雲ヲ引領テ。母モロトモニ。喘気呼々的立カヘリ。翠翹ニムカヒテ。女児不好了。不好了。姨ノ家ニ絲客二人逗留シテ居タルガ。他們ハモト响馬ナルヲ暁ズ。絲ヲ売時ニ。原主ニ認出シテ告発セラレ。姨ノ家ヲ窩家ナリ

第5節 「通俗物」白話小説と和文化の度合い

ト云ヒシユへ。我モ同席ニテ酒ヲ飲タル者ナレバ。他們ニ板害。連累ニアハンカト怕ロシク。忙ギ迯レ回リタリト。詞モイマダオハラヌ所ニ做公七八人鬧哄々的入来リ（第2巻180ペ）

　この文中に白話の表現がそのままとられた箇所がいくつか見られる。「女児不好了。不好了」は文脈において「ムスメキノドクナ事，キノドクナ事」とあらわされる。また他に，「窩家　ヌスビトヤド」「做公　コウギノヤクニン」などがある。さらに「喘気呼々的」は「イキツギアヘズ」，擬態語「鬧哄々的」を「ドヤドヤト」とする。

　またこの作品は一般的にいって読みは語の右にのみ振られる字音語例が多い。左右にふられる場合には，話中娼妓の客への技法について述べたところに目立つ。さらに指示詞には，かなを用いることが多く，さらに人を表わす白話語彙は原文を生かして，日本語の読みを付す傾向が強い。人称語彙は一人称で「奴・奴家　ワシ」，「小妹　ワタクシ」のように名詞語彙がみられ，「我」は所有格用法が目立っている。

　文は長く，連綿と続く和文体の特徴を備えている。したがって，漢文訓読的な要素はほとんどみられない。とはいえ，白話語彙が多く生かされ，さらに会話文では上述の「女児不好了」と同じく「是了是了」に「ウジャ〲」のような意訳が施こされる例がある。したがって読みをすべて除外すれば白話を理解しない読者には難読作品になる。

3-5 『通俗孝粛伝』1770（明和7）
文例：却説日中山水ヲ尋終リ皈テ性慧ヲミマヒケルカ　鄧氏丈夫ノ声ヲ聞テ身ヲ挺テ走リ出日中ニ見ヘケレハ　日中寺僧ナリト思ヒ作揖スルニソ鄧氏泣テ申ケルハ　丈夫我ヲ見ワスレ玉フヤ　妾性慧ニ誑サレテ此寺ニ来リシヨリ　日夜ニ郎カ救ヒヲ待　早ク此難ヲ助ケ玉ヘト涙ヲ流シテ告ケレハ　日中ヨクヨクミレハ我妻ノ鄧氏ガ姿ヲ変タルナレハ　駭キ痴呆テ居ル処ニ　性慧鄧氏カ居ザルヲ見テ連忙シク追ヒ来ル　日中是ヲ見テ大キニ怒リ性慧ヲ捉エテ打ントス（第2巻523ペ）

　この文章で読みの問題があるとすれば「却説　カクテ」「挺テ　ヌケ（テ）」

365

「作揖　モクレイ」「哄サレ　スカ（サレ）」「駭キ痴呆テ　オドロ（キ）アキレ（テ）」「連忙シク　アハタヽ（シク）」などの一般語彙と，人を表わす「丈夫　ワカツマ」「郎　キミ」である。「皈」は「帰」の異体字としてごく一般に通用しているが振り仮名が振られてはいる。以下のような語彙がある。

　　　行嚢ニモツ，盤纏ロギン，行李ニモツ，通漕運フナツキ

3-6 『通俗大明女仙伝』1789（寛政1）
文例：時ニ六月炎熱ノ比ナリシカバ。賽児紗帳ノ中ニ端坐シテ二人ノ様ヲ見ルニ。公子ハ怒馬ノ槽ニ奔ル如ク。翠雲ハ渇魚ノ水ヲ見ルニ似タリ。公子要動賽児的心。越逞精神。如玉兎搗玄霜。務要搗人爛熟翠雲口中喘噺。若小児啼咽之声。香汗流如玉。已是暈去。公子纔放他起来。雲髻鬖鬆。面上如火。好像害了病的。軟軟的那歩出去リヌ。（第3巻105ペ）

　この作品では原本の漢文をそのまま引いているケースが少なくない。詩文や偈などの原文引用はともかくとしても，長編作品の冒頭でも物語を起こすところが訓法を施した漢文である。他作品と比べてこの作品の文体的特徴となっている。

　振り仮名は白話に「紗帳　シヤノカヤ」「槽　フネ」「軟軟的　ヨロヨロトシテ」が振られ，また「中　ウチ」「様　サマ」「見　ミ」「奔　ワシル」「如ク　ゴト（ク）」などがみえる。また字音の振り仮名の語彙に「炎熱　エンネツ」「端坐　タンザ」「怒馬　ドバ」「渇魚　カツギヨ」などがある。

3-7 『通俗醒世恒言』1789（寛政1）
文例：主人家空房アラハ宿歇セン。主人家曰房屋アマタアリ。知ラズ客官幾位アリテ安歇タマフヤ。答曰，タダ我一人ノミ也。主人家此客ヲ看ルニ一個ノ単身ニテ，包裏タニ持サレバ，一人ニカギリタル客ハ留申サレズト云ヘバ，那人怒曰，我你ガ房銭ヲカヽザランニ，如何我ヲ留ザルヘケン。主人曰客官怒ヲヤメヨ。當時郭令公京師ヲ守リタマフニ依テ，遠近ノ旅店ニ榜ヲ頒タマヒ，歹人ヲ留事ヲ許サス。況今史思明又乱ヲナス故，イヨイヨ緊急也。モトヨリ客官相認タル人ニ非ザレハ，ケッシテ留カタシ。那人答曰你我ヲ識ラザルヤ。（第4巻16ペ）

第 5 節　「通俗物」白話小説と和文化の度合い

　この作品は全体として漢字，漢語の多くに振り仮名を振っている。「我　ワレ」「你　ナンヂ」「此　コノ」「那人　コノヒト」のような人称詞，指示詞，一般語彙として「主人　アルジ」のように白話に和語を振るという他作品で一般的であるもののほかに，左右両用に振られた語が比較して多くみられる。「宿歇　右シユクケツ　左ヤトヲカラン」のように字音を右に振り，左には翻訳句をなしている語があるが，「宿歇」は二度目の出現時には「トマリ（タマフ）」とごく一般的な白話語彙の扱いがなされている。「頒タマヒ　右ハカチ(タマヒ)　左クタシ(タマヒ)」は左右ともに和語の意味を振って，これは他にあまりみない例である。他例「幾位　右イクイ　左イクタリ」「単身　右タンシン　左ヒトリモノ」「包裹　右ハウクハ　左フロシキツヽミ」「房銭　右ハウセン　左ハタゴ」「旅店　右リヨテン　左ハタゴヤ」「榜　右ホウ　左カキツケ」「歹人　右タイシン　左アヤシキヒト」「緊急　右キンキウ　左キヒシイ」は左右に振られるとき，他作品と同様，字音を右に振り，左には和語を振る形式になっている。

　また字音の振り仮名が多いことも特徴の一つといえる。「空房　クウハウ」「房屋　ハウヲク」「客官　カククハン」「一人　イチニン」「一個　イッカ」

3-8 『通俗繡像新裁綺史』1799（寛政 11）
文例：正是奇貨可居ト心中ニ較計シ便謊ヲ扯テ云你カ爹和媽你ニ尋アハヌトテ好生痛ナゲキ如今前面ヲスヽミ去レリ我ニ分付テ云倘我女児ニ見カケタル事或千萬帯了他来我許還了我イクバクノ厚謝ヲ送ント云レシナリト瑶琴ハ是聡明ノ女児ナレドモ正當今コノ奈何トモスベキヤウナキ際ニ至リ…（第 4 巻 270 ペ）

　読みが付されていなければ，この作品は十一種の作品の中で，もっとも難解な作品である。白話の句文がそのまま翻訳文に盛り込まれているからである。文例の白話部分の読解はつぎのようになる。
　「正是奇貨可居　マサニコレキクワヲルヘシ」「較計　カンジヤウ」「便謊　スナハチイツハリ」「扯　トキ」「你　ナンシ」「爹和媽你　チヽトカヽトナンヂ」「好生痛　ハナハダイタミ」「如今　イマ」「前面　ヲモト」「分

付　コトツケ」「倘我女児　モシワカムスメ」「或　アラバ」「千萬帯了他来我許還了　タノムホドニカレヲツレワカトコロニヲクリカヘセ」「厚謝　レイモツ」「送　ヲクラ（ン）」「聡明　ソウメイ」「女児　ムスメ」「正當今　マサニイマ」「奈何　イカニ」「際　キワ」

　この作品は構文的には和文体がベースとなる良訳である。したがって振り仮名の部分のみを読んでいれば，他の作品などと同じく容易に楽しめる。とはいえ語彙的には白話原文の残存率が十一作品の中ではもっとも高い作品となっている。
　例のような表現にとどまっているとき，まだ他の作品と比較しても決定的に差異をもたらしてはいない。しかしこの作品はそれだけにとどまってはいない。原話との対照をみれば明らかである。
　　1　却説莘善ハ渾家阮氏ト十二歳ノ女児トヲ領着フロシキ包裏ヲ背着ツヽ同一般ニ難ヲ遁ミナミナ結隊ニナリテ走ル

　　『醒世恒言』「売油郎独占花魁」原文
　　却読莘善領着渾家阮氏，和十二歳的女児，同一般逃難的，背着包裏，結隊而走。

　　2　逃難的百姓トモ包裏ヲ多背着過タルヲ見テ猛地ニ歹心ヲコリ仮意テ吶喊テ云　韃子来了トテ一把ノ把火ヲトリ来リ沿路ニ放起シカハ　此時ステニ天色将晩衆百姓トモ嚇得テ…

　　『醒世恒言』「売油郎独占花魁」原文
　　他看見許多逃難的百姓，多背得有包裏，仮意吶喊道：『韃子來了！』沿路放起一把火来。此時天色将晩，嚇得衆百姓落荒乱窜，你我不相顧。

　上のように，この翻訳文はほとんど原話の直訳といっていい。章回小説の発辞「却説」など振り仮名のないむき出しのままの例があり，他では「サテ

第5節 「通俗物」白話小説と和文化の度合い

モ」と振り仮名を振った例もある。また「領着，背着」は「領着包裏ヲ
背着ツヽ」「背着過タル」「来了」のように原文を保持したままである。動詞
の翻訳表現にはアスペクトや過去の表現ではこれ以外にも「殺害了」「走了」
「逃去了」等多くの例がある。さらに，「逃難的百姓」のように「的」を伴っ
て名詞の修飾成分となる表現がこれも生のままに置かれている。

こうして原文のまま表記された語句はいとまなく，以下のような表現は白
話原文に依拠し，振り仮名を除外しては白話読解者以外の読者には読むこと
が困難である。

　　　七零八落　　革命世　　苦楚　　京師　　二口

さらにこのテキストの場合，転写本なのだろうか，「天下是ヨリ南比　二
京トナリ方テ休息ニケル」のように，「南北」を「南比」とするような単
純な誤りがみられ，誤写されたと考えられる部分も少なくない。

3-9 『通俗平妖伝』1802（享和2）
文例：蛋子和尚想ラク我ヲ住メテ何ノ主意カアル　且一宿シ明日ニ到リ理会
　　　セント看々天色晩ケレバ又両個ノ家童一ツ副ノ鋪陳ヲ抱一個ハ茶食点心
　　　ノ類ヲ持来テ進メ臥具ヲ鋪安置ト叫テ去ル　蛋子和尚快活一宿シ天明ニ
　　　到レバ両個ノ家童又来テ湯ヲ送水ヲ送早飯ヲ設ル事整齊ナリ蛋子和尚喫
　　　罷テ云フ貧僧功ナクシテ禄ヲ食フ今日ハ必ズ去ベシ家童ガ云フ大爺　長
　　　老ト面会シ甚カ説話ヲ為ントス（第5巻264ぺ）

この文例では会話文「安置　ヲヤスミ」があるほかにも「赦免　ユルシ玉
ヘ」「作怪　アヤシ」などもみられる。また名詞語彙には「主意　コヽロ」
「理会　キリモリ」「天色　ソラ」「両個　フタリ」「家童　ケライ」「鋪陳
右フチン　左ヤグ」「一個　ヒトリ」「臥具　ヤグ」「早飯　アサメシ」「大爺
ダンナ」「面会　メンクハイ」「説話　ハナシ」がある。字音語「点心　テ
ンジン」は今日でこそ一般的なことばとして人口に膾炙しているが，近世で
は「シナ好み」の白話の移入であったものと目される。
「一宿　（一）シユク」「一ツ副　ヒト（ツ）フク」「類　タグイ」「湯　ユ」
「茶食　チヤメシ」また字音語「功　コウ」「禄　ロク」「貧僧　ヒンソウ」
などは白話語彙のカテゴリーでは扱わないでいい語である。

369

また用言の白話では動詞「叫テ　イフ（テ）」「喫罷テ　クイヲハツ（テ）」，形容動詞「整齊ナリ　リツパ（ナリ）」，形容詞「快活　コヽロヨク」があるが，「想ラク　ヲモヘ（ラク）」「住メテ　ト（メテ）」「到リ　イタ（リ）」「晩ケレバ　クレ（ケレバ）」「抱　モチ」「進メ　スヽ（メ）」「送　ヲクリ」「鋪　シキ」「設ル　マフク（ル）」「到レバ　イタ（レバ）」「為ン　セ（ン）」などはこの時代識字層に振り仮名を要しない語彙であったと思う。

疑問詞「甚カ　ナニ（カ）」は稀少例である。他作品にもまま見られるが，「什麼」は「甚麼」と書く。この「甚」がこの文中に生きている。「且　カツ」は白話扱いしないでもいい。

「看々　ミスミス」は珍しい。「明日　アス」は今日的に何ら抵抗のない語だが，江南の語が反映しているといわれる冠山『唐話纂要』などに登録されている。そこには「明日天色好」などといった例文が提示されている。「天明　アス」，これは稀少な例である。

この作品は版面がゆったりとして文字もくっきりと読みやすいせいもあって，多数の白話が生きていても概して読みやすさをもたらしている。さらに全体を通して指摘できることは，数量詞，副用語，接続語，人を表わす詞を除くと多くの一般語彙でも白話性を感じさせることが少なく，当代でも十分に受け容れられた要素が高い。文体は連綿として長い。訓読口調は見られるが，和漢混交の文体としてそれほどの抵抗がない。

3-10 『通俗西湖佳話』1805（文化2）
文例：将軍コヽヲ去玉ハヾ我等ハコナ微塵トナリヌベシ　岳公モ馬上ニテ共々
　　　ニ涙ヲ流シテ云ハレケルハ召状下リタル上ハ我壇ニ留ル事ナラズ汝等金
　　　人ノ害セン事ヲ恐レバイソギ此所ヲ引払テ我ニ従ヒ来ルベシトテ民百姓
　　　ノタメニ逗留スル事五日ナリ（第5巻452ペ）

翻訳本文は現代でいえばほぼ総ルビに付されているが，白話が原語のままに付された語彙は目立たない。文例では「将軍　ショウグン」「去　サリ」「我等　ワレラ」「微塵　ミヂン」「岳公　ガクコウ」「馬上　バジヤウ」「共々ニ　トモトモ（ニ）」「涙　ナミダ」「流シ　ナガ（シ）」「召状　メシジヤウ」「下リ　クダ（リ）」「我　ワレ」「壇　ホシイマヽ」「留ル　トドマ（ル）」「汝

第5節　「通俗物」白話小説と和文化の度合い

等　ナンヂラ」「金人　キンヒト」「害セン　ガイ（セン）」「此所　コノトコロ」「引払テ　ヒキハラツ（テ）」「我　ワレ」「從ヒ　シタガ（ヒ）」「来ル　キタ（ル）」「民百姓　タミヒヤクシヤウ」「逗留　トウリウ」のように振り仮名が振られていて，これらはすべて今日と同様，白話を解さない読者にとっても読解可能であったものと考えられる。明治期においてと同様，振り仮名を徹底して振るところはいわば書肆の配慮にしたがうものであったと推測される。

とはいっても，「白日　ヒルナカ」のようにまったく白話語彙がみられないわけではない。

また文の一つ一つが比較的長文の傾向があって連綿としていて，伝統的な和文体にならったものとなっている。とりわけ，この作品にみられる「コソ」を使う係り結びによる文体の整えは，多くの江戸の他作品が連体形で結ぶ傾向がある中で，古典用法に従って「顧都督ニ從ウテ軍中ニコソ打立ケレ　巻1　5ウ」のような例は擬古文形成の面目を果たしている。

3-11『通俗古今奇観』1814（文化11）
文例1：巻1「荘子休鼓盆成大道」から
　　荘生一日老子ノ坐ニアリテ易ヲ講スルノアヒダ　コノ夢ヲ以テ老子ニ告ク他ハ大聖ナレバ三生ノ来歴ヲ暁シ得タリ　荘子ニ向テ　夙世ノ因縁ヲ指シ示ス　元混沌ノ初コノ荘子一ツノ白蝴蝶タリ　木サカエ花盛ナル時ニ百花ノ精ヲ採日月ノ秀ヲ奪長生不死ノ身トナリタルニ　後瑤池ノ上ニ游ンテ蟠桃ノ蕊ヲ偸ム那ノ王母娘娘ノ花ヲ守ル（第5巻505ぺ）

文例2：巻2「趙縣君喬送黄柑子」から
　　大凡世上男ハ女ヲ貪女ハ男ヲ愛ス　此ヲ風情ト云　只コノ両個ノ字ヲ害的人亦少カラズ其間ニハ奸詐ノ徒シナジナアリ　此ノ貪愛ノ上ニツイテ又サマザマノ奇巧ヲ生シ来シ自身ノ妻ヲ拵モノニシテ圏套ヲ装成良家ノ子弟ヲ誘引シテハメルヲ紮火囲ト云　若シ是機ヲ知リ竅ヲ識ルモノニ非レハ　郎君ノ輩十人ニ九人ハ此道ニ入ルナリ　サテ京師ニ人アリ　老婆ニ靠リテ飯ヲ食フモノアリ　其妻面ニ脂粉ヲ塗リ　風情ヲ慣売ス　那ノ富家ノ郎君手ヲ出スニ至テ其夫見出ス時…（第5巻537ぺ）

この作品では振り仮名による読みが他作品に比べて極端に少ない。文例1で「他　カレ」「那ノ　カ（ノ）」は明らかに白話のパラダイムに置かれる代名詞であるから，このことは当時の読者を意識した結果であるか。「混沌　天地ノハジメ」がただ翻訳句をなしているだけで，これも他の語彙同様音読可能であり，意味の難しいことばではない。

　文例2の場合「貪　ムサボリ」「塗リ　ヌ（リ）」「良家　ヨキイヘ」あるいは字音を振った「貪愛　トンアイ」「誘引　イウイン」は取りたてて問題にするに足りない。

　「那ノ　カ（ノ）」は白話の指示詞，また「害的　ヤメル」「奸詐　ワルダクミ」「奇巧　アヤシキタクミ」「圏套　オトシアナ」「装成　コシラヘ」「子弟　ワカモノ」「機　カラクリ」「竅　アナ」「脂粉　ベニオシロイ」「風情　イロゴノヽ」「慣売　モチカケル」「靠リテ　カヽ（リテ）」など，また人を表わす「妻　カヽ」「郎君　ワカイシユ」「老婆　カヽ」などとともに白話語彙がそのまま採用されている傾向はみられる。

　概して文体は和文としてこなれているが，文中の句にはしばしば訓読の形で表わされる。

　　青鸞此ヲミ付テ一啄ニ死シケル　サレトモ其神ハ不死生ヲ託（タクシテ）世（ニ）荘
　　周トナタリ　巻1　2オ
　　荘子黙々トシテ修練シケルニ程ナク分身隠形変化神通ヲ得ニケリ　2ウ
　　我病気如此クナレハ近ニ死スベシ　6オ
　　妾モ書ヲヨミ礼法ヲシル従一而終誓而無（ルテ）二志先生信ジ玉ハズハ　6ウ

　また，少ないとはいいながらも，以下のような訓読調の文も見られる。

　　況我先生ト師弟ノ約アリ　コヽニテ田氏出テ　7オ
　　只恨彼ニ厮近（ヨリチカ）ヅクニヨシナキ事ヲ　7ウ
　　田氏云吾夫死シテ二十余日ナリ　何ゾ棺ヲヒラキコレヲトラザル　12オ

　白話の原文がそのまま表記上残されている箇所にはつぎのような例が散見される。

　　王孫曽テイヘルニハ娘子一般丰韻（オクサマノヤウナルヨキスガタ）ノモノアラバ満足セリト　8オ

　白話を原語ごと抜いた一般語彙はつぎのように見られる。

第5節　「通俗物」白話小説と和文化の度合い

門地　イヘガラ
尸柩　ヒツギ
可口東西　ウマイモノ
七零八落　サンザン

一方、動詞の表記には漢字によらないでカタカナ表記が目立ち、さらに本作品の和文としてのこなれかたを観察できる。

我你ヲヨンデ二人ヲ見スルモノアリ　14ウ
婆娘大ニオドロキ身ヲカヘシ荘子ヲミレバ荘子ヲ見失フ　14ウ
カノ婆娘精神モキエウセ面目ノナキヲ覚エ…　14ウ

次節における各表を含めて以上のことはこの作品が翻訳としては、和文として十全に翻訳されたものとして評価できる。

4．「通俗物」作品間における翻訳の対照

4-1　原話を同じくする三作品の翻訳対照

　十一種の作品のうち『通俗赤縄奇縁』巻之一「第一回　辛瑤琴誤落煙花」、『通俗繡像新裁綺史』「第一回　霊曜飲万姓喪塗　両国剖四海颶波」、『通俗古今奇観』巻之四「売油郎独占花魁」は『醒世恒言』に収載される「売油郎独占花魁」の翻訳である。したがって通俗物の翻訳をこれら三作品で比較、対照することができる。とはいえ理想的な形で各翻訳が原文を全訳しているわけではないので、共通する部分を引く。

　つぎの引用部分は物語設定、時代と場所が述べられ、主人公が紹介される場面である。

『醒世恒言』に収載される「売油郎独占花魁」原文。
　　内中単表一人，乃汴梁城外安楽村居住，姓莘，名善，渾家阮氏。夫妻両口，開個六陳舗児。雖則糶米為生，一応麦荳茶酒油塩雑貨，無所不備，家道頗頗過。年過四旬，止生一女，小名叫瑤琴。自小生得清秀，更且資性聰明。七歳上，送在村学中読書，日誦千言。十歳時，便能吟詩作賦。曾有閨情一絶，為人伝誦。詩云：
　　　朱簾寂寂下金鉤，香鴨沉沉冷画楼。移枕怕驚鴛並宿，挑燈偏恨蕊双頭
　　到十二歳，琴棋書画，無所不通。若題起女工一事，飛針走線，出人意表。此乃天生伶俐，非教習之所能也。

373

『通俗赤縄奇縁』巻之一「第一回　辛瑶琴誤落煙花」
コノトキ汴梁城外ノ安楽村ニ。莘善ト云者アリ。米ヲ糶テ業トナシ。家産頗ル饒ニシテ。渾家阮氏ヲ娶リ。年四十ニスギテ。始テ下女ヲマフケ。小名ヲ瑶琴ト名ツケ寵愛尤浅カラズ。コノ瑶琴。月ノ貌花ノ容ヲソナヘ。才智聡明ニシテ。七歳ノ時。日ニ書千言ヲ諳シ。十歳ニシテ。詩ヲ吟ジ。賦ヲ作リ。十二歳ニヲヨンテ。琴棋書画通ゼザル所ナク。那女工針線ノ事ノ如キハ。都テ世人ノ及ブ所ニアラズ。

『通俗繡像新裁綺史』「第一回　霊曜飲万姓喪塗　両国剖四海颶波」
内中ニモ単表一人ハ乃大宋ノ京師汴梁城外安楽村ト云処ニ姓ハ莘名ハ善ト云モノ住居セリ渾家阮氏ニテ夫婦二口ノクラシナカラ六陳舗児ヲ開耀米ヲアキナヒ為生トシ却応麦荳茶酒油塩ソノホカイロイロノ雑貨スベテ備ズト云所ナカリシカハ家道モ頗々ニ過得ケル　莘善四旬ヲ過テ只一人ノ女孩児ヲ生リ名ヲ瑶琴ト叫做ケル

　生得清秀ニシテ聡明ナリケレハ父母ノ寵愛ヒトカタナラス七歳ニテ村学サセ書ヲ読ミナラハセケルニ幾ホトアラズシテ日ニ千言ヲ誦ケリ十歳ノヨク詩ヲ吟シ賦ヲ作ル曾テ閨情ノ一絶アリソノコロ為人伝誦其詩ニ云:

　　珠簾寂々下金鉤　香鴨沈々冷画楼　移枕怕驚鴛独宿　挑燈偏恨蕊双頭

十二歳ニ到テ琴棋書画アマネク通セスト云コトナシ女工一事ヲ題起ハ針ヲ飛線ヲ走セ出人意表コトヲ刺出ス是乃天生ノ恰悧教習テナセルワザニハアラザリケル

『通俗古今奇観』巻之四「売油郎独占花魁」
内中一人アリ　汴梁城外安楽村ニ居住セリ　姓ハ莘名ハ善ト云　渾家阮氏　夫妻二人米ヲ売テ度世トナス　此外麦豆茶酒油塩雑貨モ商フ　家道モ相応ナリ　年四十ニナリテ一女ヲ生ム　名ヲ瑶琴ト云　生得清秀又聰明ナリ　七歳ノトキニ村中ノ学問所ヘツカハシ　書ヲ読シムルニ毎日千言ヲ暗ニヨミオボヘ十歳ノトキニハ詩ヲ作リケリ閨情ノ一絶　人々伝誦ス:

　　朱簾寂々下金鉤，香鴨沈々冷書楼，移枕怕驚鴛並宿，挑燈偏恨蕊双頭

十二歳ニ至テ　琴棋書画　不通処ナシ　女工ノ一事ハ人々ノ不及所ナリ　此ミナ天生ノ恰悧ニシテ　教習ノ能スル所ニアラズ

比較対照すれば明らかなように，原文にもっとも忠実な翻訳は『通俗繡像新裁綺史』「第一回　霊曜飲万姓喪塗　両国剖四海颶波」である。ついで『通俗古今奇観』「売油郎独占花魁」，『通俗赤縄奇縁』巻之一「第一回　辛瑶琴誤落煙花」の順になる。具体的に述べる。

はじめに本文を対照すれば，『通俗繡像新裁綺史』では全訳に近い。『通俗古今奇観』では諸所に原文省略が見られる。たとえば原文「夫妻両口，開個六陳舗児。雖則糶米為生，一応麦荳茶酒油塩雑貨，無所不備，家道頗頗得過。」

は「夫妻二人米ヲ売テ度世トナス　此外麦豆茶酒油塩雑貨モ商フ　家道モ相応ナリ」とされている。これには「開個六陳舗児」「無所不備」の部分は翻訳されていない。しかし文脈は原文の内容をきちんと伝えている。

『通俗赤縄奇縁』ではどうなるかをみると，ここでは原文をあっさり「米ヲ糶テ業トナシ。家産頗ル饒ニシテ」と片付けている。いわゆる意訳となっているし，かなりダイジェスティブな内容といわなくてはならない。

この三者を単純なレベルで比較，対照すると以下のような表にまとめられる。

	訳文	白話保存度	難易度
通俗繡像新裁綺史	全訳（直訳）	非常に多い	高い
通俗古今奇観	抜き訳	少ない	やや低い
通俗赤縄奇縁	簡易訳（意訳）	非常に少ない	低い

4-2　同一翻訳者の作品比較

十一種の作品の中ではじめの三種は西田維則翻訳により，あとの二種が三宅嘯山の翻訳作品である。同一の翻訳者が恒に均質的な結果を示す保障などどこにもないが，それでも文体に潜む諸事象には一定の特徴を掴み出すことが可能である。

4-2-1　西田維則

（1）　通俗隋煬帝外史　贅世子1760（宝暦10）

柳児小寿ニコノ由ヲ語リケレバ。二人ハ喜ニタヘズ。我們ガ計ハヤ七八分ノ下落アリト。コレヨリ日々孩子ヲ盗ミ。蒸熟シテ。麻叔謀ニ献ジケリ。麻叔謀ハコノ滋味ヲ得ショリ。他処ヨリ献ジ来ル者アレドモ。都テ謝絶シテ受ズ。只陶榔児ガ献ゼルヲノミ。心ヲ尽シテ受用シケルガ。一日陶榔児ヲ叫テ曰。你我ニ忠ヲ尽シ。日々羔羊ヲ献ジ来ル。（第1巻584ペ）

（2）　通俗赤縄奇縁　贅世子1761（宝暦11）

九媽ハコノ光景ヲ見テ。大ニ心ヲ苦シメ。秦重ニ対ヒテ曰。我女児平日嬌養ニ慣。常ニ這般ニ使性ナリ。今日他ガ心中ニ。什麼ノ心ニ逐ハヌ事アルヲ知ラズ。又病ヲ発シタリ。（第2巻80ペ）

375

(3) 通俗金翹伝 1763（宝暦 13）
　　他們ハモト响馬ナルヲ暁ズ。絲ヲ売時ニ。<u>原主ニ認出</u>シテ告発セラレ。姨ノ家ヲ<u>窩家</u>ンリト云ヒシユヘ，我モ同席ニテ酒ヲ飲ミタル者ナレバ。他們ニ<u>板害</u>。連累ニアハンカト怕ロシク。忙ギ逃レ回リタリト。詞モイマダオハラヌ所ニ做公七八人<u>鬧哄々的</u>入来リ（第 2 巻 180 ペ）

　以上下線を付した語彙量から単純にはかれば，西田維則の三作品は翻訳年次が近接していることも要因の一つといえると思われるが，白話原語の生かし方は翻訳文において均質的である。

4-2-2 三宅嘯山

(1) 通俗酔菩提全伝　碧玉江散人（三宅嘯山）1759（宝暦 9）
　　斯テ数日ノ後浄慈寺ノ徳輝長老衆ト事ヲ談ズルノ時。忽門吏報シテ曰。苦哉々々　寺中ニ禍出来リ侍ル。臨安府ノ趙太爺自ラ数百人ヲ帯来テ門前ノ松樹ヲ伐去ントス。早ク之ヲ免ノ謀ヲ議シ玉ヘト申ケレバ。長老大ニ驚テ曰。此松コレ一寺風水ノアヅカル所。モシ之ヲ伐去ハ大ニ事ヲ敗セン。汝等イカゞ計ト問レケレトモ誰カ一人口ヲ開ク者ナシ。時ニ済顚走テ方丈ニ入来リ。高声ニ叫デ曰。長老労慮スル事勿レ。（第 1 巻 172 ペ）

(2) 通俗大明女仙伝　滄浪居主人（三宅嘯山）1789（寛政 1）
　　時ニ六月炎熱ノ比ナリシカバ。賽児紗帳ノ中ニ端座シテ二人ノ様ヲ見ルニ。<u>公子ハ怒馬ノ槽ニ奔カ如ク。翠雲ハ渇御ノ水ヲ見ルニ似タリ。公子要動賽児的心。越逞精神。如玉兎搗玄霜。務要搗人爛熟。翠雲口中喘嘶。若小児啼咽之声。香汗流如玉。已是暈去。公子纔放他起来</u>。（第 3 巻 105 ペ）

　上にみられる通り，二作品の傾向ははなはだしく異なっている。（2）の下線部分は白話原文そのものであり振られた読みを無視しては和文として享受することは不可能である。

Ⅱ．翻訳文体の解析

1．翻訳文の評価要素と分析の方法

　さて，以上十一種の作品については一部分をサンプルとして文章の形式，また文体・語彙の特徴などを概観したが，つぎにまた異なった観点からそれぞれの作品から語を切り出したときに見える諸様相を探ることにする。

　評価の指標を考えるとき，基本的な問題は白話小説の和文化の度合いを測るのに，どのような要素を選び，いかなる基準を設けて取り出しうるのが有効性が高いかということである。その際，ここで素朴に捉えうることは基準になる要素には翻訳文がどれだけ漢語，あるいは白話原文に即して翻訳に付されたかということになる。

　それらは主として名詞語彙における和語への変換状況，あるいは人を表わすことばの変換内容，また指示詞，副詞，接続詞など，ともすると今日でも変わることなく漢字で表記しようとするきらいの高い語彙群がある。

　さらに統語的なレベルでは，伝統的な訓読法にある構文要素にどれほど依拠しているか，そこから翻訳文の質がどれほど和文への遠近を示しているのかなどという事柄がある。

　つぎに，翻訳者の翻訳に向かった意識をはじめとして，順次観察の結果を示していきたい。

2．翻訳語彙の解析と振り仮名の分布
2-1　振り仮名の分布

　作品に表われる漢字，漢語になぜ振り仮名を付するのか。この一見自明でしかないようにみえる問いは，近代語研究の場でいくらでも検証される価値のある，とりわけ近世以来，今日に至る出版文化史にあって，日本語表記あるいは表出意識の根底におかれてきた問題であると言わなくてはならない。日本語の表記が少なくとも漢字，カタカナ，ひらがなの三つの文字体系で処理される現象が今日まで量の多寡はともかくとしても，間断なく続いてきている事態は日本語世界が漢字によって規定される習慣を脱していないからで

ある。

　近世期，木版による書物の大量生産の場にあって，振り仮名が付された書物が多く流布するようになったのは識字層の拡大とそれに伴う漢字読解の助力の結果である。そしてその背景には，漢字に魅かれつづける識字層の意識が深く関与している。「通俗物」の翻訳者においてもそうした漢字への思いはいかんなく発揮されている。以下，表に例示したような結果が十一種の作品に見られる。各語例はいずれもアト・ランダムに採取している。それだけ多くの振り仮名つきの語例が多いという証でもある。

表4　漢語の右にのみ和語の振り仮名のある二字語例

作品名

通俗醉菩提全伝　　中華（モロコシ）　煩冗（ワヅラハシキ）　酒店（サカヤ）　料袋（サイフ）　年来（トシゴロ）　近来（トシゴロ）　梯子（ハシゴ）　破落戸（ナラズモノ）　気色（ケシキ）

通俗隋煬帝外史　　半空（ナカゾラ）　説話（モノガタリ）　泪（ナミダ）　消息（ヲトヅレ）　近来（チカゴロ）　形状（アリサマ）　動静（ヤウス）　贿赂（マイナイ）

通俗赤縄奇縁　　下女（ヒトリノムスメ）　一路上（ミチスガラ）　貌花（カンバセ）　女婿（ムコ）　早路（クガチ）　水路（フナジ）　親生（ノ女児）（ウミムスメ）
　　　　　　　寄頓（アヅケ）　消息（ヲトヅレ）　沿途（ミチスガラ）

通俗金翹伝　　標致（キリヤウ）　臉（カホ）　娼家（チャヤ）　倒（サカサマ）　侠客（オトコダテ）　妾（テカケ）　娼（オヤマ）　主意（フンベツ）　点頭（ウナヅキ）　低語（ササヤキ）
　　　　　　　回書（ヘンジ）　梯子（ハシゴ）　咳嗽（セキバラヒ）

通俗孝粛伝　　儒家（ジュシヤ）　幼少（ヲサナキ）　京師（ミヤコ）　行李（ニモツ）　声花（ニキセカ）　妖精（バケモノ）　橙籠（テウチン）　胡乱堪周章（ウロタエアワテ）　恰好（ヨリフシ）
　　　　　　　知己朋友（トモダチ）　府中（ヤシキ）

通俗大明女仙伝　　境界（サカヒ）　黄昏（マヒガシ）　正東（ガテン）　了（ユマスエ）　将来（タハゴト）　胡言（ヒメゴゼ）　姑娘（ムスメ）　生辰（ムマレドキ）　冷酒（ヒヤザケ）
　　　　　　　家門（イヘ）　供詞（ウツタヘ）　奶娘（ウバ）

通俗醒世恒言1　大戸人家（ヨホシンヤイ）　等子（ハカリ）　黄昏（タソガレ）　郷村（イナカ）　房裏（ヘヤ）　包裏（フロシキ）　僕従（イネムリ）　瞌睡（イネムリ）　屋宇（イエ）
　　　　　　　相交（チカヅキ）　近日（チカゴロ）　鬼話（ハウト）

通俗繡像新裁綺史　乾糧（ホシイイ）　烟火（クツヒヤ）　標致（キリヤウ）　回信（ヲトヅレ）　大富主（ブブケンシヤ）　面体（スガタ）　粉頭（ヲヤマ）　大戸人家（ヲヒヤクゼウ）
　　　　　　　生育（コソダテ）　官司（コウギ）　才貌（キリヤウ）

通俗平妖伝　　赦免（ユルシ玉ヘ）　納悶（モダヘ）　無聊（ヲモシロカラヌ）　書籍（ショモツ）　査点（ギンミ）　繻袵（ヌイモノ）　包裏（フクサ）　演習（ケイコ）　消息（ヲトヅレ）
　　　　　　　本部（ホンキヨウ）　饒舌（クチマヒ）　利害（ヒドキ）

通俗西湖佳話　　性質（ムマレツキ）　恬淡（ムヨク）　橄文（フレジヤウ）　一滴（ヒトシヅク）　煤人（ナカウド）　昨日（キノフ）　今朝（ケサ）　今日（ケフ）

通俗古今奇観　　圏套（オトシアナ）　脂粉（ベニオシロイ）　風情（イロゴロ）　潑皮（アバレモノ）　甜頭（ウマイ）　帳子（カヤ）　房門（ヘヤクチ）　機関（カラクリ）　営生（クチスギ）
　　　　　　　回話（ヘンジ）　姿態（ナリフリ）

　表が示すように，振り仮名を付されていない作品はない。

　1「毛團　チクシヤウ」のような例がある。読みは「畜生」の字音であり，
　　「モウダン」と読める語と同じ意味であることから振られた例。

第5節　「通俗物」白話小説と和文化の度合い

表5　漢語の右にのみ字音の振り仮名のある二字語例

作品名									
通俗酔菩提全伝	妄想_{マウザウ}	点醒_{テンセイ}	下官_{ゲクハン}	酒店_{シユテン}	陶家_{タウカ}	欄干_{ランカン}	文房_{フンバウ}	饗応_{キヨウヲウ}	介抱_{カイホウ}
	早天_{サウテン}	病床_{ベウジヨウ}							
通俗隋煬帝外史	倹約_{ケンヤク}	階下_{カイカ}	心腹_{シンフク}	過失_{クハシツ}	性急_{セイキウ}	酬謝_{シウシヤ}			
通俗赤縄奇縁	聡明_{ソウメイ}	官兵_{クハンヘイ}	寵愛_{チョウアイ}	琴棋_{キンギ}	書画_{シヨガ}	才学_{サイガク}	不幸_{フカウ}	親類_{キヤウエン}	衣服_{イフク}
	嬌艶_{キヤウエン}	花魁娘子_{クハクハイジヤウシ}							
通俗金翹伝	黙礼_{モクレイ}	国色_{コクシヨク}	熱腸_{ネツチヤウ}	面談_{メンダン}	委細_{イサイ}	自然_{ジネン}	童子_{ドウジ}	懐中_{クハイチウ}	薄命_{ハクメイ}
通俗孝粛伝	聡明_{ソウメイ}	清貧_{セイヒン}	功名_{コウメイ}	科場_{クハジヤウ}	天色_{テンシヨク}	徘徊_{ハイクワイ}	故郷_{コキヤウ}	美食_{ヒシヨク}	佳遇_{カグウ}
	迷惑_{メイワク}	平素_{ヘイソ}							
通俗大明女仙伝	賞罰_{シヨウバツ}	灯篭_{トウロウ}	病人_{ヒヤウニン}						
通俗醒世恒言	房屋_{ハウヲク}	盤纏_{ハンテン}	衣服_{イフク}	世間_{セケン}	療治_{リヤウヂ}				
通俗繍像新裁綺史1	閨情_{ケイジヤウ}	聡明_{ソウメイ}							
通俗平妖伝2	魚腸_{ギョチヨウ}	山頭_{サントウ}	石盤_{セキバン}	夫差_{フサ}	秘書_{ヒジヨ}	催促_{サイソク}	階下_{カイカ}	天機_{テンキ}	愚直_{グチヨク}
	香炉_{カウロ}	外人_{クハイジン}	蒸籠_{セイロウ}						
通俗西湖佳話	名字_{ミヤウジ}	恰好_{カツカウ}	修行_{シギヤウ}	秘書_{ヒジヨ}	血脈_{ケチミヤク}	世間_{セケン}	書物_{シヨモツ}	書籍_{ジヨジヤク}	道理_{ダウリ}
	辞退_{ジタイ}	貧窮_{ヒンキウ}							
通俗古今奇観3	約束_{ヤクソク}	承知_{シヤウチ}	秘蔵_{ヒサウ}	返答_{ヘンタウ}	了簡_{レウケン}				

注1 白話語句文をそのまま採用する傾向の強い分，読みは日本語文が多いために字音が付された例は乏しく固有名詞を除けばほとんどみられない。
　2 字音語は「一心，白髪，剣術，樹木，今日，空中」などのように概して，今日の読みにも困難な要素が薄い。また多くは明清に限定される白話の語彙として認定しがたい。
　3 作品自体に極端な振り仮名が少ないので，字音語の例が乏しい。

表6　漢語の左（字音）右（和語）に振り仮名のある二字語例
　　（読みは右・左の順）

作品名	
通俗酔菩提全伝	晩斎バンサイ・ヒジ　滋味ジミ・アジハヒ　微笑ボショウ・ニツコト　大殿ダイデン・ホンタウ　多時タジ・ヨホド　花街クハガイ・クルハ　暗裡アンリ・ナイシヤウ　汚名ヲメイ・ウキナ　汗巾カンキン・テノコヒ　容易ヨウイ・タヤスキ
通俗隋煬帝外史	歎息タンソク・タメイキ　商議シヤウギ・サウダン
通俗赤縄奇縁	不良フレウ・ヨカラザル　標致ヘウチ・キレウヨシ　標致ヒヤウチ・キリヤウ　針線シンセン・ヌヒハリ　本文ホンブン・モチマヘ　飯店ハンテン・ハタゴヤ　砕銀サイギン・コマガネ　烟

379

	花ユンクハ・イロサト　商量シヤウリヤウ・ダンカウ　出色的シユツシヨクテキ・スグレモノ　規矩キク・サハウ
通俗金翹伝 1	話柄ワガラ・ハナシノタネ　緊拴三跌キンセンサンテツ・カタクシガミツク　哭コク・ナク　両行リヤウカウ・フタスジ　船セン・ハサム
通俗孝粛伝 2	薄命ハクメイ・ウンワルク　鯉魚リギヨ・コイ　香閨カウケイ・ネヤ　間断カダン（ナク）　議論キロン・ダン　鶏鳴ケイメイ・シノノメ
通俗大明女仙伝	
通俗醒世恒言	田産テンサン・テンチ　過活クハクハツ・スギハイ　語話ゴハ・ホトゴヱ　談笑タンシヤウ・モノカタリ　博古者ハクコシヤ・モノシリ　客房　旅店リヨテン・ハタゴヤ　傷心シヤウシン・ムネイタキ　家私カシ・シンシヤウ
通俗繡像新裁綺史 3	―
通俗平妖伝 4	訓練クンレン・ケイコ　半雲ハンウン・クモ　半霧ハンム・キリ　旧路キウロ・フルキミチ　眼晴ガンセイ・マナコ　至誠シセイ・ココロザシ　鉛弾エンタン・ハジキユミ　須臾シユユ・シバラク　傷損シヤウソン・ヤブリソコナフ事
通俗西湖佳話	相士サウシ・ニンサウジヤ　説話セツワ・ウワサ　原来グワンライ・ゼンタイ　州県シウケン・クニグニ　令レイ・ブギヤウ　名勝（ノ地）メイシヤウ（ノチ）・フウケイナダカキトコロ　少年セウネン・トシワカ　郎君ラウクン・トノゴ　配偶ハイグウ・ウチアハス
通俗古今奇観 5	―

注1 左右に和語読みのある例は非常に少なく，「慢打軽敲ユルクウチカルクタタク・ソロソロトアシラフ」のように右が字音語でない珍しい例がある。
　2 左右に読みのある例は非常に少ない。
　3 左右に読みのある例はみられない。
　4 左右に読みのある例は非常に少ない。左は注記，注釈的要素が濃い。
　5 左右のフリガナのある語は見られない。只，左にのみ振られた例「良宵ヨキツキヨ」の例がある。

　また一方で明らかに振り仮名が付されるのにふさわしい字音語がハダカのままに差し出されている語例がある。
　しかし，このような語例は，同一語がすでに振り仮名が付され，二回目以降の出現例として，すでに読解可能な処理が施されているとの認定のもとに出た事例が多い。その意味では作品から切り出して，単体の語として示すとそのような事情が見えなくなってしまうだけである。

第5節 「通俗物」白話小説と和文化の度合い

次表では上の結果に，さらに振られた仮名の性格，全体の量的傾向を加味する。

表7

作品名	振り仮名度（量）	両ルビ	
通俗酔菩提全伝	高い	有	多
通俗隋煬帝外史	高い	有	極少
通俗赤縄奇縁	高い	有	多
通俗金翹伝	高い	有	少
通俗孝粛伝	やや高い	有	少
通俗大明女仙伝	高い	無	
通俗醒世恒言	高い	有	少
通俗繡像新裁綺史	高い	有	少
通俗平妖伝	高い	有	少
通俗西湖佳話	やや高い	有	少
通俗古今奇観	低い	有	少

注1「振り仮名」：「振り仮名度」の「高い」はほぼ総ルビを意味する。この基準はサンプリング方式によってえられた一頁あたり平均して漢語に振られた読みによって，決定している。
2 両ルビの有無とその多寡の示す度合いは翻訳者の語彙意識の反映である。

2-2 翻訳の実態

2-2-1 人称詞と待遇

「人を表わすことば」に白話小説の翻訳者はこだわりが多い。第4節で示したように多くの語が原語のまま本文に置かれ，振り仮名によって日本語としての読みが定められている。したがって，原語を使用しないで和語としての語彙の広がりがみえれば和文化の度合いが深くなったものと判断できる。

つぎの表8は一から三人称の表記実態を示している。白話における基本となる人称パラダイムは「我─你─他」の対応であるが，また文脈において名詞語彙の翻訳に現れる。

第Ⅲ章　唐話学史　白話の受容と展開

表8　人称パラダイムと語例

作品名	自称	対称	他称	不定称
通俗酔菩提全伝	我(ワレ)　我等(ワレラ)　自(ミヅカラ)　老朽	汝(ナンヂ)　汝等(ナンヂラ)	他(カレ)	誰(タレ)　各(ヲノヲノ)
通俗隋煬帝外史	我(ワレ)　奴(ワシ)　妾(シャウ)　朕(チン)	你(ナンヂ)	他(カレ)	誰(タレ)　各々(ヲノヲノ)　一個一個們(ヲノヲノラ)
通俗赤縄奇縁	奴(ワレ)　我(ワレ)　我ガ(ワ)　我們(ワガトモガラ)	你(ナンヂ)	他(カレ)　他們(カレラ)　〜們(ラ)　們(トモガラ)	誰(タレ)　那個
通俗金翹伝	我(ワレ)　我ガ(ワ)　某(ソレガシ)　妾　奴家們(ワレ)　奴家　奴家(奴家)(ワタクシ)(ワタシ)　女妹(ワタクシ)　小生(ソレガシ)	你(ソナタ)　姐々(ソモシ)　足下(ゴヘン)　哥々(オマヘ)		誰(タレ)
通俗孝粛伝	我　妾(ワラハ)　下官(ソレガシ)	汝　足下(ゴヘン)　汝等	彼	
通俗大明女仙伝	我　我　我等(ワタクシドモ)　妾(ワタクシ)	你(ソナタソコ)　尓(ソチ)　汝(ヲコト)　汝　汝等　汝等(ナンヂラ)	他(カレ)　彼(カレ)　渠(カレ)　他們(カレラ)	
通俗醒世恒言	我(ワレ)　某(ソレガシ)　老夫(ソレガシ)　在下(ソレガシ)　ヤツガレ　小人(ワタクシ)　我々(ワレワレ)	汝(ナンヂ)	他(カレ)	
通俗繡像新裁綺史	我(ワレ)　老身(ワレ)	你(ナンヂ)	他(カレ)	
通俗平妖伝	ワ我(ワレ)　我　我々(ワレワレ)	你(アナタ)　你(ナンヂ)　尓(ソチ)　你們(ソチラ)	他(カレ)	誰
通俗西湖佳話	我ガ(ワ)　ワラハ　ワレ　私　我等(ワレラ)　在下(ゲセツ)　手前(テマヘ)	ソナタ　你(ナンヂ)		誰人
通俗古今奇観	我　我們(ワガトモガラ)　不才(ワレ)　奴家(ワレ)　奴家(ワガ)　官人(オマヘ)	你(ナンヂ)　其元(ソコモト)	他　他(カレ)　他們(カレガトモガラ)	

表8で明らかなように，多くの作品が白話の原語を採用しているが，二人称に「汝」を使用した場合には和文化の度合いを判定するための一つの指標としての有効性がある。江戸の翻訳史の中でみるとき，蘭語，唐話を問わず，翻訳語として和語化を示す指標になっていることが一般的な状況として認められるからである。また三人称「他」は完全に白話語彙環境に支配されていることを示している。これに三人称単数の女性形「她」が現われていればこの度合いをまた高めることになる。近代以前において，中国では口語小説を書くものにとって三人称の女性形がすでに意識されたことがわかる。さらに人称の如何を問わず，複数を表わす「們」が表示されれば，いっそうこの度合いを高める。

また，人称語彙としての「那個」「不才」「奴」などは完全に白話の人称パラダイムそのものの現われであって，こうした語が見られるときには，白話原文の支配力が高い翻訳であることを語ることになる。また，前節に示したように人を表わす名詞語彙は物語の文脈にしたがって人称を表わす和語で受けとめられている現れである。こうして，白話語彙を生かす行為が新たな漢語語彙を生む結果となる。

2-2-2 人を表わす詞例（「我 汝・你 他」以外の自称，対称，他称を含む）親族語彙

人を表わす語彙の中でも親族語彙の翻訳は白話が原語のまま表わされる度合いが高い。これも，和語への置換がなされていない場合は白話原文の支配力の高さを示すことになる。

親族用語は字音語も採る。

表9 人を表わす語彙（親族語彙）例

作品名
通俗酔菩提全伝　　妻舅（ヲヂ）　母舅（ヲヂ）　表兄（コノカミ）
通俗隋煬帝外史　　女子（ムスメ）　女児（ムスメ）　孫女（マゴムスメ）
通俗赤縄奇縁　　爹媽（チチハハ）　間漢（ノラモノ）　娘（ハハ）　女婿（ムコ）　女児（ムスメ）
通俗金翹伝　　姐（アネ）　妹子（イモウト）　長女（アネムスメ）　女　母（ハハ）　爹々（チチヘ）　母子（オヤコ）
通俗孝粛伝　　妻子（ツマ）　渾家（ツマ）　爹娘（テテハハ）　女児（ムスメ）　女子（ムスメ）

第Ⅲ章　唐話学史　白話の受容と展開

通俗大明女仙伝　会族〔イチモン〕　夫人〔ヲクサマ〕　君〔キミ〕　継母〔ケイボ〕　妻〔ツマ〕　夫人〔セフ〕　妾〔チチハハ〕　父母〔ニョシ〕　女子　母親〔ハハオヤ〕
　　　　　　　　姑娘〔ヒメゴゼ〕　夫婦〔フウフ〕　夫老〔フロウ〕　女児〔ムスメ〕　公子〔ワコ〕
通俗醒世恒言　　哥哥〔アニキ〕　嫂子〔アニヨメ〕　父子〔オヤコ〕　父〔チチ〕　奶奶〔オクサマ〕　家小〔カナ〕　小厮・孩子〔セガレ〕　王媽媽〔ワウハハ〕　妻〔ツマ〕
　　　　　　　　老婆〔ツマ〕　渾家〔ニョウボウ〕　婆娘　渾家
通俗繍像新裁綺史　渾家〔ニョウホウ〕　女児〔ムスメ〕　爹〔チチ〕　媽〔ハハ〕　親爺〔テオヤ〕　結義妹子〔イモウトブン〕　姨娘〔ヲガカミ〕　老婆〔ニョウボ〕
通俗平妖伝　　　師父　同伴　弟子　処女　家童　大爺
通俗西湖佳話　　弟〔オト〕　腰本〔コシモト〕　小姐〔セウジョ〕（ヒメ　ムスメゴ）　父上　夫人〔フジン〕　夫人〔オクサマ〕　ババ
　　　　　　　　老婦　姪〔タイ〕
通俗古今奇観　　姨娘〔オバゴ〕　姨娘〔オバサン〕　老殿下〔オヤダンナ〕　拙夫　娘子〔オクサマ〕　大娘子〔オフクロ〕　媽児〔カカ〕　媽媽〔カカ〕　渾家〔カカ〕
　　　　　　　　姑息〔ストヨメ〕　渾家〔ニョウバウ〕　渾家　婆娘

　親族語彙については前節参照。この表では親族語彙を含む人を表わすことばにおいて和語との結びつきの傾向を作品比較の立場から例示している。

2-2-3　数の表現例

表10

作品名

通俗酔菩提全伝　一位〔イチ〕（ノ羅漢・ノ貴人）　両ナガラ〔フタツ〕
通俗隋煬帝外史　幾個　一日〔アマタ〕　一コ個〔アヒ〕（ノ内相・少年・心）　一時〔アルトキ〕　数十個〔スコ〕　大家〔ミナミナ〕
通俗赤縄奇縁　　一個一個〔アルキイクバク〕　都テ〔スベ〕　一人〔モロモロ〕　衆〔ヒトリ〕　一隊
通俗金翹伝　　　一時　幾個　単（ニ）
通俗孝粛伝　　　一夕〔アルユウベ〕　一個〔ヒトツ〕（ノ妖精）　一夜〔アルヨ〕
通俗大明女仙伝　一個〔ヒトツ〕　ミナ　各〔ミナ〕（一〔ヒト〕　両〔フタ〕　三）顆〔ミッ〕
通俗醒世恒言　　一〔イツカ〕，一ツ〔ヒト〕　両個〔フタツ〕（野狐）　合家〔ミナミナ〕
通俗繍像新裁綺史　幾個〔イクツ〕　二三個　三四個　一個個〔ワレモヘ〕
通俗平妖伝　　　一個〔ヒトツ〕　一箇〔ヒトリ〕　両個　四箇〔ヨタリ〕　衆人〔ミナミナ〕
通俗西湖佳話　　二人　三十（許ノ婦人）〔バカリ〕　両人〔リャウニン〕
通俗古今奇観　　二ツ　三件　三ツ

　上例「一位」「一個」は人を受け，「一人の」の意味をいう。また「一時」「一日」などの「一」は「ある」にあたる。今日の北京語にも生きる数量詞である。翻訳作品の多くが数量詞において白話語彙に大きく支配されていることがわかる。

第5節　「通俗物」白話小説と和文化の度合い

　つぎにすでに述べたように指示代名詞や副詞などがかなのことばになっているかの如何は和文化をはかる一つの指標となる。以下，指示詞，場所詞，接続表現，副用の詞，文末表現のそれぞれについて一般的な傾向を表で示す。

2-2-4　指示詞例

表11

作品名	近称	中称	遠称	不定疑問称
通俗酔菩提全伝	之ᴷ ᴷ コノ コレᴋᴸ 此ᴋᴸ 是	其ᴷ	彼ᴷᴬᴷ	何イヅル
通俗隋煬帝外史	斯ᴋᴳ 是レ コレ コノ		那ノ 那ᴋᴬᴷ 他ノ	
通俗赤縄奇縁	コノ	ソノ	那ノ	什麼ᴺ
通俗金翹伝	コノ コレ 是	ソノ ソレ	アレ カノ トアル	ナニ
通俗孝粛伝	是 其		彼 那ᴷᴬᴺ	イツレノ
通俗大明女仙伝	コノ コレ コレラ 此	ソコ 其	那ノ 那ᴷᴬᴺ カノ	
通俗醒世恒言	那ᴷᴬᴷᴸ 這ᴷᴺ			什麼サン・クラワス
通俗繡像新裁綺史	コノ 這(時) コレ 個ᴷᴬᴷᴸ 這ᴷᴺ	那 ソノ	カノ 他ᴬᴸᴱ	
通俗平妖伝	這 コノ 是ノ 是ᴷᴸ	ソノ 那	那ノ 那ᴷᴬ	甚事ᴺᴺ 那里
通俗西湖佳話	コレ 是 コノ 此 是ᴷᴸ ᴷᴺ カヤウ	其 其ᴷᴸ ソノ サヤウ 夫ソレ	アノ カノ	
通俗古今奇観	コレ 是 此 コノ 此	其 ソレ	他ᴷᴬᴸᴱ 那ᴷᴬ	

2-2-5　場所詞例

表12

作品名	近称	中称	遠称	不定疑問称
通俗酔菩提全伝	此方ᴷᴺᴬ 爰ニ ココ 此		彼方ᴷᴬᴺᴬ	何ノ処イヅレノ
通俗隋煬帝外史	此		那里ᴷᴬˢᴵ	那裏イヅク
通俗赤縄奇縁			那里ᴷᴬˢᴵ	
通俗金翹伝	ココ	コナタ	カシコ	イヅク
通俗孝粛伝	此所	コナタ	アナタ	

385

第Ⅲ章　唐話学史　白話の受容と展開

作品名						
通俗大明女仙伝	ココ 爰				何処 イヅコ	
通俗醒世恒言	此(ココ)					
通俗繡像新裁綺史	爰					
通俗平妖伝	茲ニ(ココニ) 爰ニ(ココニ) 這里(ココニ)		那辺(アチコチ) 各処 那里(イイツク)93			
通俗西湖佳話	ココ（アチラ）コチラ　コナタ		其所 其処 ソコ アソコ アチラ(コチラ)			
通俗古今奇観	（アチラ）コチラ　此		アチラ(コチラ)		何処	

2-2-6 副用語例

表13

作品名

通俗酔菩提全伝　敢(アヘテ)　恰(アタカモ)　(～如)　必(カナラ)ス　還(カヘッテ)　委(クハシク)　尽(コトゴトク)　此故(コノユヘ)ニ　
互(タガヒ)ニ　シバラク　都(スベ)テ　直(タチマチ)ニ　只　忽(タチマチ)　適(タマタマ)　遂(ツイ)ニ　
終(ツイ)ニ　情(ツラツラ)　尚　若　本　善　
靄々(アイアイト)　幢々(トウトウ)

通俗隋煬帝外史　一時(アルトキ)　如今(イマ)　這般ニ　シバラク　幾度(スド)　径(タダチ)ニ　竟(ツイ)ニ　如何(イカ)　
令(ヨク)　且(シバラク)　就(スナハチ)　タトヒ　暴(ニハカ)　私(ヒソカ)ニ　モトヨリ原来　遂(モトヨリ)ニ(ツイ)　
纔(ワヅカ)　僅(ワヅカ)ニ

通俗赤縄奇縁　幾個(アマタ)　一斉ニ　索性(イツソ)　難道ゾ(イカン)　イマダ　大ニ　原来ハ(サテ)　已ニ(スデ)　
忽(タチマチ)　終ニ(ツブサ)　具ニ　原来(モトヨリ)　ハヤ　ヤウヤウ　
シホシホト　ソゾロニ

通俗金翹伝　イカフ　則索(イッソ)　サダメテ　サテハ　シバシ　シバラク　ステニ　
已ニ　都(スベ)テ　タガヒニ　難道(ナント)　ハヤ　ハヤク　ヒソカニ　フ
カク　マサシク
アリアリト

通俗孝粛伝　恰モ(アタ)　一斉ニ　奈何(イカン)　イツモ　恰好　殊ニ(ヲリフシ)　既ニ(コト)　ステ(で)(スデ)ニ　即時ニ(ソクジ)　遄ニ(タダチ)　
ツイニ　毎ニ(ツネ)　俄ニ(ニワカ)　只管(ヒタスラ)　益(マスマス)　マサ方ニ(ヨモスガラ)　漏夜　
特(ワザワザ)　纔ニ(ワツカ)　
ヒソカニ　慢慢ト(シヅシブ)

通俗大明女仙伝　大ニ　敢テ(アヘ)　必ス　偺(サテ)　已(スデニ)　直ニ(タチ)　即時ニ　タダ　但　密ニ(ヒソカ)　
キリキリト　クルリト

第5節　「通俗物」白話小説と和文化の度合い

通俗醒世恒言	イヨイヨ　小刻〔ヲツツケ〕　ケツシテ　原来〔クハンライ〕　原来〔ケンライ〕　悉〔コトゴトク〕　即便〔サツソク〕 都テ〔スベ〕　タダ　早〔ハヤ〕且〔マツ〕　尤〔モツトモ〕　モトヨリ 連忙ニ〔テハヤ〕 ヒヨウト
通俗繡像新裁綺史	敢テ　頗多〔アマタ〕　許多　アマネク　多少〔イカバカリ〕　イヨイヨ　イロイロ 大ニ　曽テ　却マタ応〔サテ〕　些〔スコシ〕　便〔スナハチ〕　乃〔スナハチ〕　スベテ　都テ 只　直ニ　ツイニ〔ヒタスラ〕　只　正ニ
通俗平妖伝	許多〔アマタ〕　悉〔コトゴト〕ク　サト　頻ニ〔シキリ〕　已ニ〔スデ〕　スデニ　稍モ〔スコシ〕　都テ〔スベ〕 只　忽チ〔タチマチ〕　遂ニ〔ツイ〕　快ク〔ハヤ〕　遥ニ〔ハルカ〕　甚〔ハナハダ〕　好生〔ハナハダ〕　一回〔ヒトタビ〕　正ニ 将ニ〔マサ〕　若モシ〔モシ〕　原来〔モトヨリ〕　素ヨリ〔モト〕　ワヅカニ　ワヅ少カニ ハサト 七張八嘴ニ〔クチグチサマザマ〕　不慌不忙ト〔シヅシヅ〕
通俗西湖佳話	アナガチ　アハヤ　アマタ　イカナル　イソギ　徒ニ〔イタヅラ〕　イ ツカ　イツモ　イト　イマダ　イヨイヨ　エ〜ズ　オホキ大ニ 大キニ　大ニ　カナラズ　カヤウ　原来〔グワンライ〕　コトゴトク 原来〔ゼンタイ・グワンライ〕　シバシ　少シ　スコシ　大抵ニ　タシカニ〔タイテイ〕　タダ タチマチニ　タトヒ　忽〔タチマチ〕　チト　終ニ〔ツイ〕　懇ニ〔ネンゴロ〕　ハナハダ ハヤ　早〔ハヤ〕　ヒタスラ　フト　マヅ〔マツ〕　先　皆　若　尤　モト本 素ヨリ〔モト〕　最早〔モハヤ〕　ユルク　ヨク　ヨクヨク ウツトリト　ソロソロ　ツクヅク　ヒシト　ホツキト　ホツト ムツクト　ヤウヤウト　ワザワザ キラビヤカニ　コマヤカニ　シタタカニ　忍ビ忍ビニ　ノドヤ カニ　ハルカニ　ヒソカニ
通俗古今奇観	イソギ　未ダ　況ヤ　大ニ　必ズ　曽テ　却テ　コトゴトク コトニ　サンザンニ　シバラク　スデニ　即チ　即時ニ　ダウ ト　只　タチマチ　忽チ　タトヘバ　タビタビ　ツイニ　遂〔ツイ〕 ニ　早ク　方ニ〔マサ〕　正ニ　マスマス　マヅ　ママ　ムツクト 元〔モト〕　ヤウヤウ フラフラ　ユルユル　ヨロヨロ

　副用語は接続詞などと同様に，今日かなで表わすのが良いが，しかし漢文訓読の伝統から漢字を使用する傾向は現在にも続いている。江戸期，白話の翻訳者によってはカナによる表記例が少なくない。

　文体を図る指標のひとつとして，文の断続について評価要素がある。つぎに接続と文の切れに属する要素を取り出す。

2-2-7 接続・構文の表現例

（発辞を含む。清濁は原本のまま。今日濁音である語には（　）にひらがなで表記した）

表14

作品名	
通俗酔菩提全伝	カクテ　如此　仮爰　此故ニ　是亦　是所謂　更ニ 然　然ニ　夫　然ニ　乃　故ニ　時ニ　〜ヨツ因テ　モシ 〜トモ（ども）　〜ヨリ
通俗隋煬帝外史	コノ時　サレドモ　便　也因テ 〜ニ及ンデ　〜ケルガ　〜タレドモ
通俗赤縄奇縁	斯テ　コノ時　シカラズンバ　便　ソノ時 〜ガ如ク　〜ケレトモ（ども）　〜ナリケルガ
通俗金翹伝	今　適才　サテハ　更ニ　サリナガラ　シカラバ　想フニ 〜ザレバ　ソノ時　ソレ　〜タリケレドモ　〜ト（ども）　ナルホド　亦　モシ
通俗孝粛伝	却説　〜ケルガ　〜ケレバ　〜トモ（ども）　〜バ　マタ還
通俗大明女仙伝	イザ〜（ン）　弥　斯テ　此時　由是　コレヨリ　サルヲ　サレバ　暫　乃　スル時　ソレ　然ヲ　即　時ニ　迚　猶　モシ　本ヨリ　ヤヤ　故ニ　ヨツテ由 〜トス（曰・申）〜トモ（ども）
通俗醒世恒言	曰〜　却是　サラニ　然ヲ　ソレヨリ　モトヨリ　乃　当下　故
通俗繍像新裁綺史	這時　ソノ時　コノトキ　マタコレ　那時　那時　却是 〜ケルニ　〜シカバ　〜トモ　〜ナガラ　〜ナルユエ　〜ナレバ　〜ニヨリ　〜ノユヘニ　〜ホド
通俗平妖伝	却説　便　当下　時ニ　又 〜ト雖モ　〜ケレバ　〜ト〜　〜ニ因テ　〜バ〜
通俗西湖佳話	カカル程ニ　カクテ　斯テ　且　サテ　サテモ　サレドモ　サレバ　サモナクンバ　其時　ソレ（夫）ハトモアレ　況ヤ　マタ 〜ドモ　〜ナガラ　〜（スル）ホドニ　〜バ

第5節 「通俗物」白話小説と和文化の度合い

通俗古今奇観	今ココニ　サレドモ　便チ　乃チ　就(ソコデ)　～時ニ，～ドモ
	(未然，已然)＋バ　又　モシ　以テ　ヲヨビ
	～アリテ　　～ケルニ　～ノアヒダ　～トイヘ（スレ）ドモ
	～ノ如ク　　～ユヱ

『通俗隋煬帝外史』にみられる「マタ也」などは現代北京語にも継承されるが，文語と口語の狭間にあっての完全な口語の現れである。

2-2-8 文末表現例
表15　例（用言非過去終止形を除く）

作品名

通俗酔菩提全伝	アリ　ズ（ジ）　也　也　ナリ(ナリ)　勿(ナカレ)（動詞の終止形，命令形）
	ゾ～ケル
通俗隋煬帝外史	アリ　ズ　ナリ　リ
通俗赤縄奇縁	アリ　ケリ　ズ　　ナリ　リ
	～ト
通俗金翹伝アリ	～カナ　タリ　タリケル　～ナ　ナリ　マシ（まじ）　マジ
	～カシ　～ト（云）　～（ナ）ラン
通俗孝粛伝アリ	ケル　ズ　タリ
	～トソ（ぞ）～ケル　～ソ（ぞ）～ベキ
通俗大明女仙伝	アリ　如シ　シカズ　ゾ　候　タリ　ナリ　侍　ベシ　～ヨ
	（命令）　ラル　～ラン　リ
	ゾ～ナル　～ト　～ヌ
通俗醒世恒言	アリ　シカズ　ナリ　也(ナリ)　也
	ゾ～ケル　～ト（ス）
通俗繍像新裁綺史	アリ　ケル　ズ　ナシ　ナリ　リ
通俗平妖伝	アリ　ケル　ナリ　リ
通俗西湖佳話	アリ　哉　ケリ　ケル　ズ　候　候(サフラフ)　タリ　ナリ　ヌ
	ベシ　リ
	コソアレ　コソ～アレ
通俗古今奇観	アリ　ケリ　如シ　ズ　ゾ　タリ　ナリ　ベシ　リ
	～トイフ

文末表現の現われは十一種すべての作品で同一の傾向を示している。その結果は基本となる文体のベースがすべての作品において，和文構造によって統括されていることを語っている。母体が和語・和文であることは白話翻訳者が和文構造の基礎に，作品によっては漢文訓読句文を組み入れていて，その度合いの違いが訓読的印象を濃くするか否かという実情を表わすことになる。

これは伝統的に継承されてきた和漢混交の文体としてとうぜんの帰結にすぎない。白話小説の翻訳者が漢文脈の日本語文をとうぜんのように継承している事実をしめすことにほかならない。このことは当代江戸中期の口語によって翻訳していない実態を顕にしている。「〜ケル」文は連体形が終止形表現の文体のみで治まらないとする翻訳者の文体意識であろうか。

作品によっては係り結び表現が見られ，係助詞「ゾ」が連体形で結ばれる例が見られる。「〜ト」「〜トス」などは漢文訓読表現である。

2-2-9 疑問・反語・詠嘆表現例

表16

作品名
通俗酔菩提全伝　　イカン（末）　イヅク　何　〜ヤ　如何ゾ〜
通俗隋煬帝外史　　〜ヤ　〜カ
通俗赤縄奇縁　　〜ヤ　〜カ　難道〜　什麼ノ〜（ナカンゾ）（ナニ）　怎ゾ〜（イカン）
通俗金翹伝　　（幾個・誰）カ〜ヤ　（何）〜ヤ　何ユヘニ　ナニユヘニ（イクバク）
　　　　　　　〜カ　〜ヤ（ト）　怎麼（サニトテ）
通俗孝粛伝　　奈何（トモスベキ）
通俗大明女仙伝　　イカンゾ〜　〜カ　（ナンゾ）〜ヤ　〜ヤ
通俗醒世恒言　　インカゾ〜　如何ゾ〜
通俗繡像新裁綺史　　ナンゾ〜　什麼ナル〜ゾ
通俗平妖伝
通俗西湖佳話　　イカガ　イカナル　イヅク　何方　何事ヤ
通俗古今奇観　　イカガ　如何　イカン（ゾ）〜ヤ　ナンゾ〜　何ゾ〜　何物ゾ
　　　　　　　〜ヤ

疑問，反語表現は「カ」「ヤ」しかないが，この表われが文頭に疑問詞を伴っての表われ方でもともとの小説文体の文言性が見えてくる。

2-2-10 漢文訓読構文例

表17

作品名	
通俗酔菩提全伝	豈〜ザランヤ
通俗隋煬帝外史	〜事アタハズ　〜日　〜（スル事）アタハザルヤ
通俗赤縄奇縁	非常に少ない　怎ンゾ〜ナルヤ　〜（スル事）アタハズ （便^{スナハチ}）〜テ日〜
通俗金翹伝	〜事アタハズ　況ンヤ〜
通俗孝粛伝	奈何^{イカン}トモ〜
通俗大明女仙伝	イカンゾ〜ヤト　豈^{アニ}〜ヤ　ソレ〜カト　ナンゾ豈〜ヤ　ナンゾ〜ザランヤ　〜テ日
通俗醒世恒言	〜テ日　自オモヘラク　豈ニ〜ヤ
通俗繍像新裁綺史	正是〜　就^{タトヒ}コレ〜トモ〜
通俗平妖伝	茲ニ〜アリ　正ニ是〜　願ハ〜　況ヤ〜ト　豈ニ〜ヤ
通俗西湖佳話	〜スレバイハク〜　〜スルニアラズンバ〜
通俗古今奇観	〜云　〜況ヤ　〜ヤ　乃チ〜テ云　〜豈ニ　〜ナサンヤ

　白話文でも物語の性質によって，伝統的な漢文表現がみられる，すなわち文言的な表現を文体として示すものがある。その実態はとうぜん白話小説の翻訳に反映する。したがってそのような文言的表現は伝統的な漢文訓読にしたがって　翻訳され，訓読の文脈を形成することになる。この反映の如何は翻訳者の翻訳文体を支配するから，白話翻訳における文体分析の指標として単純に扱うことを許さない。

2-2-11 使役表現例

表18

作品名	
通俗酔菩提全伝	孩児ヲ丫鬟ニ抱^{イダカセ}テ出来シム　長老孩児ヲ丫鬟ニ返抱^{イダキサラ}去シメ　他ヲシテ恒^{ツネニホンメイケンシン}本命元辰ヲ修シメ（「他」左に「カレニ」と振る）長老其親弟五人ヲ呼テ前ニ到^{イタ}ラシメ　決仕^{ツカヘ}シムベカラズ
通俗隋煬帝外史	散々ニ打^{ウタ}シメ玉ヘバ　宮城エ置^{カヘ}シ参ラセケリ　動静ヲ打深^{ウカヾハ}シメ玉フニ

391

第Ⅲ章　唐話学史　白話の受容と展開

通俗赤縄奇縁	衣服ヲ改メサセ　留メテ宿セシナケリ　客ニ見<ruby>シメント<rt>マミエ</rt></ruby>　羅漢モ情ヲ思ハシメ
通俗金翹伝	種々ノ禍ニ遭ザラシメバ
通俗孝粛伝	小姐ト列真トヲ捉エシムレハ
通俗大明女仙伝	下界ノ禍乱ヲ平シメ　〜ニ命ジテコレヲ読シメラル
通俗醒世恒言	蜀ヘ落サセタマヘ
通俗繡像新裁綺史	店中ニ至ラシメ　九媽カ家ニ到ラシム <ruby>シヤクヤ<rt></rt></ruby>
通俗平妖伝	二赴トシメ　将ニ〜ヲ脱シメテ　呉ヲセサシメ
通俗西湖佳話	討手ニ向ハシメラル　夫ニ取サ一行カセル
通俗古今奇観	黄金百両ヲ持セテ〜トス

　一般的に使役文は多くないが，使役主が物語のコンセプトによって「天子」ほかの上位者などが登場する位階秩序の明確な話の中に現われることが多い。

2-2-12　受身表現例

表19

通俗酔菩提全伝	鶏ニ食<ruby>ハレタル<rt>トリクラ</rt></ruby>
通俗隋煬帝外史	文帝　ソノ風ニ<ruby>吹落<rt>フキヲト</rt></ruby>サレ
通俗赤縄奇縁	堤裏ヲ搶ヒ取ラレ　他ニ従良セラレ　宮司ノ威勢ニ逼ラレ
通俗金翹伝	人ニ<ruby>悪<rt>ニク</rt></ruby>マレズ
通俗孝粛伝	幼魚霊鏡ニテラサレテ
通俗大明女仙伝	迁<ruby>觐<rt>ウマレモテアソバ</rt></ruby>ル
通俗醒世恒言	殺<ruby>サレタル<rt>コロ</rt></ruby>　<ruby>虜<rt>トリコ</rt></ruby>ニサレタル　<ruby>逃<rt>ノガレ</rt></ruby>タル　<ruby>奪<rt>ウバイ</rt></ruby>トラレ　<ruby>屋守<rt>イエヤカ</rt></ruby>ヲ燒レ
通俗繡像新裁綺史	陳ニ<ruby>敗残<rt>ヤブレタルアキヤ</rt></ruby>タル官兵　乱軍ニ<ruby>冲突<rt>ツキトバ</rt></ruby>サレ　<ruby>同時<rt>イッショ</rt></ruby>ニ<ruby>避難<rt>ノガレ</rt></ruby>タル〜人　破敗的空屋
通俗平妖伝	迷惑サレテ
通俗西湖佳話	客ハ噴カケラレジ
通俗古今奇観	<ruby>迷惑<rt>マト</rt></ruby>ハサレテ

　「ル」「ラル」は尊敬表現が多く，多くの作品における受身表現の出現例は非常に少ない。

第 5 節 「通俗物」白話小説と和文化の度合い

2-2-13 白話保存の用言例
表20

作品名
通俗酔菩提全伝　　回テ（カヘツ）　娶ズ（メトラ）　等閑ニ（ナヲザリ）　愕然（ヲドロイテ）　勝ズ（タヘ）
通俗隋煬帝外史　　起出シ（カケ）回シ（カヘ）　刮来リ（フキ）
通俗赤縄奇縁　　略（カドハカシ）　絶レ（スグ）　要メ（モト）　信セ（マカ）　搶ヒ（ウハ）　巴不得（マチワビ）　央ミ（タノ）
通俗金翹伝　　托（カコツケ）　俀（マチ）　跑来リ（カケキタ）　回リ　委ン（ステ）
通俗孝粛伝　　周章（アワテ）　胡乱堪（ウロタエ）　声花（ニギヤカ）
通俗大明女仙伝　　イシ（タタズミ）
通俗醒世恒言　　詫（イブカリ）　回（カヘリ）　帯（ツケ）
通俗繍像新裁綺史　　弄保テ（モミタテ）　生リ（モテ）　配（メアハス）　回言テ（コタエ）　要用（モトメ）　疑惑（ウタガヒ）
通俗平妖伝　　サシ放テ（ヤイ）　了ラズ（アハテ）　回リ　慌忙
通俗西湖佳話　　回リ（カヘ）
通俗古今奇観　　了ル（ヲハ）　回リ　道ウ

2-3 章回小説の書き出し

　章回小説の基本的な手法は一回毎の話が完結し，次回に話の続きを積み重ねていく方式で物語っていく。したがって，その書き出しは多くの場合，発辞に依拠し，そこではしばしば指示詞が介入する。したがって，その発辞が白話そのものであるか，あるいは日本語語彙として書かれるかのいう如何で，白話原語の翻訳文支配性が判明する。

　ここでは章回小説以外の作品はその書き出しを除外し，作品名だけを記す。

1　『通俗酔菩提全伝』
2　『通俗隋煬帝外史』章回小説

回	冒頭部	読み
1	炎漢祚ヲ失ナフテ後	
2	次早	ツギノアシタ
3	コノ時	
4	コノ時	
5	那宣華夫人陳氏ハ	
6	宣華再ヒ宮ニ入ショリ	
7	斯テ〜〜	カク（テ）

第Ⅲ章　唐話学史　白話の受容と展開

```
 8  次早                        ツギノアシタ
 9  煬帝已ニ
10  コノ時
11  儀仗
12  煬帝清夜ノ
13  一日                        アルヒ
14  煬帝ハ那ツクリ花              カノ
15  一時                        アルトキ
16  次ノ日。
17  煬帝北海ニ遊ヒ
18  煬帝次日便殿ニ坐シ
19  那麻叔謀ハ                    カノ
20  麻叔謀已ニ
21  麻叔謀ソノ時。
22  コノ時煬帝ハ。
23  麻叔謀病已ニ愈テ後。
24  カクテ
25  煬帝河江已ニ成就セルヲ聞キ玉ヒ。
26  次日ニ到リテ                  〜ノ〜
27  煬帝已ニ汴河ニ至リ玉ヘバ。
28  煬帝已ニ呉絳仙ヲ幸シ。
29  煬帝已ニ睢陽ノ地ニ至リ。
30  煬帝已ニ一処ノ宮殿ヲ造リ。
31  一時                        アルトキ
32  迷花…ト云ヘルゴトク
33  コレヨリ煬帝日々ニ
34  次ノ日ニ至リテ
35  煬帝蕭后トトモニ己ニ宮ニ回リ玉フ処ニ。
36  李淵府中ニ回リ。
37  原来コノ水飾ハ。              モトヨリ
38  斯テ煬帝ハ。
39  宇文智及趙行枢。
40  司馬徳勘等。已ニ煬帝ヲ引出シ。
```

第5節　「通俗物」白話小説と和文化の度合い

「次早，一日，一時」は白話原語の表記をそのまま翻訳文に置いているから，振り仮名がなければ正確な読解を不可能にする。「早」は今日の北京語でも「您早」のように使用される朝の挨拶ことばだが，この語は「朝」を意味する。また「一」の用法も同様今日に生きる。

「原来」は日本語においても常識的な読解を促すかもしれない。「已ニ，斯テ」は今日でも了解可能な範囲に置かれている。一方「コノ時，ソノ時，カクテ，コレヨリ，次ノ日」のように和語的対応があるが，小説全体を通貫すると翻訳において，こうした単純なレベルにおける整理統一を経ていないことが容易にわかる。

3　『通俗赤縄奇縁』（章回小説仕立て。原話は章回小説ではない。）

回	冒頭部	読み
1	宋ノ太祖天下ヲ一統シ。	
2	九媽コノ時	
3	コノ時	
4	秦重已ニ家ニ回リ。	カヘ
5	斯テ秦重ハ。	カク
6	コノ時那朱十郎カ家ニハ。	
7	斯テ那王美娘ハ。	カク，カノ
8	次ノ日ニ至リテ。	

『通俗隋煬帝外史』の五分の一例でしかないが，比較すると和語的統一がとれているものと単純にわかる。しかし「那」は原語そのままである。

4　『通俗金翹伝』　章回小説

回	冒頭部	読み
1	北京ニ氏ヲ……ト云人アリ。	
2	翠翹ソノ夜	
3	コレヨリ幾日ヲ過テ後。	
4	翠翹ハ金重ガ後ヲ看ヲクリ。	
5	ソノ夜モスデニ明シカバ。	
6	カクテ大家王松ニムカヒ。	ミナミナ
7	ソノ夜王松一家ノ人々	

395

第Ⅱ章　唐話学史　白話の受容と展開

回	冒頭部	読み
8	カクテ翠翹ハ已ニ北京ノ地ヲハナレ。	
9	一日又隔楼ニ吟詠ノ声聞ヘケレバ。	アルヒ
10	翠翹ソノ時。	
11	翠翹スデニ妓女トナリ。	オヤマ
12	ソノ次ノ日。	
13	束守スデニ知府ノ判断ヲウケ。	
14	コノ時。	
15	一日忽外面ニ。	アルヒ，ソトモ
16	次ノ日翠翹ハ…	
17	翠翹ガ走リシ次ノ早。	アシタ
18	翠翹徐明山ニ別レテヨリ。	
19	宣義喩恩ノ二女。	
20	話説金重ハ。	サテモ

「ソノ夜，コレヨリ，カクテ，ソノ時，スデニ，ソノ次ノ日，コノ時」は原語表記に支配されていない。一方「一日，外面ニ，次ノ早」は原語を生かしている。また「話説」は白話の発辞そのものである。

5 『通俗孝粛伝』

回	冒頭部	読み
巻1	第一段	
1	楊州城。	
2	金丞相ノ家人揚州ニ至リアマネク…	
巻2	第二段	
1	湖広ノ徳安府…	
2	却説包公…	カクテ
	第三段	
1	貴州ノ番府三人ノ秀才…	
2	却説日中山水ヲ…	カクテ
巻3	第四段	
1	山東ノ清河県ニ…	
2	妖怪牢中ニ有テ…	
巻4	第五段	
1	西京ノ河南府ニ…	
2	此時包公…	

第 5 節　「通俗物」白話小説と和文化の度合い

回	冒頭部	読み
巻5	第六段	
1	山東登州ノ…	
2	此トキ…	

「此時，此トキ」は今日的に読解可能であるが，「却説」は原語の発辞そのものである。

6　『通俗大明女仙伝』
7　『通俗醒世恒言』
8　『通俗繡像新裁綺史』

回	冒頭部	読み
1	爰ニ大宋ノ太祖…	
2	自古道無巧不成話トサテモ…	コトハザ ニイフテダ テナケレバ ワキナサズ
3	ソレヨリ莘氏瑤琴ハ…	
4	ワケテ説　サテ…	トク
5	カクテ秦重ハワカ家ニ…	
6	頃シモ是個ノ一日厳冬…	
7	再説…	
8	サテ美娘ハ心腹ノ言ヲモッテ…	シンジツ

注「心腹」xīnfù　真心，誠意

「爰ニ，頃シモ，ワケテ説」「ソレヨリ，カクテ，サテ」は和語化されている。しかし「再説」は原語の反映，「自古道無巧不成話」は原文がそのまま表記されていて振り仮名によって読解させるのである。

9　『通俗平妖伝』　章回小説

回	冒頭部	読み
1	茲ニ	ココ（ニ）
2	話説	サルホドニ
3	話説	ココニ
4	茲ニ	ココ（ニ）
5	却説	カクテ

397

回	冒頭部	読み
6	話説	カクテ
7	却説	カクテ
8	慈長老	
9	斯テ	カク（テ）
10	斯テ	カク（テ）

　異なり語としての分布が狭いが，原語の発辞「説話，却説」がそのままに生かされている。「茲ニ，斯テ」も原語そのままに翻訳されたものとみていい。

　10　『通俗平妖伝』
　11　『通俗西湖佳話』

　以上，ここで対象とする十一種の作品のうち章回小説六作品の書き出しを単純比較するとき，『通俗赤縄奇縁』『通俗金翹伝』『通俗孝粛伝』『通俗隋煬帝外史』『通俗平妖伝』『通俗繍像新裁綺史』の順に和文化の度合いが低くなっているものとみることができる。『通俗繍像新裁綺史』を最後においたのは原文そのものが多く保存されているからである。この点を除いた指示詞のみの翻訳比較では和文化の度合いが高いものといえるが，しかし全文をみるとこの作品の場合，原文保存の度合いが非常に高く，すべて振り仮名によって読解を可能にしている傾向がある。その意味から言えば，表記上『通俗繍像新裁綺史』がもっとも和文化の度合いが低いものということができる。

2-4 翻訳文と原文依存の度合い

表21

作品名	白話句・文原文引用	訓読文	
通俗酔菩提全伝	有	多	
通俗隋煬帝外史	無	小	
通俗赤縄奇縁	無	無	
通俗金翹伝	無	無	
通俗孝粛伝	無	無	
通俗大明女仙伝	有	有	小
通俗醒世恒言	有書簡23	有	小
通俗繍像新裁綺史	有　極多	有	小

第5節 「通俗物」白話小説と和文化の度合い

作品名	白話句・文原文引用	訓読文
通俗平妖伝	有 書簡23	有 小
通俗西湖佳話	無	無
通俗古今奇観	無	無

2-5 通俗物白話翻訳文体の和文度

　以上のような調査の結果から，とりあえず作品を構成する語彙基盤から白話文的要素と和文的要素とを勘案するとき，それぞれの作品間の違いがはかられるものとする。今回の調査をもとにして振り仮名を除外したときにとらえうる作品の和文化の度合いを，単純に計ってみると，つぎのような評価フィールド表ができる。

　なおこれはここでの試みにおけるものであり，さらに考究しなくてはならない面が多々横たわっている。

　図　通俗物白話翻訳文体の和文度

```
10                          5                           1
  通俗酔菩提全伝
                                  通俗隋煬帝外史
              通俗赤縄奇縁
                       通俗金翹伝
                                        通俗孝粛伝
                                  通俗大明女仙伝
                                        通俗醒世恒言
    通俗繍像新裁綺史
                                              通俗平妖伝
                                          通俗西湖佳話
                                          通俗古今奇観
```

399

第6節　解釈学としての徂徠学
　　　　－『訳文筌蹄』『訓訳示蒙』の言語学的解析

　荻生徂徠　1666（寛文6）年生 1728（享保13）年歿
１『訳文筌蹄』　1714（正徳4）年刊　初編　巻首，巻1〜3　1715（正徳5）年刊　初編　巻4〜6
２『訓訳示蒙』　成立不詳　1738（元文3）年刊有，1766（明和3）刊有
1882（明治14）年　篠田正作校訂刊本

　徂徠が唐話学習の契機としたのは，1696（元禄9）年，柳沢吉保に禄士したときであるとされる。徂徠31歳ということになる。元禄から享保期にかけて唐話を学んだ荻生徂徠は伝統的な訓読の方法を「和訓廻環之読」として否定した。古学の必要を説き，先進文明の学，それを春秋戦国における諸子百家がもたらした書物の世界に確かに位置づけたいとした徂徠の外国語理解と正確な書物の読みを主張をする行為は『訓訳示蒙』に顕現する。また，二十歳代中半の講義録であったという『訳文筌蹄』のもつ言語認識の具体的内容は日本近世の学問史上に現れた「解釈学」の成果として評価することが可能である。

　書物を正確に読むということは容易なことではない。徂徠にとって「読む」という行為は徹底した字学において，一字一字を文脈における意味探求の中で展開されることを前提とした。徂徠学の基本的意味はそこに求められる。

　ここでは，多くの議論に付せられてきた徂徠の学問・研究の基礎を言語学の観点から改めて確める。

１　『訳文筌蹄』の分析

　『訳文筌蹄』は漢文の動詞と形容詞について意味論的に精査した書物である。書物の有用性の結果であるが，1769（明和6）青山居士によって索引が刊行されている。ただ，後年徂徠自身によって，捨てられた書物である。古文辞にも遠く，出来上がった徂徠自身にとっては若い日の学習成果であったのに過ぎないものだったとされる。

　だが，唐話の学習の必要を説き，実践するにいたる後年はそれはそれであ

る。徂徠二十代半ばの仕事とされるが，そのコンセプトはきわめて明瞭であり，徂徠の若い日々が正確な漢文の読みに注がれていたことがうかがわれる。やがて伊藤仁斎を批判した徂徠自身がことばの正しい意味で従事した解釈学の試みであったといえるだろうか。それはただ，必死に若年の日々を「読む」ことの本質に身を置いた徂徠の実践記録がこの書物であったことは確かである。自立した徂徠は徂徠として，今は起ち，学に純粋に身を投じていた学習の姿ともみえ，現代のわれわれがトレースするのに十全の価値があるものと思われる。

　ひるがえっていえば，今日日本語の研究においても，外国人の間で日本語学習が活発になって以来，日常使うことばの微細な運用実態を意味論的に論じ始めたことに似ている。今日ではさまざまな表現辞典が編まれ，外国語理解の確かな方法として，一つ一つのことばの使用実態を意識して記述するものがある。外国語を学ぶ者が一々の語の運用法を知りたいと願うことは自然なことである。

　そういえば，もとより伊藤仁斎においてこそ正確な漢文把握への努力が徂徠以前に試みられていた。古義堂の学問はネイティブが書く漢文そのものを学ぼうとしていた。しかしそういう仁斎に実は平行して，若き徂徠はやがて崎門学派を批判するだけの基盤を基礎学問の遂行の過程で得ようとしていたのである。徂徠はここに古典語と現代語の実際を意識しながら学びの只中にいた。もとより早熟の才能を漢文読解に示した徂徠の学習成果がこのような仕事へと導いたのである。若い日々から漢文講義に熟した才能を遺憾なく発揮した。「読む」という努力，これこそが後年，山崎闇斎などの批判につながる。

　ここにこの書物をトレースしようとする目論見は，したがって追体験的な意味をもって若い徂徠の学問成果を確認しようというのである。その場合，これは徂徠を語ろうというはるか以前に，ある時代になされた仕事を，一定の水準を越えたものとして，徂徠にはもはやかかわりなく，徂徠という個性が残した業績を精査する必要をいう。

　つぎに初編に採用され，掲出された漢字は全部で1675字であるが，このシステムが20代の徂徠が現実の場に置いた学習内容である。

なお，後編は徂徠の死後，その稿本によって，作成されたというものであるが他者によってアナロジカルに編集されたことが明らかであるので，ここでは初編のみを取り上げる。

初編の各巻目次に掲示された漢字はすでに指摘されているように，シノニムとして取り扱いうる漢字がリストされている。これを読むとき一見して了解されることは，同義的な漢字のそれぞれの運用事実が日本語への安易な変換と同一化を認めないということである。

本書に述べる徂徠の漢字講義のじっさいを第一字目の「閑」で追ってみる。徂徠の展開はつぎのように整理される。

　　（原文はカタカナで記し，「　」，（　），ひらがなは筆者。）
　　閑　訳語ヒマ，ムダ　忙字ノ反対
　　　　（引用）張籍の詩
　　　　　　　　左伝
　　　　　　　　李白の詩
　　　　　　　　張籍の詩　など
　　閑人　ヒマ仁，ムダモノ　無用ノ人
　　閑議論　ヒマナママノムダセンギ　無用ノ論
　　　閑官・閑職　ヒマナ役
　　　閑地　ヒマナトコロ　主ナキアキ地
　　　（引用）晋書
　　空閑　俗語　ヒマナルコト
　　　貴閑　御ヒマ
　　空閑ノ地　主ナクテ人ノカマハヌ地　散地ノ意ナリ
　　閑・散　二字ノ義モトヨリ通用ス
　　韓文　投閑置散　前後ノ意，官職ノコトヲイヘル
　　　　－＞閑官散　職ニ投置ルヽコトナリ
　　（古来の訓）閑　シヅカナリ
　　－倭語通用　シヅカナル－意広キ詞ナルユヘ親切ナラズ
　　　静字等ト混同スル失ヲ招ク味フベシ
　　　閑雲
　　　閑鷗
　　　鳥声閑
　　　儀静體閑

第6節　解釈学としての徂徠学

　　野興閑
　　幽閑貞静
　　　（古来の訓）偸閑　アカラサマナリ
　　　（古来の訓）等閑　ナヲサリ
　　消閑
　　閑寂
　　閑行・閑歩
　　閑往閑来
　　閑思雑慮
　　野鬼閑神
　　「倭語ノヒマ」との別
　女房ノ夫ニヒマヲトル　求去求離異
　ヒマヲヤル　休了他把他休（ヒウリヤウタアパアタアヒウ）
　主人ニヒマヲトル　求去　俗語　求退要退銭粮
　当座ノヒマヲモラフ　乞急乞暇
　当座ノヒマヲヤル　賜暇予告
　閑ノ字トハ各別ノコトナレトモ新訳ニ就テ混スル嫌アルユヘ，コヽニ附ス総シテ訳ハ漢語ヲ観ルニコノ訳ニテ解スベシ。コノ訳ヲ以テ漢語ヲ作ルヘカラス。

　以上みられるように，ここで挙げた例は一字の釈義の比較的長い箇所である。もとより，簡潔に記した例もあるが，「閑」の場合，これだけの釈義を与えられている。中国古典の引用をはじめ，徂徠が学習した古典籍から得た豊富な知識量は，確実に説得力があり，また釈義の内容は蓋然性が高く徂徠の漢字理解が深く広がりをもっていることがよく理解できる。ことばを正確に読むということはやさしいことではないことを徂徠は自覚していた。徂徠の漢字講義の中心はもとより日本人が異文化である中国のことばの世界を確実に理解させるという態度にあることが明らかである。また最後に示した日本語における慣用をいちいちの唐話によって示している事実のもっている意味は徂徠が唐話に通暁していた事実をも明らかにするものである。また，刊行された正徳4，5年は徂徠48，9歳であるので，仮に戸川芳郎（1979）で「25，6歳のころの講義の筆録を底稿とし，以後もつづけて手を加えていた様子で，底稿は吉有鄰と釈聖黙の筆受となっている」ということであるとすれば，すでに唐話学習を通過しているから，若年における講義録の正確な

403

実態はわからない。もし徂徠の学習が非常に長い時間をかけて達成されたということであるのなら，若年の折の古典理解のレベルをはかることができない。

『訳文筌蹄』に記述された内容をまとめると徂徠の釈義の内容は以下のように整理される。
　　1　漢字の意味を指示する
　　2　訳語としての日本語をいう
　　3　熟語としての整合をいう
　　4　反対語を示す
　　5　俗語例を示す

けっきょく，この書物が示すところは中国古典籍の学習を通じて得られる厳密な古典学として認めた成果である。それはまさしく基礎の基礎をなす小学の場であった。徂徠にとっては，その思想的基盤を熟成させるための初学的な位置にあったものである。したがって徂徠が思想的・哲学的な場に立った後において，完成されたものとすれば，それはまた成学の場におかれた，自らの過去の位置へのイクスキューズを語ったものとされるかしれない。

2　『訓訳示蒙』の分析
2-1　書物の意図

『訓訳示蒙』を書いた意図はどこにあったのか。またなぜ1881（明治14）年になって篠田正作が校訂し明治時代の漢文学習のテキストとして本書を採用したのか。篠田は数多ある漢語学書中で『訓訳示蒙』がもっとも助字の理解に良いとして，つぎのように指摘している。

　　此書ハ物徂徠先生ノ著ニシテ世ノ漢文ヲ学フ者ノ為ニ其意味ヲシテ頗ル解シ易カラシメン事ヲ欲シ反覆叮嚀通語ヲ以テ解説教示セシ書ナリ

徂徠がこの書物を編んだ理由は啓蒙的な意図の下にあったと同時にそこには「読む行為」への明瞭な姿勢があったものと思われる。徂徠の議論は巻一に明確に述べられている。よく知られているとはいえ，徂徠の学的根拠を示し，言語学の観点から言語認識，諸概念についてより綿密な検討を必要とする。また元禄から享保期における日本言語学の水準を示すものである。ここ

第6節　解釈学としての徂徠学

では改めてその主張をトレースしながら整理し，コメントを付したい。

2-2　異学への態度

『訓訳示蒙』巻一冒頭におかれた一文は長文であるが，無駄がなく，ここに徂徠の主張は委曲が尽くされている。なお，篠田正作の校訂本文の引用にあたっては漢字，漢語に振られた読みは原則的に省略する。

　　今時ノ人学問ノ門戸ヲ得ズ。門戸ヲ得ズシテ学問セバ。終ヒニ。ソノ学問ノ成就スル事有ベカラズ。先ヅ。トクト。ヨク料簡シテ見ルヘシ。今時ノ人経学ト云ヘバ。初手カラ。ハヤ。理ノ高妙ヲ説キ。詩学ト云ヘバ。ハヤ。句ノ巧拙ヲ論ジ。興ノ幽玄ヲ談ズル事。イカバカリ拙キト云フ事ヲ知ラズ。先ヅ。トクト。ヨク料簡シテ見ヨ。

徂徠の立論の基は，こうして学問の基礎を踏まえない傾向が一般に流布している状況を看取するところから始まる。

　　儒道ハ何事ゾ。人ノ道ナリ。日本ノ人ハ人ニ非ズヤ。君子小人トハ何事ゾ。君子ハ侍ナリ。小人ハ。イヤイヤナリ。試ニ。礼記曲礼ヲ見ヨ。悉ク。武家ノ諸礼ト合スルナリ。不同ナル処アルハ。国土ノ風俗ニテ。皆。ソレソレニ分チアル事ナリ。

　　如ㇾ此看破セザルニヨリ。何ヤラ向上ナル。禅学ナドノ様ニ心得ルハ。沙汰ノ限リ僻事ナリ。詩ト云ヘバ何ヤラカタキ事ノ様ニ覚ユルナレドモ詩ハ即日本ノ歌ナリト心得ベシ。先ヅ。箇様ニ大段ヲスヘテ置テ。サテ。然ラバ侍道ヲ知リタラバ。儒道経学ハ入ラザルモノカ。和歌ニ通達シタラバ。詩学モ。クラカルマジキカ。イヤ。サニテハナシ。

　　儒道ハ。勿論侍ノ道ナレドモ。中華ニハ。聖人ト云フ人ガ出デタリ。日本ハ。聖人ノナキ国ユヘ。ソノ侍道ガ。武ノ一方ヘ偏ナル處ガアルゾ。聖人ト云フハ。仏家ニイフ仏ナドノ様ナル。奇妙ナル事ニテハナシ。能々人ノ道ヲ合点シタル人ナリ。人ノ道ト云ヘバ。ハヤ。ムヅカシ。人ノワケナリ。ソノ人ノワケヲ。能ク合点シタル。聖人ヲ学バヒデハ。定規ナクテ家ヲ作ルガ如クナル間。儒学ヲスル事ナリ。

徂徠の信念に属することがらであるが，「聖人」は中国にしかいないという。その中国は西漢以前はるか遠くの春秋戦国時代，孔子を頂点とする諸子百家の世界である。近代の中国はその場合視野からはずれている。

　　サテ。ソノ儒学ヲシタク思ヒ。経学ヲシタク思フ時ニ。書物ヲ見ズシテハ。ナラヌ事ナリ。書物ハ何事ゾト云フ時ニ。唐人ノ書キタルモノナリ。今時ノ人ハ。書

物ヲ。何ヤラ。ムツカシク。思案シテ。唐人ガ作リタルモノト心得ルナリ。此レ
　　又。大ヒナル取リソコナヒナリ。書籍ハ日本ノクサ雙紙ナリ。唐人ガ常ニツカフ
　　詞ヲ。紙ニ書タル物ナリ。然レバ書籍ニ書キタルハ。唐人語ト心得ルガ。学問ノ
　　大意ナリ。学問ハ畢竟ジテ。漢学ナリト心得ベシ。仏学ハ畢竟ジテ梵学ナリト意
　　得ベシ。某。箇様ニ存ズルユヘ。訳文ト云フ事ヲ立テヽ。学者ヲ教フル事ナリ。
　　訳文トハ唐人詞ノ通事ナリ

　一読して明瞭な事実とは，徂徠がいつの世でも変わることがない普遍のレベルで学の本質を感じ取っていたことである。最後の一節「某箇様ニ存ズルユヘ訳文ト云事ヲ立テ。学者ヲ教フル事ナリ。訳文トハ唐人詞ノ通事ナリ」が言語の学を述べる徂徠の核である。

　ここに述べられたひとつの，しかし大きな苛立ちは今日においても変わることがない曲学阿世の徒に対する本質的な批判と読むことができる。なぜ，このような初歩的とも思われる思弁を徂徠が弄さなくてはならないのか。

　実はこの根底に垣間見えることは，徂徠が徹底して中国と中国学を信奉したことについての昔日からの議論にその問題は属する。なおまた，徂徠にまつわる中華礼賛が西漢以前の書物による古学においてのみあることをその学問の根底に据えた事実を逸することはできない。こうした議論については吉川幸次郎（1973）・（1974）などに詳細であり，また妥当性を得た議論であると思うので，ここではこれ以上述べない。だが，そうしたことを措いて，ここでの最重要な議論は学の基礎が中華礼賛にそくして実践されようと否とにかかわらず，厳密な学としての基礎をなすものが「読む」行為そのものに存し，徹底したテキスト・クリティックがことば自体の検証に存するという認知・認識である。徂徠はそれを実践した。もちろん徂徠に先立って伊藤仁斎がすでに，近世初期以来の日本人が書く漢文の誤謬の歴史を批判すべく，訳学とまた原文へ復する中文訳への訓練を古義堂で実践したこと，それが幕末にいたるまで多くのすぐれた弟子を輩出したことの因になったことなどが思い起こされてよい。仁斎も徂徠も共に，崎門学派の総帥山崎闇斎の学を徹底的に批判した理由—それは彼らの学問の基本がテキストを正確に読むこと，また正しい外国語としての漢文を書くことの基礎を字学に求めたことにあったことを把握しなければならない。崇高，高邁な議論の基礎がことばの正しい解釈にあるというあたりまえのことの確かめであったということである。

第 6 節　解釈学としての徂徠学

ただこの序文が書かれた状況をいまはかることができない。それはいつこの書物が完成したかの議論を煮詰めることを不可能にするからである。若年の日々，これを述べたとすれば，徂徠はまことに早熟の天才であった。しかしまた，それが不惑を超えた年代に書き記されたとすれば，それは成熟の過程にあった徂徠の認識を示す諸事由に従わざるをえない。

2-3　記述の内容

徂徠は学問は漢学であると明言する。以下主張するところを整理すると以下のようになる。

　　訳文ト云フ事ヲ立テヽ，学者ヲ教フル事ナリ
　　　訳文－唐人詞ノ通事ナリ
　　　唐人ノ語ヲ日本ノ語ニ直スナリ
　　　唐土ノ詞ハ字ナリ。日本ノ詞ハ仮名ナリ

翻訳
　　1　直翻　　一々メノコ算用ニ唐ノ文字ニ日本ノ詞ヲ付クルナリ
　　2　義翻　　直翻ニナラヌ處ヲバ一句ノ義ヲ以テ訳スル

　　1　字義　　一字一字ノ意ナリ
　　2　文理　　字ノ上下ノ置様ナリ
　　3　句法　　一句ノ上ニ巧拙ヲ論ズル事ナリ
　　4　文勢　　全体ノ文勢ナリ

字義ノ大綱
　　1　字品
　　　-1　正　実語，正味
　　　　-1　虚　静の虚字　（例）大小長短清濁明闇
　　　　　　　　動の虚字　（例）喜怒哀楽飛走歌舞
　　　　-2　実　体の実字　（例）天地日月鳥獣草木
　　　　　　　　用の実字　（例）手足頭尾枝葉根茎
　　　-2　助　助語　　倭歌ノテニヲハ
　　2　字勢
　　　-1-1　通　義広シ　（例）山，川
　　　　　　動ノ字

-2 局　義セバシ　（例）峰，巒，岸ノ瀬
　　　　　　動中ノ細目　　（例）飛走往来
　-2-1 単　一字ニテ義ノ聞コユル字ナリ
　　-2 複　一字用ラレヌ字ナリ　逍遥　彷彿
　-3-1 厳　意ノケハシキ字　　　（例）一二三四，東西南北，青黄赤白
　　-2 慢　意ノブラリトシタル字　（例）辺，傍，時，際，處

字ノ用
1 死活　（例）漢字「清」　字ノママ　「キヨシ」　（形容詞）
　-1 死　死字　キヨキ（形容詞の名詞化）
　-2 活　活字　キヨム（形容詞の動詞化）
2 精粗　（例）「疾」「速」相似テ違フ
　-1 精　クハシク用ル　違フママニ用ル
　-2 粗　アラク用ル　　通ハシテ用ル
3 真仮　（例）鏡
　-1 真　「真ノ鏡」ノ事ニ用ルハ真ナリ　　　　（実体用法）
　-2 仮　月ノ事「一鏡晴飛」ナドヽ用ルハ仮ナリ　（比喩用法）
4 軽重　（例）忠恕違道不遠
　-1 軽　忠ノ字軽シ
　-2 重　恕ノ字重ク

文理ヲシラントセバ
　　　　字義
字品，字勢，字ノ用
　　　　助語
助語ハ文ノ關鍵ナリ。実語ヲ引マハスモノナリ
　　　　　　シマリ

文理トイフハ畢竟字ノ上下ノ置キヤウナリ
1 先ズ語ノ断続ヲ知ルベシ
　ツヅク字
　キレル字
2（総ジテ一句，一段，一篇ノ内ニテモ）虚実死活助字ノ分ケヲ知ルベシ
　-1 実字死字ハ物ナリ，道具ナリ
　　　主人ヲ立ル事アリ
　　　外ニ立ル事モアリ
　-2 静ノ虚字ハソノ道具カ又ハ主人ノナリフゼイ，シナ様子ナリ

-3 動字，活字ハ事(ワザ)ナリ。故ニ其道具ヲ使フ字ナリ
-4 助字ハ文勢ナリ。故ニ全体ノ精神ナリ

詩ノ文理

　これらの観点に基づいて，さらに巻2では「文理例」として，同一文のさまざまな訳法を具体的に示した。巻3から巻5は助語を挙げ，一々の語の使用と訳法とを示している。それらは緻密であり，読む行為の具体的な提示ともなって，徂徠の書物読解の基礎を表わすものとなった。

2-4　助語

　巻三から巻五は助語を挙げ,一々の語の使用と訳法とを示している。それらは緻密であり，読む行為の具体的な提示ともなって，徂徠の書物読解の基礎を表すものとものとなった。
　徂徠がここで取り上げた助語は目次で全494字である。以下徂徠が示した助語のパラダイムを示す。

　　巻三助語
　　○之
　　○而
　　○所 攸 處 許
　　○此 是 維 惟 斯 茲 諸 者 這 箇 之 言 于 爰 曰 緊 伊 云 旃 於 越
　　○其 厥 夫 那 爾 彼 某
　　○然 爾
　　○於 于 乎 諸
　　○也 矣 焉 兮
　　○耳 爾 已 而已
　　○乎 邪 耶 歟 與 夫 哉
　　○嗚呼 烏乎 於戲 噫嘻 噫呼 於 惡 咨 嗟
　　○者
　　○以 将 庸 用 式 須 消
　　○則 即 乃 廼 輒 便 斯 載 就 曾
　　巻四　助語中

○蓋
○寧　無乃　毋乃　無寧
○豈　安焉　何　曷　詎　奚　孰　誰　底　甚胡　寧　盍　遐　争　奈
○既　已
○猶　尚　仍
○未　不　弗　非　匪　微　無　靡　没　毋　勿　末
○或　若　如　設　儻　倘　乍　脱
○雖
○仮使　仮令　設若　設使　饒使　縦　雖　就　任　譬　喩　況
○況　矧
○頗　殆　幾　汔
○垂　向
○将　且　行　往　看
○庶幾　庶冀　希　願　幸　期　尚　請
○恰　宛
○坐
○立
○黙
○動
○苟　聊　薄　且　姑　暫　頃　少
○豫　預　宿
○曾　嘗
○肯　敢
○相
○見　被　所
○抑　将
○毎
○自　従　由　縁　因　仍　依　拠　頼　倚
○恁　馮
○果　必　要　會　決　断
○盡　悉　咸　皆　卒　殫
○渾　総　都　統　凡　亡慮
○極　尤　最　儘　殊　特　絶　太　甚　苦
○酷　孔
○遂　卒　終　竟　畢　肁
○又　亦　復　還　卻　更　也

第6節 解釈学としての徂徠学

○更　転　愈　逾　弥　益　倍　滋　増
○反　還　却　翻　曽　転　覆　旋　顧
巻五　助語下
○固　苟　実　誠　真　良　諒　信
○漸　稍　旋　寖　較　差　浸　微　徐　粗　略　良
○與　兼　和　曁　及　洎　迄　比　至　届　併　並　共　倶　覃　逮
○當　応　合　須　宜　可　容　消　著
○為　與　故
○使　教　令　俾　遣
○不能　不克　不耐　不禁　不堪　不任　不勝　不得　不足
○善　喜
○惟　唯　只　但　祇　特　啻　翅　徒　土　直　第
○正　方　適　祇　政　将　雅　端
○関　預　與　于　附繋
○致
○即　就
○等
○各
○自
○自躬　身　親　手自　躬自
○故
○凡　大凡　大抵　大概　槩　一切　大略
○以　惟　顧
○僅　纔　乍　忽　倏　悅
○驟　亟　数　屡　頻　切　連　仍
○疑　恐
○偶　適　會
○的　切
○素　固　元　本　原　舊　雅　職
○長　鎮
○幸　頼
○専　一　純
○竊　私　潜　密　陰　側
○叩　謾　妄　漫　猥　濫　謬
○忝　辱
○徒　空

411

○為　作　成　做
○在　有
○否　不
○從　任　随　信　委　聴
○如　若　似　肖
○許　可　容　且　如
○難　叵
○云云
○明
○例
○宜
○無他
○既而　已而
○一何
○必也
○適　往
○向　適　往
○不須　不及　不暇　不待
○云　曰　謂　言　道
○於是　于茲　粵　於　于　爰
○却　了　来　去　底　的　地　與　著　得
○子　頭　打
○從而

巻三の冒頭に徂徠はつぎのように書いている。

　　総ジテ助語ハ製字ノ始ヨリ助語ニ作リタル字ハ少シ。皆多クハ仮借シテ助語ニ用タルモノナリ。皆ソレゾレノ本字ノ意ヲ軽ク使ヒタルモノナリ。

この助語パラダイムは一々の漢字が文脈にもっている職能について精査した結果である。つぎにその表れを同一の字が別に置かれているケースを取り上げて，同じ字を分けて取り上げた意味を探る。

　目次第一番目の「之」
　目次第四番目の「之」（○此　是　維　惟　斯　茲　諸　者　這　箇　之　言
　　　　　　　　　　　　　于　爰　曰　緊　伊　云　旃　於　越）
　　注　[　]文字は原本では四角囲み。また篠田によって付された「●」は現行の句読点に改め，適宜，省略・補訂した。

第6節　解釈学としての徂徠学

［之］
［ノ］トヨム。［コレ］トヨムト［コノ］トヨムトハ助語ナリ。［ユク］トヨム時ハ助語ニアラズ。［コレ］［コノ］ハ下ニ見エタリ［ノ］トヨム時必句中ニ置ク物ヲ指示ス辞ナリ。指シ示スト云フハタトヘバ［大學之書］ト云フハ此ノ書ハ大學ノ書ゾト別チヲタテヽ、指シ示ス意ナリ。此レハ［之］ノ字ノ上ガ重シ。又［之］ノ字ノ下ヲ重ク見ル事アリ。ソノ時ハ大學ノ道デモナイ，大學ノ學校デモナイ，此ノ學ハ大學ノ書ジヤト、此レモ分ヲタテヽ、指シ示ス意ナリ。上ノ重イ，下ノ重イハ，皆文勢ニヨルベシ。但シ［之］ノ字ヲ中ニ置ク時ハ，必ズ上カ下カ一方重キナリ。上下同等ナド云フ事ハナキナリ。子細ハ元来［ユク］トヨム字ナリ。上カラ下ヘユク時ハ，上重シ。然レバ必ズ一方重キハズノ文字ナリ。訳スル時［ノ］トモ［カ］トモ［ソノ］トモ云フ。又［之］ノ字ト［其］ノ字ト相似テ［其］ノ字ハ重シ。下ノ字ツヨク指ス辞ナリ。タトヘバ［大學之書］ト云フト［大學其書］ト云フト，合セ見ルベシ。ツヨク［書］トフヲ。指スコトバナリ。但シカヤウノ事ハ少シナル事ナリ。又［之］ノ字［而］ノ字トモニ，タエツヅラナル文字ナリ。但シ［之］ノ字ハマツスグナリ。［而］ノ字ハ必ズ上下二事ニシテ其間ヲチヨット［而］ノ字ニテ，ツヅリテ置キタルナリ。故ニ一語折ルヽ［之］ノ字ハ，必ズ上下トモ二事ニシテ，上體下用トカ，上名下物トカ，分ルヽナリ。故ニ語直ナリ。タトヘバ［仁義］ト云フ時ハ，仁ト義ト二ツナリ。［仁之義］ト云時ハ仁中ノ義ナル間一事ニシテ，体用ノ二ツニ分ルヽナリ。［ノ］ヽカナヲツクル処ニ，必ズ［之］ノ字ヲ置クト云フ事ニテハナシ。［之］ノ字ヲ置カネバ語ノキルヽ処ガツヅク様ニ聞フル時ニ置クナリ。又ツヅク処ガキルヽヤウニ聞フル時モ置クナリ。又句ノ分間ノ為メニ置ク事モアリ。又［之］ノ字ノ下必ズ死字ニナルナリ。物ニナルナリ。物ト云フハ，理カ，事カ，実物カ時カ処カナリ。タトヘバ［気質之稟］［ウクル］ト云フ時ハ，死字ニ非ズ。［三代之隆リシ］ヲ［隆ナル］ト云フ時ハ死字ニ非ズ。［躬行心得之餘］［アマル］ト云フ時ハ，死字ニ非ズ。又［之］ノ字ノ下字数多キ時ハ死字ニナシガタシ。ソノ時ハ［之］ノ字ノ下ニ［所］ノ字ヲ置クカ，又句末ニ［者］ノ字カ［也］ノ字ヲ置ク時ハ死字ニナルナリ。但シ此ノ［也］ノ字ト云フハ［ナリ］トヨム［也］ニ非ズ。［白也詩無敵］ナドノ［也］ナリ。又詩経ニ［子之蕩兮］又［楊之水兮］トアリ。此等ハ，［蕩］モ［揚］モ形容字ナリ。形容字，皆死字ナリ。動カヌ字ナリ。故ニ［之］ノ字ヲ下シ得ル。ソノウヘ詩経ノ此等ノ語ハ，皆句法ヲ以テ置キタル［之］ノ字ナリ。故ニ常ノ文法トハ違フ意思アリ。一正一助ノ句法ナリ。［子］ト［蕩］トハ正ナリ。［之］［兮］ハ助ナリ。又［嗟行之人］トアルモ，［嗟］［之］ハ助ナリ。［行］［人］ハ正ナリ。［展如之人］トアルモ［展］［之］ハ助ナリ。［如］［人］ハ正ナリ。

　上に引いたところは第一カテゴリーにおかれた「之」字解釈の全文である。ここでは「之」の用字法を総合的に捉え解釈を与えたのである。微細な点に

413

至る徂徠の解釈は今日的にみても妥当性が高い。

　一方目次第四番目の「之」は「此」以下の字とともに指示詞の近称表現パラダイムの中でその用字法を言う。徂徠は上記にあって「［コレ］［コノ］ハ下ニ見エタリ」としたが，指示詞のカテゴリーを設定することから，別字との対照を試みている。すなわち徂徠が与える解は「之」に関してつぎのような説明がなされているので以下抜き書きしてみる。

　　1 古文ニハ［是］ノ字ヲ［之］ノ字，［此］ノ字ノ意ニモ用ヒタリ。［是刈是護］［中心是悼］［是］ヲ［之］ノ意ニ用ヒタル証拠ナリ。
　　2 ［此］ノ字ヲ用フル時ハ［以此之故ニ］一，如‿此用フルナリ。［之］ノ字コレモ物ヲ指ス辞ナリ。軽シテ力アル字ナリ。［此］［斯］［是］ノ三字ノ意ニ通ジテ，軽キ文字ナリ。死字ノ上ニ戴カスレバ，［コノ］トヨム。［之人］［之子］［之屏］［之翰］ノ類ナリ。

　上のように，徂徠は「之」を21字列挙した指示表現の字カテゴリー下に置いて，他の字との運用法の差異とその妥当性とを説明したのである。漢籍を読む際における助字の考究は一人徂徠にとどまらず，多く漢学，漢語学にあったものがもっとも肝要なことであるとして著述を残した。たとえばそれは『助字訳通』を著した岡田白駒のような，唐話学に精通し，『水滸伝』解釈に多大な貢献をなした者などにもそれは共通する。漢文を正確に読もうとすることの基本が実字，虚字，助字の解明にあり，この漢語三分類カテゴリーにあって，もっとも助字の解釈が重要である。シンタクスの解析におかれた徂徠の位置は，「之」字の一端を見るだけでも，克明であり，微細な釈義が簡明に理解できるものであった事が知られる。このように明治になって篠田正作がこの書物をおこしたことの妥当性もまた明瞭に示すものとなる。

　漢字・漢文を宿命的な受容事実としなくてはならないことは日本文化史を通貫して核となる事実である。徂徠の意味はそうした時トータルな漢字世界との闘いの歴史にあって一個の卓絶した現われであった。しかし，そのことが徂徠一人を特化して扱おうとするのではない。成熟期を迎えた近世は字学，ことばの学としての精密な環境であった。それは今日，日本語をより詳密に明らかにしようとする現代の日本諸学と本質的な意味において異ならない。

第 6 節　解釈学としての徂徠学

アナロジカルな言い方をすれば，そうした時徂徠はただことばの現象を整理してパラダイムを示すということにとどまらない者であり，また同時に擬似的哲学者のようにことばにおいて一般・抽象的な思考を主張しようとした者ではなかった。

　人文の学はとうぜんのことながら対象領域の徹底した具象的分析を前提として，パラダイムを形成し，さらにそこを基として認識の深奥に及ぶのである。そうしたとき，徂徠の意味が近世期にとどまらず，なお現在へと導かれる要素をもつ大きな理由であるものとするのである。したがって本節で取り上げた二著が，徂徠学の基本の場におかれるとき，はじめて徂徠の認知・認識事実を思想・哲学の場で評価する基盤が成り立ちうるものと考えられる。

文献

杉本つとむ（1987）『江戸の言語学者たち』雄山閣出版
長沢規矩也（1979）「訓訳示蒙解題」『漢語文典叢書』1 所収　汲古書院
戸川芳郎（1979）「訳文筌蹄解題」『漢語文典叢書』3 所収　汲古書院
中村幸彦（1982）『中村幸彦著述集』　中央公論社
平石直昭（1988）『荻生徂徠年譜考』平凡社
吉川幸次郎（1973）「徂徠学案」日本思想大系 36「荻生徂徠」解説　岩波書店（『仁斎・徂徠・宣長』所収）
吉川幸次郎（1973）「民族主義者としての徂徠」「世界」岩波書店（『仁斎・徂徠・宣長』所収）
吉川幸次郎（1974）「日本的思想家としての徂徠」「世界」岩波書店（『仁斎・徂徠・宣長』所収）

第7節　太宰春台と言語の学
—『倭読要領』の記述をめぐって

I　『倭読要領』の分析

太宰春台が著した『倭読要領』(1728 享保13年刊)は江戸言語学の地層をなす元禄から享保期におけるアカデミックな達成である。これまでのように、漢文訓読史という観点から認められてきた視点とは別に、江戸時代 Tokugawa Japan に展開された言語研究の方法を考える書物として全体を跡付けて追い、評価を試み、いくつかの考えを述べてみたい。

1.『倭読要領』のコンテンツ

本書は上中下の三巻から構成され、全体で151丁(302頁)の分量をもつ。「目録」として掲げられた各章節を頁数によって容量を示してみる。

		頁数	割合
	上（巻）		
①	叙	8	2.6%
②	目録	4	1.3%
③	倭読ノ総説　第一	4	1.3%
④	日本ニ文字無キ説　第二	2	0.7%
⑤	中国文字始テ此ノ方ニ行ハル説　第三	2.5	0.8%
⑥	倭音ノ説　第四	7.5	2.5%
⑦	倭語ノ説　第五	4	1.3%
⑧	顛倒読文義ヲ害スル説　第六	7.5	2.5%
⑨	倭音正誤　第七　対訳　本濁　新濁　連声ノ法　附タリ	76	25.3%
	中（巻）		
⑩	倭語正誤　第八	11.5	3.8%
⑪	倭読正誤　第九	62.5	20.7%
⑫	書ヲ読ム法　第十	26	8.6%
	下（巻）		
⑬	書ニ点スル法　第十一	6.5	2.1%
⑭	書ヲ抄スル法　第十二	2	0.7%

⑮	音ヲ発スル法 第十三	5.5	1.8%
⑯	倭読ノ例 第十四	29.5	9.8%
⑰	学則 第十五	39	13 %
⑱	学戒 第十六	3.5	1.1%
		302	100 %

　上のように，書物は⑨「倭音正誤 第七 対訳 本濁 新濁 連声ノ法 附タリ」と⑪「倭読正誤 第九」で書物の半ばを占め，⑯「倭読ノ例 第十四」，⑰「学則 第十五」とで，書物の四分の一を占める。またこれらの章節が全体の四分の三を覆うので，自ずと書物における重点が知られる。分量の多い順にいえば，⑨は日本で受容された漢字音についての記述である。春台の認知した具体的な内容を見るために整理して示す。なお，必要に応じて原文を引き，現代語訳や要約で示した場合もある。諒とされたい。

2．漢字音と日本漢字音（⑨倭音正誤　第七）

　全体としてはここ⑨の目録第七の倭音正誤76頁分は「漢字音と日本漢字音をめぐって」というようなタイトルが可能である。ちょうど上巻の中心にあたる部分となり，つぎのように内容が認められる。

2-1　漢字音
　漢語の音韻システムは以下のような構造になっている。
1　四声－平上去入
　「人ノ語音ニ四声アルハ，天ニ四時アルガ如シ，是自然ノフシナリ，然レドモ夷狄ニハ四声備ラズ，唯中華ノ人ノミ，四声全ク有リ」とする。
2　七音－唇・舌・牙・歯・喉・舌歯・歯舌
　人の声はこの7個所より出て7様の音となる。
3　七様ノ音－羽・徴・角・商・宮・半徴・半商
4　清濁－清音・次清音・濁音・清濁音,
5　唇音－軽重アリ
　舌音－舌頭音・舌上音　歯音－歯頭音・細歯頭音・正歯音・細正歯音
6　開合－呼法
　開口・合口・閉口・撮口・斉歯・捲舌・混呼
7　韻－音ノナリ（形）
　　　　平声－上平－1東～28山
　　　　　　　下平－1先～29凡

```
上声 − 1 董 〜 55 范
去声 − 1 送 〜 60 梵
入声 − 1 屋 〜 34 乏
四声 − 206 韻
```

はじめのパートは漢字音について整理された基本事項の提示である。今日では常識的なところにすぎないが，春台の生きた時代にはもちろん，概論としてこうした内容が示されてはいない。後でも触れるが，この著述のもつ価値はこれを今日の眼で裁断しようとする筆にはみえてこない。言語に関する具体が，原のままの姿で整理され，構造化され提示された内容をみる必要があり，そのためにもその明確な姿が確かめられるべきである。

上のように，中国での漢字音理解は本来の姿であるが，それが異文化の言語に受容されるとき，どのような姿となるか，それを日本における受容，つまり日本での漢字音がどのようにみえるかの観察結果をつぎにいうのである。

2-2 日本漢字音

1　和音は四声・七音・清濁・開合をいうが実がない
2　僧家では和音に四声があるというが，それは無用である
3　釈氏ノ教相ヲ説ク者ノ家ニ四声ヲ点ズル法アリ

春台の判断は2に対してつぎのように書く。

> 平声十ノ（略）韻，上声ノ（略）十韻，去声ノ（略）十韻，三声共ニ三十韻ハ，倭音ニ響ナクシテ，華音ノ入声ノ如シ，是ヲ平上去ノ三声ニハ，如何シテ呼得ベキヤ，入声ハ，倭音ニ却テフツクチキノ響アリテ，入声ノ体ヲ失ヘリ。

つまり，日本漢字音について春台はこのように考えていたのである。

> 其法漢音ハ常ノ如シ，呉音ハ平声ノ字ヲバ，点ジテ上声去声トナシ，上去二声ノ字ヲバ，点ジテ平声トナス，尤謂ナキ事ナリ，呉音モ漢音モ，本皆中華ノ音ナレドモ，展転訛舛シテ，今倭音トナリタルノミニテ，四声ハ故ニ四声ナリ，何ゾ呉音ニ於テ，平仄処ヲ易ルコトアランヤ，奇怪ノ至ナリ，然レバ倭音ニハ四声ナシト知ルベシ。

ここには，春台が日本における各家が漢字音について言語の基本の理解をしていないと考えている様子がわかる。

したがって，そこから，つぎのパートで春台は現実に行なわれている漢字理解の修正を必要とするのである。「3 日本漢字音の把握」ということにな

る。そこでは，韻字別所属漢字の誤読指摘とコメントがなされる。これらを整理すると右表のような分布で日本語内部での語音の把握に間違いがあるものとする。（表は四声別にコメント文字数を掲げ，それらの韻字カテゴリー・コメント漢字数・対象文字の順になる）

2-3　日本漢字音の把握

春台が抽出した文字数は117文字で，その一つ一つを個別に取り上げて語音・語義など，当代の儒者ほか，学者の読み誤りの指摘がたとえば以下のように展開されている。

　　晦　広韻ニ呼罪ノ切，音
　　　　梅。倭音クワイ，晦略
　　　　ヲ今人ワイロトイフハ
　　　　非ナリ。梅ノ字ニ准ズ
　　　　レバ，呉音ケナルベシ
　　　　今ワイトイフハ，呉音
　　　　ニモアラズ
　　醪　広韻ニ魯刀ノ切，勞
　　　　牢ト同音。倭音ラウ。
　　　　俗儒リヤウト読ムハ字
　　　　体ニ因テ誤レルナリ
　　愷　豈弟ノ豈是ト同ジ。
　　　　又凱ニ作ル。広韻ニ苦

表

上平　三五字

韻	コメント数	対象文字
東韻	五	肜冯充蠶芘
冬韻	四	松邕濃慵
江韻	二	瀧逢
支韻	四	義麗衰綾
魚韻	一	車
虞韻	十一	娛剡巫須需歃輸徒烏都
佳韻	一	准
灰韻	三	煨鬼推
真韻	二	諄遵
文韻	一	軍
寒韻	二	灘惋

下平　二二字

韻	コメント数	対象文字
先韻	三	咽鞭員
蕭韻	四	澆僥脅紹
肴韻	三	梢鈔嘲
豪韻	一	醪
歌韻	二	娑莎
麻韻	二	嗟疉
陽韻	三	坊囊甞
青韻	一	榮
蒸韻	一	蒸
尤韻	一	硫
覃韻	一	龕

上声　三二字

韻	コメント数	対象文字
紙韻	三	髓跬時
麌韻	七	甫輔虜五潛普譜
薺韻	一	醍
賄韻	二	賄愷
軫韻	二	軫敏
吻韻	二	吻
阮韻	二	縮綯
銑韻	二	輭喘
駕韻	二	朶妥
養韻	一	仰
梗韻	二	杏騁
有韻	六	紐否扁畝斗枸

去声　一六字

韻	コメント数	対象文字
送韻	一	甕
寘韻	三	萃率帥
御韻	二	恕絮
遇韻	一	戍
霽韻	三	細祭滯
諫韻	一	盼
禡韻	一	乍
漾韻	一	向
宥韻	三	畜宿幼

入声　一三字

韻	コメント数	対象文字
屋韻	二	族畜
沃韻	一	沃
質韻	二	祕帥
勿韻	三	虐謔馘
薬韻	一	適
陌韻	二	楫摺
洽韻	一	乏

> 亥ノ切。音開ノ上声。倭音カイ。清テ読ベシ。俗儒濁テ読ムハ誤ナリ。塏鎧ノ二字，是ト同音ナリ

　他，一々についてはここでコメントしないが，清濁の違い・字形連想による誤読などの克明な指摘がなされる。上例でわかるように，「俗儒」（朱子学者）への指弾は46例に及び，以下「釈氏」2例，「禅家」1例，「明法家」1例，「医家」1例のように漢字誤読の起点が指摘される。「俗儒〜〜ト読ムハ非ナリ」などとして春台が朱子学者の読みの誤りについてつぎのように批評する。

> 世ノ俗儒多クハ字音ヲ明メズ，訛謬相承テ，其非ヲ知ラズ。自誤ルノミナラズ，往往ニ人ヲ誤ラシム。是真ニ畏ルベシ。

　この厳しい批評の依拠する文献は主として『広韻』である。こうした春台の理解はさらに以下のように続く。

　　1　韻字別所属漢字の誤読指摘とコメント
　　2　誤読のまま継承されている漢字　　空・嘗・驚・情・鹹・衛・艮
　　3　釈文－真字で毎字の傍に附註するもの

　　対訳・対註－仏書の梵文に漢字でその音に附註すること。また対註ともいう，難字に国字で傍に音を附すのは梵文の対訳と同じ

　こうして春台は韻目の一々について取得の方法をいい，その「故ニ其要領ヲ此ニ録シテ。童蒙ニ示ス」と書き，以下「4　対訳・対註　5　濁音・連声」と整理するに至る。

　以上のように，この部分ではとくに漢字音に対する春台の日頃の研鑽内容を示し，詳細な筆致は主として朱子学者，また仏教者，神道家などの書物に向かう態度を批判しながら漢語の正しい読みを示そうというのである。

3．読みの誤り（⑪倭読正誤　第九）

　つぎに，分量の多いところは「⑪　四書の読みの蓋然性（第九　倭語正誤62・5頁分）」であるが，四書の句・文を具体的に引用しながら読み方を述べている。

　具体的には『論語』から22句，『大学』から1句，『中庸』に2句，『孟子』で8句，『周易』1句を挙げるが，すべてが朱子学者の「大ニ誤レル処」であるとする。たとえばつぎのようにいう。

第7節　太宰春台と言語の学

○　夫子之言性与天道ヲ，夫子ノコトヽ読ムハ誤ナリ。此八字一句ナリ。夫子ノ性ト天道トヲノタマフハト読ベシ。俗儒句読ヲ知ラズ。亦言ノ字ノ活字ナルコトヲモ知ラズ

　春台の眼には「近世ノ俗儒論語ヲ読ムニ。其如示諸斯乎ノ句ヲ。ソレ斯ヲ示ルガ如キカト読テ。諸ノ字ヲ読マズ」とみえている。それゆえ，朱子学者が四書を読むのにしばしば正鵠を得ていないと主張するのだが，『論語』は六経の要領であり，孔子を理解する根本であるとする考え方から『礼記』にある『大学』『中庸』ならびに『孟子』の説は孔子に合わないところとして，厳しく徂徠学派の基本コンセプトを主張している。それがたとえば，時に語句の具体的な読みの違いをする儒者批判になる。山崎闇斎はこの書物でしばしば槍玉にあがっており，「所以」を頑固に「ユヘン」としか読もうとしないといって闇斎を批判している。これには徳川政権の誕生以来，薩摩の僧文之をはじめ，藤原惺窩，林羅山以下，今の闇斎に至るまで儒者諸家が誤読を継承しているものとして，一種の筆誅を与える趣である。ここに示される具体例は「所以」ユヘン（春台の読み：ユヘン・以テ〜〜スル所・コノユヘニ）・「若夫」（春台の読み：モシソレ・カノ〜〜ノゴトキ）などであり，以下「以為」・文頭の「若」「如」・「而ト則」「大凡・大抵・大都・大略・大約・大要・大較・大概・大率」「然」「而ト以」「也」「是歳」があり，さらに「解道－李太白ノ詩」「切脈－医書」「下火上火－方書」「酒浸浸酒－方書」などに続く。

　このように書物の半分は漢字をめぐっての議論に注がれるが，⑯の「倭読ノ例　第十四」，⑰の「学則　第十五」は，春台の漢学における学問内容そのものが朱子学批判をベースにおいて展開されるとき，最終的に行き着くところを指し示すところになっている。

　しかしそこに至る前に上記以外の章節に触れておかなくてはならない。

　今，改めて書物の冒頭に戻れば，「①叙」は徂徠との出会い，書物の誕生に至る事情を簡潔に書き，「②目録」とが置かれ，以下日本語一般についての認識内容を提示することになる。

4．日本語についての基本認識

　4-1　総説（①倭読ノ総説　第一）

> 平安以来，訓読がはじまり，近世，藤原惺窩・林羅山らを経て儒教が普及，朱子学を信奉する「宋儒」の四書五経訓読を批判する。

ここには，朱子学批判の立場で四書でも『論語』のみを認め，『大学』『孟子』『中庸』を認めない。春台の基本的なスタンスもちょうどここにある。山崎闇斎を徹底的に批判する。そしてすでに例示されたように，春台が繰り返して朱子学者へ与える批判を知る出発点になる。

つぎは日本語史における基本的な理解事項に及んでいる。

4-2　日本には固有の文字が無かった（④日本ニ文字無キ説　第二）

> 『古語拾遺』の序文・箱崎宮記，三善清行，貝原益軒等の記事による証明。

今日では妥当な見解である。

4-3　文字移入史（⑤中国文字始テ此ノ方ニ行ハル説　第三）

王仁のもたらした論語・千字文をいう。これも今日普通に理解されることであるが，近世日本では，国学者にしばしば「神代文字」の存在を主張し，固有文字の所有をいうファナティックな議論があったことが想起されれば，享保期における理解が注目される。もっとも，春台の場合この認識が中国礼賛の姿勢から発想されたのかどうかという問題が同時に考慮されるべきであるかもしれないが。

ここに，春台は韓文を王仁が具体的にはどう読んだかに想像をめぐらし，韓文が日本語文と似た語順をもつことを指摘して，本質的に日・韓の文が中国の語文とどのように対峙するかに言及している。その意味からは，春台がここに日・韓の言語，中国の言語を対照する見方があることが知られるので，これは比較的早い対照言語研究への視点があるものとみる必要がある。

ここの部分はさらにつぎのような展開をする。

4-4　漢字音と倭音（⑥倭音ノ説）

> 倭音－漢音（儒家）・呉音（仏家）は慣用の音であり，中国の言語音が日本語の音韻システムに溶融してできあがった音であるため本来の中国の語音とは異質であることの強調。

4-5　倭語とは何か（⑦倭語ノ説）

> 倭語は五種に分割できる。
> 1　天地・自然の倭語—無文字社会にあった「真ノ言語」

2　異文化交渉後の倭語
　　3　文字伝来後,「羊－ヒツジ」のような倭訓をもつ語
　　4　「火－ホ」のような漢語受容の語
　　5　三韓から伝播した語
　ここでの見解もきわめて理性的に受容された漢字音への見方を示していて,冷静な言語観察のほどがわかる。
　春台の言語の学に見せる徂徠学派を継承する者としての面目はつぎにおける論である。
　4-6　日本式訓読法は文義を誤る（⑧顚倒読文義ヲ害スル説）
　その理由は以下によるものとした。
　　1　返り点を介して，日中両語の語順に基づく読法には問題が多い
　　2　たとえば目で見る事も文中では視，観，覧，察，監，瞻，囑，瞰，相，覿のように日中には語彙的な面で相違がある
　　3　助辞を読まない訓読法は中国のことばを正確に伝えない
　　4　正確な言語理解には原語（唐話）を学習する必要がある
　原語で直読する必要を説くのは徂徠のいう「倭訓廻環之読」否定説と同工の主張であり、とくに新しい見解であるわけではない。
　師，徂徠は柳沢吉保に禄を食み，長崎唐通事であった岡島冠山のもとで唐話の学習をした。古くは石崎又造に紹介されているような釈悦峯との問答をはじめとする唐話学習の実践根拠はここに示されるところにあった(注1)。春台はその師の説を忠実に継承したのである。根幹は「今吾国ノ人，中華ノ書ヲ以テ，此方ノ語トナシテ，顚倒シテ読ム故ニ，文義ヲ害スルコト多シ」と主張されて，具体的な例に及んでいく。それにしたがうと，たとえば，こういう言い方になる。

　　華語ハ上ニ在リ下ニ在ルヲ以テ，一字ナレドモ其義ヲ異ニス。不敢トイヒ，敢不トイフガ如キ，敢ノ字或ハ不ノ字ノ下ニ在リ，或ハ不ノ字ノ上ニ在リ。不敢ト敢不トハ，其義正ニ相反ス。然ルヲ倭読ニハ，アヘテトイフコトヲ必先ニイフ故ニ，不敢ト敢不ト相乱ルコトアリ。不必必不モ亦然ナリ。又上ニ在ル一字一句，下ノ数字数句ニ被ラシムル処アリ。是ヲ顚倒ニ読ガタキ処アリ。是ヲ顚倒ニ読メバ必其義ヲ失フナリ。又決シテ顚倒ニ読ガタキ処アリ。

　日本語との相関でいえば，統語法の上で本質的に異なる点が問題にされ＜倭訓廻環之読＞への否定があるという意見である。ただ，ここでは，春台

の主張はこの点で終わり，つぎには両語間で異質な語彙の意義面における漢文の優位さの指摘へと向けられる。まとめると二つの主張になる。

4-7 日本語語彙をめぐって（⑩倭語正誤　第八）

一つは語の正誤を論じるが，『万葉集』他でことばの雅俗・古今を弁別し，名詞語彙については『和名抄』を基本とする。そして「猪・蒲・豚・円・裳・豕・灑・乃・糵・貢・避・蘷・背・卜・躍・迫・食・楫・夾」の吟味がなされている。

春台はここでも朱子学者の誤読を指摘し，「乃　俗儒イマシト読ムハ誤ナリ」（春台の読みはスナハチ）のように，「背　セナカ（春台　セ）／避　サル（春台　サクル）／楫　カヂ（春台　サホ）」などという。ただ，たとえばここで「裳　衣ヲコロモトイヒ，裳ヲモトイフ。俗儒モスソト読ムハ非ナリ。モスソハ裾字・裔字・斎字ナリ。裳ハ衣ニアラズ」のように，妥当性に問題がある釈義もある。

4-8 読書の方法（⑫書ヲ読ム法　第十）

これについて主張されるのが句読を明らかにするというものであり，ここでは「一句一音で読むこと，テニヲハのこと，音訓両用のこと，言語の位相」などが盛られ，「書ヲ読ム者ハ，記憶ヲ本トス」といい，「看書」と「読書」の違いに言い及んでいる。

このように，春台は日本語をめぐることばの問題を広くとらえており，言語で記された世界の基礎事項の理解と具体的な取得の方法とを主張していることが分かる。そうした言語の学へのアプローチはつぎに読書に際しての歴史的なチェック法に及んでいく。今でいう訓点語と訓点資料の領域のことである。

4-9 書物に点を打つ法（⑬書ニ点スル法　第十一）

　　基本概念
　　倭点－書物を読むとき昔の人は「朱ヲ以テ字ノ四方四角ト，中心トニ，星ヲ点ジテ，倭語ノテニヲハノシルシ」とし，「カナモジヲ以テ旁註スル」ことはしなかった。「倭点トイフ者スナハチ是」の点をいう。
　　旁註－カタカナで「倭訓ヲ旁註シテ，読ム者ノ為ニ便利ナル様」にした。

倭点は今日でいう訓点にあたる。「旁註」は今日言う読み下す際のレ点・一・二点などと送り仮名など訓読の法のすべてを指している。ここで春台は

漢書を読むには，白文の原著を読むべきだとするが，読み方としては現今の訓読の方法よりもまだ訓点を与える方が漢文そのものを注視できてよいとする。しかしもっと良いのが「中華ノ点法」だという。以下がその具体的な例である。
 1　句読の記号法　　　　圏－○：批－、
 2　評点　　　　　　　　圏・批・、、・◎・●
 3　段落　　　　　　　　「・」
 4　朱点と中華の五色点
「書ヲ点ズル」時，日本人は朱を使用し，中国人は青黄緑紫等の色を兼用する。
　以下もこうした常識として知っておかなくてはならない記号などの約束事になる。

4 -10　書物の抜書きについて（⑭書ヲ抄スル法　第十二）
 読書には必ず「数十帳ノ紙ヲ小冊子トナシ」て「奇字要語」を抄する必要がある。
 1　故事や古語を学習
 2　他日の検閲のために
 3　字をしるために
 4　書学を進める
 5　必読書を読むなどのためである
 また学者は楷書を学ぶ必要がある。学問には楷書が要であり，楷書は真字をいう。

4 -11　四声点の打ち方（⑮音ヲ発スル法　第十三）
 点発・圏発　－四声を点することをいう。方法はつぎのように文字の四角に半圏を加える。
 上声　去声
 　字　　　　⇒　　例　　字　　（去声の場合）
 平声　入声

 独音－天地日月山川林麓等，独音は点発を用いない。
 多音－好悪・知識・飲食・衣冠等は多音であり，多音とは二音以上をいう。
 発音－多音は点発を用いて，其音を別つ。これを発音という。
　こうして春台は基礎事項を詳しく紹介する。

4 -12　倭読への実例と読み方（⑯倭読ノ例　第十四）
　ここには「子虚賦」司馬長卿・上林賦・古詩19首の原文が掲げられて，

実践編，スキルの場となっている。こうして春台の教えに基づいて読めば，春台学へ一歩近づくことになる。

このように，漢学において言語を学ぶものにとっての漢字を主とした具体的な日本語情報が基礎知識とエチュードとして与えられる。この意味で，本書は基本的な言語の学の書物といえる。

5.「学則」と「学戒」

言語の学は人文学の基本である。スキルを内包して，さらに具体的な学習法に及ぶ書物を基底で支える学問の方法論，学問論であるパートが最終の二章に展開されることになる。

ここに至る前に，これが核心となる書物の方法であるといって，春台は基本をなすことがらを個別に具体的に書いた。客観の立場からの必要な論証，自己の学問への牽引のために，言語事象への解釈を提示したのはソモソモ論から出発したくなかったからである。書物の出発は簡略な「総説」であった。そして，春台は上述したような事柄について一通りの具体を吐き出すと，学問の方法を凝縮して述べる場に立とうとした。

書物の最終部「学則」で，古文を信奉する立場からの学び方を主張し，「学戒」で総括を終えるという趣向である。これは師徂徠の実践していた内容をさらに春台なりの咀嚼を経た具体の提示であったとみてよい。ここで太宰春台という個性を通じて徂徠学派がいう経学の基礎をなす言語の場における具体的実践の一半がわかる。

1　学則（⑰学則　第十五）

　　いろいろな立場の学者がいるが，すべて十全とはいえない面がある。それは本来の場に立たないからだ。学問の本質に臨んで学ぶ必要がある。「学問の方法」を初期段階からどのようにするべきか。

こうして，春台は自らのカリキュラム案を提示し，テキストの選定に及び，学習の方法を具体的に述べようというのである。

1-1　学問の出発にあたって

　1-1-1　素読の必要

　　初学者の学的出発は，中国における句読すなわち日本で言う素読である。唐音を

第 7 節　太宰春台と言語の学

　　学び，習熟してからあとで日本語の読み習うべきである。
　1-1-2　必読書とテキストの選定
　　出発にあたって読むべき書物は『孝経』『論語』『毛詩』『尚書』の四部の書物である。「四書五経」を奉ずる朱子学は，訓読を付したテキストを使用するために原本の意味を深く学ぶ事につながらない。四部の書物で原書講読をしっかりとするべきである。四書（『論語』『大学』『中庸』『孟子』）は宋儒（朱子学者）が使用するが『大学』『中庸』は『礼記』にあり，『孟子』は諸子の類でその説は孔子のいう本旨に合わないところがあるから初学者の読むべきものではない。

　ここにいうのは，徂徠学派の基本的な立場であって，繰り返し執拗に主張するところである。春台のいう学習法はつぎのようであった。

1-2　学習法　「古学」学習の完成まで
　1-2-1　第一段階　受け読みと日課
　　「受け読み」をする。初め一日十字・二十字から，力がつくにつれて増加し五〜七十字に至る。しかし二百字ほどを限りとして素読をする。なぜなら，人の力量にはそれぞれ強弱があり，精力に多少がある。誰をも一様に扱うことはできない。優秀な者でも限度を越えてはいけない。学んだ句文は百遍以上繰り返し読み，数日前に学んだところを合わせて五〜七十遍読む。はじめはゆっくりと読み，急いではいけない。唐音でも日本語音でも人の耳に聞きやすく，面白く読む必要がある。

　つづいて春台は教育者として日常の心構えに及ぶ。
　　学業には日課を立て，課程にあって習熟すること。過去の優れた儒者はみなこうして学んだ。初学者は一身にこれを守り，努力することが必要である。自己の劣るところにこだわらず，立志できず，努力のいたらないことを恥じるべきである。

　つぎはテキストの選定，読み方になる。
　1-2-2　第二段階　六経・文選
　　古註三礼（周礼・儀礼・礼記）』『周易』『春秋』三伝（左氏・公羊・穀梁）』『国語』を読みただ本文を記憶する。理由は六経の「義理」は初学者にはむずかしいからである。古書を広く読み「古訓」に精通するようになって始めてわかることなので，急いではいけない。
　　「聖人ノ道」は文章にある。『文選』は「文学」の基本だから，白文で素読し，意味を急いで求めないで記憶すること。やがて自力で読解できるようになる。」字書の選び方が学習の発展を促す。

427

春台が推薦するのは『字彙』であった。

> 不明の字にあったときには梅誕生（膺祚）の『字彙』を引くこと。古今，字書は多いが「他ノ書ハ字ヲ尋ルニ労煩ナリ，字彙ハ検閲甚易クシテ，労ナキガ故ナリ。」

これは春台の学がたしかであることの一つの証になる。万暦年間梅膺祚の『字彙』は214部，すべて画引きのため，音義に通じていなくとも形から検索できる。後，『正字通』『康熙字典』がこれに倣った。語釈など内容的にも優れていた。春台の『字彙』愛好のことは，岡井慎吾が湯浅元禎（服部南郭の弟子）『文会雑記』のつぎの記事を引いて示した。

> 春台は殊の外に字彙を嗜好なりて何も字彙にて正されたり。ひたと字彙を出して音を正されたり（注2）。

はるか幕末に至る道で，19世紀，オランダ商館長ヘンドリック・ドゥーフが長崎通詞と果たしたいわゆる「ドゥーフ・ハルマ」は最後の桂川甫周（甫策）によって『和蘭字彙』として出版された。このときの命名は『字彙』によっている。『字彙』が江戸を通じてすぐれた力を発揮したことはこうしたエピソードを生んでいることでもその一端を知ることができる。

春台はこの段階で「童子ノ学」は終了。ここで「小成」なったとする。

1-2-3　第三段階　司馬遷『史記』・班固『漢書』

『史記』を始めから終わりまで熟読し，つぎに『漢書』を読む。熟読とは「其文ノミヲ読過スルニアラズ。義理ヲ尋求メ，文法ヲ玩索シテ，仔細ニ看ル」ことをいう。『史記』には律書・暦書・天官書が，『漢書』に律暦志・天文志等があるが，天文について学習しないと読むことが難しいので，初学者は後にまわす方がいい。この二書は純粋な古文なので読解がむずかしいところが多い。すべてを理解したいと試みれば，なかなか進捗せず，ついには「厭倦ノ心」が生れる。難しい処を略し，易しい処を読むのがいい。反復熟読して本末「貫通」し，他書を読んで合わせて理解が行けば自然に通暁するようになる。学問は「火急ニスベカラズ。優柔トテ，ユタカニユルユルトス」べきである。

「貫通」の概念内容は書物を数十，数百遍，反復熟読し，すべてを一望できるとき「一部ノ大義」がわかる。

> 六経ノ如キハ畢竟一理貫通ノ物ナリ。貫通ハ譬ヘバ道路ヲ行クガ如シ。行レヌ路ヲ生路トイフ。行ナレタルヲ熟路トイフ。生路ヲ行クハ，オボツカナキモノナリ。一ツノ路ヲ幾度モ往返シテ熟スレバ，険易高下心ニ諳ンジテ。暗夜ニモ迷フコトナシ。是融会貫通ノ説ナリ。

と書いている。

1-2-4 第四段階　司馬温公『資治通鑑』

さらに段階を進んだ学習である。

> 『史記』『漢書』の読後には，司馬温公の『資治通鑑』を読むのがいい。学者は古今の事実を知る必要があるが，『資治通鑑』が中国史の学習には適している。朱子の『綱目』は『資治通鑑』によったが，綱目の列挙で，返って，事実が連続せず，論が人を虐げるだけで，「宇宙ノ間ニ全人ナ」いように書いている。初学者がこれを読めば，「是非ノ心」によって「仁」を害することになる。その点，司馬温公の『資治通鑑』は文が連続しているから事実を見るのに便利である。初学者は一覧して天下古今の事柄の大略を知るので他書の学習にいい。

こうして，以上の学習を終えると「古学」の基本ができる。

1-2-5 第五段階　広汎な読書と環境の必要

> これ以降は博く古今の書を読むべきである。「聖人ノ道ハ六経ニ在」るので，六経を極めて「通儒」といえる。「六経ヲ学ブヲ古学トス」る。「六経」は文章であり，古文であるから文章に達し古文を読む必要がある。また「古文ノ学ハ古書を読ムニ在」る。古書は西漢以上の書物をいい，東漢以後は文章は及ばない。また六朝よりは古文から四六駢儷文となる。したがって，古学に志す者は西漢以上の書を読み，「古文辞」を習うべきである。そしてその後，後世の文を読むといい。」
> 「古書は純粋の古文」であり，「先秦の文に『左伝』『国語』『老子』『墨子』『晏氏』『春秋』『公羊伝』『穀梁伝』『孟子』『荀子』『荘子』『列子』『韓非子』『楚辞』『戦国策』『呂氏春秋』」があり，「西漢の文に『淮南子』『史記』」がある。これに「準ずる文は班固の『漢書』，これは東漢の文だが，「西京ノ気格ヲ失」っていない。また昭明太子の『文選』は梁代の編集で，東漢以後の文も多く入っている。しかし古文の奇特なものが多く収載され，体を分けているので，後世にはこれを「文学」の模範とするようになった。因みに，明の汪伯玉は『古文十三家』にも『文選』を入れている。

こうして，春台は段階的な進み方を示し，読み方の具体的な方法を詳細に述べる。このあとに，春台は「師匠と友人とについて」以下のように語っている。

> 学者には師と友とが必要である。師は「道ヲ問ヒ，業ヲ受ケ，惑ヲ解ク」者だが「尊厳ナル者」なので，気楽ではない。友人と「講習討論」すれば見聞が広がって良いし，先輩がいればいよいよ進む。だからただ師匠について学ぶだけで友人の助けがない者は学業が成就しがたい。曽子は「君子文ヲ以テ友ヲ会シ，友ヲ以テ仁ヲ輔ク」と言ったし，『学記』には「独リ学ンデ友無ケレバ，則チ固陋ニシテ聞

クコト寡シ」と書いている。今の学者も古書を読むとき友人がいなければ，漢の孫敬のように，戸を閉めて，独り読めばいい。友人がいる人は一緒に会読するのがいい。

なぜ，師友についてこのように書いたのか。春台をめぐるエピソード解釈への一つの手がかりとなる性質の記述である。

1-3　詩文の実践と修行の心構え

また，「学者は風雅の情がなくてはならない。」といって，詩学への学者の実践的アプローチの必要が主張される。春台は続ける。

> そのためには詩を学ぶのがいいが，古人の詩を読むだけでなく，自身でも試みなければ，徹底してその意を得ることがない。詩作には体裁をしるべきである。「体」はスガタであり，「裁」はツクリである。『体』は和歌に長歌・短歌・旋頭歌などがあるようなもので，中国の詩の「体」はこうである。
> 古詩－毛詩三百篇から唐初
> 風雅詩－経三百篇
> 楽府－漢以来の歴代の楽歌の辞
> 選詩－文選の詩
> 古詩－唐人の作った古風の詩
> 擬古－古書にある歌謡に擬した詩
> 近体詩－唐の律詩・絶句

分類をいうと具体的な説明はこうなる。

> 近体詩は唐詩五・七の律絶である。初唐・盛唐・中唐・晩唐に分けられるが，近体詩を学習するには盛唐を極致とし，中唐以後は採らない。そして宋詩は読んではいけない。詩作には「辞」を選ぶことが肝要である。古詩には古詩の辞がある。近体詩には近体詩の辞がある。古詩には五言古風七言歌行などの区別がある。近体詩には五，七言律絶があって同じではない。体にしたがって修辞法が異なる。一緒にしてはいけない。ところで，「古詩ニテモ，近体ニテモ，辞ニ出処モ無ク，来歴モ無ク，自己ノ口ヨリ出スヲ杜撰トイフ」。押韻も含めて杜撰は禁ずる。「一言，一字」も古人の字を経ること。絶句より八句の律まで韻字数が少ないから狭いので，古人が多用した字を選択すればいい。排律は篇が長く，句数が多いので韻字を取るのに少し広い。しかし，仄韻を使用せず，鄰韻を押さない。これは近体詩の基本である。近体詩に仄韻を用いるのを拗体という。稀なことだが，五言絶句は古詩を貴ぶからこれが多い。

『広韻』を利用する春台はすでにこと細かに漢字の音韻について述べているが，詩作をいうとき，それは現実に漢字をもって，平仄をきちんとふまなく

てはならない日本人の詩作への基本をいおうというのである。

　用韻の大略をいうとつぎのようになる。すなわち古詩 平韻・仄韻を使う。鄰韻はもっとも広い。東冬・支微斎・魚虞・佳灰・真文元・元寒間先・粛肴豪・歌麻・庚青蒸・覃鹽咸のそれぞれの韻を押す。上去入の三仄声もこの例から推測してほしい。

　詩作では古詩に『文選』を熟読する。唐詩は明の高廷礼の『唐詩正声』『唐詩品彙』、李攀龍の『唐詩選』を熟読し、暗記し数百、千首に至れば、自然にできるようになる。「始ハ古人ノ語ヲ剽窃シテ抄写スルコトヲ習フベ」きで、長ければいつか佳境に入り、終には成就する。宋・元二代の詩は「詩ノ悪道」だから学んではいけない。明代になって、北地に李夢陽、信陽の何大復から詩が復興し、済南の李攀龍、呉郡の王世貞らが出て詩が復古した。明の詩人はよく古詩を学んだので、古人の詩に異ならない。

　詩学の説は六朝以来多い。そのうち宋の厳羽の『滄浪詩話』は「詩道ノ正法眼蔵」である。また明の胡応麟『詩藪』は古今の詩を論ずることに詳しい。この二書よりいい書はない。

　宋に対して否定的なのは、古学をいう春台のとうぜんの立場である。宋学の否定こそが彼の立場だが、一方、詩作における、学のさまざまな立場へ批判の筆が走る。

　道学者は詩作ができない。詩作を禁じる。「学問ハ文字ヲ識ヲ始トス。吾国ノ人ハ、本来文字ニ疎クシテ。学業進ミガタ」いので、詩を学ぶとよい。だが、これは「道学者流ノ知ル所」ではない。彼らは「只禅家ノ教外別伝、不立文字トイフガ如シ。畢竟浮屠ノ道ニ同ジテ、聖人ノ道ヲ去コト」はなはだ遠いことである。

　学の違いをもって、江戸ではしばしば反目することがあった。後年、「鳥獣の語」として「やまとことば」以外のことばを退ける本居宣長を、上田秋成が漢語・漢学を認める立場から、行き過ぎる宣長を揶揄したようなことがあった。他にいくらでも、反目し、論争するようなことがあった。儒学においても古学派が朱子学へ向かう態度など、江戸の学界の雰囲気は現代と趣きをはるかに異にする。

　そして、春台はいよいよ古学を奉ずる立場からの文へ向かう自己をより鮮明に主張する。

　聖人の道は文だ。六経はみな文章である。文章に達するには西漢以前の古文を読むのがいいのだ。読むだけではなく、自ら文章を作らなければいけない。魏の文帝が「文章ハ経国ノ大業、不朽ノ盛事」といったが、宋儒は文章を捨てて、理学

にいざなった。道学者流は多く文章を作らないで,「持敬窮理ノ工夫ヲ要務」とするので,古文の道に疎く,古書を読まない。古書を読まなければ,どうして六経に通じるだろうか。中国でもそうなのだから,「況ヤ吾国ノ人ハ,文字ヨリ入ラザレバ,学問ニ手ヲ下スベキ処ナ」い。学者は「文学」を先にするべきだ。『文学』は文章を作ることを学ぶことである。

「聖人の道」について春台は大まじめである。この主張が文そのもの,もはや言語の範疇を大きく包括する場での議論につながる。

> 文章の道『左伝』や史漢などを読み,熟読・暗記し,文理を解すれば,自然に気持が起り,やがて文が書けるようになる。しかし,文には「体」と「法」とがある。「体」は「体裁」であり,「法」は「法度」である。「体」は明の呉訥の「文章弁体」,徐師曽の「文体明弁」が詳しいので,文を学ぶ者はこれを読まなくてはならない。どの「体」にも篇・章・句・字の四法がある。また,照応・抑揚・関鎖・転換・波瀾・頓挫などの「法」がある。「法」がなければ文章にはならない。

ここの「体」と「法」をめぐる議論は大いに発展した春台の論が欲しいのだが,しかしこれまでである。とくに,ここでいう「法」はモダリティの議論につながる。細やかな分析がなされていれば,この時代の学者の言語認知の実際が,より実体的に明らかにされることになり,思弁的でない面がみえることになる。ただこれは,

> 古文は明,茅坤の『八大家文抄』が出て,以後学者はこれにしたがった。八大家についていえば,唐の韓愈・柳宗元の文は「法度」が森厳である。宋の欧陽永修・蘇子軾は宋文の中では勝るが,みな「法」がない。欧陽には奇抜さが少なく,蘇東坡は古意に乏しい。老泉は東坡に及ばない。南豊は老泉に及ばない。こうしてみな手本にはできない。(蘇洵・蘇軾・蘇轍・王安石・曽鞏)今の学者はこれを学ぶわけではない。ただ韓・柳を「文学ノ入門トスベ」きである。

という内容からその一端は知られはするのだが。

春台の指導はある意味で「精神指導の規則」を記したものであるといえるかもしれない。もちろん,そういえば春台のレベルとは何かを改めて問い返す必要が生まれはする。その場合は「聖人の道」「先王の道」という古学の原点に基本の場があるというところに根拠が求められる。

ついで春台は手紙文のことにふれ「12　先儒の尺牘の書も多いから熟読すれば,書簡の書き方も自然に備わる。」と書く。

最後はまとめとしての修行の心構えを説く。

「経学トハ，六経ヲ読テ，聖人ノ道ニ通達スルヲイフ」。童蒙の及ぶところではなく，多くの古書を読み，古文を明らめ，古言に通じれば六経に理解が行く。しかし，三年や五年では至らない。「必初学ヨリ，二十年ホドノ功ヲ積テ，年三十以上ニシテ，経学ヲ修」めるべきで，レベルを越えて早くこれを習ってはならない。

春台はつくづく，師匠，教育者であったことがここでも感じられる。そんな主張の根幹はここにある。

「経済トハ，天下国家ヲ治メルヲイフ。聖人ノ道ハ，天下ヲ治ル道ナリ」。六経を読んでも治世の場に至らなければ儒者とはいえない。六経を読むだけで，歴史に通じなければ，「経済」の術に昧い。内外の過去・現在の事蹟を見て，成敗を考え，今日に思いを致せば，自然にその要が分かる。「是儒者ノ本業，一大事因縁」である。だから，学者は幼い頃より，「経済」の志がなくてはいけない。宋の范文正が「士ハ当ニ天下ノ憂ニ先ダッテ憂ヒ，天下ノ楽ニ後レテ楽シムヘシ」と言ったのは少年の時からの「志節」である。儒者はこのようにありたいものだ。

総まとめというのだろうか。春台は学習するものに，直接は多分紫芝園における弟子に，学の戒めをつぎのように記している。

2　学戒（⑱学戒　第十六）

学問には三つの戒めがある。
1　宋儒（朱子学者）の理学書を読んではいけない。性理説は古聖人の意ではなく，孔子の教えとは異なり，六経の本旨をえられない。
2　初学の時に経術を学んではいけない。早く義理の精微であることを知れば，生涯を道学者として終わる。
3　人の講説を聞いてはいけない。学術は自己のみで読書・思惟することが肝要であり他者の説を鵜呑みにすれば，疑問が生まれない。学業には疑問があってはじめて成就する道に立つ。

これら三つの戒めは「大儒先生」も知ること稀であるとする。最後に「真ニ古学ニ志テ，文章ノ道ヲ修セントオモハバ，必コレヲ戒メベシ」と結ぶ。

II　言語の学

こうして『倭読要領』は春台の言語の学がトータルに語られた性格の著述であることがわかる。ここで見せたもの，それは一つに言語の学としての精密が自己の表出しなければならない自己の前提であるという自覚だった。それがすべてに先立っている。そう表明するのである。言語の学があり，それが包括的な意味を担って自己に迫る。自身では決して見ることができない自

らの気負い，自らの強さが方法への自覚を促している。その上で，経学を尊重する春台は「学則」と「学戒」を書いた。春台の底流にあるもののハードな顕われなのではないか。もちろん，「学則」「学戒」にいう，種々の具体を示す折々に，肉声をもって朱子学者批判を繰り返してはいる。漢文をどのように読むかという前提に，もともと言語それ自体に潜む個々の事象，表れているそれらこれらをそのままに取り出し，個々にまた処理する。その手法が，たとえ朱子学批判の声が多少うるさく度重なったとしても，春台は，とらえようとする言語事象へのまなざしを決して他者に非難させないだけの自負をもった。そこに自己を生きる確信が存在するからである。その意味で遠目にみれば春台もまた儒者である範疇から，容易にのがれることはできない。

　言語における具体に向かう筆は，いわば手続きとしての言語の学の記述をなすものである。そこを通じて顕現してくるものが「学則」「学戒」を呼ぶ。その場合，春台の本音がここにあるのはとうぜんの所為といわなければならない。

　すでに明らかにされているのだが，研究史は多くこれを漢文訓読の方法を展開したものとして，漢文訓読の学史上に位置づけてきた。ただ，小林芳規が解説文で吟味し，正面から春台の学的内容を取り上げた以外には，これといった内容批評は乏しい。小林の検討は「本書の訓読法を，漢文訓読史の知見から眺め」，春台が挙げた具体をみている。指摘されるものはとうぜん，時に，春台の難をいい，時に評価する。そしてそこでは一つ一つの具象へのコメントによって，その妥当性を記した(注3)。

　もとより，そこに示され固有に展開された考証内容の妥当性あるいはそれを求める行為に異をはさもうというわけではない。むしろ，今日的な眼による吟味はさらに徹底した一々についての妥当性を問う必要がある。

　だが，それとはまた別に，それ以前に『倭読要領』を一つの時代におけるトータルな書物としての意味を捉えようとする行為があってもよい。江戸に流れる言語の学の場で，トータルな質を問うためのかなり厚手の資料の一つとしての必要とも，それはいえる。

　問題はすでにここに流れる全体の記述内容を総合的に見るときに見えるものをいおうとするのである。技術のレベルのみで対応しようとするだけでは

第7節　太宰春台と言語の学

把握しきれない事であるものとして。

　たとえば春台に言語の学における有資格者であるかないかについての一つの議論は晩年の著述『倭楷正訛』批評に現れる。やはり，これを今日の眼で見ようとするとき，これが字形研究史には欠かせない資料ではあるけれども，言語研究の本質に向かう視点に欠けるものと一蹴する杉本つとむの批判である(注4)。

　　春台はついに＜文字＞についての本質や言語の本質といったことを考える学者ではなく，そうした本質論からは遠いところで，現象のみをとらえて，―しかも正の規準もあいまいである―これを羅列しているにすぎない。しかしこうしたことが，反面，当時の日本での漢字使用や漢字字体（字形）の実態を知らせてくれることになっている。

　この筆はさらに「古に範を仰ぎ，華人に範を求めるという基本は春台における学問方法上の欠陥であり限界であって，言語や文字の研究家ではなく，やはり儒学者であることを印象づける」と言う。そして『倭楷正訛』をさらに新井白石の『同文通考』に対照すると，両者の間に「雲泥の差」があり，「ややこくになるかもしれないが，言語研究という立場からは両者の資質に本質的，根本的違いがあるといわざるをえない」と評するに至る。

　杉本の批評は白石の見方に客観性・記述性において科学的な研究態度がみられるのに対し，春台には主観の大巾な介入がその記述性を客観的妥当性から遠ざけるとするものと解せる。近代における言語学の方法にはもとより主観による一方的な主張に対する否定的な見方がある。

　しかしこの見解は真に妥当といえるのかどうか，改まって今，留保する部分をもたないのか。『倭読要領』を読むとき，その一半にある妥当な観察を考慮するときにそういう疑問も生まれる。ある時代の思惟の形が現代のフルイによって一方的に裁断されてしまうということの妥当性である。古くて新しい疑問にすぎないが，人が生きている時代は具体でしかない。春台が生き，呼吸していた時代の空気の中にそのまま入ることなどはありえないが，しかし，時代には時代の様式があり，また作法がある。本居宣長は「講後談」でつぎのように書いている。

　　ちかき比太宰弥右衛門といふ儒者は弁道書といふふみを作りて，神道仏道を散々

435

にそしりたれば，神道者も仏者も大にいかりて，又その弁書おほく出来たり。太宰をば人間にもあらぬやうにいみじくそしりたり。然れ共予が心には，太宰は真の儒者と思はるゝ也。其故は聖人の道によるときは，その余の道は皆異端なれば，随分にこれをそしりて，世人のまよはぬやうにして，己が聖人の道のあまねく天下におこなはるゝやうにつとむるが儒者の本意なれば也。

　春台はようするに当代にあって，確信をもってその学術にあった。一つの時代においてその環境下で，観察しえる対象へ，たしかに眼を点じていたのである。白石との対比において春台の観点のちがいは今日的評価として妥当性をえても，それが決定論的に断罪される理由とはならないゆえんである。

　一方，徂徠学派一般に浴びせられる中国礼賛の一徒として単純に退けていいのかという問題はさらに大きい。それは時にあっていつも優位な異文化の影響を受けやすく，積極的に受容する傾向のある日本人の現在性を考えさせるのに十分な問題を含むのである。とうぜん，言語の学は人間の生きる場に流れつづける。

　『倭読要領』に戻る。明らかに春台はここで日本語の基本部分を史的に把握し説き起こそうとした。深層に常に和文と翻訳文との対立を大きく意識しなくてはならない文化にあって，訓読の歴史が対象を把握しようとするとき，どのような意味をもつか。そこで取る方法は言語の関与するところにどう関連するか。そういう内容を，具体的に証そうとしている。対象を微細に明かして，自説を言う。そしてここに通底するものは，春台が合理として抱いた内容への接近であり，読者を具体的に内容に引き込む行為であった。

　それは春台がただ職人技としての漢文訓読法の述べ立てに終始するものではないことの証であることがわかる。春台は徂徠に導かれた古学の学徒として，朱子学者を徹底して指弾するのである。それは朱子学者が正しく文献を読めていないという主張を強め，執拗なまでのエビデンス提示に至る。そんな春台のバックボーンをなすところにどう近づくか。書物はそのための基本的なスタンスの取り方とその方法をいう。たしかにそれは言語の記述の方法のなかにのみ実現されるのでなくてはならない。春台はそう考えている。この意味を書物において推量し，述べ立てようとしたものとの相関においてどう位置づけることが可能であるか。そういうことになる。

第7節　太宰春台と言語の学

　同時にこのことは読む者の位置にいて，もっぱら春台の側に立って彼自身そのものの存在に依拠しようとか，贔屓目にみてみたいとか，そういうことを意味しない。
　たとえばそれは『ソシュールの思想』を書いた丸山圭三郎がいう意味での著述活動の中に春台もいたことを意味するのではないか（注5）。
　　学問とは，現実との緊張関係において責任倫理的に生きようとする人間主体が，現実の的確な把握のために駆使する道具でなければならないはずである。ところが，はっきりした一つの問題意識から出発すべき研究が，ともすれば私たちの日々の生活営為とは無関係に，ただその客観化された業績を体系的・整合的に解釈できればよいというような「没意味的」文献実証主義に陥ったり，こと言語に関してのみ言えば，音声学的微視症に陥ったり記号シンボル操作の遊戯にふけったりする危険性が全くないとは言い切れないのではあるまいか。

III　春台と徂徠学

　ここで，改めて『倭読要領』の「叙」文を確認したいと思う。春台自身はこの著述に至った過程についてつぎのように記している。

　　倭読要領叙
　　余幼奉先君子之訓曰　不読書無以為士　因稍々取孝経論語諸書口授句読已　而出就外伝誦習古文遂好読書　初為性理家之言　後稍疑之求古学之方博訪旁諮未之有得也　嘗従一師学華語　退而省旧所誦詩書　古文者坐侏離之習　失其義者十八九　始知黄備氏之教欲道人於易　反貽之害也　弱冠懐游学之志　負笈於千里　聞有嗜学好古者　必就謀焉　大率所見不若所聞　竟未厭吾意純也八年於外無所得於学来帰最後独得過徂来先生以為之帰及聞其論説也　乃詢郷所求者　畢有且先生能華語　尤悪侏離之読亦与純素心合　蓋益知倭読之難　而為害之大耳　自是之後　致思於古学　有年数矣　雖至愚之性而千慮之一如有所得時与従游学者言人或勧撰次其語以訓蒙士於是手録成編　命曰倭読要領夫倭語不可以読中夏之書審矣　余今屑々焉　為此者豈謂規矩大方乎哉　唯是窮郷寒士欲読書而未知其方者観而有取焉　其亦庶乎有補余既以蚤奉先君子之訓遂好読書夫世豈不有与余同好者哉則期此書之不見棄不亦可乎
　　　　　　　　　　　　　　　享保十三年戊申二月初吉
　　　　　　　　　　　　　　　東都後学信陽　太宰純　自叙

　「叙」は徂徠と出会ったことで，「侏離の読み」（漢文訓読）を捨て，古学

437

に志すに至った春台の漢学に対する所信を伝えている。

　春台には徂徠のいう古学に対し，絶大な信頼があった。古文辞には異を立てたが，自身，生涯において，六経研究に徂徠の遺志を継承した。『詩書古伝』三十四巻はその大きな証であって，『詩経』『書経』に関係する前漢以前の文献の章句を抜いて，古代の用例から古書を解釈するための基礎をなす研究となった。また春台は古書に絶大な信頼を寄せた。『倭読要領』に朱子学の学びをやめて「論語・尚書・毛詩・孝経」から学習をはじめるべきだと確信をもっていうのは，そのためである。この学が六経にあって学びの道に至る方法が正確なことばの読み取りによってのみ本質への接近を可能にし，そのためには，すぐれて方法的でなくてはならないと考えている。もちろん，考えているといったのは春台がそう信じているという意味である。

　理由はまた明瞭である。春台は同時代における伊藤仁斎の漢学における文献批判の成果をあっさり否定していた。この時代における研究成果については尾藤正英の見解を踏まえて次のようにいうことができる(注6)。

1　孝経・孔子家語は孔子に近い時代の書ではない。今日の解釈は戦国時代，漢代以降，孔子の語に仮託して作られたとする。
2　『詩経』『書経』の小序を無批判で信用している。
3　仁斎はすでに『易経』十翼，『礼記』の「大学」篇は孔子の作ではないことを論証。

　春台は『紫芝園漫筆』巻一で，仁斎に対して激しい批判を与えている。

　　伊原佐，古学を倡へ，但だ論孟二書を信じて，六経を取らず。古文尚書は後人の偽造，易の十翼は仲尼の作に非ず，礼は漢儒の輯むる所と曰ふに至っては，信ずるに足らざるなり。

　自己の確信が否定するのである。さらにこのように書く。

　　六経すら且つ猶ほ疑と為さば，況んや其他をや。

　無謀というべきであるが，やはり人の子であるのか，客観はこの場合ほとんど説得力をもたない。春台にとっての学問への関わり方はときにこうした牽強付会の筆を呼び，またその結果，批評において春台という一つの人間の評価を性向の故と，ことの本質をつまらないレベルに還元させてしまう。

　春台は自己の矜持高く，また自己自身への信頼も深かったという。『倭読

第 7 節　太宰春台と言語の学

要領』を書いた 1728（享保 13）年，春台（1680 延宝 8～1747 延享 4）は 47 歳であった。その年，荻生徂徠（1666 寛文 6～1728 享保 13）は 1 月に 63 歳で歿し，時を同じくして蘐園で唐話を指導した元長崎唐通事，岡島冠山（1674 延宝 2～1728 享保 13）が 55 歳で世を去っている。蘐園にとって二重の不幸だったが，卓越した二人が眼前を去ったことは，この年を春台にとって象徴的な一年にした。徂徠の古文辞は認めることができず，反駁せざるをえなかった。また蘐園に漂う詩文の空気への違和感をもった。しかし徂徠の時代は今，終わったのである。

　よく知られているように，春台の学問修行は 1696（元禄 9）年 17 歳のとき，林道栄（1640 寛永 17～1708 宝永 5）の甥，中野撝謙（1667 寛文 7～1720 享保 5）に入門した時に始まった。伝記研究の教えるところにしたがうと，そこで程朱学の手ほどきを受けるが，二十歳頃には疑問をもつようになった。その頃，出石藩を無許可で退仕したため，十年の浪人生活をやむなくし，京阪を流寓する。この間，伊藤仁斎の講莚にも列して古学の主張に触れた。そのような春台が 1711（正徳 1）年 32 歳の時，江戸で，徂徠に師事することになった。評判の良い徂徠に大きく魅せられたからだ。12 月には下総，生実藩に禄仕し，古学を講習する。そして徂徠没後，服部南郭とともに蘐園の社を引くことになる。

　かつて丸山真男はつぎのように書いた。

> 徂徠学の公的側面と私的な側面は蘐園門下において夫々異つた担ひ手（トレーガー）を見ることとなつた。前者を代表するものに太宰春台・山県周南があり，之に対して服部南郭・安藤東野・平野金華らはいづれも私的側面の継承者であつた(注 7)。

> もつとも公私各側面の継承者が他の側面を全然無視したわけではない。例へば春台には「独語」といふ，詩歌音楽に関する優れた随筆があり，この点なんといつても蘐園の共通の学風の反映が見られる。
> 問題は，公私いづれの側面を徂徠学の本質と考へたかといふ處にある。(注 8)

ただ，さらにこんなことも言っている(注 9)。

> 徂徠学派は当時の儒者のカテゴリーからは凡そ遠い存在であったことはたしかであった。

　徂徠は寛容でおおらかな人物だったといわれている。南郭が詩文に秀で，

文学の世界に飛翔したことに反して,春台は経学の人として,スクエアな生き方をした。たとえば春台の『経済録』の「経済総論」をみれば,春台の基本ポリシーは一目瞭然である。

> 尭舜ヨリ以来,歴世ノ聖賢,心ヲ尽シ言ヲ立テ教ヲ垂玉フハ,皆此経済ノ一事ノ為也。聖人ノ道ハ,天下国家ヲ治ルヨリ外ニハ別ニ所用無シ。孔子ノ門人七十二賢ヨリ後来ノ学者,皆此事ヲ学ブ者也。是ヲ捨テ学バズシテ,徒ニ詩文著述ヲ事トシテ,一生ヲ過ス者ハ,真ノ学者ニ非ズ。琴碁書画等ノ曲芸ノ輩ニ異ルコトナシ。縦ヒ一世ノ工ヲ極テ,其名ヲ宇内ニ高クストモ,只自己ヲ楽ミ,世ノ玩トナルノミニテ,国家ノ為ニ其益少ケレバ,聖人ノ大道ヲ無用ノ閑事トナス。其罪逃レ難カルベシ。

大いなる真面目というべきである。洒落の一つもない。こういう考え方がその人を長く支配しているのなら,徂徠学派一方の雄,詩文の徒,服部南郭とやがて大きく離反していくさまは容易に首肯できる。その意味では丸山の言には独り太宰春台を脇におく必要を言うかもしれない。尾藤正英が指摘している内容からはつぎのようなことがしられる。春台は弟子との学習にも,下読みを欠かさず周到な準備・整理のもとで会読に臨み,門人の教育にきわめて厳格,几帳面な性格は謹厳にして,礼法や格式にしたがって人に接しようとしたし,他者にもそれを求めた(注10)。

春台の人間評についてはどうか。『倭読要領』を書く春台の必然はやはり関連付けのために必要である。それには徂徠のこれもよく知られる言語学者,徂徠をやはりみておかなくてはならない。春台はどれだけ徂徠を越えた存在であったのかという議論である。

ちょうど徂徠は『護園随筆』(1714 正徳 4 年)に続いて著した『訳文筌蹄』(1715 正徳 5 年)で精緻な観察に基づく言語学書である面を見せた。このことは江戸言語学の漢語学の特異な表われとしての意味をもち,徂徠によってもたらされたデキゴト史にあってもっとも重要な要件の一つである。

私見では,この徂徠の方法とは書物の解析にきわめて具体的な言語観察をもっての,人のありかたへの接近であった。それを徂徠における「解釈学」であったとみてよい。『訳文筌蹄』の「題言十則」に主張する内容,とりわけ「倭訓廻環之読」の否定,すなわちそれが漢語と日本語の語順の違いから生じた言語間の相互理解の方法にふさわしくないものとして返り点を介して

読む伝統を批判したからである。

　徂徠の基本となるコンセプトを抱いて，死後これを継承することになった春台の基本部分の理解には徂徠を除外して考えることはできない。春台は徂徠の主張する言語へ向かう態度を継承する。徂徠の出発は精緻な言語の学であった。春台が『倭読要領』に言う内容は徂徠学の具体的な反映を意味する。そして彼等の日本語への認識がどのような質のものであったのか，春台による理解として確かめることができる。

　もとより師の徂徠が漢学の世界にもたらした新たな魅力とは漢文学習に与えた，原書を読む方法の転換であった。具体性に富み，わかりやすく精密にテキストを読む方法はまさしく言語の学の徹底であった。しかし，そうした意味では，けっきょく，春台は徂徠をほとんど越えてはいない。

　けれども自ら漢語文典の叢書を編んだ戸川芳郎はこうした春台の書物をこう評している(注11)。

>　この書（『倭読要領』）が，中国語文の語音にまで注意し，音韻の説明を行って，訳読の深さを示した点，当時として比肩するもののない水準にあったことは，現在あらためて評価さるべきである。中国語文の学の概論として，邦人の著したものをとして，記念するために収めた。

Ⅳ　春台と江戸の言語学

　要するに，春台の著述は元禄享保期における言語の学の一つの達成した内容であった。

　これを新たに見ようとする目には，改めて江戸の言語の学を総合的にみようとする視点からの観察が必要である。あまり知られていない事であるが，江戸時代はトータルな意味で言語の学がもっとも深く広く発展した時である。幕末に至って，来日したヨーロッパ人のひとりはそのことに驚嘆し，日本人の近世期における知的発展の内容を記している。

　江戸は蘭語学・唐話学・韓語学・国語学（国学）とともに漢語学（漢学）の大きな流れを受け言語学の環境を形成した。春台の関心にそくしていえば，開幕以来，平戸・長崎出島を系由して流布・浸透の道をもった「生きたことば」が，中国の言語の場合「白話」と呼ばれるリビング・チャイニーズをもっ

て現実のものとなっていた。

　こうした環境について及べば，それはとうぜん，春台が赴いた護園の学そのものへの具体的な表われの改めての確かめが必要になる。そういうとき，かつて伊藤仁斎，荻生徂徠，本居宣長を直行して立論した吉川幸次郎の言はきわめて有効である。吉川は「徂徠学案」の二，「第一の時期　幼児から四十まで　語学者として」と節を設け，『訳文筌蹄』の「題言十則」あるいは『訓訳示蒙』の記述を具体的に起こしながら，徂徠の言語学者としての具体を述べた(注12)。

　　私をして三家を一連の系譜に収めさせる第二の関心は，その学問の方法論，またその基底にある言語観である。すなわち言語表現をもって，その伝達せんとする事実を伝達する手段としてのみは見ず，表現そのものが人間の事実であり，且つ表現者の心理ともっとも密着した重要な事実であるとする。何をいうかを知るのみでは満足せず，いかにいうかを重視する。そうして何をいうかとともに，いかにいうかを資料として，人間を研究するのを，その学問の方法とする。序Ⅸ

　　前半生の彼（徂徠）は，日本人が中国書を読むについての久しい習慣であった訓読法，すなわち日本語の翻訳によって原書を読む方法を排斥し，シナ語の原音原語序による「崎陽の学」を主張する。前者訓読法は，「其の意を得るのみにして其の言を得ず」，すなわち中国書の伝達せんとする事実の外廓をなでるのみであり，後者「崎陽の学」によって，中国の言をそのままに感覚しない限り，中国の「心」には到達しないとする認識である。序Ⅹ

　　しかしながら，では徂徠はすでに宣長と全く同じかといえば，そういうのに躊躇する。彼のいわゆる「古文辞学」の究竟の目的は，「古文辞」の文体をみずからのものとして体得し，中国の古代人との会話を，十八世紀江戸の隣人との間のそれと同じ容易さにすることよって，「古文辞」の「言」の伝達する人間の事実が，現代の言語が伝達する現代の人間の事実と，本質的には差違のないことを，確認するにある。序ⅩⅠ

　　更にまた根本的な問題として，「六経」の「古文辞」は，中国語である。日本語ではない。中国語の原形のままに読むのから始めない限り，それは獲得されず，それとの合致はない。従来の訓読法が，漢字に返り点送り仮名をくっつけ，日本語に翻訳して読むのは，中国語という事実の変形であり破壊である。排斥されねばならぬ。原音，原イントネイション，原語序によって，すべてを読まねばなら

第7節　太宰春台と言語の学

ぬ。(実例部分　中略)と読め。またその第一歩としてはまず,現代中国語を学び,中国語のリズムに慣れよ。

　なお彼の学んだ中国音は南方音であって,右の仮名は,岡島冠山の『唐話纂要』(1716享保元),による。長崎税関の「通事」通訳官である冠山は,彼の弟子であるとともに,彼の中国語の教師の一人であった。(中略)「六経」がシナ語であるのは「先王の道」を設定した「聖人」が,中国の古代にのみ生まれ,日本も西洋も「聖人」を生まなかったからであって,これまた尊敬すべき「天」の意思である。且つまた中国語は「聖人」の生まれた国の言語だから,日本語よりも上等の言語である。ひとり「古文辞」ばかりではなく,単音綴であり,テニヲハをもたないことによって,日本語よりもはるかに緊迫した美を,一般にもつ。(中略)また逆に,さればこそ中国語の学習は,現代語からはじめるのがよいのである。いかにも言語は,古今によって変遷し,「古文辞」は,古代の特別な修辞法である。しかし「古文辞」の記載する事実も,現代日本語が記載する現代日本の事実と大した差違はないはずである。「古文辞」の学習とは,現代日本語が現代日本の事実を容易につかみ伝えるごとき関係を,「古文辞」を現代日本語同様にわがものにすることによって,人間の事実のもつ意味をたしかめることである。それは現代の拒否ではなく,「先王」の中国と現代の日本との間にパイプを通すことである。パイプを通すのに必要なのは,「先王の道」の体得とともに,後代現代の歴史への知識である。彼の学問を「復古の学」と称すること,同時代人にすでにあるが,彼自身がそういった例は,稀にしか見いだされない。

　徂徠とその門弟が元長崎唐通事であった岡島冠山のもとで唐話の学習に励んでいたことは,元禄〜享保期をめぐる言語学習の歴史の上でもっとも重要なことの一つであったといえる。まだ江戸で蘭語の学習がはじまるかはじまらないかという時期である。海禁政策によって,一般レベルでの異言語学習は不可能であったが,徳川綱吉の治世下,徂徠を重んじた柳沢吉保は積極的に唐話学習を認めている。ともすれば当面する問題を正視しようとしないで排除的に赴きがちな日本の為政者が多い中で,唐話学習を促した事実は特筆されてよい。

　江戸文学研究の場にあって日野龍夫は「儒学から文学へ－徂徠学の位置」として,言語の学を基底とする徂徠学のありさまを概観した。その言は石崎又造等以来積み重ねられてきた蘐園における唐話学習の実態認知に一般の見方として安定し成熟した評価の段階を示している(注13)。

　さらに日野は自身の服部南郭論に及んでつぎのような認識を示している。

当時の徂徠（正徳年間－筆者）には，経書を正しく解釈するには漢語に習熟することが不可欠であるとする方法論がすでに確立されており，漢語の呼吸を中国人さながらにのみこむために中国語（白話）の習得をきわめて熱心に実践していた。正徳元年には岡島冠山を訳士に迎えて訳社を開き，翌年華語に通じた肥前蓮池の黄檗僧大潮が江戸に来るや（平野金華「大潮上人を送る序」），就いてこれにも教えを受けた。その大潮の言として「南郭は唐音を知らぬ人なり。故に詩文共恊はぬ所多し」（平賀中南「学問捷径」中）と伝えられる。護園訳社の講義録である『唐話類纂』の巻頭には冠山・大潮・徂徠・東野・春台など参加者十二名を掲げるが，中に南郭の名を見出せない。宝永・正徳期の徂徠が最も情熱を注いだ白話学習について，南郭はおそらく忠実な弟子ではなかった。白話は畢竟俗語である。南郭の中国語観は（中略）大切なのは雅語であり，俗語学習は雅俗の分ちを知るための階梯に過ぎない，とするものであった。雅－古代中国宮廷の燦然たる整斉美－への志向はやがて南郭の文学観の中枢を占める観念となるが，徂徠に入門した当初から，南郭は徂徠学を，決して全面的にではなく，古語によって自己を古人に虚構する，専らこれ一個の想像力にかかわる方法として，限定された角度から受容していたと考えられる。

　唐話学習の必要とその実態認知は，徂徠を継承した二人の個性の二極化を言語における雅俗の間に行き来せざるを得ない矛盾の中に確かめることができる。

　だが，改めて『倭読要領』のような書物が啓蒙的に書かれた意味を考えるとき，経学の道を希求する先鋒としての春台の位置があからさまに見えてくる。著述内部に宿る，春台の心の内容がうつる。経学を奉ずる者，徂徠の学統を担う位置にあるとする自負は，むろん「聖人の道」「先王の道」をとうぜん標榜しなければならない。そこに至る道，君臨しない春台は世話好きの教授よろしく，おせっかいなほどに学習の方法を教授しようとする。しかし，師徂徠の教授法を明らかに継承した姿にこの書物が正直に春台の学力を支えるインフラ的基盤であることを告白している。したがって春台論のためにはそこでとどまってもいいかもしれない。

　とはいえ，学問情報への全般的な関わりと展開とを読むと，江戸時代における総合的な言語学の方法の一端が見えるとともに，もう一方では学における展開の仕方の具象性が甚だしく目に映ってくる。そしてこれを読む現在のさまざまな眼にはどのように映じてくるかがこれも甚だしく興味の深いもの

になる。ただ，江戸時代の学問の展開はたとえば国学においてきわめて具象的な学問展開を示した。宣長の『古事記伝』ほかの著述が見せる考証のすさまじさ。たぶんこの水準は今日に至っても誰も越えてはいない。またあまり世に知られていない中野柳圃や馬場佐十郎のこれも徹底した蘭語文法をはじめとする蘭語学における具体的展開を思い起こせる。さらに岡島冠山が唐話学習に示したこれもきわめて具象的な著述の精緻さが浮かんでくる。

このようにみてくると，本書を含めた江戸の言語研究への新しい見方のためには，こうした言語への思いのトータルな場に『倭読要領』を置く必要があるといわなければならない。

V 二つの徂徠学派評価

最後に徂徠学派への評価として，丸山真男とマリウス・ジャンセンの評言を掲げる。

V-1 丸山真男の批評

丸山真男は1948（昭和23）年の東京大学法学部における「日本政治思想史」講義でこのようなことを言っている。

> 素行や仁斎のように明白に反朱子学的立場を標榜した場合に於ても，客観的に見るならば朱子学的思惟への依存性を十分に脱しえなかった。いわゆる蘐園学派の形成に於てはじめて，この漸次的な乖離が飛躍的に，主観的ならびに客観的に絶対的な対立にまで高まった。荻生徂徠に率いられ蘐園学派は近世儒教の理論的発展の頂上を示すと同時に，またその思想的破綻の宣告でもあった。そこに含まれた儒教自身の否定的契機を足がかりにして，やがて本居宣長や安藤昌益のような著名な反儒教思想家が自己の体系を築きあげていったのである(注14)。

簡便にして要を得た評言のもつ意味は小さくなく，江戸をアナロジカルに現代においてみるとき，今日に至る丸山のこのような言辞が意味するところは，今もって思想史研究の篩にかけて検討されるべき要素をもっていることが判明する。それが反儒教的な場に措定されうるのかの如何は今後さらなる検討を要するものといわなければならない。

V-2 マリウス・ジャンセンの批評

第Ⅲ章　唐話学史　白話の受容と展開

　一方,徂徠学派を外からの目で,マクロな視点からみるとどのようにとらえうるか。
　その一端を E.O.ライシャワー門下のマリウス・ジャンセンの観察に委ねるとつぎのようになる。ジャンセンはすでに『坂本竜馬と明治維新』を書いて,トクガワ・ジャパンへの新たで特異な見解を表明している。

> 徳川時代の特色のひとつは,中国文学の伝統がそれまでになく重要視されるようになったことであります。(中略)一方,この時代ほど日本人の間に中国文明崇拝が強まったことはありませんでした。教育が普及したことにより,日本人は儒教の教えに対する敬意を新たにし,またいっそう深めました。(中略)
> 日本の儒学者たちの多くは,自分たちが中国文化圏の辺土に置かれている苦境を嘆く漢詩や漢文をつくり,それが優れた作品であると自負しました。このような儒学者たちの中で最も大きな存在の一人であった荻生徂徠は,自らを「日本国夷人」と呼んだほどでした。十八世紀初期の朱子学者で政治指導者でもあった新井白石は,江戸の優越意識と彼自身が中国文化に対して抱いていた個人的な憧憬の念とをうまく均衡させた人物でした。(中略)
> 日本の儒学者に可能だったのは,白石が示したような立場だけではありません。内容を伴わず中国の形式だけをまねる態度を示した儒学者たちもいました。こうした人々は,逆に中国を辺土の夷狄とみなし,日本こそが文明の中心であると考えたのです。彼らの場合には,理想としての中国と中国の歴史現実とを区別する必要がありました。理想としての中国には疑問の余地がなく,文明そのものを象徴する存在であったわけですが,これに対して現実の中国の歴史には,重大な欠陥が認められたのでした。
> たとえば荻生徂徠は,中国聖人の古典的伝統については畏敬の念をもってこれを受容していますが,後世の儒教思想傾向に対しては反発し拒否する態度を示しています。徂徠や彼の弟子たちは,中国は封建制から皇帝による中央集権支配へと発展した国であるのに対して,日本の場合はこれと逆の発展,すなわち古代天皇制から当時の封建分割支配体制に移行した,という見方をしたのです(注15)。

　丸山の視点とはまた完全に別個であるアメリカン・リベラルの観察するマクロな視点を西欧化する日本人は噛みしめる必要があるものと思える。ジャンセンの見解は徂徠学派を見つめる眼としても妥当な評価に達している。

注
1 石崎又造（1940）『近世日本に於ける支那俗語文学史』弘文堂
2 岡井慎吾（1934）『日本漢字学史』明治書院
3 小林芳規（1981）『倭読要領』解説 勉誠社文庫66
4 杉本つとむ（1971）「明和版『倭楷正訛』解説並びに索引」解説（近世文学史研究の会編『近世中期文学の研究』笠間書院
5 丸山圭三郎（1981）『ソシュールの思想』岩波書店
6 尾藤正英（1972）「太宰春台の人と思想」日本思想大系37『徂徠学派』岩波書店
7 丸山真男（1952）『日本政治思想史研究』東京大学出版会
8 丸山真男（1952）『日本政治思想史研究』東京大学出版会
9 丸山真男（1948）「日本政治思想史」『丸山真男講義録 1』
10 尾藤正英（1972）「太宰春台の人と思想」日本思想大系37『徂徠学派』岩波書店
11 戸川芳郎（1979）『漢語文典叢書』3「訳文筌蹄」・青山居士編「訳文筌蹄字引」「倭読要領」解題　汲古書院
12 吉川幸次郎（1975）『仁斎・徂徠・宣長』岩波書店
13 日野龍夫（1975）『徂徠学派』筑摩書房
14 丸山真男（1948）「日本政治思想史講義」　東京大学出版会
15 Marius. B. Jansen（1976）*"JAPAN AND ITS WORLD – Two Centuries of Change"* Princeton University Press（『日本－二百年の変貌』加藤彰彦訳 岩波書店刊）

第8節　豊子愷『源氏物語』翻訳の発想と江戸白話小説翻訳の発想－母語と翻訳の文体をめぐって

1-1　豊子愷訳『源氏物語』

　漢字を書きことばの手段として受け入れてから，日本語を母語とする者はそれを基にして書記言語の環境を整えてきた。そして漢語あるいは漢字語の影響はいつも日本語の正体が何ものであるのかを考えさせる。

　今，江戸中期に流行した「通俗物」と呼ばれる中国白話小説の翻訳文体のもつ意味について触れてみたいと思うのだが，そういうとき古代も現代もなく日本語環境にあっての漢字のもたらすことばそのものが気になってくる。同時に，中国の言語を母語とする者の日本語観が脳裏に浮んでくるのである。

　ここでは，まず豊子愷が翻訳した『源氏物語』（人民文学出版社，1980刊）の翻訳時における発想の基点を探り，そこから江戸中期における白話小説の翻訳者たちの翻訳における発想の一端を考えてみたい。このことにより，日本語に関しての基幹的な問題に及ぶことができればと思う。

　これは一つの例にすぎないが，豊子愷は『源氏物語』の冒頭部分をつぎのように訳している。

　　話説従前某一朝天皇時代，后宮妃嬪甚多，其中有一更衣，出身并不十分高貴，却蒙皇上特別寵愛，

　この翻訳では小見出しに「第一回桐壺」とあって，冒頭の一語「話説」がくる。この書き出しは宋代に起こり，『水滸伝』で完成点に至る「章回小説」の書き方を思い起こさせる。

　この中文を直訳すると，たとえばつぎのようになる。

　　さて，昔。ある天皇の時代，後宮には后と多くの側室がいて，その中に一人の更衣がいたが，出身が満足するような高貴な身分ではなくて，そのためにかえって天子の特別な寵愛を受けた。

　『源氏物語』原文の書き出しはこうであった。

　　いづれのおほん時にか，女御更衣あまた侍ひ給ひけるなかに，いとやむごとなききはにはあらぬが，すぐれて時めき給ふ，ありけり。

第8節　豊子愷『源氏物語』翻訳の発想と江戸白話小説翻訳の発想

　本文は玉上琢彌校訂の角川文庫版からとったが、これがわれわれの脳裏にある一文である。
　豊子愷訳は、音読すれば「Hua shuo, cong jian mao yi chao tian huang shi dai, hou gong fei ping sheng duo, qi zhong you yi geng, chu shegng ping bu shi fen gao gui, quo meng huang shan du bie chong ai. ホワシュオ　ツォンチェン　マオ　イーチャオ　ティエンホアン　シータイ，ホウゴン　フェイピンシェン　テゥオ，……」と調子がよく、この音連続下にシノワの響きは異国情緒を味わえて楽しい作品にはなっている。
　ところが、古典学者の一人である玉上琢彌による現代語訳は、とうぜん前述した豊子愷の翻訳からの再訳のような文体にはならない。
　　どなたさまの御世であったか、女御や更衣が大勢お仕えなさっていた中に、たいして重い身分でなくて、それでいてご寵愛のめだつ方があった。
　二つの表現を読むとき、日本語を母語とする者にとっては、いうまでもなく、原文で語られる地の文の待遇表現の扱いが大事である。ちなみに、中国のことばには日本語にみられるような待遇表現はない。
　翻訳された文章の意味はわかる。しかし、言語の慣用に即してはいないという場合、これは本質的には翻訳を意味しないことになる。日本語の場合、音韻・文法の構造は決して難しくはない。日本語の難しさは言語の運用にある。待遇表現以外でも、基本となる語彙量は英語などの外国語に比べればはるかに多い。したがって意味がわかるというだけでは日本語は運用できたことにならない。とりわけ、文学作品の翻訳はやさしくない。
　豊子愷の訳文は『源氏物語』の待遇表現の扱いをはたしてはいない。そればかりか地の文の語り口を生かしていないことがわかる。それは『源氏物語』原文の語りが向かう方向に比して、豊子愷の訳文が明らかに不特定の大衆に物語を聞かせる文体を持つからである。けれどもこれは彼の母語とその文化がもたらした結果である。たぶん豊子愷の原文理解が行きとどいていないということを意味しないだろう。豊子愷は翻訳にあたってこのように書いている。
　　原文はことばが古雅で質朴であり、我国の『論語』や『檀弓』に似ているから、
　　全て現代白話文を用いて翻訳するのはよくない。（岡田訳）

だが，この翻訳には章回小説の語りの意識が働いている。「話説」は聴衆に向かって話しかけるときの決まり文句，発辞にあたる。「さて，みなさん……」と，聴き手に向かって，これから話をはじめるぞという姿勢である。このようなはじまりは『源氏物語』の発話としてふさわしい内容になっているだろうか。『源氏物語』の語り出しからは，聴き手を強く意識して向かう語りというよりは，内言的，独白的な印象を受ける。そもそも章回小説と異なって大衆へのサービス精神には満ちてはいない。

豊子愷の訳文はこうした発話時の決まり文句を全帖に対して多用したとはいえないが，それでもつぎのような書き出しを施している。

  第三回「空蟬」却説源氏公子当晚在紀伊守家里
  第四回「夕顔」話説源氏公子経常悄悄地到六条去訪問
  第六回「末摘花」話説那夕顔朝露似地短命而死
  第九回「寄生」却説当年有一位藤壺女御
  第十六回「関屋」前文所述的伊予守
  第二十回「槿姫」却説在賀茂神社当斎院的槿姫
  第三十四回上「新菜」且説朱雀院自従行幸六条院之后
  第三十四回下「新菜続」且説柏木看良小侍的回信
  第四十四回「竹河」本回所記述的，是源氏一族之外的后太政大臣髭黒家幾個侍女的

こうした決まり文句の発辞で文体を整えることが中国の章回小説における回数をもって，不特定多数の大衆に語り聞かせる方法で，豊子愷はこれを五四帖からなる『源氏物語』に適用したのである。

1-2 江戸の白話小説翻訳

こうして「却説」「且説」「本回所記述的」などと展開されれば，中国の読者は「話説」のはじまりで白話小説以来の読みの意識を働かせ，頭がその方向に導かれてしまう。近世期白話小説を積極的に受容した環境では，たとえば『忠義水滸伝解』で，このことばの日本語受容をこう記述している。

  話説　コレヨリハナシダスト云事　日本ノ双紙ノ初段ノクチニソモソモト云ガ如
    シ　発語ノ辞ナリ

また『水滸伝字彙外集』の「水滸読格」にはこう書かれている。

第8節　豊子愷『源氏物語』翻訳の発想と江戸白話小説翻訳の発想

　　話説　ワセッス　○爰ニ又　○カクテ／昔ノ話ヲ説出ス
　このように「話説」ということばの機能はあくまでも章回小説の範疇にあり，読みきり一回ごとのはじまりにふさわしい語りを引き出す。『水滸伝』や『三国志演義』などに対して江戸の翻訳者や読者はこうした語り口で物語を享受したのである。
　したがって『源氏物語』もこのように書かれると，もちろん『紅楼夢』のような作品もあるが，時にまるで『水滸伝』や『三国志演技』のように変貌して見えるのである。
　これを見ると豊子愷には五四帖の華麗な物語が一回分ずつ連続物として語られる形式であることから章回小説に模して抵抗がないかのように見受けられる。文章家として定評のあった豊子愷である。日本文学にも造詣が深い。このような文体の選択にはそれなりの意味があることはわかる。ただこうした印象はアーサー・ウェイリーやサイデンステッカーの英訳シフェルの仏訳に出会ったときにはなかったものだといっていい。
　けれども，こんな気分はいったいどこからくるのだろうか。豊子愷の訳文に接して，改めて江戸の白話小説を翻訳する者の位置が気になりはじめたのである。豊子愷は母語である中国普通話の語りの中に『源氏物語』翻訳文を発想したが，これとは逆に明清の白話（口語）小説の表現を変換して日本語文としようとした者の日本語文としての質はどうなのだろうか。
　「通俗」は白話小説の翻訳群の作品タイトルの冠である。それらはいかにも江戸中期における典型的な翻訳上の工夫や拵えを教えてくれる。
　どこから切りとってきてもいいのだが，たとえば都賀庭鐘の代表作『英草紙』に翻案されている「荘子休鼓盆成大道」（『通俗古今奇観』）の場合，淡斎主人はこのように訳している。
　　荘子一日老子ノ坐ニアリテ易ヲ講スルノアヒダ　コノ夢ヲ以テ老子ニ告ク他ハ大
　　聖ナレバ三生ノ来歴ヲ暁シ得タリ　荘子ニ向テ夙世ノ因縁ヲ指シ示ス　元混沌ノ
　　ノ初コノ荘子一ツノ白蝴蝶タリ
　　　　　　　　　　　　　　　　　（1814文化11『通俗古今奇観』）
　原文はつぎにみられるとおりである。
　　荘生一日在老子座講易之暇　将此夢訴之於師。却是個大聖人　暁得三世来歴。向

451

荘子指出夙世因由　那荘生原是混沌　初分時一個白胡蝶（『警世通言』中華書局 1965）

　二文を照しあわせれば，中国の言語に通じない目でも大方白話文の意向に添った翻訳であることがわかる。もとより明清の口語文は古代以来の文言（文語）とは異なるから，とうぜん印象は違うが，翻訳文は漢文訓読の伝統的な読みを底にして，白話原文漢語を読み取り，シンタクスを整えれば日本語文としての形ができる。試みに，原文を訓読すると，つぎのように読めるだろうか。

荘生一日，老子ノ座ニ在ヱテ易ヲ講ズルノ暇　此夢ヲ将テ，之ヲ師ニ訴フ。却テ是レ個ノ大聖人ナレバ　三世ノ来歴ヲ暁得ス。荘子ニ向テ夙世ノ因由ヲ指シ出セバ　那ノ荘生原ト混沌　初分ノ時一個ノ白胡蝶タリ。

　拙訳と淡斎主人訳とを比較すれば明らかなように，江戸の翻訳者は一見漢文訓読を意識しながらも，中国近代語の範疇にある原文への理解をみせていることがわかる。文中の三人称代名詞＜他＞を意識していることがわかるが，じっさい白話における＜我－你－他＞の人称代名詞の基本パラダイムは，蘭学者たちの蘭語文の翻訳においても明瞭に意識されていたことであるし，＜彼／彼女＞という基本代名詞の江戸までの様相を思い起こせば今日的な眼で見るわけにはいかないのである。淡斎主人訳文にみえる「他ハ大聖ナレバ」は「却是個大聖人」に「他」を補なっている。このことは淡斎主人の読みが「他是一個大聖人」の読解の範疇にもあって，原文のみに拘束される訓読文から一歩隔たりをみせている。いわば江戸中期の中国文学受容者が伝統的な漢文訓読に従っていることが明らかであるとしても，当代の白話受容の意識をみせていることを語る。白話や小説翻訳と語彙の処理，それでもなお，圧倒的に原文の語彙群に引き寄せられていたところは，現代の翻訳意識とはまだ遠いところにある。

1-3 通俗物の翻訳実態

　このことは白話小説翻訳の一般的な形をみるといっそう明らかになる。たとえば1789（寛政7）年の『通俗醒世恒言』から引いてみる。

主人家空房アラバ宿　歇セン。主人家曰房室アマタアリ，知ラズ客官

第 8 節　豊子愷『源氏物語』翻訳の発想と江戸白話小説翻訳の発想

幾　　位アリテ安歇タマフヤ，答曰，タゞ我一人ノミ也。主人家此客ヲ看ルニ一
　　　　　（イクイ・イクタリ）　　　　（ヒトマリ）
個ノ単　　　身ニテ，包　　　裏ニ持タザレバ一人ニカギリタル客ハ留申サ
（タンシン・ヒトリモノ）　　（ハウクハ・フロシキヅゝミ）
レズト云ヘバ，那　人　怒曰，房　　錢ヲカゝザランニ，如何我留ザルヘケン。主
　　　　　　　（コノヒトイカッテ）　（ハウセン・ハタコ）
人曰客官怒ヲヤメヨ。当時郭令公京師ヲ守リタマフニ依テ，遠近ノ旅　　店に
　　　　　　　　　　　　　　　　（ケイシ）　　　　　　　　　　　　　（リヨテン・ハタコヤ）
榜ヲ　頒　タマヒタ　　　人ヲ留事ヲ許サズ
（ハガチ・クダシ）　（タイシン・アヤシキヒト）

（注　引用文の読みは底本の漢字，漢語の左右に振られている。ここでは右ルビ・左ルビの順に示した）

　原文はとくに掲げないが，それでも基本的には漢文訓読の文語体で翻訳されていることがわかる。さらに，書記言語の一つの宿命的なありようをもたらしたと思われる伝統的な漢語受容意識は白話小説翻訳の場においても明瞭に現われている。作品によって幾分かの違いはあるが，この場合は，いわゆる白話語彙をそのまま翻訳文に引き写し，総ルビに近い表記法である。したがってこれらの読みをまったく無視してしまうと翻訳者の読解内容が得られない。江戸でも中国の近代語彙に通じた者は少数であった。とうぜん翻訳者の配慮がカナによる読みを促したのだろう。けれどもこうした傾向はこのようなところにも及ぶ。

　ここには古代のいわゆる漢文とは異なる新しい時代の漢語受容においても，中文の漢語群を捨てさり，当代の日本語によって表わそうとする意識とははるかに遠いものがある。それは文字の受容からはじまり，漢文の語彙を忠実に取り入れ，書記言語を形成してきた歴史・伝統と無縁ではない。

　別の作品を引く。1799（寛政 2）年，月池睡雲庵主人が翻訳した『通俗繡像新裁綺史』のはじまりはつぎのような文体であった。今，振り仮名による読みを外して引用する。

　　内中ニモ単表一人ハ乃大宋ノ京師汴梁城外安楽村ト云処ニ姓ハ辛名ハ善ト云モノ
　　住居セリ渾家阮氏ニテ夫婦二口ノクラシナカラ六陳舗児ヲ開黽米ヲアキナヒ為生
　　トシ却応麦荳茶酒油塩ソノホカイロイロノ雑貨スベテ備ズト云所ナカリシカハ家
　　道モ頗々ニ過得ケル　辛善四旬ヲ過テ只一人ノ女孩児ヲ生リ名ヲ瑶琴ト叫做ケル
　　　生得清秀ニシテ聡明ナリケレハ父母ノ寵愛ヒトカタナラス七歳ニテ村学サセ書
　　ヲ読ミナラハセケルニ幾ホトアラズシテ日ニ千言ヲ誦ケリ

　この作品も総ルビに近いが，音読された語彙やいくつかの漢字・漢語語彙を除外すれば白話文の語彙をそのまま生かそうとする意図が知られる。ここには江戸の白話翻訳者がやはり漢語を尊重し当代に対応する和文を形成しな

453

かった面が濃厚にみえる。因みにこれらの白話語彙には以下のような読みが施されている。

　　内中－アルガナカ（ニモ），単表－アラハシシルス，京師－ミヤコ，渾家－ニヤウボフ，二口－フタリ，六陳舗児－ヨロヅアラモノミセ，糶米－コメ，為生トセイ，却応－サテマタ，家道－シンタイ，四旬－シジウ，女孩児－ムスメ，叫做－ヨビ（ケル）

　今の眼でみてわかるものは除外したが，同じ話の展開部第二回冒頭ではつぎのような文があり，振りがなによる読みがなければさらに読解はむずかしくなる。

　　自古道無巧不成話トサテモ莘氏瑤琴ハ空屋士牆ノ下ニ坐下シ哀々トカナシミ哭キ居タリケルニ恰好一人牆ノ下ヲ過ヌ　正是那人姓ハト名ハ喬トテコレモ汴梁城外ニスム莘善的近隣ノ人氏ナリ　平昔是個游手游食ニテ本分事ヲ守ス慣テ白食ヲ喫白銭ヲ用人都他是ト太郎トゾ称ケリ

　これは極端な例であるといっていいが，振られた読みが翻訳内容であり，原文のまま表わされた部分は白話を知る者でなければ読めない。このようなあらわれはたぶんに教養階級の意識裡に潜むペダントリーのせいかもしれない。けれども古代から漢語に接してきた過程で，一方ではすぐれた和文を形成してきた伝統とこうした現象とはどのようなかかわりがあるのか。

1−4　日・中の翻訳者のちがい

　このような白話小説翻訳者の白話語彙受容は何を示すのだろうか。豊子愷訳『源氏物語』に接したときに，すぐ脳裏に浮かんだことは，まさに白話小説作品の翻訳に出会ったときとは逆の思いであった。豊子愷は母語とその文化の中に『源氏物語』を運び込んだが，江戸の白話文学翻訳者たちは白話文の語彙をそのままに翻訳文に保存しようとした。豊子愷の訳業が日本語文をほぼ完全に母語の範疇において受け入れ，翻訳を試みたことと比べれば対照的である。このことは豊子愷が現代人であり明清の人間とは違うということにはならない。

　和文の伝統とはまた別に，漢字文化は深く日本人を捉え，古代以来，近代に至る長い過程にあって，もっぱら「漢文」と称する外国語の語文を素直に受容してきた歴史の中に置かれている。人が母語の歴史をどれほどに生まれ

第8節　豊子愷『源氏物語』翻訳の発想と江戸白話小説翻訳の発想

持って受け継いでいるのかはしらない。しかし、日本人の表現意識の内部には現代においてもなお漢字に魅了され、漢字、漢語の文化的伝統を尊重・礼讃する傾向がある。

　表現行為において、誰でも、それなりにどこか垢抜けた表出を願わないものはいない。そうした場合、是非、好悪は別として、江戸においても中国白話小説に接した翻訳者たちの文体に向かう眼は漢語そのものの受容に向っていた。はたして彼らの脳裏に和文というものがどのように意識されたのであろうか。

　このように考えるとき、豊子愷の位置は白話小説翻訳者たちの位置とは対照的な場にあることの意味に思いを寄せざるをえない。何よりも、江戸における白話小説の積極的な受入れは滝沢馬琴においてピークに達した読本の形成過程に重要な役割を果したのであった。そのことは、翻訳行為の意識裡に、まだ白話語彙に支配され、自らの日常語で翻訳しようとする意識とは別個の漢字尊重がもたらす教養主義が濃厚に生きていたからである。

　現代の翻訳状況をみるとき、中国小説の翻訳にかつての漢文訓読の手法による翻訳を試みる者、また文語的な訳文を形成するような傾向はほとんどみられない。中国小説の翻訳は、現代日本語の統語構造にしたがって、翻訳者の原文理解と日本語理解とによって行われているからである。

　しかし、このことは文字伝来以来、日本人の漢文の受容史においてその大部分を訓読の方法によってきた事実を思い起こせば、むしろ新しい現象であることを理解しなくてはならない。日本人は漢文にかぎることなく、幕末まで、オランダ語文をはじめとするインド・ヨーロッパの言語の翻訳にも漢文を読むのと同じような傾向もみられた。長崎通詞と異なって、リビング・ダッチを運用できなかった江戸蘭学者たちは語順の違いを一・二点や返り点を打って読む訓読の方法を取っていたのである。そうして選択された文体には漢文訓読文と同様の文語的な処理が行われている。

　文語文で文章語を形成しようとする意識の表れは、10世紀の文法による統語構造の典範意識が長く支配していたこととも無縁ではない。そのことは、たとえば中世における『徒然草』、近世の上田秋成の『雨月物語』、芭蕉の俳文など多くの古典に見られるような平安の「かな文学」の文体に似せた擬古

文として書かれたことが明瞭に示している。

　しかし，16，7世紀以来の近代日本語の形成史は，一方で日常語による文体で書かれた多くの作品をもっているし，また明治維新以降では，樋口一葉のように擬古文体で成功したごくわずかな例を除けば，言文一致運動の歴史に明らかなように，ほぼ日常語で文章を形成しようとする努力の過程であった。それは，漢字・漢語の多用をやめ，「かな」を表現の基盤とする日本語を根本から認識してくる歴史でもあった。

　そうした過程を考えると，白話小説の翻訳者たちの意識はこれもまた，現在にまで至る漢字・漢文に魅了される者の流れ中に置かれていたということがいえる。

　現代は漢字使用の制限をはじめとして，日本語で生きる者にとっては誰もが単純にわかる書記法が定着して，すでに久しい。もとより，はなしことばとかきことばの隔たりは大きく残るが，文章語の形成においても，すでに，文語的な表現の方法は市民権を失っている。

2　翻訳と日本語の待遇表現

　つぎに翻訳における日本語の待遇表現の扱いについて若干触れてみたい。先に掲げた『源氏物語』では二つの現代語訳文の趣が著しく異なることを指摘した。たしかに意味は通じる。けれども豊子愷の訳文を直訳した拙訳には，玉上が訳したような内容とちがって，日本語が本来もつ待遇表現への配慮をなしえない。

　ところが，現代中国の語文では待遇表現が希薄である。いや，日本語における待遇表現のもつ要素ははたして翻訳がどこまで，可能であるのか問わなければならない。敬語がただ表現的な言い回しではなく，定型表現の色濃い文法的な様相を日本語はもっている。そのことはシンタクスの決定が単純になしえるわけではないことを意味している。とうぜんそれは表現内容そのものの情緒を反映している。と同時に，待遇表現法はかなりモーダルな言語事象であり日本人の生き方・あり方と密接な関係がある。そして待遇表現は日本語で生きる者の互いの人間関係を明瞭にあらわす。あらゆる人間関係において，日本語を生きる者は常に「人をどう呼び，また人からどのように呼ば

れたいか」を意識するところからはじまり，まるでそうした配慮が無意識裡に行われるかのように振舞う。この振舞いは源氏の時代でなくとも，現代社会においても，日常の所作として，生きている。利害を含めた親疎関係では，待遇表現によって，互いの関係を厳しく規定する。日本語は他の言語に比べれば，人間関係をことばによってあらかじめ規定してかかる傾向が強い。

『源氏物語』が桐壺更衣を疎外する人事関係の悲劇からはじまる物語であるとき，『源氏物語』においては，女房が宮廷で忍びやかに物語りはじめる語り口こそが，光源氏のロマンのプロローグとしてのマイナスからの出発にふさわしい。それは日本語を生きる人間集団の振舞い方の理にかなっているからである。

そえていえば，日本人がこの150年の間にとってきた外国語とのコミュニケーションの歴史の過程で日本語の待遇表現の取り扱いをどのように考えてきたかについて触れてみたかったのでもある。とはいえ，これまでの翻訳を考える場では，待遇表現を正面から取り上げる場があまりみられない。それは日本語の人事を規定する待遇表現が特殊な言語場であって，ニュアンスというような曖昧で収拾のつかないようなところであまり関与すべきではないということであったかもしれない。言語には違いがあっても，人間関係の言い表わし方はとにかく各々の言語の習慣にしたがい，いわば郷にいれば郷に従えというようなことであったかもしれない。

けれども，『源氏物語』を味わおうとするとき，日本語を生きるものは，ただ単にストーリー展開が掴め，意味がわかればそれでいいとは考えていない。古典語の響きはすでに現代語に乏しいが，この本文はわれわれの日本語感覚の中に生きる。現代語によるさまざまな訳本があっても，なお，結局は原文に回帰したくなる衝動を抑制できないのである。

たとえば，谷崎源氏として知られるすぐれた現代語訳も国語学者山田孝雄の助けを得てなされ，原文の趣を伝える努力がみられる。しかし，一度『源氏物語』のストーリー展開がわかってしまえば，読者は辞書の助けを借りながらも，ついには原文に至る。その意味では，与謝野晶子から今日の瀬戸内寂聴に至るまで，現代語訳の試みは，けっきょく『源氏物語』に魅せられた者の自己確認の仕事のように思われてならない。原文を味読できる読解力が

あれば現代語訳などはさらさら必要がない。

　古典の読解はどの言語においても，母語による文化・伝統への回帰に似て，たとえ困難であっても，ことばに魅せられた者にとって，いつか辿りつきたい険しい山への登頂の試みに似ている。

　豊子愷訳は，その意味では母語を生きる日本人の読解の試みとはちがう。中国の言語を母語とする豊子愷には日本語をトータルに内省しうる可能性が低いからである。しかし，母語を生きるものにとってはたとえ古典読解が困難であろうと，同一言語内にあって，まだ内省の可能な範囲に置かれている。もちろん時間的推移によるシンタクスや語彙の変異，死語化などの環境には置かれていて安易な場にはいないが，それでも，そのことは古典を異質の外国語として受け入れることとは趣を異にする。

　翻訳行為は言語を異にするものにとってのコミュニケーションの原点にあり，多く内省を許さないことばの深奥への挑みである。それは翻訳者の読解力に支えられ，次第によってはまるで異なった作品に仕立てあげることもある。日本における文学作品の翻訳の歴史においても森鷗外の『即興詩人』は原作以上の味わいがあるといわれて著名であるし，夏目漱石の『こころ』の翻訳では，ある英語訳が原文の意図をまったく台無しにしたという指摘もあった。今日日本文学の翻訳はますます盛んであり，次第に世界性を帯びるようになってきた。その意味からいえば，翻訳行為は現代に至り，ますます日本では大切な問題になっている。とりわけ母語である日本語のみの環境に置かれた者にとっては抜き差しならぬ問題であるといわなくてはならない。

第9節 「魚返善雄」あるいは中国言語学との出会い
－教養言語としてのシノワを夢想した学者

1 魚返善雄

　魚返善雄は現代の岡島冠山的な現れであった。教養言語としての中国の言語を求め，垢抜けしたことばの過程を生きようとした。魚返は1910（明治43）年に生まれ，1966（昭和41）年に没した。ここに現代の中国学者を取り上げたのは，それがある意味合いをもっていえば，彼が現代の岡島冠山的現われであると考えられるからである。冠山は語学にとどまることなく，石崎又造（1944）がいうようにマルチの才能をもち，文学の領域においても才能を発揮し垢抜けた唐話学の普及を意識していたからである。時を違えて魚返もまた同じ位相にあった。

　魚返善雄がカールグレンの『支那言語学概論』を翻訳出版したときは弱冠27歳であった。鹿野政直の提示した概念からいえば，魚返善雄は日本近代における「民間学」の学者の一人であったと言ってよい。その履歴からみて学問的出発時に官学アカデミーの洗礼を受けていないが，ひとつの領域においてアカデミシャンとしての十全の力を示したからである。さらに魚返の最初の著述がカールグレンの翻訳であったという事実が日本のアカデミックな潮流に徴して正統であったために，そのことをいっそう明瞭にさせている。そのような意味合いから今日の眼で振りかえるとき，魚返善雄の仕事をその学歴と大きく関係づけなければならないとすれば，魚返の選択した環境そのものの質が問題になってくる。魚返もまた20世紀にあって，同じような位相にあった。

　1926（大正15）年から1932（昭和6）年にかけて，魚返には上海の東亜同文書院への留学体験がある。とうぜん留学が魚返に実践的な力をもたらし，それが基礎となって，後年の文学作品などの翻訳の支えになったものとみられる。たとえそれが東亜同文書院への関係づけをもつにしても，また官学アカデミーとの対比において，多くプラクティカルな面をもって世に迎えられていた事実があるといえても，官学アカデミーとはまた別個に魚返が独自に

今日におけるシノロジーの一翼をアカデミカルに担ったことも明らかだからである。

　いわば「オガエリヨシオ」という響きがもたらす昭和史でのあるイメージが中国という現象と日本学とのかかわりのなかで，ある包括性をもった学問・研究の内容そのものであったということを可能にする。ただ魚返は東亜同文書院を中退し，検定によって英語，北京語（魚返のことばでは華語）の教師資格を得るに至るが，ともかく魚返がここに一つの人間学的な対象となりうるとすれば，それはたぶん理より実践の場に属していることの意味にかかわっている。そしてまた魚返が近現代の学問史のなかに正当な位置づけを必要とする一人であるのなら，いずれ魚返の生前を熟知する人の手によって評伝のような形で書かれることが望ましい。

　ここでは＜華語＞と出会った魚返善雄の意味を「民間学」というカテゴリーにおいて第二次世界大戦の終結前の日々を中心に素描したいと思う。

2　1945年以前の魚返善雄

　留学後の魚返善雄の著述活動はきわめて旺盛である。つぎに1937（昭和12）年の処女作以来1945（昭和20）年までの著作をリストアップするとつぎのようになる。

　　1937（昭和12）　カールグレン「支那言語学概論」（岩村忍と共訳）文求堂
　　1938（昭和13）　「支那語読本」（一般人用参考書）日本評論社
　　1939（昭和14）　デンツェル・カー「現代支那語科学」文求堂
　　1939　　　　　　「支那人に対する日本語の教へ方」（阿部正直と共著）東亜同文会
　　1939　　　　　　「時文読本」（高田真治と共編）大日本出版会社
　　1940（昭和15）　「現代文語読本」（高田真治と共編）大日本出版会社
　　1940　　　　　　「支那語発音四声速習表」（竹田復と共著）三省堂
　　1940　　　　　　「日華会話辞典」（監修）三省堂
　　1940　　　　　　「大陸の言語と文学」三省堂
　　1940　　　　　　辜鴻銘訳「支那人の精神」目黒書店
　　1941（昭和16）　「華語基礎読本」三省堂
　　1941　　　　　　「双訳華日語法読本」（王化と共著）三省堂
　　1941　　　　　　カールグレン「北京語の発音」文求堂

1942（昭和17）	「支那語の発音と記号」三省堂	
1942	「新中国小説集」目黒書店	
1942	ヂョウンズ等「広東語の発音」文求堂	
1943（昭和18）	劉復「支那文法講話」（中野昭論と共訳）三省堂	
1943	「中国人的日本観」目黒書店	
1943	漢文昭野康「皇帝遺訓」大阪屋号書店	
1944（昭和19）	ヒューズ「西洋文化の支那侵略史」大阪屋号書店	
1944	「日本語と支那語」慶応出版社	

魚返の三十代半ばに至る第二次世界大戦終結以前までの仕事は多く，語学の面に集中している。カールグレンの著作をはじめ，仕事の対象としたことは魚返善雄のシノロジーにかかわる根底を形成し，アカデミシャンとしての出発を語る。その意味で『支那言語学概論』の翻訳にかけた気概は魚返の本質をよく表わしている。「昭和12（1935）12月東京にて岩村・魚返」と誌された＜訳者序＞はつぎのようにいう。

　　支那語文の科学的研究及び支那文献の科学的批判に於てベルンハルト・カールグレン（高本漢）教授が多大の貢献をしてゐることは識者の夙に承認する所である。有名な言語学者イェスペルセン氏の如きも，その主要著書の中に教授の業績を引用して重要結論を導き出し，口を極めて賞讃してゐる。

　　また，記述の厳正を誇る大英百科辞典までが，"カールグレンの忍耐力ある研究"といふ折紙をつけてゐる位である。

　　教授の数多くの労作の中には既に支那語に翻訳されたものも若干はあり日本に於ても部分的に引用又は抄訳を企てた者はあつたが，未だ原著者の真の面目を伝へるまでに至らないのは遺憾な事であつた。

　　本書に収めたのは Sound and Symbol in Chinese, London, 1923（Ordet och Pennan i Mittens Rike, Stockholm, 1918 の英語版），Philology and Ancient China, Oslo, 1926（ノルウェーの人類文化比較研究所叢書の一冊），The Romanization of Chinese, London, 1928（ロンドンの支那協会における講演録）の三篇で，それぞれ別々に刊行されたものであるが，これらを纏めて一冊とし，支那言語学概論と命名したについては，責は訳者に在ることをお断りして置かねばならぬ。本書はその名の示す通り"概論"であるから，原著者の深くかつ広い研究に対する謂はば入門に過ぎないのである。更に専門的な研究業績は原著者の他の著作に求めねばならない。

　　（中略）

　　本書に収めたもの以外で訳者が既に許可を得てゐる著作や論文は後日紹介の機会があるであらう。本書の翻訳に際して，支那語の音韻と文字及び支那語のロー

マ字表記法は主として魚返，言文学と古代支那(ママ)は主として岩村がそれぞれ分担し，訳出後の校訂には魚返が当った。目次及び索引は原著にはなく，訳者の調製したものである。また，各章のはじめにその章の項目と梗概を附けたのも訳者の仕事であるが，これは一層読みよくしたいといふ他に他意はないのであるから，単なる祖述の程度に止めて置いた。（後略）

この序文はカールグレンのシノロジーを正当に評価する者としての自負を語っているが＜支那語の音韻と文字及び支那語のローマ字表記法＞を担当した魚返の出発点がこの後戦前の仕事にはよく生かされている。青年魚返の気持の中には「知識階級の間にもまだ支那語を劣等語或は未開語の如く考へる向きがあるが，地理的，歴史的，文化的及び言語学的のいずれの点から観察しても支那語は決して劣等語ではない（1938「支那語読本」）と書かなくてはならないような現実認識が働いている。すでに明治維新以来の欧米礼賛的な文化環境はすっかり定着し，この現在にも変わらぬ欧米評価一辺倒のなかに曝されている＜支那語＞への思いが魚返善雄にはあった。

カールグレンの肖像写真を挿入したハードカバー，横組み，欧文のままの引用，算用数字のなかでの造本スタイルは，洗練され，垢抜けのしたものとして映る泰西の世界表象そのものとして魚返にも意識されていたのにちがいない。明治維新以来欧米に新たな美意識を見いだしたインテリジェンスが＜支那語＞を学ぶ魚返善雄にも等しく働いている。本の外形的な作り方にも，官学アカデミーが特権するものでない西欧の学的スタイルを自ら享受したいという魚返の美しい憧憬と洗練された学問を願う青年の息吹を感じさせる。

これをみても，わたしたちの学問的営為が西欧のスタイルを取ろうとし，現在でも変わることのない憧れを示す以上，魚返の序がこうしてその出発を彩ったことは，魚返が＜シノロジー＞の内部に確かに入ったことを示している。東洋に魅せられ著した書物－このような言い方は江戸の時，オランダ人だといって来日した西欧世界の多くの学者のエキゾティズムを満足させながら記された学術書をいくつも思い起こさせる。魚返の場合カールグレンをそのような最初の表象としたのである。東アジアにいて，いつか自らの属する領域を疑似的に西欧の領分へと移行させてきた日本人の学問的意識とその発

露は＜支那語＞という言い方であるが，魚返善雄の場合にも日本の長い文化的伝統に表象される＜中国＞を一度切り離した時点からこの国の言語を見つめはじめようとする姿勢であった。

3．魚返善雄にとっての中国の言語

さらに，魚返にとっての中国の言語とはどのような環境におかれていたものであろうか。カールグレンの『北京語の発音』を翻訳したとき＜昭和15年9月30日東京にて＞と誌した＜訳者より＞ではつぎのように書いている。

> 本篇はカールグレン教授がその著 "北京官話音標読本"（A Mandarin Phonetic Reader in Pekinese Dialect, Stockholm, 1918）への解説として書かれたものである。すでに二十二年前のものであるが，現代北京語の発音研究としては本篇の右に出づるものはない。教授はこれの発行に先だつこと三年の1915年，未だ二十代の青年学徒の身を以つて早くも大著 "支那語音韻論" を著はしてをり，それは現在でも斯界の最高権威書として高く評価せられてゐる。"支那語音韻論" は主として支那語音の分析，及びその歴史的，方言的変化を究明した点に特色があるが，本篇の方は著者も言つてゐるやうに主として支那語（北京）音の総合，即ち語調を検討した点が特色であり，その意味からして前記 "音韻論" への増補篇とも言へる。
>
> 　従来支那語の発音と言へばとかく一字一字の読み方にのみ汲々として全体の総合を顧みる暇がなく，その結果頗る不自然な状態に陥つてゐるやうであるが，言語を真に生々躍動せるものとしてマスターするには先づこの弊害を除くことが急務である。音声学的知識は決して言語学専門家のみを必要とするものではない。否，却つて初歩の教育に従事する者においてその効験を期待すべき場合が多い。真に学問に忠実，而して教育に熱心なる人々が本編の如きものを熟読して更に工夫を凝らされたならば，その視界は豁然として開け，なほ一層の探求心を唆られることであらう。もとより著者の説を全面的に受け容れるか否かは別問題であり，中には議論の余地のある事柄もないわけではないが，しかし全体として見れば好個の参考たるを失はない。（後略）

こう言うべきであるのかもしれない。魚返善雄が＜支那語＞と出会った根元的な位置はカールグレンの＜シナ言語学＞との出会いによっている。もともと魚返の資質，センスが常に総合を志向し，大きな広がりを図りつつ細部を丹念に仕上げていこうとする性行であるのだ。カールグレンへの共鳴はダイナミックな魚返の語学的素養を確実にし，技術的なレベルにとどまらない

シノロジーを形成しようとしたとみられる。たとえば、『支那語の発音と記号』を書いたときの魚返は＜昭和16年4月7日の暁＞の＜序＞にこのようなことを言っているからである。

　「乱雑無組織」「原始的」「非科学的」「非文化的」「戦争語学」「通弁支那語」―さうしたかずかずの不当な悪罵や咒詛のまとになってきた不幸な支那語のためにすこしでも恥をそそぎたいとおもつてこの本を書いた。一人の日本人として、同じ国の人が一人でも多く、楽な気持で、しかし見くびらずに、ドイツ語やフランス語と同等以上に支那語を評価してほしいとおもふ。

　もとより、発音は語学の部分にすぎず、記号はその手段でしかない。記号にこだはるのは愚だ。視野を拡大し、心をこめて観察すれば、支那語発音の奥は見えてゐる。ただ著者の学才と努力が不充分で、読者をそこまで導き得ないことをおそれる。英米人への盲従か、支那人からの受売りを除いては、「日本人の支那語学」を殆ど持たなかったのが従来の実状である。「大東亜共栄」の呼声を耳にしながら、私たちはみづからの微力をひたすら愧ぢてゐる。心ある人々が競つてこの道を開拓されるやうに祈つてやまない。

　〔追記〕本書はもともと専門学者を対象としたものではなく、むしろ一般人の入門への手引となることが主眼であるが、日本現在に必要に鑑み、「記号」の方に比較的多くの頁を割いたために、「発音」の解説や資料になほ加へたくても加へ得なかった点がある。これは他日改版の際、又は別の本の中で補ひたいと思ふ。

　本書中の用例は大部分拙著『華語基礎読本』の「発音」の部から取つた、従つて本書は、該教科書を教授或は学習する人への参考書ともなるであらう。

　カールグレンを学び、語学教育に分けいる魚返は、若くしてすでに啓蒙的な教育者としての資質を発揮し始めたように思われる。魚返は *le Chinois* ＜支那語＞を垢抜けのしたことばとして受け止めたかった。そう願う気持は多くの著述のはしばしにこめられていて、同時にそれはいくつもの教育的な著書に結びついている。その実態はこの書物に附された＜著者の支那語に関する著作一覧＞という広告のコピーが明らかに示している。

カールグレン著　岩村忍・魚返善雄共訳「支那言語学概論」昭和12・3月文求堂発行（四円・普及版三円）「支那語の音韻と文字」「言文学(ママ)と古代支那」「支那語のローマ字表記法」の三篇及び解説索引より成り、物語でも読むやうな楽な気持ではいつて行きながら何時の間にか支那言語学の最高峰を展望する仕組になつてゐる。支那語上級生や国語問題に熱心な人にすすめる。

魚返善雄編「支那語読本」昭和13・2月日本評論社（五〇銭）

第9節 「魚返善雄」あるいは中国言語学との出会い

「会話篇」「解釈篇」「参考篇」其他（計252頁）より成り、日本の一般人に支那語の種々相を知らせるために編まれた半ば通俗的な参考書。「分類常用単語」「外国地名人名音訳表」「ローマ字対照支那地名」「常用発音字典」等をも収む。

デンツエル・カー著　魚返善雄訳「現代支那語科学」昭和14・1月文求堂（一円四〇銭）
「序論」「音韻論」「文法本論」「語彙論」「文字論」等にわたり最新言語学の方法を用ひて支那の標準語を体系づけた示唆に富む論文である。明治時代以来乱雑無組織のまま放任されてゐた日本支那語界に明快な方法論を与へたもの。

阿部正直・魚返善雄共著「支那人に対する日本語の教へ方」昭和14・7月東亜同文会（二円五〇銭）
日本語の大陸進出については何よりも相手方の言語に対する正しい理解が必要である。本書は阿部氏の教案に対してその用例を一々支那語と比較しながら日支語法の異同を究めたもので、母国語への省察を兼ね、日文支那訳の参考にもなる。

高田真治・魚返善雄共編「時文読本」「現代文言読本」昭和14・10月　昭和15・6月　大日本出版会社（三五銭）（六〇銭）
文部省の訓令に基づき、「現代支那ノ理解ニ資スベキ適正ナル時文」を、単に新聞記事に限らず広く現代支那の文語文から蒐めたもので、「支那認識読本」としての特質をも兼ね備へてゐる。「時文読本」は中学校・実業学校検定済（実業学校用選定済）。「現代文言読本」は大学・高等専門学校用。

竹田復・魚返善雄共著「支那語発音四声速習表」昭和15・5月三省堂（五〇銭）
複雑困難といはれる支那語の発音を他の外国語とも連絡のとれるやう日支洋を一貫した科学的方法によって整理したもので、「音韻組織一覧表」「ローマ字かな対照表」「日支字音比較表」「常用字音類推表」「四声千字文」「支那語はやしことば」の六表より成る画期的速習表。

三省堂編集所（魚返善雄監修）「日華会話辞典」昭和15・6月、三省堂（一円）
従来の会話書が只徒らな分類主義に走り、内容的にも実用に遠いといふ欠点を改め、右から左へすぐに役立つやう工夫されたもの。排列は日本語 五十音の順により、日支両語を左右に対照、発音はカナとローマ字の総ルビつき、巻末に支那語からの索引が新式検字法により附けられ日支両国人の共用に好適。

魚返善雄編著「大陸の言語と文学」昭和15・12月、三省堂（二円）

新支那の言語と文学について正確な概念を与へ，日本の支那語学界に正しい目標を示すと同時に日本語の大陸進出問題に言及した編訳で，「新支那の言語（ダントン）」「支那の方言（林語堂）」「新支那の文学（ヒユーズ）」「翻訳論（林語堂）」「大陸の人と言葉（魚返善雄）」の五篇より成る（写真六葉入）。

辜鴻銘著　魚返善雄訳「支那人の精神」昭和15・12月，目黒書店（一円八〇銭）
「支那のバーナード・ショー」と言はれる文明批評家辜鴻銘翁の代表的名著「春秋大義」を全訳したもので，中に「支那語」や「支那学」を論じた章があり，頗る暗示に富んでゐる。支那語支那文化を研究しようとする者に一つの確信と用意を与へるものといつてよい（原著者写真及筆蹟入）

魚返善雄著「華語基礎読本」昭和16・1月，三省堂（一円二〇銭）
著者が東京帝大において使用した教材を中心とし，独特の創意と多年の苦心を一冊に盛込んで，最も効果的に現代支那の口語をマスターさせようと企てた教科書。「発音」「文法」「会話」「参考」の四部より成り，「会話篇」の如きは現代の戯曲作品から立体的な材料を豊富に抜粋してある。大学高専の教科用又は一般知識人用

王化・魚返善雄共著「双訳華日語法読本」昭和16・1月，三省堂（一円二〇銭）
支那語の語法をその構造公式の究明によつて活用自在としたもので，全巻四十一課華日両語対照。今までの無味乾燥な，雑然と羅列された語法書と違つて秩序井然，理論と興味を融合し得たことを特色としてゐる。日華文とも総発音つきであるから一々字引を引くまでもなく，練習を充分にすることができる。

カールグレン著　魚返善雄訳「北京語の発音」昭和16・3月，文求堂（六〇銭）
現代北京語の発音を総合的に研究し応用したものとしては本書の右に出るものはない。従来とかく分析方面にのみ齷齪して専ら一字一字の読み方にばかり汲々としてゐた弊害を除くためにも参考されてよい論文である。「重念」といふものを固定的に考へる思想もこれによつて矯正されるであらう。

魚返善雄編註「新中国小説集」昭和16・11月，目黒書店
現代支那文学の解釈と鑑賞のため男女知名作家の小説十数篇を集めたもの。懇切な註釈が附いてゐるから支那語を知らぬ人が目だけで読むこともできる。殊に巻頭三十頁に及ぶ書卸しの解説は最も要領よく纏められた現代支那文学史であり，支那語の文化的価値を定位するものである。

第9節 「魚返善雄」あるいは中国言語学との出会い

　　魚返善雄著「支那語の発音と記号」昭和16・1月，三省堂
　　広汎な視野と独自の創造力に訴へて支那標準語の発音を縦横無尽に解明したもので，その日支洋を貫いて一糸乱れぬ井然たる方法論は正に日本人の支那語学を世界的水準にまで高めんとするもの。本書は又華語基礎読本への発音解説書でもある。

　広告コピーは正直にその時代の雰囲気を伝えてくれる。ここには大日本帝国時代を生きる一人の情熱的な言語学者がテクノロジーとして生きることを潔いものとはせず，ごく正直に文化の脈絡の中に身を浸し，精力的に相渡っている姿を見せている。魚返はさらに，日本語のたしかな表現を志向し，翻訳文体の形成に大きく及んでいく。

4　魚返善雄の翻訳の方法

　それは1944（昭和19）年の著述『日本語と支那語』でも明らかにされ＜支那語からの翻訳＞は魚返のまとまった認識を示している。

　　翻訳とは「何かを」「如何にして」再製することであるが，特にこの「何を」といふ点―つまり翻訳以前の段階ともいふべきもの―が看過されやすいやうである。しかもこれこそは翻訳者に不可欠の条件であつて，何を訳すべきかを知るところの勘（センス，デリカシー）といふものが先づ要求される。

といって＜語学者的能力と文学者的感覚とを具へるのが理想である＞と誰しもが言うことを記し，多数の具体例にコメントしながら終りにこう書いている。

　　最後に，翻訳に対する筆者の希望を言へば，
　　一，一個の詞をも疎略にせぬ語学的態度をとること（但しいはゆる直訳のことではなく，究極は原文の全体的理解を指す。）
　　二，その外国語特有の慣用に注意すること。
　　三，自国語の現実に即応した表現をすること。
　　　極めて当然な，平凡なことであるが，この平凡な原則にもとらないやうに努力したいと思ふ。

　魚返は第二世界大戦後，中国文学作品の翻訳に多くのエネルギーをそそいだが，戦争という非常な世界を生き延びた1947（昭和22）年，旧約聖書から＜箴言，伝道の書＞を訳し『ソロモン―万人の聖書』と題して出版する。誰でもが知っている魚返善雄ではなく，三度訳した「菜根譚」でもないが，

この書物の＜あとがき＞にはつぎのように書いている。

> 近代の学術は「考証」に疲れはてている。しかし屑屋の手から買つた百に一つの昔の屑をネタにして，あとの九十九はわからぬままに「概論」や「通論」を書くのが常に正しいことだとは考えられない。極めて克明な考証よりもむしろ大まかな直観の方が当を得ている場合のあるのはそのためである。

ここで自らはクリスチャンではないけれども＜世界の古典の一つが日本人にもつと気楽に読めるようにするため，その捨石を先ず投げてみたにすぎないのである＞と結んでいる。魚返の明らかな＜てれかくし＞のように見えるが，一つの激烈を極めた時間を経て，バイブルの中でもっとも文学的だといわれる＜箴言＞，また日本人の気持にあうといわれる＜伝道の書＞の翻訳は魚返の内面をまた正直に語っているといえるかもしれない。

この翻訳の場合ヘブライ語の原文を用い，湯浅半月訳の「箴言」「伝道の書・雅歌」，キング・ジェイムズの欽定訳をはじめいくつかの基礎的な聖書を参照しながらの翻訳であることを断っている。

＜伝道の書＞の冒頭の部分を手元にあるいくつかのものと比較するとつぎのようになる。

『旧新訳聖書』　日本聖書協会　文語聖書
ダビデの子，エルサレムの王，伝道者の言。
伝道者言く，空の空，空の空なる哉，都は空なり。
日の下に人の労して為すところの諸の動作はその身になんの益かあらん。

『旧約聖書』日本聖書協会 1955 改訳
ダビデの子，エルサレムの王である伝道者の言葉。
伝道者は言う，空の空，空の空，一切は空である。
日の下で人が労するすべての労苦は，その身になんの益があるか。

『共同訳聖書』日本聖書協会 1970 新改訳
エルサレムの王で，ダビデの子，伝道者のことば。
空の空。伝道者は言う。空の空。すべては空。
日の下でどんなに労苦しても，それが人に何の益になろう。

"*KING JAMES THE HOLY BIBLE*" Authorised version
The words of the Preacher, the son of David, king in Jerusalem.

Vanity of vanities, saith the Preacher, vanity of vanities;
All is vanity.
What profit hath a man of all his labour which he taketh under the sun?

魚返善雄の訳
(これはダビデ王の子で、エルサレムの王さまとして道を説いた人の言葉である。「なんとむなしいことだ！」とこの人はいう（「なんとむなしいこと、むなしいことばかりだろう！」）人間がこの世の中でいくらあくせくしたとて、それが何の役にたつのだ？

　こうして、魚返善雄のなかにあるシノロジーは自らのアイデンティティーとしてかけがえのないものとなってこの人間を形成したらしいのだが、その基礎的な教養がもたらす＜魚返善雄の支那＞はやがて、『詩経』の翻訳をはじめとして、詩や散文の翻訳営為のなかに柔軟な捉え方を大きく示すに至る。

追記
　魚返善雄の評伝を書くのにもっともふさわしい人は蘆田孝昭早稲田大学名誉教授であったが、2003年7月19日に逝去された。かつて筆者がこの原稿を依頼されたとき、まだ現役であった蘆田先生をと思ったのだが、先生は固辞され、むしろわたしが書くことを望まれた。定年後、魚返善雄の残した仕事を整理すべく、カード・原稿のすべてを箱根の自室に運び込まれ、魚返善雄の学問的価値を再検討されるおつもりであった。
　しかしそれからわずかな時を経て先生もまた帰らぬ人となった。今魚返善雄の霊は谷中霊園に眠っているが、墓誌は蘆田孝昭先生の揮毫になる。蘆田先生は魚返善雄とその令嬢とともに眠る墓地への墓参を欠かすことがなかった。
　本編を再録するにあたって心から先生のご冥福をお祈りする。

第Ⅳ章　蘭学史・蘭語学史と文学・文化

第1節　蘭学環境と幕末の文学
　　　　－18,9世紀の東アジアを生きる気分と蘭学文学

1　幕末・維新・明治・19世紀という基準

　「幕末の文学」というテーマを広い時間の中に置いて「18,9世紀の東アジアを生きる気分のなかで」蘭学史・蘭語学史と関連させてとらえてみたいと思う。日本を外側からみるときの一つの基準になる「世紀」という捉え方は，「幕末－維新・明治」というような分割された政治史の変革の時代を別の眼でみたいと願うとき，いろいろと示唆を与えてくれる。ときには見方を大きく変えることができるので，わたしにはこのような鳥瞰図のなかで考えてみたいという気持がある。

　ただ「18,9世紀」といっても漠然として広すぎるから，ここでは18世紀の後半から，19世紀中ほど，ふつう「幕末」というあたりまでを対象とする。なお，この場合にも「東アジア」を標榜するので，異文化と何らかのかかわりを持つ人達の生きた気分を考える。

　研究史的にみると，1991年の現在まで，この大きな政治体制の変革期をめぐる広い意味での文学事象の様相については1957年の「文学」誌上の討論＜座談会明治文学史＞「幕末から明治へ」で新たな問題が提起されてから，前田愛（1977）が広範囲に「幕末の文学」を捉え，以降，基本的なことがらはおおむね提示され，論じられてきた。その意味では研究状況とのかかわりからいくつか触れておきたいこともあるけれども，それだけで一つの論をなしてしまうので論末に文献を提示するだけにとどめる。ここでは比較的触れられることがないところに視線を定めてみたい。

2　発見される文学
　世界認識の方法－相対としての日本をみる
2-1　見られる日本列島と大槻玄沢『環海異聞』
　19世紀の初頭になって，蘭学者の大槻玄沢は1804（文化1）年ロシアから帰還した漂流民の尋問記録『環海異聞』をまとめた（本章第3節に詳述）。

第IV章　蘭学史・蘭語学史と文学・文化

1807（文化4）年の初夏，玄沢は幕命にしたがってこれを脱稿したばかりであったが，その一節に，つぎのような叙述がある。仙台藩の領民津太夫他四名は日本人ではじめて世界周航したものとして帰国するが，彼等はロシア帝国南下政策の対日通商交渉の具でもあった。引用文中の（　）は筆者。文体は津太夫ら帰還漂流民への尋問記録を玄沢が口書（供述書）として記している。したがって語り手は漂流民の位置にある。

　八月五日カミシャーツカ出船
　　長崎阿蘭陀通詞共和解書上には，彼九月十日，我八月七日カミシャーツカ出船とあり。漂流人覚来る所の八月五日といへるは二日の違ひ有。これより日本長崎迄の渡海なり。此所より長崎迄三十日の見詰にて出船す。日和よけれは，三七日には行かるゝと船中の諸役人申たり。日本海の沖は浪荒く，世界第一の難場なり。日本船は船の造りかた手綴き故，折々破船する事多きはことはりなりと使節（レザノフ）いへり。通船の所は地かたより五百里沖なりと。終に見かけたる事なし。
　　携ひ来る絵図を毎日船中にて見合せ，図に出しある外の嶋もありやと，水主を毎度帆柱の上にあけて遠見させたり。出船して間もなく，「こゝは蝦夷沖なり」といひ，夫より暫く行きて，「此通りは仙台也，你等の故郷也」とて，絵図面書冊杯取開き，我々に指示したり。又そこらをも通り抜け，こゝは日本の都城江戸の筋にあたる，又暫し行きて，此あてに嶋七ツあり，其中に八丈といふ嶋あり。「你等此辺知りたるへし」といふ。如此数々日本地の様子申せとも，最初より一向地かた方角も知れぬ事故，更に合点行かさりけり。
　　（1）故に「ここもしらす」と答へけれは，「織物の出る八丈島をしらすとはけしからぬ事なり」といひたり。八月廿五，六日比と覚へ，山見へけれは，「彼所は薩摩なり」といふ。「此沖にあたるは琉球なり。今通る所，琉求と薩摩の間也，各しれりや」といふ。
　　（2）「此辺つゐに通船したる事なし。固より知らす」と答へけれは，「我国内の事知らすといふは扨も油断の事なり」と嘲りたり。
　　同廿八，九日比薩摩潟近く船をよせけるか，此節大しけにて，地方へ向ふに随ひ波浪至りて荒く，船へ波を打込み，使節の部屋へも汐入りて腰きりになりたり。上棚に置たる荷物もことことくぬれ損する程故，船も余程いたみたり。
　　八月廿八日の大嵐にて舳の硝子障子迄大浪にて折崩せしとの噂は，此時の事成へし。
　　彼国の船は内へ鉄の延かねをはり，汐の打込みたるは左右船はたに透間をつけ置く故，其所より漏れ出，決て舟底へは水入らぬ様にしたる物也。然れとも洩れては又打込打込したりし故，殊の外当惑して此辺まで大ひに手間取り，是まで覚なき難儀と皆々申たり。本船ここに留り居しを見付しにや，向地の出崎にて篝

第 1 節　蘭学環境と幕末の文学

　火を焼きたり。使節これを見て「薩摩地にてかかり火をたくなれは，我々ここに到りし事は，皆々着岸前，長崎にて船の入る事を知り居るへし」といへり。向ふに高山見へけれは半月形りの器にてこれを測りたり。是肥前国温泉か嶽なり。
　　按に此器はオクタント又イスタラビなといふ測量器なるへし。薩摩の嶋々の内にタナゴ嶋といふ所有り。
　（3）「何れのかたなり」と使節問たり。「我等未た到らぬ地ゆへ更にしらす」と答へけれは，「誠に你等はあまりに心なき者なり。我境内の事をしらすとは」とて，戯れわらひたり。
　　タナゴ嶋は種が嶋の事と聞ゆ。案に種子嶋と称する本名なるを，今はたねか嶋といひなすよし。彼は旧名を伝聞せしと覚ゆ。（巻之13　帰朝洋中之記）

　（1）から（3）は特命全権大使レザノフあるいは提督クルゼンシテルンが津太夫たちと交わした問答である。

　1803（享和3）年6月16日，ロシアのクロンシュタット港を出帆したナジェジダ号は翌1804年8月日本近海に達する。津太夫たちにとっては1793（寛政5）年11月27日石巻港を出帆，漂流，シベリア生活を経て10年目のことになる。問答は津太夫たちの証言内容であるから，彼らがよく記憶していたことになる。ロシア語を理解しない津太夫他四名の漂流民はロシア使節の帰汎後，幕府の手に委ねられた。通常，帰国した漂流民は罪人として取り扱われ，尋問される。したがって，その尋問記録は多く供述書の形式になる。今日の警察における供述書がそうであるように，尋問記録の人称は他者によって一人称をもって書かれた。玄沢はどんな気分でこの証言を聞いたのだろうか。そしてどのような視点からこのように書くことになったのだろうか。たとえば，わたしの知りたいことの一つはこのようなことに属する。対外的な意識をもたざるを得なくなった新たな世界，19世紀を生きはじめた知識人の一つの気分とはどのようなものであったのだろうか。それは異文化の側から見られはじめた国際感覚を表す「日本人」の気分である。

　よく知られているように，事件が起きたとき，徳川幕府の中枢は対処の方法に苦慮するが，幕閣にいた古河藩主，老中堀田正敦は蘭学者大槻玄沢を起用して，この事件を対外資料収集の好機とする。これに答えて玄沢は編集者としての位置から，漂流民の体験内容を聞き，ロシア情報として整理した。『環海異聞』は18世紀末のラクスマンの来航事件を書いた四代目桂川甫周

475

（国瑞）の『北槎聞略』を意識した記録である。玄沢は当代随一の天文学者間重富の協力を得て日本暦と西洋暦の変換操作をする。『環海異聞』は，玄沢が意識するとしないとにかかわらず西欧世界に相対化される日本を知覚せざるを得ないなかで，たとえばこのような操作を含めて周到な準備を経て書かれたのだった。

　その場合，大槻玄沢の表現する位相は聞き書きの常套表現である時間の秩序のなかでエピソードを並列する形式のなかにあった。それは漂流記録をはじめとするノンフィクションに共通する書き方であり創造力とは無縁であるが，「事実」を回想する形式であるために虚構化されやすい。したがって，結果だけを示す具象的な話群の和は読者に強い印象をもたらすことになる。とはいえこうした叙法をとっているにもかかわらず，回想された漂流民の答弁内容は客観の筆のなかに隠れている。じっさいには聞いて書くもののモーダルなありようなどは，容易に分かりはしないから玄沢の直接的な気分がここではつかみにくい。

　ところが，玄沢の筆は（1）に「〜といひたり」と文末を結んだあとで（2）「〜と嘲りたり」（3）「〜とて戯れわらひたり」と畳み込むようにロシア高官の言辞を直接話法によって記述している。記録文書とはいえ，このような書き方は話題を積層的に運ぶことによって，整理された情報を効果的に跡付けることを可能にする。野中涼のいうエピソード並列の方法である(注1)。

　それとともに読み手の側は情報が時間の整序のなかに叙述されることによって決定的な印象を得る。その場合，一見客観的であるような事柄の叙述は臨床的な筆のなかで，あたかもそれが事実をつつがなく記述する立場をつらぬいているようにみせる。そのような眼でみると，この書き方が一つの常套手段としての巧みな筆であったことがわかる。表面には見えないが，「いった」「嘲った」「戯れ笑った」者はもはやただのロシア軍艦を率いる者達の眼だけではなくなっているのだ。そうした意味からいえば，このくだりはいささかできすぎているのだが，残念なことに，編集の過程におかれるときの直接のやりとりがこれだけではわからない。情報の整理の仕方にどのような表現上の関与性ないしは操作性が認められるかどうかが判明しないのだ。たとえば玄沢がこの話をぼやっと聞いていたのかどうなのかといったようなこ

第 1 節　蘭学環境と幕末の文学

とが。

　この話にこだわりたいのは，19世紀のはじめ，外交などということとはまるで無縁な人々の異文化感覚を問うことができ，隔絶したところに置かれながら奇妙な役割を演じることになる当事者の対外感覚をみることができるからである。ナショナルな感覚などというものはいったいどういうことになっているのか。

　それはほとんど見えてこないといいながら，こういう形の罵りを受ける当の漂流民のその折の気分はそれからいえば，そう良い感じを受けなかったものであるのにちがいない。津太夫は大黒屋光太夫と比べて能力的に劣るからその証言内容も価値が低いのだと評されることがあるが，そのようなことと，このような折の気分とはほとんど関係がない。

　互いに共通する長い異文化体験を持ち帰つた者のもつ気分には一定の文化的衝撃を体現するものとしての共鳴感はあっても，そうそう差などはありはしない。この場合は玄沢というよりも，むしろこの人たちの気分そのものがいかなるものであったのか，引いた部分はそれを直接伝え得ているはずである。

　ただ，これを読んでいて浮かび上がってくるものが，取り調べを受ける者の神妙な姿以外には，奇妙にユーモラスな日本人の恰好なのである。この津太夫らの証言内容は滑稽な回答であり，しかし，幕藩体制のなかを生きる一般の人々にとっては共通することであったに違いないからである。「国」という概念が自ら帰属する藩を抜け出ることを意味しなかったからである。クルゼンシテルン，レザノフなどが見る「日本」という地球規模でとらえられている観点は津太夫たちにとっては存在しなかった。何よりも，玄沢の場合でもつぎのような問は一つも発してはいない。「日本とは何か。日本人とは誰か。彼はどこにいて，何を知り，どこで自己を日本人であると同定するのか。そしてその日本人はこれからみられる側にあるものとして何をしなくてはならないか」。玄沢が見るものは未知の「ロシア」というコードであり，又，自らの知っている異文化のもう一つの情報である。

　こうしてこの一人の知識人には奇妙なコスモポリタニズムをこの段階で感じている姿が見えてくる。そうはいっても，それは明治になって国家イメー

477

ジを形成しながら統一国家「日本」というイメージを日常にもって生きる人の普通の感じ方と同一にははかれない気分を伝える姿である。

　記録によれば，この事件が起きたとき，ふつうの人達はやはり完全な情報の管理下にあった。軍艦やロシア人を見ることが可能な環境にいた人々には竹垣が張り巡らされ隠された。噂を聞いて太田南畝が長崎見物に出たとか，司馬江漢が幕府の交渉を批判したとか少数のジャーナリスティックな眼がこのような物珍しい出来事を目撃したが「群盲象を撫でる」印象は拭い得ない。だがそれもとうぜんである。事件の概要は通航一覧や長崎奉行所をはじめとする公的機関の記録などによって，ずっと時間の隔たった日にはじめて明るみに出る。洋の東西古今を問わないが，同時代を生きる気分は情報のずっと外側にあって，事態が現在的にどういうことであるかは当事的な者以外はまるでわからない。

　けっきょく，この事件はつぎのような顛末を迎える。それは長崎到着以来約10カ月の間，徳川幕府がロシア使節を出嶋梅ヵ崎に釘付けし，ほとんど情報を与えないまま，最終的にはすべての要求を蹴るというものだった。ナジェジダ号艦長のクルゼンシテルンは「もとより我らは他の諸国民より優遇せられようとは望み得る筈がなかった……。然しただ冷遇を予期してはいなかった」と憤慨し，またレザノフはその後日本の植民地化を企図した。この計画は実現しなかったが，それでも激しい対日憎悪の感情は，北方の洋上で日本船と交戦する事態を引き起こしている。ちょうどそのころ，玄沢は江戸にいて『環海異聞』を執筆していたが，ロシアではクルゼンシテルンがその航海記に「長崎の防備はヨーロッパの漁村にも等しく，16門の大砲・60人の兵士を乗せた二隻の軍艦で日本の全艦隊を打ち砕きうる」と記した(注2)。これなどは1599年2月25日付ペドロ・デ・ラ・クルス(1559～1606)がイエズス会総会長に宛てた書簡の記事を思い出させる。

> 日本人は海軍力が非常に弱く，兵器が不足している。そこでもしも国王陛下が決意されるなら，わが軍は大挙してこの国を襲うことが出来よう。この地は島国なので，主としてそのうちの一島，すなわち下または四国を包囲することは容易であろう。そして敵対する者に対して海上を制して行動の自由を奪い，さらに塩田その他，それがないと日本人の生存が不可能になるようなものを奪うことも出来

第1節　蘭学環境と幕末の文学

るであろう(注3)。

　なお，大槻玄沢と『環海異聞』については本章第3節に詳述した。

2-2 ノンフィクションに込める筆力と桂川甫周『北槎聞略』

　時間的には逆になるけれども，1792年（寛政4）に帰還した大黒屋光太夫，磯吉を尋問した記録は桂川甫周（国瑞）がまとめた。『北槎聞略』は『環海異聞』に先だってロシアという異文化を総体としてとらえている。幕命を帯びたストイックな国瑞の筆力は『解体新書』翻訳にもみせたすぐれた資質，学術的な深さを示している。そして，この書物の方法が海禁時代にあって，国際的な視野を持ち，エクリチュールの強靭な力によって異文化を構造的に解き明かしたのだが(注4)，一方では典型的なノンフィクション文学としての表現性を見せてもいる。

　漂流記はとうぜん，航海の中途で嵐に遭い目的地を外れていくわけだから，こうしたできごとの叙述は定型化されがちである。また人間にとって普遍的な生死の分け目に遭遇していることから，嵐と闘いながら，天運を祈るさまなども，これがそのままある時代の気分を表わすということにはならない。では，こうした以外のところで大黒屋光太夫や磯吉はどのようなできごとに遭遇し，どのような気分を表わすことになるか。たとえば異文化の人との最初の出会いを『北槎聞略』ではこのように書いている。

> 合船一同に乗移り，磯辺にのり付たるに，一円に木も生ぜざる小島なり。兎角する間に此方の船を見かけ，嶋人等十一人，何れも被髪にて鬚短く面色赤黒く跣足にて，鳥の羽を綴りたる膝のかくるるばかりなる衣を着，棒のさきに雁を四，五隻宛結着たるをうちかたげ，山の腰を伝ひ来り磯ぎはにて出合たるに，人とも鬼とも更に弁がたし。何やらん言かくれども一向に言語通ぜず，光太夫思ふやう，彼等も人類にて性情殊なる事なくば慾心あるべし，慾心だにあるほどならば，如何様にも志の達せざる事はあるまじきと，まづ試みに銭を四，五個あたへ見るに心よく受たる故，木綿をとり出しあたゆれば，悦たる体にてこれをうけ，近々と寄て光太夫が袖を引，こなたへ来れといふ体也。（巻2　漂海送還始末　上）

　大黒屋光太夫の余裕というべきかもしれないが，ことばは通じなくとも，人間にちがいはないというような行動をこの海禁時代の漂流者は示すのだ。

さて、このような叙述の形式は、帰国への望みを達するまでを粘り強く生きようとする様を縫うように繰り返し描き続けられる。そして尋問の記録であるにもかかわらず、光太夫がいよいよ目的を達したとき、凍傷で両足を失った庄蔵と生き別れる場面の描写はすぐれて感動的である。

> さて五月に至り漸々船よそほひも調(ととのひ)しよしにて、二十日の巳の刻計にイルコッカを発足す。かねて療病院より庄蔵を磯吉が旅宿へよびよせおきしが、わざと発足の事をばかくしおき、立ぎはに俄にいとまごひをなしければ、庄蔵は只呆(あきれ)て物をもいはず忘然としたる体なりしが、光太夫立(たち)より手をとりて、今別れて再び会ふべきともおぼへず、死して別るゝもおなじ道なれば、よくよく互の面(おもて)をも見おくべしと、ねんごろに離情をのべ、いつまでもをしむともつきせぬきりなれば心よわくては叶はじと、彼邦のならひなれば、つとよりて口を吸ひ、思ひきりてかけ出せば、庄蔵は叶はぬ足にて立あがりこけまろび、大声をあげ、小児の如くなきさけび悶へこがれける。道のほど暫のうちはその声耳にのこりて腸(はらわた)を断計におぼえける。同じ国土のうちにてしばしの別れだにも生別離ほどかなしきはなきならひなるに、まして此年月の辛苦をしのぎ、生死をともにとたのみしものゝ、しかも不具の身となりて同行の者に別れ、異国(いはう)に残り留る事なれば、さばかりのかなしみも理りなり　　　　　　　　　　　（巻3漂海送還始末下）

このような、物語的な叙述は国瑞の書き方である。このことについてはすでに書いたことがあるが、国瑞は文末の表現形式から「候」を除去し、一つ一つの人称を生かした表現を証言内容に持ち込んだのである。このことによって、口書（供述書）の標準的スタイルから大きくフィクションに近い文体を樹立したといえる(注5)。

尋問記録はふつうこういう形で書くのである。1793（寛政5）年9月18日、将軍家斉の下、吹上御所で行われた尋問記録『漂民御覧之記』で読むとつぎのような問答の一節がみられる。書き手は同じ桂川甫周である。

> 遠問　何ぞ格別に恐敷と存候事に逢候儀は無之候哉
> 　答　左迄恐ろ敷儀にも逢不申候、只恐るべきは彼地方の寒気にて御座候、最初にも申上奉り候如く、耳鼻も解落、手足を切落候に御座候得ば、是程おそろしき儀は無御座候、

もちろん、この話体は編集されているのだが、加納遠江守の質問に答える光太夫のことばは国瑞が『北槎聞略』に見せたものと質がまるでちがう。ちなみに、ここで国瑞は記録の末尾にこのようなことを書いている。

右件の問答終りて後、二人の漂民は御暇賜はり、雉子橋の外なる御厩の宿りに、帰りぬ。実に昇平大和の御代に生れ出、御身近く仕ふまつる故にこそ、かかる事をも見聞すれ、去にても只に聞すてがたき事ならねばとて、柄短き筆を取て、ひそかに記し終る事になむ。

　重要な事件に出会っているということも、ある感覚では桂川甫周にとってさえ、このような物めずらしさを大きく伴っていたのである。

　こうして、これら二つの政治外交史の上での重要事件の記録は徳川幕府へ向けた報告書としての役割をもつとはいえ、実は対象のもつダイナミズムが表現の世界を規定し、そのままこの記録文書にノンフィクションの文学的文体を獲得させた。それはちょうど、状況とのかかわりを密接にもつところから生まれてくる表現の仕組みの一反映としてのメカニズムを表わしている。

2-3　微小な世界の発見と森島中良『紅毛雑話』

　このような天下国家を揺るがす大きな状況のなかを正面から見据えていく気分とはちょうど反対の方向に進むもう一つの気分がある。異文化へのかかわりは18世紀末近く、すでに文化領域に深く入り込みつつあったが、ちょうどこのようなマクロな対象と相対におかれるミクロコスモスへの興味と接近が、たとえば1787（天明7）年森島中良の『紅毛雑話』のようなエセーのなかで表わされていた。このなかで中良は「顕微鏡附虫の図説」について書く。

　　近頃舶来「ミコラスコーピユム」といふ顕微鏡あり。形図の如し。種々のものをうつし見るに、その微細なる事凡慮の外なり。塩は粒々皆六角なり。蕎麦粉はいか程細き粉にても三角なり。燈心は絲瓜の如し。黴は菌の形なり。水は麻の葉の如き紋あり。氷に縦横の紋をなすは是なり。酒は百沸湯の如くうごくなり。是を飲ば運行の血脈を鼓動する故、胸踊り面に血色を発するも宣なり。予伯氏と倶に見たる中に、虱の古く成りたるが、脇腹やぶれて鰯の骨の如き肋骨あらはれ、腐爛たる腸に、茶たて虫の如き蛆たかりたり。目鏡をはづして見れば、いささか色のかはりたるやうに見ゆれども、肋ぼねも蛆も見えず。誠に希代の珍器なり。蚊の睫に巣をくふ蟭螟、蝸牛の角の上なる蛮氏觸氏の二国をも、此器をもってうつさば、明らかに見分つべし。司馬江漢「ミコラスコービユン」にて見たる所のものを、尽く画て家に蔵む。其一、二図をもとめて左に出す。説所の荒唐ならざるは、此器を見たる人知べし。

司馬江漢の書いた図は次のようなものだった。

　米，胡麻，栗，稗，三葉酸の実，芥子，紫蘇の実，水引草の花，鬚の芽出し，竹虱，蚤，蚋，虱・蠅，蚊，蟻，孑，赤子，茶立虫

　こうした微小なものへの中良の関心は顕微鏡の舶来が必然的にもたらしたといえるのだが，エセーの描写はあるいは非凡な眼が発見したというべきである。とにかく当時ほとんどの日本人が知らないでいた西欧文明のもたらす世界を中良は覗いていた。だが，たしかにこうした魅惑的な物の言い方は一点を誇張するだけになる。それというのも江戸時代はその全過程が日本の歴史のなかで空前の発見の時代であったといってもいいと思うからだ。幕末に向う中後期にはその感をとくに深くする。文科の領域でも，おびただしい数の殖筆が研究的な考証事を記し，さまざまな版型で出版された節用集類，名数の類，三重韻のように漢詩の平仄を知るための工具書が出回っていた。外国語の学習のためのさまざまな辞書や文法書が出はじめる元禄以来，中国の白話小説を読むため，あるいは唐話（白話，中国近世の俗語）を学ぶ実用書として外国語との対訳辞書が編纂される。その意味からいえば，森島中良のエセーは江戸の出版文化が語る状況のある表われとしての日本人の西洋発見の形であった。中良の好奇の気分はそのまま江戸の中後期を生きる者の一つの西欧と向かいあう気分を映している。

　森島中良が『紅毛雑話』を刊行するとき，兄の桂川甫周（国瑞）のほかに大槻玄沢，宇田川玄随，前野良庵たちが序跋を寄せているが，中良はつぎのように書いている。

> 此書は我伯氏桂川甫周国瑞法眼，公の御許を蒙りて，春毎に参向する紅毛人の客舎にいたり，薬品の鑑定，蛮書の不審なんど，訳を重ねて討論の暇，蛮人の語りたる雑話に珍らかなる事あれば，今日なんかかる奇談を聞きたるなんど，うちものかたらるを，唯に聞捨んもほゐなければ，かりそめなるものに書つけ，又は彼国の書学べる人等の集へる日など，其所に侍りてうち聞たる事をも，筆の随にかきあつめたる雑録にして，もとよりおほやけにすべきものにあらず。しかるを此度申椒堂の主のあなかちの需に応して，十が一を抄出し，紅毛雑話と標題して，梓に刻む事とはなりぬ。心を用ゐぬ書キ捨の原書のままに写たれば，文に雅俗紛雑す。されども誌す所の説においてはいささかも虚妄なし。

　中良たちの日常の気分はほとんど現代の形に似ている。同好のものが集まっ

て研究会をしたり，情報の交換をする。江戸に参府するオランダ人を本石町の指定宿長崎屋まで尋ねていく。ネイティブにはそこで接し日頃の疑義を晴らそうと思う。森島中良は築地の桂川邸から出向き，うららかな「かぴたんもつくばはせけり君が春」（芭蕉）の気分を味わう。

　この書物のほかにも同時代には大槻玄沢の書いた『蘭説弁惑』など同類の本が出版されている。しかし，『紅毛雑話』はそうしたものを代表する書物であった。それではかれらが関心を抱いたこととは何であったか。そこにどのようなコスモスを認めたのか，すべての項目を示すとつぎのようになる。

　　巻之一　和蘭陀の開闢/法蘭得斯の正月/料理の献ン立/龍の図説幷喝叺国の風土記/北海の大魚/夜国の雁/夜国の昼夜/煙草/緑色の鳩/南無阿弥幷仏の名/黒坊/鼻帯/黒坊手拭/左右の手/黒坊厠へ行/黒坊の異見/馬鹿の釈名/胡鬼板幷羽根の図/海上の神火/人肉を喰ふ国/貧院/幼院/病院/リユクトシキップ図説飛行の船

　　巻之二　鳳凰の説/弗尼斯/都児格の都城/飛竜頭/天鷲絨/霊鷲山の図説附釈迦如来の伝/生別死別/喝蘭人の葬式/紅毛の喪服/黒坊の葬礼/西洋紬幷花布/木乃伊図説/鉄鉋弥図説/切腹の事/ポーチーの病症/男色の禁制/アンペラ/瓜哇の風土記

　　巻之三　和蘭陀より日本まで海路の記/釈迦の名附仏の金色/支那の文字/紅夷国の名/火浣布/ループル図式/蛮船の石火矢/日本の国名/顕微鏡附虫の図説

　　巻之四　疫癘の濫觴/阿羅々仙人幷天竺の額/鯽の価/鰐の図説/紅毛人の給金/獅子の図説/和蘭陀の画法附銅板の法

　　巻之五　ワートルハルナス水鎧/遊女/蹴鞠/仏狼機の名義/摩利支天/エレキテル図説/コンストホンテイン図式/大船/附録　紅毛服飾図抄

　中良が示した好奇の心は当時，西洋と名付ける文化の基本的な形をみせている。このなかには，考えてみれば何の変哲もなさそうな日常を彩る物や事柄がある。人はそれがわかっていても，見掛けの違いだけにでも，全神経をそそぎ意味の発見と認識への道筋に引き寄せられる。異文化との出合いとはいつもこうした単純なことの解析にはじまる。ロシアを情報化した大槻玄沢も桂川甫周（国瑞）の記録も実は基本的にはこれと同工異曲の項目のリストであった。

　このなかにはただ好奇の対象でしかない項目があるけれども，「紅毛の画法附銅板の法」などは日本美術史の上でも注目される内容をもっている。

紅毛の画たるや至れり尽くせり。凡此道を学ぶ者，初メに男女の精うし，夫より赤裸の人物を書キ習ひ，其上にて衣服を穿たる所を画くにいたる。下に出す画法は，「シキルデルブック」に載る一チ二図を模写して，好事の人の看に呈す。「シキルデル」は画，「ブック」は書の事なり

　中良はこう評言しながら，自らの戯号「万象亭主人写」と記し，ライレッセ『大絵画本』からの模写を掲載している。

　男子（婦人）身体之図/骨節之式/手足之式/人物活動之式－抱重式・支倒式・棒盤式・柱起式・仰引式・抜桌式・邪引式・正引式・双手打物式・片手打物式・施乞図・贈環図・与璧図・嫖客闌門図/同異本之式/鏤板之具

　これは図学，美術史の上においては今日的にも高い評価を与えられている(注6)。そして，ここを生きる中良の気分はやはり深く自らの文化領域を越える西欧世界と東アジアを生きる者の捉え方をみせている。このような，異文化の諸事象の把握は文化交流の常であるように，文化の総体として捉えられ，リストアップ，受容，そして生活のなかへ少しずつ実体となって現われるに至る。

　たとえばそれは，こうした流れがさらに 1812（文化 8）年『厚生新編』"*Huishoudelijk Woordenboek*" door M, Noel Chomel 1768 2de, 7druk のような百科全書の翻訳につながり，国家的事業として遂行されるような環境に変わった。天文方に蕃書和解御用が設置されて，江戸に招聘された馬場貞由を中心に大槻玄沢・宇田川玄真・宇田川榕庵・小関三英・湊重胤・湊長安など江戸蘭学の俊英が翻訳に従事し，1835（天保 6）年に 60 巻を報告した。さらに，1839（天保 10）年頃までには 70 巻の書物として完成している。この書物が明治国家へもたらした一定の貢献をみると，このような江戸を生きる西欧の事物がすこしずつ日常にコミットしはじめる条件は公の指示を含めて実世界を彩りはじめたといえる。

2-4　柔らかな啓蒙主義者

　このような中良は，『紅毛雑話』に分かりやすく，多く西洋の事物紹介をしたが，「エレキテル」もそのひとつであった。

　この有名な絵は北尾政美による挿絵の一枚で平賀源内を師とした中良が実験に応じている姿を描いたものとされる。

第1節　蘭学環境と幕末の文学

中良自身も絵をたしなむが、つぎの絵は「ダラーカの図」とされている。中良の好奇の眼は兄国瑞のもとで多くの和蘭系由の事物情報に向かっている。大槻玄沢もそのような一人である。

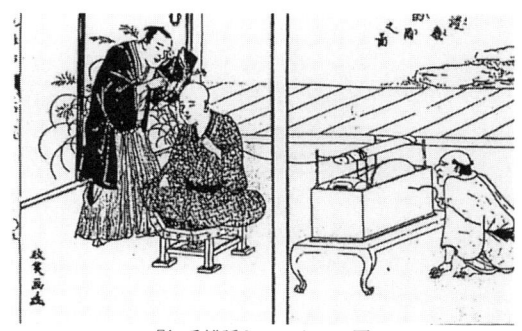

『紅毛雑話』エレキテル図

『紅毛雑話』ダラーカ図

3　ナポレオン，ドゥーフ，アヘン戦争と新世界へのかかわり

3-1　長崎オランダ商館長ヘンドリック・ドゥーフ『日本からの回想』

19世紀西欧のパラダイム変換をもたらしたナポレオン・ボナパルトが1812年ロシアから敗退して、オランダが独立を回復するまでの時間、長崎オランダ商館カピタン、ヘンドリック・ドゥーフは出島に釘付けになっていたが、フランソワ・ハルマ編の『蘭仏辞典』の翻訳をくわだてる。ドゥーフは帰国の途次、のち「ドゥーフ・ハルマ」と称された蘭日辞典を海路に乗せ、後にシーボルトが勝ち得たような東アジアからの帰朝者としての栄誉を願った。ドゥーフの生涯をめぐってはロマンティックな評価がされやすい。ナポレオンの世界制覇の野望のもとで本国オランダの独立を奪われて以来、帰還する所を失ったからだ。彼は19年もの間、極東の島国に閉じ込められ、約束される筈の立身出世の道を棒にふることになる。その意味でいえば、彼の生きる気分はかなり興味深いものであったといわなくてはならない。商館長は日本史のエピソードの中でとらえられれば、一人の悲劇的人物ということになるかもしれないが、自信と野望に満ちたパーソナリティは長崎通詞の語学力に不平をいいながらも結構それなりの満足を得ていたのである。ドゥーフは『日本か

485

らの回想』"*Herinneringen uit Japan*" 1833, Haarlem につぎのように書いている。(斉藤阿具訳『ヅーフ日本回想録』)

　　　予は 1799 年より 1817 年まで 19 年間，此国に在留せしが，其間の観察によれば，通詞等は単に日本に在留せる和蘭人との交際によりて，蘭語を学べるを以て，新米の役員の言語は聴馴れざるため頻る会得に苦しみ，又彼等の発音並に言語は，日本流の句調に訛れるを以て，新来者には甚だ難解なりき。予は久しく在留せしを以て，此の機会を利用して，此障碍の大部分を除去せんと欲し，倦まず日本語を学修せし後，1812 年に到りて最も優秀なる通詞を選抜して之を補助となし，ハルマ（Halma）蘭仏字書に準拠して，和蘭人の為に日本語字書を作ることに着手せり。日本政府も此事業を重要と認めて，予に之を完成せんことを求め，予は 1817 年予の出発前に至りて之を成遂げたり。

　　　然るに此の著作物は，予の他の書類全部と共に予が軍鑑アドミラール・エフェルシェン（Admiraal Evertsen）に便乗して本国へ帰港の際喪失せしは予の深く憾とする所なり。予は今茲に予の喪失せる字書につきて更に詳しく説明するを必要なりと信ず。5 年勤労の結果たる予の自写せる原本は海中に沈没せしも，之を浄書せる別本は日本に遺留せり。予は同国に 19 年間在留し，其の国語に熟達するため熱心に勉励せし後，初めて此の事業を起すの無益に非ざることを自信せり。

　　　故に若し上記の如き災厄に遭はざりしならば，予は我等の尊敬する国王陛下に予の著作を奉献するの光栄を得しなるべし。右に述べたるが如く，浄書せる別本は長崎の通詞部屋に保存せらるるが故に，通詞数人の手を藉れば，其の写本又は抄本を作るは敢て難事に非ず。故に予自身は難船の為に著作の名誉と喜悦とを奪はれしも，他の人は多分予の著作によりて之を翫味し得べし。

ドゥーフはこの回想録で繰り返し，自己業績の貢献性の高さを語っているが，このなかでつぎのように辞書作りの上の弊害三条件をあげている。それは，日本の生活に流れる不自由な気分の表明でもあった。

　　一，現行法令にて，外国人が日本語を学修するを許さざること。
　　二，日本人との交際少くして，通詞といへども，出島町乙名（Wijkmeester）
　　　　即ち目付（Dwarskijker）の監視なくしては，蘭人の家に出入り能はざること。
　　三，四年毎に江戸幕府に参観すれども，常に附添人即ち監視人に取巻かれ，且つ
　　　　旅行中長崎に於けると同様，少しも日本人の家庭に自由に出入し能はざること。

これは，たまたま長期滞在しなくてはならなくなったドゥーフが日本語と向かい合うことになって，改めて感じたことであり，幕府からオーソライズされた翻訳の仕事をするときの実感であった。さらに，西欧から極東の僻地

第 1 節　蘭学環境と幕末の文学

へ赴任したものとして，彼は日本滞在の大きな意義を自ら証明する必要がある。

> フォン・シーボルト氏が欧州に帰るや，日本に関する智識は新時代を画せられたりとて，其の名声嘖々たり。故に我が政府はフォン・シーボルト氏の此の重要なる業績を以て，少くとも我が政府自身に取りて実に学術界の一貢献と認むる外なく，我等も大に之を渇仰期待せり。然して其中には多分日本語に関する研究もあるべし。因て予も十九ケ年日本に在留せし間，決して無為に日を送らざりしことを我が国民に告知せんと欲し，現甲比丹ファン・シッテルス氏（Van Citters）に依頼して，通詞仲間に予の序文即ち緒言の写書を作らしめ，通詞一同の署名及捺印を之に添付せしめたり。

日本にいては想像できないような，滞日上のメリットはこのようにオランダ商館長の気分に大きく作用していたのであった。シーボルトの欧州における評価がこのようにドゥーフ自身へ及ぼしていることは，当時の日本ではつかみえないことだった。何よりも，国際的に評価されるということなどほとんど日本人の気分とは無縁であったからだ。だが，ドゥーフにとってはちがう。こうして，彼はかつて自ら無能呼ばわりした長崎通詞から仕事の証明を取らずにはいられなかったのである。

> 下に署名する日本出島詰の目付及大小通詞等は爰に声明致候。上に記する所のものは当国に於ける和蘭貿易の前甲比丹ヘンドリック・ヅーフ氏が将軍殿下の委嘱によりて著作し，1816 年に江戸に送りたる蘭和字書の緒言の正しき謄写に相違無之候。尚同字書の写本は常詰所の文庫に保管せられ居候。

上のような内容の文書を書かせ，西義十郎以下 14 名の長崎通詞の署名を得たのである。このようなことをみると，ドゥーフにとっての 19 年の日本滞在は一人の西洋人が確実に味わった東アジアにおける生活気分であった。

3-2　アヘン戦争と東アジア

だが，やがて東アジアにまったく別の価値観を生きるものがこの世界に現われる。イギリスに表象される西欧の価値観が新たなパラダイム変移の脅威を中国，朝鮮，日本にもたらす。すでに，ロシアの対日通商要求にかかわる漂流民たちのエピソードを垣間みたが，これで明らかなように政治外交史の上での近代はすでに 18 世紀末にはじまっていた。このことは 16 世紀以来二世紀半ぶりに，日本と日本人が自らを異文化との相対の場で考えなくては

ならなくなったことを意味している。別段，望みもしなかったのにである。そして，海禁体制の崩壊過程は帝制ロシアの南下政策によって促され，やがて19世紀半ば，アメリカの通商要求に日本は屈する。不意に現れた軍艦によって，まさに，それは「要求」でしかなく，威嚇的に力づくで余儀なく国策の変更を迫られたのである。対外的な軍事力の拮抗しがたい現実を知って，日本は自らの内部だけを見続けて生きる気分を放棄させられ，異文化との相克をとことん味わわなくてはならない世界を選択することになった。

　19世紀に入って東アジアでもっとも重大なできごとはアヘン戦争の勃発であり，イギリスに仕掛けられた戦争で受けた隣りの巨大帝国清朝の大敗北であった。中国の天子がはじめて異文化に膝を屈するという事件は中国人の優越的に生きてきた気分を根源から打ち砕いた。以降，光輝ある歴史伝統は半植民地的環境の中に置かれ，誇り高い民族の自意識はさんざんに辛酸を嘗めながら20世紀に至る。

　このような大事なことが日本人の生きる気分に作用しないはずがなかった。幕府へ伝わってくる戦況はアヘン戦争関連のオランダ風説書によってこんな風に伝えられた。1839（天保10）年11月3日（陰暦9月28日）広東港外川鼻沖で開戦。これを伝えるオランダ風説書の報告では「石火矢五拾挺を備え乗組三百」のイギリス軍艦二隻と「乗組人数，或は百人，或は二百人，石火矢は或は八挺，或は十六挺を備」えて清の軍艦二九隻とが交戦。「唐船三艘沈海に及び，一艘は虚空に打飛され，其他数艘の船，哀れの様子なり。乗組共何れも離散し，多分は浜辺に泳ぎ上り，助命することを専ら出精したり」。さらに，「唐船の内には散散の体に打れし船あり，大将乗し船も同様にて，船大将石火矢にて深手を負ひ，他の船に乗移」るありさまであった(注7)。

　要するに，中華思想の大清帝国はイギリス艦船の攻撃に「こてんぱん」にやっつけられてしまったのである。民族の誇りも悠久の歴史，伝統のすべてが粉微塵に打ちくだかれて異民族に屈伏するという事態が徳川政権に与えた影響ははかりしれない。

　こうした中国情勢が風聞として日本に運び込まれているとき，アヘン戦争の前年，すでに東アジアの国際環境も敏感な人々の眼には見えていた。蘭学者渡辺崋山は『慎機論』や『鴃舌或問』を書く。高野長英も『夢物語』を書

第 1 節　蘭学環境と幕末の文学

いて，幕府への警告を発する。幕府は外患へのシフトとして国内の情報を完全に管理下におこうとはかる。幕政は国内の環境整備にそそがれる。その方法は国策に口出す幕府以外の批判は聞かないというやり方だった。

　たとえば渡辺崋山，高野長英は逮捕され，小関三英は自殺する。「蛮社の獄」として歴史に残る出来事は幕政が日本を覆っている現実を把握しきれず，こうした異文化のもたらす政治的な事象にタイムリーな対応，決定ができない気分のもとにおかれていたことを十全に語っている。

　こうした1840（天保11）年のアヘン戦争に至る過程を跡づけるために，つぎに18世紀末からの外交環境に関連する事柄を編年的に挙げると以下のようになる。

　1785（天明5）年イギリスはオランダに代わり，東南アジア，東アジアへ進出。
　1790（寛政2）年寛政異学の禁。
　1791（寛政3）年4月林子平『海国兵談』。9月幕府，異国船渡来の際の処置を指令。中国はロシアの通商要求を許可。朝鮮では洋書の購入を禁止。
　1792（寛政4）年5月幕府林子平を処罰，『海国兵談』を絶版処分。9月ロシア使節ラクスマン，漂流民光太夫らを率い根室来航，通商要求。
　1793（寛政5）年3月幕府，沿岸諸藩に海防を命じる。松平定信伊豆，相模の海岸巡視。6月目付石川忠房ら，ラクスマンと会い漂民護送を謝し信牌を与える。9月家斉，漂流民光太夫を引見。中国ではイギリスが貿易制限撤廃の要求。
　1795（寛政7）年イギリスはマラッカ占領。
　1796（寛政8）年イギリスはセイロンの支配開始，1948まで。
　1797（寛政9）年幕府，南部・津軽両藩に松前，函館警備を命令。
　1801年（享和1）志筑忠雄『鎖国論』。朝鮮ではキリスト教を弾圧。
　1802年（享和2）近藤重蔵エトロフ島巡視。
　1804（文化1）年9月ロシア使節レザノフ，漂流民津太夫ら率い長崎来航，通商要求。
　1805（文化2）年3月幕府はレザノフの通商要求を拒否，以後漂流民はオランダ人を仲介することを指示。レザノフ長崎を退去。
　1808（文化5）年フェートン号事件。伊能忠敬樺太探検。
　1809（文化6）年ナポレオン戦争の影響でオランダ船入港中断。1817まで。
　1811（文化8）年6月ロシア艦長ガラヴニン，クナシリで逮捕。
　1814（文化11）年中国ではアヘン販売禁止。
　1821（文政4）年1月伊能忠敬『大日本沿海輿地図説』。
　1825（文政8）年シーボルト長崎に鳴滝塾を開く。

1825（文政8）年2月異国船打払い令（無二念打払令）。
1828（文政10）年シーボルト事件。
1831（天保2）年11月朝鮮，イギリス商船から通商要求。
1837（天保8）年6月モリソン号事件。
1838年徳川斉昭，内憂外患についての意見書を幕府に提出。渡辺崋山『慎機論』『鴃舌或問』，高野長英『夢物語』。
1839（天保10）年渡辺崋山，高野長英逮捕，小関三英自殺。蛮社の獄。
1840（天保11）年アヘン戦争。売薬の看板に蘭字使用が禁止され，蘭書翻訳書の流布取締まり。
1841（天保12）年高島秋帆，幕命で洋式銃隊を徳丸ケ原で訓練開始。天保の改革。10月渡辺崋山自殺。仙台観音丸ルソン漂流民，帰途，アヘン戦争目撃。
1842（天保13）年6月長崎入港のオランダ船，アヘン戦争の戦況とイギリス艦隊の日本渡来の秘密情報をもたらす。7月異国船打払令を撤廃し，薪水令。清とイギリスは南京条約締結。中国はイギリスに香港を割譲，五港を開港。
1850（嘉永3）年中国では太平天国の乱。
1853（嘉永6）年6月ペリー浦賀に来航。7月プーチャーチン長崎に来航。
1854（安政1）年日米，日英，日魯和親条約。
1856（安政3）年アロー号事件。列強の中国侵略はじまる。
1858（安政5）年米・英・魯・蘭・仏と修好友好条約。安政の大獄。
1859（安政6）年10月橋本左内，吉田松陰，頼三樹三郎ら死刑。5月幕府，神奈川，長崎，函館を開港。
1863（文久3）年7月薩英戦争。伊藤博文，井上馨イギリス留学。
1864（元治1）年米英仏蘭四国艦隊，下関を砲撃。
1865（慶応1）年1月寺島宗則イギリス留学。
1866（慶応2）年4月海外への留学を認める。8月外山正一らイギリス留学。

　人の生きる気分はほとんど人事をめぐって左右されるが，同一の価値観を共有することができない異文化接触がもたらす民族間，国家間に作用する気分のなかにさらされる事態を長い時間日本は避けることができ，異文化間を生きぬく気分とは比較的無縁であった。けれども19世紀になって顕著となる外交事件はさまざまな意味合いをもって日本を襲っている。たとえばフェートン号事件が起きたとき，長崎奉行松平康英は1806（文化3）年に無念の引責自殺をする。イギリス軍艦の言うなりになり，迎撃も果たすことができぬままに事件が収束したからである。こういうところには「赤穂浪士」のような仇討ちの美学など介入する余地がない。また，これらの事実は東アジア

が西欧の広い射程のなかに確実に取り込まれ，そこに慣れない西欧流の気分に浸っていかなくてはならない東アジアを生きる気分が徐々に形成されていく過程を語る。

3-3 ナポレオンとロビンソン

　そのような流れの中で良くも悪しくも，ダイナミックな人間の像を日本人はイメージしはじめる。ナポレオンとロビンソンというのはその意味からいえば，幕末の日本に登場した西欧の表現である。ことにナポレオンについての情報が伝わったのは比較的早く，小関三英はリンデン（詳細不明）の「ナポレオン伝」を 1822～3（文政 5～6）年に翻訳していた。ナポレオンは 1821 年に没しているので，関心の高さが知られる。1857（安政 4）年書名は『那波列翁伝初編』，扉には「那波列翁伝　初編三冊／田原藩松岡氏　清風館　活字版」，本文冒頭に「那波列翁勃納把迗的伝　小関三英遺稿訳本」とあるが，どうしてこのような出版が行われたかははっきりしない。けれども頼山陽は「仏郎王歌」で讃えたり，明治になってから仮名垣魯文が『倭国字西洋文庫』（那勃列翁一代記）の凡例で「一世ナポレオンの一代記すでに世に流布することひさし」と書いて，幕末期におけるある種のナポレオン・ブームを伝えている。通俗的，大衆迎合の戯作文学の担い手のことばはこの時代の読者の意識形成に寄与したことなどから，ナポレオンがなぜ幕末の日本でもてはやされるようになったのか，この事情はじっさいはあまりよくわからないが，西欧に現れた英雄が日本で価値をもったことの意味を考える必要がある。日本にとっての西欧とは何を意味するのだろうか。そして，すでに江戸末期の知識人が「ナポレオン」的な肖像を自らの価値観の形成に及ぼしたことは注意して良い。これは，日本人の自画像の描き方というようなことから文化の翻訳というものの本質とか，価値を考えるときの大きな対象となる現象である。

　また，翻訳文学史では 16 世紀のイソップの寓話のつぎに位置する『ロビンソン・クルーソ』が浮かびあがる。この小説の日本受容についての事情はすでにいろいろな面からあきらかにされているからここでは簡単に触れるが，注意していいのは，黒田麹盧の『漂荒紀事』が「漂荒紀事巻之一　英吉利国

魯敏遜嗚瑠須著日本国再訳」としてロビンソンが実在し，漂流者の記録として受けとめられたことである。黒田は「和蘭訳者自叙」に魯敏遜嗚瑠須が28年ぶりに帰国してこの体験を書くと「此事蹟ヲ読ムモノ皆驚嘆」し「版行セシ処，人々貧リ読ミ購フモノ稲麻ノ如ク一時二四万部ヲ摺リ出スニ至ル。今此レヲ和蘭ニシテ訳スルニ其ノ本国ニテ行ハレシヨリモ猶盛ン」だったと，イギリス事情を書いている。今日でも「二四万部」売れれば，たいへんな話題になるが，それほど熱狂的に迎えられたのであった。

一方，国学者横山由清も『魯敏遜漂行紀略』を著して，この話がフィクションであることを書いたうえで，ロビンソン受容の一端が少年たちの自立心，神仏への敬虔，自己の研鑽など「童蒙」の倫理書として流布していることを記している。

このように国際環境を意識しなくてはならなくなった日本に分かりやすい表現として受けとめられることはむしろあたりまえのことだった。

当代の読者にとってはフィクションであるとかどうかということはあまり問題にならなかったのである。この場合必要だったことは，一つの時代状況を生きていく方法としての漂流者が必要であり，求められたのである。漂流は悲劇でありながら，どうしようもなく青年の勇躍する志に触れる。後年，小国民を鼓舞激励してやまぬ気分を明治帝国は大きく求めた。それは必然であった。こうしてロビンソンの物語は雄々しく，明治を生きていくものの気分にちょうどぴたっと重なっていくことになる。1894（明治26）年に刊行された『日本漂流譚』第二編は「本書は児童に海事を知らしめ国民教育の一助と為さんと欲する目的にて編述」したし，本書第一篇に就て各新聞紙の批評文「府下の文のみ掲ぐ」には「郵便報知新聞」7月16日付としてこのような評を掲載している。

> 魯敏遜漂流記が如何に多くの海国の紅顔子をして這種の気象を養ひ成せしぞ。這種の書物の今ま我国緑髪児の手に上る喜ふべきかな。此の書は外国に漂流したる我が国民が齎らし帰る実話を蒐集したるものと著者は曰ふ。児童に海事を知らしめ国民教育の一助となすにありと東洋の海国一日も早く狂瀾を行くこと坦途の如く帆を操り談笑するの健児を出だしたし。

新しい時代を肯定的にとらえるか，それとも否定的にとらえるかは，じっ

第1節　蘭学環境と幕末の文学

さい生きる身にとって，それはいつでも相対的なことであるのにすぎない。だが，大洋を地政学な優位な面として築かれてきた海禁日本は否応なく国を開いていかざるをえなくなった。そして，徳川幕府は滅びる。

3-4　幕末を生きる少女の眼と今泉みね『名ごりのゆめ』

こうして，葵が枯れて，菊が栄える時代の変遷を生きていく気分とは何であったのか。長与専斎の『松香私志』，勝小吉『夢酔独言』，勝海舟『氷川清話』，福沢諭吉『福翁自伝』など，維新から明治へ移るときの気分を伝える回想録があるが，今泉みね（1855 安政2～1937 昭和12）は少女の眼を通じて，この時代のある気分をリアルに伝えてくれる。みねは最後の幕府侍医法眼，七代目桂川甫周（国興）（1824 文政7～1881 明治13）と久邇（1828 文政10～1855 安政2）の間に生まれたが，14歳のときに明治維新に遭遇した。昭和になって，みねの残した随筆集『名ごりのゆめ』は安政，万延元年（みね6歳），文久元年（みね7歳），元治元年（みね10歳），慶応元年（みね11歳），明治とめまぐるしく元号の変わる徳川時代の晩年をみつめている。みねが回想的にこれを語りはじめたときは，すでに自らの最晩年のときであったが，大きく時代の移り変わっていく日々の気分が濃厚である。今泉源吉は「本書が世に出るまで」でつぎのように書いている。

今泉みね肖像

福沢諭吉肖像

> 元来著者は昔話をするにはあまりに情の深いたちであった。人一倍父の甫周を慕ふ心が強く思ひ出しても身体に障る程であった。江戸時代の楽しい悲しい美しい夢の名残をぢつと胸に秘めてゐたい著者であった。幕府時代の楽しさを口にするのは，皇室に対して申訳ないと思つてゐた。又一家の昔

493

を語るのはとかく自慢話になるから遠慮したいと云つてゐた。然し「自分を表はすのではなく，之を通じて当時の世相を写し出すのである」と教へて下さつた故吉野作造博士や尾佐竹猛博士の御言葉に甘へて著者は恐る恐る物語つたのである。ことに我子の事業が，幾分でも御国に役立つならばと，八十一の正月から八十三の四月に亡くなるまで毎号欠かさず「みくに」に物語を載せた。著者がわたしに語つてゐる間に妻は筆を走らす。孫達は膝に依り袖にかくれて聞いてゐる。

このなかで語られるのは桂川の人々・父，国興と交遊があつた人達である。柳河春三，宇都宮三郎，神田孝平，成島柳北，福沢諭吉，箕作秋坪，石井宗謙，石井謙道らのエピソードが書かれている。たとえば，福沢諭吉はみねの眼からみると，勤勉で実直な書生であつたことがわかり，奇妙にリアルな青春の姿を伝えるが，幕府の終末期に新たに到来するはずの時代を思いながらか，次のような一日が語られる。

御維新後になつてから，わたしが石井さんにあづけられてゐます頃，福沢さんは始終そこにいらつしやいました。石井さんとは親しいお友達で，世界国づくしなども，石井さんがわきから直したところもあるやうにききました。二人で仲よく相談してこしらへていらつしやつた様子でした。私は守りをする人のない石井さんのお子さんを時々おぶつて，

　　世界はひろし
　　万国は多しといへども
　　大よそ五つにわけし名目は
　　あじああふりかようろつぱ

などと，世間に歌はれる前から，私たちは寝言にも言ふ位に口ずさんでをりました。其頃からは福沢さんのいろいろの本が出て，興に乗じたやうになつてどんどん売れましたので，福沢さんはにわかにおかねもちにもなり，お忙しくもなつて，なかなか父のところにもおいでにならなくなりました。

桂川甫周（国興）肖像

一方，幕政の終結は同時に徳川家の支配の終りを意味したが，265年もの時間の中で営々と築き上げ継承してきた一つの価値の崩壊をも伝える。桂川は将軍の侍医であつたから，落日を心底深く，噛みしめなくてはならなかつた。国興を見つめるみねは明治の日までの，幕府侍医法眼の日常の気分がたとえばこのような環境下に置かれていたことを告げる。

一体奥医は，手足をみがいて，香などたきしめたいい着物をぞろっと着て籠に乗つて歩いてゐましたから，まるで婦人のやうでした。といって武芸のみが全然なかつたのではありませぬ。ただ公方さまの御手を執るからといふので，自分の身はきよめにきよめてあらぶれないやうにしてゐました。外の人は先づ診ないといふことになつてゐまして，百両のお金をつんでも，奥医に脈をとつてもらふことは出来なかつたさうです。

　やがて，明治を生きることになった日の国興を遠い日々に回想するみねの眼にはこのように映っている。

　とのさんとのさんと云はれて，お茶でも何でもさきにもつて来たり，同じ間にもゐなかつた位にされた父が，御維新後は外の方達がりうりうとしていらっしやるのにひきかへ，東京医事新聞の編輯長だけでさびしく世を終へたことを考へますと，時には残念だなあどうしてこんなにおなりになつたかと，私は思ふことがありましたが，父は平気で世のうつりかはりの中にもかはらぬ風流のたしなみは捨てず，よく次のやうな歌を作って私に見せるのをたしのみにして居つたことを思つて，父はやつぱり俗でなかつたと忘れられない慕はしさが一層つのります。
　　　世渡りのせはしき身にも折ふしは
　　　　待たるるものを初ほととぎす

　みねは滅びる側に置かれた上層階級の少女であったが，価値観の大きく転換した日々をたしかに生き，時の流れの中にじっと身を置いたものの一つの眼が時代を動かした人々を見据えていたのである。

『名ごりのゆめ』扉

　もっと，詩歌などの文学を満喫させる作品をと考えながら，気がついてみると，比較的論じられていない蘭学者たちの物の見方，気分を中心に探ることになった。なかでも桂川甫周の家に連なる流れを跡づけるような書き方を自分で振り向きながら，これはあるいは偏狭でひとりよがりな捉え方であるかもしれないと思ったけれども，やはり，大きな要素なのだと実感している。

　わたしは思えば長いこと，勝本清一郎が『座談会明治文学史』で語ってい

たことを忘れ去ることができず,「蘭学文学」というタームが気になっていた。ただ,蘭（洋）学者をとりたてて特別に扱って評価しようとすることには異論があるが,幕末の政治や文化の状況を見たいと思う時,どうしてもいろいろな面で広い視野が必要であると思うし,どこかで触れて欲しいという気持ちがあった。

そうした意味からいえば,今回,少しだけわたしもかかわることができたという気がする。

本節はこれまで蘭学者の「生きる気分」を探りながら折々に描いてきた「蘭学文学史」の一節である。「蘭学文学史」という呼称は勝本清一郎によって提唱された（『座談会明治文学史』（『文学』岩波書店昭33刊。第11回討論者　猪野健二,大久保利謙,勝本清一郎,柳田泉）。しかし,その後,具体的な展開は勝本自身によってもなされていないし,2005年の今日に至るまで文学史の観点から洋学史を考える試みはほとんどなされていない。

注
1 野中涼（1968）『小説の方法と認識の方法』松柏社
2 羽仁五郎（1944）訳『クルウゼンシュテルン日本紀行』異国叢書　駿南社
3 『イェズス会と日本Ⅰ』「大航海時代叢書」所収　岩波書店　高瀬弘一郎（1981）
4 岡田袈裟男（1991）『江戸の翻訳空間』笠間書院
5 岡田袈裟男（1991）『江戸の翻訳空間』所収　笠間書院
6 磯崎康彦（1983）『ライレッセ大絵画本と近世日本洋画家』雄山閣
7 佐藤昌介（1983）「国際環境と洋学の軍事科学化」（『幕末の洋学』）ミネルヴァ書房

文献（☆印は本節と直接の関連をもつ書目）
☆H,ドゥーフ（1833）『日本回想録』斎藤阿具訳（1928）異国叢書　駿南社
☆今泉みね（1941）『名ごりのゆめ』長崎書店・平凡社東洋文庫（金子光晴校訂）
　伊藤整（1953）『日本文壇史』講談社
☆勝本清一郎（1957）「幕末から明治へ」『座談会明治文学史』岩波書店。他に猪野
　　　謙二,大久保利謙,柳田泉

第 1 節　蘭学環境と幕末の文学

　興津要（1960）『転換期の文学』早稲田大学出版部
　富士川英郎（1966）『江戸後期の詩人たち』筑摩書房
　興津要（1968）『明治開化期の文学』桜楓社
☆前田愛（1972）『幕末維新の文学』法政大学出版局
　前田愛（1973）『近代読者の成立』有精堂
☆菅野陽（1974）『日本銅版画の研究　近世』美術出版社
☆越智治雄（1975）『近代文学の誕生』講談社現代新書
　村松剛（1975）『死の日本文学史』「武士道と幕末のナショナリズム」新潮社
☆前田愛（1977）「幕末の文学」（シンポジウム『日本文学』学生社。他討論参加者
　　は野口武彦，神保五弥，松田修，芳賀徹，橋川文三，富士川英郎
　嶋岡晨（1979）『志士たちの詩』講談社現代新書
☆磯崎康彦（1983）『ライレッセの大絵画本と近世日本洋画家』雄山閣
　芳賀徹（1983）『江戸の比較文化史』NHK 市民大学
　前田愛（1983）『近代日本の文学空間－歴史・ことば・状況』新曜社
☆杉本つとむ（1983）『日本翻訳語史の研究』八坂書房
☆佐藤昌介（1983）「国際環境と洋学の軍事科学化」（『幕末の洋学』所収）ミネルヴァ
　　書店
　越智治雄（1984）『近代文学成立期の研究』岩波書店
　笠原伸夫（1989）『文明開化の光と影』新典社
☆岡田袈裟男（1991）『江戸の翻訳空間－蘭語・唐話語彙の表出機構』笠間書院

　追記
　本文最後に書いた桂川国興の歌「世渡りのせはしき身にも折ふしは待たるるものを初ほととぎす」の短冊をかつて故今泉泰さんからいただいた。泰さんは今泉源吉さんの奥様で，みねの話を筆録したご当人である。短冊はみねの筆になるものであったが，縁あって，眼の見えなくなった不自由の体を押して，拙宅を訪問され，わたしに下さったのだった。わたしはこれを今も大切にしている。歌を読むと，葵の滅びた日々桂川家が生きた気分を感じる。

第2節　ヘンドリック・ドゥーフと長崎通詞そしてシーボルト
　　　　－辞典の翻訳と商館長の19世紀初頭を生きる気分

1　欧州学としての蘭学

蘭商館

　蘭学は江戸時代のオランダをフィルターとした欧州学であったから，蘭学者が出会った異国と異国人とは欧州と欧州人たちを意味することになる。海禁体制下での外交は長崎出島で行われ，紅毛碧眼はすべて原則としてオランダ人でなくてはならなかった。けれども日本を舞台にして現在にまで伝えられる業を残した者にはケンプファーやシーボルトのようなドイツ人をはじめ，ロシアのエカチェリーナ女帝に桂川甫周（国瑞），中川淳庵の名を伝えた植物学者チュンベリーのようなスウェーデン人などオランダ人以外の欧州人がいたことも知られている。正規のルートを辿らないことでは，大黒屋光太夫のような漂流民を伴って根室に現われたアダム・ラクスマン，そして長崎のレザノフのようなロシア使節の来航があったし，幕末になるとイギリス，フランス，アメリカなどの人々も来航して，やがて開国に至る。長崎に来航した船舶はすべてがオランダ籍というわけでもなく，国際状勢の変化などによりスサナ号のようなデンマーク船をはじめ他国籍の傭船が訪れたこともあり，ペリー来航以前でも独立戦争後，アメリカ籍の船舶もしばしば訪れている。船にはオランダ人以外の欧米人が乗っていたのである。こうした事情については第一章に記したが，金井圓（1987），同（1993）などに詳しい。ただそうした人々と直接接触し，いわゆる異文化をじっさいに感得した蘭学者となるとその数はかなり限定される。長崎オランダ商館に集中させられた異国人は長崎出島を経由するのだから，ここでなければ，あとは定期的に参府した際の

第 2 節　ヘンドリック・ドゥーフと長崎通詞そしてシーボルト

定宿江戸の長崎屋でしか交流する機会がない。参府への旅程にあっては一般人が接触できない監視下におかれていた。また蘭学者は医学を中心として欧州文化を享受することを目途する者，長崎通詞と呼ばれる蘭語の通訳たちがいる。こうした中には歴史の一点で，カピタンのイサーク・チィツィングと交流した福知山藩主朽木昌綱，薩摩藩主島津重豪などの大名，長崎通詞の吉雄耕牛，『解体新書』を翻訳した杉田玄白，前野良沢，中川淳庵，『北槎聞略』を書いた桂川甫周や弟の森島中良あるいは大槻玄沢他の蘭学者らとの交流事実がある。

　けれどもこのような文化面の交流は多くない。だから改めて人を考え，さらに文学や芸術の場で注目されるオランダ人という名の異国人を考えると，そこにはほとんど人がいないといっていいことに気づく。やはりオランダとの交流は基本的に実用の側にあったといってよい。輸入された書物にも言語に関する書物をはじめとする人文学書はあっても，文学書はほとんどみられない。もちろん日常生活を彩る各種のアイテムは人とともに移入され，それらはさりげなく異国情緒を醸し出す文化，教養の表象とはなりえた。人が歩けばその器にしたがって一つの文化が移動しもするが，日本が交際したオランダとは，もっぱらビジネスを本領とし，実用の価値に大きく支配される異国であったことを忘れるわけにはいかない。

2　ヘンドリック・ドゥーフ

　このようなことを考慮すると，「日本人のみた異国・異国人」というテーマにしたがって江戸時代訪日した西欧人を取り上げるのにもっともふさわしい人物の一人は 18 世紀末に長崎商館に赴任した東インド会社社員ヘンドリック・ドゥーフ Doeff, Hendrik 1777〜1835 である。彼と交際した蘭学者とは主として長崎通詞である。19 世紀初頭のナポレオン戦争で本国の独立が奪われた時代，カピ

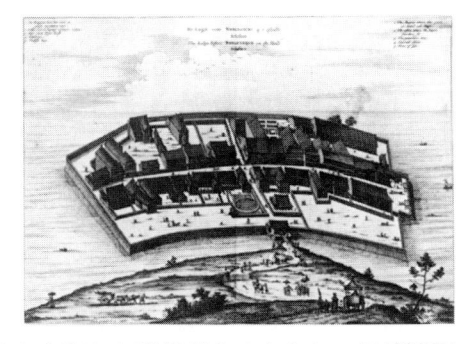

長崎出島

タン，ドゥーフは 19 年間の日本滞在を余儀なくされた。この間ドゥーフはレザノフの長崎来航事件，フェートン号事件という近世日本における重要な二つの外交事件に遭遇する。

また交易業務が停止していた間，今日「長崎ハルマ」とか「ヅーフ・ハルマ」と称される大部の翻訳辞典を残した。オランダの近世出版文化史でも注目される書肆フランソワ・ハルマが刊行した蘭仏辞典（初版は 1716 年）の第 2 版（1729 年）をドゥーフと長崎通詞とが共訳して成立した辞典である。

ある意味では，派手な評価に支えられるフィリップ・フランツ・フォン・シーボルト Philipp Franz von Siebold などよりも，ドゥーフこそ江戸時代を通じてもっとも記憶されるべき人物の一人である。22 歳から 42 歳まで日本に滞在したカピタンはさまざまな面において注目されてよい。『オランダ商館日記』に残した記録，帰国後の著作『日本からの回想』"Herinneringen uit Japan" 1833 には，このアムステルダム出身のオランダ人がその青春から壮年期を長崎出島という周囲 520 メートル，四千坪弱の人口の島から東アジアを生きた気分を伝えるのである。

ドゥーフは『日本からの回想』の冒頭で日本語学習の上での三つの障害について記しているが，日本に滞在した外国人にとっての一般的なありかたであった。

1 法令の下では，外国人はまったく日本語を学ぶことができない。
2 日本人との交流はわずかで，それも出島の乙名 Wijkmeester 目付 Dwarkkijker の監督下でなければ，通訳もオランダ人の家庭に出かけることはできない。
3 四年ごとの江戸への参府についても，いつでも監視人すなわち観察者に取り囲まれ，また旅行中，長崎と同じように，いささかも日本人の生活圏への出入りの許可はない。（p4　岡田訳）

狭い土地長崎出島が日常生活の環境であり，定期的な将軍への拝謁のための旅行の道筋と江戸本石町長崎屋と江戸城への往復路が日本という風景を知る機会であれば，この隔離された環境はやはり相当特殊であったといわなくてはならない。幕政はこうした環境下におけるストイックな生き方をオランダ人に強いたのである。そして自らがオランダ人という名の外国人の位置に身を置くことによって，相対される日本人の位置を明確にはかるような志向

第2節　ヘンドリック・ドゥーフと長崎通詞そしてシーボルト

性をもったことはない。回想と呼ばれるものはしばしば書く者の自己美化と一面の誇張に支配されやすい性格をもっているものの，ここに表わされたドゥーフの言い分が実感のこもったものであることが容易にわかる。

　一方，ドゥーフは自身の日本語習得の問題もさることながら，長崎通詞たちの語学力の低さを痛感している。偶然のこととはいえ，ドゥーフが辞典の翻訳を思い立ったことが結果として歴史上最大の蘭日辞典作成に至った。底本とされた "*Woordenboek der Nederduische en Fransche Taalen*" からはすでに単語訳を中心とするいわゆる「江戸ハルマ」が出ていた。これに対して，ドゥーフは辞典を丸ごと翻訳したのである。これが通訳たちの語学的訓練，自らの日本語力のブラッシュ・アップに通じ，しかも大きな文化事業の達成につながることが脳裏にあってとうぜんであった。そして改めて「ドゥーフ・ハルマ」をめぐるエピソードをみるとき，これがドゥーフにとって小さくないばかりか江戸を貫く対外文化交渉の歴史の過程においてすら長く記憶されていい事柄であることがわかる。ここには日本人の側からはなかなか見えにくいカルチュアの問題が潜んでいるからである。辞典を編纂するという行為はその表象であった。

　これもよく知られていることだが，ドゥーフが回想録の出版を思い立った背景にはシーボルトに対する思いがある。シーボルトや商館の荷倉役のオーフェルメール・フイッセルがドゥーフの業績を僭称しようとしている。シーボルトが自分が作ったと云って蘭日辞典を出版するかもしれないという危機感をもったからである。帰国途上の難船で一切の物を失ったドゥーフは自らが中心になって作った10万余の語・句・文を持つ蘭日辞典の写し，それも秘密に携えて持ち出した写本を失くしている。それをいいことにドゥーフの仕事を他人が取ろうとしている。ドゥーフにすれば黙ってはいられない。シーボルトはとんでもないことをしそうな人物だ。死後に回想録が出ればいいと思っていたというドゥーフが急遽出版を思い立ったのだとする。ドゥーフの思いはこの著述の全般に及んでいる。自分の立場についての客観的な位置関係，自ら観察して得た江戸の習俗，文化への意見，センチメンタルでなく自己の業績を明確に示そうとする叙述，これらを読んでいるとシーボルトを意識して記すドゥーフの言い分は素直に受け入れられていいところが多い。帰

国後のドゥーフは多くの回想録を読んでいる。たとえばレザノフとともに来航したナジェヂダ号艦長，提督クルゼンシテルンの航海記，ドイツ人学者ラングスドルフの著述などであった。ドゥーフはかれらが長崎の梅が崎に停泊した半年余，商館長として多くの交渉にあたったし，日本側から大いにあてにもされた。体よく追い払われたロシア人の書きものは刺激的で今なお臨場感にあふれている。またほかにも，かつて来日したエンゲルベルト・ケンプファーが書いた『日本誌』があった。これも各国語版が出た。ドゥーフにすれば日本への関心から離れるわけがない。58 年の人生の働き盛りの時代の大半を四千坪に満たない隔離された土地で過ごしたのである。江戸時代ごく初期のイエズス会宣教師を除けば，これほど長く日本に滞在した欧州の人間はいない。こうして華やかに振舞うシーボルトがドゥーフの名誉をまさにおかそうとしていると思ったのである。欧州にいては想像できないような日本滞在中の仕事への自負が辞典作りにはあった。これがかつてのオランダ商館長の気分に大きく作用していてもなんらの不思議もない。シーボルトの欧州における評価とそれがドゥーフ自身へ及ぼしていることがらはたぶん当時の日本人にはつかみえないことである。そしてたぶん想像することすらもむずかしい。日本人が国際的に評価されるということなどほとんど意味をなさなかったからである。

　こうしてドゥーフは時のオランダ商館長のファン・シッテルスに依頼することになる。自ら書いた蘭日辞典への「緒言 inleiding」の写しと一緒に辞典作りに励んだ長崎通詞たちの署名捺印した証拠書類とを作るべく要請したのである。日を経て書類を受け取り，自己の業績の正当性を確認させることができた。そしてさらに名誉を得たのだった。ただそれでも長崎通詞たちの書いた文書が日本語流の蘭語文であって，蘭語のオフィシャルな書き方に則っていないと書くことを忘れてはいない。

3　ハルマ辞典の翻訳

　ドゥーフが長崎通詞たちをどのように鍛えたのか知りたいと思っても，なかなか具体的なことがわからない。しかし，ドゥーフの「緒言」と長崎通詞の「凡例」がそれぞれに語学教師としてのドゥーフの一面を伝える。辞典は

「成学の人の彼言辞中において，その義を研究するために用いるもの」だから「質直ナル語」で訳す必要があり，長崎通詞たちのことを思えば長崎方言がいいという主張である。長崎通詞たちも呼応して「蘭語の義理を失ん事を恐る故に，他の笑を顧みず，直に都鄙の俗語・方言を以て訳す」と書いたし，なお最終の条でこう書いた。「是書を読んと欲する者は，まず和蘭の文法を詳にして後，是を見るにあらずんば，其益を得る事あらじ，と蘭人いへり」。蘭人はもちろんドゥーフのことだが，ことばへ向かう質朴さは暗に待遇表現という名の極めてレトリカルな言語である日本語を根底的に見据えたものであったとみてもよいかもしれない。常に雅俗のちがいを念頭におかずにはいられない修辞性に富んだ言語は人と人との距離をはかることに人を忙しめ，行儀・作法の大切をのみ促す傾向がある。蘭語で生きる者が天皇・将軍を頂点とする日本文化にどう応じていたかはまた別に整理され評価される必要がある。

さて，こうして出来の悪い長崎通詞たちを鍛えたドゥーフではあったが，その反面でドゥーフが信頼し，絶賛する長崎通詞がいた。吉雄権之助と馬場佐十郎のことをいっているのだが，二人はともに江戸言語学の基底の一部をなす蘭語学史において大きく貢献し，今日なおその業績が讃えられる蘭学者である。吉雄についてドゥーフは「ドゥーフ・ハルマ」の「緒言」でこう書いた。これがドゥーフから発せられた評価である。

> 蘭学において，最も上達し，都ての通詞に勝れて，凡如斯事業を為すに，嘗て欠く可からざる所の小通詞並吉雄権之助悉くこれに主たり。
>
> （凡例・緒言は早大洋学文庫坪井本による）

また馬場佐十郎については『日本からの回想』にこのように記している。

> 私の二度目の江戸参府の時，1810年，江戸で一人の蘭語通訳と出会った。彼は長崎で私の弟子であった。けれども1808年に幕府によって江戸に招聘されている。このあらゆる点で機敏な若者は本当の名を馬場佐十郎といった。しかし出島のオランダ人からはアブラハムという名で受け入れられていた。（p146　岡田訳）

この二人にはこうしてドゥーフ自身が評価のことばを与えているから，彼等の蘭語能力はまず折り紙付きである。けれども両者の交渉にあった具体的なことがらは現在なおはっきりとはわかっていない。たとえば吉雄が辞典の翻訳にあたってどのような在り方をしていたのかというようなことである。

これほどの賛辞を得ていても吉雄は上述のドゥーフが取り寄せた11人の通訳たちの署名者には入っていない。シーボルト来日以後には影にあって助力した吉雄権之助である。この異国人と長崎通詞の関係への関心を失うわけにはいかない。

　またドゥーフはなぜ馬場佐十郎について「あらゆる点で機敏な若者」と評したのだろうか。馬場佐十郎が優秀なことは1925年に勝俣銓吉郎が「新小説」に書いた「語学の逸才―馬場佐十郎」以来，杉本つとむの研究を通じて十分に理解されてきたつもりでも，ドゥーフの評価の具体的な内容がなかなかわからない。戯れに回想録の原文 "Deze alle zins wakkere jongeling." をドゥーフの辞典を使って逐語訳すると「此何処カラ見テモハシハシトシタル若者ハ初生ノ通リニハ名ヲ馬場佐十郎ト云タ」ということになる。因みに斎藤阿具訳は「此の頗る俊秀なる青年は，本名を馬場佐十郎と称すれども」とまことにこなれた名訳であるが，素直に読むといずれにしてもドゥーフの評価は遜色なく最大級であったことがわかる。

　辞典の翻訳をめぐってドゥーフと長崎通詞たちとの交流を垣間みたが，それは本当にわずかな面でしかない。久々にドゥーフのことを書いていて，ドゥーフが日本との出会いに示したさまざまな筆致に，いま改めて文化史，あるいは洋（蘭）学を射程にいれた新たな文学史の上でも精査される必要があることを痛感する。ここでは具体的に触れることができなかったが，日本文化史上におけるドゥーフの果たした役割についてはいろいろな分野で研究される方がいいと思う。シーボルトがしきりに研究されるように新たに考察される必要もある。たしかに斎藤阿具は半世紀以上も前に『オランダ商館日記』やその秘密日記をハーグの文書館で調べて読みとり記述した。けれども記録それ自体を簡単に手に取って見る機会にめぐまれないでいた長い歴史がある。しかしそれも沼田次郎他（1993）が出てワルデナール，ドゥーフと続く二代の商館長の秘密日記も翻訳公刊された。ドゥーフに関してだけでも，ここに記されたレザノフ来航事件，フェートン号事件についての記述は単に外交史の範疇にのみおかれてよいものではない。そうした意味では同書に書かれた金井圓の解説は蘭学者が出会った異国と異国人を考えるというここでの

現在的なテーマにも呼応しており，今後のドゥーフ研究についての指針にもなっている。

　これらの秘密日記の訳文は，1813（文化10）年の秘密日記にイギリス側を代表して再登場するワルデナールと，これに対抗して出島を固守し，日本洋学史上にも名を残したドゥーフという両商館長の伝記研究にも新しい知見を加えるであろう。
　ドゥフ自身の回想録の邦訳者であるとともに伝記『ヅーフと日本』の著者である呉秀三博士や，外交史の分野における田保橋潔博士の明らかにしたドゥーフ像に，さらに検討を加える上で，オランダ国立中央文書館に残る日本商館文書やドゥーフ家文書には未紹介の関係史料が少くないのであり，秘密日記の訳文は，それらの史料の原典による研究への導入の役割を演ずるであろう。

　自戒をこめていえば，ドゥーフを考えることがこんなことにもつながるのだ。すなわち，ともすれば自分のことしか考えられず，相対する他者，異文化との距離をはかることが下手な日本人にとって，ドゥーフが書いたことがらは実に多くのことを教えてくれる。そしてさまざまに表わされる商館長の気分は今に新しいといってよいのである。

文献
Doeff, Hendrik（1833）*"Herinneringen uit Japan"* Haarlem
斎藤阿具（1922）『ヅーフと日本』広文閣
杉本つとむ（1976〜82）『江戸時代蘭語学の成立と展開』Ⅰ−Ⅴ　早稲田大学出版部
金井圓（1986）『日蘭交渉史の研究』思文閣出版
岡田袈裟男 1991「幕末の文学−18，9世紀の東アジアを生きる気分のなかで」＜ナポレオン・ドゥーフ・アヘン戦争と新世界へのかかわり＞『日本文学史を読む　近世』有精堂）本書Ⅳ章第一節
金井圓（1993）『近世日本とオランダ』放送大学教育振興会
沼田次郎他訳（1992〜5）『長崎オランダ商館日記4〜6』日蘭学会編　雄松堂

第3節 『環海異聞』の情報処理と記述法をめぐって
― 大槻玄沢と事件関係者の 19 世紀東アジア

　大槻玄沢『環海異聞』における情報処理と記述の方法を探ることから 19 世紀初頭異文化に接触した者と異文化の者の東アジアを「生きる気分」の一端について考えてみたい。これはわたしの構想する蘭学文学史の試みの一つでもある(注1)。

　『環海異聞』は文化 1807（文化 4）年大槻玄沢によって仙台藩に献上された。内容はロシアから帰還した津太夫以下の仙台藩漂流民を尋問，事情聴取した結果に玄沢の調査，研究分析を経た報告書である。1794（寛政 6）年徳川幕府に献上された桂川甫周（国瑞）『北槎聞略』について江戸時代における総合的なロシア情報研究である。現在まで，日本・ロシアの交渉史，イルクーツクを中心とするシベリアの民俗研究，あるいは漂流文学，語学研究などの分野で，第一級の資料として日本，ロシアの双方で受容され，さまざまに位置づけられてきた。

　ロシア全権使節ニコライ・ピョートルヴィチ・レザノフ Rezanov, Nikolai Petrovich（1764〜1807）と四人の漂流民の長崎来航は海禁を国是とした幕藩体制を揺さぶる大きな外交事件となり，この事件によって得られた報告・記録はトータルな意味で対ロシア資料の収集，分析，研究に貢献している。またロシア人や関係したオランダ人の回想や記録類には当事的な場にあった異文化の人間が見た日本観が臨場的に観察される。大槻玄沢，レザノフ，ナジェジダ号艦長提督クルゼンシテルン Kruzenshtern, Ivan Fyodorovich（1770〜1846），オランダ商館長ヘンドリック・ドゥーフ Doeff, Hendrik（1777〜1835）などは当時日本をどのように理解したのか。

1　ロシア遣日使節

　この有名な外交史上の事件については本節に必要な範囲で事件概要をトレースする。大槻玄沢は「序例附言/巻一」，あるいは別著『北辺探事』（1807 文化 4）などで『環海異聞』編纂に係わる諸事を記した。これを基礎として

第3節　『環海異聞』の情報処理と記述法をめぐって

編纂までの過程を探ると、日本側が漂流民に最初に会ったのは1804（文化元）年12月20日、芝愛宕下の仙台藩邸であった。

> 君侯=於表御処=被レ為レ出御、庭前へ四人之者共内太十郎壱人被レ召出、漂流之次第一通り被レ為レ聞令下平茂賢志村弘強等問上之。爾後内命有りて両人へ彼風土俗尚等、滞滞経歴之詳細を究問せしめ給ふ。

「北辺探事」

事件の発生はこの八ヶ月前である。すべてが終わってから帰還した仙台藩漂流民津太夫他四人が玄沢によって事情聴取される。ロシア艦船の日本来航については、事前にオランダ商館長ヘンドリック・ドゥーフは知っていた。バタヴィアで発刊された1803年9月6日付 "Haarlemsche courant" 紙に書かれている。日本側はオランダ商館からの情報にしたがって艦船の来航に備えてはいた。『日本からの回想』 "Herinneringen uit Japan" 1833にドゥーフはこう書いている。

> これらの船（ロシア艦船）について、わたしは政庁（バタヴィア）がもたらした情報を得ていた。おそらく近々にロシア使節艦船が日本に来航するということ、そして新聞もまたそのニュースを報じていた。それですぐにわたしの知見を日本の役所に与えたのだった。（岡田訳）

1-1　ロシア艦船の長崎来航

ナジェジダ号（460トン）艦長I・F・クルゼンシテルンの『クルウゼンシュテルン日本紀行』"Reise um die Welt in den Jahren 1803〜05"、1810〜13（羽仁五郎訳、異国叢書　駿南社1931）それによると日本の沿岸に達した日は文化元年8月25日（西洋暦1804年9月28日）朝10時であった。日本の役吏の船に曳航された日は9月6日午後4時、5時半に長崎湾に投錨している。日本側の記録には、長崎奉行成瀬因幡守が江戸の老中四人にあてた9月8日付の書簡がある。成瀬の報告は9月4日「肥後の国天草郡見張御番所より午方二十四五里程沖之阿蘭陀船に似寄候船一艘相見候段、同所詰御普請より一昨六日申越」と始まり八日までの経過を記している。これ以降成瀬はナジェジダ号の監視に総力を傾け、江戸からの指令を待った。玄沢はナジェジダ号の来航から帰帆までの過程を『環海異聞』巻十四「長崎着岸より上陸以来之記」に詳細に記した。

1-2 日本の礼法とロシア人の遺憾な思い

　9月8日の夜,『環海異聞』によると,ナジェジダ号調査に赴いたのは目安方行方覚左衛門,荒井佐平を検使役とし,オランダ商館長ヘンドリック・ドゥーフほかオランダ人二人,大通詞石橋助左衛門らであった。おなじ日の出来事はクルゼンシテルンも詳細に記している。

> この同夜十時我等は長崎より多数の官吏または日本にて番所衆と呼ばる人人の訪問を受けた。彼等は招待をも待たず会釈もなく直ちに船室に入り,長椅子の上に座し,その従者等は各官吏の前にそれぞれ提灯とそれに附いた小箱とを置いた。
> 　　　　　　　　（羽仁五郎訳『クルウゼンシュテルン日本紀行』異国叢書　以下同）

　クルゼンシテルンはその夜の出来事を詳細に記しているが要点をまとめるとつぎのようになる。

1. 通訳の質問はクロンシュタット出帆以来の航路,特に朝鮮海峡,東沿岸のいずれから来航したのかということ。
2. 主席通訳石橋助左衛門に告げる。地理学的知識で考えていた以上に航路が長いこと。
3. オランダ商館長ヘンドリック・ドゥーフの来艦と,彼の番所衆に対する日本的敬礼の卑屈さに対する憤激と驚き。またクルゼンシテルン自身は日本的敬礼を拒み続けたこと。
4. 肥前候と大村候のナジェジダ号監視のこと。
5. 通訳の位階が意外に低いことと番所衆への伝達時の態度が慇懃を極めていること。またその時の動作が下品にみえること。

　クルゼンシテルンの回想は異文化と接触したとき,とりわけ慇懃な挨拶である「日本式儀礼」にはじめて接した時の遺憾な思いをもよく伝えている。使節レザノフ,医師ラングスドルフも後に,日本式儀礼による挨拶の仕方を拒否した。ドゥーフはこのようなロシア人に対して異なった意見を示している。かってエンゲルベルト・ケンプファー Kampfer, Engelbert（1651〜1716）はこの日本式儀礼について *The history of Japan* 1727に特筆した（第一章第1節参照）。日本式の挨拶は訪日した西洋の人間にはしばしば単に奇異とはいえない異文化の習俗とし,戸惑いをさけえないものとしたし,さらには屈辱的な儀礼であるという印象を与えていた。ドゥーフにしてみれば来日以来すでに五年を経過して日本の習俗に和した自負が高い。彼

は「郷に入らば郷に従え」を実践していたのである。この夜、ナジェジダ号艦上で、日本側はロシアが通商を求めてきたことを知る。「信牌」は1792年第一回遣日使節アダム・キリーロヴィッチ・ラクスマン Laksman, Adam Kirilovich 1766〜1803）に与えたものであり、ロシア皇帝アレクサンドル一世 Aleksandr, I. Pavlovich（1777〜1825）の親書（1803年6月30日付）はロシア語・満州語・日本語で認められていた(注2)。四人の漂流民はレザノフが二、三の問答を交わした後、直接役人の前に呼ばれている。問答の内容は「出身地、氏名、仙台出帆の日、ロシア漂着の日、出帆の日的、ナジェジダ号乗り組みにいたる事情、船名、船の種類、漂流船出帆時の乗組員数、ロシア残留者の事情徴収」であったとクルゼンシテルンは書く。これに関しては日本側、ドゥーフ、レザノフなどの回想などがすべて同じ証言をしている。漂流民はやがて日本側に引き渡され、詳しい取り調べをうけることになる。この時点では使節派遣の概要が了解されただけである。

1-3 ナジェジダ号艦上

レザノフが上陸を許されるのはこの会見の69日後である。この間肥前藩、大村藩をはじめとして防備の船舶がナジェジダ号を取り囲んでいる。クルゼンシテルンはつぎにこのように書いている。

> 我等の関知したところによれば、肥前侯と筑前侯とは長崎市及びその近郊に対して同等の威権を有して居る。そして我等の滞在の間この二侯の命を奉ずる番兵のみが相交代して守備を勤めて居た。なほまた大村侯も長崎市の事に参与して居たに相違ない。といふのは使節の居所にはしばしば大村侯の士卒も守備を勤めて居た。しかし港内では肥前侯の旗か、さもなくば筑前侯の旗か、その何れかが見えて居るのであった。（羽仁五郎訳）

日本側の記録はかなり緊迫した様相を伝えていた。しかしナジェジダ号はすでに武装解除されている。艦内の武器弾薬は9月7日相互の了解によって押収されている。（ ）内は筆者。

（問）　御国法の事故、武器玉薬今晩御侯事
（答）　此義畏り候。乍然夜中玉薬卸侯義、何分難致、明日卸し度候。此義御願申上侯事(注3)。

これが日本側の初日についての報告である。7日、訪艦した役人はこのこ

とを履行するが，同船に来艦したオランダ人カピタン，ムスティケルを歓迎したクルゼンシテルンは以下のような遺憾の気持ちを述べている。

> 日本人の猜疑によってこの知己との交際の継続が不可能となつたことは，まことに予の遺憾に堪へぬところであつた。（羽仁五郎訳）

　日本側はナジェジダ号を梅ケ崎の海上に軟禁した。はじめナジェジダ号は長崎の内港に停泊してはいなかった。艦の損傷を修理する願いがクルゼンシテルンから出されるが長崎奉行ははじめこれを断っている。すべて江戸からの指令を待つというのがその拒否の理由である。漂流民の証言はこうした停泊艦上における生活については何も伝えていない。

　したがってもっぱらクルゼンシテルンの記録などから手がかりを得る以外にはないが，上陸以前，艦上での苛立ちは長崎奉行への猜疑からも窺われる。奉行は成瀬因幡守に交代して肥田豊後守が赴任しているが，成瀬はそのまま残り「魯艦に係る事件は協議執行」している(注4)。

> かの奉行等は常に権威を示し，また遂には幾多の機会に彼等の善良なることを顕はしたが，何故に彼等は絶えず虚偽の報告をもって我等を欺いたのかは推定し難い。たとへば，初め我等この地に来た時彼等が我等に約束したところは虚言であつた。我等が後に聞いた所によれば，そしてまた実際にケムプフェル及びツンベルグによっても知られて居ることであつたが，三十日を以つてすれば江戸より返答を得ることができる筈であつた。そしてまた二十一日間に長崎より江戸に往復の旅行がなされた実例さへあつた。
>
> しかしつねに通詞等は決してかかることなしと云つた。彼等の言に従へば，旅程等都合なりとも少くとも三箇月あらざれば往復することを得ず，当時の季節では更に多くの日を要すべく，奉行の許可したところは，いづれも江戸よりの指令なきに奉行が自ら責任をかけて取計つたところであるといふのであつた。（羽仁五郎訳）

　クルゼンシテルンの奉行攻撃の筆はなおも激しく憤怒をもって続く。これはナジェジダ号乗組員の声を代弁するものだった。幕府の対応はどのようなものであったか(注5)。

　長崎への第一報は外交記録に従えば11月21日のことであった。しかしクルゼンシテルンの推測するとおり，9月8日付の老中宛書簡は10月2日に江戸へ着いていた(注6)。江戸側幕府の対応措置をいえば，幕府は前例に倣ったのである。1792（寛政4）年ロシア使節アダム・ラクスマンがエカチェリー

ナ一世号を根室に停泊させ日本・ロシアの通商を要求したとき「信牌」を与えたものの体よく一切を拒否して帰帆させている。この時の幕府の対応は結論を出すまでの過程は迅速でなく，ラクスマン一行を焦燥感に駆り立てさせるものであった。緩慢な時間の中に当事者を置いて感情を苛出たせる外交における手法は平安朝以来，近代史・現代史においてもしばしばみられる。

　ナジェジダ号についていえば，この間幕府は儒学者林祭斎，柴野栗山に意見を求めている(注7)。彼等の上申書は祖法の遵守と貿易の有害性を説いた。幕府は当初からロシア使節の受け入れに消極的であった。その上，その決断は遅く，またレザノフ一行はむしろ一定の期待感をもたされてもいた(注8)。成瀬は日本の国法では通商など考えられず，直ちに帰帆させるところ「信牌」を持った今回の場合は趣が異なるといっている。「信牌」にはこう書かれている。

　　爾等論すむねを承諾し，長崎へいたらんとす。抑切支丹の教は我国の大禁なり。其像および器物書籍を持来る事なかれ。必害せらることあらん。この旨よく恪遵して長崎へいたり，この子細を告訴すべし。なほ研究して上陸をもゆるすべきなり。それがため此一張をあたふこととしたり。(寛政5年6月27日付)

1-4　レザノフ上陸

　レザノフが梅ケ崎に上陸した日，このときの模様をクルゼンシテルンはこう書いている。

　　かくて使節の長崎上陸は実に一大国王の代表者の威厳にかなへるものであつた。しかし使節が陸に上り彼の住居に入るや否や，門の扉は両側から鎖され，その鍵は日暮の頃に奉行のもとに送られた。(羽仁五郎訳)

　この住居には随員と漂流民四人が許され，他の乗組員は艦内にとどまった。11月21日江戸から届いた伝令書によって諸侯の海上警護は大幅に緩和した。一般市民のロシア人見物を阻止する命令も下っていた。

　こうしてレザノフと漂流民らは陸上において軟禁状態に置かれる。漂流民の引渡しに関しては来航時長崎奉行が要求している。しかしレザノフはこれを拒否。つづいて再度の要求も拒む。上陸に際してレザノフが引き渡すというが，今度は日本側から拒否される。12月17日漂流民太十郎が自殺を図った。日本人医師が派遣されたがナジェジダ号船医シュペンベルグ，ラングス

511

ドルフの二人は助力を許されていない。自殺は未遂に終わったが大槻玄沢，クルゼンシテルンはともに詳細に書いている。

> 太十郎生来冷気偏屈の性なり。本船上陸遅く，其後も何かの御下知も手間取り，我々御受取の事も如何なる事にやと思ひ欝滞せしにや

ほかの漂流民は上のように考えたらしい。クルゼンシテルンの観察も明確にはその動機をはかりがたいとしながらもほぼこれと似たことを記している。

しかし，このほかに光太夫，磯吉など先に帰還した漂流民が幽閉生活を強いられているという噂があったことを記している。あるいは太十郎が長崎役人に手書をもってナジェジダの目的をキリスト教布教と訴えるが，それが何等の効果ももたなかったことについての失望と良心の呵責が原因だとする風聞も記している(注9)。

1-5 江戸からの使者

幕府はロシアの要求のすべてを拒絶することを決する。江戸幕府の不許可，親書，献上品の受け取り拒否，通航の意思は一切なかった。使者は目付の遠山左衛門尉景晋だった。1805年（文化2）1月6日に江戸を発った遠山は2月25日に長崎に着く。その以前遠山派遣の報知は1月19日長崎奉行所に届いている。遠山の江戸発足と同時の急報である。長崎来航以来132日経過していた。1月20日クルゼンシテルンはこう記している。

> 使節の受け取つた公文書によれば皇帝は八人の貴官を従へた特使一人を長崎に派し，応接交渉に当たらしむ，といふ。通詞等はいまだ，使節の江戸に往くべきこと不必要となつたとは云はなかつたが，しかしそのことは諸事のありさまから容易に察せられた。（羽仁五郎訳）

クルゼンシテルンはこの時点で幕府の訪問を受けるが，その折の問いは「予を喜ばしめ」たのであった。艦の修理についての日本の積極的援助の申し出であったらしい。クルゼンシテルンは通訳の問いから帰帆の用意を促されたものと考える。この日来艦の意向は「目くばせ」であると書いている。この時点から彼は艦長として急速に帰帆への準備にとりかかった。6月6日の第一回は簡略な二，三の問答で終わる(注10)。漂流者の証言を玄沢はつぎのように記している。

第3節 『環海異聞』の情報処理と記述法をめぐって

使節並マヨルといふ官人両人，（これ足軽頭の方斗り出る）外にカベタン船師，名はクルーセンステル，ランゾフ医師也，外沓取一人召連，梅ケ崎より波止場へかかり，西屋敷立山御役所え行きし由。

クルゼンシテルンの回想録では，マヨルのフレデリチ，カピタンのフェオドロフ，レイテナントのコシェレフ，ドクトルのラングスドルフ，宮中顧問フォッセと旗士の軍曹一人の計7名であった。漂流民の証言は一人を欠いている。ロシアの使節は日本側の厳しい排外政策によって親書，献上品その他もすべて返納され，一切の交渉をもたないという方針の下に帰国することになった。帰帆の時レザノフが漂流民に示した態度について『環海異聞』ではつぎのように書いている。

 殊の外別れを恨み申しけるは本願済候はば，時々船の往来面会の事も有るべし。願不ㇾ叶帰帆の上はとても此世にては出逢ふ事あるべき様なしとて，自ら足にて地を踏み付け，必ず地下にて逢ふべしとて，落涙したりけり。

こうして，漂流民はすべてが終った時日本側に引き取られ，取り調べ，踏み絵を終了すると入牢させられた。しかし，大槻玄沢の記録は漂流民の証言をこのように伝えている。

 折々出牢。市中出もあり。御取扱色々御叮嚀難有御事供なりき。

2 　資料と大槻玄沢
2−1 　大槻玄沢の情報処理

玄沢が漂流民を尋問する時にはすでに多くの資料収集，ないしはその準備がなされていた。玄沢が使用した資料には，まず『環海異聞』の「序例附言」で「光太夫が漂流の始末を記せる聞書世に流布するものありて，茂質其略聞を得て蔵する物もありて，稍其地略を知れり」と書いていることから，桂川甫周（国瑞）『漂民御覧之記』，『北槎聞略』，篠本簾『北槎異聞』などが想定される。玄沢は甫周の弟森島中良と親しく，中良の『紅毛雑話』をも『環海異聞』に引用している。また玄沢が著した『蘭説弁惑』などと，その関心の行き交いがある。甫周との交渉もあるが，「又法眼桂川氏に命ぜられて，詳に彼土の事を聞かしめられ，『北槎聞略』とやらん数巻の書りて上られしとぞ」（『北辺探事』）と記している。だが『環海異聞』はこの『北槎聞略』をかなり意識して書いたと思われることが多い。つぎに生き字引の大黒屋光太

513

夫がいる。『環海異聞』に「光日，大光日，光太夫曰，光太夫説」などとして頻出するが，光太夫とは有名な「オランダ正月」(寛政6年閏11月11日) で出会っている。それに『環海異聞』でも「近日亦友人の宅に在て，偶光太夫に邂逅する事一両会，新に聞し所有り。故に旧聞新聞と合わせて本編を校するものあり」といっている。この友人は間重富である。1806（文化3）年の初秋の一日であった。生き字引といったのは玄沢が光太夫を十全に信頼しきっているからである。ついでに記しておけば，津太夫ら四人の漂流民は玄沢にはまるで信用がなかった。

> 此紀聞，愚陋無識の雑民等，彼魯西亜本地に入り，且帰帆せる海路の如きも，徒らに妄見，妄聞する所にして，其詳審を得ず疎漏なる事のみ多し。これ已む事を得ざる所也。茂質其次てを以て，問を緊要なる事に起せば，更に答ふるに及ばず。実に靴を隔て痒を掻くが如き事毎々少からず。

あるいは

> 難民固より野陋無識の舟子なれば，数年彼地に在りといへども，耳目の聞見に心なく，且彼人も固より彼等を賓客を以て待つものにあらざれば，生命をつなぐべき程，相応の憐憫撫育はありながら，八ヶ年の間は奴隷の如く役せられしと見ゆ。これは左もあるべし。しかれば中等より以上の事には疎漏ならん。又たまたま見聞するが如きも，無識無雅にして，能く其事情を尽すべきやうなし。故に此紀聞を読て全く彼国俗事態を尽せりといふべからず。

といい，本文中でもしばしば津太夫らの見識のなさに腹を据えかねている様子が伺われる。

調査に協力した人物は，幕府年寄堀田正敦（堅田侯。伊達藩主周宗の後見役），地理学者で門弟の山村才助，天文学者間重富がいる。堀田正敦は豊州侯肥田豊後守から『魯西亜本領全図』(レザノフの献上品) の実物と長崎通詞の翻訳複製を借り，1806（文化3）年春，玄沢に渡している。堀田が玄沢に必要資料を提供する努力はこの事に限らない。かなり熱心であったらしい。それはこの「序例附言」で十分に窮われる。しかし，事実上は堀田が命じたのだからとうぜんのことだが，また漂流民は「魯西亜都府印行する所の世界図（方図になせる物四枚円球の図面一枚）」を持ち帰る。これにはナジェジダ号の「日本渡海の海路，右の世界の図中に，別に朱線を引き日暦を記」してあった。この二枚の地図はいずれも天文台の間重富が精査し，新たに作

図している。これにより，ロシア地図，世界地図，航海地図が玄沢の手もとに集まっている。ことに「海路図」は貴重である。これは「彼船中下案針役の某なる者，長崎在留中漂客の為に記して贈る所」だからである。『環海異聞』の記事全体で一番信用できるのはクロンシュタット港を発ってから長崎に至る部分であり，これにはクルゼンシテルンの著述とこの海路図のもつ客観的度合の高さが貢献している。地図には他に「魯西亜新都ペトルブルカの図」がある。これもある友人から借覧の上，複製を作るというように時間を感じさせる資料である。このほかに利瑪竇 Mateo Ricci『坤輿万国全図』，艾儒略 Julio Alleni『職方外記』など明に居住したヨーロッパ人が書いた漢文資料も見ている。またこの時代に舶載ないしは日本人の作成した地図などについて玄沢がその多くを披見したことは想像に難くない。司馬江漢の銅版画などにも玄沢は関わりが深い(注11)。いずれにしても地図では第二次，第三次資料に恵まれている。

　つぎに文献として，前にあげたほかに新井白石『五事略』『采覧異言』があり，「又門人某なる者は萬国地理を弁ずるの学に志篤く，新洋の著書頗る多し」といわれる山村才助の『増訂訂正采覧異言』が挙っている。また本文中では自著『蔫録』，小野蘭山『本草綱目啓蒙』，『天工開物』『魯西亜記訳説』，桂川甫周『魯西亜国志』，森島中良『紅毛雑話』，『南方草木状』，『大成奇器図説』等がみられる。これらは本文校訂資料である。

　事件の顛末を知る資料としては『環海異聞』巻14の付録記事に引かれる「長崎へオロシア船着岸の最初御検使御尋の次第写」がある。それに『北辺探事』には光太夫帰還の時，対日使節アダム・ラクスマンに与えた石川将監，村上大学連署の「信牌」の写しがある。また9月8日付の在留オランダ商館長ヘンドリック・ドゥーフによるレザノフの来日事情探査の翻訳「阿蘭陀通詞共和解書上写」と9月10日付でレザノフが持参したロシア皇帝の書簡の翻訳「魯西亜国王和解写」，レザノフから聴取した「オロシヤ国属国之地名」の翻訳，また7月7日オランダ船のもたらしたロシア船渡来を暗示する「風説書」の翻訳，幕府全権特使遠山景晋の携行してきた「長崎奉行申渡書写」「御奉書」などがあった。

　事件記録は『環海異聞』の本文でも巻14の付録として「長崎へオロシヤ

着岸の最初御検使御尋の次第写」，その時の状況を示す図がある。また資料名は明示されていないが，内容は「漂流民此度持戻候品々並魯西亜国より貰物其外書付」と同様の資料が載せられている。これらに加えて立山役所白洲での漂流民取調べ書「魯西亜国船連渡候陸奥国漂流人者口書」がある。

2-2 『環海異聞』の成立

　玄沢の『環海異聞』執筆はこうした資料をもとになされ，『北辺探事』の記録と『環海異聞』の「序例附言三」によれば，8月，台命によって長崎に派遣された漂流民引き取りの使者は12月18日に江戸仙台藩屋敷に到着する。冒頭に記したように20日に取調べが開始される。この尋問は玄沢，筆記は志村弘強でおよそ40日余を経て終了。文化2年2月中旬のことであった。大槻玄沢は直ちに編集にかかるが，この聞書草案は玄沢自身の紀聞したところと重複，また，前後錯乱，冗長であった。第一次草稿の成ったのは志村の仙台帰府直前であったらしい。重複，前後錯乱し，冗長などの理由は，質問内容を用意し系統立てて尋問しようとしたが「話にひかれ事に触れ，他に移りし事多かりしを漏れをおそれて上下縦横にかきみだせし故」であったからだとしている。

　やがて，草稿は日録の補正，見聞録の分類整理を経てまとめられる。しかし，その過程で，暦，度量衡等の比量等については，間重富，山村才助，光太夫に，シベリア事情については光太夫から直接の教示を得た玄沢は「別に紀聞する『序例附言』」を以て校訂している。この紀聞は「文化三年丙寅の夏録す」とした『北辺探事』ならびに「丁卯文化四年の春」の識語のある『北辺探事補遺』であろう。すなわち，そこに収められた「江戸元文四年己未御記録　六七月御届書抄記」の「補」にある「高成章私記元文四年異国船三艘仙台領石巻辺参着沖に懸り居申候船形覚書附」，最上徳内「蝦夷草紙抄録」，近藤守重「辺要分界図考」，「林氏蝦夷紀事抄録」，（玄沢は安永3年（1774）の成立とみる），著者不明「赤人問答序例」（天明6年丙五秋八月の識語）のほか，そこに引用される『対治邪熱論』，本多利明『紀聞』，近藤守重『新製蝦夷図』，最上徳内『赤蝦夷風説考』，『万国地名考』，南亭山如「魯西亜国字，草体様の四十二字」（「文化四丁卯三月」の識語がある）等の資料

第 3 節　『環海異聞』の情報処理と記述法をめぐって

を加えることができる。こうした過程を経て，脱稿したのは1807（文化 4）年の初夏であった。『環海異聞』はこの後，仙台藩主に献上される。「序例附言」にはつぎのように書かれている。

> 彼国事本編に雑載すべからざるもの，別に窮詰せし数件あり，亦臣が嘗て聞見し置たる事ども，夫と相合する諸説を採録し，数十葉別巻一冊となす。是北辺の探事なれば，敢て公家の秘笈たらしむることを欲し，已に丙寅（文化3年1806）の厄後，三伏の日狭隘の仮宅消夏の間雑録して其秋左右の侍臣某等奉ることとなしぬ。是恐れ多くも質問編集の令を蒙りし寸衷の微志なり。

これは明らかに『北辺探事』上呈についての記事だが，『環海異聞』の場合にも同様であったことが容易に推測される。

2-3 『環海異聞』の表現

　本文の構成・編纂の時すでに玄沢は『北槎聞略』を意識していたと考えられる。『北槎聞略』成立后玄沢が光太夫との対話の経験のあること，編纂の過程で得たことがらとともに，かなり『環海異聞』の性格づけに影響を与えている。玄沢は巻の立て方に甫周の方法を踏襲した。異なるのは第一に『北槎聞略』が器物，物産などを一々節に立てるのに比べ『環海異聞』はこれを上位概念でまとめて編述したこと。第二は『北槎聞略』が漂流から帰国までの記録を最初にまとめ，見聞内容は対象そのものを最小限にとどめ，簡潔に述べているのに比べ，『環海異聞』は趣きを異にしている点である。すなわち，玄沢は中心をイルクーツクの八年の生活にすえている。具体的にいえば，巻一から巻三までは漂流からイルクーツクまでの足跡，巻四から巻八はイルクーツクでの見聞内容を意義によって分類した。玄沢が「本編」というときはこの部分を指している。巻九はペテルベルグまでの足跡と見聞内容。巻十一から巻十三はナジェジダ号の世界周航と長崎までの航路。そして巻十四は漂流民が仙台に引き渡されるまでの経路という順になっている。つまり，玄沢の記述には物語の叙述法が加味されたことになる。この点，甫周の記録が簡潔であり，漂流民の体験内容の事実だけを採用しようとしたのとは大いに異なっている。さらに，ここから指摘できることは，編者の主張するところがどこまで本文に反映しているかということである。甫周はあくまでも対象それ自体を客観的に記述しようとしている。ところが，玄沢は漂流民の体験そのも

のを生の形で叙述するとともに，按文，時には証言内容のなかにまで介人し，執拗なほど対象の復元に従事している。絵図が多く採用されたのも「序例附言」に述べているように，臨場感をもたらそうとする試みであった。だが，それは証言内容を按文において重複するような煩頊な一面を出すことにもなった。おそらく甫周と玄沢の資質の違いが叙述の方法の違いとなって表われたものである。

　しかし漂流民自身の資質の違いをも問題にする必要がある。『北槎聞略』の主役，光太夫・磯吉に関しては多くの研究が彼等の明敏性とともに証言内容の信頼性の高いことを報告している。それに比べると津太夫らは評判が悪い。前に述べたように玄沢自身，彼等の証言内容の貧しさに隔靴掻痒の思いで焦れていて，随処に「漂流人心なくして見ることの疎漏遺憾と云べし」のように書いてもいるし，しばしば光太夫の説をもって補っている。これは玄沢だけの思いではなかった。クルゼンシテルン，レザノフらも彼等の無知さには呆れている。『環海異聞』ではたとえば長崎への航路，八丈島について，質問に答えられず「織物の出る八丈島をしらずとはけしからぬことなりといひたり」と叙している。さらに琉球，薩摩の経由時に問われると「固より知らずと答へければ，我国境内の事知らずといふは扨も油断の事なりと嘲りたり」とする。また，種子島については「我等未だ至らぬ地故，更に知らずと答へければ，誠に爾等はあまりに心なき者なり。我境内の事しらずとはとて戯れわらひたり」といった叙述がある。クルゼンシテルンは航海中飲料水の給水制限をしたが，日本人には特別量を与えたにもかかわらず，「しかも日本人等のみこの規定に対して甚だ不平」と書いていた。

　　既にクルウゼンシュテルンはこの航海中幾度か艦中の日本人の態度に不満を感じて来た。彼等の如き愚悪の人間は他に比較なかるべしと思はる。クルウゼンシュテルンは尋常ならぬ懇切を以て彼等を遇し，彼等の我意にも非常の忍耐を以て堪え来ったにも拘らず，しかもこの彼等に対する過分の恩徳に対して彼等はその暴戻の性格をかへず，懈怠にして衣服も身体も不潔，且つ暴怒しやすし。ただそのうち一人六十歳ばかりの老人はその余の同国人等とは全く異なり彼等をしてその本国に帰らしめんとするロシア皇帝の恩恵は彼のみ之を被るに値すと見えた。彼等日本人は働くことなく，彼等の助力の有要なるべきを自ら見得べき際にも，彼等は動くことがなかった。艦中の日本通詞とも，彼等はつねに争ひ，使節がこの

通詞に対して彼等に対するよりも親しくするの故を以って，彼等はしばしばこの通詞を罵り，之に復讐すべしと怒号して居た。（羽仁五郎訳）

いずれにしても，仙台の漂流民への尋問は，玄沢の場合，相当な量の質問内容を用意していたと考えられる。同時に，質問内容はとうぜん光太夫らに与えられた尋問内容を踏まえていたはずである。そこには『北槎異聞』の報告記事を敷衍し，具体化したいという意図も働いていたせいだと思われる。『環海異聞』はそうした意味では『北槎聞略』とはまた異なった物語の文学性を獲得するに至る。

2-4 『環海異聞』の文体

『環海異聞』における文体の特筆すべき点は巻がすすむにつれてその叙述方法が変わっていくところにある。人称詞と文末表記ではつぎのようなことがわかる。すなわち巻一から巻三，漂流からイルクーツクに至る足跡を叙した部分で人称詞は「拙者共，私共，我々ども」，文末の表現は候文体が支配的である。例をあげよう。

> 風は一向無御座候に付，専名浦汐繁候
> 極寒の土地ゆへ衣類の仕立ケ様かと見得申候
> 夫より先着致し候儀兵衛等が住居の所へ参申候由

こうした叙述の方法は通常の口書（供述書）の文体を引き写したものである。しかし，巻四から巻八で，これらの表現はほぼ姿を消す。

> 婚姻の事をスワッバといふ。此縁組の定めも寺にて極めるなり。内々は媒酌たちて縁談あり。軽き者は兄弟つれなとにて縁女を見立てあるく事あり。中より以上の人にはなき事と聞ゆ。

このように，これらの巻々では文末の表現は常体で表わされている。それにまたここでの叙述は玄沢の『蘭説弁惑』のような考証随筆の文体よりも口語的である。そして，漂流民の証言であることを示す場合，按文において「漂客等曰／漂客の物語れるままに録するものなり」とするのはとうぜんのことである。けれども本文中において

> 新蔵が後妻を呼びしとき，左平勝手の手伝に招かれゆきて仙台漂客等いふ。イルクックより新都ペトルブルカ迄は，彼里数七千里ありと，同伴の者ども，一年鋭疫疾を煩しとき，儀兵衛を病みし時

のような表現をとっている。

　これは玄沢が証言の内容を客観的に叙していこうとする方法によるものであろうが，巻一から巻三に展開された表現とは決定的に異なっている。これらの部分は対象がイルクーツクの見聞内容であるためにとられたのだと思われる。ところが巻九以下の漂流民の足跡を示す文体は同じ足跡を示す記録でも巻一から巻三の文体とは異なっている。たとえば巻九の冒頭はつぎのように書かれている。

　　此イルコーツカに滞留する事，已に八ケ年の星霜を経て，いつの時帰朝すべしといふ目あてもなく，空しく年月を重ねたりしに，はからずも癸亥（享和三年なるべし。）春の三月始と覚へて，町年寄より日本漂流人共御用の事候間，御奉行所へ相揃ひ罷出べき旨命下りぬ。皆々何事とも弁へねども，拾三人打揃ふて出ければ，奉行申渡しに，其方共御用の事候間，早々帝都え可為召登旨，王命の飛脚役人到来せしまま，（以下略）

　この巻から，漂流民の体験内容を示すとき，人を示すとき「皆々，各，何れ」などが頻用される。また文末表現は

　　寒風至て厳敷御座候
　　所々高処に仕懸御座候を見受申候

のような候文体があるものの，一方では

　　家造り是迄と替ることなし
　　エカデンポルカと申所へ着

のように巻四から巻八にみられた表現がなされる。そしてこの表現は「候」が使用されたのも束の間，やがて支配的になる。つまり候文体はごく一部ということになり，巻尾にまで及んでいる。

　すなわち巻九では，巻一から巻三までの叙述とは微妙に異なる。けっきょくこうした文体の変異は，玄沢自身が客観的に漂流民の証言を表現しようとしても，次第に編者自身が漂流民の代弁をするように感情移入していったことによるものとみていい。この点を考えると玄沢は，報告内容としての漂流者の最初の足跡を示したところで一段落し，巻四からは玄沢自身の考察を交えた考証的文体に変容していったものと考えられる。こうした点は『北槎聞略』が一貫して整った文体で書かれていることと比べると『環海異聞』の文体的特色といえる。

2-5 『環海異聞』と『北槎聞略』の語彙の比較

　語彙の面からみると，『環海異聞』はきわめて平易な表現をとっている。ここでは漢語について若干触れる。『北槎聞略』と比較してのことだが，甫周は唐話の語彙を主とした用字法をとった。たとえばつぎのようである。

> 『北槎聞略』
> 捌も別野の王殿は五層に造り樽はムラムラといふ石（大理石　原注省略）を磨て砌成す。下の一層は内臣侍医の直舎なり，（中略）又此方には執政以下の官人四百余人両斑に立わかれて威儀堂々と排居たれば

　これは光太夫らが女帝エカチェリーナに拝謁したときの条であるが，同じ宮殿で拝謁を受けた津太夫らをいう『環海異聞』では次のように書かれている。

> 宮殿は一体五階作りの由。一階毎に硝子障子あり。外より望み見るに，其の窓にて五階の事追々知れしなり。（中略）案内の役人付て何れも殿中に入りしに，爪先き上りに自然と高く升る様に覚ゆ。故に幾階といふ事は知れがたし。（中略）橋下は唐門の如くにして車場も通用あり，殿中間毎々々に番士並居る。

　二文を比較すれば文体自体が漢語語彙の選択によって異なることが知られる。「北槎聞略』の叙述法では「誕辰，小解，合船，家産」のような唐話語彙を駆使している。全編が唐話語群によって占められ，それが大きく緊張感をもった簡潔な表記の基盤になっている。一方『環海異聞』においては，すでに挙げてきた例文でその雰囲気は知られると思うが，平易である。それが逆にやや冗長とも思える表現を生んだものと考えられる。こうした散文における叙述法の異なりについてはすでに書いたことがあるが，甫周と玄沢の文体の異なりには唐話選択の結果が大きく関与している。この点は読本などに明らかなように江戸時代の散文を考える上で重要である。記録文書の叙述における二人の文体の異なりは，一方ではもっとも充実した蘭学者の双極的な生き方とも拘っている。甫周はその仕事において純枠な学究の徒であり，世界的名声をも博していた。それに比して玄沢は森島中良と並んで近代以前に現れた柔らかな啓蒙思想家としての役割を十分に担った。あるいは江戸の文人的姿勢を示し，蘭学における諸著述の他にも『蘭説弁惑』，『蔫録』などをはじめとする多くの考証的随筆を著した。また『医商』のように激しく医の

堕落を風刺した戯作も残し杉本つとむ氏によって紹介されている。

　すなわち，二人の個性の違いは二つの記録が単に漂流民の記録をまとめたロシア情報であること以上に，多くの問題をなげかけている。(1-3・4・5については岡田（1992a）・（1992b）を参照)

　ここに示したところはきわめて些細である。しかしここでの当面の目当てはつぎのようなことにあった。『環海異聞』編述の過程を跡付けることから記録者大槻玄沢において異文化の認知・認識の方法が見えてくる。またそれと同時に記述される内容のなかに，書き手のある一定の気分が伝わってくる。『環海異聞』には大槻玄沢の筆致に，この蘭学者の気分が濃厚に立ちこめている。それは玄沢の書き方が今日伝わる多くの漂流記録にみられる役人や官僚が書いた様式的な口書（供述書）とは大きく異なっているからである。その意味では桂川甫周（国瑞）が書いた『北槎聞略』とはまた別の意味で，ここには玄沢という個性が尋問結果を分析し，研究した結果，その過程で，さまざまな手続きの端々において，自己表出としての文体を獲得していることである。文学としての文体の獲得が意味するものは，玄沢がただ客観として自己の目の前にあるものを対象とする立場とは別の，個人の評価を記録の方法の中に意識的に取り入れたことを意味する。

　当時日本来航者，日本在住の外国人の遺した多くの著述には同様の文体がみられるが，それらはすべて回想であった。回想はとうぜん文学的な文体を獲得しやすい。まさにそれらには自己表出としての文体を獲得せざるをえない自己演出を自然に意図する要素があらかじめ仕掛けられているからである。日記，紀行の文章はもともと自己に拘泥するところから生まれる必然性があり，どのような文体を選ぼうとしても，結果は個の自己省察そのものを語らざるを得ないからである。

　したがって，ロシア情報の客観をのみ求められた漂流民からの情報処理が，玄沢の手により『環海異聞』となったとき，読者が読む事で形成される玄沢観，あるいは『環海異聞』観とは上のような意味からいって書き手の気分を容易に取り出しうるものとなった。そのことによって掴みうる文体はノンフィクション作品に独自に生起するいくつもの個的表出要素を満たしていること

第 3 節 『環海異聞』の情報処理と記述法をめぐって

から，大きく蘭学文学史に位置づけることを可能にする。

注
1 　蘭学文学史（岡田関連）論文を以下に掲げる。
　　岡田袈裟男（1981）「＜蘭学系文学＞のあるアスペクト－『北槎聞略』そして『環海異聞』」「日本文学」1月号（『江戸の翻訳空間』所収）
　　岡田袈裟男（1992a）「幕末の文学」18,9世紀の東アジアを生きる気分と蘭学文学」(『日本文学史を読む　近世』有精堂）
　　岡田袈裟男（1992b）「森島中良の見た異文化管見」「学鐙」7月号　丸善
　　岡田袈裟男（1992c）「アヘン戦争と蘭学文学―東アジアを生きる日本の気分」日本文学1月号
　　岡田袈裟男（1996）「ヘンドリック・ドゥーフと長崎通詞そしてシーボルト－辞典の翻訳と商館長の19世紀初頭を生きる気分」「国文学　解釈と鑑賞」至文堂
2 　「文化元年魯国使節渡来紀事」（以下「渡紀」と略称）九月八日の条に＜和文は文字を並べたのみにて其意通せず　魯文満州文皆読を得す置を以て蘭国甲比丹に命じ蘭文に訳せしめ之を再び和文に訳す＞とある。『北辺探事補遺』の追補に玄沢の検討がなされている。なお高野明『日本とロシア』では著者によって全文が完訳されている。
3 　『環海異聞』巻14に載録された「御検使より御尋の次第」の写しによった。
4 　「渡紀」9月12日の条
5 　「渡紀」11月21日の条に「八日江戸発刻付宿次を以てこの伝令書来る」とある。
6 　通航一覧
7 　大友喜作『北門叢書』第6冊　解説
8 　「渡紀」9月13日の条。内容は海外交渉の国法を述べたのち，レザノフは「信牌」を持っているので即時帰帆の扱いはせず，幕府に問い合せ中であるから，決済されるまで安心して待てというもの。
9 　文化元年7月7日長崎入津のオランダ船がもたらしたもの。また近蔵重蔵によると漂流民の護送はエカチェリナ二世の時に計画されたという。（『辺界分図考』）北門叢書第4冊解説。『北辺探事補遺』中「辺界分図考抄記」，クルゼンシテルンの航海記等を参照。
10 　「渡紀」3月6日の条。前掲クルゼンシテルンの航海記など。本文でも述べたように会見前の折衝にあたりロシア側には日本式儀礼をするか否かについてのこだ

523

わりがあった。結局は日本側が譲歩し、レザノフは自国流儀によった挨拶をした。
11　菅野陽（1974）『日本銅版画の研究　近世』美術出版社

本節で参照した基礎文献（　）内は函架番号

写本
（1）1『環海異聞』
静嘉堂文庫所蔵本，大槻文庫（97-24槻）6冊15巻
国立公文書館内閣文庫所蔵本
　　1（185-107）16冊15巻
　　2（185-113）10冊15巻＜浅草文庫＞。大尾の後に「文化元甲子年九月魯西亜国使節船我長崎入津阿蘭陀通詞より書上とそ。」以下，5丁分の記事がある。
　　3（185-130）16冊15巻，巻5の中途で終わっている。不定本。
　　4（271-5）6冊15巻
早稲田大学図書館所蔵本
　洋学文庫所蔵（文庫8A202）8冊15巻（大槻家旧蔵）
　　1　洋学文庫
　　2　洋学文庫所蔵（文庫8C6）4冊15巻（勝俣詮吉郎旧蔵）
　　3（ル二－1368　－16）16冊15巻
　以上が，今回披閲した諸写本であるが，本文の記述内容に著しい差異は見られない。しかし，挿入した図絵，語句などのほか，いくつかの点において異同がある。これは伝写の系統整理に属する問題であるが，全体的な『環海異聞』本文校訂の必要がある。
（2）『紀聞編集料』早稲田大学図書館洋学文庫，文庫8-A18大槻玄沢自筆本。料紙12枚，19断片旧記を納める。『環海異聞』編集ノート。
（3）『北辺探事』
　　1　早大図書館洋学文庫所蔵（文庫8A50）5冊（内『北辺探事補遊』3冊）
　　2　静嘉堂文庫所蔵（97-16）大槻家旧蔵5冊（内『北辺探事補遺』3冊）大槻文庫
　　3　内閣文庫所蔵（271-325）

翻刻
1　石井研堂翻刻『環海異聞』（漂流奇譚全集所収）。博文館発行。（明治33初版刊。明治41再刊。）最初の翻刻本。史的意義とは別に翻刻上疑点とする箇所が多い。

今日テキストとして使用する際は注意を要する。挿絵は除去されている。
2 大友喜作編『環海異聞』(北門叢書第4冊所収。北光書房　昭19刊)石井研堂翻刻本を基礎に編者所蔵本，中村徳重郎所蔵(チェンバレン旧蔵)本，帝国図書館本を校合して得たという。絵図は模写図が部分的に活用されている。解説は詳細だが「政治及び外交方面からのみ解説した」とする。活字資料として若干の疑点はあるが，今日信頼してよい一本である。
3 宮崎前一編　『環海異聞』本文は石井研堂翻刻本を再録。編者所蔵の絵図を影印。テキストとしては使用不可能。
4 B.H. ゴレグリヤード編『環海異聞　巻八言語』(『東洋諸民族古書拾遺』原文大型シリーズの一冊。ソ連科学アカデミー　アジア諸民族研究所1961刊)。ロシア語。同所所蔵本から巻八言語の部のみを影印。言語学的に分析を試みたもの。高野明(1971)に内容の抄訳がある。
5 杉本つとむ『環海異聞本文と研究』八坂書房1986刊。研究編では岩井憲幸によってロシア語が整理されている。言語，文学，民俗等などの解説が充実した基礎的書物。研究には基本的に諸写本を見るべきであるが，活字翻刻本としては今日もっとも信頼できる一本。
6 Martin Ramming; *Reisen Schiffbrüchiger Japaner im 18. Jahrhundert (Voyage of shipi-wrecked Japanese in the 18th century)* Berlin 1931

主要参考文献
(1)『北槎聞略』
　1 写本，内閣文庫，静嘉堂文庫ほか
　2 亀井高孝校訂
　3 Ｖ・Ｗコンスタンチノバ他編訳
(2) 羽仁五郎訳(1944)『クルウゼンシュテルン日本紀行』駿南社
(3) 文化3年魯国使節渡来紀事(長崎叢書　増補長崎略史第23巻，長崎外交紀略付録二) 長崎市役所　大15刊
(4) 長崎外交史(長崎叢書) Ⅱ所収

その他
1 雨宮尚治(1973)『亀田次郎先生の西洋人の日本語研究』風間書房
2 村山七郎(1965)『漂流民の言語』吉川弘文館
3 吉町義雄(1977)『北狄和語考』笠間書院
4 亀井高孝(1964)『大黒屋幸太夫』人物叢書　吉川弘文館
5 渡辺敏夫(1946)『天文暦学史上に於ける間重富とその一家』山一書店
6 鮎沢信太郎(1943)『鎖国時代の世界地理学』日大堂書店

7 鮎沢信太郎・大久保利謙（1956）『鎖国時代日本人の海外知識』開国百年記念文化事業会編　原書房
8 川合彦充（1967）『日本人漂流記』教養文庫　社会思想社。巻末に漂流記に関する基礎資料を収録
9 高野明（1971）『日本とロシア―両国交渉の源流』紀伊国屋新書
10 E・ファインペルグ著小川正邦訳（1971）『日本とロシア』新時代社 "Русско-Японскненошения в 1697-1875" Зсфиръ Яковлена файнъерг
11 石山洋（1991）『環海異聞』の成立をめぐって―大槻玄沢の海外事情研究の一齣」『大槻玄沢の研究』洋学史研究会編　思文閣出版

本節は 1975 年初稿，2001 年改稿

第4節　佐久間象山とアヘン戦争後の東アジアを生きる気分
　　　　　―『省諐録』と「ハルマ辞書」出版の建白

1　佐久間象山の発議
1-1　海防と蘭日辞典

> 花の春に先だつものは，残霜の傷ふところとなり，説の時に先だつものは，旧弊の厄しむるところとなる。しかりといへども，先だつものあらずんば，すなはち後るるもの何をもって警起せんや。余が親姻，象山佐久間翁は開化日新の説を先唱し，数年前において終に厄に遭へり。厄に遭ふの中，数章を筆し省諐録と題し筐底に蔵す。男恪もまた連累し，流離顚沛の間にこの遺稿を守れり。このごろ携へ来りて余に示す。因りて資を助けて上木す。ああ，説の衆に魁くるものは厄に遭ふを免れず。今の世の人，もしこの書をもって平々にして奇なしとなさんか。すなはち余はまさに曰はんとす，子の見識のここに至れるは，あに厄に遭へるものの賜にあらずやと。
> 　　　　　　　　　　　　　　　明治4辛未晩冬　　　　　勝海舟義邦識す

　佐久間象山（1811 文化8〜64 元治1）は1854（嘉永7）年（11月安政1に改元）吉田松陰の密航失敗事件に連坐して逮捕されたが，獄中，脳裡に草した積年の思いを出獄後「省諐録」という名のもとにまとめた。このよく知られた文章は海舟の序文が示すように，象山の子息に守られ明治に至って海舟自らが出版の手助けをして公刊されるに至った。

　一見して明らかなように海舟の佐久間象山評価の一断面が見られ，早すぎた開明性を帯びた者として語られるが，一人の19世紀の激動期を生きるものの気分を濃厚に伝える記録であると言ってよい。とりわけ佐久間象山はアヘン戦争の東アジアにおける意味の重大さを大きく感受した知識人の一人である。象山の生涯は朱子学者としての幕府体制擁護思想に洋学の実学的有用性を接木した「東洋道徳，西洋技術」という標語に象徴される。この考え方は「和魂洋才」のスローガンとなって近代日本に貫かれるが，象山が示した議論の多くは当代にあって，自らがそれらの理念，思想の実現に関与できたわけではない。誤解を恐れながら言えば，それらは半ば遠吠えに近いものであった。多分に憂国の情を帯びているものであり，ほとばしることばの群は一つの激動の時代を生きた象山の内面の動きとそこにあった気分の充分な発

527

露として捉えることができる。

　また，蘭語学史の上でも，海舟，象山をとらえるとき，ヘンドリック・ドゥーフが吉雄権之助ら十余名の長崎通詞らと成し遂げた日本最大の蘭日辞典がクローズアップされる。辞典をただ蘭語学習を経験したレベルを超えて国防上必要な辞典であるとし，これを刊行することを建白した行為は日本史の上でも希なできごとであった。

　象山の属する松代藩主真田幸貫が1841（天保12）年から44（弘化1）年まで老中として幕閣にいたとき「海防に関する藩主宛上書（天保13年11月24日）」を書いた。象山はこのよく知られた海防論によってアヘン戦争による清の敗北が持つ意味を語り，近代兵器の整備と防衛ラインの設置をもろもろの方法で求めた。象山には次のような兵器に対しての認識が固まっている。

　　射に礼射・武射の別あり。しかれどもその初は，専ら防禦の為にして設けたり。防禦のことは，蓋し男子が身を立つるの第一義なり。ゆゑにその生るるや，桑の弧蓬の矢，もって天地四方を射て，しかる後に敢へて穀を用ふるも，また第一義を示すなり。銃礮の興りてより，弓矢長兵はみなその利たるを失へり。男子今の世に生まれて，銃礮を知らざるは，それ可ならんや。その初生においても，またよろしく礮をもって弧矢に換へ，上下四方に発して，もってその事あるところに志すべきなり。

　こう言うのは誰が見ても得心がいくところであるにしても，人はそう素直には動かない。

　そのことは，もう一人高島秋帆がアヘン戦争に敏感に反応し，徳丸ガ原での砲術デモンストレーションを行った時，幕府が秋帆を全面的に受け入れなかったことを見ても明らかである。むしろ秋帆は後，逮捕されている。蛮社の獄を導いた鳥井耀蔵ら幕政の担当者がアヘン戦争を過小に評価して，むしろ海外事情に通じる蘭学者たちを徹底的に排撃した歴史がそれを如実に語っている。渡辺崋山，高野長英，小関三英やがて吉田松陰弾圧などに至る守旧派の行動は日本人のある一面を語っている。既得権益の擁護を意図して，足を引っ張るものは多いが，開明的，先進的な才質を受け入れない村型日本の人事関係は現在にも貫かれているから多弁は必要としない。

　海外防備の手温さと幕府の現実に対する認識の甘さについて象山はこう嘆

第4節　佐久間象山とアヘン戦争後の東アジアを生きる気分

く。

> 敵国外患ありて、しかも本根を託することいまだ固からず。形勢いまだならず、進んでは果決の勇なく、退きては遷延の計を持するものは、その敵を麋がんと欲するところは、まさにもつて敵を啓きて自から麋ぐに足り、その寇を緩めんと欲するところは、まさにもつて寇に資して自から緩むるに足る。その従容・補綴してその捍禦の備を全くせんと欲するところのものも、またまさに徒らに文具とならんとして、国家の勢はいよいよ支ふべからざるに至る。しかるに古来、局に当るもの、曾て深く省みず、家国天下を誤ること、一塗に出づるがごとし。歎ずるに勝ふべけんや。

そして象山は何よりも具体的な海防への計画を提示する。藩主に宛てた上書では事細かに経済にも及んで書いているが、ここでもこんなことを言っている。

> 本邦の金貨米粟は、号して富饒と為す。しかれども彊域大ならず。ゆゑに邦内に生ずるところの財をもつて、邦内に為すところの用に享すれば、甚だしくは有余なし。すなはち海防の事のごときは、すなはち外に起るものなり。防堵を置くこと数百所、大艦を造ること数百艘、巨砲を鋳ること数千門なれば、その費もまた浩なり。しかも、みな永く存するのものにあらずして、一、二十年ごとに必ず修繕改造を待つ。いはんや、これを外にしては、応接給費の用あり、これを内にしては、餉糧購賞の費あるをや。おほよそかくのごときの類は、まさに安くにかその給を取らんとするや。それ劣済困窮の家、多く賓客を得、しばしば宴饗を設けば、すなはちその資財空乏して、卒にまた継ぐべからざるに至ること、必せり。今の時事、何をもつてかこれに異ならん。しからばすなはち、そのこれを経理するゆゑんのものは、何の術ぞ。経世に志あるものは、よろしく先づ審かに計るべきところなり。

もちろん、経済政策の大規模な転換を呼び起こすような議論は内政に汲々とする者にとって有効性が乏しい。ましてそれが軍事予算であり、多大な出費を要するものであるからそう簡単にすむことではなかった。やがて象山の気分は外側に向かって、時として自己の理想を大きく阻むものにいらつき、関連する自分以外の人間への批判となって奮然として発散される。それが他者への激しい批判として、つぎのように個別に展開される。

> 「軍人に対して」
> 今の将帥の任に当るものは、公侯貴人にあらずんば、すなはち膏梁の氏族にして、平日飲酒歌舞をもつて娯となし、兵謀師律の何事たるかを知らず。一旦国家の急

529

あらば誰か能く軍士の服するところとなりて，敵人の衝突を遏めんや。これ今の深患なり。
「官僚に対して」
士大夫は必ず人に過ぎたるの胆量ありて，まさに能く戎狄の気を奪ひて，本国の威を伸ぶ。郭汾陽の単騎にして虜を見るがごときは，これなり。必ず人に過ぎたるの学問才弁ありて，能く戎狄の辞を屈して，本国の体を存す。富文忠の献納の二字を却けたるがごときは，これなり。今□天朝の縉紳にして，しばしば夷使と接するものは，果して汾陽の胆量あるか。果して文忠の学問才弁あるか。吾，窃かにこれを危ぶむ。
「学者に対して」
今のいはゆる儒者は，果して何するものぞや。本朝□神聖造国の道，尭舜三代帝王の治は，兼ねて明かにしてこれを黙識するか。礼楽刑政，典章制度より，もって兵法・師律・械器の利に至るまで，講論してみなその要を得たるか。土境の形勢，海陸道路の険夷，外蕃の情状，防戍の利害，城堡・堵堞・控援の略，推算，重力，幾何・詳証の術，並びに究めてこれを悉すか。吾いまだこれを知らざるなり。しからばすなはち，今のいはゆる儒者は，果して何するものぞや。

まさに自分以外のありとあらゆる人間は指導者として無能であり，現実的な認識をもつに至らないと象山は苛立っている。こういう傾向はもともと自ら恃むところが強く，自己肯定性が高く，自ら孤立する者の心の働き，言動にしばしば見られる。本来他者が言うことばを自ら口にする態度，自信を持っていて，なかなか賛同を得られないと勝手に思い込んでいるような人間に目立つ。ただそうはいっても，何かにつけてアグレッシブで強がりがあり，あらゆる言が毒を帯びているが，サタイア，パロデイ，アイロニーに満ちた言動とはちがう。

1-2 『省諐録』の発想

「省諐録」は「過ちを省みる」という意味をもつが，この記録の内容は全面的な自己肯定，確信に満ちた日本防衛に立つ憂国の士の言として捉えることを可能にしている。もとより幕末の志士や明治に至っての北村透谷などの流れの主流に置くわけにはいかないかもしれないが，弟子の吉田松陰は憂情に満ちた幕末の思想家であったし，象山評価もこの流れに置いていいと思われる。

第4節　佐久間象山とアヘン戦争後の東アジアを生きる気分

「省譽録」はかなりの長文で象山自らの人生哲学を表明するところから始まっている。ここに表白されるところはまさしく象山の現在を生きる気分の表明である。たとえば，獄に繋がれようとも己の考えは微塵の誤りもなく，その先進の状況認識に強い確信を抱いている。

> 古より忠を懐きて罪を被るもの，何ぞ限らん。吾は怨むことなし。ただ，なほ為すに及ぶべきの時にして為さざれば，まさに病弊をしてまた救ふべからざるに至らしめんとす。これすなはち悲しむべきのみ。たとひ今日に死すとも，天下後世，まさに公論あるべし。予また何かを悔い，何かを恨まん。

天下国家の為に自らの行動の哲理があるという確信はこうしていささかも動揺することがない。

> 身は囹圄にありといへども，心に愧怍なければ，自から方寸の虚明なること，平日に異ならざるを覚ゆ。人心の霊は天地と上下同流し，夷狄・患難の他を累はすを得ざることも，また験すべきたり。ただ，北闈は年八十に満ちて，飲食・坐臥も，予にあらずんば安からず。予が逮繋せられてより，音問通ぜず，動静知らず，その憂慮苦悶はまさに如何すべきや。一念これに及べば，尤も情を為しがたし。しかれども，また理をもって排遣し，心を累はすに至らず。

日本型の憂国の思いはいつに変わることがないのかもしれないが，老母や家族への思いも大所高所からの高邁な志のもとではいとも簡単に越えることができる。それはいつもこういう形の認識となって表われる。吉田松陰も「身はたとひ武蔵の野辺に朽ちぬとも留めおかまし大和魂」と詠んだといわれ，以来近現代の歴史に登場する憂国の思いは1970年「散るを厭ふ世にも人にも先駆けて散るこそ花と吹く小夜嵐」「丈夫の手狭む太刀の靭鳴りに幾歳耐へて今日の初霜」二首の辞世を残して散った三島由紀夫に至るまで日本型の心のハードな表われとして，こうした悲壮な美学に基づいていることは否めない。象山の場合，彼は獄中にいてこう自負する心を語る。

> 予ここに来りしより，勉励克治して，身心を鍛錬し，いまだ嘗て虚しく時日を度らず。古人云へらく，もし間居すとも，真に空しく日月を過さずんば，かの我を錮ぐものは，みな我を成すなりと。旨あるかな。

象山の行動を規定して原動力になるものは異文化の攻撃に対するものとしての表われである。

> 予門葉衰薄なりといへども，また飽暖の中に生長し，いまだ寒苦の境に牢錬するを経ず。常に恐らくは，一旦国家に緩急あらば，起居飲食，多くは勝へざるとこ

ろあらんと。しかるに，去夏弥利堅の舶突かに至りて，江都戒厳せしとき，予，藩邸の為に軍務を経理し，睡ることを得ざるもの七昼夜なりしも，精神ますます奮ひぬ。今歳罪を得て獄に下り，麁食を飯ひ塩を嚙み，重囚と伍をなすこと数旬なりしも，恬然としてこれに安んじ，精神活溌にして，身もまた健康なり。この二事は少しく自から試験し，益を得たること細ならず。また天の賜といふべし。

　1854年ペリー来航に象徴されるアメリカ合衆国の通商要求はアヘン戦争に蹂躙された清につづいて，予測された事態の日本への具体的な作用，現われとして象山には理解されている。そのために象山は少しも疲れず，むしろいっそう心はかきたてられるに至る。象山が自らの世に立つ態度の表明はまたなかなかに壮大な調子で述べられる。

　　孔聖の浮雲の志を抗げ，鄒叟の浩然の気の養ひ，寵辱驚かず，俛仰怍ぢず，天地の際を究め，古今の変を観，万物の理を玩び，人身の紀を稽ふれば，困極にありといへども，楽もまたあることあり。飢ゑて食ひ，渇して飲み，坐して思ひ，倦みて睡り，逌然として自得し，また身の圜牆の中にあるを知らず。（中略）孔子の聖も，なほかつ憤りを発して食を忘れ，敏にしてもつてこれに求めたり。何ぞいはんや吾が輩をや。

　偉人，賢人を引き合いに出して自画像を描く方法はありふれているが，そうでもしなければやはり，獄中で憤懣やるかたない心の働きを制御するわけにはいかない。朱子学を信奉しつづけた象山の心中の像はこうして「孔子」である。象山が東洋の道徳に西洋の科学技術をくっつけて都合よく日本人としての心性を維持しようとする働きはたぶん日本に限らず西欧文化圏以外にはどこでも共通する思考だと思われる。たとえば今の中国のスローガンでも同質の言い方があるわけだし，にわかにクリステンダムの仲間入りするわけにはいかぬ非キリスト教圏では妥協のしようがない。ただ，江戸の蘭学者は「造物主」という存在に興味を深く抱いたものが少なくないようで「キリスト教と蘭学者」は大きな未解決のテーマである。蘭学者の後裔にキリスト者になった家庭環境なども少なくない。明治になって北村透谷をはじめとする知識人のキリスト教への期待とともに今，こうした問題は安易に取り扱うわけにはいかないが，今後このような環境については明らかにされていくはずである。もちろん象山は儒者であって「西洋の道徳」などははじめから相手にしていない。

第4節　佐久間象山とアヘン戦争後の東アジアを生きる気分

　象山の場合，アヘン戦争の情報調査と防御の方法を考えたとき脳裏に浮かびあがったものはきわめてプラクティカルでシンプルであった。その対応とはただ近代軍備の必要ということに尽きていて，西洋の科学技術を受容すべきだと考えたのである。とはいえ象山にはこのような西洋に求める実用の必要を合理的な思考によって貫いてはいない。

　　古来漢儒は地震をもつて蛮夷が侵陵するの兆となせり。占候の説は洋学の取らざるところなり。しかりといへども，天人合応の理は，必ずこれなしとは謂ふべからず。丁未以来の地震の変をば，時事をもつてこれを験するに，漢儒の言は誣ふべからざるに似たり。いま夷虜の志はいまだその極まるところを知らざれば，すなはち震の相連なりて，なほ劇甚なるものあらんも，また慮ることなき能はず。

　「占候の説は洋学の取らざるところなりし」といって西洋の合理的科学精神を象山は理解する。ところがこの心中には，ことが何か得も言われぬ合理でかたづかないものを受け止めるカテゴリーがあって，そこで了解しようとする捉え方が象山にはある。

　地震に寄せながら「いま夷虜の志はいまだその極まるところを知らざれば，すなはち震の相連なりて，なほ劇甚なるものあらんも，また慮ることなき能はず」という感じ方は，外国そのものを合理として捉えうる環境にはいないことを示し，たぶんに気分に支配される傾向を感じさせる。これは「空気」とか「雰囲気」とかいうことばが日本人の心性に密接にかかわり，行動の決定にしばしばこのような曖昧が作用するらしいということと，このような心の動きを重なり合わせてもよいかもしれない。

　自己決定が合理でなしえないときには，クリステンダムや強烈な信仰の対象をもつものと異なって，何か「気分」を支える，いわく言い難い，訳の分からぬ現象が拠り所となってくるからである。象山はしたがってこんなところでまさに「西洋」は芸術（技術）の側面でのみ，実利の場でのみ必要とすることをはっきりと自己に焼き付けている。

　　人謂へらく，泰西の学盛んなれば，孔子の教は必ず衰へんと。予謂へらく，泰西の学行はるれば，孔子の教はますますその資を得んと。それ泰西の学は芸術なり，孔子の教は道徳なり。道徳は譬へばすなはち食なり，芸術は譬へばすなはち菜肉なり。菜肉はもつて食気を助くべし。敦れか菜肉をもつてその味を損ふべしといふか。

533

「孔夫子の画像に題す」という1857年（安政4）春に書いた文章はこうした信念のダイレクトな吐露であり，象山の本質はやはりいささかのゆるぎもなく，「西洋芸術」がどのような背景から現われるに至ったのかというような原理的な思考を最初から排除していることが分かる。とはいえ，この140年の近代の流れの中で誰が象山と同じでなかったかという疑念があり，やはり「気分」という枠の中で働く思考がこの国にあるものの捉え方の基準を示しているような気がしてならない。

1-3　象山の対外認識

ところで象山の対外認識はつぎのような言い方で表わされている。

> 外夷をして易侮の心を開かしめざるは，これ防禦の至要なり。辺海の防堵は，みなその法を得ず。陳ぬるところの銃器は，みなその式に中らず。接するところの官吏は，みな凡夫庸人にして，胸に甲兵なし。かくのごとくにして，夷人の侮心を開くことなからんことを欲するも，寧んぞ得べけんや。

異文化への基本的な気持は「なめられてはいけない」という感情論である。だが，象山が見た現実はどうなのか。1853（嘉永6）年にペリーが浦賀に来航して幕府を震憾させた出来事について象山はこんな風に感じている。

> 去夏，墨虜は兵艦四隻をもって，その国書を護送し，浦賀の澳に抵れり。その挙動詞気は，ことに悖慢を極め，国体を辱むること細ならず，聞くもの切歯せざるはなかりき。時に某人は浦賀を鎮せしが，気を屏して負屈し，遂に能くなすことなく，虜の退きて後に，自から小刀を抽きて，その遺るところの虜主の画像を寸断し，もって怒を洩しぬ。

もちろんこうは言っても，やみくもに感情に突走しろうというのではなくこういう象山にも孫子の兵法の心得くらいは存している。

> 彼を知らず，己を知らざれば，戦ふごとに必ず敗るるは，固よりなり。しかれども，彼を知り己れを知るも，今の時にありては，いまだ戦を言ふべからず。悉く彼の善くするところを善くして，しかも己の能くするところを喪はずして，しかる後に始めてもって戦を言ふべし。

そしてさらに異文化を捉えるときの問題を象山はより本質的に言おうとする。

> 夷俗を馭するは，先づ夷情を知るに如くはなく，夷情を知るは，先づ夷語に通ずるに如くはなし。ゆゑに夷語に通ずるは，ただ彼を知るの楷梯たるのみならずし

第 4 節　佐久間象山とアヘン戦争後の東アジアを生きる気分

て，またこれ彼を馭するの先務なり。予，竊かに深く念へらく，頃年諸蕃，事に託して，しばしば舶を相房の間に寄するは，その情固より測り難しとなすと。因りて，皇国同文艦若干巻を纂輯し，もって欧羅諸国の語を通ずるの志あり。しかうして荷蘭は久しく互市の国たりて，邦人もまた多くその国の書を読むことを知れり。ゆゑに先づ荷蘭の部を刊せんと欲す。これより先，官より命ありて，おほよそ書籍を刊行するは，必ず官の看詳を経しむ。すなはち嘉永己酉の冬に，江都に来り，稿本を呈しもつて請へるも，遷延年を弥りて，卒に允さるるを得ざりき。その江都にあるの日に，始めて魏氏の書を獲てこれを読みしに，また内地に学を設け，専ら夷書・夷史を訳し，敵情を瞭悉し，もって駕馭に補せんと欲せり。これまたその見の予と相符するものなり。ただ彼の国，今日能くその言を用ふるや否やを識らざるのみ。

　失敗に終ったが，いわゆる「ドゥーフ・ハルマ」を刊行したいという目的も，象山流の軍備防衛思想の一環をなしている様子が見える。おそらくこうした辞書刊行の目論見は日本の辞書史の上でも特異な表われと言ってよい。

　だが，このようなとうぜんすぎる考え方も基本的にこの国の風土は受けつけないところがある。かつて「鬼畜米英」と戦った日本帝国政府が英語を学ぶことを禁じたが，あれはどのような考えに基づいているのだろうか。きわめて稚拙な捉え方でしかないが，なぜ「敵性語」などという愚かな捉え方がマッシブを占めることができたのだろう。それはヒステリックな反応であり，国民への情報操作の必要を言っても，排除の論理は夜郎自大な現象をしかもたらさない。それと佐久間象山のここで言うようなところとかかわりがあると思うのはわたしだけだろうか。またここに海防議論をもつ清の魏源のことも比較して象山の立場を明らかにさせている。

先公は相台に登り，嗣ぎて防海のことを管せり。時に英夷は清国に寇し，声勢相逮べり。予，時事に感慨し，上書して策を陳べたり。実に天保壬寅十一月なりき。後に清の魏源の聖武記を観るに，また時事に感慨するによりて著はすところにして，その書の序は，またこの歳の七月に作られたれば，すなはち予の上書に先だつこと僅かに四月のみにして，しかもその論ずるところも，往々約せずして同じきものあり。ああ，予と魏とは，おのおの異域に生れ，姓名を相識らざるに，時に感じて言を著はすは，同じくこの歳にありて，その見るところも，また闇合するものあるは，一に何ぞ奇なるや。真に海外の同志といふべし。ただ魏は，上世より以来，中国に海防ありて海戦なしといひ，遂に壁を堅くし野を清くして，岸奸を杜絶するをもって，防海の家法となせり。予はすなはち盛んに礮・艦の術を

535

講じて,邀撃の計をなし,駆逐防截してもって賊の死命を外海に制せんと欲す。これを異なれりとなすのみ。

さらに,つぎのようにも言って,象山はこの同時代の日本でもよく読まれた者を評する。

> 海防の要は礮と艦とにありて,礮は最も首に居れり。魏氏の海国図識の中に,銃礮の説を輯めたるは,類ねみな粗漏無稽にして,児童の戯嬉の為のごとし。おほよそ事は自からこれをなさずして,能くその要領を得るものはこれなし。魏の才識をもってしても,しかもこれをこれ察せざりき。今の世に当りて,身に礮学なく,この謬妄を胎し,反って後生を誤りしは,吾,魏のために深くこれを惜しむ。

こうして見てくると佐久間象山の自負はただ感情論のなかにとどまらず,彼の気分とともにやはり象山なりに学んだ異文化理解,それも軍備の方法についての具体的な展開を示したことが分かるが,それらはほとんど有効性に乏しく,象山は自らの現実理解を慨嘆によって締めくくらざるを得なかった。

> 川路司農は,大坂市尹より転任し,防海のことを与かり聞く。予,旧より厚交あれば,因りて上書に擬せし旧稿を出だしてこれに示し,近都の防堵が修築に法なくして,実用に適せざるを極言せしも,司農またいまだ甚だしくはこれを信ぜざりき。墨夷のこと興るに及び,一も予が嘗て論ぜしところのごとくならざるはなし。ここにおいて,始めて深く予が言を納る。一日予に謂ひて曰く,「子,言ふところあらんと欲せば,吾,能くこれを閣老に達せん」と。予曰く,「僕の言はんと欲するところは,君の為に傾倒してほとんど尽せり。君,能くこれを言ひ,君,能くこれを行はば,天下の福なり。僕はただ天下の福を求むるのみ。上書して名を釣るは,その本心にあらざるなり」と。人材を選びて,船を海外に購ふの策を論ずるに及びて,司農に沮む色あり。予曰く,「これ当今先務の急なり。しかるに,君なほ故常に牽制せられて,発言する能はず。他になほ何をか望まん。僕まさに上書して,もってこれを道ふべし」と。すなわち急務十事を条疏し,司農に因りて,これを阿部閣老に上る。報あらず。吉田生の獄起るに至りても,また少しも明察を蒙らず。故常の変じ易からず,時勢の明かにすべからざるは,かくのごとし。知らず,天下の大計は,まさに何れの日にしてか能く立たんとするや。

悲劇というべきであろうか。時の為政者に到達し得ないことばは,世に常なることだが,日本の状況はほとんど変わらない。佐久間象山という個性の表われは一つの日本人の思考であり,単に個の評価によって終わるものではない。

2 松代藩への「ドゥーフ・ハルマ」出版の建白書

　象山は「ドゥーフ・ハルマ」を早くから知っていたし，使っていた。写本も試みた。増補を施してより便利な辞書に仕立て上げようともした。すなわちこの辞書の有用性を十二分に理解していた一人であったのである。1848（嘉永1）年の竹村金吾宛の書簡でもすでに写本の正誤問題，また市場価格が高価であることを慨嘆している。出版の必要を象山は深く願っていた。そういう象山が具体的に訴えた二通の書簡は外交史の上で珍しく人文学の貢献を主張したものとして評価することができる。

　また，象山が草した上書ならびに上書稿は，藩主である松平定信の子，老中真田幸貫に示した海防上書以外につぎのようなものがあった。

　　「ハルマ出版に関する藩主宛上書」　　嘉永二年二月
　　「和蘭語彙出版に関する老中阿部正弘宛上書」　　嘉永三年三月
　　「ハリスとの折衝案に関する幕府宛上書稿」　　安政五年四月
　　「時政に関する幕府宛上書稿」　　文久二年九月
　　「擬夷の策略に関する藩主宛答申書」　　文久二年十二月

　いずれも，アヘン戦後の予測される日本の危機を敏感に感受した佐久間象山の真面目をよく表わしている。象山は異文化接触の上でもっとも重要なことのひとつとして，彼は異文化言語学習の必要を力説している。1849（嘉永二）年2月の「ハルマ出版に関する藩主宛上書」ならびに1850（嘉永3）年3月の「和蘭語彙出版に関する老中阿部正弘宛上書」とは，政治史上ではきわめて珍しいできごとである。この松代藩主真田氏と次いで徳川幕府に宛てた建白書は非常によく知られているけれども，象山のユニークさがここに典型的に表わされている。ひとことでいえば，孫子の兵法に則って新しい時代に対処する必要であり，その基礎が異文化言語を習得しなければならないという主張であった。

　思えば，第二次大戦中，日本の指導者は敵性の言語は学ぶなといって英語の学習を禁じた。さまざまな調査と統計の語る内容を識者は熟知していたにもかかわらず，「大和魂」をコアとする精神論で対米開戦に突っ走り，滅びた愚かさは証明済みである。国際社会における常識で考えればいつの時代で

あっても何も判断は変わらないのに，対峙する相手を徹底的に分析する体制も整えないで，猪突猛進し無謀に対処したこのドメスティックで独善的な日本的対応が幕末にも明確に見られたことを語っている。象山は清が旧習に泥み，独善的な判断で結果として科学技術の先進国に敗れた事態を対岸の火事としかみなかったのである。以下象山の主張を聞いてみるが，今日を考える意味でも大切な書簡であり，全文を検討したいと思う。

2−1 ハルマ出版に欄する藩主宛上書1849（嘉永二）年二月

これは「ハルマの義に就て愚意御尋に付申上」に「脩理」と署名した文書であり，「ドゥーフ・ハルマ」の出版を促すものであった。この辞典の写本のもっていた価値は緒方塾における福沢諭吉，長与専斎，あるいは勝海舟をはじめ，幕末に至る蘭学書生たちにあって，幾多のエピソードを残している。

本書でもしばしば触れたように，豊富な例句・文を収載していること，ネイティブのヘンドリック・ドゥーフが長崎通詞たちと13年余かけて翻訳完成した辞典は自ずと実用性の高い必備の辞書であった。象山はその価値を知るゆえに，西欧との闘いに備えうるとしたのである。その意味でこの書簡自体には無駄なところがない。

冒頭に「ハルマ御開板の義に付，壱岐殿御存念の趣，内々被仰聞猶愚存御尋に就き，無腹蔵左に申上候」とした建白書はつぎのことばからはじまっている。

> 兼て申上候通，ハルマの義は西洋人の訳詞に付，洋学に志し候ものには，初学の節，勿論無二の階梯と相成，上達いたし候上にても，座右を離しかね候程の書にて，実に必要の品に付，年々諸方にて幾部ともなく写し立候。乍然大部の書に就き，尋常の写し手には略一年の業に有之候故，費用も多分に相掛り，速に数部を成就し候事能はず，且又写本にては誤脱も多く候て，価も容易ならず候に付，ほしく存居候ひながら，見合せ罷在候もの，天下幾百人と云ことを知るべからず候。
>
> 扨又，当今の世の如く，五大洲一続きになり候様の事，開闢以来未曾有の事に御座候と申内，西洋諸国学術を精研し，国力を強盛にし，頻に勢を得候て，周公・孔子の国迄も是が為に打掠められ候事，抑何の故と被思召候や。

簡にして要を得た冒頭文であり，「ドゥーフ・ハルマ」の本質を知る者の

卓越した議論のはじまりである。西欧を正確に認識しなければならないと象山は主張するのである。「東洋の道徳，西洋の技術」を説いた象山にまつわるあらゆるエピソードを措いても，このような観点に立って，蘭語学習の必要を説く象山は誰が見ても誤りがないようにみえる。「敵を知り，己を知れば，百戦して危うからず」とした孫子の兵法を知る象山は孫子を生んだ中国がアヘン戦争に敗れた理由を以下のように記している。

> 畢寛彼の学ぶ所は其要を得，是の学ぶ所は其要を得ず，高遠空疎の談に溺れ，訓詁，考証の末に流れ候て，其間一，二有用の学に志し候ものありといへども，一体万物の窮理其実を失ひ候国風にて，其論じ候事と行ひ候事と相背馳し候風誼に候故，人材を択び候趣法を論じ候へ乍ら，賢者・能者下位に居り，愚者・不肖者国柄を執り候弊を救はず，国を富し兵を強くするの策を立候へども，国の遺利を興して有用に供し，時変に達して兵制を改むることを知らず，火技ありといへども，昔の陋習に泥みて新得の妙術を講究せず，船艦の制，其不便なる事知者を待たずして知れたる事に候へども，改正するすべをも知らず，惟只顧己の国のみよき事に心得，外国といへばひたもの軽視し候て，夷狄蛮貊と賎しめ，彼の実事に熟練し，国利をも興し，兵力をも盛にし，火技に妙に，航海に巧なる事，遥に自国の上に出でたるを知らず居候故に，一旦イギリスと乱を構ふるに及で，大敗を引出し，恥辱を全世界に胎し，大に古昔聖賢の体面を破り候事に御座候。

19世紀中期に至る中国史のプロセスで1840年に惹起したイギリスの清攻撃とその戦勝は東アジアの安定を一挙に崩し，日本でも対岸の火事として無視することができなかった。とりわけ洋学者をはじめ国際情勢を把握する眼には清の天子が西欧に屈服した事態を看過することはできない。この書簡は清の弱点を上のように分析した。この議論にしたがって日本の戦略を述べ，翻訳された最大の蘭日辞典の刊行の必要を説く。つづく書簡文が鎖国日本にいて，国防の基本をなす認識を示している。

> 本邦とても四辺皆海にて，外冦の来り候はむは，いつをはかられざる事にて，既にイギリスには久しく野心を懐き，闚覦致し候との事に候へば，防禦の策は，清朝の覆轍を鑑みて，兵法に申所の彼を知り己を知るの義を勉め度事に奉存候。実に彼を知り己を知る上ならでは，防禦の略も立難く，仮令其略立候ても，真の用を成しがたく被存候。然る所，彼を知り候には，彼方の詞に通じ，彼の方の技術を尽して，始めてその実を得候事に御座候。彼学科の多き，少人数のよく尽す所に無之，其上外冦の防ぎは本邦全国に係り天下皆共に力を合せ可申事にて，大国の諸侯と雖も，一家両家の力に及ぶ所に無御座候。然れば，当今ハルマ御

開板，天下に公行御座候時は，洋学に志し候もの大に助けを得，彼方の技術も是に因て大に開け可＿申，然る時には御自国の内は勿論，天下にも彼を知り候もの多く，防禦の策も自然に其方を得可＿申候。則天下後世洪大の嘉恵を仰ぎ，又朝家へ対され候ても，一廉の御忠勤たるべく候。

象山の「ドゥーフ・ハルマ」出版の建白は合理的な説明責任を果しており，その主張の合理性は出版に要する財務環境にも及んでいることで十分な説得力をもっている。

且又，是迄世上有志のものども渇望致し居候所の書に御座候故，良価を以て購ひ可＿申，長崎等学人稠衆の所は暫くさし置き，近来洋学稍盛に相成候へば，一州の内にも五人・十人此書調べざるは有＿之まじく，然る時には，本邦六十余州に三百部・五百部のはけ方は疑も無＿之候。其外三都・肥・尾・長崎等に住居学人，及び御大名方，御簇本衆と申ものも候得ば，是又五百部・七百部は暫時に売捌け候はむ。さすれば，天下後世の嘉恵，朝家への御忠勤に相成候上に，更に行々一廉の御利方に相成，是迄思召は御座候へども，文武の御世話，御家中小給難渋ものの子弟御手充等，御勝手御逼迫に付て届かせられざる御補にも相成，文武の材を御養立被＿遊候御便りもよろしかるべく，真に当今の急務，義利両得の良策と奉＿存候。

このような主張は辞書の有用性，価値を知る者でなくては把握しきれないものである。象山の具申内容は現実性を帯びていたのである。しかし，松代藩家老小山田壱岐の見解への反論がつづく。

然るを壱岐殿御重職に有＿御座ながら，時勢の御弁へ無＿御座，胡乱の事共御申出し，斯る良策を御阻み被＿成候事，去とは解しかね候義と奉＿存候。壱岐殿には，当御家中洋学の為には，百金も相掛け五，六部も写させ候はば可＿然，と御申被＿成候よし。当御家中にも，洋学盛に開け候時には，只今漢書を読候ものの，字彙・字典を銘々に備へ候如く，ハルマをば銘々備へ不＿申候ては叶はざる事にて，五，六部計りにて引足候訳のものに無＿之。よしや事足り候にも致せ，己をも人をも足らせ候良策の御座候を，内端に構へ候て，己だに可＿也間に合候へば，人の事に構はぬと申は，大学の教にも外れ，仁人君子の了簡に無＿御座＿候。扨又，只今写本にて誤訛多き五，六部にかけ候百金を，板木出来の上に用ひ候得ば，あやまりもなくして増訂有＿之候良本，八，九十部得られ申候。事の策を得ると得ざると，其相去る事大低如＿此ものに御座候。壱岐殿には，右御開板，利の為に計られ候様世間に相響き，上の御徳義に相障り可＿申様，御申被＿成候由，是所謂「其本をはからずして，其末をひとしくすれば，方寸の木も岑楼より高からしむべし」と申論にて，弁ずるにも足らざる義と奉＿存候。

第4節　佐久間象山とアヘン戦争後の東アジアを生きる気分

　象山が経済を基礎に入れた出版計画の提示を図り，書物の売れ筋，販売の見込みにまで道筋を立てて説得したにもかかわらず，世間体面に終始して決断しない指導者への苛立ちが藩主への申し立てに及んでいる。

　　抑壱岐殿には，御徳義と申を何等の義と御合点被レ成候事や。又御上を格別の御賢徳と世間に奉レ称候趣，勿論御上之御賢徳ましく候御事は，申上候もおろかに候へども，世間にて奉レ称候は，いかなる御廉を奉レ指申上レ候義に候哉。本より経文緯武の御志被レ為レ渡，朝家に御誠忠を被レ為レ尽，世を救ひ民を安じさせられ度御念慮，御年を重ねさせられ候て不レ被レ為レ衰，平素御節倹を専とせさせられ候て，有用の事には莫大の御費をも吝ませられず候事，多年一日の如くに被レ為レ入候等を以て，奉レ称候事に御座候はゞ，此度の御催は，即ち其御徳義中の一事にて，御称誉を被レ為レ増候義は可レ有二御座ニ候へども，御障りに可二相成ニと申はそもいかなる所に候や。愚意などには，一向に解しかね申候。若又，果して此度の御催，御徳義に障り候と申時には，是迄御徳義とて　奉レ称候事，其廉々を失ひたるに無二相違レ被レ存候。かゝる存寄違ひのものも，世の中には有もこそ仕るべく候へども，是等は眼もなく識もなく，羽毛の属にひとしきものどもに候へば，よしや奉レ誉候とも御自慢にも成り不レ申，奉レ毀候とも御苦労に成り不レ申候。惟々初段に申上候当今外寇に備へ候の急務は，彼を知るより先なるはなく，彼を知る方法は，彼の技術を尽すより要なるはなく，彼の技術を尽し候には，天下に其学の階梯たる詞書を梓行するより便なるはなし，と申所に御心を定められ，期する所は五大洲の学術を兼備し，五大洲の所長を集め，本邦をして永く全世界独立の国とならしむる基礎を世に弘めむ，と申所に御眼力を注がれ候はゞ，仮令群小の批判等御座候とも，本より蚊蚋の羽音に均しき事，御掛念に及ばざる義と奉レ存候。

　守旧派として，位置づけられるようになる指導者は常に前例に則り，自らの保身も含めて危なげのない運営を基とする。したがって，世界の情勢を述べ，新しい時代のさまざまな事態がどれほどに切迫したものとして他者の眼に映っていても，目の前に迫ってこない限り，現実感を帯びたものとして把握することができない。象山の苛立ちは家老を説得し得なかった苛立ちをいや増しに増す。

　　まして智識開達のものより是を見候節は，州々諸侯方，世になくして事も欠げず，ありて別段用をも成し候はぬ書物等蔵板にせられ，一廉の事と心得られ候も御座候所に，かけ離れて，当世の急務にハルマ御蔵板に相成候事，誠に卓絶の御識見，年を同じうして語るべからざる事と，益々御下風を可レ奉レ慕，惟当今の世のみ然るにあらず，後代迄も御称誉空しからずと奉レ存候。又壱岐殿には，箕作何がし

などが著述を出し利を得候を羨み，此挙を成し候など取沙汰致し候はば，御声誉を落され候べくと御申被レ成候よし，是又前段と同じく候。程子の説に，「君子の上に嫌疑の沙汰無レ之，凡嫌疑を避け候に区々と致し候は，皆内の足らざるもの」と申事有レ之候。誠に尤の義と奉レ存候。壱岐殿右等の御見込御出し候事，全く内の御不足故と被レ存候。此方の見識天地を貫き，日本闔国の大益を成し候本量御座候はば，凡人の毀誉等は度外の事たるべく候。壱岐殿御重職の御身分にて，左迄既に如レ此凡劣の御見込も御座候程の事に候へば，世の中の広き，或は此流の人，まゝは可レ有レ之候。乍レ然，此等は孰れも学術も智識もなき人に候へば，此方より学業の基を立て，追々に眼を開け可レ遣ものに御座候。此の如き人にも真眼開け候時は，矢張我輩同様の見に相成候ものに候へば，先如レ此枝葉の論に御疑惑なく，昨年中御調御座候通，速に公辺御伺と相成，一日も早くお成就有二御座＿度義と奉レ存候。但粗野の性質，言語無レ取飾＿申上候段は，幸に御宥恕可レ被二成下＿候。以上。

　　　　　　　　　　　　　　　　　　　　　　　　　　　　　　　二月

　藩主への書状はこのように理を尽くし，順序だてて差し出されたが，実現はしなかった。

2-2　徳川幕府への「ドゥーフ・ハルマ」出版の建白書

　翌1850（嘉永三）年三月，象山は「和蘭語彙出版に関する老中阿部正弘宛上書」を残している。自藩ではどうにもならないことを悟った象山の行動が幕府への直訴になったのである。

　　近来，西洋諸蕃次第に強盛に相成，技術往々卓絶之筋も御座候処，清国に於ては旧称に泥み，英吉利等をも戎狄を以て是を軽視し，聊か彼の兵法に所謂知レ彼知レ己の義を務めず，其廟算を誤り，一旦兵を結び候故に，屢是が為に敗衂を取り，遂には大英国と尊称し候て講和に及び，千載雪ぎ難き恥辱を全世界に貽し候事，咲止の極と奉レ存候。

　アヘン戦争でイギリスに屈服した東アジア情勢の急変について，当時幕府はかなりの精度高い情報を入手していたことが今日明らかにされている。歴史的に幕府は海外事情にそれほど疎かったわけではない。ただ，直接関与することを避けていただけのことであった。

　しかし，ことの重要さの受け止め方は価値観によってちがう。国の方策はいつものことだが事態が深刻になり，身に迫った後にくる。しかし，象山にそのような視野からの眼があったかは今ひとつ明確ではない。とはいえ，見

えるものはみえる。

> 兎に角，兵道に於ては，彼を知り己を知り候事先務にて，就中彼を知り候事，先務の又先務と奉ﾚ存候。如何となれば，兵は本形なく，敵に因り形を成し候故，己の備十分ならず，弱卒鈍兵のみに候と雖も，対する所の敵昏愚に候時は，己の鈍弱も猶恃むに足り可ﾚ申，又如何様財富み兵強く其備厳重に候共，智巧の敵に対し候時は，己の強富未だ恃むべからず，其備の厳重なるも猶危惧を免れ難く，畢竟彼を能知り候上にて己を比較し，其虚実強弱を考へ候に非れば，己を知り候事能はざる様奉ﾚ存候。

孫子の兵法は誰にでも理解ができるが，しかしそれは一般論にしかならない。そこで，象山は西洋と中国の違いを説く。

> 先年被ﾚ仰出ﾚ候蛮夷諸国戦闘の仕組，和漢の制度と相違に付，其覚悟にて防禦の仕方，兼て心掛置候様との御事，乍ﾚ恐御尤至極の御筋と奉ﾚ存候。拙者義も其節より心掛け，西洋の兵法火術之書等購ひ求め研究仕候に，果して其器械技術巧妙を極め，和漢古今未曾有の事ども少からず，是迄和漢兵家論定候陣法戦術も，是が為に一変を経候はざれば，共に戦を成し難く候事，往々御座候様奉ﾚ存候。近年以来，西洋諸蕃舶頻々と近海に往来し，或は薪水を乞ひ，或は私書を贈り，或は廻船へ乗かけ，或は恣に上陸し，種々横行の振舞に及び候類，断えず有ﾚ之候上は，闖闥の禍心等決してあるまじとも難ﾚ申。万一外国の侮慢を受け候様の事御座候ては，実に旧臘中達し御書付にも御座候御国体に拘り候御儀に付，此義に於ては，上下貴賎の差別なく心を尽し力を戮せ，防禦の御手充如何様にも万全に出で，遺漏無ﾚ御座ﾚ候様仕度義と奉ﾚ存候。然る所，前にも申上候通，兵備の先務は彼を知り候より急なるは無ﾚ御座ﾚ候。

この書簡を書いている1850（嘉永3）年以前，天保年間からの流れを第1節に掲げた編年的記述から当該部分を再掲する。（第1節 p.489〜490）

1837	天保8	6月モリソン号事件
1838	天保9	徳川斉昭，内憂外患についての意見書を幕府に提出
		渡辺崋山『慎機論』『鴃舌或問』高野長英『夢物語』
1839	天保10	渡辺崋山，高野長英逮捕，小関三英自殺。（蛮社の獄）
1840	天保11	売薬の看板に蘭字使用が禁止
		蘭書翻訳書の流布取締
1841	天保12	高島秋帆，幕命で洋式銃隊を徳丸原で訓練開始
		仙台観音丸ルソン漂流民，帰国途中アヘン戦争を目撃
		天保の改革
		10月渡辺崋山自殺
1842	天保13	7月異国船打払令を撤廃し，薪水令

| 1842 | | 6月長崎入港のオランダ船，アヘン戦争の戦況とイギリス艦隊の日本渡来の秘密情報をもたらす |
| 1844 | 弘化1
12/2 | 蘭使節，蘭国王の開国勧告書簡を提示 |

　ペリーの浦賀来航の三年前になる。客観的な眼が必要だというのである。ことに薪水令以降のさまざまな状況下に起きた諸事への象山の思いはナショナルな感覚の中におかれている。外交では侮辱を感じるとき，理を大きく離れ，情が理屈ぬきに不規則な行動を促す。彼我では論理が異なる。象山は日本人としての自立の必要を熱心に主張せざるをえない。

> 兼て仰出も御座候義には候得ども，西洋は漢土と違ひ，其文字とても稽古仕候者の外は，僅に翻訳の書に就て見候にあらざれば，其義を暁り候事能はず，又僅に有之候翻訳の書とても，世に和漢の学に達し，兼て西洋文法に通暁候もの至て稀に候へば，誤訳も少からず，又抑其義に叶ひ候と難も，文辞拙く候故に，読候ものよりは其義を受取かね候事も多く，一向なきには優り可申候へども，首尾貫穿し候て事理明白に聞え候程のもの，絶て無之候様奉存候。依て愚考仕候に，当今海寇備禦の策其完全を期し候には，世間広く彼の長短得失を知り，其状情を詳に候様仕度義と奉存候。其状情を詳にし，其長短得失を知り候上は，其所長所得を採用し，其短失の所に乗じ候事も，自然に出来可仕候。抑其長短得失を詳にし候には，西洋の原書を広く読み候に若くは無御座，又世に善き翻訳書を多くし，実用を助け候にも，原書を読み候もの盛に無之候ては難叶義と奉存候。抑其原書を世に広く読ませ候には，邦訳の字書印行本無之候ては，尤も難叶義と奉存候（是迄もヅーフ訳のハルマと申もの，往々写本にて行はれ，初学にて重宝仕るものに御座候へども，印行本無御座候故，人々蔵弄仕候に至らず，世間猶不自由勝に御座候。訳鍵・蛮語箋様のもの板行御座候へども，一向用を成し候ものにては無御座候）

　西洋を正確に認識しなくてはならず，そのためには蘭日辞典「ドゥーフ・ハルマ」の刊行が必要だと説く象山のような人物は稀である。しかも『訳鍵』『蛮語箋』のような単なる単語の対照を施こした辞典では文を読解しえないとの見解を示している。「ドゥーフ・ハルマ」の価値を良く認識していたことが明らかである。松代藩主への書簡と幕府老中に宛てた内容は何も変わらない。象山は必死である。

> 拙者義，乍不肖多年和漢の書伝をも渉猟仕，稍又西洋の記載にも及び候て，外寇防禦之策，天下利病之事等，聊所見無之と申にも無御座候得共，身の分際も有之，力及ばざる所御座候。依て当今海防に御配慮被為在候御時節に候へ

ば，天下満清の覆轍に遠ざかり，彼を知り己を知り候て，警衛其完全を得候為の階梯に成り候様，邦訳和蘭語彙一部を纂輯仕，彫刻の上世に行ひ，聊か御国恩の万一を奉▮報度，旧冬中取立候稿本を以て，御天文方迄差出候。官準を奉▮仰罷在候処，今以て何の御沙汰も不▮被▮成下▮候。元来拙者義，此義を企て候事，聊か名之為，利之為に無▮御座，只顧天下の御大計とも奉▮存候て，当時身分に取り出来候丈の力を以て，御恩報を謀り候義に御座候。兎に角，当今の御時節は，彼の長ずる所を集め，我短なる所を補ひ，遂に彼を征伏仕候様之御深慮之程，乍▮恐奉▮仰上▮候。漢土の説に拠り候へば，古昔兵器を造り初め候は，蚩尤のよしに御座候所，黄帝其干戈を習用し，遂にこれを涿鹿の野に擒殺せられ候。黄帝いかに聖徳御座候共，敵の兵器を用ひ候に，空手を以ては克つべきの理なく候故に，其敵の用ふる兵器を学び，夫を以て遂に勝利を得られ候事と被▮存候。是則ち聖智の至す所にして，彼を用ひて彼を制せられ候事，兵法の至蹟と奉▮存候。去れば，今の世に至り候迄も，黄帝を以て兵家の祖と崇め候義と奉▮存候。当今西洋の学を盛に興し候は，則ち彼を用ふる欄柄にて其字書を印行し候は，又其筌蹄と奉▮存候。何分にも御明断を以，奉▮伺置▮候和蘭語彙板行之義，速に御免被▮成下▮候様，御賢慮之程奉▮仰候。以上。

　三月真田信濃守内
　　佐久間修理

象山の懇願は，この段階でも実現しなかった。しかし異文化と対峙する象山の発想の根底には人文学の力を基底として諸事象に対処する必要を強く主張するところがみられた。

　以上のように，これまでも，洋学史の記述にも，さまざまな捉え方がなされてきている。しかし，一人象山を捉えても，ある典型像として描きうる。それは，一つの時代が大きな転換点におかれ，またそのあり方は一つ一つとりあげることができるほど新しい事態に関わったからである。しかしそれも個人が特化されざるを得ない一つの時代環境に置かれた「生」であるのにすぎない。
　「和魂洋才」はそのコンセプトがあまりにも明瞭であるために，今に至ってなお，単純なレベルで説得力をもつ。そのような意味で象山の悲憤慷慨も，必死になって実用の構えを説こうとする行動も，この国の重大な転換期において，いささかも有効性を発揮しえなかったことが深く記憶されてもいい。日本とは常にそういう国であり続けてきたからである。

そして，象山を過大評価してはいけないという考え方はまったくそのとおりであるが，また時代を見る眼を備えた群像をただ利用しただけの時代状況もまた過小評価してはならない。

注　テキストは原漢文。「日本思想大系 55」(岩波書店 1971)の横手通有氏の校訂本文を参照した。

文献
杉本つとむ（1978）『江戸時代蘭語学の成立とその展開　対訳語彙集および辞典の研究』Ⅲ　早稲田大学出版部
岡田袈裟男（1991）「幕末の文学－東アジアを生きる気分と蘭学文学」(『文学史を読む―近世』所収　有精堂)

第Ⅴ章　唐話辞典・江戸時代唐音表・江戸言語学年表

第1節　唐話辞典

　岡島冠山が編纂した『唐話纂要』(1718 享保3年刊)のうち基礎語彙となる「二字話」の部分を整理し，これの構造について辞典の形式で示す。江戸時代を通貫して流入した口語としての唐話語彙の考察は現在なお基礎的な調査段階にある。この必要にしたがって，この分野において最高峰にある岡島冠山の仕事の内容を解明したいと思う。取り上げた「二字話」部全語彙についてはつぎのような手続きによって辞典を作成している。

1　『唐話纂要』二字話部のピンイン順辞典化

　語彙数は全765語であるが，すべて排列順に語彙番号を付し，ピンイン順に改編し，さらに記述内容を＜語順・語彙・唐音・日本語訳＞のようにまとめた。つぎに原本に表記された＜唐音＞に対して便宜的に＜現代北京音＞を与えた。また代表的な中日辞典の一つである愛知大学中日大辞典編纂処編『中日大辞典』による記述を付した。こうして6項目による辞典とした。つぎに作成にあたって留意したり，気のついた点などについて簡略に記す。

2　「二字話」部解題

　「二字話」部は分量として十二丁半（25ページ）1行5語，1ページあたり平均6行で765語が排列される。冠山による排列の基準は示されていない。しかし内容から江戸時代の辞書類が常套としていた意味分類による排列になっていることが知られる。各語には唐音による読みが右ルビとして示され，さらに語の下にカタカナ表記で語釈が施されている。これらの語彙について，全体を把握するには，多面的な角度から考察する必要がある。ここに掲げたピンイン順辞典，唐音と現代北京音と対照した次節「江戸時代唐音表」によって全体の状況が掴みえるものと思う。

2-1　語の性質について

　本文では『中日大辞典』と対照して，語彙の異同ならびに現在性を調査し

た。その結果，全765語の中，168語が『中日大辞典』に載録されていないことが判明した。これらのうちには＜請飯　オメシヲマイレ＞や＜請上　上リ玉へ＞のように，会話文をなしていて，本来二語として処理される漢字結合もみられる。またあるいは『中日大辞典』に収載されていても，古語の白話（6例），文言（39例）旧称（1例）と注記される語彙もある。このような点を総合すると，およそ三割（約27%）の語が除外される。

　このことは，全語彙のうち七割の語彙が現在性を帯びていることを示すことになる。冠山の時代に招来された漢語語彙，すなわち唐話・白話・中国近世俗語などと呼ばれる語彙が多く今を生きていることを表わしている。

2-2　語釈について

　日本語訳で知られるように，冠山の翻訳は具体性に富んでいる。本書が当代の実用的な場に供せられる目的をもったものであって「はなしことば」が反映されているので，その面での資料となる。具体的な検討内容については別稿に譲る。

2-3　唐音について

　これまでの研究では語彙に付された唐音表記が＜江南音＞であるものとされている。ただ，一口に江南音といっても広いし，呉語研究の視野で充分妥当性をもったものとしての精査が必要である。ここにみられる音がどれほどまで地域的に限定することが可能であるかは呉方言との比較検討をはじめとして今後に残された大きなテーマであると思われる。今日，呉語の研究が進展しているが，本来併記したい呉語の諸方言との音韻比較は果たしていない。それゆえ，ここに示した現代北京音はその責を果たすのに不十分であるが，あくまでも参考として掲げたのである。したがって，ここでは今後の検討に必要な基礎整備をしておきたいと願うのみで，辞典に表現した以上の唐音についての評価を試みない。

2-4　本文の誤記について

　つぎに示すように，編集・上木時のミスあるいは本文カスレによるものと

第1節　唐話辞典

解される例がある。
　　＜225 閙熱ゼ　ナ。ウ nao re＞は＜熱閙＞が転倒している。他例に正しく＜230 嚷閙ジャン　ナ。ウ＞がある。誤刻とみられる。
　　＜222 空夫コン　ソウ kong fu＞は＜フウ＞の字の＜フ＞を＜ソ＞と誤刻したものとみられる。
　　＜409 走風ツエ。(ママ)　フォン zou feng＞は他例が＜走＞を＜ツエ。ウ＞としている。＜ウ＞の脱落とみられる。
　　＜670 亮夜　ヤン　ヱヽ＞は＜亮＞が＜リヤン＞とあるべきだが＜リ＞の脱落とみられる。
　　＜687 掃塵＞の日本語訳＜フ、ハキ＞は＜ス、ハキ＞を誤刻したものとみられる。
　　＜702 算還　ソハン　ワシ suan huan＞は＜還＞の他例は＜ワン＞であり，＜ン＞を＜シ＞と誤刻したものとみられる。
　　＜705 少債　シャ。ウ　ワ°イ shao zhai＞は＜サ＞を＜ワ＞に誤刻したものとみられる。
　　＜715 暴富　バ。ウ　ノウ bao fu＞は＜フウ＞の字の＜フ＞が＜ノ＞とかすれたものとみられる。

2-5　記号用法

『中日大辞典』部の記号用法は以下の通りである。
　　古白→古語白話
　　文→文語
　　方→方言
　　＊→当該語彙が無い場合
　　算用数字→辞典に意味分けした翻訳・語釈を採用した場合
　　¥→語釈部に＜同上＞とある場合
　　　　例　快楽タノシマシヒ　快活同上(本文第1丁1行目)
　　(　)→筆者注
　また，現代北京音の表記は今日通用する普通話の発音をとったが，軽声，r（アール）化等『唐話纂要』の時点で明らかにできないものについては扱わない。異体字は標準的に扱いえる範囲で現行の字体に改めた。

551

第Ⅴ章　唐話辞典・唐音表・江戸言語学年表

参考文献
岡田袈裟男（2004）「唐話辞書」日本語学・近代日本語研究　明治書院

第1節　唐話辞典

語順	語彙	唐　　音	現代北京音	日本語訳	中　日　大　辞　典
522	阿誰	ア　ジユイ	ā shuí	タレカ	文：誰
479	愛憐	アイ　レン	ài lín	アハレム¥	＊
478	愛恤	アイ　スヱ	ài xù	アハレム	＊
26	安當	アン　タン	ān dāng	アンドスル	落ち着いている
30	安楽	アン　ロ	ān lè	ヤスンジタノシム	安楽である・平和である
361	按納	アンナ	àn nà	カンニンスル¥	抑える・耐える
496	暗算	アン　ソハン	àn suàn	ヒソカニ人ヲツモル	ひそかに人を害する
28	安泰	アン　タイ	ān tài	ヤスンズル¥	文：安泰である
27	安穏	アン　ウヲン	ān wěn	ヤスンズル	平穏無事である
490	懊悔	ア。ウ　ホイ	ào huǐ	ノチグヒ	後悔する
304	拗捩	ハ。ウ　レ	ào lì	ジヤウシキスル¥	文：強情で執拗文である
301	傲慢	ガ。ウ　マン	ào màn	ジマンスル	高慢である・不遜である
390	把柄	パア、ピン	bǎ bǐng	シヤウコ¥	1柄 2論拠
724	抜還	パ　ワン	bá huán	ナシクヅシ	なしくずし払い
39	把盞	パア、ザ゜ン	bǎ zhǎn	サカツキヲスル	一人ちびちびやる
308	拝上	パイ　シヤン	bài shàng	コトヅテ¥	1進呈する 2古白：伝言する
77	拝望	パイ　ワン	bài wàng	オミマヒ申上ル¥	拝会　訪問する
122	半東	ハン　トン	bàn dōng	テイシユフリヲスル	＊
186	傍辺	パン　ペン	bàng biān	カタハラ	側による
580	報仇	パ。ウ　ギウ	bào chóu	アタヲムクフ	仇をむくいる
579	報恩	パ。ウ　エヘン	bào ēn	オンヲムクフ	報徳　恩にむくいる
715	暴富	パ。ウ　ノウ	bào fù	デケブンゲン	にわかに金持ちになる
593	包膿	パ。ウ　ニヨン	bāo nóng	ウミモツタ	＊
452	報信	パ。ウ　スイン	bào xìn	タヨリヲウツタエル	消息をしらせる
749	保養	パ。ウ　ヤン	bǎo yǎng	ヤウジヤウ¥	1養生する 2維持する
592	包腫	パ。ウ　チヨン	bāo zhǒng	水ハレ	＊
672	悲傷	ポイ　シヤン	bēi shāng	カナシム	悲しみ傷む
286	本文	ペヱン　ウエン	běn wén	マタイモノ	1指摘したその文章 2原文
327	奔走	ペヱン　ツェ。ウ	bēn zǒu	アルク	1走る 2奔走する
477	便當	ペン　タン	biàn dàng	カツテニヨイ	便利である・都合がよい
411	変色	ペン　スヱ	biàn sè	色ヲヘンスル	1色がかわる 2顔色がかわる

553

語順	語彙	唐 音	現代北京音	日本語訳	中 日 大 辞 典
248	便宜	ベン イヽ	bián yí	カツテニヨイ	1安い 2話 3好都合 4利する 5値引きする
369	不礙	プ ガイ	bú ài	ダイジナイ￥	不碍 差し支えない
555	不必	プ ピ	bú bì	ソレニオヨバヌ￥	～するに及ばない
259	不便	プ ベン	bú biàn	ワルイ	1都合が悪い 2懐妊する
368	不妨	プ ハン	bù fān	ダイジナイ	差し支えない
532	不勾	プ ケ。ウ	bú gòu	タラヌ	不够 不足している
258	不好	プ ハ。ウ	bù hǎo	ヨクナイ	1よくない 2しにくい 3具合がわるい
727	不好	プ ハ。ウ	bù hǎo	ワルヒ	(258と重複)　　　4してはいけない
462	不肯	プ ケン	bù kěn	カテンセヌ	承知しない
558	不然	プ ゼン	bù rán	ソウデナクンバ￥	1でないと 2しからず
340	卜日	ポ ジ	bǔ rì	日ヲギンミスル	＊
531	不剰	プ ヂン	bú shèng	ノコラヌ	＊
700	不受	プ ジウ	bú shòu	ウケヌ	堪えられない
554	不消	プ スヤ。ウ	bù xiāo	ソレニオヨバヌ	するにおよばない
318	歩行	ブウ ヒン	bù xín	カチ	文：徒歩でいく
464	不允	プ イユン	bu yǔn	カテンセヌ￥	＊
559	不則	プ ツエ	bù zé	ソウデナクンバ￥	則不 古白：ただ～だけでなく
463	不准	プ チユン	bú zhǔn	カテンセヌ￥	1許さない 2確かでない
533	不足	プ ツヲ	bù zú	タラヌ￥	1不足する 2するに足りない 3できない
210	猜疑	ザ°イ ニイ	cāi yí	ウタカフ	猜疑する
713	財主	ヅアイ チユイ	cái zhǔ	ブンゲン	1資産家 2資本家 3旦那様
420	慚愧	ヅアン グイ	cán kuì	ハヅカシヒ￥	恥じる
358	側声	ツエ シン	cè shēng	コヱヲタテル	辺音の旧称 子音の区分の一つ
185	側首	ツエ シウ	cè shǒu	カタハラ	＊
571	挿口	ザ° ケ。ウ	chā kǒu	サシデクチ	さし出ぐちをする
393	長進	チヤン ツイン	cháng jìn	タヽシヒ￥	＊
89	長揖	ヂヤン イ	cháng yī	オフヘイナルモクレイ	＊
131	嘲咲	チヤ。ウ スヤ。ウ	cháo xiào	アザケリワラフ	嘲笑する
274	扯謊	チエヽ ハン	chě huǎng	ウソヲツク	撤謊 嘘をいう
349	徹夜	チ エヽ	chè yè	ヨモスカラ￥	文：徹宵 夜明かし
252	扯直	チエヽ ヂ	chě zhí	モトトリタ	平均がとれる
578	称誦	チン ヅヲン	chēng sòng	ホメル￥	＊

第1節　唐話辞典

語順	語彙	唐音	現代北京音	日本語訳	中日大辞典
105	称謝	チン ヅエ丶	chēng xiè	レイヲ云フ	礼を言う
577	称讚	チン ザ°ン	chēng zàn	ホメル	ほめる
430	喫打	キ タア丶	chī da	ウタレル	＊
282	癡呆	ツウ ガイ	chī daī	タハケ¥	間ぬけな
34	喫飯	キ ハン	chī fàn	メシクフ	1ご飯をたべる 2暮らしをたてる
429	喫驚	キ キン	chī jīng	オドロク¥	びっくりする
38	喫酒	キ ツユウ	chī jiǔ	サケノメ	1酒をのむ 2旧、結婚式の一種の儀式
433	喫苦	キ クウ	chī kǔ	クルシム	1苦しみみあう 2苦しみにたえる
249	喫虧	キ クイ	chī kuī	ソンガタツタ	1損をする 2惜しいことに
431	喫罵	キ マア丶	chī mà	シカラレル	＊
432	喫騙	キ ペン	chī pian	ダマサル	＊
35	喫煙	キ エン	chī yān	タハコノム	たばこを吸う
244	衝撞	チヨン ヂヤン	chōng zhuàng	リヨグハイ	1衝突する 2たてつく 3でしゃばる
472	躊躇	ヂウ ヂユイ	chóu chú	タチモトロウ	ためらう
570	出力	チユ リ	chū lì	セイヲイダス	尽力する
719	出身	チユ シン	chū shēn	立身ヲスル¥	1出身 2文：身をささげる
718	出頭	チユ デ°ウ	chū tóu	立身ヲスル¥	出世する
134	吹嘘	チユイ ヒユイ	chuī xū	フイチヤウスル	吹聴する
457	辞却	ヅウ キヤ	cí què	ジタイスル	辞める・辞退する
625	次日	ツウ ジ	cì rì	ツキノ日¥	文：翌日
291	聡明	ツヲン ミン	cōng míng	カシコヒモノ¥	賢い
535	湊巧	ツエ°ウ キヤ°ウ	còu qiǎo	マニアフタ	(247と重複)
247	湊巧	ツエ°ウ キヤ°ウ	còu qiǎo	マニアツタ	1都合がいい 2折よい
681	攛掇	ツアン ト	cuān duō	ス丶ムル	そそのかす・おだてる
585	打噯	タア丶 アイ	dǎ aī	アクビ	打唉 げっぷ（おくび）をだす
538	大半	ダア丶 パン	dǎ bàn	ハンブンスキ	1大半 2多分
285	大体	ダア丶 ベエン	dǎ běn	大タハケ	＊
690	打点	タア丶 テン	dǎ diǎn	コシラエル	1用意しておく 2とりいる
257	大好	ダア丶 ハ丶ウ	dà hǎo	大ニヨヒ¥	すばらしい
515	大家	ダア丶 キヤア	dà jīa	ミナ丶丶	1大家 2みんな
109	打攪	タア丶 キヤ°ウ	dǎ jiǎo	ザフサニナリタ¥	1人のお宅に邪魔する 2かきみだす
91	答礼	タ リイ	dá lǐ	ヘンレイヲスル¥	答礼する

555

語順	語彙	唐音	現代北京音	日本語訳	中日大辞典
256	大妙	ダァヽ ミヤ。ウ	dà miào	大ニヨヒ	*
688	打掃	タアヽ サ。ウ	dǎ sǎo	サウヂ	1掃除する 2片ずける
689	打水	タアヽ スイ	dǎ shuǐ	水ヲクム	水をくむ
588	打啑	タアヽ テイ	dǎ tì	クシヤミ	くしゃみをする
305	大様	ダアヽ ヤン	dà yàng	ヲウヘイナ	鷹揚である
691	打張	タアヽ チヤン	dǎ zhāng	コシラエル¥	*
526	大総	ダアヽ ツヲン	dà zōng	大グチノモノ	*
281	呆子	ガイ ツウ	dāi zi	タハケ	まぬけ
487	帯累	タイ ルイ	dài lěi	マキゾエ	巻き添えをくう
115	怠慢	ダイ マン	dài màn	ブチヤウハフ	粗略にする
330	耽閣	タン コ	dān gē	タウリウ	1遅れる 2留まる 3引き延ばす
694	擔来	タン ライ	dān lái	持テ来レ¥	*
695	担去	タン キユイ	dān qù	持テユケ	*
637	當初	タン ツヲヽ	dāng chū	ソノカミ¥	はじめ・以前
271	當官	タン クハン	dāng guān	コウギムキ	1役人になる 2その筋
42	盪酒	ダン ツユウ	dàng jiǔ	サケヲカンセヨ	*
638	當年	タン ネン	dāng nián	ソノカミ¥	当時・あのころ
648	単日	タン ジ	dāng rì	ハンノ日	奇数日
645	當日	タン ジ	dāng rì	トウバンノ日¥	当日
184	當中	タン チヨン	dāng zhōng	マンナカ	まん中
323	道路	ダ。ウ ロウ	dào lù	ミチ	1道 2進路
152	堤防	デイ バン	dī fáng	ヨウジンスル	堤防
743	抵頼	テイ ライ	dǐ lài	チンズル	言い逃れする
407	低声	テイ シン	dī shēng	ヒキヒコエ	低い声
738	点査	テン ヅアヽ	diǎn chá	ギンミスル	点検し調べる
381	叮嚀	テイン ニン	dīng níng	云ツケ¥	ねんごろに頼む
341	定期	デイン ギイ	dìng qī	トキヲサダムル	期限をさだめる
343	定日	デイン ジ	dìng rì	日ヲサダムル	*
661	鼎重	テイン ヂヨン	dǐng zhòng	カナエノコトクオモヒ	*
380	叮嘱	テイン チヨ	dīng zhǔ	云ツケ¥	ていねいに頼み込む
123	東道	トン ダ。ウ	dōng dào	テイシユ	主人役・ホスト
74	動身	ドン シン	dòng shēn	ホツソクスル¥	旅だつ

語順	語彙	唐　音	現代北京音	日本語訳	中　日　大　辞　典
396	兜搭	テ○ウ　タ	dōu dá	イブリノワルイ	1篭絡する 2古白：わずらわしい
546	読完	ド　ワン	dú wán	ヨミシマツタ	＊
540	杜撰	ドウ　ヅアン	dú zhuàn	マギラカス	文：ずさん
57	端坐	トハン　ヅヲヽ	duān zuò	タヽシクスハル	姿勢正しく座る
193	対面	トイ　メン	duì miàn	ムカヘ	1顔をあわせる 2向かい側
710	兌帳	トイ　チヤン	duì zhàng	チヤウアヒヲスル	勘定を支払う
763	多福	トウ　ホ	duō fú	ゴサカン	幸が多い
573	多口	トウ　ケ○ウ	duō kǒu	ヲウモノイフ	＊
116	多慢	トウ　マン	duō màn	ブチヤウハフ￥	＊
111	多品	トウ　ピン	duō pǐn	ゴチソフ￥	＊
108	多擾	トウ　ジヤ○ウ	duō rǎo	ザフサニナリタ￥	＊
101	多謝	トウ　ヅエヽ	duō xiè	カタシケナヒ	ありがとう
764	多祉	トウ　ツウ	duō zhǐ	ゴサカン￥	＊
574	多嘴	トウ　ツイ	duō zuǐ	ヲフモノイフ￥	よけいなことに口をだす
586	悪心	ヲ　スイン	è xīn	ムネノワルイ	文：よくない考え
127	児戯	ルウ　ヒイ	ér xì	アザトヒ	文：1児戯 2まじめにしない
17	発財	ハ　ヅアイ	fā cái	シアハセヨシ￥	金をもうける
716	発跡	ハ　ツエ	fā jī	立身ヲスル	発迹　立身する
398	発悩	ハ　ナ○ウ	fā nǎo	ハラタテル	1悩む 2腹を立てる
587	発嘔	ハ　エヘ○ウ	fā ǒu	ムネノワルイ￥	吐き気がする
591	発熱	ハ　ゼ	fā rè	ネツカサシタ	熱を発する
399	発作	ハ　ツヲ	fā zuò	タギル	1発作がおきる 2怒る
254	反本	ハン　ペエン	fǎn běn	モトトリカエシタ￥	根本に立ち返る
401	煩悩	ワン　ナ○ウ	fán nǎo	ナヤム	1心配する 2悩む
370	妨礙	ハン　ガイ	fáng ài	サハリ	妨碍　差し支え
569	方便	ハン　ベン	fāng biàn	テダテ	便利である
712	放債	ハン　ザ○イ	fàng zhài	カネヲカス	金を貸し出す
132	誹謗	フイ　パン	fěi bàng	ソシル	そしる
643	非常	フイ　ヂヤン	fēi cháng	ヨノツネナラズ￥	1非常の 2はなはだ
217	費力	フイリ	fèi lì	チカラヲツイヤス	1骨を折る 2てこずる
663	飛跑	フイ　バ○ウ	feī pǎo	トブカガコトクカケル	飛ぶように走る
660	飛軽	フイ　キン	feī qīng	トブガコトクカルヒ	＊

557

第Ⅴ章　唐話辞典・唐音表・江戸言語学年表

語順	語彙	唐　音	現代北京音	日本語訳	中　日　大　辞　典
215	費心	フイ シン	fèi xīn	心ヲツカフ	気をつかう
662	飛走	フイ ツエウ	fēi zǒu	トブガ如クハシル	飛禽走獣　鳥獣類の総称
379	分付	フン フウ	fēn fù	云ツケ	吩咐　申しつける
264	分割	フン カ	fēn gē	ワカツ	分割する
94	分袂	フン ムイ	fēn mèi	ワカル丶	文：わかれる
263	分派	フン パイ	fēn pài	ワケル	1分けて派遣する　2割り当てる
95	分手	フン シウ	fēn shǒu	ワカル丶¥	別れる
262	分説	フン セ	fēn shuō	云ワケ	分弁　言いわけする
76	奉候	ハン へ。ウ	fèng hòu	オミマヒ申上ル	文：人の安否を伺う
575	封口	フヲン ケ。ウ	fēng kǒu	クチヲトメル	口を締める
241	風流	フヲン リウ	fēng liú	ダテナ	文：1すぐれている　2男女間のこと
240	風雅	フヲン キヤア	fēng yǎ	キヤシヤナ¥	豊雅　みやびやか　風采
47	豊筵	ホン エン	fēng yán	ヨキフルマヒ	＊
557	否則	へ。ウ ツエ	fǒu zé	ソウデナノンバ	しからざれば・〜でないと
46	赴筵	フウ エン	fù yán	フルマヒニユク	＊
469	負約	ウ ヤ	fù yuē	ヤクソクニソムク¥	約束に背く
103	感激	カン キ	gǎn jī	アリカタヒ	1感激する　2激する
233	乾浄	カン ツイン	gān jìng	キレイナ	1清潔である　2すっかり　3責任逃れする
104	感佩	カン ポイ	gǎn pèi	アリカタヒ¥	感服する
351	赶上	カン ジヤン	gǎn shàng	ヲヒツヒタ	1追いつく　2間に合う　3出くわす
550	干係	カンキイ	gān xì	アブナヒ	係わり
102	感謝	カン ツエ丶	gǎn xiè	カタシケナヒ¥	感謝
300	高傲	カ。ウ ガ。ウ	gāo ào	タカブル	高ぶっている
70	告別	カ。ウ ベ	gào bié	イトマコヒヲスル	いとまごいする
71	告辞	カ。ウ ヅウ	gào cí	イトマコヒヲスル¥	1辞去する　2告別
406	高声	カ。ウ シン	gāo shēng	タカゴエ	＊
19	高興	カ。ウ ヒン	gāo xìng	イサム	楽しい
192	隔壁	ケピ	gé bì	トナリ¥	隣家・隣室・隣人
512	各別	コ ベ	gè bié	ベツ丶丶¥	それぞれ別々に
514	各各	コ 丶	gè gè	オノ丶丶¥	おのおの・それぞれ
513	個個	コウ 丶丶	gè gè	オノ丶丶	どれもこれも
511	各様	コ ヤン	gè yàng	ベツ丶丶	各種各様

558

第1節　唐話辞典

語順	語彙	唐　　音	現代北京音	日本語訳	中　日　大　辞　典
744	供出	コン チユ	gòng chū	ハクジヤウスル	自白して述べる
269	公道	コン ダ。ウ	gōng dào	ヲウヤケナ	1真理 2公平
534	勾用	ケ。ウ ヨン	gōu yòng	タル	＊
272	苟且	ケ。ウ ツエ丶	gǒu qiě	ヨコシマ	なおざりにする
372	掛礙	クハア ガイ	guà ài	サハリ￥	掛碍 気がかり
208	掛念	クハア ネン	guà niàn	キヅカハシヒ	気にかける
280	乖巧	クハイ キヤ。ウ	guāi qiǎo	ワルカシコヒ	1人の受けがいい 2機転がきく
371	関礙	クハン ガイ	guān ài	サハリ￥	関碍 さまたげる
278	光棍	クハン クン	guāng kùn	ヲウドウモノ	＊
754	貴庚	クイ ケン	guì gēng	御トシ	御としは？ 旧時、丁寧に人の年齢を問う言葉
757	貴号	クイ ハ。ウ	guì hào	御名￥	貴店
752	貴恙	クイ ヤン	guì yàng	御ビヤウキ	貴下のご病気
59	跪坐	グイ ヅヲ丶	guì zuò	ヒザマヅク	＊
539	過半	コウ パン	guò bàn	ハンブンスキ￥	1半ばを越す 2半ば以上
231	聒噪	クハ サ。ウ	guō zāo	サハガシヒ￥	かまびすしい
418	害怕	ハイ パア丶	hài pà	オソル丶	恐れる
417	害羞	ハイ スユウ	hài xiū	ハヂル￥	害臊 はにかむ
405	喊叫	ハアン キヤ。ウ	hǎn jiào	ワメク	叫ぶ・わめく
413	含涙	アン ルイ	hán lèi	ナミダグム	含泪 涙をたたえる
321	旱路	ハアン ロウ	hàn lù	クガヂ	1旱道 陸路 2男色をする男
412	含怒	アン ノウ	hán nù	イカリヲフクム	怒気を含む
414	含情	アン ヅイン	hán qíng	ナサケヲフクム	＊
447	好咲	ハ。ウ スヤ。ウ	hǎo xiào	オカシヒ	好笑 おかしい・わらわせる
202	和睦	ホウ モ	hé mù	ムツマシヒ	むつまじい
525	何人	ホウ ジン	hé rén	何モノカ￥	文：何人・誰人
203	和順	ホウ ジユン	hé shùn	ムツマシヒ￥	温和で従順である
556	何消	ホウ スヤ。ウ	hé xiāo	ソレニオヨバヌ￥	する必要がない
667	黒暗	ヘ アン	hēi àn	クラヒ	まっくら
669	黒夜	ヘ丶	hēi yè	ヤミノヨ	暗夜
491	後悔	ヘ。ウ ホイ	hòu huǐ	ノチグヒ￥	後悔する
112	厚款	ヘ。ウ クハン	hòu kuǎn	ゴチソフ￥	＊
167	後日	ヘ。ウ ジ	hòu rì	アサッテ	文：将来・後日

559

語順	語彙	唐 音	現代北京音	日本語訳	中 日 大 辞 典
177	後首	ヘ。ウ シウ	hòu shǒu	ウシロ¥	後手 あとで
176	後頭	ヘ。ウ テ。ウ	hòu tou	ウシロ	1うしろ 2以後
461	糊塗	ウ トウ	hú tú	ハキトセヌ	はっきりしない
212	懐疑	ワイ ニイ	huái yí	ウタカフ¥	1疑う 2推測する
751	患病	ワン ビン	huàn bìng	ヤマフ¥	患う
677	緩寛	ワン クハン	huǎn kuān	ユルリト	＊
725	還完	ワン ワン	huán wán	ナシシマツタ	＊
505	還未	ワン ウイ	huán wèi	マダシヒ¥	＊
23	歓喜	ハン ヒイ	huān xǐ	ヨロコブ	1喜ぶ 2好む
722	還願	ワン ザ゜イ	huán yán	グハンヲホトク	＊
723	還債	ワン ザ゜イ	huán zhài	シヤクセンヲハラフ	借金をかえす
170	黄昏	ワン ホヲン	huáng hūn	クレガタ	たそがれ
421	惶愧	ワン グイ	huáng kuì	ハヅカシヒ¥	恐れ恥じる
675	慌忙	ハン マン	huāng máng	アハテル	急ぎ慌てる
455	回復	ヲイ ホ	huí fù	ヘンジ¥	1返事する 2復命する 3回復する
492	悔恨	ホイ ヘヱン	huǐ hèn	クユル	悔やむ
454	回話	ヲイ ワヽ	huí huà	ヘンジ¥	申し述べる
481	誨教	ホイ キヤ。ウ	huì jiào	オシヱ	教誨 おしえみちびく
90	回礼	ヲイ リイ	huí lǐ	ヘンレイヲスル	返礼
456	回請	ヲイ ツイン	huí qǐn	フルマヒカエシ	還席 答礼宴
453	回音	ヲイ イン	huí yīn	ヘンジ	文：返信
279	渾章	ウヲン チヤン	hún zhāng	ヲウドウモノ¥	＊
762	活動	ウヲ トン	huó dòng	イキヽトスル	活動する
678	火急	ホウ キ	huǒ jí	イコフイソグ	非常に急いで
427	忌憚	ギイ ダン	jì dàn	エンリョスル¥	文：遠慮する
207	記掛	キイ クハア	jì guà	キヅカハシヒ	方：心にかける
732	記号	キイ ハ゜ウ	jì hào	シルシヲツクル	しるし
553	幾乎	キイ ウヽ	jī hū	アブナヒコトニ¥	1ほとんど 2〜にちかい
426	忌諱	ギイ ホイ	jì huì	エンリョスル	1いみさける 2タブー
493	計較	キイ キヤ。ウ	jì jiào	テダテ	1計算する 2計画
229	寂寥	ヅエ リヤ。ウ	jì liáo	サビシヒ¥	寂寞 文：ひとりぼっちで
680	急忙	キ マン	jí máng	イソカシ	急ぐ

第1節　唐話辞典

語順	語彙	唐音	現代北京音	日本語訳	中日大辞典
228	寂寞	ヅエ　モ	jì mò	サビシヒ¥	文：ひとりぼっちで
498	計謀	キイ　メ。ウ	jì móu	ハカリコト	策略
649	吉日	キ　ジ	jí rì	ヨキ日	よい日
14	吉瑞	キ　ヅイ	jí ruì	ヨキ事ノシルシ¥	＊
310	寄書	キイ　シユイ	jì shū	書カンヲヨセル	文：手紙をだす
13	吉祥	キ　ヅヤン	jí xiáng	ヨキ事ノシルシ¥	1めでたい　2調子よくはこぶ
309	寄信	キイ　スイン	jì xìn	タヨリヲイタス	手紙を出す
15	吉凶	キ　ヒヨン	jí xiōn	キツキヤウ	幸運と不幸
708	記帳	キイ　チヤ。ン	jì zhàng	チヤウニツクル	帳簿につける
12	吉兆	キ　ヂヤ。ウ	jí zhào	ヨキ事ノシルシ	文：めでたい前兆
275	仮話	キヤア　ハア、	jiǎ huà	ウソ	うそ
383	仮令	キヤア　リン	jiǎ lìng	タトヒ	文：もしも
384	仮使	キヤア　スウ	jiǎ shǐ	タトヒ¥	もし～だとすれば
191	間壁	ケン　ピ	jiān bì	トナリ	隔壁
45	煎茶	ツエン　ヅア、	jiān chá	チヤヲセンジョ	焼茶　お茶をいれる
755	賎庚	ヅエン　ケン	jiàn gēng	トシ	＊
651	堅固	ケン　クウ	jiān gù	カタヒ	丈夫である・堅い
501	奸計	ケン　キイ	jiān jì	イツハリノハカリコト	悪だくみ
339	揀日	ケン　ジ	jiǎn rì	日ヲエラム¥	＊
759	賎姓	ツエン　スイン	jiàn xìng	ミヤウジ	わたしの姓－卑称
753	賎恙	ヅエン　ヤン	jiàn yàng	ビヤウキ	文：自分の病気をいう－卑称
67	講話	キヤン　ハア、	jiǎng huà	モノ云フ¥	話をする
255	将就	ツヤン　ヅエウ	jiāng jiù	大カタナ	1がまんをする　2間にあわせる
746	将息	ツヤン　スエ	jiāng xī	ヤウジヤウ	1休養する　2機嫌をとる
747	将養	ツヤン　ヤン	jiāng yǎng	ヤウジヤウ¥	養生する
482	教導	キヤ。ウ　ダ。ウ	jiào dǎo	オシエ¥	教え導く
703	交割	キヤ。ウ　カ	jiāo gē	ワタス	うけわたしする
483	教化	キヤ。ウ　ハア、	jiào huà	オシエ¥	文：教育し感化する
277	狡猾	キヤ。ウ　ワ	jiǎo huá	ヲウチヤク	ずるい
701	交還	キヤ。ウ　ワン	jiāo huán	カエス	返す
357	叫喚	キヤ。ウ　ハン	jiào huàn	ヨバワル	1さけぶ　2鳥獣がなく
107	攪擾	キヤ。ウ　ジヤ。ウ	jiǎo rǎo	ザフサニナリタ	打撹　1人のお宅に邪魔する　2かき乱す

561

第Ⅴ章 唐話辞典・唐音表・江戸言語学年表

語順	語彙	唐音	現代北京音	日本語訳	中 日 大 辞 典
295	驕奢	キヤ°ゥ シヱヽ	jiāo shē	オゴル	驕奢淫逸 ぜいたくざんまいの無軌道な暮らし
214	焦心	ツヤ°ゥ スイン	jiāo xīn	心ヲコガス	方：焦る
484	教訓	キヤ°ゥ ヒユン	jiào xùn	オシエ¥	教え諭す
326	街坊	キヤイ ハン	jiē fāng	マチ¥	隣近所
324	街衢	キヤイ ギユイ	jiē qú	マチ	文：街路
325	街上	キヤイ ジヤン	jiē shàng	マチ¥	市街地
333	借宿	ツヱヽ ソ	jiè sù	ヤドカル	宿を借りる
706	借債	ツヱヽ ザ°イ	jiè zhài	シヤクセンガアル¥	借金する
507	借重	ツヱヽ ヂヨン	jiè zhòng	タノム	他人の力をかりる・力になってもらう
623	今般	キン パン	jīn bān	コノタビ¥	＊
620	今次	キン ツウ	jīn cì	コノタビ¥	今番
619	今番	キン ハン	jīn fān	コノタビ¥	今回・今般
618	今回	キン ヲイ	jīn huí	コノタビ	＊
165	今日	キン ジ	jīn rì	ケフ	1現在 2今日
261	謹慎	キン ジン	jǐn shèn	ツヽシム	注意ぶかい
528	尽数	ヅイン ソウ	jǐn shù	アリカギリ	ありったけ ことごとく
536	尽行	ツイン ヒン	jǐn xín	コトヽク	＊
118	敬盃	キン ポイ	jìng bēi	サカツキヲサス	＊
428	驚恐	キン コン	jīng kǒng	オドロク	ちょっとのことにびくびくする
363	経用	キン ヨン	jīng yòng	ツヨヒ	禁用 長持ちする
141	敬重	キン ヂヨン	jìng zhòng	ウヤマフ¥	敬意をもち重視する
629	旧年	ギウ ネン	jiù nián	キヨネン	1昔 2旧の正月 3去年
726	旧債	ギウ ザ°イ	jiù zhài	フルシヤクセン	＊
374	拘礼	キユイ リイ	jū lǐ	ヘンクツナ¥	遠慮深い
424	懼怕	ギユイ パアヽ	jù pà	オソル	おそれ
373	拘束	キユイ シヨ	jū shù	ヘンクツナ	1束縛する 2堅くなる
268	均分	キユン フン	jūn fēn	ヒヤウダウニワクル¥	平均に分配する
266	均平	キユン ピン	jūn píng	ビヤウダウ	平均
136	看破	カン ポウ	kàn pò	ミカギル	1見破る 2見限る 3あきらめる
137	看軽	カン キン	kàn qīng	カロンズル	軽視する
138	看重	カン ヂヨン	kàn zhòng	オモンズル	おもくみる
761	康健	カン ゲン	kāng jiàn	ゴブシ	健康

562

第1節　唐話辞典

語順	語彙	唐　音	現代北京音	日本語訳	中　日　大　辞　典
720	靠頼	カ｡ウ　ライ	kào lài	ウチタノム	あてにする
394	孝順	ヒヤ｡ウ　ジユン	kào shùn	カウコウナ	＊
742	考問	カ｡ウ　ウエン	kǎo wèn	ガウモンスル	試問
446	可愛	コウ　アイ	kě ài	アイラシヒ	かわいい
445	可恨	コウ　ヘエン	kě hèn	クチヲシヒ	恨めしい
449	可憐	コウ　レン	kě lín	アハレナ	＊
494	科派	コウ　パイ	kē pài	テダテ￥	割り当てる
630	客歳	ケ　ソイ	kè suì	キヨネン￥	文：去年
444	可惜	コウ　スエ	kě xī	ノコリヲシヒ￥	惜しい
442	可羨	コウ　ヅエン	kě xiàn	ウラヤマシヒ￥	＊
448	可咲	コウ　スヤ｡ウ	kě xiào	オカシヒ￥	おかしい
222	空夫	コンゾウ	kòng fū	ヒマ	＊
425	恐懼	コン　ギユイ	kǒng jù	オソル￥	1おじけおそれる 2おそれかしこむ
223	空閑	コン　ヒエン	kòng xián	ヒマ￥	1空いている 2暇・すき
584	口喫	ケ｡ウ　キ	kǒu chī	ドモ	結巴 どもり
459	苦辞	クウ　ヅウ	kǔ cí	タツテ　ジタイスル	＊
460	苦留	クウ　リウ	kǔ liú	シキリニ　ト、ムル	しきりにひきとめる
572	誇口	クハア　ケ｡ウ	kuā kǒu	ホコル	誇嘴 自慢する
576	誇奨	クハア　ツヤン	kuā jiǎng	ホメル	ほめる
4	快活	クハイ　ウヲ	kuài huó	タノシマシヒ￥	楽しい
3	快楽	クハイ　ロ	kuài lè	タノシマシヒ	楽しい
548	快些	クハイ　スエ、	kuài xiē	ハヤク	＊
113	款待	クハン　ダイ	kuǎn dài	モテナシ	ねんごろにもてなす
337	寛日	クハン　ジ	kuān rì	日ヲノバス	＊
378	寛肆	クハン　スウ	kuān sì	ヒロヒ	＊
376	寛鬆	クハン　ソン	kuān sōng	ユルカシヒ	ゆったりしている
56	寛坐	クハン　ヅヲ、	kuān zuò	ロクニスハリ玉へ￥	くつろぐ
196	来往	ライ　ワン	lái wǎng	イタリキタリスル	交際する
120	爛酔	ラン　ツイ	làn zuì	イカフヨツタ	ひどくよっぱらう
364	牢紮	ラ｡ウ　ザ｡	lǎo zā	ヂヤウブナ	＊
287	老実	ラウ　ジ	lǎo shí	シヤウヂキモノ	誠実である
227	冷淡	レン　ダン	lěng dàn	サビシヒ￥	1冷淡にする 2さびしい

563

第Ⅴ章　唐話辞典・唐音表・江戸言語学年表

語順	語彙	唐音	現代北京音	日本語訳	中日大辞典
226	冷静	レン ツヅイン	lěng jìng	サビシヒ	方：寂しい
415	冷咲	レン スヤウ	lěng xiào	アザワラフ	あざ笑う
97	離別	リイ ベ	lí bié	ワカル゛¥	人と別れる
581	利害	リイ ハイ	lì hài	キツイコト	厲害 きつい
582	利口	リイ ケ°ウ	lì kǒu	ヨククチヲタヽク	能弁
717	立身	リ シン	lì shēn	立身ヲスル¥	＊
16	利市	リイ ズウ	lì shì	シアハセヨシ	1商売で得た利益 2方：好運
180	裏首	リイ シウ	lǐ shǒu	ウチ	里頭 うち
181	裏頭	リイ デ°ウ	lǐ tóu	ウチ¥	里首 うち
220	力行	リ ヒン	lì xíng	ツトムル	文：極力努める
438	連累	レン ルイ	lián lěi	マキゾエ¥	巻き添えをくわす
430	憐憫	レン ミン	lián mǐn	アハレム¥	不憫におもう
650	良辰	リヤン シン	liáng chén	ヨキトキ	文：よき日
499	良計	リヤン キイ	liáng jì	ヨキハカリコト	＊
670	亮夜	ヤン エ、	liáng yè	ツキノヨ	＊
246	撩撥	リヤ°ウ パ	liáo bō	リヨグハイ¥	1そそのかす 2ひっかかる
149	料理	リヤ°ウ リイ	liào lǐ	トリサバク¥	処理する
119	領盃	リン ポイ	lǐng bēi	盃ヲイタダク	＊
290	伶俐	リン リイ	líng lì	カシコヒモノ	賢い
527	零砕	リン スイ	líng suì	ハシタモノ	細かい
93	留連	リウ レン	liú lián	ナゴリヲオシム	居続ける
218	留心	リウ スイン	liú xīn	心ニカクル	気をつける
219	留意	リウ イ、	liú yì	心ニカクル¥	留心
243	囉唣	ロウ ソウ	luó zào	ヤカマシヒ	古白：やかましく騒ぐ
606	落雨	ロ イユイ	luò yǔ	アメノフル¥	下雨 雨がふる
451	埋怨	マイ エユン	mái yuàn	ウラム¥	＊
654	漫長	マン チヤン	màn cháng	イコフナガヒ	長たらしい
653	漫大	マン ダア、	màn dà	イコフ大キナ	文：すごく大きい
365	没干	モ°カン	méi gān	ヤクニタヽヌ	＊
346	毎日	ムイ ジ	měi rì	マイ日¥	文：毎日
311	没信	モ°スイン	méi xìn	タヨリガナイ	＊
366	没用	モ°ヨン	méi yòng	ヨウニタヽヌ	＊

564

第1節　唐話辞典

語順	語彙	唐音	現代北京音	日本語訳	中日大辞典
668	朦朧	モン ロン	méng lóng	オボロ	もうろう
657	綿軟	メン セン	mián ruǎn	ワタノコトクヤハラカナ	1柔らかい 2弱い
157	明白	ミン ベ	míng bái	ラチガアイタ¥	1わかる 2賢い 3はっきりしている
666	明亮	ミン リヤン	míng liàng	スキトフル・アカルイ	1明るい 2よくわかっている 3輝いている
626	明年	ミン ネン	míng nián	ツキノトシ	来年
166	明日	ミン ジ	míng rì	アス	明天 1あす 2ちかい将来
523	那個	ナア、コウ	nà ge	タレカ¥	1それ・その・あれ・あの 2妻・あいつ
693	拿来	ナア、ライ	ná lái	持テ来レ	持って来る
402	耐煩	ナイ ワン	nài fán	コヽロモチガヨイ	忍耐する
362	耐久	ナイ キウ	nài jiǔ	ヒサシクコタエル	長持ちする
600	難熬	ナン ガ°ウ	nán áo	タエガタヒ¥	こらえにくい・耐え忍びがたい
599	難禁	ナン キン	nán jīn	タエガタヒ	＊
400	悩怒	ナ°ウ ノウ	nǎo nù	ハラタテイカル	怒る
225	閙熱	ゼ ナ°ウ	nào rè	ニギヤカナ	熱閙 にぎやか
519	你等	ニイ テン	nǐ děng	汝等¥	＊
518	你毎	ニイ ムイ	nǐ měi	汝等¥	＊
517	你們	ニイ モ°ン	nǐ men	汝等	君を
560	寧可	ニン コウ	nìng kē	イッソノコトニ	むしろ・いっそのこと
561	寧索	ニン ソ	nìng suǒ	イッソノコトニ¥	＊
416	怕羞	パア、スユウ	pà xiū	ハヂル	害臊 はじる
265	派開	パイ カイ	pài kāi	ワクル	＊
741	盤詰	パァン キ	pán jí	ナジリトフ¥	＊
740	盤問	パアン ウエン	pán wèn	ナジリトフ	詰問する
44	泡茶	パ°ウ ヅア、	pào chá	ダシヤヲセヨ	沏茶 茶をいれる
328	疲倦	ピイ ギエン	pí juàn	クタビレル	疲れてだるくなる
388	譬方	ピイ ハン	pì fāng	タトエハ¥	＊
386	譬如	ピイ ジユイ	pì rú	タトエハ	比方 たとえば
387	譬喩	ピイ イユイ	pì yù	タトエハ¥	文：たとえ
765	平安	ピン ヤン	píng ān	ゴソクサイ	平穏無事
640	平常	ピン ヂヤン	píng cháng	ヨノツネ	日常・平素
267	平分	ピン フン	píng fēn	ヒヤウドウニワクル	平均分配
389	憑據	ピン キユイ	píng jù	シャウコ	＊

565

第Ⅴ章 唐話辞典・唐音表・江戸言語学年表

語順	語彙	唐　　音	現代北京音	日本語訳	中　日　大　辞　典
639	平生	ビン スヱン	píng shēng	ヘイゼイ	1日常 2一生涯
563	憑他	ビン タァ丶	píng tā	カレシダヒ	＊
55	平坐	ビン ヅヲ丶	píng zuò	ロクニスハリ玉へ	＊
288	朴実	ポ ジ	pǔ shí	シヤウヂキモノ￥	1飾り気がなくまじめ 2質素である
674	凄惨	ツユイ ザ°ン	qī cǎn	カナシヒ	痛ましい
73	起程	キイ ヂン	qǐ chéng	ホツソクスル￥	文：出発する
130	欺負	キイ ウ丶	qī fù	アザムク	つらくあたる
658	漆黒	ツヱ ペ	qī hēi	ウルシノコトククロヒ	まっ黒
332	憩留	キイ リウ	qì liú	トウリウスル	＊
75	起身	キイ シン	qǐ shēn	ホツソクスル￥	1動身 出発する 2起床する
161	起先	キイ スヱン	qǐ xiān	サキホド	起頭 はじめ
72	起行	キイ ヒン	qǐ xíng	ホツソクスル	起程 出発する
632	前年	ヅヱン ネン	qián nián	センネン	昨年
81	欠情	ケン ヅイン	qiàn qíng	ブサタイタシタ	＊
163	前日	ヅヱン ジ	qián rì	コノヂウ	前天 おととい
175	前頭	ヅユン テ°ウ	qián tóu	マエ	前面 まえ
508	千万	ツヱン ワン	qiān wàn	タノム	絶対に・必ずどうぞ・決して
335	遷延	ツヱン エン	qiān yán	エンニン	ぐずぐずする・引き延ばす
704	欠債	ケン ザ°イ	qiàn zhài	シヤクセンガアル	借金
294	勤謹	ギン キン	qín jǐn	ツトムル	方：勤勉で謙虚
204	親戚	ツイン ツヱ	qīn qì	シタシヒ	親戚
441	欽羨	キン ヅヱン	qīn xiàn	ウラヤマシヒ	＊
236	清楚	ツイン ツヲ丶	qīng chǔ	サツハリトシタ	明白
36	請飯	ツイン ハン	qǐng fàn	オメシヲマイレ	＊
40	請酒	ツイン ツユウ	qǐng jiǔ	サケマイレ	酒をすすめる
48	請客	ツイン ケ	qǐng kè	キヤクヲフルマヒ	1客を招待する 2おごる
58	請寛	ツイン クハン	qǐng kuān	ロクニキ玉へ	＊
52	請上	ツイン ジヤン	qǐng shàng	上リ玉へ	＊
68	清談	ツイン ダン	qīng tán	ヨキハナシ	閑談
174	清早	ツイン ザ°ウ	qīng zǎo	アサ￥	早朝
237	清緻	ツイン ツウ	qīng zhì	ウツクシヒ	＊
51	請坐	ツイン ヅヲ丶	qǐng zuò	スハリ玉へ	どうぞお座り下さい

第1節　唐話辞典

語順	語彙	唐　　音	現代北京音	日本語訳	中　日　大　辞　典
714	窮鬼	ギヨン クイ	qióng guǐ	マヅシキモノ	窮骨頭 貧乏神
698	取来	ツユイ ライ	qǔ lái	トリテキタレ	*
319	取路	ツユイ ロウ	qǔ lù	ミチヲウツ	*
631	去歳	キユイ ソイ	qù suì	キヨネン¥	文：去年
124	取咲	ツユイ スヤ。ウ	qǔ xiào	ジヤレコト	1笑いを招く 2からかう
495	圏套	キエン タ。ウ	quān tào	オトシアナ	罠・策略
82	缺情	キヱ ヅイン	quē qíng	ブサタイタシタ¥	缺情短礼 礼を失する
750	染病	ゼン ビン	rǎn bìng	ヤマフ	病気に伝染する
230	嚷閙	ジヤン ナ。ウ	rǎng nào	サハガシヒ	やかましく騒ぐ
360	忍耐	ジン ナイ	rěn nài	カンニンスル	がまんする
565	任他	ジン タアヽ	rèn tā	サモアラハアレ¥	*
171	日中	ジ チヨン	rì zhōng	ヒル	1正午 2春分
224	冗忙	ジヨン マン	rǒng máng	イソカシヒ	*
440	如何	ジユイ ホウ	rú hé	ナントシタカ¥	1どのようにするか 2〜してはいかが
22	如意	ジユイ イヽ	rú yì	心ニカナフ¥	1意の如く〜思いどおりになる 2気に入る
21	如志	ジユイ ツウ	rú zhì	心ニカナフ	*
403	撒潑	サ パ	sā pō	イタヅラスル	泣きわめく
41	灑酒	シヤイ ツユウ	sǎ jiǔ	サケツゲ	*
687	掃塵	サ。ウヂン	sǎo chén	フヽハキ(ススハキ)	*
684	臊皮	サ。ウ ビイ	sāo pí	ムマヒコトノアル事	恥ずかしい
686	掃興	サ°ウ ヒン	sǎo xìng	キヤウヲサマス	興ざめる
601	晒乾	シヤイ カン	shài gān	ホシカラバシタ	ほして・乾かす
729	上等	ジヤン テン	shàng děng	上ヒン	*
728	上好	ジヤン ハ。ウ	shàng hǎo	イコフヨヒ	極上の
733	上号	ジヤン ハ。ウ	shàng hào	上ノシルシ	*
53	上来	ジヤン ライ	shàng lái	アガレ	1上がって来る 2高ぶってくる
145	商量	シヤン リヤン	shāng liáng	ダンカウスル¥	相談する
320	上路	ジヤン ロウ	shàng lù	ミチヲウツ¥	旅立つ
189	上頭	ジヤン デ。ウ	shàng tóu	ウヱ	1上 2以上の 3〜の点で
504	尚未	ジヤン ウイ	shàng wèi	マダシヒ	文：いまだなお〜せず
144	商議	シヤン イヽ	shāng yì	ダンカウスル	相談する
500	上著	ジヤン チヤ	shàng zhāo	ヨキハカリコト¥	上策

第V章 唐話辞典・唐音表・江戸言語学年表

語順	語彙	唐音	現代北京音	日本語訳	中日大辞典
54	上坐	ジヤン ツヲ、	shàng zuò	上ニスハリ玉ヘ	上座
159	少停	シヤ。ウ デイン	shǎo tíng	ヲツツケ	しばらく停止する
705	少債	シヤ。ウ ワ°イ	shǎo zhài	シヤクセンガアル¥	*
250	折本	ゼ ペエン	shé běn	モトデヲソンシタ	元手をする
583	舌弁	ゼ ヘン	shé biàn	ベンゼツカヨイ	*(舌辨之士 論客はある)
296	奢侈	シエ、 ツウ	shē chǐ	オゴル¥	ぜいたく
524	甚人	シン ジン	shén rén	何モノカ	古白：だれ・何人
739	審問	シン ウエン	shěn wèn	センキスル	取り調べる
473	沈吟	ヂン ニン	shěn yín	シアンスル	*
595	生瘡	スエン ザ°ン	shēng chuāng	カサガデケタ	腫れものができる
110	盛欵	ジン クハン	shèng kuǎn	ゴチソフ	文：盛待 盛大なもてなし
221	省力	スエン リ	shěng lì	テマヲトラヌ	力を省く
114	生受	スエン ジウ	shēng shòu	セハヲスル	むりをかける
205	生疎	スエン ソウ	shēng shū	ウトンズル	1うとい 2疎遠 3未熟
529	剰下	チン ヒヤア	shèng xià	ノコリ	残る
530	剰些	チン スエ、	shèng xiē	スコシノコセ	*
209	生疑	スエン ニイ	shēng yí	ウタガヒヲオコス	疑念をいだく
80	失候	シ ヘ。ウ	shī hòu	ブインイタシタ	文：適当な時期をとり逃がす 2不在をして失礼する
604	湿了	シ リヤ。ウ	shī le	ヌレタ	*
84	失礼	シ リイ	shī lǐ	ブレイイタシタ	失礼する
475	失落	シ ロ	shī luò	ウシナフ	失う・なくす
83	失陪	シ ボイ	shī péi	ゴアヒサツモイタサヌ	お先に失礼する
397	使気	スウ キイ	shǐ qì	セキメンスル	意気込む
603	湿透	シ テ。ウ	shī tòu	ヌレトラリタ	ずぶぬれになる
476	失信	シ スイン	shī xìn	フトヽケ	信用を失くす・約束をたがえる
85	失迎	シ ニン	shī yíng	ムカヒニモイデヌ	1お出迎え致しませんで 2不在で失礼しました
470	失約	シ ヤ	shī yuē	ヤクソクニソムク¥	約束を破る・違約する
594	収口	シウ ケ。ウ	shōu kǒu	イエタ	傷口がふさがる
699	収去	シウ キユイ	shōu qù	トリテユケ	*
692	収拾	シウ ジ	shōu shí	トリヲサムル	1始末する 2とりそろえる
206	疎遬	ソウ デ	shū tì	ウトヽシヒ	*
32	耍子	シヤア ツウ	shuǎ zi	アソブ¥	たわむれる・遊ぶ

第1節 唐話辞典

語順	語彙	唐 音	現代北京音	日本語訳	中 日 大 辞 典
468	爽約	シヤン ヤ	shuǎn yuē	ヤクソクニソムク	違約する
5	爽快	シヤン クハイ	shuǎng kuài	コヽロヨイ	1爽快である 2活発である 3率直である
20	爽利	シヤン リイ	shuǎng lì	イサギヨヒ	1てきぱきしている 2いっそ
647	雙日	シヤン ジ	shuāng rì	チヤウノ日	偶数日
322	水路	スイ ロウ	shuǐ lù	フナヂ	海路
66	説話	セ ハアヽ	shuō huà	モノ云フ	話す・ものを言う
273	説謊	セ ハン	shuō huǎng	ウソヲ云	うそを言う
135	説破	セ ボウ	shuō pò	ワルク云フ	1打ち明けて言う 2すっぱぬく
239	斯文	スウ ウエン	sī wén	キヤシヤナ¥	1優雅である 2きちんとしている
270	私下	スウ ヒヤア	sī xià	アイシヤウ	1こっそり 2非公式に
474	思想	スウ スヤン	sī xiǎng	オモフ	1思想 2考え 3思い巡らす
331	宿歇	ソ ヒエ	sù xiē	トマル	＊
702	算還	ソハン ワ^{ママ}シ	suàn huán	サンヨウシテ カエス	支払う
497	算計	(ソハ^{ママ})ン キイ	suàn jì	人ヲツモル	1他人をひそかに謀る 2見積もる
568	随他	ヅイ タアヽ	suí tā	カレシダヒ¥	＊
563	索然	ソ ゼン	suǒ rán	イツソノコトニ¥	文：1尽きてなくなる 2興ざめするさま
682	唆使	ソウ スウ	suō shǐ	シリヲシスル	そそのかす
242	嗩碎	ソウ スイ	suǒ suì	ムツカシヒ	＊
562	索心	ソ スイン	suǒ xīn	イツソノコトニ¥	＊
520	他們	タアヽ モ°ン	tā men	カレラ	彼等
194	太近	タイ ギン	tài jìn	アマリチカヒ	＊
1	太平	タイ ピン	tài píng	タイヘイナ	平和である
697	擡去	ダイ キユイ	tái qù	カイテユケ	＊
656	太軟	タイ ゼン	tài ruǎn	アマリヤハラカナ	＊
195	大遠	ダアヽ エユン	tài yuǎn	イカフトヲヒ	＊
436	貪図	タン ドウ	tān tú	ムサボル	欲張る
79	探望	タン ワン	tàn wàng	ミマフ¥	1のぞき見る 2見舞う
245	唐突	ダン テ	táng tū	リヨグハイ¥	だしぬけである
253	討本	タ°ウ ペヱン	tǎo běn	モトトリカエシタ	＊
355	逃難	タ°ウ ナン	táo nàn	ナンヲノカルヽ	避難する
711	討債	タ°ウ ザ°イ	tǎo zhài	シヤクセンヲコフ	借金を催促する
707	討帳	タ°ウ チヤン	tǎo zhàng	カケトル	借金を催促する

569

語順	語彙	唐音	現代北京音	日本語訳	中日大辞典
353	逃走	ダウ ツヱ。ウ	táo zǒu	ニゲル	逃走する
597	疼痛	デン トン	téng tòng	イタム	痛む
153	隄調	デイ デヤ。ウ	tí diào	サシヅスル	堤調 指図する・隄 dī で堤のこと
610	天亮	テン リヤン	tiān liàng	ヨガアケタ	夜明け
611	天明	テン ミン	tiān míng	ヨガアケタ￥	文：夜明け
608	天晴	テン ツイン	tiān qíng	ハレタ	＊
612	天晩	テン ワン	tiān wǎn	日ノクレタ￥	＊
609	天陰	テン イン	tiān yīn	クモル	＊
696	挑来	チヤ。ウ ライ	tiāo lái	ニナツテ来レ	＊
126	調戯	デヤ。ウ ヒイ	tiáo xì	タハムルヽ	婦女をからかう
154	停當	デイン タン	tíng dàng	トヽノフリヌ	1落ち着く 2片づける
155	停妥	デイン トウ	tíng tuǒ	ラチガアイタ	停當
160	停回	デイン ヲイ	tíng huí	ヲツツケ￥	＊
334	投宿	デ。ウ ソ	tóu sù	ヤドトル	宿をとる
590	頭痛	テ。ウ トン	tóu tòng	カシラガイタム	頭がいたむ
458	推辞	トイ ヅウ	tuī cí	ジタイスル￥	断わる・辞退する
655	忒短	テ トハン	tuī duǎn	アマリ ミシカヒ	＊
306	托大	ト ダアヽ	tuō dà	タカブル	高慢ちきである
356	脱難	ト ナン	tuō nàn	ナンヲノカルヽ￥	難をのがれる
156	妥貼	トウ テ	tuǒ tiē	ラチガアイタ￥	ちゃんとしている
178	外首	ワイ シウ	wài shǒu	ホカ	外頭
179	外頭	ワイ デ。ウ	wài tou	ホカ￥	そと
543	完備	ウン ボイ	wán bèi	トヽノエソナユル￥	完備している
544	完了	ワン リヤ。ウ	wán liao	シマツタ	終わった
613	晩了	ワン リヤ。ウ	wǎn liao	クレタ	＊
31	頑耍	ワン シヤア	wán shuǎ	アソブ	玩耍 遊び戯れる
169	晩頭	ワン テ。ウ	wǎn tou	バン カタ￥	＊
443	惋惜	ワン スエ	wǎn xī	ノコリヲシヒ	嘆き惜しむ
709	完帳	ワン チヤン	wán zhàng	チヤウヲケス	＊
685	宛転	ワン チエン	wǎn zhuǎn	ヤリクリ	婉転 円滑である
636	往常	ワン チヤン	wǎng cháng	ソノカミ￥	これまで・いつも
197	往還	ワン ワン	wǎng huán	互ニ出入スル	行き来する

語順	語彙	唐音	現代北京音	日本語訳	中日大辞典
198	往回	ワン ヲイ	wǎng huí	ユキモドリ	1後へ 2帰りに
635	往年	ワン ネン	wǎng nián	ソノカミ¥	往時
100	未見	ウイ ケン	wèi jiàn	マダアハヌ	まだ会わない
547	未完	ウイ ワン	wèi wán	マタシマハヌ	＊
734	為様	ヲイ ヤン	wéi yáng	テホンニスル	＊
602	未燥	ウイ サ。ウ	wèi zào	マタカハカヌ	＊
293	温存	ウヲン ヅヲン	wēn cún	ニウハモノ¥	1優しくいたわる 2思いやる
29	穏當	ウヲン タン	wěn dāng	タシカナル事	妥当である
78	問候	ウエン ヘ。ウ	wèn hòu	ミマフ	ご機嫌をうかがう
43	温酒	ウヲン ツユウ	wēn jiǔ	サケヲアタヽメヨ	酒のかんをする
292	温柔	ウヲン ジウ	wēn róu	ニウハモノ	ふんわりと温かい
238	文雅	ウエン ヤアヽ	wén yǎ	キヤシヤナ	みやびやか
96	握別	ヲ ベ	wò bié	ワカルヽ¥	袂をわかつ
521	我們	ゴウ モ°ン	wǒ men	ワレラ	我々
235	醒酶	ヲ チヨ	wò zú	キタナヒ¥	＊(存疑)
665	烏黒	ウ ベ	wū hēi	クロヒ	真っ黒
129	侮慢	ウ マン	wǔ màn	アナドル¥	あなどりおごる
435	無奈	ウ ナイ	wú nài	シヤウコトガナイ	いたし方がない
395	忤逆	ウ ネ	wǔ nì	フカウナ	1逆らう 2不孝である
760	無恙	ウ ヤン	wú yàng	ツヽカナシ	文：恙がない
367	無益	ウヽ イ	wú yì	エキガナイ	無益である
64	晤語	ウヽ イユイ	wù yǔ	ハナシ¥	＊
503	稀罕	ヒイ ハアン	xī hǎn	マシナ	1まれである・珍しい 2気に入る
128	爰落	イヽ ロ	xī luò	アナドル	言葉でひやかす
125	戯弄	ヒイ ロン	xì nòng	ナブル	からかう
634	昔日	スエ ジ	xī rì	ソノカミ¥	文：昔日・以前
614	夕陽	ヅエ ヤン	xī yáng	クレガタ	1夕日 2山の西側 3老年
633	昔在	スエ サイ	xī zài	ソノカミ	＊
616	下次	ヒヤア ツウ	xià cì	又ノタビ¥	次回
731	下等	ヒヤア テン	xià děng	下ヒン	下等
617	下回	ヒヤア ヲイ	xià huí	又ノタビ¥	次回
627	下年	ヒヤア ネン	xià nián	ツキノトシ¥	翌年

第Ⅴ章　唐話辞典・唐音表・江戸言語学年表

語順	語彙	唐音	現代北京音	日本語訳	中日大辞典
628	下日	ヒヤア ジ	xià rì	ツキノ日	＊
190	下頭	ヒヤア デ゜ウ	xià tou	シタ	した
607	下雪	ヒヤア スエ	xià xuě	ユキノフル	雪が降る
605	下雨	ヒヤア イユイ	xià yǔ	アメノフル	雨が降る
615	下遭	ヒヤア ザ゜ウ	xià zāo	又ノタヒ	次回
377	狭窄	ヤ ツエ	xiá zhǎi	セバヒ	狭い
63	閑話	ヒエン ワア丶	xián huà	ハナシ￥	1雑談 2悪口
162	先前	スエン ヅエン	xiān qián	サキホド￥	1先には 2以前
551	険然	ヒエン ゼン	xiǎn rán	アブナヒコトニ	＊
342	限日	ヒエン ジ	xiàn rì	日ヲカギル	日限を定める
552	険険	ヒエン 丶丶丶	xiǎn xiǎn	アブナヒコトニ￥	＊
60	閑坐	ヒエン ヅヲ丶	xián zuò	ヒマデイル	何もせずぽかんと座っている
99	相逢	スヤン ホン	xiāng féng	アフ￥	巡りあう
2	享福	ヒヤン ホ	xiǎng fú	サイハヒヲウクル	福をうける
201	相好	スヤン ハ゜ウ	xiāng hǎo	中ガヨイ￥	気心が知れている
98	相見	スヤン ケン	xiāng jiàn	アフ	1面会する 2見合いする
486	像教	ヅヤン キヤ゜ウ	xiàng jiào	フトノオシエ	仏教の別称
200	相善	スヤン ゼン	xiāng shàn	中ガヨイ￥	相好
199	相投	スヤ゜ン デ゜ウ	xiāng tóu	中ガヨイ	＊
506	相托	スヤン ト	xiāng tuō	アイタノム	1頼む 2信用する
65	相語	スヤン イユイ	xiāng yù	ハナシ￥	＊
139	小覷	スヤ゜ウ ツユイ	xiǎo qù	カロシメル	小看 みくびる
62	咲談	スヤ゜ウ ダン	xiào tán	ハナシ	（咲→笑）笑い草
313	消息	スヤ゜ウ スエ	xiāo xī	タヨリ	1情報 2音信
299	小心	スヤ゜ウ スイン	xiǎo xīn	ヘリクダル￥	気をつける
251	消折	スヤ゜ウ ゼ	xiāo zhé	ソンヲシタ	＊
408	泄漏	スエ レ゜ウ	xiè lòu	モレキコユル	秘密を漏らす
646	歇日	ヒエ ジ	xiē rì	ヤスミノ日	＊
545	写完	スエ丶 ワン	xiě wán	カキシマッタ	＊
329	歇息	ヒエ スエ	xiē xī	ヤスム	＊
316	信耗	スイン ハ゜ウ	xìn hào	タヨリ￥	＊
589	心疼	スイン テン	xīn téng	ムネガイタム	1ひどく可愛がる 2惜しがる

第1節　唐話辞典

語順	語彙	唐音	現代北京音	日本語訳	中日大辞典
11	興昌	ヒヽ チヤン	xīng chān	サカユル￥	*
679	性急	スイヽ キ	xìng jí	タンキモノ	せっかち・たんき
86	行礼	ヒヽ リイ	xíng lǐ	レイヲオコナフ	敬礼する
6	興趣	ヒヽ ツユイ	xìng qù	オモシロイ	興味
10	興頭	ヒヽ デ｡ウ	xìng tóu	サカユル￥	1興趣 2元気である 3喜ぶ
9	興旺	ヒヽ ワン	xīng wàng	サカユル	景気がよい
317	行走	ヒヽ ツエ｡ウ	xíng zǒu	アルク	1歩く 2往来する
419	羞慙	スヤウ ヅアン	xiū cán	ハヅカシヒ	恥じる
422	羞恥	スユウ ツウ	xiū chǐ	ハヂ	恥
423	羞辱	スユウ ジヨ	xiū rǔ	ハヅカシメ	辱める
721	許願	ヒユイ エユン	xu yán	グハンヲタテル	*
485	玄教	ヒエン キヤ｡ウ	xuán jiào	ヨキオシエ	道教ノ別称
232	喧嚷	ヒエン ジヤン	xuān rǎng	カモヒツシヒ	喧吵 騒がしくわめき立てる
350	選上	スエン ジヤン	xuǎn shàng	(エ)ラミアテタ	*
69	玄談	ヒエン ダン	xuán tán	ヨキハナシ￥	*
664	雪白	スエ ペ	xuě bái	ユキノゴトクシロヒ	雪のように白い
659	血紅	ヒエ ホン	xuè hóng	チノコトクアカヒ	血のように赤い
641	尋常	ツイン デヤン	xún cháng	ヨノツネ￥	行常 普通の
297	遜譲	ソヲン ジヤン	xùn ràng	ユヅル	謙譲 へりくだり譲る
336	延捱	エン ヤイ	yán ái	エンニン￥	*
375	厳緊	ネン キン	yán jǐn	キビシイ	厳しくてゆるみがない
234	醃臢	アン ザ｡ン	yān qiāng	キタナヒ	*
598	痒了	ヤン リヤ｡ウ	yǎng liao	カユヒ	*
736	様式	ヤン シ	yàng shì	ナリ	様式・見本
748	養息	ヤン スエ	yǎng xī	ヤウジヤウ￥	*
737	様子	ヤン ツウ	yàng zi	ナリ￥	かっこう・体裁
735	様子	ヤン ツウ	yàng zi	テホン	型・手本
50	邀客	ヤ｡ウ ケ	yāo kè	キャクヲフルマフ￥	客を招待する
168	夜間	エヽ ケン	yè jiān	バンカタ	夜間
537	一半	イ パン	yī bàn	ハンブン	半分
509	一般	イ パン	yī bān	オナシコト	ふつう・おなじ・ある種の
642	異常	イヽ チヤン	yì cháng	ヨノツネナラズ	尋常ではない

第V章　唐話辞典・唐音表・江戸言語学年表

語順	語彙	唐　音	現代北京音	日本語訳	中　日　大　辞　典
213	疑惑	ニイ ウヲ	yí huò	ウタガフ¥	疑う
624	翌日	イ ジ	yì rì	ツギノ日	文：翌日
211	疑心	ニイ スイン	yí xīn	ウタガフ	疑う
510	一様	イ ヤン	yí yàng	オナシコト¥	同じ
158	因該	イン カイ	yīn gāi	ソノハズ	＊
314	音耗	イン ハ°ウ	yīn hào	タヨリ¥	文：消息
298	慇懃	イン キン	yīn qín	ヘリクダル	丁寧
315	音信	イン スイン	yīn xìn	タヨリ¥	便り
466	応承	イン イユン	yìng chéng	カテンスル¥	引き受ける
652	硬磚	ヘエン ツエン	yìng chuān	コハヒ	（存疑）
289	穎悟	イン ウヽ	yǐng wù	リハツモノ	文：聡明怜悧である
465	応允	イン イユン	yìng yǔn	カテンスル	＊
37	用茶	ヨン ヅアヽ	yòng chá	チヤヲマイレ	茶を飲む
216	用心	ヨン スイン	yòng xīn	セイヲイダス	気をつかう
188	右側	ユウ ツエ	yòu cè	右ノワキ	＊
673	憂愁	ユウ ツエ。ウ	yōu chóu	ウレフ	1憂う 2憂える
7	有趣	ユウ ツユイ	yǒu qù	オモシロイ¥	おもしろい
567	由他	ユウ タアヽ	yóu tā	カレシダヒ¥	＊
33	遊頑	ユウ ワン	yóu wán	アソブ¥	遊びに出かける
312	有信	ユウ スイン	yǒu xìn	タヨリガアル	＊
284	愚蠢	イユイ チュン	yú chǔn	オロカモノ¥	ばかだ
8	娯楽	ウヽ ロ	yú lè	タノシム	楽しみ
283	愚鹵	イユイ ロウ	yú lǔ	オロカモノ	愚かである
450	怨恨	ユエン ヘエン	yuàn hèn	ウラム	恨む
467	約定	ヤ テイン	yuē dìng	ヤクソクスル	約束
671	月亮	エ リヤン	yuè liàng	ツキノヨ	月
117	再坐	サ°イ ツヲヽ	zài zuò	マゾットキヨ	＊
133	讃嘆	サ°イ ヅアヽ	zàn tàn	ホメル	感心して褒めたたえる
172	早晨	サ°。ウジン	zǎo chén	アサ	早朝
18	造化	ヅア。ウ ハアヽ	zào huà	シアハセ	幸福
683	遭際	サ°ウ ツユイ	zāo jì	オテック事	1境遇 2遭遇する
489	遭難	サ°。ウ ナン	zāo nán	ナンニアフ	＊

語順	語彙	唐音	現代北京音	日本語訳	中日大辞典
173	早上	ザ°ウ ジヤン	zǎo shàng	アサ¥	朝
549	早些	ザ°ウ スエ丶	zǎo xiē	ハヤク¥	*
338	択日	ヅエ ジ	zé rì	日ヲエラム	*
438	怎麼	ツエン モウ	zěn me	ナントシタカ¥	なぜ
437	怎生	ツエン スエン	zěn shēng	ナントシタカ	古白：どんな
439	怎様	ツエン ヤン	zěn yàng	ナントシタカ¥	いかがですか
502	詐謀	ツア丶 メ°ウ	zhà móu	イツハリノハカリコト¥	*
745	招出	チヤ°ウ チユ	zhāo chū	ハクジヤウスル¥	招出来 白状する
148	照管	チヤ°ウ クハン	zhào guǎn	トリサバク	世話をする
49	招客	チヤ°ウ ケ	zhāo kè	キャクヲフルマフ¥	*
622	這次	チエ丶 ツウ	zhè cì	コノタビ¥	今回
564	遮莫	チエ丶 モ	zhē mò	サモアラハアレ	古白：1ままよ 2よしんば
621	這遭	チエ丶 ザ°ウ	zhè zāo	コノタビ¥	このたび
276	真話	チン ハア丶	zhēn huà	マコト	*
147	斟酌	チン チヤ	zhēn zhuó	リヤウケンスル¥	1考慮する 2相談する
392	正謹	チン キン	zhèng jǐn	タ丶シヒ	*
391	証據	チン キユイ	zhèng jù	シヤウコ¥	証拠
142	争口	ツエン ケ°ウ	zhēng kǒu	カラカフ	*
143	争論	ツエン ロン	zhēng lùn	カラカフ¥	*
345	整日	チン ジ	zhěng rì	マイ日	まる一日
404	睁眼	ツエン エン	zheng yǎn	ニラム	眼をみはる
344	整夜	チン エ丶	zhěng yè	マイヤ	まる一晩
303	執拗	チ ハ°ウ	zhí niù	ジヤウシキスル¥	片意地を張る
302	執強	チ ギヤン	zhí qiǎng	ジヤウシキスル	*
644	値日	ヂ ジ	zhí rì	トウバンノ日	当直日
541	支吾	ツウ ウ丶	zhī wú	クチサキニマギラカス	ごまかしをいう
307	致意	ツウ イ丶	zhì yì	コトヅテ	気持を伝える
730	中等	チヨン テン	zhōng děng	中ヒン	中等
434	中計	チヨン キイ	zhòng jì	ハカリ事ニアタリタ	計略にかかる
182	中間	チヨン ケン	zhōng jiān	ナカ	中間
516	衆皆	チヨン キヤイ	zhòng jiē	ミナ丶丶¥	*
596	腫了	チヨン リヤ°ウ	zhǒng liao	ハレタ	*

第Ⅴ章　唐話辞典・唐音表・江戸言語学年表

語順	語彙	唐　音	現代北京音	日本語訳	中　日　大　辞　典
347	終日	チヨン ジ	zhōng rì	ヒメモス	一日中
183	中央	チヨン ヤン	zhōng yāng	ナカ¥	中央
348	終夜	チヨン エヽ	zhōng yè	ヨモスカラ	終宵 一晩中
24	中意	チヨン イヽ	zhòng yì	キニイル	気に入る
25	中用	チヨン ヨン	zhòng yòng	用ニタツ	役に立つ
676	周章	チウ チヤン	zhōu zhāng	アハテル	文：慌てふためく
382	嘱付	チヨ フウ	zhǔ fù	云ツケ¥	嘱咐 言いつける
150	主意	チユイ イヽ	zhǔ yì	フンベツ	考え
151	主張	チユイ チヤン	zhǔ zhāng	フンベツ¥	言い分
352	追赶	ツイ カン	zhuī gǎn	オツカクル	追いかける
542	准備	チユン ボイ	zhǔn bèi	トヽノエソナユル	準備
471	准信	チユン スイン	zhǔn xìn	シンスル	＊
146	酌量	チヤ リヤン	zhuó liàng	リヤウケンスル	斟酌する
260	仔細	ツウ スエヽ	zǐ xì	ネンノイル	注意ぶかい
385	縦然	ツヲン ゼン	zòng rán	タトヒ¥	縦使 たとえ～であろうとも
409	走風	ツエ。フヲン(ママ)	zǒu fēng	モレキコユル¥	消息を漏らす
354	走脱	ツエ。ウト	zǒu tuō	ニゲノガルヽ	危難を抜けて逃れる
140	尊敬	ツヲン キン	zūn jìng	ウヤマフ	尊敬する
756	尊名	ツヲン ミン	zūn míng	御名	＊
758	尊姓	ツヲン スイン	zūn xìng	御ミヤウジ	あなたの姓
92	作別	ツヲ ベ	zuò bié	イトマゴヒヲスル	文：別れを告げる
187	左側	ツヲヽ ツエ	zuǒ cè	左ノワキ	＊
121	作東	ツヲヽ トン	zuò dōng	テイシユトナル	主人役となる
87	作礼	ツヲ リイ	zuò lǐ	レイヲオコナフ¥	＊
164	昨日	ヅヲ シ	zuó rì	キノフ	昨天 きのう
410	作色	ツヲ スエ	zuò sè	ニンソウスル	顔色を変える
359	做声	ツヲヽ シン	zuò shēng	コヱヲタテル¥	＊
61	坐下	ヅヲヽ ヒヤア	zuò xià	下ニスハレ	1腰をおろす 2出産する 3食事する
106	作謝	ツヲ ヅエヽ	zuò xiè	レイヲ云フ¥	＊
88	作揖	ツヰ イ	zuò yī	モクレイヲスル	打拱 手をこまねいて丁寧な挨拶をする

第2節　江戸時代唐音表

　『唐話纂要』「二字話」の語彙の前後の要素を分割し「漢字・唐音・北京音・語数」を項目として排列した。この場合なるべく原本に近い形で記述しようとした。漢字は原則として原本の唐音表記にしたがって五十音順に排列した。
　なお下位に向かう階層では清音は濁音に先立ち，開音は合音に先立つ。また同一の表記をもつものはピンイン順である。＜数＞は載録語彙の中での同漢字数の合計を示し＜注＞には当該漢字のある語彙番号を付した。同一漢字で異表記の唐音をもつものがある。これらは用例の少ないものにあわせ，同数の場合はいずれかに付して並列した。そのために排列原則の例外として扱っている。
　表には「二字話」部の二字漢語の前部・後部要素のすべての漢字を入れている。
　なお岡島冠山の唐話受容は当時の事情から推測して一般に「江南音」と考えられている。本唐音表は今後これを詳細に観察する上での試用的なものである。

凡例
順　　　排列語順
漢字　　二字漢語の前部・後部要素
唐音　　冠山の記述した唐音
北京音　参考　現代北京話音
数　　　用例数
注　　　記された数字は前節唐話辞典「語順」の数字

『唐話纂要』二字話部単漢字音表

漢字	唐音	北京音	数	注
阿	ア	ā	1	
愛	アイ	ài	3	
噯	アイ	ǎi	1	
懊	ア。ウ	ào	1	
安	アン	ān	4	
安	ヤン(ママ)	ān	1	765
按	アン	àn	1	
暗	アン	àn	2	
含	アン	hán	3	
醃	アン	yān	1	
一	イ	yī	3	
益	イ	yì	1	
揖	イ	yī	2	
翌	イ	yì	1	
愛	イヽ	xī	1	
意	イヽ	yì	5	
議	イヽ	yì	1	
宜	イヽ	yí	1	
異	イヽ	yì	1	
語	イユイ	yù	2	
喩	イユイ	yù	1	
雨	イユイ	yǔ	2	
愚	イユイ	yú	2	
承	イユン	yìng	1	
允	イユン	yǔn	2	
因	イン	yīn	1	
音	イン	yīn	3	
陰	イン	yīn	1	
慇	イン	yīn	1	
応	イン	yìng	2	
穎	イン	yǐng	1	

漢字	唐音	北京音	数	注
未	ウイ	wèi	5	
負	ウヽ	fù	2	
乎	ウヽ	hū	1	
糊	ウヽ	hú	1	
忤	ウヽ	wǔ	1	
吾	ウヽ	wú	1	
悟	ウヽ	wù	1	
烏	ウヽ	wū	1	
侮	ウヽ	wǔ	1	
無	ウヽ	wú	3	
娯	ウヽ	yú	1	
晤	ウヽ	yù	1	
問	ウエン	wèn	4	
文	ウエン	wén	3	
活	ウヲ	huó	2	
渾	ウヲン	hún	1	
穏	ウヲン	wěn	2	
温	ウヲン	wēn	3	
煙	エン	yān	1	
割	カ	gē	2	
該	カイ	gāi	1	
開	カイ	kāi	1	
礙	ガイ	ài	4	
呆	ガイ	dāi	2	
高	カ。ウ	gāo	3	
告	カ。ウ	gào	2	
靠	カ。ウ	kào	1	
考	カ。ウ	kěo	1	
熬	ガ。ウ	áo	1	
傲	ガ。ウ	gāo	2	
干	カン	gān	2	

漢字	唐音	北京音	数	注
感	カン	gǎn	3	
乾	カン	gān	2	
赶	カン	gǎn	2	
看	カン	kàn	3	
康	カン	kāng	1	
喫	キ	chī	10	
吉	キ	jí	5	
急	キ	jí	3	
詰	キ	jí	1	
激	キ	jī	1	
計	キイ	jì	6	
記	キイ	jì	3	
寄	キイ	jì	2	
幾	キイ	jī	1	
気	キイ	qì	1	
起	キイ	qǐ	4	
欺	キイ	qī	1	
憩	キイ	qì	1	
係	キイ	xì	1	
忌	ギイ	jì	2	
期	ギイ	qī	1	
久	キウ	jiǔ	1	
仇	ギウ	chóu	1	
旧	ギウ	jiù	2	
却	キヤ	què	1	
家	キヤア	jīa	1	
仮	キヤア	jiǎ	3	
交	キヤ゜ウ	jiāo	2	
叫	キヤ゜ウ	jiào	2	
狡	キヤ゜ウ	jiǎo	1	
教	キヤ゜ウ	jiāo	3	
較	キヤ゜ウ	jiào	1	

漢字	唐音	北京音	数	注
攪	キヤ゜ウ	jiǎo	2	
驕	キヤ゜ウ	jiāo	1	
巧	キヤ゜ウ	qiǎo	2	
皆	キヤイ	jiē	1	
街	キヤイ	jiē	3	
講	キヤン	jiǎng	1	
強	ギヤン	qiǎng	1	
去	キユイ	qù	4	
懼	ギユイ	jù	2	
衢	ギユイ	qú	1	
均	キユン	jūn	2	
窮	ギヨン	qióng	1	
缺	キヱ	quē	1	
圏	キヱン	quān	1	
倦	ギヱン	juàn	1	
今	キン	jīn	5	
禁	キン	jìn	1	
緊	キン	jǐn	1	
謹	キン	jǐn	3	
敬	キン	jìng	3	
驚	キン	jīng	2	
経	キン	jīng	1	
欽	キン	qīn	1	
懃	キン	qín	1	
軽	キン	qīng	2	
近	ギン	jìn	1	
勤	ギン	jīn	1	
鬼	クイ	guǐ	1	
貴	クイ	guì	3	
虧	クイ	kuī	1	
跪	グイ	guì	1	
愧	グイ	kuì	2	

漢字	唐　音	北京音	数	注
固	クウ	gù	1	
苦	クウ	kǔ	3	
聒	クハ	guō	1	
掛	クハア	guà	3	
誇	クハア	kuāi	2	
乖	クハイ	guāi	1	
快	クハイ	kuài	4	
管	クハン	guǎn	1	
官	クハン	guān	1	
関	クハン	guàn	1	
光	クハン	guāng	1	
寛	クハン	kuān	6	
款	クハン	kuǎn	3	
捆	クン	guāng	1	
隔	ケ	gé	1	
客	ケ	kè	4	
勾	ケ｡ウ	gòu	2	
苟	ケ｡ウ	gǒu	1	
口	ケ｡ウ	kǒu	8	
庚	ケン	gēng	2	
見	ケン	jiàn	2	
奸	ケン	jiān	1	
間	ケン	jiān	3	
揀	ケン	jiǎn	1	
堅	ケン	jiān	1	
肯	ケン	kěn	1	
欠	ケン	qiàn	2	
健	ゲン	kāng	1	
閣	コ	gē	1	
各	コ	gè	4	
個	コウ	gè	3	
可	コウ	kē	7	

漢字	唐　音	北京音	数	注
科	コウ	kē	1	
過	コウ	guò	1	
我	ゴウ	wǒ	1	
公	コン	gōng	1	
供	コン	gòng	1	
空	コン	kòng	2	
恐	コン	kǒng	2	
撒	サ	sā	1	
挿	サ゜	chā	1	
紮	サ゜	zā	1	
在	サイ	zài	1	
債	サ゜イ	zhài	6	
債	ワ゜イ	zhài	1	705
猜	サ゜イ	cāi	1	
再	サ゜イ	zài	1	
臊	サ゜ウ	sào	1	
掃	サ゜ウ	sǎo	2	
掃	サ゜ウ	sǎo	1	
噪	サ゜ウ	zào	1	
燥	サ゜ウ	zào	1	
早	サ゜ウ	zǎo	1	549
早	サ゜｡ウ	zǎo	3	
遭	サ゜ウ	zāo	1	683
遭	サ゜｡ウ	zāo	3	
惨	サ゜ン	cǎn	1	
瘡	サ゜ン	chuāng	1	
醃	サ゜ン	qiāng	1	
讃	サ゜ン	zàn	2	
盞	サ゜ン	zhǎn	1	
失	シ	shí	7	
式	シ	shì	1	
湿	シ	shī	2	

第2節　江戸時代唐音表

漢字	唐音	北京音	数	注
日	シ	rì	1	164
日	ジ	rì	24	
実	ジ	shí	2	
拾	ジ	shí	1	
手	シウ	shǒu	1	
収	シウ	shōu	3	
首	シウ	shǒu	4	
柔	ジウ	róu	1	
受	ジウ	shòu	2	
耍	シヤア	shuǎ	2	
灑	シヤイ	sǎ	1	
晒	シヤイ	shài	1	
少	シヤ°ウ	shǎo	2	
擾	ジヤ°ウ	rǎo	2	
商	シヤン	shāng	2	
傷	シヤン	shāng	1	
雙	シヤン	shuāng	1	
爽	シヤン	shuǎng	3	
讓	ジヤン	ràng	1	
嚷	ジヤン	rǎng	2	
上	ジヤン	shàng	14	
尚	ジヤン	shàng	1	
書	シユイ	shū	1	
如	ジユイ	rú	4	
誰	ジユイ	shuí	1	
順	ジユン	shùn	2	
束	シヨ	shù	1	
辱	ジヨ	rǔ	1	
冗	ジヨン	rǒng	1	
奢	シエヽ	shē	2	
辰	シン	chén	1	
身	シン	shēn	4	

漢字	唐音	北京音	数	注
甚	シン	shèn	1	
審	シン	shěn	1	
声	シン	shēng	4	
晨	ジン	chén	1	
人	ジン	rén	2	
任	ジン	rèn	1	
忍	ジン	rěn	1	
慎	ジン	shèn	1	
盛	ジン	shèng	1	
砕	スイ	suì	2	
水	スイ	shuǐ	2	
心	シン	xīn	1	
心	スイン	xīn	8	
信	スイン	xìn	8	
姓	スイン	xìng	2	
性	スイン	xìng	1	
肆	スウ	sì	1	
斯	スウ	sī	1	
私	スウ	sī	1	
思	スウ	sī	1	
使	スウ	shǐ	3	
市	ズウ	shì	1	
咲	スヤウ	xiào	1	415
咲	スヤ°ウ	xiào	5	
消	スヤ°ウ	xiāo	4	
小	スヤ°ウ	xiǎo	2	
相	スヤン	xiāng	6	
相	スヤ°ン	xiāng	1	199
想	スヤン	xiāng	1	
羞	スヤウ	xiū	1	419
羞	スユウ	xiū	4	
色	スエ	sè	2	

581

漢字	唐音	北京音	数	注
息	スヱ	xī	4	
昔	スヱ	xī	2	
惜	スヱ	xī	2	
泄	スヱ	xiè	1	
恤	スヱ	xù	1	
雪	スヱ	xuě	2	
細	スヱヽ	xì	1	
些	スヱヽ	xiē	3	
写	スヱヽ	xiě	1	
生	スヱン	shēng	6	
省	スヱン	shěng	1	
先	スヱン	xiān	2	
選	スヱン	xuǎn	1	
説	セ	shuō	4	
熱	ゼ	rè	2	
舌	ゼ	shé	1	
折	ゼ	zhé	2	
然	ゼン	rán	4	
軟	セン	ruǎn	1	657
軟	ゼン	ruǎn	1	656
染	ゼン	rǎn	1	
善	ゼン	shàn	1	
宿	ソ	sù	3	
素	ソ	suǒ	3	
歳	ソイ	suì	2	
疎	ソウ	shū	2	
数	ソウ	shù	1	
嗩	ソウ	suǒ	1	
唆	ソウ	suō	1	
唣	ソウ	zào	1	
算	ソハン	suàn	3	
遜	ソヲン	xùn	1	

漢字	唐音	北京音	数	注
鬆	ソン	sōng	1	
塔	タ	dā	1	
答	タ	dá	1	
大	ダアヽ	dà	10	
打	タアヽ	dǎ	8	
他	タアヽ	tā	5	
帯	タイ	dài	1	
太	タイ	tài	3	
泰	タイ	tài	1	
待	ダイ	dài	1	
怠	ダイ	dài	1	
擡	ダイ	tái	1	
逃	タ。ウ	táo	1	355
逃	ダウ	táo	1	353
套	タ。ウ	tào	1	
討	タ。ウ	tǎo	3	
道	ダ。ウ	dào	3	
導	ダ。ウ	dǎo	1	
担	タン	dān	1	
耽	タン	dān	1	
擔	タン	dān	1	
単	タン	dāng	1	
當	タン	dāng	9	
探	タン	tàn	1	
嘆	タン	tàn	1	
貪	タン	tán	1	
淡	ダン	dàn	1	
憚	ダン	dàn	1	
盪	ダン	dǎng	1	
談	ダン	tán	3	
唐	ダン	táng	1	
徹	チ	chè	1	

第2節　江戸時代唐音表

漢字	唐音	北京音	数	注
執	チ	zhí	2	
直	ヂ	zhí	1	
値	ヂ	zhí	1	
周	チウ	zhōu	1	
躊	ヂウ	chóu	1	
著	チヤ	zhāo	1	
酌	チヤ	zhuó	2	
嘲	チヤ。ウ	cháo	1	
挑	チヤ。ウ	tiāo	1	
招	チヤ。ウ	zhào	2	
照	チヤ。ウ	zhào	1	
兆	ヂヤ。ウ	zhào	1	
昌	チヤン	chāng	1	
常	チヤン	cháng	5	
長	チヤン	cháng	3	
帳	チヤン	zhāng	3	
張	チヤン	zhāng	2	
章	チヤン	zhāng	2	
撞	ヂヤン	zhuàng	1	
出	チユ	chū	5	
吹	チユイ	chuī	1	
主	チユイ	zhǔ	3	
踧	ヂユイ	chú	1	
蠢	チユン	chǔn	1	
准	チユン	zhǔn	3	
踧	チヨ	zú	1	
嘱	チヨ	zhǔ	2	
衡	チヨン	chōng	1	
中	チヨン	zhòng	8	
終	チヨン	zhōng	2	
衆	チヨン	zhòng	1	
腫	チヨン	zhǒng	2	

漢字	唐音	北京音	数	注
重	ヂヨン	zhòng	4	
扯	チエヽ	chě	2	
這	チエヽ	zhè	2	
遮	チエヽ	zhē	1	
転	チエン	zhuǎn	1	
称	チン	chēng	3	
剰	チン	shèng	3	
斟	チン	zhēn	1	
真	チン	zhēn	1	
正	チン	zhèng	1	
証	チン	zhèng	1	
整	チン	zhěng	2	
塵	ヂン	chén	1	
程	ヂン	chéng	1	
沈	ヂン	shěn	1	
茶	ヅアヽ	chá	3	
査	ヅアヽ	ché	1	
詐	ヅアヽ	jì	1	
財	ヅアイ	cái	2	
造	ヅア。ウ	zào	1	
攛	ヅアン	cuān	1	
慙	ヅアン	cán	1	
慚	ヅアン	cán	1	
撰	ヅアン	zhuàn	1	
追	ツイ	zhuī	1	
酔	ツイ	zuì	1	
嘴	ツイ	zuǐ	1	
随	ヅイ	suí	1	
瑞	ヅイ	ruì	1	
尋	ツイン	cháng	1	
尽	ツイン	jǐn	2	
進	ツイン	jìn	1	

583

漢字	唐音	北京音	数	注
浄	ツイン	jìng	1	
親	ツイン	qīn	1	
晴	ツイン	qíng	1	
請	ツイン	qǐng	7	
清	ツイン	qīng	4	
静	ヅイン	jìng	1	
情	ヅイン	qíng	3	
侈	ツウ	chǐ	1	
恥	ツウ	chǐ	1	
癡	ツウ	chī	1	
次	ツウ	cì	4	
志	ツウ	zhì	1	
支	ツウ	zhī	1	
址	ツウ	zhǐ	1	
致	ツウ	zhì	1	
緻	ツウ	zhì	1	
子	ツウ	zǐ	4	
仔	ツウ	zǐ	1	
辞	ヅウ	cí	4	
焦	ツヤ。ウ	jiāo	1	
奨	ツヤン	jiǎng	1	
将	ツヤン	jiāng	3	
祥	ヅヤン	xiáng	1	
像	ヅヤン	xiàng	1	
際	ツユイ	jì	1	
凄	ツユイ	qī	1	
取	ツユイ	qǔ	3	
趣	ツユイ	qù	2	
戯	ツユイ	qù	1	
酒	ツユウ	jiǔ	5	
前	ヅユン	qián	1	
側	ツエ	cè	4	

漢字	唐音	北京音	数	注
跡	ツエ	jī	1	
戚	ツエ	qì	1	
漆	ツエ	qī	1	
則	ツエ	zé	2	
窄	ツエ	zhǎi	1	
寂	ヅエ	jì	2	
夕	ヅエ	xī	1	
択	ヅエ	zé	1	
走	ツエ。(ママ)	zǒu	1	409
走	ツエウ	zǒu	1	662
走	ツエ。ウ	zǒu	4	
愁	ツエ。ウ	chóu	1	
湊	ツエ。ウ	còu	2	
就	ヅエウ	jiù	1	
借	ツエヽ	jiè	3	
且	ツエヽ	qiě	1	
謝	ツエヽ	xiè	1	102
謝	ヅエヽ	xiè	3	
礀	ツエン	chuān	1	
煎	ツエン	jiān	1	
千	ツエン	qiān	1	
遷	ツエン	qiān	1	
怎	ツエン	zěn	3	
争	ツエン	zhēng	2	
睁	ツエン	zhěng	1	
賎	ツエン	jiàn	1	759
賎	ヅエン	jiàn	2	
前	ヅエン	qián	3	
羨	ヅエン	xiàn	2	
足	ツヲ	zú	1	
作	ツヲ	zuò	6	
作	ツヲヽ	zuò	1	121

第2節　江戸時代唐音表

漢字	唐音	北京音	数	注
昨	ツヲ	zuò	1	
楚	ツヲヽ	chǔ	1	
初	ツヲヽ	chū	1	
左	ツヲヽ	zuǒ	1	
做	ツヲヽ	zuò	1	
坐	ツヲヽ	zuò	9	
聡	ツヲン	cōng	1	
総	ツヲン	zòng	1	
縦	ツヲン	zòng	1	
尊	ツヲン	zūn	3	
存	ヅヲン	cún	1	
誦	ヅヲン	sòng	1	
貼	テ	tiē	1	
突	テ	tū	1	
忒	テ	tuī	1	
逓	デ	tì	1	
低	テイ	dī	1	
抵	テイ	dǐ	1	
啼	テイ	tí	1	
堤	デイ	dī	2	
定	テイン	dìng	3	
叮	テイン	dīng	2	
鼎	テイン	dǐng	1	
停	デイン	tíng	4	
兜	テ｡ウ	dōu	1	
透	テ｡ウ	tòu	1	
頭	テ｡ウ	tóu	4	
頭	デ｡ウ	tóu	6	10,179,181 189,190,718
投	デ｡ウ	tóu	2	
調	デヤ｡ウ	tiáo	2	
等	テン	děng	4	
点	テン	diǎn	2	

漢字	唐音	北京音	数	注
天	テン	tiān	5	
疼	テン	téng	1	589
疼	デン	téng	1	597
掇	ト	duō	1	
脱	ト	tuō	2	
托	ト	tuō	2	
読	ド	dú	1	
対	トイ	duì	1	
兌	トイ	duì	1	
推	トイ	tuī	1	
多	トウ	duō	8	
妥	トウ	duǒ	2	
塗	トウ	tú	1	
杜	ドウ	dù	1	
図	ドウ	tú	1	
短	トハン	duǎn	1	
端	トハン	duān	1	
東	トン	dōng	3	
動	トン	dòng	2	
痛	トン	tòng	2	
納	ナ	nà	1	
那	ナアヽ	nà	1	
拿	ナアヽ	ná	1	
耐	ナイ	nài	3	
奈	ナイ	nài	1	
鬧	ナ｡ウ	nào	2	
悩	ナ｡ウ	nǎo	3	
難	ナン	nàn	5	
你	ニイ	nǐ	3	
惑	ニイ	yí	1	
疑	ニイ	yí	5	
膿	ニヨン	nóng	1	

585

漢字	唐音	北京音	数	注
迎	ニン	yíng	1	
嚀	ニン	níng	1	
吟	ニン	yín	1	
寧	ニン	nìng	2	
逆	ネ	nì	1	
念	ネン	niàn	1	
年	ネン	nián	6	
厳	ネン	yán	1	
怒	ノウ	nù	2	
撥	パ	bō	1	
潑	パ	pō	1	
発	ハ	fā	6	
抜	パ	bá	1	
害	ハイ	hài	3	
拝	パイ	bài	2	
派	パイ	pài	3	
好	ハ゜ウ	hǎo	6	
拗	ハ゜ウ	niù	2	
耗	ハ゜ウ	hào	2	
号	ハ゜ウ	hào	3	
暴	バ゜ウ	bào	1	
報	バ゜ウ	bào	3	
包	バ゜ウ	bāo	2	
保	バ゜ウ	bǎo	1	
泡	バ゜ウ	pào	1	
跑	バ゜ウ	pǎo	1	
化	ハア丶	huà	2	
話	ハア丶	huà	4	
話	ワア丶	huà	2	63, 454
把	バア丶	bǎ	2	
怕	バア丶	pà	3	
罕	ハアン	hǎn	1	
旱	ハアン	hàn	1	
喊	ハアン	hán	1	
盤	バアン	pán	2	
半	ハン	bàn	4	
反	ハン	fǎn	1	
妨	ハン	fān	2	
飯	ハン	fàn	2	
番	ハン	fān	1	
放	ハン	fàng	1	
方	ハン	fāng	2	
坊	ハン	fāng	1	
奉	ハン	fèng	1	
喚	ハン	huàn	1	
歓	ハン	huān	1	
慌	ハン	huāng	1	
謊	ハン	huǎng	2	
傍	バン	bàng	1	
般	パン	bāng	2	
謗	パン	bàng	1	
防	パン	fáng	1	
必	ピ	bì	1	
壁	ピ	bì	2	
喜	ヒイ	xǐ	1	
戯	ヒイ	xì	3	
稀	ヒイ	xī	1	
皮	ビイ	pí	1	
疲	ビイ	pí	1	
譬	ビイ	pì	3	
下	ヒヤア	xià	12	
孝	ヒヤ゜ウ	kǎo	1	
享	ヒヤン	xiǎng	1	
嘘	ヒユイ	xū	1	

第2節 江戸時代唐音表

漢字	唐音	北京音	数	注
許	ヒユイ	xǔ	1	
訓	ヒユン	xùn	1	
凶	ヒヨン	xiōn	1	
歇	ヒエ	xiē	3	
血	ヒエ	xuè	1	
閑	ヒエン	xián	3	
限	ヒエン	xiàn	1	
険	ヒエン	xiǎn	3	
玄	ヒエン	xuán	2	
喧	ヒエン	xuān	1	
行	ヒン	xíng	6	
興	ヒン	xìng	6	
柄	ピン	bǐng	1	
病	ビン	bìng	2	
品	ピン	pǐn	1	
平	ピン	píng	7	
憑	ビン	píng	2	
不	プ	bù	16	
非	フイ	fēi	1	
飛	フイ	fēi	3	
費	フイ	fèi	2	
誹	フイ	fěi	1	
付	フウ	fù	2	
赴	フウ	fù	1	
夫	ソウ	fú	1	
富	ノウ	fù	1	
歩	ブウ	bù	1	
風	フヲン	fēng	3	
封	フヲン	fēng	1	
分	フン	fēn	8	
白	ベ	bái	2	
別	ベ	bié	5	

漢字	唐音	北京音	数	注
黒	ペ	hēi	4	
否	ヘ°ウ	fǒu	1	
候	ヘ°ウ	hòu	3	
厚	ヘ°ウ	hòu	1	
後	ヘ°ウ	hòu	4	
恨	ヘエン	hèn	3	
硬	ヘエン	Ying	1	存疑
本	ペエン	běn	4	
奔	ペエン	bēn	1	
体	ベエン	ben	1	
弁	ヘン	biàn	1	
便	ペン	biàn	4	
辺	ペン	biān	1	
喎	ペン	pian	1	存疑
変	ペン	biàn	1	
福	ホ	fú	2	
復	ホ	fù	1	
卜	ポ	bǔ	1	
朴	ポ	pǔ	1	
諱	ホイ	huì	1	
悔	ホイ	huǐ	2	
誨	ホイ	huì	1	
盃	ポイ	bēi	2	
悲	ポイ	bēi	1	
備	ポイ	bèi	2	
陪	ポイ	péi	1	
佩	ポイ	pèi	1	
何	ホウ	hé	3	
和	ホウ	hé	2	
火	ホウ	huǒ	1	
破	ポウ	pò	2	
昏	ホヲン	hūn	1	

587

第Ⅴ章　唐話辞典・唐音表・江戸言語学年表

漢字	唐　音	北京音	数	注
逢	ホン	féng	1	
豊	ホン	fēng	1	
紅	ホン	hóng	1	
罵	マアヽ	mà	1	
埋	マイ	mái	1	
憂	マン	màn	3	
慢	マン	màn	3	
忙	マン	máng	3	
妙	ミヤ。ウ	miào	1	
憫	ミン	mǐn	1	
名	ミン	míng	1	
明	ミン	míng	6	
袂	ムイ	mèi	1	
毎	ムイ	měi	2	
謀	メ。ウ	móu	2	
面	メン	miàn	1	
綿	メン	mián	1	
寞	モ	mò	1	
莫	モ	mò	1	
睦	モ	mù	1	
没	モ°	méi	3	
麼	モウ	me	1	
們	モ°ン	mén	3	
朦	モン	méng	1	
狭	ヤ	xiá	1	
約	ヤ	yuē	4	
雅	ヤアヽ	yǎ	1	
雅	ママ キヤア	yǎ	1	240
捱	ヤイ	ái	1	
邀	ヤ。ウ	yāo	1	
央	ヤン	yāng	1	
養	ヤン	yǎng	3	

漢字	唐　音	北京音	数	注
恙	ヤン	yàng	3	
様	ヤン	yàng	8	
痒	ヤン	yǎng	1	
陽	ヤン	yáng	1	
有	ユウ	yǒu	2	
右	ユウ	yòu	1	
由	ユウ	yóu	1	
遊	ユウ	yóu	1	
憂	ユウ	yōu	1	
用	ヨン	yòng	6	
来	ライ	lái	6	
頼	ライ	lài	2	
牢	ラ。ウ	láo	1	
老	ラウ	lǎo	1	
爛	ラン	làn	1	
力	リ	lì	4	
礼	リイ	lǐ	6	
理	リイ	lǐ	1	
俐	リイ	lì	1	
利	リイ	lì	4	
離	リイ	lí	1	
裏	リイ	lǐ	2	
流	リウ	liú	1	
留	リウ	liú	5	
了	リヤ。ウ	liao	5	
料	リヤ。ウ	liào	1	
寥	リヤ。ウ	liáo	1	
撩	リヤ。ウ	liáo	1	
量	リヤン	liáng	2	
亮	リヤン	liàng	3	
亮	ママ ヤン	liàng	1	
良	リヤン	liáng	2	

第2節　江戸時代唐音表

漢字	唐音	北京音	数	注
令	リン	lìng	1	
伶	リン	líng	1	
領	リン	lǐng	1	
零	リン	líng	1	
涙	ルイ	lèi	1	
累	ルイ	lěi	2	
児	ルウ	ér	1	
捩	レ	lì	1	
漏	レ。ウ	lòu	1	
冷	レン	lěng	3	
連	レン	lián	2	
隣	レン	lín	1	
憐	レン	lín	2	
楽	ロ	lè	3	
落	ロ	luò	3	
鹵	ロウ	lǔ	1	
路	ロウ	lù	5	
囉	ロウ	luó	1	
弄	ロン	nòng	1	
論	ロン	lùn	1	
朧	ロン	lóng	1	
猾	ワ	huá	1	
外	ワイ	wài	2	
懐	ワイ	huái	1	
煩	ワン	fán	2	
患	ワン	huàn	1	
緩	ワン	huǎn	1	
還	ワン	huán	8	
惶	ワン	huáng	1	
黄	ワン	huáng	1	
万	ワン	wàn	1	
完	ワン	wán	6	

漢字	唐音	北京音	数	注
完	ウン	wán	1	
宛	ワン	wǎn	1	
頑	ワン	wán	2	
晩	ワン	wǎn	3	
往	ワン	wǎng	5	
旺	ワン	wàng	1	
望	ワン	wàng	2	
惋	ワン	wǎn	1	
月	ヱ	yuè	1	
嘔	ヱヘ。ウ	ǒu	1	
恩	ヱヘン	ēn	1	
遠	ヱユン	yuǎn	1	
怨	ヱユン	yuàn	2	
願	ヱユン	yán	2	
夜	ヱヽ	yè	6	
筵	ヱン	yán	2	
筵	ヱン	yán	1	
眼	ヱン	yǎn	1	
悪	ヲ	è	1	
握	ヲ	wò	1	
醒	ヲ	wò	1	
回	ヲイ	huí	9	
為	ヲイ	wéi	1	

第3節　江戸言語学年表
　　　－キリシタン語学・蘭語学・唐話学・日本語学

　本年表は蘭語学，唐話学，日本語学の基礎事項と書目を中心に記した。また，唐話学に関連しては「読本」関連の事項も記述した。西欧における日本発見にかかわる事柄，朝鮮他アジア諸国との交流関係についても最小限記述しようとした。したがって，鎌倉時代に起きた元帝国との外交史的重要事を起点としている。

　記述に関しては，近世以前については『大航海時代叢書』他，日本語学については古田東朔（1972）によって，また蘭語学，西洋人の日本語学習については杉本つとむの諸著述，とりわけ蘭語学書の成立に関しては杉本つとむ（1976〜82）を基準とし，古田東朔（1984）他を参照した。唐話学については石崎又造（1944）を基準として鳥居久靖（1951〜7）近藤春雄（1978），他によった。

　　凡例
　本年表は西暦，日本年号，干支，一般事項，蘭語学，唐話学・漢語学，日本語学，海外事項の順に記述した。

主要参照文献
飯冢浩二他編（1970）『大航海時代概説・年表・索引』大航海時代叢書別巻　岩波書店
石崎又造（1940）「近世俗語俗文学書目年表」（『近世日本に於ける支那俗語文学史』所収）弘文堂
国語学会編（1980）『国語学大事典』　東京堂
築島裕・古田東朔（1972）『国語学史』東京大学出版会
近藤春雄（1978）『中国学芸大事典』大修館
佐藤喜代治（1977）『国語学研究事典』明治書院
杉本つとむ（1976〜82）『江戸時代蘭語学の成立と展開』Ⅰ〜Ⅴ　早稲田大学出版部
杉本つとむ（1982）「蘭語学略年表」（『江戸時代蘭語学の成立と展開』Ⅴ所収）　早稲田大学出版部
杉本つとむ（1989）『西洋人の日本語発見－外国人の日本語研究史』創拓社
日蘭学会編（1984）『洋学史事典』雄松堂出版

長谷川一夫（1984）「歴代オランダ商館長と在留医師」（『洋学史事典』所収）雄松堂出版

第Ⅴ章　唐話辞典・唐音表・江戸言語学年表

西暦	年号	干支	一般事項	著編者・事項	書名	備考
1253	建長5	癸丑	4 日蓮、安房から鎌倉に移り法華宗を開く			
1260	文応1 4/13	庚申	7/16日蓮「立正安国論」			
1269	文永6	己巳	大宰府モンゴル襲来の警報を伝える			
1270	文永7	庚午	3 日蓮龍ノ口の難、佐渡に流罪			
1274	文永11	甲戌				
1275	文永12	乙亥				
1276	建治2	丙子	一遍、時宗を開く			
1279	建治3	己卯				
1281	弘安4	辛巳	弘安の役			
1282	弘安5	壬午	北条時宗鎌倉に円覚寺建立			
1292	正応3	庚寅				
1295	永仁3	乙未				
1297	永仁5	丁酉	元の一山一寧、国書をもって来日			
1299	正安1 4/25	己亥				
1300	正安2	庚子				
1307	徳治2	丁未				
1309	延慶2	己酉				
1315	正和4	乙卯				
1322	元亨2	壬戌				
1325	正中2	乙丑				
1329	元徳1	己巳				
1332	元弘2	壬申				
1333	元弘3	癸酉	鎌倉幕府滅亡			
1334	建武1	甲戌				
1336	延元1	丙子	足利尊氏室町幕府を開く			
1338	建武5	戊寅				
1340	興国1	庚辰				
1341	興国2	辛巳	足利直義、夢窓疎石の要請により造建長寺船を元に派遣			
1342	興国3	壬午	禅寺五山の制			
1343	興国4	癸未				
1346	正平1	丙戌				
1350	正平5 観応1	庚寅				
1351	正平6	辛卯				
1352	正平7	壬辰				
1363	正平18	癸卯				
1364	正平19	甲辰				
1367	正平22	丁未	高麗の使者来京し、倭寇取締りを要請			
1368	正平23	戊申	足利義満征夷大将軍となる			
1369	正平24	己酉	明の太祖使者、征西将軍懐良親王の下に明建国を告げ、倭寇の取締りを要請			
1372	文中1 応安5	壬子				
1375	天授1 永和1	乙卯	高麗、通信使を派遣し倭寇禁止を要求			

第3節　江戸言語学年表

書目・事項 唐話学（含通俗物・読本）漢語学（含五山・抄物）			日本語学			海外事項
編著者・事項	書名	備考	著編者・事項	書名	備考	
元没(53)						G.リュブリュキ蒙古旅行記に日本を不老国と記述、西欧における日本観察の初めと目される
			仙覚	万葉集注釈	成	
						11蒙古国号を「元」とする
						朱子語類成
窓疎石生〜1351						
関師錬生〜1396						
学祖元来朝建長寺住持となる						元、南宋を滅ぼす
村友梅生〜1346						
						マルコ・ポーロ元からイタリーに帰国
			平他字類抄		成が	マルコ・ポーロ『東方見聞録』ジパング紹介
厳円月生〜1375						
関師錬	聚文韻略	成				日本商人、慶元(明州)の税関吏と衝突し暴行
村友梅元に入国						
						日本商人、明州城内に侵入し破壊を行う
			伊呂波字類抄		成	
関師錬	元亨釈書	成				
堂周信生〜1388						
厳円月元に入国						
村友梅元より帰国						
厳円月元より帰国						
厳円月	中正子	成				
海中津生〜1405						
			この頃京都に関東方言が広がる			
厳円月	藤陰瑣細集	成				
中周及元に入国						
堂周信	空華日工集	成				
醐寺蔵「遊仙窟」加点成						
関師錬没(68)						
村友梅没(53)						
						このころより高麗海岸辺で倭寇活動盛んになる
						倭寇朝鮮に4回に渡って侵入
			八幡声抄			高麗に侵入した倭寇7回に及び、大被害を与える
のころ五山版刊行						
浦道祐	正平版論語	儒書開板の始				
海中津明に入国						朱元璋、元を滅ぼし「明」を建国
厳円月没(75)						

第Ⅴ章 唐話辞典・唐音表・江戸言語学年表

西暦	年号	干支	一 般 事 項	キリシタン語学・蘭語学(含蘭学)		
				著編者・事項	書 名	備 考
1377	天授3 永和3	丁巳	僧信弘海寇禁圧の困難を説くため高麗に赴く			
1378	天授4 永和4	戊午				
1380	天授6 康暦2	庚申				
1382	弘和1 永徳2	壬戌				
1388	元中5 嘉慶2	戊辰	シャム船日本に至る			
1389	元中6 康応1	己巳	高麗水軍、対馬を攻撃			
1391	元中8 明徳2	辛未				
1392	元中9 明徳3	壬申	南北朝合一 李氏太祖の使者覚鎚、倭寇の禁止を要請			
1394	応永1	甲戌				
1403	応永10	癸未				
1405	応永12	乙酉				
1408	応永15	戊子	南蛮(東南アジア)船、若狭小浜付近に至る			
1409	応永16	己丑				
1412	応永19	壬辰	6/21南蛮船、若狭に至る			
1424	応永31	甲辰				
1425	応永32	乙巳	琉球王尚巴志、シャムとの通商開始			
1427	応永34	丁未				
1428	正長1	戊申	土一揆盛んに起こる			
1443	嘉吉3	癸亥				
1444	文安1 2/5	甲子				
1450	宝徳2	庚午				
1457	長禄1	丁丑	土一揆、京都に入り徳政を要求 4/8大田道灌江戸城開城			
1467	応仁1	丁亥	5応仁の乱起こる			
1469	文明1 4/28	己丑				
1471	文明3	辛卯				
1481	文明13	辛丑				
1492	明応1 7/19	壬子				
1493	明応2	癸丑	3堺から遣明船を派遣			
1494	明応3	甲寅	日本国王源道義、高の元菊、妙正寺修繕の資を要求 朝鮮、日本人私貿易を禁止			
1495	明応4	乙卯				
1496	明応5	丙辰	遣明船帰国、弘治新勘合をもたらす			
1497	明応6	丁巳	日本国王使僧等慶仏寺創建の資を求めて朝鮮に入る			
1498	明応7	戊午	相国寺、遣明船を企画			
1499	明応8	己未	幕府、朝鮮に大蔵経を求める			
1506	永正3	丙寅	大内義隆、朝鮮に僧侶を派遣			
1508	永正5	戊辰	島津公、琉球王に島津の印判を持たない商人との交易禁止を求める			
1510	永正6	庚午	大内義隆遣明船派遣するが、気象条件のため失敗			
1511	永正7	辛未	李氏朝鮮宗氏に貿易制限強化方針を伝える			

第3節　江戸言語学年表

書目・事項			日本語学			海外事項
話学（含通俗物・読本）漢語学（含五山・抄物）			著編者・事項	書名	備考	
者・事項	書名	備考				
海中津明より帰国						
						高麗の李成桂倭寇を撃退
			忌部正通	神代巻口訣		
						中国『華夷訳語』（諸言語との対訳語彙集）編集開始
望周信没(88)						
乗周鳳生〜1473						
						李氏朝鮮の成立
木宗純生〜1481						
						朝鮮銅活字を創める
海中津没(69)						
中周及没(86)						
錫方秀没(63)						
						瞿佑没(80)
			土一揆の漢字カタカナ交じり碑			
						朝鮮世宗、諺文（ハングル）を作らせる。訓民正音
			東麓破衲	下学集	成	
						独、グーテンベルグ印刷機発明
				節用集	文明年間以前成	
						朝鮮、申叔舟『海東諸国記』日本・日本語観察
			一条兼良没(79)			
木宗純没(88)			一条兼良	仮名遣近道	この年以前成	
						朝鮮、日本語教科書『伊呂波』
						「日本館訳語」「琉球館訳語」成か

595

第V章　唐話辞典・唐音表・江戸言語学年表

西暦	年号	干支	一般事項	キリシタン語学・蘭語学（含蘭学） 著編者・事項	書名	備考
1513	永正10	癸酉	遣明使了庵桂悟帰国。正徳新勘合をもたらす			
1515	永正12	乙亥	琉球王尚真パタニに派船			
1516	永正13	丙子	大内氏幕府に遣明船独占権を獲得			
1517	永正14	丁丑	5使僧大蔭、朝鮮に出発			
1519	永正16	己卯	大内氏に対抗し細川氏遣明船を企図			
1520	永正17	庚辰	細川氏堺から遣明船を派遣			
1521	大永1	辛巳	幕府、壬申条約緩和のため使僧易宗を朝鮮に派遣。交渉成功			
1522	大永2	壬午	幕府、使僧大原、対馬の宗盛長の特使盛重と貿易制限緩和のために朝鮮に派遣			
1523	大永3	癸未	李朝、日本貿易船を5隻から30隻に改める 大内氏遣明船、細川氏遣明船と寧波沖で交戦大内氏、使節は寧波で略奪放火（寧波の乱）			
1524	大永4	甲申				
1525	大永5	乙酉	明、寧波の乱首謀者宗設謙道の引渡し要求を琉球使節に託す			
1527	大永6	丁亥	幕府、明の寧波の乱首謀者宗設謙道の引渡し要求に回答			
1528	享禄1	戊子	大内氏、李朝に図書復活を要求し拒絶される			
1529	享禄2	己丑	2明使、大内氏領民による侵略の中止を要求			
1530	享禄3	庚寅	大内氏、幕府に遣明船独占復活を要求、幕府は許可			
1533	天文2	癸巳				
1534	天文3	甲午				
1535	天文4	乙未				
1539	天文8	己亥	明船周防に来航。以後明船渡来増える			
1540	天文9	庚子	大内氏使節北京着、勘合を要求するが拒否される			
1541	天文10	辛丑		葡船、豊後に来航。ヨーロッパ人渡来のはじめ		
1542	天文11	壬寅				
1543	天文12	癸卯		ポルトガル人中国船で種子島漂着。鉄砲伝来。平戸、山口、京都で布教開		
1544	天文13	甲辰	4/12日本船20余隻、慶尚道蛇梁鎮を襲撃（甲辰蛇梁の変）。6朝、日明の通商断絶を通告			
1545	天文14	乙巳	この年以後、中国の海商に誘導されて明に至る日本の商船の数増大する			
1546	天文15	丙午		ジョルジュ・アルバレスの商船来航		
1549	天文18	己酉		フランシスコ・シャヴィエル鹿児島上陸		
1550	天文19	庚戌				
1551	天文20	辛亥		D・ダ・シルウァ siruva	日本文典	成
1556	弘治2	丙辰		ルイス・アルメイダ LuisAlmeida 大友氏豊後ではじめて洋式治療（南蛮流学の初め）		
1559	永禄2	己未	大友氏豊後府内を開港、外国人の貿易を許可			
1561	永禄4	辛酉				
1562	永禄5	壬戌	大村純忠、葡人に貿易許可。教会建立。			
1564	永禄7	甲子				
1566	永禄9	丙寅				
1569	永禄12	己巳		信長、ルイスフロイスに京都布教許可		
1571	元亀2	辛未	長崎貿易港として市街形成 3大村純忠ポルトガル人に長崎港開放			
1573	天正1 7/28	癸酉	室町幕府滅亡			
1579	天正7	己卯		アレッサンドロ・ヴァリニヤーノ来日		

第3節　江戸言語学年表

著者・事項	書名	備考	著編者・事項	書名	備考	海外事項
京宣賢	孟子抄	成				
京宣賢	蒙求抄	成				
雲清三	古文真宝之抄	成				
寿桂	三体詩抄	成				
京宣賢	荘子抄					
寿桂没(73)						
寿桂	錦繍段抄	以前成立				
寿印	中華若木詩抄	成				
雲清三	四河入海	成				イエズス会設立
京宣賢	毛詩抄					
京宣賢	中庸抄	成				
祥	胡曽抄					
羽使策彦ら帰国書籍将来						フランシスコ・シャヴィエル没(47)　中国上川島
京宣賢没(75)						
高妙安	詩学大成抄	永禄中に成				
京惺窩生～1619						
				韻鏡	刊	J・フェルナンデス『日本文法』成? 鄭舜功『日本一鑑』成

597

第Ⅴ章　唐話辞典・唐音表・江戸言語学年表

西暦	年号	干支	一般事項	キリシタン語学・蘭語学（含蘭学）			
				著編者・事項	書名		備考
1579	天正7	己卯		アレッサンドロ・ヴァリニヤーノ来日			
1580	天正8	庚辰			ラテン語文典	成	日本人用
				ヴァリニヤーノ、都、豊後下の布教区にコレジオCollegio、ノヴィシエドNovici、セミナリヨSeminarioの教育機関を設置。宣教師に日本語学習させる。			
1581	天正9	辛巳		ヴァリニヤーノ信長を謁見			
1582	天正10	壬午	本能寺の変、織田信長没(49)				
1583	天正11	癸未					
1587	天正15	丁亥	秀吉博多で天主教禁教令発布　長崎港を官有化				
1590	天正18	庚寅	豊臣秀吉全国統一				
1591	天正19	辛卯			サントスの御作業	刊	教義 ローマ字日本文 加津佐学林
1592	文禄1 12／8	壬辰	寺沢志摩守長崎に赴任　以降在地11年		ドチリナ・キリシタン	刊	天草学林
					ヒデスの導師	刊	
1593	文禄2	癸巳	文禄の役、秀吉朝鮮出兵		平家物語（ローマ字本）	刊	文学 ローマ字日本文 天草学林
			朝鮮より活字技術入る		金句集	刊	文学 天草学林 ローマ字日本文
					伊曽保物語	刊	文学 ローマ字日本文 天草学林
			文禄勅版『古文孝経』(古活字版)活字印刷の初め				
1594	文禄3	甲午		E.アルヴァレス	ラテン文典	刊	日本語学習用
1595	文禄4	乙未			羅葡日対訳辞典	刊	
1596	慶長1 10／27	丙申	秀吉、長崎でキリスト教徒26人処刑	長崎学林	コンテムツス・ムンジ	刊	教義 ローマ字日本文
					さるばとる・むんぢ	刊	国字本
1597	慶長2	丁酉					
1598	慶長3	戊戌		長崎学林	落葉集	刊	日本語学習用
1599	慶長4	己亥		長崎学林	ギヤドペカドル	刊	教義 ローマ字日本文
1600	慶長5	庚子	関が原の合戦 リーフデ号豊後臼杵に漂着。WilliamAdams三浦按針JanJoosten家康に謁見			刊	ローマ字日本文
				長崎学林	どちりな・きりしたん	刊	国字本
1602	慶長7	壬寅	小笠原一庵長崎奉行として赴任				
1603	慶長8	癸卯	徳川家康征夷大将軍となり江戸に幕府を開く 家康禁教令発布	長崎学林	日葡辞書	刊	日本語学習用
1604	慶長9	甲辰					
1605	慶長10	乙巳		長崎学林	サカラメンタ提要	刊	
				ハビアン	妙貞問答		国字本
1606	慶長11	丙午					
1607	慶長12	丁未	殉死の禁		スピツツアル御修行	刊	
1608	慶長13	戊申		ロドリゲス	日本大文典	刊	日本語学習用
1609	慶長14	己酉		オランダ商館長の江戸参府はじまる			
1610	慶長15	庚戌		原田アントニヨ	こんてむつす・むん地	刊	国字本
				ロドリゲス離日			

第3節　江戸言語学年表

唐話学（含通俗物・読本）漢語学（含五山・抄物）			日本語学			海外事項
編者・事項	書名	備考	著編者・事項	書名	備考	
						天正少年使節ローマに派遣
羅山生～1657						
丈山生～1672						
				饅頭屋本節用集	この頃から刊	少年使節帰国
	剪灯新話句解	再刻				李時珍『本草綱目』刊
長勅版（錦繍段・勧学文）刊				易林本節用集	刊	
						英、東インド会社設立
						オランダ東インド会社設立
人馮六唐通事になる。以後馬田昌入、馮六死後林□衛門				倭玉篇	刊	
中江藤樹生～1648				易林本 小山版節用集		

599

第Ⅴ章　唐話辞典・唐音表・江戸言語学年表

西暦	年号	干支	一般事項	キリシタン語学・蘭語学 (含蘭学)			
				著編者・事項	書　名	備　考
1612	慶長17	壬子	幕府直轄領布教禁止京都教会破壊 宣教師250人			
1613	慶長18	癸丑	幕府、全国にキリスト禁教令発布 伊達正宗、支倉常長を遣欧使節	英に貿易許可、平戸に商館設置。		
1614	慶長19	甲寅	この頃嵯峨本、古活字本盛行			
1615	元和1 7/13	乙卯			伊曽保物語	成か 古活字本
1616	元和2	丙辰	中国船以外の外国船寄港は長崎・平戸に限定 徳川家康没(75)			
1617	元和3	丁巳				
1618	元和4	戊午	吉原遊郭を開く			
1619	元和5	己未				
1620	元和6	庚申	8 支倉常長帰国	ロドリゲス	日本小文典	刊 日本語学習用マカオ干
1621	元和7	辛酉				
1622	元和8	壬戌	長崎でキリスト教徒55人処刑(元和の大殉教)	Rコックス	日誌1615〜1622	
1623	元和9	癸亥		英平戸商館閉鎖		
1624	寛永1 12/30	甲子	幕府、スペイン薩摩での通商要求を拒絶			
1625	寛永2	乙丑				
1627	寛永4	丁卯				
1628	寛永5	戊辰	5 長崎でキリスト教徒処刑			
1629	寛永6	己巳	10女浄瑠璃、女歌舞伎、女舞の禁止			
1630	寛永7	庚午		ドミニコ会 キリスト教関係書輸入禁止 教徒をルソン追放	日西辞書	刊
1632	寛永9	壬申		ディエゴ・コリヤード	日本文典	刊 ラテン語
					日本語典	刊 ローマ刊
					懺悔録	刊 ローマ刊
				ドミニコ会	羅西日対訳辞書	刊 ローマ刊
1633	寛永10	癸酉	第一次海禁鎖国の令、奉書船以外海外渡航禁止、 カピタン江戸参府毎年となる			
1634	寛永11	甲戌	5 長崎に出島建設 譜代大名妻子江戸に人質			
1635	寛永12	乙亥	第二海禁鎖国の令　日本人の海外渡航禁止 外様大名参勤交代始まる 外国船の寄港を長崎に限定			
1636	寛永13	丙子	ポルトガル人出島に強制移住			
1637	寛永14	丁丑	10島原の乱			
1638	寛永15	戊寅	2 島原の乱平定			
1639	寛永16	己卯	7 ポルトガル船の来航禁止 海禁体制(鎖国)完成、蘭人以外の西洋人来日禁止	渋川春海生〜1715		
1640	寛永17	庚辰	6 宗門改め役を置く			
1641	寛永18	辛巳	5 蘭商館は平戸から長崎に移転 南蛮通詞3・阿蘭陀通詞2	出島蘭館南蛮通事3 蘭通詞2 内通詞80		
1642	寛永19	壬午	5 諸国大飢饉			

第 3 節　江戸言語学年表

書　目・事　項						海　外　事　項
唐話学(含通俗物・読本) 漢語学(含五山・抄物)			日　本　語　学			
編者・事項	書　名	備　考	著編者・事項	書　名	備　考	
						英商館長J・セーリス『日本航海記』刊
中兼山生〜1663						
				和名類聚鈔	刊 古活字版	金瓶梅詞話成
				下学集	刊	
崎闇斎生〜1680						
鷲峰生〜1680						
沢蕃山生〜1691						
下順庵生〜1698						
鹿素行生〜1685						
檗僧明人劉覚、東明山興福寺(南京寺)の基を成す						艾儒略『職方外記』
						馮夢龍『警世通言』編刊
				手爾波大概抄	刊	
山太郎兵衛唐通事になる			林永喜	仮名遣書		馮夢龍『醒世恒言』編刊
藤仁斎生〜1705			宥朔	韻鏡開奩		
檗僧明人覚悔、長崎に分紫山福濟寺(漳州寺)建立						『初刻拍案驚奇』編刊
檗僧明人超然、長崎に聖壽山崇福寺(福州寺)建立						
村惕齋生〜1702						
川官兵衛、唐通事となり、四人になる			林羅山	多識編	刊	山田長政シャムで毒殺
						『二刻拍案驚奇』編刊
						ガリレオ・ガリレイ『天文対話』
月寿印	中華若木詩抄	刊				今古奇観成
						ロドリゲス没(74)マカオ
						『日本教会史』成
						大清国成立
						洪舜明『倭語類解』成
						ルネ・デカルト『方法叙説』
			契沖生〜1701			
	新刻助語辞					
						ルネ・デカルト『省察』

601

第Ⅴ章　唐話辞典・唐音表・江戸言語学年表

西暦	年号	干支	一般事項	キリシタン語学・蘭語学(含蘭学)			
				著編者・事項	書名		備考
1643	寛永20	癸未	幕府蘭人に海外情報(風説)を要求 井原西鶴生〜1693	大目付井上筑後守、長崎通詞にオランダ語翻訳を命ずる 通詞カピタンの蘭文を翻訳(蘭館日誌)			
1644	正保1 12/16	甲申	オランダ風説書提出される 松尾芭蕉生〜1694				
1645	正保2	乙酉	吉原の娼家全焼				
1647	正保4	丙戌	幕府、ポルトガル長崎での通商要求を拒絶				
1648	慶安1 2/15	戊子					
1649	慶安2	己丑	5 江戸大地震	蘭医カスパルスハンベルゲCasper Schambergen来日 猪俣伝兵衛など外科治療法を学習紅毛医術カスパル流はじまる			
1650	慶安3	庚寅					
1651	慶安4	辛卯	慶安事件(由井正雪自殺47) 若衆歌舞伎禁止				
1652	承応1	壬辰	市村宇左衛門、村山座を買い市村座設立				
1653	承応2	癸巳	近松門左衛門生〜1724				
1654	承応3	己丑	玉川上水完成	蘭医アンスコレアンAnscholean来日 向井元升石橋 助左衛門	紅毛外科秘要	成	アンスコレアンの口授を翻訳
1655	明暦1	乙未					
1656	明暦2	丙申		西吉兵衛天文書和解下命			
1657	明暦3	丁酉	1 江戸大火(明暦の大火)				
1658	万治1	戊戌	7 大村純長キリスト教徒630人処刑				
1659	万治2	己亥		商館長ワーヘナールZacharias Wagenaar「ドドネウス本草書」Crvyd boek door R. Dodonaeusを稲葉正則に寄贈			
1660	万治3	庚子	森田勘弥、森田座設立				
1661	寛文1 4/25	辛丑	伊勢参り流行	甫安・吉永升庵アルマンスカッツAlmanusKatzに師事 嵐山甫安　　　蕃国法方類聚			
1662	寛文2	壬寅	諸国大地震	嵐山甫安・西玄甫・本木良意・志筑孫兵衛らDannelBuschに師事			
1663	寛文3	癸卯		商館長インディーグHendrik Indijkがヨンストンス禽獣譜ドドネウス本草書を幕府に献上			
1664	寛文4	甲辰					
1665	寛文5	乙巳					
1666	寛文6	丙午	長崎で蘭通詞採用試験(受験者300人)				
1667	寛文7	丁未					
1668	寛文8	戊申					
1669	寛文9	己酉					
1670	寛文10	庚戌					
1671	寛文11	辛亥		蘭語稽古・蘭語南蛮語和解記事(通航一覧41-182)			
1672	寛文12	壬子					

第3節　江戸言語学年表

書目・事項 唐話学（含通俗物・読本）漢語学（含五山・抄物）			日本語学			海外事項
著編者・事項	書名	備考	著編者・事項	書名	備考	
林鳳岡生～1732						明滅亡
佐藤直方生～1719						
	剪灯新話句解	刊 京井筒屋六兵衛				
	剪燈新話句解	京鶴屋町仁左衛門				イギリス清教徒革命
	有像列仙全伝	刊 京藤田庄右衛門				
	遊仙窟	刊 中野太郎左衛門				
浅見絅斎生～1711						
隠元来日						
新井白石生～1725						
室鳩巣生～1734						
細井広沢生～1735						
朱舜水来日			荒木田盛澂	新増仮名遣		
	明清闘記					
隠元宇治に万福寺開山			松永貞徳	和句解	刊	
伊藤仁斎、京都に古義堂開塾						
三宅尚斎生～1741						
	禅林課誦					
	有像列仙全伝	刊				
紀海音生～1742						
内通事役160人、宝永5廃止（通航一覧）			中村惕斎	訓蒙図彙	刊	
荻生徂徠生～1728			荒木田盛澂	類字仮名遣		
雨森芳洲生～1755						
井沢長秀生～1730						
伊藤東涯生～1736						
この頃までに帰化明人通事家35家という						
梅膺祚	「字彙」和刻本	刊				
梁田蛻厳生～1757			貝原益軒	本草綱目品目	刊	

603

第Ⅴ章　唐話辞典・唐音表・江戸言語学年表

西暦	年号	干支	一般事項	キリシタン語学・蘭語学（含蘭学）		
				著編者・事項	書　名	備　考
1673	延宝1	癸丑	9/21出版取締令	西吉兵衛	南蛮文字之天文書	翻訳
				10〜12歳少年数名出島で蘭語学習（蘭館日誌）		
1674	延宝2	甲寅				
1675	延宝3	乙卯				
1676	延宝4	丙辰				
1677	延宝5	丁巳				
1678	延宝6	戊午				
1679	延宝7	己未				
1680	延宝8	乙卯				
1681	天和1 9/29	辛酉	徳川綱吉五代将軍	吉永升庵	当流伝記要撮抜書 <阿蘭陀口和之式>	成
				本木良意	和蘭全躯内外分合図・験号	この年以前成
1682	天和2	壬戌				
1683	天和3	癸亥				
1684	天和4	甲子				
1685	貞享2	乙丑		楢林鎮山大通詞になる　大通詞4、小通詞4		
1687	貞享4	丁卯	5生類憐れみの令			
1688	貞享5 元禄1 9/30	戊辰	11柳沢吉保、側用人になる			
1689	元禄2	己巳				
1690	元禄3	庚午		8独E.ケンペル蘭館医として来日		
1691	元禄4	辛未				
1692	元禄5	壬申				
1693	元禄6	癸酉	5竹島来漁の朝鮮人を捕らえ、送還 12新井白石、甲府宰相綱豊の侍講になる			
1694	元禄7	甲戌	江戸市中十組問屋成立			
1695	元禄8	乙亥				
1696	元禄9	丙子	4荻原重秀勘定奉行になる	大町宗卜	阿蘭陀外科書口和解	成
1697	元禄10	丁丑				
1698	元禄11	戊寅	7柳沢吉保、老中の上位に列す			
1699	元禄12	己卯				
1700	元禄13	庚辰				
1701	元禄14	辛巳	3浅野長矩、吉良上野介に刃傷、即日自刃 吉良の治療は栗崎正羽（南蛮流）			
1702	元禄15	壬午	12赤穂浪士、吉良を討つ			
1703	元禄16	癸未				
1704	宝永1	甲申				

第3節　江戸言語学年表

唐語学（含通俗物・読本）漢語学（含五山・抄物） 著編者・事項	書名	備考	日本語学 著編者・事項	書名	備考	海外事項
				歌道秘蔵録	刊	
三宅観瀾生〜1718						
岡島冠山生〜1728						
			北村季吟	源氏物語湖月抄	刊	
				一歩		康遇聖『捷解新語』刊
松井良直生〜1728			契沖	正字類音集覧		
林羅山	語録解義	写 貞享識語				
太宰春台生〜1747						
			浄厳	悉曇三蜜鈔		
毛利貞斎	鼇頭助語辞					
服部南郭生〜1759						
			契沖	正語仮字篇	成	
			西村重慶	韻鏡求源抄		
			荒木田盛貞	鸚鵡抄	成	
			大田嘉方	重韻鏡日月燈		
平野金華生〜1688			契沖	万葉代匠記	成 初稿	英、名誉革命
						魯清、ネルチンスク条約締結
				人倫訓蒙図彙	刊	
			契沖	和字正韻		W.Sewel D-E,E-D Dictionary
岡白駒生〜1767						
文山	通俗三国志	刊				
始めて通事目付を置く(通航一覧)			契沖	万葉代匠記	成 精選本	
	語録字義	刊 寛文11序	貝原好古	和爾雅	刊	
三好似山	広益助語辞集例					
			契沖	和字正濫抄	刊	
	通俗漢楚軍談	刊	鴨東	蜆縮涼鼓集		
			橘成員	倭字古今通例全書	成	
			契沖	和字正濫通妨抄	成	デンベイ、カムチャトカに漂流
宇野明霞生〜1745						
風説屋役を置く(通航一覧)			貝原益軒	和字解	序	
			貝原益軒	日本釈名		
沢田一齋生〜1782				和歌極秘伝抄		スペイン継承戦争
			契沖没62			
			中村惕斎没(74)			
	通俗呉越軍談	刊				
	通俗統三国志	刊				

第Ⅴ章　唐話辞典・唐音表・江戸言語学年表

西暦	年号	干支	一般事項	キリシタン語学・蘭語学（含蘭学）		
				著編者・事項	書　名	備　考
1704						
1705	宝永2	乙酉				
1706	宝永3	丙戌		楢林鎮山	紅夷外科宗伝	成
1707	宝永4	丁亥				
1708	宝永5	戊子	1 生類憐れみの令廃止	シドッチ G. B. Sidotti、屋久島に上陸		
1709	宝永6	己丑	5 将軍家宣 6 新井白石登用、正徳の治始まる	白石シドッチを尋問。通訳は長崎通詞今村英生。ラテン語イタリー語を使用		
1710	宝永7	庚寅		 村井升哲	阿蘭陀口 阿蘭陀口ノ和	成 成
1711	正徳1 4/25	辛卯	2 朝鮮使節の待遇改める	河口良庵	阿蘭陀外科正伝	成
1712	正徳2	壬辰	9 勘定奉行荻原重秀罷免			
1713	正徳3	壬辰		新井白石	采覧異言	序
1714	正徳4	癸巳	諸国飢饉			
1715	正徳5	甲午		新井白石	西洋紀聞	成　明治15刊
1716	享保1 6/22	丙申	5 間部詮房、新井白石罷免 法 8 将軍吉宗、享保の改革始まる			
1717	享保2	丁酉	11 大岡忠助、町奉行に任命			
1718	享保3	戊戌				
1719	享保4	己亥				
1721	享保6	辛丑	3 江戸大火　8 目安箱設置、小石川薬園設立			
1722	享保7	壬寅	小石川薬園内に療養所設置			
1723	享保8	癸卯	幕府心中物の上演・出版を禁止			
1724	享保9	甲辰		桂川甫筑	和蘭問答	
1725	享保10	乙巳	11 大坂に御為替米会所設置			

第3節　江戸言語学年表

書目・事項			日本語学			海外事項
唐話学(含通俗物・読本)漢語学(含五山・抄物)						
編者・事項	書名	備考	著編者・事項	書名	備考	
	通俗戦国策	刊				露　ペテルスブルグに日本語学校を設置
岡島冠山	通俗元明軍談	刊	馬場信武	韻鏡諸抄大成		
	通俗列国志(前編)	刊				
	通俗南北朝軍談	刊				
守希斎生〜1765						
脇東洋生〜1762						
伊藤仁斎	童子問	刊				
三利貞斎	訓蒙助語辞諺解大成		貝原益軒	大和俗訓		
			佐々井祐清	仮名遺拾芥抄		
			貝原益軒	大和本草		
			貝原益軒	和俗童子訓		
	開元天宝遺事	刊				
荻生徂徠	訳文筌蹄題言					漂民サニマ、ペテルスブルグに送られデンベイの助手として日本語指導
徂徠、唐話講習会始める						
親炯斎没(60)						
鷦見安正	常話方語	写				
			寺島良安	和漢三才図会	刊	
荻生徂徠	蘐園随筆					
荻生徂徠	訳文筌蹄初編巻首巻1〜3	刊	虚字の記述	盛典	新増益解大全	
新井白石	同文通考	成	正徳年間			
荻生徂徠	訳文筌蹄初編巻4〜6	刊	虚字の記述			
長崎聖堂で唐韻勧学会開催						フランソワ・ハルマ編『蘭仏辞典』初版
1/22長崎通事唐話会開催						
伊藤東涯	助字考	刊				
岡島冠山	唐音和解	序				
岡島冠山	唐話纂要	刊				
三利貞斎	重訂冠解助語辞		槇島昭武	和漢音釈書言字考節用集	刊 元禄11序	
			新井白石	東雅		〜1719
杉澤長秀	漢字和訓	刊	新井白石	東音譜	自序	
柳庭鐘生〜寛政末か文化初期80						
岡島冠山	太平記演義	刊	新井白石	東音譜	成	
山冕生〜1785						
片田儔叟生〜1785						
建部綾足生〜1774						
松井良直	語助訳辞					
岡島冠山	辛丑元旦詩集	刊				
伊藤若水	通俗両国志	刊				
岡島冠山	四書唐音弁	刊				
三浦梅園生〜1789						
伊藤東涯	名物六帖	刊	開始			
岡島冠山	字海便覧	刊				

第Ⅴ章　唐話辞典・唐音表・江戸言語学年表

西暦	年号	干支	一般事項	キリシタン語学・蘭語学（含蘭学）		
				著編者・事項	書　名	備　考
1726	享保11	丙午				
1727	享保12	丁未	2 大坂堂島米相場会所設立 目安箱を大坂町奉行所門前に設置 西洋、薬・暦・究理書輸入解禁			
1728	享保13	戊申				
1729	享保14	己酉	8 関東に菜種作奨励 石田梅岩、京都で心学を講じる			
1730	享保15	庚戌		桂川甫築	和蘭問答	
1732	享保17	壬子	5 尾張藩主徳川側宗春、奢侈により将軍から譴責 夏関西に蝗害、大飢饉			
1733	享保18	癸丑	1 江戸市中米価騰貴、米商人宅打毀し			
1734	享保19	甲寅	小石川薬園などで甘藷を試植			
1735	享保20	乙卯	3 唐人参座を江戸に設置			
1736	元文1 4/28	丙辰	江戸城中で落書・雑説などの政治批判禁止	青木昆陽 青木昆陽	阿蘭陀文字大通辞答書 阿蘭陀綴字法	成 成
1738	元文3	戊午	2 諸国戸籍調査 4 大坂に銅座を設置	青木昆陽 昆陽、野呂、山路之徽ら参府蘭人に蘭語質疑	草廬雑談	
1739	元文4	己未	1 徳川宗春に蟄居の命令 5 ロシア船陸奥・安房に出没 7 幕府、沿海の諸般に海防の厳を命令			
1740	元文5	庚申		昆陽・元丈蘭語学習下命		
1741	寛保1 2/27	辛酉		野呂元丈	阿蘭禽獣虫魚図譜和解	通訳大通詞 吉雄藤三郎
1742	寛保2	壬戌	7 近畿大洪水 8 関東大洪水	野呂元丈	阿蘭陀本草和解	1750まで
1743	寛保3	癸亥	2 諸国に菜種栽培を奨励	青木昆陽 野呂元丈	和蘭話訳 阿蘭陀本草和解	成 通訳 中山喜左衛門 茂七郎左衛門 加福・吉雄定
1744	延享1 2/21	甲子	江戸神田に天文台設置	青木昆陽 青木昆陽 野呂元丈	和蘭話訳後集 和蘭文字略考 阿蘭陀本草和解	成 成 通訳 今村源右衛門
1745	延享2	乙丑	吉宗将軍職を辞職 11 家重9代将軍となる	青木昆陽 野呂元丈	和蘭勧酒歌訳 阿蘭陀本草和解	成 通訳 末永・楢林
1746	延享3	丙寅	長崎貿易蘭船2隻、清船20隻に制限 2 江戸大火	青木昆陽 青木昆陽	和蘭桜木一角説 和蘭国語考	成 成

第3節　江戸言語学年表

編者・事項	書名	備考	著編者・事項	書名	備考	海外事項
島冠山	唐音俗話問答	刊	岡島隆起	仮字考	刊	「ガリヴァー旅行記」刊（ナンガサキ来航記事）
島冠山	唐音雅俗語類	刊				
島冠山	唐訳便覧	刊				
白駒	水滸全伝訳解	跋				
徂徠	徂徠先生学則	刊				ケンペル『日本誌』刊
徂徠	徂徠先生答問書	刊				
澤長秀	授幼難字訓	刊				
宰春台	倭読要領	刊				
宰春台	経済録	刊				
時梅涯生〜1804						
田秋成生〜1809			盛典	悉曇倭語連声集	成	いわゆる『ターヘル・アナトミア』アムステルダム刊
藤東涯	新刊用字格					
島冠山	唐話類纂	写				
島冠山	唐話便用	刊				
野栗山生〜1807						
			全長	以呂波字考録		ペテルスブルグ日本語学校アンドレイ・ボグダーノフA. Bogdanov『日本語会話』『簡略日本文法』『新スラブ日本語辞典』を日本人の協力で作成
藤東涯没(67)			荻生徂徠	南留別志	刊	
藤東涯	応氏六帖	写 以前成立				
島冠山	唐音三体詩訳読					
徂徠	詩文国字牘	刊	盛典	悉曇倭語連声集	刊	
徂徠	訓訳示蒙					M. オヤグレン『日本語文典』メキシコ刊
宰春台	論語古訓					
島冠山	唐音学庸					オーストリア継承戦争
白駒	水滸全伝訳解		服部閨照	仮名遣問答抄		
島冠山	忠義水滸伝1-20					
	新鎸詩牌譜					
			文雄	磨光韻鏡		
	通俗醒世恒言	刊				
			多田義俊	伊呂波声伝		

609

第Ⅴ章 唐話辞典・唐音表・江戸言語学年表

西暦	年号	干支	一般事項	キリシタン語学・蘭語学（含蘭学）		
				著編者・事項	書　名	備　考
1746				野呂元丈	阿蘭陀本草和解	通訳 名村勝右衛門 西吉太夫
1747	延享4	丁卯		青木昆陽	丁卯和蘭字記	成
				野呂元丈	阿蘭陀本草和解	通訳 加福・吉雄
1748	寛延1 7/12	戊辰		野呂元丈	阿蘭陀本草和解	通訳 今村・名村・森山
				吉雄耕牛	阿蘭陀語和解	成 延享5序
1749	寛延2	己巳	長崎貿易清船15隻に制限	江戸昆陽耕牛を訪問？		
				青木昆陽	和蘭文訳1	現存しない
				野呂元丈	阿蘭陀本草和解	通訳 名村勝右衛門 西善三郎
1750	寛延3	庚午	1 百姓の強訴を禁止 2 諸国戸籍調査	青木昆陽	和蘭文訳2	
1751	宝暦1 10/27	辛未	徳川吉宗没(68)	青木昆陽	和蘭文訳3	成
1752	宝暦2	壬申		江戸昆陽耕牛を訪問 平賀源内藩命で長崎留学		
1753	宝暦3	癸酉				
1754	宝暦4	甲戌	貞享暦を廃止、宝暦甲戌暦を採用 山脇東洋、はじめて囚人らの死体解剖	青木昆陽 山脇東洋・小杉玄適ら京都で公許解剖	和蘭文訳6	成
1755	宝暦5	乙亥	東北大飢饉	未詳	阿蘭陀口和書（早大本）	成
1756	宝暦6	丙子		青木昆陽	和蘭文訳8	成
1757	宝暦7	丁丑		青木昆陽	和蘭文訳9	成
				片岡安直	阿蘭陀口和書（高知本）	写
				源内・田村藍水　湯島で物産会開催		
1758	宝暦8	戊寅	7 宝暦事件（竹内式部処罰）	江戸昆陽西を訪問		
				青木昆陽	和蘭文訳10	成
1759	宝暦9	己卯		山脇東洋	蔵志	刊
1760	宝暦10	庚辰	将軍家重辞職、家治10代将軍	中野柳圃生〜1806		
1761	宝暦11	辛巳		このころ本木栄之進（良永）英語学習開始		
				野呂元丈没(69)		
1762	宝暦12	壬午		このころ蘭化、昆陽に師事蘭語学習　長崎遊学決意		
				合田剛	紅毛医言	

第3節 江戸言語学年表

書　目・事　項						海　外　事　項
唐話学（含通俗物・読本）漢語学（含五山・抄物）			日　本　語　学			
編者・事項	書　名	備　考	著編者・事項	書　名	備　考	
白駒	小説精言					
守友信	俗語訳義		谷川士清	倭語通音	成	日本書紀通証
守友信	語録訳義	延享1凡例				
賀庭鐘	古今奇談英草紙	刊				
本北山生〜1812			文雄	三音正譌		
今町人参座跡に唐通事会所を設置（長崎年表）						
川雅望生〜1830						
			文雄	和字大観抄		
	唐音世語	刊				
森芳洲没(88)						
藤東涯	新刊助字考	助字考証				
本愚山生〜1834						
白駒	訳準開口新語					
山冤	忠義水滸伝解	刊				
白駒	小説奇言					
田一斎	小説粋言					
山人	通俗西遊記					
玉江散人	通俗酔菩提全伝		賀茂真淵	語意考	成か寛成1刊	
宅嘯山						
部南郭没(77)						
島冠山	忠義水滸伝11-20					
原主膳	通俗好逑伝	刊				
花蔵主人	通俗酔菩提全伝	刊				
			新井白石	同文通考	刊	
世子	通俗隋煬帝外史		雀部信頼	氐爾乎波義慣鈔		
田維則						
川淇園	太史公助字法	史記助字法				
西金右衛	八僊卓燕式記	刊				
田維則	通俗赤縄奇縁					
東京伝生〜1816						
唐通事会所を本興善町に移転			谷川士清	倭語通音	刊	日本書紀通証
白駒	助辞訳通					

611

第Ⅴ章　唐話辞典・唐音表・江戸言語学年表

西暦	年号	干支	一般事項	キリシタン語学・蘭語学（含蘭学）			
				著編者・事項	書　名		備　考
1762							
1763	宝暦13	癸未		平賀源内	物類品隲	刊	
				青木昆陽	昆陽漫録	成	
				北島見信	紅毛天地二図贅説		
				蘭化長崎遊学一回目一杉本			
1764	明和1 6/2	甲申		源内、昆陽とカピタン訪問			
1765	明和2	乙酉	鈴木春信、錦絵を完成	桂川国訓・後藤梨春・玄白カピタン訪問。順庵、源内 同席			
				後藤梨春	紅毛談（後、唐繰毛）	刊	
				平賀源内	火浣布略説	刊	
1766	明和3	丙戌	1 陸奥弘前大地震	蘭化、西善三郎に会う。昆陽に師事一杉本			
1767	明和4	丁亥	7 田沼意次側用人になる（田沼時代の始まり）	西善三郎蘭日辞書翻訳（蘭館日誌）			
1768	明和5	戊子		西善三郎没(54?)			
				平賀源内長崎遊学？一説に明和6			
1769	明和6	己丑		山路之徽	和蘭緒言（蘭学緒言）		
				青木昆陽没(72)			
				宇田川玄真生			
				足立左内生			
1770	明和7	庚寅		蘭化48歳で初蘭語学習（蘭学事始）誤謬一杉本説			
1771	明和8	辛卯	おかげ参り諸国に流行	玄白・元丈・蘭化、骨が原で刑死者の解剖を観察			
				前野蘭化	蘭訳筌	成	
				前野蘭化	和蘭訳文略	成	
				玄白Tafel Anatomia入手			
				『解体新書』翻訳開始か			
1772	安永1 11/16	壬辰		本木良意	和蘭全躯内外分合図・験号	刊	
				本木良永	和蘭地球図略説	成	
				河口信任	解屍編	刊	
1773	安永2	癸巳		杉田玄白	解体約図	刊	
1774	安永3	甲午		玄白・蘭化	解体新書	刊	
				本木良永	天地二球用法	成	
1775	安永4	乙未	黄表紙初作出る。恋川春町「金金先生栄花夢」	瑞典ＣＰチュンベリ蘭館医として来日			
1776	安永5	丙申					
1777	安永6	丁酉		柳圃通詞辞職中野姓に、本木良永に師事			
				前野蘭化	管蠡秘言	成	
				前野蘭化	翻訳運動法	成	
				前野蘭化	測曜璣図説	成	

第3節　江戸言語学年表

書目・事項			日本語学			海外事項
唐話学（含通俗物・読本）漢語学（含五山・抄物）						
編者・事項	書名	備考	著編者・事項	書名	備考	
賀庭鐘	国字演義医王耆婆伝					
	雑纂〔訳解〕	刊				
藤東涯	操觚字訣					
田維則	通俗金翹伝	刊				
田維則	通俗隋煬帝外史	刊				
	満漢瑣語	刊				
田白駒	助字訳通					
			諦忍	以呂波問弁		露イルクーツク日本航海学校設立
守希斎没(61)			賀茂真淵	国意考	成 文化3刊	
守希斎	官府文字訳義	写 以前成立				
崎元軏生〜1832						
賀庭鐘	繁野話					
			富士谷成章	かざし抄	成	
白駒没(76)						
白駒	水滸伝訳解	写 以前成立				
田維則	巷談奇叢		楫取魚彦	古言梯		露イルクーツク日本語学校設立
田儋叟	照世盃					
述斎生〜1841						
川淇園	左伝助字法		村上織部	古今集和歌助辞分類	成	
部綾足	西山物語	刊				
			賀茂真淵没(73)			
積以貫没(78)						
積以貫	忠義水滸伝〔語解〕	写 以前成立				
公美草廬	詞略	刊	栂井通敏	てには網引綱		
滝淵	通俗孝粛伝					
			本居宣長	てにをはひも鏡	刊	
顕常	学語編	刊				クック第二次航海(〜1775)太平洋の郡島を発見
部綾足	本朝水滸伝	刊	富士谷成章	あゆひ抄	成	魯ブガチョフの反乱
			上田秋成	也哉抄		アメリカ第一回大陸会議
田秋成	雨月物語	刊	本居宣長	字音仮字用格	刊	アメリカ独立宣言
			谷川士清	和訓栞	刊 一冊目	米、国名をアメリカ合衆国 United States of America

第Ⅴ章　唐話辞典・唐音表・江戸言語学年表

西暦	年号	干支	一般事項	著編者・事項	書名	備考
				キリシタン語学・蘭語学（含蘭学）		
1778	安永7	戊戌	魯船クナシリ来航、松前藩に通商要求	吉雄耕牛	支那使聘記	翻訳
			荒井庄十郎　朽木昌綱に録仕	松村元剛	和蘭航海略記	成
			4 伊豆大島噴火	山路之徽没(50)		
1779	安永8	己亥	8 松前藩魯の要求を拒絶	前野蘭化	西洋画賛訳文稿	成
				平賀源内没(51)		
1780	安永9	庚子	安永末より天明中ごろまで黄表紙・洒落本全盛			
1781	天明1 4/2	辛丑	この頃より寛政年間にかけて狂歌が流行	本木良永	阿蘭陀海鏡書和解	成　安永9序
				桂川甫筑(国華)没(87)		
1782	天明2	壬寅	6 幕府浅草鳥越に天文台設置	前野蘭化	輿地図編小解	成
				林子平	和蘭船図説	成
1783	天明3	癸卯	11 松平定信白河藩主になる			
			百姓一揆取締令　諸国大飢饉			
			大黒屋光太夫カムチャトカ辺で漂流			
			司馬江漢、銅版画創始			
1784	天明4	甲辰		中野柳圃	三種諸格	天明4頃成
1785	天明5	乙巳	玄沢長崎遊学	前野蘭化	和蘭訳筌	成
1786	天明6	丙午	石井恒右衛門、玄沢と江戸にくる	桂川甫周(国瑞)	新製地球万国図説	成
			桂川甫周(国瑞)奥医師罷免			
			田沼意次失脚			
			最上徳内、千島探検ウルップ島に至る、アイヌ語を習得			
			4 ロシア船蝦夷に来航	中川淳庵没(48)		
				杉田立卿生		
				大槻玄沢	蘭訳梯航	成か
1787	天明7	丁未	4 家斉11代将軍	森島中良	紅毛雑話	刊
			5 飢饉、米不足のため大坂他各地で打毀し	朽木昌綱	西洋銭譜	刊
			6 松平定信老中首座となる	林子平	海国兵談	刊
1788	天明8	戊申	田沼意次没(70)	大槻玄沢	蘭学階梯	刊
			1 京都大火、二条城焼失	大槻玄沢	蘭説弁惑	成
1789	寛政1 1/25	乙酉	クナシリ島でアイヌ反乱			
			「黒白水鏡」ほか時事を扱う黄表紙絶版命令			
			司馬江漢長崎遊学洋画の画法、銅板術伝える			
1790	寛政2	庚戌	2 物価引下げの令	宇田川玄随	蘭学秘蔵	成か
			5 朱子学以外の異学禁止（寛政異学の禁）	蘭人の江戸参府4年に一度に改める		
			5 官能的出版物の禁止			
			10 洒落本版行禁止			
			貿易蘭船1隻銅60斤に制限			
1791	寛政3	辛亥	1 江戸市中の銭湯、男女混浴を禁止	宇田川玄随	遠西名物考	成
			9 幕府異国船渡来時の処置を指示			
1792	寛政4	壬子	アダム・ラクスマン根室来航通商要求、	宇田川玄随	西洋医言	成か　杉本
			大黒屋光太夫送還			
			5 林子平筆禍『海国兵談』絶版、蟄居	中野柳圃	助詞(助字)考:蘭学助詞考	成か
			稲村三伯、大槻玄沢に入門			
			幕府林子平を処罰、『海国兵談』を絶版処分			

第3節　江戸言語学年表

書　目・事　項						海　外　事　項
唐話学（含通俗物・読本）漢語学（含五山・抄物）			日　本　語　学			
著編者・事項	書　名	備　考	著編者・事項	書　名	備　考	
東条一堂生〜1857			富士谷成章	あゆひ抄		
			栂井通敏	蜘のすがき		
三宅嘯山	通俗女仙伝	刊				
山本北山	文藻行潦	刊	本居宣長	言語活用抄	成	アンドレイ・タタリノフ A.Tatarinov『魯日辞典』成
皆川淇園	詩経助字法					露タタリノフ『魯日辞典レクシコン』
岡崎元軌	中夏俗語藪	刊				
皆川淇園	虚字解					
柳亭種彦〜1842						
亀山輔昌	忠義水滸伝抄訳		本居宣長	漢字三音考	刊	チュンベリ『日本植物誌』スウェーデンで刊行
			本居宣長	詞の玉緒		イギリスはオランダに代わり、東南アジア、東アジアへ進出
河北景楨	助辞鵠					
朱野小輔	雑字類編	刊				
都賀庭鐘	莠句冊	刊				
			本居宣長	秘本玉くしげ	成	魯エカチェリーナ、ＰＳパラス『欽定世界言語比較辞典』編刊
長崎聖堂で唐韻勧学会開催						
倉浪居主人三宅嘯山	通俗大明女仙伝		賀茂真淵	語意考	刊	仏革命、米ワシントン初代大統領に就任
逆旅主人石川雅望	通俗醒世恒言					
			本居宣長	古事記伝	刊 開始	中国はロシアの通商要求を許可。朝鮮では洋書の購入を禁止
服部南郭	唐詩選国字解					漂民新蔵、庄蔵イルクーツク日本語学校講師
秋水園主人	小説字彙	刊				
皆川淇園	実字解					
森島中良	凩草紙	刊				チュンベリー『日本語観察』ウプサラ大学紀要
皆川淇園	続虚字解					

615

第Ⅴ章 唐話辞典・唐音表・江戸言語学年表

西暦	年号	干支	一 般 事 項	キリシタン語学・蘭語学（含蘭学）		
				著編者・事項	書　　名	備　　考
1792			昌平坂学問所設立			
			光太夫・磯吉吹上御所で将軍謁見。桂川甫周記録			
			幕府、沿海諸藩に海防命令	司馬江漢	地球全図略説	刊
			松平定信伊豆、相模の海岸巡視。9家斉漂流民光太夫を引見。中国ではイギリスが貿易制限撤廃の要求	宇田川玄随	西説内科撰要	刊
			7定信辞職	桂川甫周	漂民御覧之記	成
1793	寛政5	癸丑		桂川甫周	魯西亜誌	成
				大槻玄沢	瘍医新書	成
				大槻玄沢	蘭訳要訣	成
				宇田川玄随	宇氏秘笈	成か
				宇田川玄随	蘭訳弁髦	成	江戸最初の本格的文法書
				本木良没(60)		
1794	寛政6	甲寅	玄沢西暦正月を祝う(新元会)天保8まで44回開催	桂川甫周	北槎聞略	成
1795	寛政7	乙卯		辻蘭室	蘭語八箋	起筆	日蘭辞典
			2長崎奉行中川飛騨守、唐・蘭通訳の考査を実施	稲村三伯	波留麻和解	刊	蘭語は木活字、訳語句は書き入れた日本語
			蘭学者相撲番付に玄真、東大関	山村才助	外紀西語考	成
				未詳	魯西亜語類	成	定信写
				源有	魯西亜文字集	成
1796	寛政8	丙辰		未詳	魯西亜弁語	成
				未詳	蘭語解	成
				司馬江漢	和蘭天説	刊
				橋本宗吉	和蘭新訳地球全図	刊
				未詳	近来繁栄蘭学曽我	成
				玄沢	蘭学佩角	成
					蘭学者相撲番付	
			6神田薹店、初めて寄席開く	大槻玄沢	官能真言	刊
			7英船プロビデンス号室蘭に来航	宇田川玄随没(43)		
1797	寛政9	丁巳	幕府,南部・津軽両藩に松前、函館警備を命令			
			10宝暦暦を廃止、寛政暦に			
			12聖堂、林家から幕府の管理となる			
			2諸大名の普請により聖堂再建	森島中良	類聚紅毛語訳	刊	蛮語箋
1798	寛政10	戊午	近藤重蔵エトロフ島に「大日本恵土呂府」標柱	間重富	天地二球用法評説	成
				志筑忠雄	暦象新書	成
				未詳	蘭学者相撲見立番付	成	玄真東大関 石井西大関
			H.ドゥーフ来日	大槻玄沢	磐水先生随筆	成
1799	寛政11	己未		司馬江漢	西洋画譜	刊
				大槻玄沢	蘭説弁惑	刊
				石井庄助	遠西軍器考	成
			昌平坂学問所落成	未詳	lamjacksemteij	成	吉雄元吉「蘭訳筌蹄」か
1800	寛政12	庚申	伊能忠敬、幕命により蝦夷地探検	堀佳篤	蛮語和解録	成
				大槻玄沢	六物新誌	成
				吉雄耕牛没(77)		
1801	享和1 2/2	辛酉	1高田屋嘉兵衛、得撫島に木標を立てる	柳川春三	洋学指針（蘭学部）	成
				志筑忠雄	鎖国論	成	翻訳
				山村才助	西洋雑記	成か

第3節　江戸言語学年表

唐話学（含通俗物・読本）漢語学（含五山・抄物）			日本語学			海外事項
著編者・事項	書名	備考	著編者・事項	書名	備考	
太宰春台	孔子家語国字解		村田春海	五十音弁誤		
			富士谷御杖	脚結抄翼		
			石塚龍麿	古言清濁考	成	イギリスはマラッカ占領
			本居宣長	うひ山ぶみ		イギリスはセイロンの支配開始1948まで
			上田秋成	霊語通		
森島中良	月下清談	刊	本居宣長	古事記伝	完成 1790〜	ナポレオン、エジプト遠征
			石塚龍麿	仮名遣奥山路		
月池睡雲庵	通俗繍像新裁綺史	刊				仏、ブリュメール18日のクーデターナポレオン統領政治を布告
山東伝	忠臣水滸伝前編	刊				
			本居宣長	地名字音転用例		
大槻磐渓生〜1878			本居宣長没(72)			
山東伝	忠臣水滸伝後編	刊	石塚龍麿	古言清濁考	刊	
			村田春海	仮字大意抄		

617

第Ⅴ章　唐話辞典・唐音表・江戸言語学年表

西暦	年号	干支	一　般　事　項	キリシタン語学・蘭語学（含蘭学）			
				著編者・事項	書　名		備　考
1802	享和2	壬戌	2蝦夷奉行を置く　5函館奉行と改める	山村才助	訂正増訳采覧異言	成	
			7東蝦夷地を幕府直轄地とする	山村才助	羅甸文字	成	
				山村才助	魯西亜字	成	
				志筑忠雄	暦象新書	成	
				杉田玄白	形影夜話	成	
1803	享和3	癸亥	7米船長崎来航通商要求。幕府拒絶	前野蘭化没(81)			
			H.ドゥーフ長崎着任	未詳	俗語翻訳		
				高橋至時	ラランデ暦書	成	
				大槻玄幹長崎遊学			
1804	文化1 2/11	甲子	6朝鮮使節の礼を対馬で受ける事を決める	中野柳圃	蘭学生前父	成	
			9レザノフ長崎来航漂民送還通商要求。幕府拒絶	中野柳圃	蘭語九品集	成	
				山村才助	亜細亜諸島志	成か	
1805	文化2	乙丑	1魯船来航、諸大名に警戒を命令	中野柳圃	四時諸法対訳	成	
			3レザノフを去らせる	宇田川玄真	西説医範手提綱釈義	刊	
1806	文化3	丙寅	9ロシア人、樺太上陸。松前藩会所を襲う	華岡青洲麻酔薬により乳癌手術			
			11家斉琉球使節を引見	稲村三伯、海上随鴎に改名京都移住			
			12江戸上水道修復	大槻玄沢	北辺探事	成	
			伊能忠敬、本州の測量を終える	中野柳圃没(47)			
				中野柳圃	柳圃先生虚詞考		以前成立
				中野柳圃	助字考		以前成立
				中野柳圃	和蘭詞品考 柳圃中野先生文法		以前成立
				中野柳圃	属文錦嚢		以前成立
				中野柳圃	九品詞名目		以前成立
				中野柳圃	西音発微 柳圃先生遺教		以前成立
				中野柳圃	蘭文法諸時		以前成立
1807	文化4	丁卯	3西蝦夷地を直轄領とする	大槻玄沢	環海異聞	成	
			4ロシア人蝦夷に侵入、会津、仙台二藩出兵	大槻玄沢	捕鯨問答前編	成	
			8江戸永代橋落ち死者多数、深川八幡祭	山村才助	印度志	成	
			10函館奉行を松前奉行に改める	宇田川玄真	内景銅版図	成	日本最初の銅版解剖図
			間宮林蔵らカラフト探検、満州に入る				
				山村才助没(38)			
1808	文化5	戊辰	馬場佐十郎幕命により江戸に出府	馬場貞由	蘭語首尾接詞考	成	蘭語冠履辞考
			英船フェートン号長崎侵入、松平康英責自決	大槻玄沢	捕鯨問答後編	成	
			H.ドゥーフ幕命により長崎通詞らに仏語指導	馬場、光太夫のもとで魯語学習			
			近藤重蔵書物奉行下命				
			伊能忠敬樺太探検				
1809	文化6	己巳	日蘭通商200年祝賀、出島カピタン新居落成	10幕府、蘭語時にロシア語、英語の学習命令			
			9間宮林蔵、黒竜江地方探検後、帰国	吉雄如淵	和蘭属文錦嚢	成	
				中野柳圃	作文必用訳書須知属文錦嚢		1814か
				吉雄如淵口授	作文必用訳書須知属文錦嚢		1814か
				吉雄如淵口授	訳文必用属文錦嚢		1814か
				吉雄如淵口授	重訂属文錦嚢		1814か
				吉雄如淵口授	訳文必用属文錦嚢		1814か
				吉雄如淵口授	如淵和蘭属文錦嚢		1814か
				馬場貞由	野作雑記	成	

第3節　江戸言語学年表

著編者・事項	書名	備考	著編者・事項	書名	備考	海外事項
本城維芳	通俗平妖伝	刊				
山東京伝	復讐奇談安積沼	刊	鈴木朖	活語断続譜	成	
滝沢馬琴	復讐月氷奇縁	刊				ナポレオン、皇帝になる
十時梅厓	通俗西湖佳話	刊				
山東京伝	優曇華物語	刊				
山東京伝	桜姫全伝曙草紙	刊				
滝沢馬琴	復讐奇談稚枝鳩	刊	小野蘭山	本草綱目啓蒙		
山東京伝	昔話稲妻表紙	刊				8/6 神聖ローマ帝国滅亡
山東京伝	善知鳥安方忠義伝	刊				
滝沢馬琴	勧善常世物語	刊				
滝沢馬琴	墨田川梅柳新書	刊		俳諧天爾波鈔		
滝沢馬琴	標注園の雪	刊	市岡猛彦	雅言仮字格		
滝沢馬琴	椿説弓張月前編	刊				
柴野栗山没(72)						
皆川淇園没(74)						
松本愚山	訳文須知前集虚字部		本居春庭	詞の八衢		
滝沢馬琴	松浦佐用媛石魂録	刊				
滝沢馬琴	三七全伝南柯夢	刊				
滝沢馬琴	俊寛僧都島物語	刊				
滝沢馬琴	頼豪阿闍梨怪鼠伝	刊				
森島中良	俗語解	写				
山東京伝	本朝酔菩提全伝	刊				
滝沢馬琴	松染情史秋七草	刊				
滝沢馬琴	常夏草紙	刊				

第Ⅴ章　唐話辞典・唐音表・江戸言語学年表

西暦	年号	干支	一般事項	キリシタン語学・蘭語学（含蘭学）		
				著編者・事項	書　名	備　考
1809				馬場貞由	帝爵魯西亜国誌	成
				桂川甫周(国瑞)没(59)		
1810	文化7	庚午	2 異国船防御の令	馬場貞由	西語訳撰	この年以前
			5 英船常陸に来る	馬場貞由	蘭語以呂波引	成
			6 浦賀、走水等の砲台の修理	如淵ら	諳厄利亜言語和解	成
				馬場貞由	文範示蒙6巻	？ 柳圃の著書
				馬場貞由	九品一貫1巻	？
				馬場貞由	冠辞用例1巻	？
				馬場貞由	三国字韻1巻	？
				奥平昌高	蘭語訳筌	刊 馬場の著述
				藤林普山	訳鍵	刊
				藤林普山	蘭学逕	刊
				宇田川玄真	検籠韻府	成か
				桂川甫賢	蘭日対訳薬物名彙	成
			普山、三伯に入門	高橋景保	新訂万国全図	成
				高橋景保	魯西亜国呈書満文訓訳強解	成
1811	文化8	辛未	6 ガラヴニン国後で逮捕され松前に護送	大槻玄幹	増広蘭学佩觿	刊
			8 魯艦、利尻に来る	大槻玄幹	蘭字醸音鑑	刊
			江戸浅草天文台に翻訳局設置	本木正栄	諳厄利亜興学小筌	成
			幕命で馬場以下『厚生新編』翻訳開始	本木正栄	払郎察辞範	成
				本木正栄	和仏蘭対訳語林	成
				馬場貞由	西文規範	成 和蘭文学問答
				吉雄俊蔵	訳規	成
				馬場貞由	和蘭辞類訳名抄　マーリン	
				馬場貞由	和蘭辞類訳名抄　ハルマ	
				馬場貞由	西語訳筌	
1812	文化9	壬申	幕命で馬場ガラヴニンから魯語学習開始	野呂天然	九品詞略	成
			松平定信致仕、白河楽翁と号す			
			8ロシア艦長リコルド、高田屋嘉兵衛をクナシリ海上で逮捕			
1813	文化10	癸酉	5 ロシア、高田屋嘉兵衛を護送、ゴロブニンの釈放要求	吉雄俊蔵	三種考	
			馬場佐十郎、松前でゴロヴニンからロシア語を学ぶ	馬場貞由	魯語文法規範	成
				馬場貞由	俄羅斯語学小成	成
				馬場貞由	魯語	成
1814	文化11	甲戌	夏季、長期の早魃で諸国飢饉	吉雄俊蔵	六格明弁	成
			天文方高橋景保、書物奉行を兼任	吉雄俊蔵	六格前篇	成
				本木正栄	諳厄利亜語林大成	成 英和辞書の始め
				馬場貞由	和蘭文範摘要	成
				馬場貞由	訂正蘭語九品集	成
1815	文化12	乙亥		杉田玄白	蘭学事始	成 明治2刊行
				藤林普山	和蘭語法解	刊
				広川獬	蘭例節用集	刊
				河口良庵	諸薬口和	成
1816	文化13	丙子	江戸吉原大火	馬場貞由	蘭学梯航	成
			「免帽降乗録」に宇田川玄真、紅毛学第一の評価	Doeff, Hendrik 長崎通詞	ドゥーフ・ハルマ	成 初稿、完成は天保4和蘭辞書和解
			江戸に疫病流行	高橋景保	満文輯韻	成

第3節　江戸言語学年表

唐話学(含通俗物・読本) 漢語学(含五山・抄物)			日本語学			海外事項
著編者・事項	書名	備考	著編者・事項	書名	備考	
上田秋成没(76)						
			東条義門	詞八衢疑問		オランダ、仏に併合される
島津重豪	南山俗語考	成				
山東京伝	双蝶記	刊				
皆川淇園	虚字詳解					
滝沢馬琴	南総里見八犬伝	刊	市岡猛彦	雅言仮字格拾遺		中国ではアヘン販売禁止
			東条義門	類聚雅俗言		ナポレオン退位、ウイーン会議
淡斎主人	通俗古今奇観	刊				
滝沢馬琴	朝夷巡島記		東条義門	指出の磯	成	2 ナポレオン、エルバ島脱出　3 フランス上陸　パリ入城　6 ワーテルローの戦い　7 パリ陥落セントヘレナ島に流罪
			大田方	漢呉音図		
			鈴木朖	雅語音声考		ゴラヴニン『日本幽囚記0』
皆川淇園	助字詳解		鳥海松亭	音韻啓蒙		

第Ⅴ章　唐話辞典・唐音表・江戸言語学年表

西暦	年号	干支	一般事項	キリシタン語学・蘭語学（含蘭学）			
				著編者・事項	書　名		備　考
1816				高橋景保	満字随筆	成	
			ドゥーフ離日	高橋景保	満文散語解	成	
1817	文化14	丁丑	英船浦賀来航、馬場、足立通訳	杉田玄白没(85)			
				間重富没(61)			
1818	文政1	戊寅	伊能忠敬没(74)	藤林普山	和蘭薬性弁	成	
1819	文政2	乙卯	1 幕府、浦賀奉行を二名とする	田中・大野	蘭語呼聚	成	
			夏疫病流行	吉雄如淵	英吉利文話之凡例	成	
1820	文政3	庚辰	高橋景保、満州文字の書を翻訳、幕府に献上	宇田川玄真	和蘭薬鏡	刊	
1821	文政4	辛巳	2 江戸市中風邪大流行	吉雄如淵述	重訂属文錦嚢		文政4伝
			3 長崎、唐人屋敷の中国人奉行所に乱入				
			8 諸国代官の不正粛正				
			12松前奉行廃止、直轄地を松前藩に還付				
				伊能忠敬	大日本沿海輿地全図	成	
1822	文政5	壬午	2 江戸町奉行、唐人踊りを禁止	馬場貞由	訳司必用諳厄利亜語集成	成	
			4 英船、浦賀入港	宇田川榕庵	西説菩多尼訶経	刊	
			秋、西国でコレラ大流行	玄真・榕庵	遠西医方名物考	刊	
				大江春塘	Bastaardt woordenboek	刊	
				宇田川榕庵	孔保地文	成	
				馬場貞由没			
1823	文政6	癸未	独F.vonシーボルト蘭商館医として来日				
1824	文政7	甲申	5 英船、常陸海岸に来る	大槻玄幹	蘭学凡	成	
			7 英船、薩摩の宝島に上陸、略奪	宇田川榕庵	羅甸語解	成	
				宇田川榕庵	点竄通考	成	
				足立左内	魯西亜字筌		上呈
1825	文政8	乙酉	異国船打払い令(無二念打払令)	大槻玄幹	訂正和蘭接続詞考	成	馬場遺教
			シーボルト長崎に鳴滝塾を開く	日高涼台	蘭日語彙集	成	
				藤林普山	和蘭薬性弁	刊	
				馬場佐十郎	遭厄日本紀事	成	ゴロヴニン原著
1826	文政9	丙戌	シーボルト江戸参府に随行	大槻玄幹	西音発微	刊	柳圃遺教
				宇田川榕庵	中西雑字簿	成	
				大槻玄沢	重訂解体新書	刊	
				鶴峯戊申	蘭音仮字格	成	
1827	文政10	丁亥		大槻玄沢没(71)			
1828	文政11	戊子	シーボルト事件	島本大受	累語解	成	
			高橋景保、シーボルトに地図を与え逮捕	島本大受	履詞解	成	
			11越後地震	高野長英	繙巻得師	成	
1829	文政12	己丑	シーボルト追放	未詳	蘭語字彙	成	
	文政期			宇田川榕庵	厄利斉亜字音考	成	自筆本?
				鶴峯戊申	早引蘭字通	刊	
1830	天保1 12/10	庚寅	伊勢、御蔭参り大流行	鶴峯戊申	語学究理九品九格　総括図式	刊	
			京都大地震				
1832	天保3	壬辰	7 英船、琉球に漂着				

第3節　江戸言語学年表

著編者・事項	書名	備考	著編者・事項	書名	備考	海外事項
三宅邦	助語審象					
			春登	万葉用字格		ベイジル・ホール『朝鮮・琉球航海記』
			村田春海 清水浜臣	増補古言梯		
			東条義門	磯の洲崎	成	
			富士谷御杖	脚結玄義		
			斉藤彦麻呂	音声論		チチング『日本風俗図誌』刊
						仏レミューザ、クラブラートアジア協会をパリに設立
			東条義門	友鏡		仏クラブロート『アジア言語誌』刊
						モリソン『華英字典』完成(～1815)
			鈴木朗	言語四種論		訂正和蘭接続詞考との関連は・
						宇田川榕庵識語
			大国隆正	通略延約弁		ランドレス『日本文典』
						ロドリゲス『日本小文典』の仏訳
						シーボルト『日本語要略』バタヴィア刊
						フンボルト『日本語の文法体系について』アジア学報
			東条義門	於平軽重義		K.F.Aギュツラフ『新約聖書』日本語訳刊
			本居大平	古学要	刊	
			本居春庭	詞の通路		
滝沢馬琴	近世説美少年録	刊	奥村栄実	古言衣延弁		
			谷川士清	和訓栞	刊 前編	メドハースト『英和和英語彙集』バタヴィア刊
島津重豪没						シーボルト『日本』ライデン刊

623

第Ⅴ章　唐話辞典・唐音表・江戸言語学年表

西暦	年号	干支	一般事項	著編者・事項	書名	備考
				キリシタン語学・蘭語学（含蘭学）		
1832						
1833	天保4	癸巳	ドゥーフハルマ完成	大槻玄幹	西韻府	刊
				長崎通詞	和蘭辞書和解	成　ドゥーフハルマ完成版
				宇田川榕庵	植学啓原	刊
				鶴峯戊申	語学新書	刊
1834	天保5	甲午	当世名家評判記医者之部に上上吉に玄沢・玄白、大上上吉に玄真の評価あり　3 水野忠邦老中に就任	宇田川玄真没(66)		
1835	天保6	乙未	12井伊直亮、大老に就任	辻蘭室	蘭語八箋	成
				日高涼台	和蘭用薬便覧	刊
1837	天保8	丁酉	6 モリソン号事件　2 大塩平八郎の乱			
1838	天保9	戊戌	徳川斉昭、内憂外患についての意見書を幕府に提出　渡辺崋山『慎機論』『慊舌或問』　高野長英『夢物語』			
1839	天保10	己亥	渡辺崋山、高野長英逮捕、小関三英自殺。蛮社の獄	小関三英没(53)		
				小関三英	語法断片	写　以前成立
1840	天保11	庚子	売薬の看板に蘭字使用禁止　蘭書翻訳書の流布取締	渋川・藤井	英文鑑	上呈
1841	天保12	辛丑	高島秋帆、幕命で洋式銃隊を徳丸原で訓練開始　仙台観音丸ルソン漂流民、帰国途中阿片戦争を目撃　天保の改革　10渡辺崋山自殺　12人情本の板木没収		万宝叢書洋字篇	
1842	天保13	壬寅	7 異国船打払令を撤廃し、薪水令　米人R.マクドナルド密航、長崎に護送。蘭通詞に英語を指導　6 長崎入港のオランダ船、アヘン戦争の戦況とイギリス艦隊の日本渡来の秘密情報をもたらす	箕作阮甫	和蘭文典	天保13復刻
1843	天保14					
1844	弘化1 12/2	甲辰	蘭使節、蘭国王の開国勧告書簡を提示			
1846						
1848	嘉永1 2/28	戊申		箕作阮甫	増補改正蛮語箋	刊
1849	嘉永2					
1850	嘉永3	庚戌	蘭館長レファイスーン最後の江戸参府　鄭幹輔、唐通事、蘭通詞に諸外国語学習の必要を建白　江川英龍、伊豆韮山に反射炉を築く	宇田川榕庵	蘭学重宝記	刊
1851	嘉永4	辛亥	土佐漁民中浜万次郎米船の護送で琉球に上陸			
1852	嘉永5	壬子	最後の商館長D.クルティウス着任			
1853	嘉永6	癸丑	6 ペリー浦賀来航通商要求　7 プーチャーチン長崎に来航			
1854	安政1 11/27	甲寅	3 日米和親条約締結	村上英俊	三語便覧	刊
			日英、日魯和親条約締結	村上英俊	五方通語	
1855	安政2	乙卯	1 天文方蕃書和解御用掛を独立、洋学所を設置	馬場貞由	蘭語冠履考	刊
			12オランダと和親条約	桂川甫周	和蘭字彙	刊　安政5まで

第3節　江戸言語学年表

書目・事項						海外事項
唐話学（含通俗物・読本）漢語学（含五山・抄物）			日本語学			
著編者・事項	書名	備考	著編者・事項	書名	備考	
						クラプロート『三国通覧図説』パリ刊
島津重豪	南山考講記	写 以前成立	東条義門	和語説略図		シーボルト・ホフマン『日本図書目録』ライデン刊
						フィッセル『日本風俗備考』アムステルダム刊
						D.ドゥーフ『日本回想録』ハールレム刊
長崎聖堂で唐韻勧学会開催						
			東条義門	活語雑話	成 〜42	
			東条義門	活語指南		清アヘン戦争〜42
			東条義門	玉緒繰分	成	
			東条義門	活語余論	成か	メドハースト『華英辞典』
						清とイギリスは南京条約締結 中国はイギリスに香港を割譲、5港を開港
			東条義門	男信		
			東条義門	指出の磯・磯の洲崎	刊	
			山田常典	増補古言梯標注		
						メドハースト『英華辞典』刊
			草鹿砥宣隆	古言別音鈔		
			平田篤胤	古史本辞経		清、太平天国の乱
			保田光則	あゆひ抄考	これ以前	ホフマン、ライデン大学日本語教授就任
			保田光則	挿頭抄増補	成	フィッツマイエル『日本語辞書』ウイーン刊
						仏ロニー『口語文語日本語入門綱要』『日本語研究序説』パリ刊

625

第Ⅴ章　唐話辞典・唐音表・江戸言語学年表

西暦	年号	干支	一般事項	キリシタン語学・蘭語学（含蘭学）			
				著編者・事項	書名		備考
1855				大庭雪斎	和蘭文語凡例初篇	刊	
			2 洋学所を蕃所調所と改称	杉田立・成卿	荷蘭語林集解	成	
			8 アメリカ総領事ハリス下田に着任	未詳	和蘭沕乙蘭土文範		安政3 復刻刊
			吉田松陰、松下村塾を開く	小原竹堂	挿訳俄蘭磨智科	刊	
				遠田天籟	和蘭文典前編訳語筌	刊	
				竹内宗賢	和蘭文典読法	刊	
1856	安政3	丙辰		飯泉士譲	和蘭文典字類	刊	
				可野亮	蘭学独案内	刊	
				可野亮	和蘭辞典	刊	
				未詳	西字発蒙	刊	
				小川玄龍	窩蘭麻知加訓訳	刊	
				宇田川榕庵	宇田川氏蘭語綴字書	成	安政3以降
			踏絵全廃の条約なる	広田憲寛	増補改正訳鍵		安政4刊開始
1857	安政4	丁巳	神田天文台を廃止	緒方洪庵	和蘭詞解略説	成	
				香処閑人	和蘭文典便蒙	刊	
					訓点和蘭文典		
				柳川春三	洋学指針		明治2再刻
1858	安政5	戊午	米・英・魯・蘭・仏と修好友好条約。安政の大獄	高橋重威	和蘭文典字類後編	刊	
				勝海舟	woordenboek	成	
			10 橋本左内、吉田松陰、頼三樹三郎ら死刑				
1859	安政6	己未	オールコック、シーボルト、ヘボン、ブラウン来日	本木昌造	和英商売対話集	刊	
			5 幕府、神奈川、長崎、函館を開港				
			3 桜田門外の変	石橋政方	英語箋		
1860	万延1 3/18	庚申	8 外国語学習を奨励	宇田川興斎	万宝新書		
			浮世絵大量に欧州輸出。ジャポニズムを誘引	本木昌造	蛮語小引		
			米ホイットマン咸臨丸の訪米使節を謳う	福沢諭吉	改訂華英通語	刊	
1861	文久1	辛酉	4 江戸に疱瘡流行				
			8 横浜に英仏語学所開設				
			1 坂下門外の変	堀達之助	英和対訳袖珍辞書	刊	
			2 将軍家茂、和宮内親王と婚儀				
			5 蕃所調所、洋書調所と改称				
1862	文久2	壬戌	8 生麦事件				
			9 榎本武揚ら幕府からオランダ留学へ派遣				
			12 陸軍奉行設置、仏式に				
			アーネスト・サトー来日				
			森鷗外生				
			5 長州藩、外国船艦を砲撃	開成所	単語篇	刊	
1863	文久3	癸亥	7 薩英戦争 伊藤博文、井上馨イギリス留学	開成所	英吉利文典	刊	
			8 洋書調所を開成所と改称	開成所	会話篇	刊	
			蛤御門の変	佐久間象山暗殺			
1864	元治1 2/20	甲子	W.Gアストン来日				
			米英仏蘭4国艦隊、長州藩と交戦、下関を砲撃				
1865	慶応1 4/7	乙丑	寺島宗則イギリス留学				
			福沢諭吉、英学塾（慶応義塾）開設				
1866	慶応2	丙寅	1 薩長同盟	伊東玄朴	洋学須知	刊	
			4 海外への留学を認める	桂川甫策	法朗西文典字類	刊	

第3節　江戸言語学年表

書　目　・　事　項							海　外　事　項
唐話学（含通俗物・読本）漢語学（含五山・抄物）			日　本　語　学				
編者・事項	書　名	備　考	著編者・事項	書　名	備　考	
						アロー号事件。列強の中国侵略はじまる
						ゴシケヴィッチ・橘耕斎『和魯通言比考』ペテルスブルグ刊
						クルティウス『日本文法試論』ライデン刊
						セポイの反乱
						英、インドを併合
						清、英米仏魯と天津条約締結
						レオン・パジェス『日本図書目録』パリ刊
						仏、サイゴンを占領
						リギンス『英日日常語句集』上海刊
金内格三	徒杠字彙	刊				
曽石介	助字瓚					米、南北戦争勃発
						パジェス『日仏辞典』刊
						オーストリア、ウイーン大学に日本語講座
						ブラウン『英和俗語会話集』刊
						ロニー「日本文集」刊
						オールコック『仏英両語対訳、片仮名・ローマ字による日常日本語対話集』ロンドン刊
						米、リンカーン奴隷解放宣言
						ロニー『日本語会話入門』刊
						米、リンカーン暗殺
						仏海軍、朝鮮江華島を占領

第Ⅴ章　唐話辞典・唐音表・江戸言語学年表

西暦	年号	干支	一　般　事　項	キリシタン語学・蘭語学（含蘭学）			
				著編者・事項	書　名		備　考
1866			8 外山正一らイギリス留学	堀越亀之助	改正増補英和対訳袖珍辞書	刊	
				ヘボン・岸田	和英語林集成	刊	
				柳川春三	洋学便覧	刊	
				柳川春三	法朗西文典	刊	
					英吉利文典字類	刊	
1867	慶応3	丁卯	1/9 睦仁122代天皇に就任(明治天皇) 10 薩長二藩に討幕の密勅 10/14 大政奉還 12 王政復古(徳川幕府滅亡)				
1868	明治1 9/4	戊辰	1 鳥羽伏見の戦				
1869	明治2	己巳	3 五箇条のご誓文 7 江戸を東京と改称 9 明治と改元、一世一元の制を定める				
1870	明治3	庚午					
1871	明治4	辛未					

第3節　江戸言語学年表

書目・事項			日本語学			海外事項
唐話学（含通俗物・読本）漢語学（含五山・抄物）						
著編者・事項	書名	備考	著編者・事項	書名	備考	
						パジェス『日本切支丹宗門史』刊
						ヘボン『和英語林集成』上海刊
						ロニー、パリ：東洋語学校（INALCO）に日本語講座開設
						ホフマン『日本文典』ライデン刊
東條一堂	助辞新訳	矣也焉乎爾耳己　與邪夫＋助語				ペテルスブルグ大学に日本語講座開設
						イタリア、ナポリ大学に日本語講座開設

第Ⅴ章　唐話辞典・唐音表・江戸言語学年表

西暦	年号	干支	一　般　事　項	キリシタン語学・蘭語学（含蘭学）		
				著編者・事項	書　　名	備　　考
不詳				未詳	和蘭文典後編	
不詳				未詳	和蘭文典前編直訳	
不詳				原梅南	設卯多幾斯 和蘭陀語法	
不詳				編者不詳	払郎察辞典・和仏蘭対訳語林	
不詳				本木良永	和解例言	
不詳				編者不詳	諳厄利亜語林大成	
不詳						
不詳						
不詳						
不詳						
不詳						
不詳						
不詳						
不詳						
不詳						
不詳						
不詳						
不詳						
不詳						
不詳						
不詳						
不詳						
不詳						
不詳						
不詳						
不詳						
不詳						

第3節 江戸言語学年表

書　目・事　項						海　外　事　項
唐話学（含通俗物・読本）漢語学（含五山・抄物）			日　本　語　学			
著編者・事項	書　名	備　考	著編者・事項	書　名	備　考	
編者不詳	鼇幼略記	写				
石川金谷	游焉社常談	刊				
編者不詳	奇字抄録	自筆稿本				
編者不詳	佉里馬赤					
編者不詳	訳家必備					
編者不詳	訓義抄録	自筆稿本				
編者不詳	劇語審訳	写				
編者不詳	公武官職称名考	写				
編者不詳	崎港聞見録	写				
編者不詳	崎陽熈々子先生華学圏套	写				
編者不詳	雑字類訳	写				
編者不詳	爾言解	写				
編者不詳	宗門方言	刊				
編者不詳	色香歌	写				
編者不詳	水滸伝字彙外集	写				
編者不詳	水滸伝抄解	写				
編者不詳	水滸伝批評解	写				
編者不詳	聖歎外書水滸伝記聞	写				
編者不詳	忠義水滸伝〔語釈〕	写				
陶山冤	忠義水滸伝鈔訳	写				
編者不詳	俗語解	写				
編者不詳	中華十五省	写				
編者不詳	唐人問書	写				
渡辺約郎	唐話為文箋					
編者不詳	明律考	写				
岡孝祖	訳通類畧	写				
編者不詳	訳通類略	写				
編者不詳	両国訳通	写				

引用図版一覧（掲載順）

ケンプファー『日本誌』	早稲田大学図書館所蔵
杉田玄白肖像	早稲田大学図書館所蔵・重要文化財
葛飾北斎『絵本東遊』江戸本石町長崎屋	早稲田大学図書館所蔵
新井白石肖像	早稲田大学図書館所蔵
『解体新書』扉図	早稲田大学図書館所蔵
ショメール『百科事典』タイトル・挿絵	早稲田大学図書館所蔵
芝蘭堂新元会図	早稲田大学図書館所蔵・重要文化財
「ドゥーフ・ハルマ」坪井本	早稲田大学図書館所蔵
F・ハルマ『蘭日辞典』タイトル	早稲田大学図書館所蔵
『和蘭字彙』	早稲田大学図書館所蔵
「江戸ハルマ」	早稲田大学図書館所蔵
『和蘭字彙』	早稲田大学図書館所蔵
『和蘭字彙』	早稲田大学図書館所蔵
『和蘭字彙』	早稲田大学図書館所蔵
「江戸ハルマ」	早稲田大学図書館所蔵
F・ハルマ『蘭仏辞典』タイトル	早稲田大学図書館所蔵
Handboek door youan	武田薬品杏雨書屋所蔵
フィッセル「蘭日対話集」タイトル	『日本風俗備考』（庄司三男・沼田次郎訳 平凡社　東洋文庫）
中野柳圃『蘭学生前父』	早稲田大学図書館所蔵
中野柳圃『助詞考』	早稲田大学図書館所蔵
『改正増補蛮語箋』扉	著者所蔵
『蛮語箋』	著者所蔵
『改正増補蛮語箋』	著者所蔵
『訳文須知』	東京大学東洋文化研究所所蔵
『唐話纂要』	『唐話辞書類集』（古典研究会編集　汲古書院）
『唐話類纂』	『唐話辞書類集』（古典研究会編集　汲古書院）
『字海便覧』	『唐話辞書類集』（古典研究会編集　汲古書院）
『唐音雅俗語類』	『唐話辞書類集』（古典研究会編集　汲古書院）

引用図版一覧

『唐訳便覧』	『唐話辞書類集』（古典研究会編集　汲古書院）
『唐話便用』	『唐話辞書類集』（古典研究会編集　汲古書院）
『色香歌』	『唐話辞書類集』（古典研究会編集　汲古書院）
『応氏六帖』	『唐話辞書類集』（古典研究会編集　汲古書院）
『学語篇』	『唐話辞書類集』（古典研究会編集　汲古書院）
『華語詳訳』	『唐話辞書類集』（古典研究会編集　汲古書院）
『漢字和訓』	『唐話辞書類集』（古典研究会編集　汲古書院）
『官府文字訳義』	『唐話辞書類集』（古典研究会編集　汲古書院）
『崎港聞見録』	『唐話辞書類集』（古典研究会編集　汲古書院）
『奇字抄録』	『唐話辞書類集』（古典研究会編集　汲古書院）
『崎陽熙々子先生華学圏套』	『唐話辞書類集』（古典研究会編集　汲古書院）
『怯里馬赤』	『唐話辞書類集』（古典研究会編集　汲古書院）
『訓義抄録』	『唐話辞書類集』（古典研究会編集　汲古書院）
『劇語審訳』	『唐話辞書類集』（古典研究会編集　汲古書院）
『公武官職称名考』	『唐話辞書類集』（古典研究会編集　汲古書院）
『胡言漢語』	『唐話辞書類集』（古典研究会編集　汲古書院）
『語録字義』	『唐話辞書類集』（古典研究会編集　汲古書院）
『語録訳義』	『唐話辞書類集』（古典研究会編集　汲古書院）
『雑纂（訳解）』	『唐話辞書類集』（古典研究会編集　汲古書院）
『爾言解』	『唐話辞書類集』（古典研究会編集　汲古書院）
『支那小説字解』	『唐話辞書類集』（古典研究会編集　汲古書院）
『宗門方語』	『唐話辞書類集』（古典研究会編集　汲古書院）
『授幼難字訓』	『唐話辞書類集』（古典研究会編集　汲古書院）
『常話方語』	『唐話辞書類集』（古典研究会編集　汲古書院）
『小説字彙』	『唐話辞書類集』（古典研究会編集　汲古書院）
『詞略』	『唐話辞書類集』（古典研究会編集　汲古書院）
『水滸伝抄解』	『唐話辞書類集』（古典研究会編集　汲古書院）
『水滸伝批評解』	『唐話辞書類集』（古典研究会編集　汲古書院）
『水滸伝訳解』	『唐話辞書類集』（古典研究会編集　汲古書院）
『水滸伝字彙外集』	『唐話辞書類集』（古典研究会編集　汲古書院）
『忠義水滸伝鈔訳』	『唐話辞書類集』（古典研究会編集　汲古書院）
『忠義水滸伝抄訳』	『唐話辞書類集』（古典研究会編集　汲古書院）
『忠義水滸伝（語解）』	『唐話辞書類集』（古典研究会編集　汲古書院）
『忠義水滸伝（語釈）』	『唐話辞書類集』（古典研究会編集　汲古書院）
『聖歎外書水滸伝記聞』	『唐話辞書類集』（古典研究会編集　汲古書院）

『忠義水滸伝解』	『唐話辞書類集』（古典研究会編集　汲古書院）
『俗語訳義』	『唐話辞書類集』（古典研究会編集　汲古書院）
『鸚幼略記』	『唐話辞書類集』（古典研究会編集　汲古書院）
『中夏俗語薮』	『唐話辞書類集』（古典研究会編集　汲古書院）
『中華十五省』	『唐話辞書類集』（古典研究会編集　汲古書院）
『唐音和解』	『唐話辞書類集』（古典研究会編集　汲古書院）
『唐音世語』	『唐話辞書類集』（古典研究会編集　汲古書院）
『唐人問書』	『唐話辞書類集』（古典研究会編集　汲古書院）
『徒杠字彙』	『唐話辞書類集』（古典研究会編集　汲古書院）
『徒杠字彙』	『唐話辞書類集』（古典研究会編集　汲古書院）
『南山考講記』	『唐話辞書類集』（古典研究会編集　汲古書院）
『八儸卓燕式記』	『唐話辞書類集』（古典研究会編集　汲古書院）
『碧巌録方語解』	『唐話辞書類集』（古典研究会編集　汲古書院）
『満漢瑣語』	『唐話辞書類集』（古典研究会編集　汲古書院）
『明律考』	『唐話辞書類集』（古典研究会編集　汲古書院）
『訳官雑字薄』	『唐話辞書類集』（古典研究会編集　汲古書院）
『訳通類略』	『唐話辞書類集』（古典研究会編集　汲古書院）
『遊焉社常談』	『唐話辞書類集』（古典研究会編集　汲古書院）
『両国訳通』	『唐話辞書類集』（古典研究会編集　汲古書院）
『紅毛雑話』エレキテル図	早稲田大学図書館所蔵
『紅毛雑話』ダラーカ図	早稲田大学図書館所蔵
今泉みね肖像	『名ごりのゆめ』（今泉みね　長崎書店）
福沢諭吉肖像	『名ごりのゆめ』（今泉みね　長崎書店）
桂川甫周（国興）肖像	『名ごりのゆめ』（今泉みね　長崎書店）
『名ごりのゆめ』扉	『名ごりのゆめ』（今泉みね　長崎書店）
平戸蘭商館図	早稲田大学図書館所蔵
長崎出島図	早稲田大学図書館所蔵

初出一覧

第Ⅰ章

第1節　近世異文化言語交渉の基礎環境
書き下ろし

第2節　西欧の発見した日本語の本質
　　　　―南蛮・紅毛の見た待遇表現の文化
「西欧の発見した日本語の本質―南蛮・紅毛の見た『待遇表現の文化』一面」
立正大学文学部論叢105号　36〜47頁1997.3
収録にあたっては大幅に加筆した。

第3節　唐話の受容と江戸の言語文化
「唐話の受容と江戸の言語文化」国語学（国語学会）54巻3号44〜54頁
2003.7　収録にあたっては大幅に補訂した

第4節　蘭語の研究と幕末に至る言語空間
「幕末に至る言語空間」『時代別日本文学史事典』近世編　共著　東京堂
310〜317頁　東京堂　1997.6
収録にあたっては大幅に加筆した。また東京堂版ではオランダ語のミススペリングがあるが、ここで訂正した。

第Ⅱ章

第1節　『和蘭字彙』（「ドゥーフ・ハルマ」）翻訳文体の基礎分析
早稲田大学文学部提出学士論文「『和蘭字彙』に現れた西欧的思惟・表現の研究―近代文学の文体的源流」（主査杉本つとむ助教授、副査稲垣達郎教授、当時）
第四章　1970.3
収録にあたって補訂を施した。

第2節　「ハルマ和解」・「ドゥーフ・ハルマ」再考
　　　　―F・ハルマ編『蘭仏辞典』の翻訳辞典をめぐって
「二つのハルマの辞書とその流れ―佐倉高校鹿山文庫所蔵、洋学関連資料から」
「温故知新」千葉県立佐倉高校同窓会編　36〜43頁 1999.11
収録にあたってはごく一部を除いて削除し、新たに書き下ろした。

第 3 節　トクガワ・ジャパンで聞いた蘭語の響き
　　　　―『和蘭字彙』音訳語の表記をめぐって
　　「徳川日本で聞いた蘭語の響き―『和蘭字彙』で見る音訳語研究ノート」
　　国文学―解釈と鑑賞（至文堂）60 巻 7 号 138～146 頁　1994．7

第 4 節　漢語の定着と『和蘭字彙』
　　　　―異文化接触に現われた翻訳漢語の生成について
　　「漢語の定着と『和蘭字彙』―異文化接触に現われた漢語の生成について」
　　国文学―解釈と鑑賞（至文堂）60 巻 7 号 182～175 頁　1994．7

第 5 節　馬場佐十郎と蘭文指導
　　　　―宇田川榕庵 "Handboek" に見る江戸手紙文化の一面
　　「江戸の書簡指導　―馬場佐十郎と蘭学者」　月刊『言語』26 巻 1 号 68～70 頁　1997．1
　　収録にあたっては大幅に加筆した

第 6 節　フィッセル「蘭日対話集」のローマ字表記
　　　　―フィッセルの表記法
　　「フィッセル『蘭日対話集』をめぐって―蘭学とローマ字について」
　　国文学―解釈と鑑賞（至文堂）62 巻 1 号 56～62 頁　1997．1

第 7 節　蘭語の翻訳・研究史に生まれた文法用語
　　　　―江戸の言語学環境の下で
　　「オランダ語の翻訳・研究史に生まれた文法用語―徳川日本の言語学環境の下で」国文学―解釈と鑑賞（至文堂）67 巻 1 号 157～141 頁　2002．1

第 8 節　蘭学者のとらえた時制表現
　　　　―江戸蘭語学史の流れの中で
　　「立正大学文学部論叢」120 号　51～62 頁 2004．9

第 9 節　唐話・蘭語・日本語対照辞典としての『改正増補蛮語箋』
　　　　―江戸における唐話学・蘭語学・日本語学の交渉を探る
　　「唐話・蘭語・日本語対照辞典としての『改正増補蛮語箋』―江戸における唐話学・蘭語学・日本語学の交渉を探る」立正大学人文科学研究所年報 39 号 15～29 頁 2002．3
　　収録にあたっては若干の加筆をした。

第Ⅲ章

第1節　岡島冠山における唐話学の方法
　　　―改めて冠山学を考える
　書き下ろし

第2節　唐話辞書探索
　　　―唐話辞書六二書の検討
　書き下ろし

第3節　唐話の翻訳文体と待遇表現
　　　―『唐訳便覧』にみる人称詞と敬意表現
　「江戸の翻訳文体と待遇表現―『唐訳便覧』にみる人称詞と敬意表現」(『日本語史の諸問題』辻村敏樹教授古希記念論文集刊行会編所収) 明治書院 71～88頁　1992. 3

第4節　白話翻訳小説と人を表わすことば
　　　―江戸「通俗物」白話小説の人称語彙
　書き下ろし

第5節　「通俗物」白話小説の翻訳と和文化の度合い
　　　―唐話翻訳文体解析の試み
　書き下ろし

第6節　解釈学としての徂徠学
　　　―『訓訳示蒙』『訳文筌蹄』の言語学的解析
　書き下ろし

第7節　太宰春台と言語の学
　　　―「倭読要領」の記述をめぐって
　「太宰春台と言語の学　―『倭読要領』の記述をめぐって」立正大学大学院紀要 16号　33～56頁　2000. 2
　収録にあたって若干の補訂をした。

第8節　豊子愷『源氏物語』翻訳の発想と白話小説翻訳の発想
　　　―母語と翻訳の文体をめぐって
　「豊子愷『源氏物語』の発想と江戸白話小説翻訳の発想―母語と翻訳の文体をめぐって」立正大学文学部論叢 114号　63～74頁　2001. 9

収録にあたって若干の補訂をした。
第9節　「魚返善雄」あるいは中国言語学との出会い
　　　―教養言語としてのシノワを夢想した学者
「魚返善雄あるいはシナ言語学との出会い」国文学―解釈と鑑賞（至文堂）57巻1号111～122頁　1992.1

第Ⅳ章

第1節　蘭学環境と幕末の文学
　　　―18, 9世紀の東アジアを生きる気分と蘭学文学
「幕末の文学―18, 9世紀の東アジアを生きる気分と蘭学文学」『日本文学史を読む　Ⅳ近世』所収　有精堂　141～169頁　1992.1

第2節　ヘンドリック・ドゥーフと長崎通詞そしてシーボルト
　　　―辞典の翻訳と商館長の19世紀初頭を生きる気分
「ヘンドリック・ドゥーフと長崎通詞そしてシーボルト―辞典の翻訳と商館長の19世紀初頭を生きる気分」国文学―解釈と鑑賞（至文堂）61巻1号134～139頁　1996.1

第3節　『環海異聞』の情報処理と記述法をめぐって
　　　―大槻玄沢と事件関係者の19世紀東アジアを生きる気分
「『環海異聞』の情報処理と記述法をめぐって―大槻玄沢と事件関係者の19世紀東アジアを生きる気分」立正大学文学部論叢116号　75～97頁　2002.9

第4節　佐久間象山とアヘン戦争後の東アジアを生きる気分
　　　―『省諐録』と「ハルマ辞書」出版の建白
「佐久間象山とアヘン戦後の東アジアを生きる気分―『省諐録』と蘭学文学史」日本文学（日本文学協会）42巻1号11～18頁　1993.1
収録にあたっては大幅に加筆した

第五章

第1節　唐話辞典
　　　「『唐話纂要』＜二字話＞部の語彙構造―ピンイン順索引・唐音別音表」
立正大学「文学部研究紀要」15号　77～103頁　1993.3

　　　　　「ピンイン順索引」を独立させて辞典とした。
第2節　江戸時代唐音表
　　　　「『唐話纂要』＜二字話＞部の語彙構造—ピンイン順索引・唐音別音表」
　　　立正大学「文学部研究紀要」15号　104〜115頁　1993.3
　　　「唐音別音表」を独立させて唐音表とした。
第3節　江戸言語学年表
　　　　—キリシタン語学・蘭語学・唐話学・日本語学
　　　書き下ろし

あとがき

　1991年に『江戸の翻訳空間―蘭語・唐話語彙の表出機構』を上梓してからすでに長い時間が経った。テーマにそくしてその後に書いてきた論文などを核としていくつかの書き下ろしとともに長編性を求めた一本とした。この間一方で若い頃から好きだった音楽や詩のエッセイを書いたりして，心身のバランスをはかったりしていた。

　いつも終わってからしかわからないことばかりだが，それでも生きる気分としては悪くなかった。

　しかし，四十代後半いつか行く道が近いという切迫した思いが体調の変化とともに顕著になった。以来若い時分の生き方とは異なる環境への対応をするようになった。年齢にふさわしい生き方をしたいと若いころから願ってきたが，いつしか年を重ねた。ふさわしい仕事ができているだろうかと思う。

Ars longa vita brevis.

　若い日に志したことが何もできないままに，何も深くわかることもなく，やがて行くむなしさを感じる。好きなままに選択した専門分野における仕事は孤独でしかない。

　子供のころ好きだったトルストイの「イワンの馬鹿」が浮かんでくる。頭で働くことの意味が迫ってくる。人は手足を使い，額に汗して物を作ることが尊い。子供のころに漠然と抱いていた人の生き方だった。「人にはどれだけの土地が必要なのか」。

　本書には学士論文「『和蘭字彙』に現れた西欧的思惟・表現の研究 ―近代文学の文体的源流」の主要な一部を収めた。未熟なできであると長く発表す

ることをためらってきたが，必死に集めたデータを無に帰したくなかった。

また，ほとんど誰もこの仕事に手を付けないで，三十余年が過ぎたことを思い，基礎の仕事としてここに掲げても良いと考えるようにもなった。政治の季節，若く突き詰めた日々，緊張感をもって一字一字記したことを還暦近い年になって改めて思い返すことが多くなったせいでもあるかもしれない。

2004年の2月27日パリのイタリー広場にあるアパルトマン・オテル，シタディーヌの一室で第一稿を直してから，脱稿し，校正を終えるまでにはるかに多くの時間を費やして今日に至った。とはいえ，書物の形で自分をみつめかえす機会を作ることができたことを嬉しく思う。

今日まで，わたしの仕事をみてくださってきている方々に感謝の気持を伝えたい。

また，世のならいにしたがって年々別れの場に出かけることが増してきた。わたしを見守ってくださった今は亡き先生方とあまりにも早く去ってしまった友人たちに心からご冥福をお祈り申し上げる。

前著に続いて笠間書院のご厚誼によって刊行されることになった。池田つや子社長と橋本孝編集長には，今回も快く出版を引き受けていただいた。ありがたいことである。厚くお礼を申し上げる。

2005年晩秋　　石神井台　海風書屋
　　　　　　　岡　田　袈裟男

中文摘要

江户异语言接触
-荷兰语・唐话和近代日语

1

本书是我的第二著述。关于江户时代的异文化语言交流，我已写过一书题为《江户翻译空间 荷兰语和唐话词汇的表出机构》。

本书构成如下：
第1章 异语言接触交流与语言文化
第2章 荷兰语学史 诸现象和展开
第3章 唐话学史 接受白话与展开
第4章 在江户时代被荷兰语学影响的文学与文化概况
第5章 江户时代唐话词典，唐话音韵表，江户语言学年表

2

我认为在日中悠久的交往史上，汉字是最重要的问题。日本在江户时代做为尊重先进文明的典型现象，就是真正地接受了中国的汉字文化。现在韩国（部分使用汉字，但很少），越南等很东南亚国家已经放弃了汉字，世界上只有中国和日本使用汉字。这种现象将关系到未来的日中两国关系。中国文化对日本人的影响是深远的，因而日本大概不会放弃汉字。

但是，民族的独立应该是语言上的独立，各民族的语言是他们的心灵财富，日本也应该致力于假名的活用。历史上，虽然日本人受到了汉字的恩惠，但日本人的心情只能用假名来表达，假名是日本人最合适的表达方式。

3 唐话学

在日本语言学史和文学史研究中，明清时代传入日本的汉语被称为"唐话"，"白话"或者"中国近世俗语"，本文延用了这些学术术语。与古代汉语相比较而言，"唐话"是较生动的口语。从事日语与汉语交流研究的学者虽不

多,但是成果却不少。

日中文化交流源远流长,内容丰厚。在此传统之上,近世又形成了我们称之为"唐话文化"的新的汉字文化。下面,先谈谈接受"唐话"的情况。

日明交流的断绝期过后,元龟2年(1652)明朝船只来到了九州岛的长崎,之后很多明朝人从中国漳州,福州,南京和江南等地来到九州岛。他们建立了多处寺院和自己的团体,同时在日本传播了漳州话,福州话,南京话和江南话等多种方言。这些方言是江户时代传入日本的有代表性的中国方言,也属于日本吸收的多元而统一的中华传统文化的一部分。其后,中国官话也传入日本,遂成为日本知识分子最新的语言表达方式和获取信息的手段。

1603年德川幕府成立,1644年明朝灭亡,在亡命日本的明朝人当中,有一些有名的学者和僧人,还有许多很有教养的人,因而学习中国白话的日本人在逐渐增加。在17世纪,于德川纲吉时期,柳泽吉保实行了奖励新学问的政策。在这种气氛下,特别是荻生徂徕麾下的萱园学派的人们热心地学习"唐话"。徂徕学问的基本内容是学西汉以前的汉文,他说过必须学习中国传统古文辞,但同时他还主张学习汉学的人应该学习当代汉语。徂徕为提高自己的能力,曾聘请当时日本公认的汉语专家冈岛冠山教授"唐话"。

冈岛冠山(1674—1728)为适应学习汉语需求的增加,编写并出版了许多关于中国文学和语言学方面的白话教材。在京都,大坂,尾张(名古屋)和江户(东京)等主要城市,学习"唐话"达到了高潮。我们可以从《唐话纂要》的序文中了解当时的"唐话热"。从该书的跋文中,也可看出当时对冠山的评判之高。从《唐话纂要》一书的结构可以了解冠山的学问。这本教材从易到难,即词汇—俗语—短文—寓言故事等,而翻译文章是指导学生学写一般文章的方法。该教材反映出江户时代汉语教育的内容,也代表着当时汉语教育的水平。

-1"读本"与"唐话"

随着国内的和平和社会繁荣的发展,江户时代中期出现了一种新的文学形式—"读本"。所谓"读本"是经日本文学家对明清白话小说进行翻译和改编过的小说。"读本"小说最先出现于京都,大坂。最著名的读本作者是都贺庭钟(1718~1794),其作品有《繁夜话英草纸》(1749年)。之后另一位初期

读本作家建部绫足（1719~1774）又着有《西山物语》（1769），《本朝水浒传》（1773）等作品。在作品中他使用了日本古语和古典表达方式，从而确立了流丽的雅文体。后来的龙泽马琴称绫足是读本作者的嚆矢。上田秋成（1734~1809年）是江户时代最著名的小说家，其代表作是《雨月物语》，该作品也是读本小说的代表。上田秋成在写作这部作品时，参考了《源氏物语》等许多日本古典作品和中国小说《剪灯新话》等，《雨月物语》被誉为读本的最高杰作之一。

安永·天明（1772~1789）以后，文学的中心转移到江户，到文化·文政期（1804~1829）江户也出现了许多读本作家和作品。尤其是山东京传（1761~1816）和龙泽马琴（1775~1848），可谓当时是最重要的代表人物。他们的作品倾向于儒教的劝善惩恶主义，多为长篇小说。京传写过《忠臣水浒传》等许多作品，他的作品多采用戏剧的手法。

马琴也写过许多读本，他的作品可以分为四类，即报仇类，传说类，爱情类，史传类。史传类是马琴善长的作品，其代表作有著名的《南总里见八犬传》。作为京传风格继承人的柳亭种彦写过《近世怪谈霜夜星》，《浅间岳面影草纸》，《逢州锄着谓》等，这些作品多取材于歌舞伎和净瑠璃。

-2《水浒传》与"唐话"

江户时代中期，《水浒传》曾广为流行，许多汉语学家为给他们的弟子讲解《水浒传》，编写过许多讲义，他们之中的大部分人还是汉学家。我们可以从《水浒传》的注释书中了解当时对《水浒传》中一些白话词汇的解释和对语句的日语翻译的情况。

由于江户时代白话小说的流行，使白话汉语词汇一直影响到明治时代初期，甚至现代日语中依然留存着白话汉语词汇，比如"老铺""小豆"等。但随着时间推移在逐渐减少。战后日本政府作了限定汉字使用的"当用汉字表"（后改称"常用汉字表"），目前日本的国语国字政策向着减少汉字数量的方向发展。

4 荷兰语学

江户时代吸收的西洋文化成果之多，要超出我们现在的想象。通常，我们接受异国文化时，首先接触的就是其语言。江户时代通过与荷兰的交流，使日

本获得了许多西洋文化的基础知识。不过，自明治维新以来，多数人认为日本只是吸收了西洋应用科学方面的成果，因而属于外在的成果。但是我认为，如果能进一步深入，扩展我们的眼光，可以发现西洋文化对日本的影响不仅是外在的，也是内在的。

兰学始祖杉田玄白（1733—1817）在其晚年写成的回忆录《兰学事始》中对罗马字的认识是重要的。

我认为该书的认识反映了对兰学成果的正确评价。文字对日本人来说是个很大的问题，因为日本本来没有文字，后来借用中国的汉字并经过改造，即使用汉字的偏旁部音创造了表音文字的假名。日本人依靠假名（历史上正式的名称为'假字'）得以流畅地表达内心世界，迎来了平安时代日本国风文化的兴盛。另一方面，长期以来汉字的作用依然十分重要。

荷兰专家的见解表达了批评汉字的意识，持此类见解者不乏其人，因而也使日本人发现了汉字和西洋文字的差异。然而，更重要的是当时日本知识分子通过接触西洋文化，认识到了自身在世界上的位置。

一般而言，德川吉宗执政以前是不允许自由学习外语的，但在长崎却有百人以上的荷兰语翻译家，被称做"长崎通词"。他们的工作不仅是翻译，还是参与日荷贸易的商务官，当然这些通词也都能讲荷兰口语。

18世纪中后期，真正的语法家中野柳圃（志筑忠雄1760-1806）写了《助词考》，《四法诸时对译》，《九品词名目》等基础性的荷兰语法书，对江户的兰学家产生了不小的影响，之后兰学研究状况大为改观。他的高足马场佐十郎是一位天才的语法学家，曾被德川幕府聘用，主持翻译《厚生新编》（百科全书式的词典），这项翻译工作是幕府末期大规模的文化事业之一。马场佐十郎虽然人生短暂，但在摄取西洋文化方面做出了很大的贡献。他有极强的语言能力，留下了如《荷兰语首尾接词考》，《俄语文法规范》等诸多语言类专著。中野柳圃的另一位弟子吉雄权之助著有《属文锦囊》等语法书。中野柳圃的这两位弟子被驻日荷兰商馆长德福·亨德利克（Doeff.Hendrik）评价为高水平的翻译家。

第八代将军德川吉宗开始指派青木昆阳（1698—1769）和野吕元丈（1693—1761）等人学习荷兰语，这时他们还不了解真正的荷兰语语法，只是撰写了《和兰文字考》等初级水平的读物。杉田玄白和前野良泽（1723

1803）等人于 1774 年完成了著名的《解体新书》的翻译（原文为荷兰语），而校阅者是年轻的桂川甫周（1751-1809）。桂川家是幕府御医，甫周通荷兰语，曾翻译《鲁西亚志》，当代的荷兰专家高度评价了他的翻译能力。我们还可以举出宇田川玄随，宇田川玄真，大规玄泽等重要的兰学家代表，他们翻译了许多重要的兰学书籍。幕末全国出现了许多兰学家，他们的荷兰语能力也较先辈有了大幅提高了。

关于日兰，兰日词典，我们可以举出下列代表性作品：森岛中良著《红毛类聚语译》（后改名《蛮语笺》），稻村三伯等编著《波留麻和解》，藤林普山著《译键》，荷兰馆长德福·亨德利克与长崎通词合作编译《和兰字汇》以及广田宪宽《增补译键》等。

5 唐话学与荷兰学的关系

关于唐话学和荷兰语学的交流，过去已有论述，但尚有未解决的问题。在此发表笔者相关的调查结果。

看一下前述当时日本最大的兰日词典《和兰字汇》中的例子。

weerhaan z,m de haan op een tooren 五両　風並ヲミル。

Hij is zoo veranderlijk als een weerhaan. 彼ハ五両ノ様ニ心ガクラクラカハル。

"五両"这个词在《蛮语笺》中曾出现过，另外在《杂字类编》"カザキリ・カザミ"的释义中解释为"五両，定风旗"。"五両"一词虽出现于唐朝，但已成为明清白话词汇话词汇，因而既是古词汇，也可以看作是当时的新词汇。因此，译者虽然知道有别的口语词汇，但还是将 weerhaan 翻译成"五両"。这是一个典型的翻译行为，显示出荷兰语学与"唐话学"交流中的一个现象，即日本人在翻译荷兰语时，仍然在追求与汉字文化的对应。

东京

冈田　袈裟男

SUMMARY

Cross-cultural communication in Tokugawa Japan -Dutch, Chinese in Ming, Qing Dynasties and Japanese

1

This is the second work in succession to my first book "*Linguistic aspects of cross-cultural communication in Tokugawa Japan — an expressive system through the modern Dutch and the modern colloquial Chinese*". Here I tried uninterruptedly to analyse some issues on cross-cultural communicative relations among the three languages.

This book consists of the following five chapters:

1 Cross-cultural communication and the linguistic culture in Tokugawa Japan.
2 Some aspects of the linguistic history of Dutch study.
3 Linguistic history of the modern colloquial Chinese in Tokugawa Japan.
   —the acquisition and the prevalence of the modern colloquial Chinese in Ming and Qing Dynasties.
4 Japanese literature and culture influenced through the linguistic history of the acquisition of modern Dutch.
5-1 Dictionary of the modern colloquial Chinese—*Baihua* (spoken language 白話) and Japanese.
  -2 Phonetic list of the modern colloquial Chinese in Tokugawa Japan.
  -3 Chronology of cross-cultural linguistics in Tokugawa Japan.

2

The influence of the advanced culture came over to Japan firstly from China in ancient times, secondly from Portugal and Spain in 16ᵗʰ century, and thirdly from Netherlands in the beginning of 17ᵗʰ century.

-1

Concerning the effect of Chinese culture, its symbol is Chinese characters 漢字. Since ancient times, it has strongly and seriously influenced upon Japanese. And such a thing is still coutinuing to do so even today.

Japan is one of unique area in terms of using Chinese characters except Chinese countries. I guess Japanese people to continue to use Chinese characters in the future. In other words, such a thing means that in our history, Japanese will have to coutinue to struggle against Chinese characters. In a sense, it is important to think about what Chinese characters are for Japanese.

In Tokugawa Japan, many intelectual people encountered the modern colloquial expressions of Chinese. It brought to Japan new Chinese literal culture. Then many Japanese Confucian scholars and authors have accepted it swiftly as an attractive writing method.

We call it *Tōwagaku* (new Chinology 唐話学). Its prevalence brought a new expression method into our literal culture. Through the stream of new Chinology, in the rudiments, as such a typical one, we can find Kanzan Okajima 岡島冠山 who was an excellent interpreter and author. He showed great facility in learning the modern colloquial Chinese. He wrote down many textbooks of Chinese. At that time, he was invited to a school as an instructor by a famous Confucian scholar Sorai Ogiu 荻生徂徠 under the protection of Yoshiyasu Yanagisawa 柳沢吉保, who was a deputy of shogunate in Genroku era 元禄時代 (17ᵗʰ century). Sorai's school was extremely unique because Sorai's view differed from traditional Chinology.

Such a movement became a consequent opportunity for *Tōwagaku* to be spread over Japan wide.

Under the influence of new Chinology, some people translated into Japanese many novels which were written in the modern colloquial Chinese. So, they adopted a large new vocabulary and formed new translation style. In due course, many authors who were called *Yomihon Sakka* 読本作家 appeared. They yielded new style of novels using a large vocabulary of the modern colloquial Chinese. In the course of the process, there appeared Teishō Tsuga 都賀庭鐘, Ayatari Takebe 建部綾足 and Akinari Ueda 上田秋成 in Ōsaka 大阪 and Kyōto 京都. After that time, in Edo 江戸 Kyōden Santō 山東京伝 and Bakin Takizawa 滝沢馬琴 appeared. In literal history, the most famous author was Bakin Takizawa, whose most famouse masterpiece was known as "*Nansō Satomi Hakkenden* 南総里見八犬伝".

Such authors profoundly perceived a rhetorical effect using *Baihua*. In such a sense, the modern colloquial Chinese had brought a sort of the richness of impressive expressions into our literal style.

-2

In the meantime, the encounter with Portuguese and Spanish was a significant start in the middle of 16th century. Surely such languages were not accepted in Japan at that time. But after that, the encounter with Dutch as one of the Indo-European languages somewhat changed the situation of our culture. The most symbolic for Japan was the novelty of western technology. While Japanese had been longing for obtaining more advanced technology, they had to struggle against the Roman alphabet. Through that stream, only a few Japanese people absorbed the essence of western thought.

When Dutch study began in the period of shogunate of Yoshimune Tokugawa 徳川吉宗, Konyō Aoki 青木昆陽 and Genjō Noro 野呂元丈

started studying Dutch by the order of the government. But they could not do it precisely, because they did not correctly understand Dutch grammar. Their method of translation was the analogy of the reading system of Chinese books. It is the traditional way generally called *Kundoku* 訓読. At that time, the intelligentsia mastered that way. It was devised by the recognition of various difference in word order between Chinese and Japanese. It was a sort of the transformation of the arrangement of words in Chinese according to Japanese syntax.

Without Dutch interpreters in Nagasaki, almost western learners could not have understood Dutch grammar correctly. Thus *Kundoku* method contributed keenly to them.

Their monumental works were the translation of "*Tafelen Anatomie*" by John Adam Kurumus and the translation of "*Woordenboek der Nederduische en Fransche Taalen*" by François Halma. The former is called "*Kaitai Shinsho* 解体新書", and the latter is called "*Halma's Dictionary* ハルマ辞書".

The former was translated by Genpaku Sugita 杉田玄白, Ryōtaku Maeno 前野良沢 and Junnan Nakagawa 中川淳庵. The latter was translated and compiled by Sanpaku Inamura 稲村三伯 and his colleagues. They were exponents of the field of western learning in Edo.

However, at the end of 18th century, Ryūho Nakano 中野柳圃 correctly described many papers on Dutch grammar. They were full-dress ones. Ryūho was an excellent grammarian. His works have not been published. But his concept was inherited by his superior disciples Sajurō Baba 馬場佐十郎 and Gonnosuke Yosio 吉雄権之助.

When the Tokugawa government founded *Bansho Shirabesho* (the official department of translation of Indo-European languages 蕃書調所), Baba was invited to *Bansho Shirabesho* from Nagasaki as a main staff. At that time, a full-dress Dutch grammar began to be brought into Edo.

And also, in the stream of western learning, many western materials were carried into our country and the technological advance grew up.

After the middle of Tokugawa Japan, there appeared some scholars who studied western world such as Chūryō Morisima 森島中良 and Gentaku Ōtuki 大槻玄沢. They widely introduced such western materials to Japanese people through their books.

3

As above, in the early modern period, there were many people who struggled against Dutch or the modern colloquial Chinese. Their specific appearances were seen in a lot of books that they had written. Such books are valuable and unforgettable even now.

As we have seen so far, the historical effect of foreign languages is a very important issue for us even nowadays.

Kesao OKADA

Tokyo

Reference book

Works in English only

Edwin. O. Reischauer 1964 *"Japan -The Story of a Nation* "McGraw-Hill Publishing company

Grant. Kohn. Goodman 1967 *"The Dutch Impact on Japan (1640-1853)"* Leiden E. J. Brill

Marius. B. Jansen 1980 *"Japan and its world Two centuries of changes"* Princeton University Press

Marius. B. Jansen 1992 *"China in the Tokugawa world"* Harvard University Press

CONTENTS

Cross-cultural Communication in Tokugawa Japan
—Dutch, Chinese in Ming, Qing Dynasties and Japanese.

PREFACE FOR SECOND VERSION
FOREHEAD
CHAPTER 1

1 Basement Concerning the Cross-cultural Communication in Tokugawa Japan.
2 Essence of Japanese on the Discovery by European.
   —On the Culture of Japanese Polite Expression.
3 Acquisition of *Towa* (Modern Colloquial Chinese 唐話) and the Linguistic Culture in Tokugawa Japan.
4 Linguistic Spaces Toward the Final Stage of Tokugawa Japan.
   —Through the Stream of Dutch Study.

CHAPTER 2

1 On "*Oranda Jii* 和蘭字彙 *Woordenboek der Nederduische en Japansche Taalen*" (1852-7).
   —The Analysis of the Style of Translation.
2 Two Translated Dictionaries Based on the Same Dictionary Called "*Halma*" ("*Woordenboek der Nederduische en Fransche Taalen*" published in 1729).
3 The Echo of Dutch Listened in Tokugawa Japan.
   —On the Shape of Transcription in "*Oranda Jii* 和蘭字彙"
4 Generation of *Shin Kango* (New Chinese Word 新漢語) and "*Oranda Jii* 和蘭字彙"
   —On New Generated vocabulary Through Translation.
5 Sajuro Baba 馬場佐十郎 and the Other Western Learner.
   —Glance at the Writing Method of Letters in Dutch

6 On *"Dutch-Japanese Conversational Dictionary"* Compiled by Fissel.
   —Western Learning and the Alphabet.
7 Grammatical Terminology Generated in the History of Dutch Study.
   —Under the Circumstances of Linguistics in Tokugawa Japan.
8 The Grammatical Terminology of Dutch in the Expression of the Tense Translated by Western Learners in Tokugawa Japan.
   —Through the Stream of Dutch Study.
9 *"Kaisei Zōho Bangosen* 改正増補蛮語箋" as the Trilingual Dictionary.
   —On the Relation among Modern Chinese, Dutch and Japanese.

CHAPTER 3

1 History of *Tōwagaku* (new Chinology 唐話学) and the Method of Kanzan Okajima 岡島冠山.
   —Beginning of Modern Colloquial Chinese.
2 Research and Analysis of Dicitionaries of Towa.
3 Translated Style through Modern Colloquial Chinese and Polite Expression.
   —Analysis of *"Tōyaku Benran* 唐訳便覧".
4 Translation through Modern Chinese Novels and Their Quality as Japanese.
5 Translated Style from Modern Chinese Novels and Personal Pronouns.
6 Sorai Ogiu 荻生徂徠 and His *Hermeneutik* on Chinology in Tokugawa Japan.
7 Shundai Dazai 太宰春台 and His Linguistics.
   —On the Method of *"Watoku Yōryo* 倭読要領".
8 The Diffrerence between the Translation of Japanese Classics by Zi Guai, Feng 豊子愷 and the Translation of Chinese Classics by Japanese Authors in Tokugawa Japan.

653

—On the Mother Tongue and the Style of Translation.
9 Yosio Ogaeri 魚返善雄 and His Chinology.

CHAPTER 4

1 Western Learning and Circumstances of Literature during the Final Period in Tokugawa Japan.
2 Hendrik Doeff, Dutch Interpreters in Nagasaki and Philipp Franz von Siebold.
  —Translation of Dictionary and Doeff's Japanese Life in 19th Century.
3 On the Descriptive Method in "*Kankai Ibun* 環海異聞".
4 Zōzan Sakuma 佐久間象山 and His Description in "*Seikenroku* 省諐録".

CHAPTER 5

1 The Tōwa-Japanese Dictionary Based on Kanzan Okajima's 岡島冠山 "*Tōwa Sanyō* 唐話纂要".
2 The Phonetic List of Chinese Character in Division of "*Tōwa Sanyō* 唐話纂要".
3 Chronology of Cross-cultural Linguistics in Tokugawa Japan.

POSTSCRIPT
SUMMARY in CHINESE
SUMMARY in ENGLISH
CONTENTS in ENGLISH
INDEX

索　引

凡例
本索引は文法用語，書名，人名，事項からなる。
いずれも本書を読むためのリードとして最小限のものとした。

文　法　用　語

い
今　95
依頼名字　173, 203〜206, 211
陰詞　65, 172
陰静詞　65
陰ニ属シタル語　172
陰ニモ陽ニモ偏ラヌ態語　174, 176, 177

う
受身　86
ウゴカヌ詞　170, 171

お
表裏ノ別　174, 176, 185

か
較級　174
過去　194
過去過去　185, 196
過去ノ過去　95, 185, 190, 191, 193, 194, 196
過去ノ現在　95, 185, 190, 191
過去ノ未来　185, 190, 192, 193
活言三世　185, 195, 196
活語　174
活字　174, 408

加添詞　177
体ヲサス詞　170
過了過去　195
過了現在　194
過了未来　195
感慨詞　180
関係代名字　173
冠詞　83, 169, 170, 174, 180, 184
冠辞　169, 180
間投詞　180, 203, 214
冠秘辞　169
間立辞　180

き
業詞　174, 176
虚字　164, 168, 173〜175, 188, 203, 407, 408, 414
虚静活詞　171, 173
虚静詞　65, 66, 171, 173, 174, 179
虚静死詞　170, 171
虚動詞　177, 178

く
九品詞　169

け

655

経時　185, 189
形動詞　65, 177, 178, 181
形動辞　173, 177, 178
形名言　173
形容言　177
形様詞　177
言語品目　169
現在　194
現在過去　185, 190
現世　95

こ
根元詞　66

さ
最極階法　174
再呼詞　173
最勝階　174
作業詞　174

し
使役　87
自業詞　177
事語　174
死語法　184, 185, 192
死字　408, 413
自体詞　170, 171
持代名辞　173
自他ノ二義　174
実語　170
実字　164, 168, 171, 188, 203, 414
実詞過称　170, 174
実静詞　65, 66, 170, 171
実名言　170
実名詞　170
実名辞　170
自動詞　65, 66, 174, 176, 177, 203
詞品　169
辞品　169
事物ノ実体トナル詞　170
指名詞　172
取在詞　180
勝衆段　174

譲歩　93
所活言　174, 175
助語　53, 168, 169, 177, 179, 180, 409, 412
所在詞　180
助詞　18, 66, 175, 179〜181
助字一語ニテ義ヲナスモノ　177
処前詞　180, 204
所動詞　174, 203
所用詞　174
初用辞　180
所用分詞　175
自立名言　170
使令法　184, 185, 192
人代言　173
人品　173, 203
人品代名字　213, 214
人類斥詞　173

せ
静活詞　173, 174
声詞　169
静詞　65, 66, 137, 139, 173
静ノ虚字　408
正能　170, 171
斥詞　172
節　170
節言　169, 170
接辞　179〜181
接頭辞　181
前処詞　180
全成過去　185, 196
前置詞　18, 65, 66, 127, 180, 203, 204, 213
前立詞　180

そ
挿間詞　180

た
態動辞　174
他活言　174
他業詞　174, 177
単員詞　172
単詞　65, 172

歎息詞　66, 101, 180

ち
中活言　174, 175, 177
中詞　66, 172
聴格　182
直説法　66, 184, 185, 191

て
定性性名辞　170, 172
定名詞　170
添言　177
添辞　177
添旁辞　177

と
動形辞　173, 177, 178
動詞ノ変化　66
動状詞　177
動他詞　66, 174〜176
同文辞　175
当名詞　170
時　92
独詞　172
独名詞　170

に
任格　182

の
能格　182
能活言　174, 175
能分詞　175
能用詞　174
能用分詞　175

は
配布ノ語　179
発声詞　169
半虚語　177, 178

ひ
比較スル階級　174

比較段　174
比較ノ階級　174
被業詞　174, 177
尾字　181
悲歎辞　180
被動詞　174, 176, 203
人ニカカワラザル動詞　175
非人称代名詞　83, 84
品類　169

ふ
副辞　177, 178
副助詞　183
複静詞　65
不限時　95, 185, 190〜193
不厳法　184
不限法　184, 185, 192
附接ノ語　179
附説法　184
普通法　184
復帰　195
物名詞　170
不定過去　194
不定時　194
不定法　184
分註法　91, 184
分動辞　175
分用前詞　180
分類詞　169, 175

へ
平行階　174
弁声詞　169

ほ
傍寄名語　173
冒辞　183
母性詞　172

ま
又未来　195
慢詞　180

文法用語

み
未成過去　185, 196
未来　194
未来ノ過去　95, 185, 190〜193
未了過去　195

む
無入　195

め
名言　170, 183
名詞形　144, 324〜326
名数辞　170, 171
名目語　170
名目詞　170
名目字　170
名目ノ冠辞　169
命令法　184, 192

や
ヤウスノ詞　173

陽ニ属シタル語　172

り
履辞　180
領格　182

れ
連句辞　179
連辞　179
連接詞　179
連続詞　65, 179
連用前詞　180

ろ
六時　194

わ
ワザ語　174, 176
ワザ詞　174
ワザニ属スル言語　174, 176

書　名

い
医齋　57, 521
英吉利文典字類　167, 180
インド布教史　17, 23

う
雨月物語　37, 455

え
英和対訳袖珍辞書　109, 167, 178, 180
江戸時代蘭語学の成立と展開　60, 153, 163, 224, 505
江戸参府紀行　33, 45
江戸ハルマ　43, 53, 105, 106, 179, 501
蔫録　515, 521

お
応氏六帖　244, 247, 252, 253, 318
欧日文化比較　24
和蘭語彙　542
和蘭国語考　187
和蘭語法解　76〜78, 114, 167, 170, 173, 175, 179, 180, 183〜185, 195
和蘭字彙　63, 106, 109, 167
和蘭辞書和解　167
和蘭接詞考　167, 169
和蘭緒言　166, 170, 187
和蘭文典前編訳語筌　167
和蘭文典便蒙　167, 178, 185, 195
和蘭文範摘要　167, 169
和蘭文字略考　158, 187
和蘭訳筌　166, 169, 187

和蘭話訳　187
音訳語彙集　104

か
外国語と日本語　163
改正増補蛮語箋　45, 167, 198, 200〜203, 205, 208, 209, 214, 216, 220, 221, 223
解体新書　11, 47, 50, 52, 53, 56, 57, 106, 119, 187, 188, 479, 499
下学集　34, 143, 261
学語編　244, 247, 253, 255, 319
華語詳訳　244, 247, 256, 319
環海異聞　58, 473, 476, 478, 479, 506〜508, 513〜526
漢字和訓　257, 279, 308
官府文字訳義　244, 248, 258, 259, 318

き
崎港聞見録　245, 246, 249, 259, 320
奇字抄録　244, 248, 260, 264, 278, 321
九品詞名目　167, 169
九品詞略　167
怯里馬赤　245, 248, 263, 264, 319
近世初期の外交　33
近世日本とオランダ　505
近世日本に於ける支那俗語文学史　45, 227, 242
近代語の成立　104
近代日本語の新研究　145
近代文学の誕生　60, 497

く
クルウゼンシュテルン日本紀行　507, 525
訓義抄録　245, 248, 264, 319
訓訳示蒙　174, 400, 404

け
敬語法の研究　21
警世通言　38, 279, 452
劇語審訳　245, 247, 320
源氏物語　40, 45, 448〜451, 454, 456, 457
検籬韻府　167, 180, 189

こ
厚生新編　54, 484
公武官職称名考　243, 247, 266, 320
紅毛雑話　48, 55, 140, 481〜484, 513, 515
語学新書　167
語学の逸才馬場佐十郎　504
古学要　49
凩草紙　37
国意考　48
古本節用集　34
語録字義　243, 248, 268, 269, 318
語録訳義　244, 248, 258, 269, 271, 294, 318, 320, 321
坤輿万国全図　515

さ
座談会明治文学史　60, 473, 496
雑字類編　42, 44, 139, 222, 273
雑字類訳　245, 247, 273, 319
三種諸格　166, 169, 174, 191, 194

し
字海便覧　227, 231, 234, 243, 249, 270, 274, 320
爾言解　244, 248, 274, 319
支那小説字解　245, 247, 274, 275, 320
四法諸時対訳　184, 190
宗門方語　243, 248, 275, 276, 319
授幼難字訓　244, 248, 276, 318
松香私志　493
小説字彙　38, 244, 248, 261, 264, 274, 278, 319〜321
小説の方法と認識の方法　496
属文錦嚢　167, 170, 174, 178, 183, 185, 193　（重訂〜）169, 171　（増訂〜）184
職方外記　260, 515
助詞考　167, 174
常話方語　244, 247, 277, 319
詞略　244, 248, 280, 319

す
水滸伝　38　（〜抄解）245, 281, 320　（〜字彙外集）245, 284, 320, 450　（〜批評解）244, 282, 319　（〜訳解）

659

244, 282, 319　(聖歎外書〜記聞)　245, 291, 320： 忠義水滸伝(〜解)　244, 292, 319, 450　(〜語解)　245, 289, 319　(〜語釈)　245, 290, 320　(〜抄訳)　244, 287, 319　(〜鈔訳)　244, 286, 319

せ
西学東漸与中日両国的対応　60
醒世恒言　38, 279, 305, 368, 373
西洋事情　140
設卯多幾斯和蘭陀語法　167

そ
増広蘭学佩觿　194
増補改正訳鍵　105, 111, 167, 179, 212
挿訳我蘭磨智科　167
俗語解　38, 42, 46, 201, 224, 244〜246, 248, 261, 265, 270, 294, 295, 319
俗語訳義　244, 248, 258, 265, 269, 294, 318
ソシュールの思想　437, 447

た
ターヘル・アナトミア　52
大航海時代叢書　32, 33

ち
中華十五省　245, 246, 249, 299, 320
中夏俗語藪　244, 248, 250, 297, 319
朝野雑記抄　35

つ
通俗金翹伝　304, 375
通俗考粛伝　365
通俗繡像新裁綺史　367
通俗酔菩提全伝　337, 356, 358, 376
通俗隋煬帝外史　337, 362, 375
通俗西湖佳話　370
通俗醒世恒言　337, 355, 357, 366, 452
通俗赤縄奇縁　337, 363, 375
通俗大明女仙伝　337, 366, 376
通俗古今奇観　337, 371
通俗平妖伝　369
ヅーフと日本　505

ヅーフ日本回想録　486

て
訂正和蘭接続詞考　167, 169, 179, 194
訂正蘭語九品集　95, 167, 169, 193
靏幼略記　244, 246, 247, 295, 319

と
唐音雅俗語類　36, 227, 231, 237, 240, 242, 243, 246, 249, 301, 319
唐音世語　244, 246, 247, 301, 319
唐音和解　243, 246, 247, 300, 301, 318
東雅　52
唐人問書　302, 303
同文通考　52, 261, 435
東方案内記　17, 23, 32
東方諸国記　22, 32
唐訳便覧　227, 231, 239, 240, 243, 246, 248, 303, 319, 322, 323, 329, 330, 334, 335
唐話為文箋　243, 246, 249, 303, 319
唐話纂要　36, 42, 227, 228, 231〜233, 240, 241, 243, 246, 249, 261, 270, 303, 312, 317, 319, 370, 443
唐話便用　36, 227, 231, 240, 241, 244, 246, 249, 303, 319
唐話類纂　227, 231, 233, 243, 246, 248, 250, 303, 319
徒杠字彙　244, 248, 304, 305, 319

な
長崎オランダ商館日記　505
長崎唐人屋敷　45
名ごりのゆめ　108, 493, 496
那波列翁勃納把忍的伝　491
南山考講記　244, 246, 247, 306, 307, 318
南総里見八犬伝　37

に
二刻拍案驚奇　38
日本　40
日本王国記　24, 31, 33
日本漢字学史　299, 321, 447
日本教会史　30, 31, 33

日本誌　25, 27, 33, 502
日本大文典　16
日本帝国の知への寄与　154
日本におけるキリスト教の起源とその発展　15
日本風俗備考　155, 163
日本幽囚記　32
日蘭交渉史の研究　505

は
拍案驚奇　38, 279, 305
八僊卓燕式記　244, 246, 247, 307, 320
古今奇談英草紙　37
波留麻（ハルマ）和解　84, 105, 195, 206 → 江戸ハルマ
蛮語箋　41, 42, 53, 198, 200, 201, 206, 208, 544

ひ
氷川清話　493
漂荒紀事　491
漂民御覧之記　480, 513
漂流民の言語　525

ふ
福翁自伝　108, 493
法朗西文典字類　167

へ
碧巌録方語解　244, 249, 250, 308, 320

ほ
北槎聞略　41, 58, 476, 479, 480, 499, 506, 513, 519〜523, 525
本草綱目啓蒙　515

ま
満漢瑣語　246, 309

み
明律考　244, 247, 309, 310, 320

む
夢酔独言　493

や
訳和蘭文語　167
訳家必備　244, 246, 247, 310
訳官雑字薄　244, 247, 310, 319
訳規　167, 169, 194
訳司統譜　38
訳通類略　243, 246, 247, 311〜316, 318
訳文筌蹄　164, 400, 404, 440, 447
訳鍵　54, 105, 107, 108, 109, 114, 115, 195, 544

ゆ
遊焉社常談　244, 246, 249, 317, 319
喩世明言　38

よ
洋学史事典　14, 186
輿地全図　515

ら
蘭学階梯　187, 192
蘭学逕　195
蘭学事始　44, 47, 50, 189
蘭学事始附記　55
蘭学生前父　167, 169〜171, 173, 189, 192
蘭学緒言　166
蘭学梯航　167, 169, 184
蘭学佩觽　187
蘭学秘蔵　152, 167, 169, 170, 176, 178, 188
蘭学凡　167, 169, 170, 172, 179, 184, 194
蘭語九品集　167, 169, 171, 175, 177, 191, 193
蘭語首尾接詞考　167, 170, 176, 181, 185
蘭日対話集　154
蘭訳弁髦　41, 167, 169, 179, 189
蘭訳要訣　187
両国訳通　317

る
類聚紅毛語訳　41, 45, 53, 198, 223, 273

ろ

六格前編　167, 172, 176, 179, 183, 194
六格明弁　167, 178, 179, 194
魯語文法規範　167
魯西亜志　187
魯敏遜漂行紀略　492

わ

倭楷正訛　435, 447
倭読要領　235, 416, 433, 434, 436〜438, 440, 441, 444, 447

人　名

あ

青木昆陽　52, 157, 165, 187, 203
青木正児　5, 35, 227, 242
浅見絅齋　244, 247, 277, 278, 319
雨森芳洲　10
新井白石　3, 52, 187, 435, 446, 515
アルヴァレス, ジョアン　29

い

井沢長秀　243, 244, 247, 257, 276, 277, 318, 319
石井謙道　494
石井宗謙　494
石井恒右衛門　107, 118
石崎又造　5
伊藤仁斎　54, 252, 401, 406, 439, 442
伊藤東涯　164, 222, 239, 244, 247, 252, 318
稲村三伯　52, 106, 107, 123, 179
今泉みね　108, 493, 496
今井正　33
今村英生　52
隠元　12, 13

う

宇田川玄真　54, 106, 107, 119, 167, 180, 189, 484
宇田川玄随　41, 52, 75, 107, 165, 188
宇田川榕庵　54, 146, 484
宇都宮三郎　494

え

エカチェリーナ女帝　58, 498
頴川藤左衛門(陳道隆)　12

お

大槻玄幹　167, 179
大槻玄沢　42, 48, 52, 54, 55, 57, 106, 146, 165, 187, 188, 473, 475, 476, 482〜485, 506, 513, 516, 522, 526
大庭雪斎　167, 170, 178, 182
欧陽雲台　12
王力　34
魚返善雄　459〜467, 469
岡島冠山　12, 35, 36, 199, 223, 227, 228, 231, 233, 235〜237, 239, 242〜244, 246, 248〜250, 270, 274, 293, 301, 303, 317, 319, 320, 423, 443, 444, 459
岡田甫説　107
荻生徂徠　3, 36, 45, 54, 136, 164, 188, 231, 322, 400, 415, 439, 442, 445, 446
越智治雄　60, 497
小野蘭山　515
小原竹堂　167
遠田天籟　167

か

何高材　12
艾儒略　515
仮名垣魯文　491
カールグレン　459〜464, 466
勝海舟　108, 493, 527, 538
勝小吉　493

人　名

勝俣銓吉郎　504
勝本清一郎　60, 495, 496
桂川甫策　167
桂川甫周（国興）　108, 493, 494
桂川甫周（国瑞）　41, 47, 58, 187, 188, 223, 475, 479, 480〜483, 485, 498, 506, 513, 522
金井圓　505
鹿野政直　459
カブラル，フランシスコ　29, 33
ガラヴニン，ワシーリイ　18〜20, 32, 489
神田孝平　494

く
鞍岡元昌　36
クルティウス，ドンケル　10
黒田麹盧　491

け
ケンプファー（ケムプフエル），エンゲルベルト　24, 25, 27, 33, 498, 502, 508, 510

こ
高一覧　12
高奉覚　12
小関三英　54, 59, 194, 484, 489〜491, 528, 543

さ
斎藤阿具　504, 505
佐久間象山　59, 108, 527〜546
佐藤昌介　497
山東京伝　37

し
篠崎東海　35, 231, 232, 237
篠田正作　400, 404, 405, 414
司馬江漢　478, 481, 482, 515
シーボルト，フィリップ・フォン　27, 40
島津重豪　244, 247, 306, 307, 318, 499
釈大典　244, 247, 253, 319
釈大潮　241
秋水園主人　244, 248, 278, 319〜321
庄司三男　155, 163

新村出　5
杉田玄白　11, 44, 47〜50, 57, 106, 165, 189, 499
杉本つとむ　5
陶山晁　244, 248, 250, 286, 292, 319

せ
清田儋叟　244, 248, 250, 282, 319

た
大黒屋光太夫　41, 58, 479, 498, 513
高島秋帆　490, 528, 543
高野長英　59
滝沢馬琴　37, 199
武田草盧　244, 248, 280, 319
田中参　49

ち
趙徳宇　60
陳忠一　12

つ
都賀庭鐘　37
辻村敏樹　20, 32, 222, 224
鶴峯戊申　167

と
土井忠生　32
徳川綱吉　52
ドゥーフ，ヘンドリック　43, 58, 75, 95, 117, 131, 146, 167, 428, 485, 506
徳川吉宗　52, 188
トメ・ピレス　22, 32
鳥居久靖　5, 36, 245, 264, 266, 269〜271, 275, 294, 299, 305, 307, 311, 316, 320, 321
鳥山輔昌　244, 248, 250, 287, 319

な
長沢規矩也　5, 243, 245
永積洋子　33
中野柳圃（志筑忠雄）　11, 52, 94, 166, 188,

663

203, 445
中村幸彦　37, 253, 336, 354, 359, 415
中山久四郎　5, 36, 45, 227, 242
長与専斎　493, 538
成島柳北　494
難波収　131

ぬ
沼田次郎　155, 163, 504, 505

の
野中涼　476, 496
野呂元丈　52, 165

は
間重富　476, 514, 516
バズ，ミケル　35
長谷川一夫　14
服部天游　244, 249, 308, 320
馬場佐十郎　11, 41, 53, 54, 95, 123, 146, 165〜167, 176, 179, 181, 189, 193, 445, 503, 504
林仁兵衛　12
林大卿　12
ハルマ，フランソワ　43, 53, 63
半唐師　245, 248, 250, 289, 319

ひ
平石直昭　36, 45, 415
ピレス，トメ　22, 32
広田憲寛　167, 179
ヒロン，アビラ　24, 31

ふ
ファン，シッテルス　502
フィッセル，ファン・オーフェルメール　154
福沢諭吉　108, 140, 493, 494, 538
藤林普山　4, 105, 167
古田東朔　5, 185, 186, 197
フロイス，ルイス　31

へ
ペリー　10, 490, 498, 532, 534, 544

ほ
豊子愷　40, 45, 448〜451, 454, 455, 458
ホーテン，リンス　17, 23, 32
穂積以貫　243, 247, 266, 289, 320
堀田正敦　475, 514
堀達之助　167, 178
本多利明　48

ま
前田愛　60, 473, 497
前野良沢　11, 52, 106, 166, 203, 499
マッフェイ　17, 23
松村明　5, 154, 163, 186, 197
丸山圭三郎　437, 447
丸山真男　439, 445〜447

み
三浦梅園　49
箕作秋坪　494
皆川淇園　54, 164, 188
湊長安　54, 484

め
メシア，ロレンソ　16

も
本居大平　49
本居宣長　21, 136, 431, 435, 442, 445
森岡健二　103, 104, 109
森島中良　37, 42, 43, 45, 48, 53, 55, 140, 198, 200, 201, 208, 223, 224, 294, 295, 319, 481〜483, 513, 515, 521, 523

や
柳河春三　494
柳沢吉保　36, 52, 322, 400, 423, 443
山崎闇斎　401, 406, 421, 422
山路之微　166
山田孝雄　5, 21, 457
山村才助　514〜516
山本紀綱　45

よ

横山邦治　37
横山由清　492
吉雄耕牛　11, 53, 165, 188
吉雄権之助　11, 43, 53, 95, 107, 123, 133, 167, 169〜171, 178, 179, 183, 185, 189, 193, 194, 504, 528
吉雄俊蔵　167, 169
吉川幸次郎　186, 406, 415, 442, 447

ら

ラクスマン，アダム　9, 58, 475, 489, 509, 510, 515
ラモン，ペドロ　18, 31

り

利瑪竇　515
リュブリュキ　22

リ

リンデン　59, 491

る

留守希齋（友信）　244, 248, 258, 269, 271, 294, 318, 321

れ

レザノフ，ニコライ　9, 58, 475, 477, 478, 489, 498, 500, 502, 504, 506, 508, 509, 511, 513〜515, 518, 523

ろ

ロドリゲス，ジョアン　16, 30

わ

渡辺華山　59, 60, 488〜490, 528, 543
ヴァリニャーノ，アレッサンドロ　15〜17, 23, 32

事　項

あ

挨拶　4, 19, 23, 25, 27, 31, 395, 508, 524
アヘン戦争　57, 59, 108, 485, 487〜490, 505, 523, 527, 528, 533, 539, 542, 543
アルファベット世界　1, 2, 3
アルファベットと漢字　48

い

イエズス会宣教師　2, 15, 28, 29
異言語　4, 106, 138, 166, 201
異言語獲得　6, 50, 124
異体字　64, 168, 251, 260, 366
異表記　132, 133, 157, 159, 191
異文化言語交渉　6
異文化接触　4, 40, 136, 354, 537

え

江戸言語学　45, 46, 54, 416, 440, 503
江戸参府　13, 27, 51, 188
江戸蘭学者の時制認識　187
海老屋　13

お

黄檗　275
黄檗宗　35
黄檗僧　13
欧文脈　63, 64, 67
オランダ語音　127, 130, 131, 133
オランダ語正書法　64
オランダ正月　514
オランダ東インド会社　10, 51, 131
オランダ風説書　11, 51, 488
音韻組織　16, 465
音訳語　39, 56, 116, 122, 126, 130, 140, 141, 143, 145, 162

か

海禁　9, 10, 40, 41, 58, 135, 136, 443, 506

665

外交史　10, 504〜506, 537
外国語音の転写　131
外国語表記　126
外来語　126
外来語音　132
訛音　158, 161
歌学研究の歴史　164
かな　39, 365, 387, 456
関係詞　88, 94
漢語学文法用語　168
漢字　2, 44, 49, 204, 322, 373, 377, 378, 387, 402, 404, 412, 421, 426, 430, 442, 448, 455
漢字・漢語の多用　456
漢字音　323
漢字語的性質　109
漢字世界　1, 2, 336
漢字尊重　455
漢字の性質　209
漢字のひがこと　49
漢字の用字法　38
漢字文化　13, 47, 336
漢字理解　355
漢文読解　188, 378, 401
漢文読解力　39, 188
勧誘表現　101

き
崎門学派　406
疑問表現　99
杏雨書屋　146, 147
崎陽の学　51, 442
禁止表現　101
近代の国語学　2

け
敬語　15, 16, 18〜21, 332, 335, 456
敬語行動　4, 15, 20, 24
啓蒙思想家　42, 56, 521
謖園学派　445→徂徠学派
言語生活史　2, 44

こ
構文表現　92

古義堂　401, 406
国学者　48, 54, 164, 492
国語純化　21, 134
呉語　12
語尾音　127, 128
江南音　303, 322
江南話　12

さ
薩摩藩　10, 35

し
時間表現　185, 193
時制のパラダイム　94
時制表現　94, 187
ジャンポン　22
修辞的表現　21
儒学者　3, 435, 446, 511
朱子学　427
朱子学者　420〜422, 424, 433, 434, 436, 446
朱子学批判　422
条件　93
漳州話　12, 35, 247, 299
信牌　58, 489, 509, 515, 523
人文学　3, 237, 242, 426, 537

す
推量表現　98
スペイン語　51, 126

せ
西欧化　2, 3, 6, 57
西欧観　6
西欧理解　105, 139
正書法　122, 134, 168, 224
世界認識の方法　473

そ
徂徠学派　13, 36, 235, 421, 423, 426, 427, 436, 439, 440, 445〜447
存在表現　97

た
待遇表現　4, 15, 20, 21, 27, 32, 47, 322, 329, 336, 449, 456, 457, 503
濁音　159, 160, 388, 417, 420
断定表現　102

ち
中国近世俗語　34, 224
中国言語学史　34
長音の表記　157, 161
朝鮮　10, 50, 57, 228, 487, 489
朝鮮通信使　10

つ
通俗物　38, 45, 336, 351, 352, 354, 357, 359, 373, 378, 399, 448

て
適塾　108
綴字法　64, 132, 155

と
ドイツ語　21, 126, 182, 464
唐人屋敷　11, 13
唐船貿易　9
唐通事　11, 12, 34, 35, 243, 310, 311, 322, 423, 439, 443
唐通事会所　12
唐話学　12
唐話学史　35, 40, 245
唐話辞書　12, 38, 201, 243, 245, 260, 273, 294, 309, 318, 319, 321
唐話辞書研究　5, 245
唐話辞書の形成　38
唐話の受容　34
徳川幕府の外交　1

な
長崎通詞　10, 13, 41, 42, 43, 47, 52, 53, 58, 59, 75, 79, 85, 95, 103, 107, 108, 116〜119, 123, 128〜135, 139〜144, 165〜167, 179, 187, 188, 194, 197, 203, 428, 455, 487, 498〜504, 514, 523, 528, 538

長崎通事唐話会　35
長崎通詞の語学力　485
長崎通詞の翻訳方針　117
長崎出島　10, 11, 40, 58, 138, 441, 498, 500
長崎方言　95, 503
長崎屋　13, 51, 483, 499, 500
ナポレオン戦争　43, 122, 489, 499
鳴滝塾　489
南京音　296
南京話　12, 35, 247, 295

に
日蘭対照辞典　41
日蘭貿易　10
日清貿易　11
日本漢字音　418
日本語学史　4
日本語史　2, 4, 106, 128, 130, 137, 199, 208
日本語の敬語観　15
日本人観　23, 29
日本人の生き方　15
日本人の異文化受容　38
日本人の言語生活　1
日本人の行動　4, 20
日本人の行動様式　19
日本の礼法　508
人称　5, 195, 216, 329, 334, 336, 480
人称の捉え方　79
人称の認識　76
人称のパラダイム　68, 214〜216
人称論　74, 75

は
白話小説　40, 43, 45, 223, 224, 337, 353〜355, 377, 381, 390, 391, 448, 450〜456, 482
蛮社の獄　489, 490, 543
蕃書和解御用　54, 146, 165, 484
半濁音　160

ひ
微小な世界の発見　481
漂流文学　506
漂流民　35, 57, 58, 473, 475〜477, 487, 489,

667

490, 498, 506, 507, 509, 514, 516, 520, 522, 523, 543
平戸　40, 51, 441

ふ
福州音　296
福州話　12, 35, 247, 275, 295, 296
フランス語　43, 91, 116, 126, 132, 151, 209, 464
不老国　22
文法構造　16, 166, 188
文法用語　53, 64, 65, 67, 91, 95, 139, 154〜166, 168, 181, 195, 197, 202, 224
文法用語の生成過程　165

ほ
母音　134, 157
方言地図　131
母語　4, 128, 166, 448, 449, 451, 454, 458
ポルトガル語　51, 187, 259
翻訳意識　38〜40, 364, 452
翻訳文学史　491
翻訳文体　63, 322, 354, 355, 360, 362, 377, 391, 448, 467

ま
松前藩　10, 18

め
命令表現　100

も
物語的な叙述　480

や
やまとことば　1, 431

ゆ
湯島聖堂　35

よ
読本　199, 245, 455,
読本形成史　38

読本作者　223

ら
ラテン語　15, 17, 51, 172, 187
ラテン語文法　171
蘭学文学史　60, 496, 523
蘭化亭訳文式　52
蘭語学史の流れ　139, 140, 157, 169, 170
蘭通詞　10
蘭仏辞典　43, 63, 105〜107, 109, 114, 118, 500

り
リーフデ号　9
柳圃学　54, 95

れ
レキオ人　22

ろ
六経　421, 427〜429, 431, 433, 438, 442
ロシア　18, 58, 489, 506
ロシア語　19, 126, 509, 525
ロシア情報　475, 506, 522
ロシア皇帝　515, 518
ロシア船　515
ロビンソン・クルーソ　491
ロビンソン受容　492

わ
和漢混交の文体　390
和漢洋　2, 37, 42, 48, 201
和訓廻環之読　136, 235, 440
和魂洋才　3, 527, 545
和文　37, 147, 148, 350, 361, 373, 377, 390, 436, 454, 455, 523
和文化　336, 385
和文化の度合い　39, 381, 383, 398, 399
和文体　365, 368, 371
和文度　45, 399
和文の質　39
我と汝　5, 77

岡田　袈裟男（おかだ　けさお）
1946年　東京生まれ
1971年　早稲田大学卒業
1981年　早稲田大学大学院博士後期課程退学
現職　立正大学教授　博士（文学）[早稲田大学]
専攻　日本語学・言語学（日本語史　文体論　表現論　語彙論）
著書　『日本語　表現の技法―語彙と表現』笠間書院　1987
　　　『江戸の翻訳空間』笠間書院1991，新訂版2006
　　　『江戸異言語接触』笠間書院2006　初版
論文　「『とはずがたり』動詞と「時」助動詞の結びつき―使用動詞の形態論的基礎調査の中で」「異言語接触と江戸言語学」「本居宣長『うひ山ふみ』のエクリチュール―宣長文の言語学的検証」「『あるべき文体論』あるいは文体論への懐疑―吉本隆明「近代表出史論」と『とはずがたり』分析」「森島中良の見た海彼の文化―『紅毛雑話』『万国新話』を中心に」「森島中良とは誰であったか」「『吉備津の釜』に現われた欲望の『かげ』と身体性」ほか多数。

連絡先：177-0045　東京都練馬区石神井台5－15－4

江戸異言語接触―蘭語・唐話と近代日本語［第2版］

2006年 3 月20日　初　版　第1刷発行
2008年12月30日　［第2版］第1刷発行
2009年 9 月30日　［第2版］第2刷発行

著　者　　岡田袈裟男

発行者　　池田つや子
装幀：笠間書院装幀室
発行所　　有限会社　笠間書院
東京都千代田区猿楽町2-2-3 ［〒101-0064］
電話 03-3295-1331　Fax 03-3294-0996

NDC分類：801.25

ISBN978-4-305-70308-8　ⓒOKADA 2008　印刷・製本：モリモト印刷
乱丁・落丁本はお取り替えいたします。　（本文用紙・中性紙使用）
出版目録は上記住所または下記まで。
http://www.kasamashoin.co.jp